에덴동산과
하나님의 아들들

에덴동산과
하나님의 아들들

Garden of Eden and the Sons of God

고명호 지음

좋은땅

많은 사람이 에덴동산의 이야기를 신화와 같은 내용으로 생각합니다. 뱀이 나타나서 하와와 대화하는 장면을 허구로 봅니다. 뱀이 말하는 일은 현실에 없으니 그럴 만도 합니다. 그런데 조금만 마음의 문을 열고 보면 에덴동산에서 있었던 일들을 이해할 수 있습니다.

많은 기독교인이 에덴동산을 천국의 모형이라고 생각합니다. 하지만 에덴동산은 천국의 모형이 아닙니다. 에덴동산의 창설은 하나님의 나라를 이루기 위해 하나님이 처음으로 하신 일입니다. 에덴동산은 실제로 있었고 지금도 있습니다. 에덴동산에서 일어난 일도 실제로 있었던 일입니다. 하나님은 에덴동산에서 있었던 일을 성경을 통해서 우리에게 정확하게 들려주셨습니다.

많은 사람이 에덴동산에 관한 내용을 궁금해합니다. 특히 하나님이 왜 선악의 지식나무를 만드셨는지 궁금해합니다. 아담이 선악과를 먹지 않았다면 좋았을 거라고 생각합니다. 어차피 먹지 말라고 할 나무의 열매라면 차라리 처음부터 아예 만들지 않는 것이 더 좋았을 거라는 생각을 하게 됩니다.

이런 의문점들은 지금까지 해결되지 않았습니다. 이처럼 에덴동산에 관한 내용이 이해되지 않는 이유는 사람들이 에덴동산의 이야기 속에 흐르는 기본적인 전제를 부인하고 있기 때문입니다.

에덴동산에 관한 기록은 기본적으로 두 가지 전제를 기반으로 하고 있습니다. 하나는 아담 이전부터 이미 많은 사람이 살고 있었다는 것이고 또 다른 하나는 말하는 뱀이 실제로 존재했다는 것입니다. 이 두 가지 사실을 받아들여야 에덴동산에서 있었던 일을 바르게 이해할 수 있습니다.

아담 당시에 이미 많은 사람이 있었다는 사실은 이 책의 앞부분에서 성경 말씀으로 증명할 것입니다. 물론 이 내용을 굳이 믿음의 영역에 두지 않아도 됩니다. 말씀을 중심으로 해서 논리적으로 설명할 수 있습니다. 반면 말하는 뱀에 관한 내용은 믿음이 필요합니다. 말하는 뱀에 관해서는 이 책에서 상세하게 설명할 것입니다. 이 두 가지 전제는 에덴동산에서부터 노아 때의 홍수 사건까지 깊게 관련되어 있습니다.

아담 이전에도 사람이 있었다는 말이 언뜻 하나님의 창조를 부인하는 것으로 보일 수 있습니다. 많은 분이 아담을 하나님이 처음으로 창조한 사람이라고 믿기 때문입니다. 그런데 하나님은 아담을 최초의 사람이라고 말씀하시지 않았습니다. 성경에는 단순하게 하나님이 코에 생기를 불어넣어 사람을 만들었다고만 기록되어 있습니다. 이 말씀은 아담이 인류 최초의 사람이라는 뜻이 아니라 하나님이 생기를 넣은 최초의 사람이라는 뜻입니다.

하나님은 창세기 말씀을 통해 아담 이전부터 많은 사람이 살고 있었다는 것을 스스로 증명하셨습니다. 아담 이전에 사람이 있었다는 사실은 하나님을 믿는 신앙과 전혀 어긋나지 않습니다. 우리 스스로 하나님을 믿는 신앙에서 어긋나지 않을까 우려하는데 이런 우려를 할 필요가 없는 것이 하나님이 이 점을 이미 다 고려하셨기 때문입니다. 하나님은 우리가 생각하는 것보다 더 크고 위대한 창조주입니다.

아담 이전에도 이미 사람들이 있었다는 것을 받아들일 수 있다면 마찬가지로 말하는 뱀의 존재 역시 인정할 수 있어야 합니다. 에덴동산, 가인과 아벨, 하나님의 아들들, 노아의 홍수에 관한 내용에서 말하는 뱀이 깊이 관련되어 있기 때문입니다. 성경에는 분명히 말하는 뱀이 동산에 있었다고 기록되어 있습니다. 말하는 뱀의 존재를 인정하고 창세기의 내용을 보면 말씀을 제대로 이해할 수 있습니다.

이 책은 성경에 기록된 이 두 가지 전제를 그대로 인정하고 이를 바탕으로 창세기의 내용을 하나씩 풀어 갈 것입니다. 이 책은 난해한 성경 말씀을 이해하는 데 독자의 신앙에 호소하지 않습니다. 풀리지 않았던 성경 말씀을 이성적이고 합리적으로 풀어갑니다. 그러면서도 하나님을 믿는 신앙에 큰 도움을 주는 책이 될 것입니다. 또한, 오랫동안 궁금했던 많은 난제를 하나씩 이해하면서 하나님이 에덴동산을 만드신 뜻을 바르게 이해하는 계기가 되기를 바랍니다.

이 책에서 시도하는 해석은 많은 신앙인에게 생소할 것입니다. 이런 방식으로 창세기의 내용을 풀어 설명한 사람은 아마 없었을 것입니다. 완전히 새로운 방식으로 설명하기 때문에 재미있게 읽을 수도 있습니다.

각 Chapter의 내용에는 이전 Chapter의 내용이 조금씩 반복되는 경향이 있습니다. 처음부터 쭉 읽는 분들은 이런 느낌을 받을 것입니다. 책을 처음부터 읽지 않고 중간에 관심이 있는 Chapter만 펴서 읽는 분들을 고려해서 그렇게 해 놓았습니다.

에덴동산과 하나님의 아들들

저자의 첫 번째 저서 《하나님의 창조는 끝나지 않았다》를 읽기 바랍니다. 첫 번째 저서를 읽은 후에 이 책을 보면 많은 것을 더 정확하게 이해할 수 있을 것입니다. 물론 이 책만 가지고도 충분히 이해할 수 있도록 했습니다.

이 책에서는 생명나무를 [생명나무]로, 선악을 알게 하는 나무를 [선악의 지식나무]로, 생명나무의 열매를 [생명과]로, 선악을 알게 하는 나무의 열매를 [선악과]로 사용합니다. 용어에 혼동이 없기를 바랍니다.

번역상의 오류나 오해의 소지가 많은 말씀일 경우에 히브리어 원문을 살펴봅니다. 히브리어 전문가는 아니기에 번역에 실수가 있을 수 있습니다. 또한, 발음을 옆에 기록해 놓았지만 실제 발음과 다를 수 있음을 알려드립니다.

Part 5 생명과와 선악과

Part 6 아담과 하와의 범죄

Part 7 아담과 하와가 받은 형벌

Part 10   하나님의 아들들

Part 11 노아의 홍수

Part 1

새로운 세계

Chapter 1

신화인가? 사실인가?

에덴동산에 관한 성경 기록은 신화일까요? 아니면 사실일까요?

많은 사람이 에덴동산의 내용을 신화라고 생각합니다. 예수님을 믿는 기독교인들조차 에덴동산에 관한 내용을 사실이라고 당당하게 주장하지는 못합니다. 에덴동산에 관한 내용을 사실이라고 주장하기에는 말하는 뱀과 같은 신화적인 요소가 있어서 논리적으로 설명할 수 없기 때문입니다.

에덴동산에 관한 성경 기록은 신화가 아니라 사실이 맞습니다. 왜 사실일까요? 사실이라는 것을 어떻게 증명할 수 있을까요?

물론 에덴동산의 기록이 사실이라는 것을 성경 말씀 속에서 증명할 방법은 없습니다. 하나님은 에덴동산에 관한 기록을 증명하려고 하시지 않습니다. 단지 하나님은 거침없이 말씀할 뿐입니다. 하나님은 듣는 사람의 상태를 고려하지 않고 일방적으로 전하고자 하는 내용을 말씀하십니다.

만약 누군가가 하나님의 말씀을 듣고 있었다면 하나님의 말씀을 중간에 막으면서 아마 이렇게 질문했을 것입니다.

"잠깐만요, 하나님! 뱀이 말을 했다는 것입니까?"

사람들이 성경에서 에덴동산에 관한 말씀을 읽으면서 그 내용을 믿지 못할 것이고 의심하게 될 것을 하나님도 충분히 알고 계셨을 것입니다. 그런데도 하나님은 어떤 추가적인 설명도 하시지 않습니다. 하나님은 신화처럼 보이는 내용을 우리가 이해할 수 있도록 설명하시지 않았습니다.

하나님이 우리에게 에덴동산에 관해 알려 주시는 방법은 있었던 사실을 요약하여 기록하는 것입니다. 에덴동산에서 일어났던 일들을 구체적으로 설명하지는 않습니다. 하나님이 성경 말씀을 읽게 될 사람의 상태를 고려하지 않고 일방적으로 말씀하시고 모세가 말씀을 그대로 기록하는 것을 지켜보고 계시다가 기록이 끝나면 바로 그 자리를 떠나신 느낌입니다. 추가 설명도 없고 질문도 받지 않는 느낌입니다.

어떤 학자들은 당시 근동의 설화들을 모세가 알고 있었고 이 설화들을 모아서 창세기 말씀에 삽입했다고 합니다. 그러나 저는 모세가 하나님이 불러주신 내용을 그대로 받아서 기록했다고 봅니다. 모세도 물론 당시 주변 지역의 설화를 알고 있었는지도 모릅니다. 하지만 모세가 말씀을 기록할 때는 이 설화들을 떠올리지 않았을 것입니다. 모세는 하나님이 주시는 말씀에만 집중했을 것입니다.

에덴동산에 관한 기록에서는 이 말씀을 읽게 될 후세의 사람들을 위한 배려가 전혀 없습니다. 창세기 말씀을 기록할 때 모세를 포함해서 당시 사람들이 쉽게 이해할 수 있으려면 설명이 더 필요했을 것입니다. 그러나 하나님은 에덴동산의 내용을 기록하는 모세에게조차 추가적인 자세한 설명을 하시지 않았던 것 같습니다.

에덴동산의 내용을 기록하는 이런 방식은 에덴동산의 내용이 사실임을 간접적으로 증명하는 것입니다.

한번 이렇게 생각해 봅시다.

어떤 사람이 동창 모임에 나갔습니다. 동창들을 만나서 [지하철을 타고 왔다]고 말합니다. 먼저 온 사람들은 모두가 그 말을 이해합니다. 모임에 나온 사람들은 지하철에 관해서 아무도 묻지 않습니다. 이 사람도 굳이 지하철에 관해 설명할 필요가 없습니다. 모임에 나온 모든 사람은 지하철이 무엇인지 알고 있기 때문입니다. 지하철은 사회의 기반시설로 현대사회에서는 설명할 필요가 없는 기본적인 지식입니다.

만약 신라 시대 사람이나 고조선 시대의 사람이 이 말을 듣는다면 결코 이해할 수 없을 것입니다. 이 사람에게는 지하철이 무엇인지 자세히 설명해야 합니다. 지하에 크고 긴 굴을 파고, 그 굴속으로 쇠로 만든 통나무 같은 것이 빠른 속도로 지나다니며, 그 통나무 속에는 사람들이 앉아 있다는 식의 설명을 하게 될 것입니다.

아마도 이렇게 설명하면 신라 시대 사람이나 고조선 시대 사람은 모두 무엇을 말하는지 정확히 알 수 없는 상태에서 의아해할 것입니다. 그들의 현실에서는 본 적도 없는 불가능한 것이었으니 말입니다. 아마 설명하는 것에 한계를 느끼고 더는 설명하려고 노력하지 않게 될 것입니다.

[백문이 불여일견]이라는 말처럼, 한 번도 실제로 보지 못하고 경험한 적도 없는 사람에게 여러 번 상세하게 설명하더라도 설명만으로는 이해하기 어렵습니

다. 신라 시대 사람이 지금 우리에게는 너무나도 익숙한 지하철을 직접 본다고 하더라도 쉽게 믿기 어려울 것입니다. 그래도 눈으로 본 것을 부인하지는 않을 것입니다. 왜 이런 것이 가능한지 이해하기는 어려워도 말입니다. 과학기술이 전혀 발달하지 않았던 신라 시대의 사람들이 지하철에 관해서 말로만 설명을 듣는다면 결코 이해할 수 없을 것입니다.

마찬가지로 하나님은 [말하는 뱀]에 대해서 성경 상에서 우리에게 아무런 설명도 하지 않습니다. 뱀이 왜 말하게 되었는지, 이런 뱀들이 얼마나 많은지, 언제부터 뱀들이 말하게 되었는지 그리고 지금은 왜 말하는 뱀들을 찾아볼 수가 없는지 하나님은 어떤 것도 설명하시지 않습니다. 하나님이 설명하지 않는 이유는 아마도 모세를 포함해서 당시의 사람들에게는 설명할 방법이 없었기 때문일 것입니다. 지금까지의 모든 사람이 에덴동산에 관한 내용을 제대로 이해하지 못할 것을 하나님은 예견하셨을 것입니다.

현대인 중 많은 사람이 에덴동산의 내용을 신화나 판타지 소설처럼 여기고 비현실적인 내용으로 일어날 수 없는 일이라고 생각합니다. 우리가 경험하는 세계에서는 [말하는 뱀]과 같은 존재가 없기 때문입니다. 경험할 수 없기에 우리에게는 에덴동산의 내용은 그저 신화로 받아들여질 수밖에 없습니다.

코페르니쿠스가 등장해서 지동설을 주장하기 전까지 중세시대의 천문학에서 천체에 관한 대표적인 가설은 천동설이었습니다. 물론 지구가 돌고 있다는 사실을 코페르니쿠스보다 먼저 주장한 사람도 있었다고 합니다만 학계에서는 코페르니쿠스를 지동설의 시작으로 보고 있다고 합니다. 이렇게 인류는 16세기가 되도록 천동설을 믿고 있었고 그때까지 우물 안 개구리처럼 우리 인류의 지식은 많이 부족했습니다.

지금도 우리 인류는 제한적인 지식으로 인해 알 수 없는 새로운 세계에 대해서는 생각조차 하지 못합니다. 어쩌면 하나님은 새로운 세계를 이미 6,000년 전에 알려 주신 것일 수도 있습니다. 다만 이 말씀을 듣는 사람들이 제한된 지식의 한계로 인해서 하나님이 제시하시는 새로운 세계를 이해하지 못했던 것일지도 모릅니다.

[말하는 뱀]은 우리가 알지 못했던 거대한 세계의 한 조각이 우리 인류의 시야 속에 잠시 나타났다가 사라진 것일 수 있습니다. 거대하고 놀라운 새로운 세계가 펼쳐져 있었지만 그 세계를 경험한 적이 없었기에 우리에게는 보이지 않은 그 세계가 판타지 혹은 상상 속에 머물러 있는지도 모릅니다. 어쩌면 그 세계는 새로운 세계가 아니라 이미 오래된 세계일 것입니다. 단지 경험하지 못한 우리에게만 거대하고 새로운 세계로 보일 것입니다.

새로운 세계에 관한 성경의 증언을 우리는 조금 더 열린 마음으로 들어야 합니다. 그러면 하나님이 제시하시는 멋진 세상을 보게 될 수 있을 것입니다.

이 책에서는 [말하는 뱀]이 실존했다는 것을 전제로 설명합니다. [말하는 뱀]이 사탄을 비유한 것이 아니라는 것도 설명합니다. [말하는 뱀]은 지금의 현실에서는 존재하지 않지만 당시에 실존했던 하나의 species(종)라고 전제합니다.

만약 [말하는 뱀]의 존재를 부인하게 되면 에덴동산, 아담과 하와의 창조, 아담과 하와의 범죄, 가인과 아벨, 하나님의 아들들과 사람의 딸들, 노아 시대의 홍수를 제대로 이해할 수 없게 됩니다. 아담과 에덴동산의 창조에서부터 노아 시대의 홍수 사건에 이르기까지 이 모든 것이 말하는 뱀(동물)과 연결되어 있기 때문입니다.

마가복음 10장 15절에서 예수님은 [누구든지 하나님의 나라를 어린아이와 같이 받들지 않는 자는 결단코 그곳에 들어가지 못하리]고 말씀했습니다. 이 말씀은 우리가 [말하는 뱀]이 세상에 어디에 있느냐며 말하는 뱀의 존재를 부인할 때, 하나님의 나라를 바르게 이해할 수 없게 된다는 뜻도 될 것입니다. 어린아이들은 어른이 말하는 것을 그대로 믿습니다. 예수님은 하나님의 말씀에서 있다고 한 내용은 어린아이처럼 그대로 있는 것으로 받아들이라고 말씀하신 것입니다.

마태복음 11장 15절에서 예수님은 [이것을 지혜롭고 슬기 있는 자들에게는 숨기시고 어린아이들에게는 나타내심을 감사하나이다]라고 말씀했습니다. 성경을 연구하는 많은 분이 자신이 지혜롭고 똑똑하다고 믿고 성경 말씀을 분석하고 연구하면서 사람의 이성으로 받아들일 수 없는 내용은 배척합니다. 그래서 현실에서는 말하는 뱀이 존재하지 않기 때문에 에덴동산의 내용을 고대 근동의 설화 중 하나로 치부합니다. 그러나 예수님은 [말하는 뱀]에 관해서 성경에 기록된 것을 어린아이처럼 그대로 수용하라고 우리에게 말씀하신 것입니다.

성경에는 말하는 뱀이 나옵니다. 그러니 말하는 뱀이 있었다는 것만 일단 인정하고 시작합시다. 그러면 에덴동산부터 노아 시대의 홍수까지 성경의 여러 난제가 쉽게 풀릴 것입니다.

Chapter 2

지금은 너희가 감당할 수 없다

성경 말씀: 요한복음 16장 12절

"내가 아직도 너희에게 이를 것이 많으나 지금은 너희가 감당하지 못하리라

그러나 진리의 성령이 오시면 그가 너희를 모든 진리 가운데로 인도하시리니

그가 스스로 말하지 않고 오직 들은 것을 말하며 장래 일을 너희에게 알리시

리라"

이 말씀은 예수님이 유월절 만찬 자리에서 제자들에게 말씀하신 것입니다. 예수님은 제자들에게 이를 것이 많다고 하셨습니다. 그런데 이때 예수님은 제자들에게 할 말을 다 하지 못했습니다. 제자들이 감당할 수가 없었기 때문입니다.

예수님에게는 제자들에게 말씀하고 싶은 내용이 더 있었습니다. 물론 이 내용은 성경에 기록되지 않았습니다. 당시에는 제자들이 감당할 수 있는 내용이 아니라서 예수님이 말씀하지 않았기 때문입니다.

제자들이 감당할 수 없다는 말은 무슨 의미일까요?

성경 말씀: 요한복음 6장 60절

"제자 중 여럿이 듣고 말하되 이 말씀은 어렵도다. 누가 들을 수 있느냐 한대"

이것은 예수님의 말씀을 들은 제자들이 한 말입니다. 예수님이 오병이어의 기적을 베푸신 다음 날 바다 건너편으로 가셨을 때 사람들이 예수님을 찾아 따라왔고 예수님의 말씀을 들었습니다. 여기서 예수님이 하신 말씀의 핵심은 [예수님의 살과 피를 먹고 마시라]는 것입니다. 그들은 예수님이 기적을 행하시는 것을 경험하고 환호하면서 예수님을 왕으로 삼으려고 했던 유대 사람들입니다. 그런데도 예수님의 말씀을 듣고는 이해하기 어렵다고 표현한 것입니다.

성경 말씀: 요한복음 6장 66절
"그때부터 그의 제자 중에서 많은 사람이 떠나가고 다시 그와 함께 다니지 아니하더라"

이후에 제자 대부분이 예수님을 떠났습니다. 그들은 [인자의 살과 피를 먹고 마시라]는 말씀을 들었을 때 그 말씀을 수용할 수 없었기 때문입니다. 요한복음 6장 60절에서 [이 말씀이 어렵다]는 표현은 예수님의 말씀이 틀렸다는 표현입니다. 그들은 예수님이 율법에 어긋나는 말씀을 하셨다고 생각했습니다. 그래서 예수님을 버리고 떠났습니다.

아무리 예수님이 기적을 행하시고 배불리 먹여 주셔도 자신들이 알고 있는 기존 지식과 맞지 않는 것을 말씀하면 처음에 왕으로 삼으려고 했었어도 결국에는 예수님을 버리고 떠납니다.

요한복음 6장 61절을 보면 예수님은 [이 말이 너희에게 걸림이 되느냐?] 반문하셨습니다. 만약 당시에 열두 제자도 예수님의 말씀을 감당하지 못했다면 다른 제자들처럼 예수님이 버리고 떠났을 것입니다. 그러나 열두 제자는 [인자의 살과 피]에 대한 말씀을 들었어도 이 말씀에 걸리지 않았습니다.

그런 열두 제자에게 이후 예수님은 요한복음 16장 12절에서 [너희가 감당할 수 없다]고 말씀합니다. 여기서 예수님이 말씀하지 않은 내용은 비록 열두 제자라고 하더라도 감당할 수 없다는 것입니다. 만약 마지막 유월절 만찬 때 예수님이 모든 것을 다 말씀하셨다면 아마 남은 제자들 역시 감당하지 못해서 예수님을 버리고 떠났을지도 모릅니다.

이처럼 요한복음 16장 12절에 기록되어 있는, 예수님이 말씀할 수 없었던 내용은 [인자의 살과 피를 먹고 마시라]는 말씀보다 더 감당할 수 없는 내용입니다. [인자의 살과 피를 먹고 마시라]는 내용은 열두 제자들이 감당할 수 있었기 때문에 예수님이 말씀했습니다. [인자의 살과 피를 먹고 마시라]는 내용은 영생과 관련된 말씀입니다. 예수님이 제자들에게 말씀하지 못한 진리는 영생에 관한 말씀보다 더 무겁고 감당하기 힘든 내용입니다.

열두 제자는 예수님의 모든 사역에서 예수님과 함께했습니다. 예수님이 베푸시는 기적을 많이 경험했습니다. 그랬던 열두 제자도 감당할 수 없었던 말씀이 있었습니다. 기적과 이적을 체험하고 예수님과 늘 함께했지만 그래도 감당할 수 없는 진리가 있습니다. 열두 제자뿐만이 아니라 오병이어의 기적을 경험하고 예수님을 왕으로 삼으려고 했었어도 [살과 피]의 말씀을 듣고 떠났던 유대인들이 이를 증명합니다. 눈앞에서 예수님이 베푸는 기적과 이적을 체험했어도 그들이 감당할 수 없는 진리가 있습니다.

요한복음 16장 13절에는 [진리의 성령이 오시면 그가 너희를 모든 진리 가운데로 인도하신다]고 기록되어 있습니다. 당시에 예수님이 제자들에게 말할 수 없었던 내용을 진리의 성령이 오면 말할 것이라는 의미입니다. 예수님은 요한복음 16장 12절에서 제자들에게 [지금은] 감당하지 못한다고 말씀했습니다. 그

때는 말할 수 없었다는 것입니다. 그런데 진리의 성령이 오시면 예수님이 말씀하지 못한 것을 말하게 된다는 뜻입니다.

왜 그럴까요? 진리의 성령이 예수님보다 더 논리적이고 더 쉽게 잘 설명하기 때문일까요? 예수님이 설명을 잘하지 못하기 때문에 지금은 말하지 못한다고 하신 것일까요? 당연히 아닙니다.

[진리의 성령]은 오순절 날 마가의 다락방에 임한 성령이고 이때부터 성령의 역사가 시작되었다고 많은 분이 주장합니다. 그 후로 지금까지 성령이 계속해서 역사하면서 신자들을 진리 가운데로 인도한다고 주장합니다. 이런 주장은 잘못된 것입니다.

예수님은 최후의 만찬 자리에서 열두 제자에게 [지금은 너희가 감당할 수 없다]고 말씀했습니다. 오순절 날은 예수님이 부활하신 지 50일째 되는 날입니다. 예수님이 제자들과 최후의 만찬을 드신 이후로 채 두 달도 되지 않았습니다.

예수님은 열두 제자에게 [너희는 감당할 수가 없다] 말씀하셨고 그들이 감당할 수 없는 진리는 말씀하지 않았습니다. 그러면 열두 제자가 단지 두 달 만에 모든 진리를 이해하고 감당할 수 있는 상태로 바뀐다는 것일까요? 예수님이 3년 동안 가르치셨지만 제자들이 감당할 수 없는 것이 있었습니다. 그랬던 제자들이 단 두 달도 안 되는 사이에 감당할 수 있는 상태로 바뀔 수는 없습니다.

예수님은 부활하신 후에 40일간 승천하지 않고 제자들과 함께 계시면서 성경에 예언된 내용을 풀어 주셨습니다. 그러나 최후의 만찬 때 말씀하실 수 없었던 진리는 끝내 말씀하지 않고 승천했습니다. 그 진리들은 진리의 성령이 와서 말할 것이라고 말씀하셨기 때문에, 예수님이 말할 내용은 아니었습니다.

예수님이 제자들에게 말씀하지 않은 진리는 제자들이 감당할 수 없었습니다. 그랬던 제자들이 예수님이 부활하신 후로 50일 만에 모든 진리를 감당할 수 있을 정도로 성장했다는 말일까요? 그래서 예수님이 승천하신 지 10일 만에 진리의 성령이 오셔서 열두 제자에게 모든 진리를 가르치셨다는 의미일까요?

당연히 그럴 수는 없습니다.

우리 자신들의 경험을 한번 떠올려 보세요. 많은 성도가 성령의 역사를 경험합니다. 성령으로 거듭나는 것으로 느껴진 순간들이 각자에게 있습니다. 뜨거운 회개를 하면서 자신이 새롭게 변화되는 듯한 경험을 합니다. 성령의 은사를 경험하고 방언을 말하기도 합니다. 여러 가지 신비한 체험을 하면서 성령이 우리 자신에게 임했다고 느낍니다. 그때의 경험을 떠올려 보세요.

그러면 이런 경험을 한 후에 우리 자신의 지능이 갑자기 좋아졌나요? 우리의 이해력과 판단력이 월등히 좋아졌나요? 며칠 전까지 이해하지 못했던 어려운 공식이나 전문적인 지식이 갑자기 이해되던가요? 이처럼 우리가 성령을 체험하는 경험을 했을지라도 우리의 지적 수준과 판단력과 지능이 갑자기 좋아지지는 않습니다.

사람이 어떻게 50일 만에 바뀔 수 있겠습니까? 오순절날 성령의 역사가 있었던 것은 사실입니다. 그러나 진리의 성령은 오순절 날 마가의 다락방에서 제자들에게 임한 것이 아닙니다. 진리의 성령은 인류가 많이 성장할 때까지 기다렸다가 오시는 것입니다. 인류가 많이 성장한 후에 모든 진리를 배우고 감당할 수 있을 때가 되면 그때 우리 인류에게 오셔서 모든 진리로 인도하신다는 의미입니다.

제자들이 말씀을 이해하지 못하는 원인은 예수님에게 있지 않습니다. 제자들에게 있습니다. 제자들이 감당할 수 없었기 때문입니다. 예수님이 설명을 잘하지 못해서가 아닙니다. 2,000년 전에는 진리의 성령도 제자들에게 설명하지 못했을 것입니다. 제자들이 감당하지 못할 것이기 때문입니다.

제자들의 지적 수준이 당시 사회의 평균과 비교했을 때 평균보다 낮다는 말은 아닙니다. 제자들의 지적 수준은 당시 시대의 평균적 지식에 기반합니다. 제자들의 수준이 그 시대 최고의 지적 수준을 넘을 수는 없기 때문입니다. 그 시대의 사회는 광활한 우주에 대한 폭넓은 지식을 수용할 수 없었습니다. 현재의 우리 사회도 아직 우주를 잘 알지 못합니다. 우리 사회도 아직 더 발전해야 합니다. 그러니 예수님 당시의 제자들이 얼마나 우주와 같은 광활한 것들을 이해할 수 있는 지식을 가질 수 있었겠습니까.

요한복음 16장 13절에 나오는 [진리의 성령이 오시면 그가 너희를 모든 진리 가운데로 인도하신]다는 말씀은, 사람들이 예수님의 말씀을 감당할 수 있는 시대가 되었을 때 진리의 성령이 모든 진리를 가르치고 말씀하신다는 뜻입니다. 그래서 예수님이 말씀하지 못했던 진리는 그 말씀을 감당할 수 있는 시대가 되어야 들을 수 있습니다. 한 개인이 노력해서 되는 것이 아니라 인류 전체가 계속 발전하면서 더 많은 지식을 쌓아야 한다는 뜻입니다. 아마도 지금은 인류가 예수님이 말씀하지 못했던 진리를 들을 수 있을 정도로 성장했다는 생각이 듭니다.

이 책에서는 진리의 성령에 관심을 두는 것이 아니라 열두 제자가 감당할 수 없었던 진리에 관해 관심을 두고 거기에 집중하고자 합니다.

예수님이 제자들에게 말씀하지 않은 진리는 4복음서에 기록되지 않았습니다. 그래서 4복음서에서는 찾아볼 수 없는 내용입니다. 물론, 예수님이 직접 말씀하지 않은 성경의 다른 어느 부분에 기록은 되어 있어도 사람들에게 지금까지 가려져 있었던 내용일 것입니다.

예수님이 제자들에게 말씀할 수 없었던 내용은 당시 열두 제자가 받아들일 수 없었던 것입니다. 그래서 현대인들에게도 받아들이기 쉽지 않은 내용일 것입니다. 예를 들어, 창세기 3장 에덴동산의 내용에 나오는 [말하는 뱀]과 같은 것입니다. [말하는 뱀]은 현대인들도 받아들이기 어렵습니다. 하물며 2,000년 전 예수님 당시의 제자들이 받아들일 수 있었겠습니까.

이제 우리 인류는 많이 성장했습니다. 기계공학과 천문학과 물리학과 의학과 생물학과 유전학과 기타 많은 분야의 기술이 발전했습니다. 또한 인류는 세대를 거치면서 다양한 지식을 쌓았습니다. 이제는 우리 인류도 세상을 좀 더 넓게 볼 수 있는 안목을 가졌습니다. 하나님이 보시기에도 인류는 성장했을 것입니다.

예수님이 승천하신 후로 2,000년이 흐르면서 인류는 성장했습니다. 2,000년 전에 예수님이 제자들에게 말할 수 없었던 진리까지도 이제는 이해할 수 있게 되지 않았을까 하는 생각이 듭니다.

맨 처음 문을 열고 들어갈 때는 용기가 필요합니다. 그러나 일단 문을 열고 들어가면 창세기 6장까지의 새로운 세계가 눈앞에 펼쳐져 있을 것입니다. 이 책을 읽는 분들에게 이런 기회가 열리기를 바랍니다.

Chapter 3

하나님은 지금보다 진보된 세계를 제시합니다

현대사회는 눈부신 발전을 이루었습니다. 지금은 자동차 기술이 발전하여 자율주행까지 할 수 있는 시대가 되어 가고 있습니다. 또 인공지능기술이 계속 발전하고 있습니다. 로봇기술도 계속 발전하고 있고 나노과학과 천문학과 의학과 기타 여러 분야의 기술이 발전하고 있습니다.

지금은 우리 인류가 탐사선을 화성에 보내고 있습니다. 보이저(Voyager)라는 탐사선은 카이퍼벨트(Kuiper Belt)와 태양권계면(Heliopause)을 넘어서 태양계 밖인 성간 우주(Interstellar)로 나갔습니다. 인류는 눈부신 발전을 이루고 있습니다.

하지만 눈부신 발전을 이루고 있다는 생각은 우리만의 생각일지도 모릅니다. 하나님이 보시기에는 어떨까요? 하나님이 보시기에 인류는 이제 걸음마를 막 시작한 아기와 같지 않을까 싶습니다.

한번 이렇게 생각해 봅시다.

지구에 감춰진 나라가 있었다고 가정합니다. 이 나라는 지금까지 발견되지 않았습니다. 그런데 갑자기 태평양 한가운데 땅이 솟구쳐 올랐습니다. 이 새로운 땅의 나라가 스스로 자신을 드러냈습니다. 그리고 전 세계의 사람들을 자신의 나라로 초대합니다. 많은 사람이 이 나라를 구경하려고 방문합니다.

이 나라에는 먹고살기 위해 일하는 사람이 없습니다. 이 나라는 사람이 태어날 때부터 죽을 때까지 정부에서 기본적인 삶을 보장해 줍니다. 음식과 옷과 집을 기본으로 제공합니다. 아무도 재산을 축적하지 않습니다. 사람들은 자신의 꿈을 이루기 위해 노력하고 이상을 실현하기 위해서 각자 자신의 삶을 삽니다. 필요한 것은 정부에서 제공합니다. 일부 사람은 인류와 국가의 발전에 도움이 됩니다. 기본적인 노동은 인공지능으로 만들어진 로봇들이 합니다. 농사하는 일도, 공산품을 생산하는 일도, 고기를 잡고 가공하는 일을 인공지능 로봇이 합니다. 1차 생산은 모두 로봇들이 합니다. 도로에는 인공지능 자동차가 다닙니다. 인공지능 자동차는 친환경 기술을 이용해서 다니며 자동차가 다니는 모든 도로는 지하에 있습니다. 지상에는 아름다운 자연이 있고 자연 친화적 건축기술로 만들어진 건물들이 있습니다.

이 나라의 의학기술은 최고로 발전하였습니다. 그래서 사람이 병에 걸리지 않게 되었습니다. 암은 이미 정복되었고 일정한 나이가 되면 세포의 성장이 멈춥니다. 더는 세포의 성장이나 노화가 진행되지 않습니다. 세포가 가장 좋은 상태가 되었을 때 그 상태가 영원히 지속됩니다. 그래서 사람을 고의로 죽이지만 않는다면 사람들은 젊은 상태를 유지하며 영원히 늙지 않고 죽지 않습니다. 이 나라에서는 동물도 사람을 두려워하지 않으며 동물이 사람의 말을 어느 정도 알아듣고 사람들과 어우러져 살고 있습니다.

우리가 생각하는 유토피아가 이런 모습일 것입니다. 물론, 동의하지 않는 분도 있을 것입니다.

이런 세계가 현실에서도 결코 불가능하게 보이지는 않습니다. 인류의 과학기술이 계속 발전하면 이런 세계가 올 것 같습니다. 그런데 이런 세계를 이미 아주 오래전에 제시한 분이 있습니다. 바로 예수 그리스도입니다.

성경 말씀: 마태복음 6장 25절
"그러므로 내가 너희에게 이르노니 목숨을 위하여 무엇을 먹을까, 무엇을 마실까, 몸을 위하여 무엇을 입을까, 염려하지 말라. 목숨이 음식보다 중하지 아니하며 몸이 의복보다 중하지 아니하냐. 공중의 새를 보라 심지도 않고 거두지도 않고 창고에 모아들이지도 아니하되 너희 하늘 아버지께서 기르시나니, 너희는 이것들보다 귀하지 아니하냐. 너희 중에 누가 염려함으로 그 키를 한 자라도 더할 수 있겠느냐? 또 너희가 어찌 의복을 위하여 염려하느냐? 들의 백합화가 어떻게 자라는가 생각하여 보라. 수고도 아니하고 길쌈도 아니하느니라. 그러나 내가 너희에게 말하노니 솔로몬의 모든 영광으로도 입은 것이 이 꽃 하나만 같지 못하였느니라. 오늘 있다가 내일 아궁이에 던져지는 들풀도 하나님이 이렇게 입히시거든 하물며 너희일까보냐. 믿음이 작은 자들아, 그러므로 염려하여 이르기를, 무엇을 먹을까, 무엇을 마실까, 무엇을 입을까 하지 말라. 이는 다 이방인들이 구하는 것이라. 너희 하늘 아버지께서 이 모든 것이 너희에게 있어야 할 줄을 아시느니라"

이 말씀은 산상수훈으로 알려진 말씀입니다. 여기서 예수님은 [무엇을 먹을까, 무엇을 마실까, 무엇을 입을까 염려하지 말라]고 말씀합니다.

이것들은 하나님 나라에서 기본으로 다 제공하는 것이기 때문에 하나님의 백성이 걱정할 내용은 아닙니다. 하나님의 나라는 기술이 고도로 발전한 나라입니다. 예수님은 우리보다 훨씬 먼 미래의 세계를 바라보고 말씀하신 것입니다.

단순히 미래의 세계가 아니라 기술이 크게 앞선 세계를 말합니다. 우리 인류가 이런 세계를 이루려면 아직도 많은 시간이 필요하기에 미래의 세계라는 표현을 사용한 것입니다.

예수님이 말씀하신 내용은 예수님 당시에 이루어질 것도 아니며 현대사회에서 이루어질 것도 아닙니다. 예수님이 말씀하신 내용은 기술이 고도로 발달한 세계를 의미하기 때문입니다.

탄자니아에 세렝게티 국립공원이 있습니다. 사자는 약 2천 마리, 코끼리는 약 2천 7백 마리, 사바나 얼룩말은 약 6만 마리, 톰슨가젤은 약 15만 마리, 마사이 기린은 약 8천 마리 등과 함께 많은 동물이 살고 있다고 합니다. 이곳에 사는 얼룩말과 톰슨가젤은 편안하고 행복하게 사는 것 같습니다.

그런데 자세히 보면, 이 초식동물들은 사자들을 피해 도망을 다니며 하루하루를 살고 있습니다. 풀을 뜯는 모습이 평온해 보이지만 이 초식동물은 먹이를 먹을 때에도 긴장을 늦추지 않습니다. 이 동물들은 하루를 살아도 죽지 않기 위해 열심히 뛰어다닙니다. 사자가 언제 접근할지 몰라서 항상 경계를 늦추지 않습니다. 이 동물들은 예수님의 말씀대로 심지도 않고 거두지도 않고 창고에 모아들이지도 않습니다. 그래서 하나님이 길러 주시는 것 같은데도 사자에게 잡히면 죽음을 피할 수 없습니다.

세렝게티 지역에 건기가 오면 물이 말라서 고갈됩니다. 그러면 많은 동물이 물을 찾아 길을 떠납니다. 어떻게 보면 고달픈 삶의 현장입니다. 이런 동물을 보면서 [하나님께서 기르신다]는 생각을 할 수 있을까요? 하나님이 기르신다고 말하려면 우선 사자들부터 없어져야 하지 않을까요? 그러면 육식하는 사자들은 하나님이 어떻게 기르셔야 할까요?

결론적으로 마태복음 6장 25절 이하의 말씀은 예수님 당시의 일도 아니며 2,000년이 지난 현재의 일도 아닙니다. 아직은 이루어지지 않았지만 미래에 하나님이 이루실 하나님 나라의 모습입니다.

성경 말씀: 이사야 65장 25절
"이리와 어린 양이 함께 먹을 것이며 사자가 소처럼 짚을 먹을 것이며 뱀은 흙을 양식으로 삼을 것이니 나의 성산에서는 해함도 없겠고 상함도 없으리라 여호와께서 말씀하시니라"

이 말씀은 이사야 선지자가 하나님께 받아 대언한 것입니다. 이 말씀에서 하나님은 하나님 나라의 모습을 설명하셨습니다. 하나님이 이 땅 위에 이루고자 원하시는 하나님의 나라에서는 사자가 풀을 먹습니다. 사자는 초식동물을 잡아먹지 않습니다. 이때가 되면 세렝게티의 초식동물을 보면서 하나님이 기르신다는 말씀을 실감하게 될 것입니다.

하나님은 우리에게 하나님의 나라의 완전한 모습을 보여 주셨습니다. 사자의 식성이 육식에서 초식으로 바뀐 세상입니다. 하나님이 보여 주시는 이 세계는 현재 우리 인류가 이루지 못한 세계입니다. 이런 세계를 이루려면 인류는 유전공학에서 아직도 더 많은 기술의 발전을 이루어야 합니다. 모든 분야의 기술이 더 발전해야 합니다. 다시 말해서 하나님이 우리에게 제시하시는 세계는 우리 인류가 아직 경험하지 못한 세계입니다. 하나님이 우리에게 보여 주시는 세상은 인류의 과학기술이 더 많이 발전했을 때 이룰 수 있는 세상입니다. 하나님이 말씀하는 세상은 문명이 크게 발전된 미래의 세상입니다.

우리는 성경 말씀을 읽으면서 현재의 우리 인류가 가장 발전된 문명 세계라는 가정하에 성경 말씀을 읽습니다. 과학 문명을 이룬 현대사회의 시각에서 문명이 아직 발달하지 못한 고대의 이야기를 읽는 것으로 착각합니다. 그런데 실제로는 인류가 아직 도달하지 못한 극도로 발전한 미래의 세계를 하나님은 아주 오래전부터 말씀으로 제시하고 계셨던 것입니다.

과거 모세가 살았던 시대의 사람들과 이사야 선지자가 살았던 시대의 사람들과 예수님이 활동하셨던 시대의 사람들은 하나님이 제시하신 천국을 이해하지 못했습니다. 현시대를 사는 우리도 성경에서 제시한 미래의 세계를 이해하지 못하고 있습니다. 그래서 하나님의 말씀을 들으면서도 허구, 공상 혹은 신화적이라고 생각해 왔습니다.

하나님은 이미 각종 분야의 과학기술이 극도로 발전한 사회의 모습을 알고 계셨습니다. 과학기술이 더 발전할 수 없을 정도로 발달한 문명 세계를 하나님은 설계하셨습니다. 그리고 이런 세계를 [하나님의 나라]라는 이름으로 우리 인류에게 약속하셨습니다. 아직 이 약속을 이해할 만큼 인류가 성장하지 못했을 뿐입니다.

모세 때나 구약시대 선지자 때나 예수님 때까지도 우리 인류의 문명과 지식은 말씀 속에 제시된 [하나님의 나라]보다 아주 많이 뒤떨어져 있었습니다.

그런데 이제는 인류가 조금 성장한 듯합니다.

하나님이 창세기에서 모세를 통해 말씀하신 [에덴동산]과 이사야 선지자를 통해 보여 주신 [새 하늘과 새 땅]의 모습과 예수님이 산에 오르셔서 [걱정하지 말라고 당부하신 말씀을 이제는 조금 이해할 수 있을 정도로 인류가 성장하지 않았나 하는 생각이 듭니다.

하나님은 우리가 경험하지 못한 세계를 계속해서 말씀해 오셨습니다. 모든 분야의 기술이 최고로 발달한 문명 세계를 설명하셨습니다. 이런 세계를 우리에게 주시겠다고 약속하셨습니다. 그것들을 한번에 다 이해하기에는 너무나 어렸던 우리 인류가 놀라지 않도록 조심스럽게, 인류가 성장하는 것을 보며 거기에 맞춰 조금씩 설명을 추가하면서 말씀해 오셨습니다. 언젠가 인류가 이해할 날을 기다리며 조금씩 나누어 말씀했습니다. 처음부터 말씀하고 계셨다는 것을 알 수 있도록 각 시대마다 퍼즐 조각을 하나하나 주셨습니다. 이제는 이 퍼즐 조각들을 맞출 때입니다.

마음의 문을 열고 좀 더 넓은 시각으로 성경을 바라보세요.

콜럼버스의 달걀이라는 유명한 일화가 있습니다. 신대륙 항해를 마치고 돌아온 콜럼버스를 시기한 사람들이 있었는데, 그들은 콜럼버스의 업적에 대해 [누구나 할 수 있는 일]이라고 깎아내렸습니다. 그래서 콜럼버스는 그들에게 달걀을 세워 보라고 요구했고 아무도 달걀을 세우지 못했습니다. 콜럼버스는 달걀 끝을 살짝 깨서 달걀을 세웁니다. 그러자 시기했던 사람들은 [누구나 할 수 있는 일]이라며 다시 비판했습니다. 이때 콜럼버스가 한 말이 매우 유명합니다.

콜럼버스는 [누군가를 따라 하는 것은 쉬운 일이나 무슨 일이든 처음 하기는 절대 쉽지 않은 일]이라고 했습니다.

사람들이 전혀 생각하지 못했던 방향으로 새롭게 생각해 보는 것을 [사고의 코페르니쿠스적 전환]이라고 합니다. 사고의 코페르니쿠스적 전환은 쉽지 않은 일입니다. 그러나 누군가가 이런 사고의 전환을 해서 어떤 것을 말한다면, 그 후로는 [콜럼버스의 달걀]이라는 일화에서 콜럼버스가 한 말처럼, 다른 사람들은 좀 더 쉽게 사고의 전환을 할 수 있습니다. 이를 계기로 몰랐던 사실을 알 수 있습니다.

성경은 구시대적인 신화의 이야기가 아닙니다. 하나님은 우리에게 최고의 문명 세계를 약속하셨습니다. 성경에서 하나님이 약속한 세계를 알 수 있을 만큼 인류는 성장해 왔습니다. 현재보다 발전한 멋진 하나님의 나라를 알기 위해서는 코페르니쿠스적 사고의 전환이 우리에게 필요합니다.

이제 코페르니쿠스적 사고의 전환을 이루기 위해 본격적으로 에덴동산의 이야기를 시작하려고 합니다.

Chapter 4

말하는 뱀에 대한 동의

에덴동산에 나오는 뱀이라는 단어는 히브리어로 נָחָשׁ[나하시]입니다.

이 뱀은 우리가 흔히 알고 있는 뱀(Snake)과는 다릅니다. 영어 성경에는 대부분 [뱀]이 serpent로 번역되어 있습니다. snake는 주로 작은 뱀을 의미하고, serpent는 주로 큰 뱀을 의미합니다.

에덴동산에 나오는 [뱀]은 두 발로 서서 다니고 두 손으로 여러 가지 물건을 쥐고 일을 하며 문장을 만들어 사람과 대화를 하고 논리적으로 사고하는 지적인 존재입니다. 이 뱀은 snake나 serpent와는 다릅니다. 에덴동산의 뱀은 파충류에 속하기는 하겠지만 지금의 뱀과는 두개골의 구조가 다를 것입니다. 이런 추측은 에덴동산의 뱀이 말을 하기 때문에 가능합니다. 지금의 뱀은 말할 수 있는 구강 구조로 되어 있지 않습니다. 다시 말해서, 에덴동산의 뱀은 우리가 아는 뱀의 머리 모양을 하고 있지 않습니다. 에덴동산의 뱀을 그릴 때는, 삼각형의 머리와 뾰족한 턱과 가늘고 긴 혀를 날름거리는 모습으로 그려서는 안 됩니다.

에덴동산을 이해하기 위해서는 뱀의 존재를 인정해야 합니다. 최소한 이 책을 읽는 동안에는 말하는 뱀에 대한 문제는 덮어두고 가자는 것입니다. 창세기 3장 1절에서 뱀이 하와에게 말을 한다고 하니, 기록된 것 그대로 성경 말씀을 수용하자는 것입니다. 물론 현재의 현실과는 맞지 않는 내용입니다. 그래도 창세기에 그렇게 기록되어 있으니 일단은 말하는 뱀을 인정하고 에덴동산의 내용을 풀어보는 기회를 갖자는 것입니다.

말하는 뱀의 존재를 증명할 수는 없습니다. 그러나 하나님이 에덴동산을 통해서 우리에게 무엇을 말씀하는지 알고자 한다면 하나님이 에덴동산에 펼쳐놓으신 무대를 있는 그대로 보아야 합니다.

창세기 3장에는 말하는 뱀이 어떤 역할을 했는지 나와 있습니다. 물론 말하는 뱀이 왜 있게 되었는지, 어떻게 있게 되었는지는 설명되어 있지 않습니다. 그래서 에덴동산이라는 무대를 만든 연출자의 의도를 파악하려면 연출자의 설명을 따라가야 합니다.

[서론]과 [Chapter 1. 신화인가? 사실인가?]에서 이미 말했던 것처럼, 말하는 뱀의 존재를 그대로 인정하고 에덴동산의 이야기를 바라보면 그동안 보지 못했던 새로운 이야기가 눈앞에 펼쳐질 것입니다.

앞에서 설명한 것처럼 말하는 뱀은 기록된 것 그대로 말하는 뱀입니다. 이 뱀은 사탄이 아닙니다. 창세기 3장에서 뱀이 사탄이라는 기록은 없습니다. 그냥 뱀입니다. 창세기 3장 1절에서 뱀이 말을 한다고 하니, 일단 [말하는 뱀은 존재한다]는 명제를 정의하고 이 명제에서부터 이야기를 시작합니다.

그러고 나면 이제 몇 가지를 더 생각해 볼 수 있습니다. 그중 하나가 뱀이 하나만 있었던 것은 아니라는 점입니다. 동물에게 암수가 있듯이 뱀도 하나가 아니라 복수로 있었습니다. 만약 뱀을 사탄이라고 가정하면, 그 뱀은 하나여야 하며 유일해야 합니다. 사탄은 여럿이 될 수 없고, 암수가 없으며, 생육하여 개체 수가 늘어나는 일도 없습니다. 뱀을 사탄이라고 하면 설명을 계속 진행할 수 없게 됩니다.

뱀은 사탄이 아니라 동물인데 두 발로 서서 걸어 다닙니다. 이 뱀은 말을 합니다. 뱀들이 사람처럼 모여서 서로 잡담하며 대화하는 장면을 상상해 보세요. 이런 일이 에덴동산에서 있었습니다. 사람과 똑같이 행동합니다. 다만 그 얼굴이 뱀입니다. 이렇게 사람과 비슷하게 행동하는 뱀들이 실제로 있다고 인정하고 시작합니다. 이 책을 읽는 동안은, 성경에 기록된 내용이 현실이라고 인정하고 받아들이자는 것입니다.

Part 2

에덴동산

에덴동산은 지구의 어느 곳에 있었을까?

많은 분이 에덴동산이 어디에 있었는지 궁금해합니다. 그래서 에덴동산의 위치를 찾으려고 시도하기도 합니다. 에덴동산의 위치를 찾으려고 시도하게 된 것은 성경에서 약간의 실마리를 제공하고 있기 때문입니다.

성경 말씀: 창세기 2장 10절
"강이 에덴에서 흘러나와 동산을 적시고 거기서부터 갈라져 네 근원이 되었으니 첫째의 이름은 비손이라 금이 있는 하윌라 온 땅을 둘렀으며 그 땅의 금은 순금이요 그곳에는 베델리엄과 호마노도 있으며 둘째 강의 이름은 기혼이라 구스 온 땅을 둘렀고 셋째 강의 이름은 힛데겔이라 앗수르 동쪽으로 흘렀으며 넷째 강은 유브라데더라"

이 말씀에서 강 이름을 가지고 에덴동산의 위치를 찾을 수 있을 것으로 보입니다. 이 강은 네 개의 큰 강으로 나누어집니다. 네 강의 이름이 '비손, 기혼, 힛데겔, 유브라데'로 기록되어 있습니다. 네 강의 이름 중에서 '힛데겔과 유브라데'는 현재도 사용하는 강의 명칭입니다.

'힛데겔'은 티그리스 강의 히브리어 명칭입니다. [큰 강]이라는 의미이며, 터키와 이라크 지역으로 흐르는 강입니다. '유브라데'는 현재의 유프라테스 강을 의미하며, 터키와 시리아와 이라크 지역을 흐르는 강입니다.

이렇게 현재에도 존재하는 두 개의 큰 강의 이름이 에덴동산에 관련된 강 명칭에서 나오기 때문에 잘 찾는다면 에덴동산의 위치를 알 수 있을 것으로 사람들이 추측합니다.

하지만 에덴동산은 이 지구상에 없으며 찾을 수 없습니다. 왜 에덴동산을 찾을 수 없는지 그 이유를 설명합니다.

성경 말씀: 창세기 7장 11절
"노아가 육백 세 되던 해 둘째 달 곧 그달 열이렛날이라 그날에 큰 깊음의 샘들이 터지며 하늘의 창문들이 열려 사십 주야를 비가 땅에 쏟아졌더라"

이 말씀은 노아 때 있었던 홍수에 관한 내용입니다. 큰 깊음의 샘들이 터지고 하늘의 창문들이 열렸다고 기록되어 있습니다. 노아 당시에 지구에 큰 변화가 있었음을 보여 줍니다.

어떤 분들은 이 기록에서 [하늘의 창이 열렸다]는 표현을 [궁창 위에 물]이 지상으로 쏟아진 기록이라고 주장합니다. 그런데 이렇게 주장하게 되면 매우 큰 모순이 생깁니다. 창세기 1장 기록으로 볼 때, 넷째 날에 하나님은 해와 달과 별들을 궁창에 두셨습니다. 별들은 단순히 항성만을 의미하지 않고 퀘이사 (quasar)와 큰 은하들까지 포함됩니다. 어떤 빛은 하나로 보여도 실제로는 은하 전체의 빛이 합쳐진 것이기 때문입니다.

창세기 1장의 기록대로라면 궁창 아래의 물은 이 지구에 있는 물이 됩니다.

이것은 바다입니다. 그러면 궁창 위의 물은 태양과 달과 별들보다 더 멀리 있는 물이 됩니다. 이 물들이 노아 당시의 홍수 때 지상으로 쏟아졌다면, 태양과 달과 별들보다 더 멀리 있고 태양과 달과 별들을 감싸고 있었던 물이 항성들과 은하를 지나서 지구로 쏟아졌다는 의미가 됩니다. 말이 되지 않는 설명입니다.

창세기 7장 11절의 말씀은 천동설과 지구중심설과 지구평면설을 믿은 고대 사람들의 세계관에 맞춰 설명한 것입니다. 그래서 [하늘의 문이 열렸다]는 표현도 그 당시 사람들에게 맞춘 표현으로, 그만큼 많은 비가 내렸다는 뜻입니다. 고대의 사람들이 그런 식으로 믿고 있었기 때문에 그들이 이해하는 형태로 하나님이 말씀하신 것입니다.

물론 지구의 대기권 중에서 어느 높이에서 수증기 형태로 물이 있었다고 주장할 수도 있겠지만, 확인이 가능할지는 모르겠습니다.

다만 추측이 가능한 것은 노아 당시에 지구상에 큰 변화가 있었다는 것입니다. 40일 동안 비가 계속해서 내렸다는 기록은 지구에 큰 변화가 있었다는 것을 의미합니다. 여기서 추측할 수 있는 것은 지구의 지형이 바뀔 정도로 큰 지각운동이 있었다는 것입니다.

홍수가 있었을 당시, 대륙의 융기로 지금과 같은 높은 산맥들이 생기고 해저 산맥으로 인해 깊은 해구가 생기게 되었다고 추측합니다. 또한 지구 내부에 있는 물들이 지표면으로 표출되어 낮은 땅을 덮게 됩니다. 다시 말해서 홍수 이전의 지형과 홍수 이후의 지형이 완전히 다르게 변했다는 뜻입니다.

노아는 에덴동산이 어디에 있었는지 알고 있었을 것입니다. 홍수 이전까지 에덴동산은 두루 도는 화염검(불칼)과 그룹천사가 지키고 있었을 것입니다. 그런데 비가 그치고 노아가 방주에서 나와서 온 지형을 둘러봤을 때 에덴동산은 지상에서 사라지고 없었습니다.

홍수 전에 노아는 네 개의 큰 강인 '비손, 기혼, 힛데겔, 유브라데'가 어디에 있었는지 알고 있었을 것입니다. 하지만 노아가 방주에서 내린 후에는 두 개의 큰 강만을 보았습니다. 두 개의 강이 사라진 것입니다.

홍수 이전 지구의 지형을 추측하기는 어렵습니다. 하나의 큰 대륙으로 되어 있었는지, 여러 대륙으로 되어 있었는지 알 수 없습니다. 하나의 대륙이라면 땅 위의 동물들은 땅 위의 어느 위치로도 이동할 수 있었을 것입니다. 그러나 여러 대륙으로 나뉘어 있었다면 땅 위의 동물들이 대륙 사이를 이동할 수는 없었을 것입니다. 물론 새들은 대륙 사이를 오고 갔을 수 있습니다.

추측해 볼 때 에덴동산은 노아가 있었던 대륙에서 높은 곳에 있었을 것입니다. 에덴에서 작은 물줄기가 시작되어 동산을 적신 후에 큰 4개의 강이 되어 바다로 흘러 들어갔을 것입니다.

홍수 이후에 지금과 같이 현재의 지형이 생겼습니다. 유라시아, 아프리카, 아메리카, 오세아니아, 남극대륙으로 나누어졌고 바다가 넓어져서 지구 표면의 70%를 차지하게 되었습니다.

노아는 방주에서 나온 후에 자신이 살았던 고향을 찾으려고 했을 것입니다. 그러나 고향 땅은 사라졌고 지형을 전혀 알 수 없었을 것입니다. 노아는 두 개의 큰 강을 보았는데, 이 강은 자신이 홍수 이전에 알고 있던 네 개의 강 중에서 어느 강도 아닙니다. 이 두 강은 새로운 지형에 새로 생긴 강입니다. 노아는 자신이 머물게 된 지역에서 살기로 하고 이 두 강에 자신이 알고 있던 강 이름을 붙이기로 했는데, 그 강의 이름이 바로 '힛데겔과 유브라데'입니다.

홍수 이전에 노아가 살던 지역은 현재의 유라시아 대륙일 수 있습니다. 어쩌면 아메리카 대륙에 속한 지역일 수 있고, 오세아니아 대륙에 속한 지역일 수도 있고, 태평양 바다의 한가운데에 속한 지역일 수도 있습니다. 방주가 물 위에 띄워져 있는 동안, 방주는 어딘가로 흘러서 이동했을 것이고 방주가 멈춘 곳이 현재의 중동 지역일 것입니다.

노아는 방주에서 내린 후에, 현재의 유프라테스강과 티그리스강을 보고 자신이 알고 있었던 네 강의 이름 중에서 두 개의 강 이름을 붙여 불렀던 것입니다. 이처럼 중동의 두 강은 홍수 이전의 네 강이 아닙니다. 이름만 같을 뿐입니다.

하나님은 에덴동산을 지상에 그냥 둘 수 없었습니다. 에덴동산에는 생명나무가 있는데, 이 생명나무가 지금까지 존재한다고 가정해 보세요. 사람들은 에덴동산을 차지하기 위해 목숨 걸고 싸울 것이며 생명나무의 열매를 먹기 위해 모든 것을 걸고 싸움에 뛰어들 것입니다. 동산이 위치한 땅을 차지하기 위해 민족, 국가 단위의 전쟁이 일어났을 것입니다. 무기가 발달할수록 더 강한 무기를 가지고 와서 두루 도는 화염검과 그룹천사를 공격하려고 했을 것입니다. 하나님은 노아 당시에 지각변동을 일으켜 에덴동산을 지상에서 사라지게 하셨습니다.

지금까지 [에덴동산은 어디에 있을까?]라는 주제로 설명을 했습니다. 에덴동산은 지금의 지구 지표면에는 없습니다. 만약 홍수 이전의 에덴동산 위치를 현재의 위도와 경도로 표시한다면, 어느 한 점의 값이 나올 것입니다. 홍수 이후에도 이 위도와 경도로 위치를 찾으면 그곳이 에덴동산이 있었던 곳일 것입니다. 하지만 비록 좌표가 같더라도 그 지점은 예전의 지형이 아니며 그곳에는 에덴동산이 없습니다.

　에덴동산은 땅 위에서 찾을 수 없습니다. 하나님이 노아 시대의 홍수 때 에덴동산을 땅 아래로 내리셨기 때문입니다. 에덴동산은 현재 땅 아래에 있습니다.

Chapter 6

에덴동산에는 몇 그루의 나무가 있었을까?

많은 분이 에덴동산에는 두 그루의 나무만 있었던 것처럼 생각합니다. 동산 중앙에 있는 생명나무와 선악의 지식나무만 생각합니다. 또 어떤 분은 이 두 개의 나무가 하나의 나무라고도 합니다. 많은 분이 생명나무는 실제 나무가 아니라 예수님이라고 설명합니다. 또한 선악의 지식나무 역시 실제 나무가 아니라 사탄이거나 혹은 악한 존재라고 생각합니다. 물론 모든 사람이 다 이렇게 생각하는 것은 아닐 것입니다.

정말 에덴동산에는 나무가 단지 두 그루만 있었을까요?

성경 말씀: 창세기 2장 9절
"여호와 하나님이 그 땅에서 보기에 아름답고 먹기에 좋은 나무가 나게 하시니 동산 가운데에는 생명나무와 선악을 알게 하는 나무도 있더라"

이 말씀에서 하나님은 그 땅에서 보기에 아름답고 먹기에 좋은 나무가 나게 하셨다고 합니다. 많은 나무가 있었다는 것을 짐작할 수 있는 말씀입니다. 또한 [~나무도 있더라]는 형식은 추가로 이런 나무도 있었다는 의미입니다.

이 말씀 상반 절의 히브리어 원문을 보면 다음과 같습니다.

וַיַּצְמַ֞ח יְהוָ֤ה אֱלֹהִים֙ מִן־הָ֣אֲדָמָ֔ה כָּל־עֵ֛ץ נֶחְמָ֥ד לְמַרְאֶ֖ה וְט֣וֹב לְמַאֲכָ֑ל

[와이야스마 야웨 엘로힘 민-하아다마 칼-에츠 네히마드 러마르에 워토우브 러마아칼]

וַיַּצְמַ֞ח יְהוָ֤ה אֱלֹהִים֙[와이야스마 야웨 엘로힘]은 [여호와 하나님이 자라게 하셨다]는 뜻입니다. וַיַּצְמַ֞ח[와이야스마]는 접속사 וְ[와우]와 צָמַח[차마크]라는 동사의 히필형·3인칭·남성·단수가 합쳐진 형태입니다. 동사 צָמַח[차마크]는 영어로 sprout로 번역되며, [식물이 자라게 한다]는 의미입니다.

מִן־הָ֣אֲדָמָ֔ה[민-하아다마]는 [그 땅으로부터]라는 의미입니다. מִן[민]은 전치사로, 영어로는 from에 해당하며, [~으로부터]라는 의미입니다. הָ֣אֲדָמָ֔ה[하아다마]는 정관사 הָ[하]와 אֲדָמָה[아다마]라는 단어가 결합되어 있는 형태입니다. אֲדָמָה[아다마]는 영어로 ground, land로 번역되며, 한글로는 흙이라는 의미입니다.

כָּל־עֵ֛ץ[칼-에츠]는 [모든 나무]라는 의미입니다. כָּל[칼]은 남성명사로, 영어로는 every로 번역되며, 모든이라는 뜻입니다. עֵץ[에츠]는 남성명사로, 영어로는 tree, trees, wood로 번역되며, 나무라는 의미입니다.

נֶחְמָ֥ד לְמַרְאֶ֖ה[네히마드 러마르에]는 [보기에 아름답다]는 내용으로 나무를 수식하고 있습니다. וְט֣וֹב לְמַאֲכָ֑ל[워토우브 러마아칼]은 [먹기에 좋다]는 내용으로 역시 나무를 수식하고 있습니다.

이 문장에서 나무는 한 번만 언급되어 있습니다. 이 말씀은 보기에 좋은 나무가 따로 있고 먹기에 좋은 나무가 따로 있다는 말은 아닙니다. 이 문장은 [나무가 있다. 이 나무는 보기에도 좋고 먹기에도 좋다]는 의미입니다. 보기에 좋은 나무와 먹기에 좋은 나무는 같은 나무라는 것입니다.

여기서 관심 있게 봐야 할 내용은 כָל־עֵץ[칼-에츠]입니다. 그냥 [나무]가 아니라 [모든 나무]입니다. 우리말 한글 성경에는 [보기에 아름답고 먹기에 좋은 나무]라고 번역하여 [나무]를 단수로 표현하였습니다. [모든]이라는 단어가 생략되어 있습니다.

개정 개역과 개정 한글에는 단수로 번역되었는데 공동번역, 새번역, 현대인의 성경은 이 부분을 복수로 표기하여 히브리어 원어에 맞게 번역되었습니다. 대부분의 영어 성경은 히브리어 원어에 맞게 복수로 번역되어 있습니다.

하나님이 그 땅에서 모든 나무가 나게 하셨다는 것입니다. 이처럼 창세기 2장 9절의 내용을 보면, 에덴동산에는 두 개의 나무만 있었던 것이 아니라 많은 나무가 있었습니다.

동산 중앙에는 두 그루의 나무가 있습니다. 하나는 생명나무이고 다른 하나는 선악의 지식나무입니다. 이 말씀은 나무가 두 그루만 있다는 의미가 아니라 동산 중앙에 있는 나무가 두 그루였다는 의미입니다. 동산 안에는 많은 나무가 있는데, 이 나무들은 동산 중앙에 있는 것은 아니라는 말입니다. 생명나무와 선악의 지식나무, 이 두 나무를 제외한 다른 나무들은 동산 중앙이 아닌 동산 안의 여러 곳에 분산되어 자라나 있었다는 뜻입니다.

성경 말씀: 창세기 3장 7절
"이에 그들의 눈이 밝아져 자기들이 벗은 줄을 알고 무화과나무 잎을 엮어 치

마로 삼았더라"

이 말씀에서 아담과 하와가 무화과나무의 잎으로 치마를 만들었다고 합니다. 동산 안에는 무화과나무도 있었습니다. 몸을 가리기 위해 무화과나무의 잎을 사용했다면, 무화과나무는 비유가 아닌 실제 나무입니다.

이렇게 에덴동산 안에는 두 그루의 나무만 있었던 것이 아니라 많은 나무가 있었습니다. 이 나무들은 보기에도 아름다웠고 먹기에도 좋았습니다. 결론적으로, 에덴동산 안에는 많은 나무가 있었습니다.

Chapter 7

무화과나무는 왜 동산에 있었을까?

'왜 이런 주제를 잡았을까?' 하는 의문이 들 것입니다. 무화과나무는 에덴동산이 어떻게 만들어졌는지를 알 수 있는 힌트입니다. 이 Chapter에서는 무화과나무와 에덴동산에 관해 설명합니다.

첫 번째, 하나님은 동산에서 보기에 아름답고 먹기 좋은 나무를 나게 하셨습니다.

성경 말씀: 창세기 2장 9절
"여호와 하나님이 [그 땅]에서 보기에 아름답고 먹기에 좋은 나무가 나게 하시니 동산 가운데에는 생명나무와 선악을 알게 하는 나무도 있더라"

하나님이 모든 나무를 자라게 하셨습니다. 하나님은 [그 땅]에서 이 나무들이 자라나게 하셨습니다. [그 땅]은 창세기 2장 8절에 나오는 [에덴동산]을 의미합니다. 하나님이 직접 자라나게 하신 나무들은 에덴동산 내부에서 자라납니다. 하나님이 자라게 하신 나무들은 에덴동산 외부에서는 찾을 수 없습니다. 하나님은 그 땅인 [에덴동산]에 보기에 아름답고 먹기에 좋은 나무를 나게 하셨기 때문입니다.

에덴동산 내부에는 생명나무와 선악의 지식나무가 있습니다. 이 두 나무는 에덴동산 외부에서는 찾을 수 없습니다. 에덴동산 중앙에 각기 한 그루만 있었습니다.

하나님이 자라나게 하신 나무 중에는 생명나무와 선악의 지식나무가 포함되어 있습니다. 만약 에덴동산 외부에도 생명나무와 선악의 지식나무가 있었다면 아담의 범죄 후에 그룹천사와 두루 도는 불 칼로 생명나무의 길을 지키게 할 필요가 없습니다. 굳이 에덴동산으로 들어오지 않아도 외부에서 얼마든지 구할 수 있기 때문입니다. 그룹천사와 두루 도는 불 칼이 동산의 길을 지킨다는 것에서 에덴동산 외부에는 생명나무가 없음을 알 수 있습니다.

하나님은 에덴동산 외부에는 [보기에 아름답고 먹기에 좋은 나무]를 자라게 하시지 않았습니다. 오직 에덴동산 내부에서 이런 나무들이 자라게 하셨습니다. 하나님이 자라게 하신 나무들은 에덴동산 외부에서는 구할 수 없는 나무들입니다.

두 번째, 하나님은 에덴동산을 지상에서 사라지게 하셨습니다.

에덴동산은 노아 당시의 홍수가 발생할 때까지 1656년간 지상에 있었습니다. 이때까지 그룹천사와 두루 도는 불 칼이 에덴동산으로 들어가는 길을 막고 있었습니다. 아담이 동산을 나간 후로 아무도 동산 안으로 들어가지는 못했을 것입니다.

노아 당시에 홍수가 발생했을 때 큰 지진과 함께 땅이 솟구치거나 가라앉는 대격변이 발생하였고 이때 하나님은 에덴동산을 땅 아래로 내려서 지상에서 사라지게 하셨습니다. 홍수 이후에 에덴동산은 더는 지상에서 찾을 수 없게 되었습니다. 에덴동산이 땅 아래로 내려갔다는 내용은 이 책에서는 설명하지 않습니다.

아담이 에덴동산에서 나간 후로, 에덴동산을 찾아 들어간 사람도 없고 동산 내부에서 나뭇가지를 꺾어서 가지고 나온 사람도 없고 나무의 씨를 가지고 나온 사람도 없습니다. 하나님이 동산 내부에 [보기에 아름답고 먹기에 좋은 나무]를 나게 하셨는데, 이 나무들은 동산 밖으로 유출되지 않았습니다.

세 번째, 무화과나무는 에덴동산 안과 밖에서 동시에 발견되는 나무입니다.

> 성경 말씀: 창세기 3장 7절
> "이에 그들의 눈이 밝아져 자기들이 벗은 줄을 알고 무화과나무 잎을 엮어 치마로 삼았더라"

에덴동산 내부에는 무화과나무가 있었습니다. 아담과 하와는 이 나무의 잎으로 치마를 만들었습니다. 아담이 아직 에덴동산에서 쫓겨나기 전이었기에 이 무화과나무의 잎은 에덴동산 내부에서 구했을 것입니다. 무화과나무는 에덴동산 내부에 있었습니다.

무화과나무는 지금도 있는 나무입니다. 무화과나무는 아시아 서부에서 지중해에 걸쳐 자생하는 나무입니다. 우리나라(한국)에서는 전라남도와 경상남도에서 재배하고 있다고 합니다. 무화과나무의 경우, 잎겨드랑이에 꽃이삭이 달리고 그 안에 작은 꽃이 많이 달립니다. 겉에서는 꽃이 보이지 않기 때문에 무화과나무라고 부르게 되었다고 합니다.

무화과나무는 우리 주변에서 얼마든지 찾아볼 수 있고 열매를 먹을 수 있습니다.

네 번째, 아담이 무화과나무를 에덴동산 외부로 가지고 나왔을까요?

혹시 아담이 에덴동산에서 무화과나무를 가지고 나갔을까요? 아담과 하와가 동산 밖으로 나가게 되었을 때 무화과나무의 씨나 가지를 꺾어서 가지고 나갔을까요? 그래서 무화과나무를 지금까지도 우리 주위에서 볼 수 있는 것일까요?

아닙니다.

만약 아담과 하와가 어떤 나무든 동산 밖으로 가지고 나갈 수 있었다면 생명나무 또는 무화과나무보다 더 좋은 나무의 씨나 가지를 가지고 나갔을 것입니다. 하나님이 생명나무의 길을 지키도록 하신 것을 보면, 아담과 하와는 동산에 있는 어떤 나무도 가지고 나가지 못했습니다. 아담과 하와는 나무의 씨나 가지를 가지지 않은 상태로 에덴동산 밖으로 나간 것입니다. 하나님이 직접 아담과 하와를 내보내셨기 때문에 아담과 하와는 하나님이 보는 앞에서 아무것도 가지지 못한 채 나갔을 것입니다. 하나님이 직접 가죽옷을 만들어 입혀 주셨으니, 하나님의 눈을 피해 옷 속에 씨를 숨기는 것도 불가능했을 것입니다.

또한 하나님은 그룹천사와 에덴동산 주위에 두루 도는 불 칼을 두어 철저하게 지키셨습니다. 하나님이 에덴동산 내부에 나게 하신 좋은 나무들은 단 한 그루도 지상에서 찾을 수 없도록 하신 것입니다.

그렇다면 동산 안에만 있었을 것 같은 무화과나무는 어째서 우리 주변의 땅에서 지금도 자라고 있을까요?

다섯 번째, 에덴동산의 나무들은 두 종류의 나무로 구분할 수 있습니다.

동산 안에 있었던 나무들을 두 종류로 나눌 수 있습니다. 첫 번째는 동산 내부에만 있고 동산 외부에는 없는 나무들입니다. 두 번째는 동산 내부와 동산 외부에서 함께 발견되는 나무들입니다. 물론 동산 내부에는 없고 동산 외부에는 있는 나무도 있었을 것입니다. 지금은 동산 내부에 있는 나무를 대상으로 설명하는 것이니, 세 번째 경우는 논외로 하겠습니다.

첫 번째 나무 중에는 생명나무와 선악의 지식나무가 포함됩니다. 하나님이 동산 내부에서 자라나게 하신 나무는 단 두 그루만이 아닐 것입니다. 이 나무들은 동산 외부에서는 발견되지 않습니다. 실제로 생명나무나 선악의 지식나무는 지구상에서 찾을 수 없습니다.

두 번째 나무들은 무화과나무와 같은 나무들입니다. 무화과나무는 동산 외부에서도 발견되는 나무입니다. 무화과나무 외에도 동산 내부와 동산 외부에서 발견할 수 있는 나무들이 많이 있을 것입니다. 무화과나무는 아담과 하와가 그 잎으로 치마를 만들었기 때문에 기록으로 남았습니다. 만약 아담과 하와가 다른 나무의 잎으로 치마를 만들었다면, 우리는 에덴동산 내부에 무화과나무가 있었는지 알 수 없었을 것입니다.

어쩌면 사과나무, 배나무, 밤나무, 포도나무들도 에덴동산 안에 있었을지 모릅니다. 다만 아담과 하와가 이 나무 열매를 먹었다든가, 이 나무의 잎으로 뭔가를 만들었다든가, 이 나무의 가지로 불을 피웠다든가 하는 기록이 없어서 우리가 알 수 없는 것입니다.

여섯 번째, 무화과나무는 하나님이 나게 하신 나무들에 포함되지 않습니다.

하나님은 첫 번째 나무들을 에덴동산 내부에서 자라나게 하셨습니다. 첫 번째 나무들은 에덴동산 내부에서만 발견되는 나무들입니다. 이 나무들은 에덴동산 외부에서는 발견되지 않습니다. 이 나무들 중에는 생명나무와 선악의 지식나무도 있습니다. 반대로 말해서 에덴동산 외부에서도 발견되는 나무들은 하나님이 직접 자라게 하신 나무들이 아니라는 의미입니다.

무화과나무는 하나님이 에덴동산 내부에서 자라나게 하신 나무가 아닙니다. 하나님이 자라나게 하지 않았는데, 어째서 무화과나무는 에덴동산 내부에 있었을까요?

무화과나무는 하나님이 동산을 만들기 전부터 그곳에 있었습니다. 하나님이 보시기에 아름답고 먹기에 좋은 나무들이 나게 하기 전부터 두 번째 나무들이 그곳에 있었다는 것입니다.

일곱 번째, 하나님은 나무들이 있는 지역을 선택하여 동산을 만드셨습니다.

에덴동산 내부에 무화과나무가 있었던 것은 에덴동산을 만들기 전부터 그 땅에 무화과나무가 있었기 때문입니다. 하나님은 에덴동산을 만들기 위해서 후보가 될만한 지역을 여러 군데 살펴보셨을 것이고 그중에서 가장 좋은 곳을 선택하셨을 것입니다. 그렇게 선택된 지역이 에덴동산입니다. 하나님이 동산을 창설하기 위해서 후보 지역을 살펴보셨는데, 동산이 되기 위해서 갖추어야 하는 조건들이 있었습니다.

동산으로 선택되기 위한 첫 번째 조건으로는 물길이 지나고 있어서 땅이 마르지 않은 지역이어야 하고 두 번째 조건으로는 나무들이 잘 자라는 환경이어야 합니다. 당연히 그 지역에는 여러 종류의 나무들이 이미 있었습니다. 그 지역에 나무들이 없다면 그 지역은 나무가 자라기 어려운 환경입니다.

만약 나무가 자라지 못하는 환경이라면 보기에 아름답고 먹기에 좋은 나무들도 자라날 수 없습니다. 하나님은 보기에 아름답고 먹기에 좋은 나무들이 잘 자라나도록 좋은 환경을 갖춘 장소를 선택하신 것입니다. 나무가 잘 자라는 환경이었기 때문에 그곳에는 이미 무화과나무를 비롯한 여러 종류의 나무들이 자라나 있었습니다.

하나님이 에덴동산을 창설하시기 전부터 자연은 이미 완전한 상태를 이루고 있었습니다. 강은 이미 에덴에서 시작하여 흐르고 있었습니다. 이 강이 흘러서 네 개의 큰 강이 되어 있었습니다. 하나님은 강이 흐르는 지역을 따라 내려가다가 네 개의 큰 강으로 나누어지는 장소에 이르기 전에 적당한 장소를 선택하셨습니다. 이곳이 바로 에덴의 동쪽에 있는 동산입니다.

Chapter 8

생명나무는 예수님인가?

많은 분이 에덴동산 내부에 있었던 생명나무를 예수님으로 생각합니다. [단순한 나무가 어떻게 영생을 줄 수 있겠는가?] 하는 생각에서 비롯되었을 것입니다. 또한 영생은 예수님이 주시는 것이기 때문입니다.

이런 생각은 에덴동산 내부에 있었던 생명나무가 무엇인지 잘 몰랐기 때문에 생긴 오해입니다. 창세기 2장과 3장의 내용을 자세히 살펴보면, 생명나무를 바르게 이해할 수 있습니다.

첫 번째, 생명나무는 다른 나무들과 함께 언급되고 있습니다.

생명나무는 다른 모든 나무를 포함한 [나무의 범주] 안에 들어가 있습니다. 창세기 2장 9절을 보면, 하나님이 에덴동산에 보기에 아름답고 먹기에 좋은 나무를 나게 하셨습니다. 이 나무 중에는 생명나무도 포함되어 있습니다. 생명나무 하나만 만든 것이 아닙니다. 생명나무는 모든 나무 속에 포함되어 있고 이 나무들은 하나님이 동산에서 나게 하신 나무들입니다. 모든 나무 속에는 생명나무와 선악의 지식나무 외에도 또 다른 여러 나무가 포함되어 있습니다.

두 번째, 생명나무는 아담의 접근을 피하지 못합니다.

성경 말씀: 창세기 3장 24절

"이같이 하나님이 그 사람을 쫓아내시고 에덴동산 동쪽에 그룹들과 두루 도는
불 칼을 두어 생명나무의 길을 지키게 하시니라"

이 말씀은 아담이 죄를 범한 후에 에덴동산에서 쫓겨나가는 내용입니다. 하나
님이 아담을 에덴동산에서 나가게 하신 후 생명나무의 길을 지키게 하셨다고 기
록되어 있습니다. 이 부분의 히브리어 원문을 보면 다음과 같습니다.

לִשְׁמֹר אֶת־דֶּרֶךְ עֵץ הַחַיִּים

[리스모르 에트-데레크 에츠 하하이임]

אֵת[에트]는 뒤에 나오는 명사를 목적어로 만듭니다. 그래서 אֶת־דֶּרֶךְ[에트-
데레크]는 [~길을]이라는 뜻이 됩니다. דֶּרֶךְ[데레크]는 [길]이라는 뜻의 남성명
사이며, 영어로는 way, road, distance로 번역됩니다.

עֵץ[에츠]는 남성명사이며, 영어로는 tree, trees, wood로 번역되며, [나무]라는
의미입니다.

הַחַיִּים[하하이임]은 정관사 הַ[하]와 명사 חַיִּים[하이임]이 합쳐진 형태입니
다. 정관사 הַ[하]는 [그]라는 의미이고, חַיִּים[하이임]은 חַי[하이]라는 명사의 남
성·복수의 형태입니다. הַחַיִּים[하하이임]은 [그 생명]이라는 의미가 됩니다.

לִשְׁמֹר[리스모르]는 불분리전치사 לְ[러]와 동사 שָׁמַר[사마르]가 합쳐진 형태
입니다. 불분리전치사 לְ[러]는 [~을 위하여]라는 의미입니다. שָׁמַר[사마르]는
동사로, 칼(Qal) 부정사 연계형입니다. 영어로는 to keep, watch로 번역되며, [지

키다]는 의미입니다. 본문에서는 [~지키기 위해서]라는 뜻입니다. 이 문장은 [생명나무의 길을 지키기 위하여]로 번역됩니다.

왜 생명나무로 가는 길을 지켜야 할까요?

하나님은 아담을 에덴동산에서 나가게 하셨습니다. 아담은 에덴동산에 있는 동안에는 생명나무의 열매를 먹지 않았습니다.

성경 말씀: 창세기 3장 22절
"여호와 하나님이 이르시되 보라 이 사람이 선악을 아는 일에 우리 중 하나 같
이 되었으니 그가 그의 손을 들어 생명나무 열매도 따 먹고 영생할까 하노라
하시고"

아담은 생명나무의 열매를 먹지 않았습니다. 아담이 생명나무의 열매를 먹으면 영생하게 됩니다. 그래서 하나님은 아담이 생명나무의 열매를 먹지 못하게 하시겠다는 것입니다.

아무런 제약이 없었다면 비록 아담이 에덴동산에서 나갔어도 다시 에덴동산으로 돌아와 생명나무의 열매를 먹을 수도 있었을 것입니다. 아담이 돌아와서 생명나무의 열매를 먹으려고 시도할 때, 먹지 못하게 하려고 두루 도는 화염검과 그룹천사가 막도록 하시겠다는 의미입니다. 화염검과 그룹천사가 생명나무로 가는 길에서 아담이 에덴동산으로 들어오는 것을 막고 있다는 의미입니다.

그렇다면 두루 도는 화염검과 그룹천사가 막아야 하는 이유는 뭘까요?

아담이 생명나무의 열매를 먹으려고 돌아온다고 가정합니다. 아담은 에덴동산으로 들어가서 중앙에 있는 생명나무에 가까이 갑니다. 보통 나무는 한 장소에서 자라나서 움직이지 못하고 고정되어 있습니다. 일단 생명나무를 예수님이라고 가정합니다. 아담이 생명나무의 열매를 먹으려고 다가올 때 예수님이 그 자리를 떠납니다. 하나님은 아담에게 생명나무 열매를 주지 않으려고 하셨기 때문입니다. 아담이 들어와 보니, 동산 중앙에 있었던 생명나무가 사라지고 없습니다. 예수님이 아담이 오는 것을 보고 미리 피하셨기 때문입니다.

자, 이야기가 이렇게 진행된다면 두루 도는 화염검과 그룹천사는 필요하지 않게 됩니다. 생명나무인 예수님이 알아서 피하시면 될 테니 말입니다.

또한 생명나무가 예수님이라면 생명나무의 열매(생명과)를 먹는 것은 예수님의 말씀을 듣고 믿는 것이라고 말할 수 있습니다. 아담이 생명과를 먹으려고 돌아온다는 것은 예수님의 말씀을 듣기 위해서 돌아오는 것이라고 할 수 있습니다. 아담이 생명과 먹기를 원하지 않는다면 예수님은 아담에게 아무 말도 하시지 않으면 됩니다. 아담이 돌아와서 예수님에게 말씀을 듣고자 해도 예수님이 아무 말씀도 하지 않으면 아담은 생명과를 먹을 수 없고 영생하지 못할 것입니다. 아니면 예수님이 영생을 주는 말씀이 아니라 영생을 주지 않는 말씀을 하시면 됩니다. 예수님이 [그냥 돌아가라. 너에게 영원한 생명을 주지 않겠다] 말씀하시면 됩니다.

이런 관점에서 본다면, 두루 도는 화염검과 그룹천사는 필요하지 않습니다.

에덴동산에는 많은 나무가 있습니다. 나무는 아담이 에덴동산으로 들어오는 것을 막을 수 없고 아담이 열매를 따 먹으려고 손을 뻗을 때 그 행동을 막지도 못합니다. 나무는 사람이 열매를 딸 때도 전혀 움직이지 못합니다.

아담이 다가올 때 생명나무는 왜 도망가지 못할까요? 아담이 생명과를 따려고 손을 뻗을 때 생명나무는 왜 그 손을 뿌리치지 못하는 것일까요? 그 이유는 생명나무가 그냥 단순한 나무이기 때문입니다. 그래서 두루 도는 화염검과 그룹천사가 누구도 생명나무에 가까이 가지 못하도록 막는 것입니다.

세 번째, 하나님에게 죄를 범한 사람도 영생을 얻을 수 있습니다.

창세기 3장 22절에서 하나님은 선악과를 따 먹은 아담이 생명나무의 열매를 먹을까 염려했습니다. 하나님이 염려하신 것은 아담이 두 나무의 효과를 모두 얻을 수 있었기 때문입니다. 아담은 이미 하나님의 명령을 어긴 죄인입니다. 그런데도 아담이 생명과를 먹으면 영생을 얻을 수 있었습니다. 죄인임에도 영생을 얻을 수 있습니다. 그래서 생명나무는 예수님이 아닙니다.

반대의 경우로 가정하면 더 확실하게 알 수 있습니다.

하나님은 창세기 3장 22절에서 [아담이 선악을 아는 일에 우리 중 하나같이 되었다고 말씀했습니다. 아담은 선악과를 먹고 이 나무의 효과를 얻었습니다. 선악과를 먹은 사람은 아무리 생명과를 먹어도 그 효과를 누릴 수 없다고 가정합니다. 그러면 하나님은 아담이 영생할까 하는 그런 염려를 하실 필요가 전혀 없습니다. 선악과를 먹은 아담이 아무리 생명과를 먹어도 영생할 수 없을 테니 말입니다.

그러나 생명과의 효과와 선악과의 효과는 아담 안에 함께 공존할 수 있었습니다. 아담이 선악과를 먹었어도 생명과를 먹으면 영생한다는 것입니다. 이 두 나무의 효과가 아담 안에서 공존할 수 있습니다.

생명나무가 예수님이고 선악의 지식나무가 사탄이라고 가정합니다. 또한 생명나무의 효과가 영생이고 선악의 지식나무의 효과가 죽음이라고 가정합니다. 그러면 이 두 가지 효과는 함께할 수 없고 하나만 가능합니다. 예수님을 믿는 것과 사탄을 따르는 것은 공존할 수 없습니다. 영생과 죽음 역시 공존할 수 없습니다. 이 말은 생명과의 효과와 선악과의 효과는 공존할 수 없다는 의미입니다. 생명과를 먹고 영생하는 사람이 선악과를 먹게 되면 영생이 사라지고 죽게 됩니다. 마찬가지로 선악과를 먹고 죽게 된 사람이 생명과를 먹게 되면 죽음이 사라지고 영생하게 됩니다. 생명나무가 예수님이고 선악의 지식나무가 사탄이라면 두 나무의 효과는 공존할 수 없습니다.

그런데 실제로는 창세기 3장 22절 말씀에 나오듯이, 생명과의 효과와 선악과의 효과는 아담 안에서 공존할 수 있습니다. 이처럼 생명나무를 예수님으로, 선악의 지식나무를 사탄으로 설명하는 것은 잘못된 해석입니다.

생명과를 먹으면 영생하는 효과를 얻습니다. 선악과를 먹으면 선악의 감정을 알게 됩니다. 아담은 이 두 가지 효과를 동시에 얻을 수 있었습니다. 이 두 가지 효과가 아담 안에 함께 공존할 수 있다는 점에서, 생명나무는 예수님이 아니고 마찬가지로 선악의 지식나무도 사탄이 아니라는 것을 알 수 있습니다.

이 두 나무는 단순히 어떤 효과만을 제공하는 나무입니다. 에덴동산 중앙에 있었던 생명나무는 예수님이 아닙니다.

Chapter 9

선악의 지식나무는
비진리를 가르치는 사람인가?

어떤 단체에서는 선악의 지식나무를 두고, 비진리를 가르치는 목회자라고 설명합니다. 이것은 잘못된 해석입니다. 선악의 지식나무는 사람이 아니라 단순한 나무입니다.

한글 성경 대부분은 [선악을 알게 하는 나무]로 번역되어 있습니다. 내용상 번역이 틀리지는 않습니다. 그래도 히브리어 원문을 확인해 볼 필요는 있습니다. 아래의 히브리어 원문은 창세기 2장 9절의 [선악을 알게 하는 나무]에 해당하는 문구입니다.

וְעֵץ הַדַּעַת טוֹב וָרָע
[워에츠 하다아트 토브 와라아]

וְעֵץ[워에츠]는 접속사 וְ[와우]와 명사 עֵץ[에츠]가 연결된 형태입니다. עֵץ[에츠]는 나무라는 뜻입니다.

הַדַּעַת[하다아트]는 정관사 הַ[하]와 명사 דַּעַת[다아트]가 연결된 형태입니다. דַּעַת[다아트]는 영어로 knowledge로 번역되며, 한글로는 지식이라는 뜻입니다.

טֹוב[토브]는 형용사이지만 명사로도 사용되며, 영어로는 pleasant, agreeable, good 등으로 번역됩니다. 한글로는 좋다는 뜻입니다.

וָרָע[와라아]는 연결접속사 וְ[와우]와 형용사 רַע[라아]가 연결된 형태입니다. רַע[라아]는 영어로 bad, evil로 번역되며, 한글로는 나쁘다는 뜻입니다.

וְעֵץ הַדַּעַת טֹוב וָרָע[워에츠 하다아트 토브 와라아]를 직역한다면, [선과 악의 지식의 나무]가 됩니다. 한글 성경에는 [선악을 알게 하는 나무]로 되어 있습니다.

[Chapter 8. 생명나무는 예수님인가?]에서 설명한 것처럼, 선악의 지식나무도 단순한 나무입니다. 하나님은 동산 안에서 [보기에 아름답고 먹기에 좋은 모든 나무]를 자라게 하셨습니다. 이 나무들 속에는 생명나무도 있고 선악의 지식나무도 있습니다. 하나님은 선악의 지식나무를 보기에 아름답고 먹기에 좋은 나무라고 말씀했습니다. 하나님이 사람(목회자)을 먹기에 좋다고 말씀하실 리는 없습니다.

다른 방법으로 선악의 지식나무는 사람이 아니라는 것을 한 번 더 설명합니다.

성경 말씀: 창세기 2장 7절
"여호와 하나님이 땅의 흙으로 사람을 지으시고 생기를 그 코에 불어넣으시니 사람이 생령이 되니라. 여호와 하나님이 동방의 에덴에 동산을 창설하시고 그 지으신 사람을 거기 두시니라"

하나님은 아담을 창조하셨습니다. 아담은 에덴동산보다 먼저 창조되었습니다. 하나님이 에덴동산을 만드실 때 에덴동산에는 어떤 사람도 있지 않았습니다. 에덴동산이 만들어지고 난 이후에 에덴동산으로 들어온 최초의 사람이 아담입니다. 이때는 하와도 아직 창조되지 않았습니다.

창조의 순서를 보면, 아담이 제일 먼저 창조되었습니다. 그 후에 에덴동산이 만들어졌습니다. 그 후에 아담이 에덴동산 안에 들어갔습니다. 성경 말씀대로 하면, 아담-에덴동산-동산 안의 나무들-새와 짐승들-하와의 순서가 됩니다.

하나님이 보기에 아름답고 먹기에 좋은 나무가 에덴동산에 나게 하실 때는 오직 아담만이 에덴동산 안에 있었습니다. 또한 하나님이 하와를 창조하기 전에 선악의 지식나무를 만들었습니다. 아담과 하와 사이에 이 나무가 창조되었습니다. 이 나무가 사람이라면 이 사람이 하와보다 먼저 창조되었다는 것입니다. 그러니 선악의 지식나무는 사람일 수 없습니다.

물론 어떤 분은 비유라고 말할 것입니다. 선악의 지식나무는 비유로, 비진리를 전하는 사람이라고 합니다. 그런데 선악의 지식나무를 비유로 해석하기 전에 실제로 그곳에 나무가 있었습니다. 하와를 창조하기 전에 동산 중앙에는 사람이 아닌 나무가 있었습니다. 실제로 하나님이 창조하신 나무 자체를 무시하고 비유만 말해야 할까요?

에덴동산의 내용은 설화도 아니며 만들어진 이야기도 아닙니다. 하나님이 모세를 통해 말씀하신 것으로 실제로 있었던 과거의 사건입니다. 아담도 실존했던 사람이고 하와도 실존했던 사람입니다. 이 내용을 교훈을 위한 예화나 설화나 고대 근동에서 가져와서 삽입한 것으로 만드는 오류를 범하지 말아야 합니다. 오늘날의 일과 접목해서 비유로 설명해서도 안 됩니다.

에덴동산의 기록을 창작된 이야기로 치부한다면 하나님은 실존하지 않았던 아담에게 벌을 내린 것이 되고 실존하지 않았던 사건을 근거로 최초의 복음을 선포하셨다는 말이 됩니다. 에덴동산의 기록은 실제 있었던 일을 기록한 것이 맞습니다.

성경 말씀: 마태복음 23장 35절
"그러므로 의인 아벨의 피로부터 성전과 제단 사이에서 너희가 죽인 바라가의 아들 사가랴의 피까지 땅 위에서 흘린 의로운 피가 다 너희에게 돌아가리라"

예수님이 아벨에 대해 언급하신 말씀입니다. 예수님은 가인과 아벨의 내용을 사실로 인정하는 말씀을 하셨습니다. 예수님은 아담의 아들인 아벨을 실존 인물로 보셨습니다. 그러니 아담과 하와 역시 실존 인물이라는 것을 알 수 있습니다.

아담과 하와가 실존 인물이라면, 에덴동산도 실존하는 장소이고 선악의 지식나무와 생명나무와 무화과나무도 실존하는 나무입니다. 선악의 지식나무를 비유로 해석하여 그 의미를 정의하기 전에, 먼저 나무가 그곳에 실제로 있었다는 것을 인정해야 합니다.

중요한 점은 에덴동산의 모든 내용이 실재했다는 것입니다. 그러니 선악의 지식나무도 실재하는 나무입니다. 교훈을 주기 위해 창작된 허구의 내용이 아니라는 것입니다. 선악의 지식나무는 오늘날 비진리를 전하는 사람을 비유한 것이 아니라 당시에 실제로 존재했던 나무(tree)를 말합니다.

선악의 지식나무는 사람이 아닙니다. 이 열매를 먹는 사람에게 선악의 감정을 알게 하는 나무입니다.

Chapter 10

에덴동산에는 울타리가 있었을까?

에덴동산에 울타리가 있었다고 주장하는 사람이 있습니다. 그 이유가 동산이라는 단어의 뜻 때문이라고 합니다. 그러나 에덴동산에는 울타리가 없었습니다. 지금부터 이 내용을 설명합니다.

성경 말씀: 창세기 2장 8절
"여호와 하나님이 동방의 에덴에 동산을 창설하시고 그 지으신 사람을 거기 두시니라"

이 말씀에서 [동방의 에덴에 동산을 창설했다]고 기록되어 있습니다. 이 말씀의 히브리어 원문을 보면 아래와 같습니다.

וַיִּטַּע יְהוָה אֱלֹהִים גַּן־בְּעֵדֶן מִקֶּדֶם

[와이이타 야훼 엘로힘 간-베에덴 미퀘뎀]

וַיִּטַּע[와이이타]는 접속사 וְ[와우]와 נָטַע[나타아]라는 동사가 결합된 형태입니다. יִּטַּע[이타아]는 נָטַע[나타아]라는 동사의 칼(Qal)형 미완료·3인칭·남성·단수의 형태입니다. נָטַע[나타아]라는 동사는 영어로 plant로 번역되며, 한글로는 놓다, 심다, (어떤 지역을) 덮는다는 의미입니다. וַיִּטַּע יְהוָה אֱלֹהִים[와이이타

야훼 엘로힘]은 [여호와 하나님이 덮으셨다]는 의미입니다.

גַּן־בְּעֵדֶן[간-베에덴]에서 גַּן[간]은 명사로서 중성·단수의 형태입니다. 영어로는 an enclosure, garden으로 번역되며, 정원, 울타리를 친 공간이라는 뜻입니다. בְּעֵדֶן[베에덴]은 불분리전치사 בְּ[베]와 명사 עֵדֶן[에덴]이 합쳐진 형태입니다. בְּ[베]는 [~안에]라는 의미의 전치사이고, עֵדֶן[에덴]은 지역 명칭입니다. בְּעֵדֶן[베에덴]은 [에덴 안에]라는 의미입니다. גַּן־בְּעֵדֶן[간-베에덴]은 [에덴 안의 정원]이라는 의미가 됩니다. 한글 성경에는 [에덴 안의 정원]이라는 문구가 에덴동산으로 번역되었는데, 의미상 틀리지는 않는다고 생각합니다.

מִקֶּדֶם[미쾌뎀]은 불분리전치사 מִ[미]와 קֶדֶם[쾌뎀]이 합쳐진 형태입니다. מִ[미]는 [~부터]라는 의미이고, קֶדֶם[쾌뎀]은 영어로 east로 번역되며, 동쪽이라는 의미입니다. מִקֶּדֶם[미쾌뎀]은 [동쪽으로부터]라는 의미이며, [동쪽에서], [동쪽에]라는 의미로도 해석될 수 있습니다.

한글 성경에서는 동방의 에덴에, 동쪽에 있는 에덴이라는 곳에, 동쪽에 있는 에덴에, 에덴의 동쪽에 등으로 번역되어 있습니다. גַּן־בְּעֵדֶן מִקֶּדֶם[간-베에덴 미쾌뎀]을 어떻게 번역할 것인지는 이 Chapter의 관심 사항이 아닙니다. 이 내용은 [Chapter 11. 에덴의 동쪽에 있는 동산인가? 동쪽에 있는 에덴동산인가?]에서 설명합니다.

여기서 גַּן[간]이라는 명사는 정원이라는 의미입니다. 정원이라는 의미가 [울타리를 친 공간]이라는 의미입니다. 영어로 enclosure입니다. גַּן[간]은 동사 גָּנַן[가난]에서 파생된 명사입니다. גָּנַן[가난]은 영어로 cover, surround, defend입니다. גָּנַן[가난]은 덮다, 둘러싸다, 방어한다는 의미입니다. 영어로는 enclose이며, 한글로는 [울타리를 친다]는 뜻입니다. 그래서 에덴동산에는 울타리가 쳐져 있었다는 주장이 나온 것입니다.

실제로 에덴동산에는 울타리가 없습니다.

성경 말씀: 창세기 3장 24절
"이같이 하나님이 그 사람을 쫓아내시고 에덴동산 동쪽에 그룹들과 두루 도는
불 칼을 두어 생명나무의 길을 지키게 하시니라"

이 말씀에서 하나님은 아담을 동산에서 내보내셨습니다. 그리고 아담이 다시 돌아오지 못하도록 하셨습니다. 아담이 돌아올 수 없게 된 이유는 두루 도는 화염검과 그룹천사가 생명나무의 길을 막고 지키고 있었기 때문입니다.

여기서 두루 도는 화염검이란 무엇일까요? 아래는 히브리어 원문입니다.

וְאֵת לַהַט הַחֶרֶב הַמִּתְהַפֶּכֶת

[워에트 라하트 하헤레브 하미트하페케트]

וְאֵת[워에트]는 접속사 וְ[와우]와 אֵת[에트]가 합쳐진 형태로, אֵת[에트]는 다음에 오는 명사를 목적어로 만듭니다.

לַהַט[라하트]는 명사이며, 남성·단수의 형태입니다. לַהַט[라하트]는 영어로 flame으로 번역되며, 한글로는 불꽃 또는 불길 등의 의미입니다.

הַחֶרֶב[하헤레브]는 정관사 הַ[하]와 여성명사 חֶרֶב[헤레브]가 합쳐진 형태입

니다. בֶרֶח[헤레브]는 בֶרֶח[헤레브]의 여성·단수의 형태입니다. בֶרֶח[헤레브]는 영어로 sword로 번역되며, 한글로는 칼이라는 의미입니다.

הַמִּתְהַפֶּכֶת[하미트하페케트]는 정관사 הַ[하]와 동사 הָפַךְ[하파크]가 연결된 형태입니다. מִתְהַפֶּכֶת[미트하페케트]는 הָפַךְ[하파크]의 히트파엘형 분사의 형태입니다.

הָפַךְ[하파크]는 영어로 to turn, overturn으로 번역되며, 한글로는 돈다는 의미입니다. 히트파엘형은 재귀, 뒤풀이, 단순 동작을 나타내는 형태입니다. 여기서는 분사형으로 [돌고 있는]으로 번역됩니다.

וְאֵת לַהַט הַחֶרֶב הַמִּתְהַפֶּכֶת[워에트 라하트 하헤레브 함미트하페케트]는 [돌고 있는 불길 칼을]로 번역되는 문구입니다. 불길 칼을 한글 성경에서 화염검으로 번역되었습니다. 번역상의 문제는 없습니다.

이 화염검은 스스로 돌고 있습니다. 여기서 궁금한 부분이 있습니다. 스스로 빙글빙글 돌고 있다는데, 어떤 방식으로 돌고 있을까요?

회전하는 방식은 두 가지로 생각할 수 있습니다. 하나는 칼의 위치가 고정된 상태로 칼 스스로 회전하는 방식입니다. 지구의 자전을 생각하면 됩니다. 또 하나는 에덴동산의 중심을 회전축으로 하여 동산의 주위를 회전하는 방식입니다. 지구의 공전을 생각하면 됩니다. 이 두 가지 방식 중에서 어떤 방식으로 회전하는 것일까요?

첫 번째, 칼이 자체 회전하는 방식을 생각해 봅시다.

이런 방식으로 회전한다는 것은 지구가 자전하는 것과 같은 방식입니다. 칼은 움직이지 않습니다. 칼은 한 장소에 그대로 있습니다. 다만 칼이 스스로 회전합니다.

여기서 그룹천사가 이 칼을 쥐고 있다고 가정합니다.

그룹천사는 칼의 손잡이 부분을 쥐고 있습니다. 칼의 손잡이 부분은 회전하지 않고 날카로운 칼 부분은 회전하고 있습니다. 칼 자체는 그룹천사가 휘둘러야 합니다. 그런데 이런 형태라면 칼이 왜 필요할까요? 칼 없이도 그룹천사만의 능력으로 아담을 막을 수 있습니다.

그러면 그룹천사와 상관없이 칼 스스로 동작한다고 가정합니다.

칼은 생명나무로 가는 길목에 그룹천사와 같이 있습니다. 칼이 두루 돌고 있기는 한데 자체 회전을 합니다. 칼의 위치는 바뀌지 않고 고정되어 있습니다. 그룹천사가 칼을 쥐고 있는 것은 아닙니다. 생명나무로 가는 길을 그룹천사와 칼이 함께 지키고 있는 것입니다. 칼은 생명나무로 가는 길 위의 중요한 지점에 고정되어 있습니다.

그런데 이렇게 칼이 그룹천사와 함께 있다면, 칼이 왜 필요할까요? 아담이 칼과 마주하기 전에 먼저 그룹천사가 아담을 발견할 것입니다. 그룹천사와 함께 있는 칼은 필요가 없습니다.

그룹천사와 떨어진 곳에서 칼이 자체 회전한다고 가정합니다.

칼은 그룹천사가 볼 수 없는 다른 곳에 위치해 있습니다. 그런데 그룹천사가 볼 수 없는 곳이 한 곳뿐일까요? 에덴동산은 울타리로 둘려 있어서 그룹천사가 지키고 있는 길로만 들어갈 수 있습니다. 그룹천사가 지키고 있는 길 외에는 모두 막혀 있습니다. 아담이 동산으로 들어갈 유일한 길은 그룹천사가 서 있는 길뿐입니다. 그렇다면 칼이 어디서 두루 돌고 있어야 할까요? 그룹천사가 있는 곳 외에는 칼이 지킬 필요가 없습니다. 모두 막혀 있기 때문입니다. 이런 경우, 칼은 필요하지 않습니다.

이렇게 칼과 그룹천사와의 관계를 고려하여 세 가지 경우를 생각해 봤습니다. 이 세 가지 경우 모두 두루 도는 불 칼은 필요하지 않습니다. 불 칼이 있거나 말거나 아담은 그룹천사의 눈을 피할 수 없습니다. 그룹천사가 막으면 됩니다. 에덴동산으로 향하는 정문에 그룹천사가 있다면 결코 아담이 그곳을 통과할 수 없습니다.

그룹천사와 칼이 같이 막고 있을 필요가 없습니다. 생명나무로 가는 길이 하나뿐이라고 가정한다면 그렇습니다. 생명나무는 에덴동산 안에 있고 에덴동산 사방으로 울타리가 처져 있어서 사방으로는 에덴동산에 들어갈 수 없다고 가정합니다. 에덴동산으로 가는 길은 동쪽으로 난 길이 유일하다고 가정합니다. 그러면 이 길의 끝인 에덴동산 입구에 그룹천사 하나만 있으면 됩니다. 칼은 굳이 필요하지 않습니다.

두 번째, 칼이 에덴동산의 중심을 기준 축으로 회전하는 방식을 생각해 봅시다.

칼은 자체적으로는 회전하지 않습니다. 칼은 에덴동산의 중심을 축으로 하여 에덴동산과 바깥세상의 경계선을 따라 회전하면서 이동하고 있습니다. 매우 빠른 속도로 경계면을 회전합니다. 1초에 여러 번을 회전하는데 위아래 지그재그로 회전합니다.

칼은 사람 키 정도 되는 높이의 공중에 부양한 채 이동하고 있습니다. 칼의 이동속도가 너무 빨라서 사람 눈에는 보이지 않을 정도입니다. 1초에도 여러 번 회전하여 칼이 지나갑니다. 칼에는 불도 있습니다. 그래서 불덩이처럼 보입니다. 불덩이 같은 것이 에덴동산의 경계면을 빠르게 지나갑니다. 엎드려서 지나가려고 시도할 수 없도록 밑으로도 지나가고 뛰어 넘어갈 수 없도록 높은 위치로도 지나갑니다.

에덴동산의 중심에서 동쪽으로는 길이 있습니다. 다른 곳으로는 길이 나 있지 않습니다. 에덴동산의 생명나무가 있는 길로 이어진 동쪽 길 위에는 그룹천사가 있지만 그룹천사는 길 위에서 가만히 고정된 채 경계를 섭니다. 그룹천사는 에덴동산 주위를 돌지 않습니다.

이제야 왜 칼이 필요한지 알 수 있습니다. 그룹천사는 생명나무로 가는 길 위에 에덴동산의 입구에서 움직이지 않기 때문입니다. 그룹천사는 수문장 같은 역할을 하고 있습니다. 그래서 입구를 떠나지 않습니다. 칼은 입구를 제외하고 에덴동산의 주위를 회전하면서 접근하는 사람을 막는 것입니다.

히브리어 원문을 번역하는 것과 말씀을 해석하는 것은 다른 것입니다. 히브리어 원문을 번역하는 일은 정확하게 해야 하지만 해석의 과정은 번역하는 사람의 몫이 아닙니다.

성경의 진리를 찾는 사람 중에는 고대 히브리어와 헬라어의 원문을 연구하는 사람이 있습니다. 히브리어와 헬라어를 연구하는 목적은 하나님이 주신 말씀을 그대로 번역하는 것이어야 합니다. 히브리어 원어 연구는 번역이 목적이지 해석은 목적이 아닙니다. 히브리어 원어 연구로 진리를 찾을 수는 없습니다. 진리는 바르게 번역된 말씀을 읽고 그 내용에서 찾아야 합니다.

에덴동산은 히브리어로 וְגַן־בְּעֵדֶן[간-베에덴]입니다. 여기서 히브리어 גַן[간]은 정원이라는 의미이고, 이 단어가 גָּנַן[가난]이라는 동사에서 파생된 명사라고 보는 것입니다. גָּנַן[가난]이라는 동사는 [울타리를 치다]는 뜻입니다. 그래서 히브리어 원어를 연구하여 에덴동산에는 울타리가 있었다는 결론을 내리게 됩니다. 하지만 이 결론은 잘못된 것입니다.

에덴동산에는 큰 길이 있었을 것입니다. 그런데 동산을 둘러치는 울타리는 없었습니다. 동, 서, 남, 북 모든 곳에서 동산에 접근할 수 있고 사방에서 생명나무에 갈 수 있습니다. 이것을 막고자 두루 도는 불 칼을 두신 것입니다.

성경의 진리를 히브리어 원어 연구로 찾으려고 하면 잘못된 결론을 얻게 됩니다. 히브리어 원어 연구는 정확한 번역을 목적으로 합니다. 번역은 정확해야 하고 진리는 말씀 속에 담긴 내용에서 찾아야 합니다.

Chapter 11

에덴의 동쪽에 있는 동산인가?
동쪽에 있는 에덴인가?

에덴동산은 에덴의 동쪽에 있는 동산일까요? 아니면 동쪽에 있는 에덴이라는 곳일까요? 이런 질문을 하는 이유는 히브리어 원문이 한글 성경과는 조금 다르기 때문입니다. 히브리어 원문에서는 이런 내용이 잘 확인되지 않습니다. 다만 내용에서 답을 찾을 수 있습니다.

창세기 2장 8절에서 이 부분에 대한 히브리어 원문은 다음과 같습니다.

גַּן־בְּעֵדֶן מִקֶּדֶם

[간-베에뎀 미퀘뎀]

개역개정과 개역한글에는 [동방의 에덴에 동산]으로, 공동번역에는 [동쪽에 있는 에덴이라는 곳에 동산]으로, 새번역에는 [동쪽에 있는 에덴에 동산]으로, 현대인의 성경에는 [에덴 동쪽에 동산]으로 번역되어 있습니다.

이 부분을 영어로 번역하면 [a garden in Eden from east]가 됩니다. NIV에는 [a garden in the east, in Eden]으로, KJV에는 [a garden eastward in Eden]으로, NASB에는 [a garden toward the east, in Eden]으로 되어 있습니다.

מִקֶּדֶם[미쿼뎀]은 불분리전치사 מִ[미]와 קֶדֶם[쿼뎀]이 합쳐진 형태입니다. מִ [미]는 [~부터]라는 의미로 [동쪽으로부터]라는 뜻입니다. 이 말은 in the east로 볼 수도 있습니다. 또한 בְעֵדֶן[베에뎀]은 불분리전치사 בְ[베]와 עֵדֶן[에뎀]이 합 쳐진 형태입니다. בְ[베]는 [~안에]라는 의미이고, בְעֵדֶן[베에뎀]은 [에뎀 안에]라 는 의미입니다. 이렇게 보면 이 문구는 [동산-에덴 안에 동쪽에]라는 문장이 됩 니다. 이것은 곧 [동쪽의 에덴 안의 동산]이라는 번역이 됩니다.

히브리어 번역 작업은 전문가에게도 쉽지 않은 작업입니다. 성경 말씀은 히브 리어와 헬라어를 전문적으로 연구한 학자들이 원어 성경을 현대어로 적절하게 번역한 것입니다. 여기서 [에덴동산]이라는 원어를 번역한 내용은 성경별로 조 금 차이가 납니다. 또 정확한 번역이 무엇인지 알기도 쉽지 않습니다. 한글 성경 을 두고 분석해 본다면, 두 가지 해석이 가능합니다.

첫 번째, [동쪽에 있는 에덴동산]이라는 번역입니다. 기준이 되는 장소가 있는 데 이 장소는 어딘지 알 수 없습니다. 다만, 이 기준에서 볼 때 동쪽에 에덴이 있 습니다. 이 에덴에 동산을 만들었다는 가설입니다. 이런 관점은 개역한글, 개역 개정, 공동번역, 새번역이 보여 주는 관점입니다. 이들 성경에서는 에덴 전체가 동산을 의미하는 것인지 아니면 에덴 일부에 동산을 만들었다는 것인지 나와 있 지 않습니다.

두 번째, [에덴의 동쪽에 있는 동산]이라는 번역입니다. 기준이 되는 장소는 에덴이며 에덴의 동쪽에 있는 어떤 지역에 동산을 만들었다는 가설입니다. 이 런 관점은 현대인의 성경에서 보여 주는 관점입니다. 성경 번역 작업을 한 학자 들이 이런 관점을 염두에 두고 번역했는지는 모릅니다. 다만 동산은 에덴의 동 쪽에 있다는 말이 됩니다. 이 관점에서는 에덴과 동산은 다른 장소입니다.

이 관점에서도 동산이 에덴의 동쪽 경계선 내에 있었는지 경계선 외부에 있었는지 확실하지 않았습니다. 기준점은 에덴의 중심부입니다. 동산은 에덴의 중심에서 동쪽 부분에 있습니다. 에덴 내부에 있는 어떤 장소에 동산이 만들어졌다고 볼 수 있습니다. 또는 에덴 내부에 있지는 않지만 에덴의 동쪽에 있는 어떤 장소에 동산이 만들어졌다고도 볼 수 있습니다.

성경 말씀은 이 두 가지 가설 중에서 어떤 가설을 선택하고 있을까요? 히브리어 원어 연구로는 정확한 의미를 알 수 없습니다. 원어 자체로는 이런 내용을 알 수 없습니다. 그러나 내용을 통해서는 알 수 있습니다.

성명 말씀: 창세기 2장 10절
"강이 에덴에서 흘러나와 동산을 적시고 거기서부터 갈라져 네 근원이 되었으니"

이 말씀을 자세히 보면, 강이 에덴에서 시작된다고 기록되어 있습니다. 개역한글에는 [강이 에덴에서 발원하여 동산을 적시고]로, 공동번역에는 [에덴에서 강 하나가 흘러나와 그 동산을 적신 다음]으로, 새번역에는 [강 하나가 에덴에서 흘러나와서 동산을 적시고]로, 현대인의 성경에는 [에덴에 강이 생겨 동산을 적시고]로 번역되어 있습니다.

영어 성경 NIV에는 [A river watering the garden flowed from Eden]으로, KJV에는 [And a river went out of Eden to water the garden]으로, NASB에는 [Now a river flowed out of Eden to water the garden]으로 번역되었습니다.

이 부분에 대한 히브리어 원문은 아래와 같습니다.

וְנָהָר יֹצֵא מֵעֵדֶן לְהַשְׁקוֹת אֶת־הַגָּן

[우나하르 요체 메에덴 러하스코우트 에트-하간]

히브리어 원문을 군이 확인하지 않아도 번역상에는 큰 문제가 없는 것 같습니다. 히브리어 원문을 직역한다면, [그리고 강 하나가 에덴으로부터 나왔다 그 동산을 적시기 위해]가 됩니다. 자연스럽게 번역한다면, [강이 동산을 적시기 위해 에덴에서 흘러나왔다]가 될 것입니다. 한글 성경들에 번역된 내용과 같이, 강은 에덴에서 시작하여 동산으로 흘러갔고 동산을 적신 다음에 네 개의 강으로 나누어졌다는 것입니다.

강은 에덴동산을 관통하지 않은 것으로 보입니다. 동산 중앙에는 생명나무와 선악의 지식나무가 있었기 때문입니다. 아마도 강은 동산의 한쪽 경계면으로 인접하여 흘렀던 것으로 보입니다. 그래서 동산을 적신다는 표현을 쓴 것으로 보입니다.

이 말씀에서 에덴과 동산은 같은 장소가 아니라는 것을 알 수 있습니다. 만약 에덴과 동산이 같은 곳이었다면 [강이 동산에서 발원하여 네 강의 근원이 되었다고 기록했을 것입니다. 또는 [강이 에덴에서 발원하여 네 강의 근원이 되었다고 기록했을 것입니다. 에덴은 강의 발원지이고 강이 흐르면서 지나는 곳에 동산이 있습니다. 동산은 강의 발원지가 아니기에 에덴과 동산은 같은 장소가 아니라는 것을 알 수 있습니다.

다만, 에덴이라는 지역이 넓어서 동산이 에덴에 포함되었을 수도 있을 것입니다. 강은 에덴의 중심부에서 시작되었고 동산이 에덴의 가장 동쪽 끝 지역에 있었다고 가정한다면, 강이 동산의 옆을 스치듯 흘렀을 것입니다. 이 말은 곧 동산은 에덴에 속한 일부였다는 것을 가정하는 것입니다.

정확하게 전달하고자 하는 것은 동산이 에덴 자체는 아니라는 것입니다. 에덴이 동산을 포함하고 있든가 아니면 동산은 에덴과 인접한 다른 지역일 것입니다.

동쪽에 있는 에덴에 동산을 만들었다는 의미가 아니라 에덴의 동쪽에 동산을 만들었다는 의미입니다. 강이 에덴에서 시작되었고 동산으로 흘렀기 때문입니다. 그래서 에덴과 동산은 같지 않습니다.

동쪽에 있는 에덴에 동산을 만들었다는 것은 곧 에덴이 동산이라는 의미로 해석될 수 있습니다. 그러나 에덴의 동쪽에 동산을 만들었다는 것은 에덴과 동산이 다르다는 것을 의미합니다. 결론적으로, 동쪽에 있는 에덴동산이 아니라 에덴의 동쪽에 있는 동산입니다. 물론 결정적인 증거가 되지 못하기 때문에 다른 가능성을 배제할 수는 없습니다.

Chapter 12

에덴동산의 동물에는 왜 물고기가 빠졌을까?

창세기 1장의 동물들과 창세기 2장의 동물들에는 차이가 있습니다. 하나님은 다섯째 날에 하늘의 새와 바다의 고기를 창조하셨습니다. 그리고 여섯째 날에 땅의 짐승과 사람을 창조하셨습니다.

성경 말씀: 창세기 1장 21절
"하나님이 큰 바다 짐승들과 물에서 번성하여 움직이는 모든 생물을 그 종류대로 날개 있는 모든 새를 그 종류대로 창조하시니 하나님이 보시기에 좋았더라"

이 말씀은 창세기 1장에서 하나님이 다섯째 날에 하늘의 새와 바다의 고기를 창조하셨다는 기록입니다.

성경 말씀: 창세기 1장 25절
"하나님이 땅의 짐승을 그 종류대로, 가축을 그 종류대로 땅에 기는 모든 것을 그 종류대로 만드시니 하나님이 보시기에 좋았더라"

이 말씀은 창세기 1장에서 하나님이 여섯째 날에 땅의 짐승을 창조하셨다는 기록입니다. 이처럼 하나님은 하늘의 새와 바다의 고기와 땅 위의 동물을 창조하셨습니다.

성경 말씀: 창세기 1장 28절

"하나님이 그들에게 복을 주시며 하나님이 그들에게 이르시되 생육하고 번성

하여 땅에 충만하라 땅을 정복하라 바다의 물고기와 하늘의 새와 땅에 움직이

는 모든 생물을 다스리라 하시니라"

이 말씀은 창세기 1장에서 하나님이 남자와 여자를 창조하신 후에 남자와 여자에게 말씀하신 것입니다. 하나님은 [남자와 여자]에게 바다의 물고기와 하늘의 새와 땅에 움직이는 모든 생물을 다스리라고 말씀하셨습니다. 이 명령에는 바다의 물고기가 포함되어 있습니다.

사람이 바다의 고기와 하늘의 새와 땅에 움직이는 모든 생물을 다스리려면 하늘에는 새가 있어야 하고 바다에는 물고기가, 땅 위에는 동물이 있어야 합니다. 있지도 않은 동물을 다스리라고 명령한다면 그것은 하나님이 잘못된 명령을 내리신 것이 됩니다.

이제 창세기 2장의 내용을 살펴봅니다.

성경 말씀: 창세기 2장 19절

"여호와 하나님이 흙으로 각종 들짐승과 공중의 각종 새를 지으시고 아담이

무엇이라고 부르나 보시려고 그것들을 그에게로 이끌어 가시니 아담이 각 생

물을 부르는 것이 곧 그 이름이 되었더라"

이 말씀은 창세기 2장에서 하나님이 아담을 창조한 후에 동물들을 창조하셨다는 기록입니다. 하나님이 각종 들짐승과 각종 새를 창조하셨습니다. 그런데 창세기 2장에는 바다의 고기들이 빠져 있습니다. 하나님은 바다의 고기들을 창

조하시지 않았습니다.

창세기 2장에서는 왜 바다의 고기가 빠져 있을까요?

[Chapter 11. 에덴의 동쪽에 있는 동산인가? 동쪽에 있는 에덴동산인가?]에서 설명했던 것과 같이, 강이 에덴에서 나와서 동산을 적셨다고 기록되어 있습니다. 에덴동산에 물을 공급한 것은 강입니다. 강이 에덴동산의 한쪽 경계 부분에 접하여 흘렀던 것입니다. 강이 얼마나 에덴동산과 가까웠는지 정확하게는 모릅니다. 다만 에덴동산에 물을 주는 공급원은 강이었다는 것은 알 수 있습니다. 에덴동산은 바다에 인접해 있지 않았습니다.

하나님은 새들과 들짐승을 에덴동산 안에서 창조하셨습니다. 바다의 고기는 창조하지 않았습니다. 만약 하나님이 아담에게 바다의 물고기를 다스리라고 명령하셨다면 하나님은 있지도 않은 동물을 다스리라는 잘못된 명령을 하신 것이 됩니다. 여기에 대한 자세한 내용은 저자의 첫 번째 저서《하나님의 창조는 끝나지 않았다》라는 책을 참고하기 바랍니다.

하나님은 아담에게 하늘의 새와 바다의 고기와 땅의 짐승을 다스리라는 명령을 하시지 않았습니다. 창세기 1장 27절에서 여섯째 날에 창조된 남자와 여자는 아담과 하와가 아니기 때문입니다. 그래서 바다의 고기는 아담과는 상관이 없었고 에덴동산 안에 있지도 않았습니다.

그러면 창세기 2장 19절에 나오는 각종 하늘의 새와 각종 들짐승은 무엇일까요?

창세기 1장 27절의 [남자와 여자]는 창세기 2장 25절의 [아담과 하와]가 아니라는 것을 인정하더라도, 창세기 2장 19절에는 바다의 물고기가 포함되어 있어야 하지 않을까요? 지금까지도 바다에는 많은 물고기가 있고 이 물고기들도 하나님이 창조하셨을 것이기 때문입니다.

비록 에덴동산이 바다와 인접해 있지 않았기 때문에 아담이 바다의 물고기에게 이름을 줄 수 없었다 하더라도 하나님은 분명히 바다의 물고기들도 창조하셨습니다. 지금도 바다에는 많은 물고기가 있으니 말입니다.

하나님이 바다의 물고기들도 창조하셨는데 어째서 창세기 2장 19절에는 바다의 물고기들이 빠져 있을까요? 게다가 아담은 바다의 물고기에게는 왜 이름을 주지 않았을까요? 만약 아담이 바다의 물고기에게 이름을 주고자 했다면 바다가 있는 곳까지 갔으면 될 것입니다.

결론적으로 말해서, 창세기 2장 19절에 나오는 [각종 새와 각종 들짐승]은 우리가 알고 있는 새와 동물이 아닙니다. 만약 창세기 2장 19절의 말씀이 하늘을 나는 새(Bird)와 땅 위의 동물(Animal)을 창조하는 거라면 반드시 바다의 물고기(fish)를 창조하는 것도 포함되었어야 합니다.

바다의 물고기(fish)가 빠진 이유는 창세기 2장 19절에 나오는 [새와 들짐승]은 실제 자연 속의 동물(Animal)이 아니기 때문입니다. 이들은 말하는 새와 말하는 들짐승입니다.

성경 말씀: 창세기 3장 1절
"그런데 뱀은 여호와 하나님이 지으신 들짐승 중에 가장 간교하니라 뱀이 여

자에게 물어 이르되 하나님이 참으로 너희에게 동산 모든 나무의 열매를 먹지 말라 하시더냐"

뱀이 하와에게 접근하여 말로 유혹을 합니다. 뱀은 하와를 상대로 대화를 하고 있습니다. 뱀과 하와는 같은 언어를 사용하고 있습니다. 그런데 실제 뱀 (snake)은 사람과 같은 구강 구조를 가지고 있지 않아서 사람처럼 말할 수 없습니다.

창세기 3장 1절의 뱀은 겉으로 볼 때 사람과 비슷한 모습을 하고 있었을 것입니다. 사람으로 변장했다는 말이 아니라 사람처럼 두 발로 걷고 사람처럼 말을 할 수 있다는 의미입니다.

이 책의 서론에서 에덴동산의 내용을 이해하려면 말하는 뱀에 대해서 그 존재를 그대로 인정하자고 제안했습니다. 이 책은 말하는 뱀이 존재한다는 것을 전제로 설명하고 있습니다. 말하는 뱀을 사탄이라고 가정하면, 실제로는 뱀이 아니라 천사(사탄)가 하와와 대화한 것이 됩니다. 이렇게 가정하면 에덴동산의 진실을 알 수 없게 됩니다. 에덴동산의 진실을 알려면, 말하는 뱀을 성경에 기록된 것 그대로 인정해야 합니다.

하나님은 에덴동산에서 새와 들짐승을 창조하셨습니다. 이들은 우리가 자연 속에서 보고 아는 동물(Animal)이 아닙니다. 하나님이 에덴동산에서 새와 들짐승을 창조하셨는데, 바다의 물고기를 빼신 이유는 이들이 우리가 알고 있는 새 (Bird)와 땅의 동물(Animal)이 아니기 때문입니다.

에덴동산 내부에서 창조된 새들과 들짐승 중에는 [말하는 뱀]이 포함되어 있습니다. 무리 중 하나가 말을 한다는 것은 그 무리 모두가 말을 한다는 의미입니다. 창세기 2장 19절의 새들과 들짐승들은 사람처럼 두 발로 걸어 다니며 말을 할 줄 아는 동물들입니다.

이 Chapter의 주제는 창세기 2장 19절에서 왜 바다의 물고기가 **빠졌는가** 하는 것입니다. 그 이유가 이 동물들은 우리가 알고 있는 일반적인 실제 동물이 아니라 말하는 새들과 말하는 들짐승이기 때문입니다. 하나님은 아담에게 이 동물들을 배정해 주었습니다. 이 동물들은 아담의 관리를 받습니다. 대화가 가능하다는 것은 이들이 아담과 하와의 말을 알아듣고 아담의 명령에 따라 일을 했다는 것을 암시합니다.

창세기 2장을 보면, 하나님은 말하는 바다의 물고기는 창조하시지 않았습니다. 에덴동산에는 바다가 없습니다. 에덴동산은 땅 위에 있습니다. 바다의 물고기를 창조해도 에덴동산에서 바다의 물고기가 할 일은 없습니다. 그래서 하나님은 말하는 물고기를 창조하시지 않았습니다.

Chapter 13

에덴동산 밖은 어떤 곳일까?

에덴동산 밖은 존재할까요?

당연히 에덴동산 바깥에도 세상이 존재합니다. 에덴동산과 똑같은 자연이 펼쳐져 있습니다. 에덴동산 밖에도 공기가 있고 강이 흐르고 그 끝에는 바다도 있고 나무와 동물이 있었습니다.

성경 말씀: 창세기 2장 4절
"이것이 천지가 창조될 때에 하늘과 땅의 내력이니 여호와 하나님이 땅과 하늘을 만드시던 날에 여호와 하나님이 땅에 비를 내리지 아니하셨고 땅을 갈 사람도 없었으므로 들에는 초목이 아직 없었고 밭에는 채소가 나지 아니하였으며 안개만 땅에서 올라와 온 지면을 적셨더라"

이 말씀으로 인해 하나님이 아담을 창조하실 당시에 에덴동산 외부에는 사람이 없었을 것이라고 믿게 되었습니다. 에덴동산 외부에는 초목도 채소도 없었고 비도 내리지 않았다고 생각하게 되었습니다.

하지만 이 말씀은 하나님이 마지막 창조(창세기 1장)를 시작하게 된 이유를 설명하려고 비유로 말씀하신 것입니다. 이 말씀은 비유입니다. 실제로 사람이 없었다는 말이 아니고, 들에 풀과 나무가 없었다는 말도 아니고, 비가 내리지 않았다는 말도 아니고, 채소가 없었다는 말도 아닙니다. 비와 사람과 초목과 채소와 안개는 하나님이 이루고자 하시는 어떤 일에 관한 것을 비유로 말씀하신 것입니다.

창세기 2장은 하나님이 마지막 창조(창세기 1장)를 시작하신 구체적인 내용을 기록한 것입니다. 창세기 2장 4절~6절의 말씀은 하나님이 에덴동산을 시작하게 된 중요한 원인이 무엇인지 설명한 것입니다. 이 내용은 이 책의 주제와는 직접적인 관계가 없기에 이 책에서는 창세기 2장 4절~6절의 말씀에 관한 설명은 하지 않습니다. 이 내용은 제3권에서 설명할 것입니다.

에덴동산 바깥의 세상을 이해하기 위해 먼저 생각해 볼 말씀이 있습니다.

성경 말씀: 창세기 2장 10절
"강이 에덴에서 흘러나와 동산을 적시고 거기서부터 갈라져 네 근원이 되었으니 첫째의 이름은 비손이라 금이 있는 하윌라 온 땅을 둘렀으며 그 땅의 금은 순금이요 그곳에는 베델리엄과 호마노도 있으며 둘째 강의 이름은 기혼이라 구스 온 땅을 둘렀고 셋째 강의 이름은 힛데겔이라 앗수르 동쪽으로 흘렀으며 넷째 강은 유브라데더라"

이 말씀은 강에 대한 설명입니다.

아담은 동산보다 먼저 창조되었습니다. 하나님은 아담을 먼저 창조하여 옆에 두시고 동산을 만드셨습니다. 하나님이 에덴동산을 만드셨다고 하셨을 때 동산을 만들기 위해 강을 만들었을까요? 동산을 만들 때 그 강의 하류에서 다시 네 개의 큰 강으로 갈라지도록 만드셨을까요? 한 개의 강과 하류의 큰 강 4개가 동산을 만들 때 동시에 만들어졌을까요?

만약 하나님이 동산을 먼저 창조하시고 아담을 창조했다면 동산을 창조하면서 몇천 년의 시간이 흘렀다고도 가정할 수 있습니다. 강은 하루아침에 생길 수 없습니다. 4개의 강이 생기게 되는 것도 시간이 오래 걸립니다.

하나님은 아담을 창조한 후에 동산을 만드셨습니다. 아담을 만든 후에 동산을 만드는 데 몇천 년이 걸렸다면 아담은 살 수 없는 환경에서 몇천 년 동안 대기하고 있었다는 말이 됩니다. 당연히 잘못된 논리가 됩니다.

어떤 사람은 하나님이 아담을 만들고 동산을 만들고 강을 만들고 강의 하류에서 네 개의 큰 강을 만들었는데 이 모든 작업을 하루에 다 이루셨다고 주장할 수도 있습니다. 하나님은 전능하시니 충분히 그렇게 하실 수 있다고 주장할 수 있습니다.

물론 하나님은 전능하십니다. 하지만 그렇더라도 그렇게 하지는 않으셨던 것 같습니다. 하나님이 아담을 창조하고 동산을 만들고 강을 만들고 네 개의 큰 강을 만드셨는데 하루에 만드셨다고 일단 가정해 봅니다. 네 개의 큰 강을 하루 만에 만드셨다면 '비손과 기혼과 힛데겔과 유브라데'라는 네 강의 이름은 하나님이 만들어 명명하신 것일까요? 하윌라 온 땅, 구스 온 땅, 앗수르 등의 땅 이름도 하나님이 작명하여 붙이신 이름일까요? 하나님이 하윌라 온 땅에 순금과 베델리엄과 호마노를 두셨을까요? 왜 다른 땅에는 이런 것을 두지 않았을까요? 하나님이 땅을 나누고 강을 나누고 땅과 강에 이름을 붙이고 아담에게 알려 주셨을까요? 아담밖에 없는데 군이 하나님이 이런 일을 하셔야 할 필요가 있었을까요?

창세기 2장에 나오는 '에덴과 구스와 앗수르와 하윌라'라는 땅은 이미 있었고 사람들이 이 명칭들을 사용하고 있었던 것입니다. 아담을 만들기 전부터 땅과 강이 있었고 땅의 이름과 강의 이름도 이미 있었다는 말입니다.

하나님은 동산보다 아담을 먼저 창조하셨습니다. 이는 동산을 만들기 전에도 지구는 아담이 숨 쉬고 살 수 있는 환경이 이미 갖춰져 있었다는 것을 의미합니다. 하나님이 동산을 만드실 때는 많은 것을 한 번에 하지 않고 에덴동산 내부에 특별한 나무들이 자라게 하신 정도로만 동산을 조성하신 것입니다. 그 외의 것들은 이미 갖춰져 있었습니다. 다시 말해서 아담을 창조한 후에 강을 만든 것은 아니라는 말입니다.

에덴에서 강이 흘러나와 동산을 적셨다고 합니다. 이 강은 하나님이 아담을 만들기 전에 먼저 있었던 것입니다. 강물이 동산을 적시고 있었습니다. 강은 하류에서 네 개의 큰 강으로 나뉘어 흘렀습니다. 하나님이 동산의 위치를 선택하실 때 이런 조건이 이미 갖춰져 있었다는 말입니다. 하나님은 이런 조건을 갖춘 지역을 선택하셨고 그곳에 동산을 만드셨습니다. 그리고 그곳에서 보기에 아름답고 먹기에 좋은 나무들이 나도록 하신 것입니다.

아담을 창조하기 전에 에덴의 동쪽에는 동산의 후보지가 있었습니다. 에덴에서 시작된 강이 동산 주위로 흐르고 있었습니다. 이 강이 하류로 가서 네 개의 큰 강으로 나뉘어 흘렀다는 것입니다. 이처럼 강들은 오래전부터 흐르고 있었습니다.

이 강들은 어떻게 흐르게 되었을까요?

[물의 순환]이라는 관점에서 볼 때 강은 비가 내려야만 흐를 수 있습니다. 바다로 흘러 들어간 물들이 증발하여 구름이 되었다가 구름이 산 위로 지나갈 때 비가 되어 땅 위로 내립니다. 만약 비가 내리지 않는다면 강은 마르고 나중에는 흐르지 않게 됩니다.

창세기에는 강이 에덴에서 시작했다고 기록되어 있습니다. 이를 토대로 보면 에덴은 아담이 있는 동산보다 높은 곳에 있었던 것 같습니다. 강은 높은 곳에서 낮은 곳으로 흐릅니다. 그리고 이 강이 네 개의 강으로 나누어 흐른 후에는 그 끝에서 바다로 흘러 들어갔을 것입니다. 강이 끝없이 흐를 수는 없을 테니 말입니다. 강은 어딘가에 도착하여 모이고 이곳이 바다나 호수가 됩니다.

비가 내리지 않는다면 에덴에서 시작되는 강은 마르게 될 것입니다. 강이 흘렀다는 것은 주기적으로 비가 내리고 물의 순환이 이루어지고 있었다는 의미입니다. 창세기 2장 5절에서 비를 내리지 않았다는 말씀은 비유입니다. 이 말씀은 하나님의 계획이 실행되기 전의 상태를 비유로 설명한 것입니다. 실제로는 에덴과 동산과 그 지역에는 비(rain)가 주기적으로 내리고 있었을 것입니다. 비가 없다면 강이 흐를 수 없습니다. 물론 이런 설명은 과학적 사고에 의한 것입니다. 물의 순환이라는 관점에서 설명한 것입니다.

어떤 이들은 안개와 이슬만으로도 강이 생길 수 있다고 주장할지 모릅니다. 하지만 안개는 땅을 적실 뿐 강을 만들 정도로 충분한 물을 만들지 못합니다. 물론 이 책은 과학적인 내용을 전문적으로 다루는 것은 아니기에 이런 주장의 가능성은 열어 두겠습니다.

강이 흘렀고 이 강이 큰 네 개의 강이 되었다는 점에서 당시에 하류로 흘러갈 수 있도록 더 많은 지류가 합쳐졌다는 것을 알 수 있습니다. 에덴동산 밖에도 강이 흘렀고 멀리는 바다가 있었다는 것입니다. 일반적으로 강이 흐르고 바다가 있다면 그곳에는 풀과 나무가 자라게 되고 곤충과 동물이 살게 됩니다. 물은 식물과 동물에게 생명의 근원이 됩니다. 당연한 말이겠지만 에덴동산에서 시작된 강과 네 개의 큰 강들과 바다에는 물고기들이 살고 있었을 것입니다.

창세기 2장 11절 이하의 말씀에서 강이 흐른 후에 네 개의 큰 강이 되었다고 기록되어 있습니다. 첫째 강은 금이 있는 땅으로 흘렀습니다. 둘째 강은 구스 땅으로 흘렀고 셋째 강은 앗수르 동쪽으로 흘렀으며 넷째 강은 유브라데(유프라테스강)라고 합니다.

당시의 네 개의 큰 강에는 이름이 있었고 그 강들이 흘렀던 지역의 특색이 알려져 있습니다. 성경 기록을 보면, 동산에만 사람이 살 수 있었던 것은 아닙니다. 동산 바깥의 지역이 더 넓었고 그곳 역시 사람이 살 수 있는 환경이었다는 것입니다. 동산 밖에도 지금과 같은 자연과 사람이 사는 세상이 있었습니다.

[Chapter 7. 무화과나무는 왜 동산에 있었을까?]에서 에덴동산이 선택되기 전부터 그 땅에는 무화과나무가 있었다는 것을 설명했습니다. 창세기 2장 4절에서는 초목이 없었다고 되어 있으나, 무화과나무뿐 아니라 이미 많은 나무가 있었다는 것을 말해 줍니다. 이것은 창세기 2장 4절의 말씀이 비유라는 것을 의미합니다.

아담 이전의 사람들

Chapter 14

가인이 두려워한 사람들은 누구인가?

성경 말씀: 창세기 4장 14절

"주께서 오늘 이 지면에서 나를 쫓아내시온즉 내가 주의 낯을 뵈옵지 못하리니 내가 땅에서 피하며 유리하는 자가 될지라 무릇 나를 만나는 자마다 나를 죽이겠나이다. 여호와께서 그에게 이르시되 그렇지 아니하다 가인을 죽이는 자는 벌을 칠 배나 받으리라 하시고 가인에게 표를 주사 그를 만나는 모든 사람에게서 죽임을 면하게 하시니라"

가인은 앞으로 만나게 될 사람을 왜 두려워했을까요? 언뜻 보면 아담과 하와 외에는 가인을 죽일 수 있는 사람이 없었을 것으로 생각됩니다. 그런데도 가인은 앞으로 만나게 될 사람을 두려워했습니다.

가인의 말이 거짓이라면 하나님은 가인을 다시 책망하셨을 것입니다. 오히려 하나님은 가인을 보호해 주시겠다고 말씀하셨습니다. 하나님도 가인이 죽임을 당하지 않도록 표를 주셨습니다. 이것은 그 당시에 이미 아담과 하와 외에도 다른 사람들이 있었음을 확인할 수 있는 말씀입니다.

가인의 말이 진실이 되려면 두 가지 조건이 필요합니다. 하나는 다른 사람들이 있다는 것이고 또 다른 하나는 다른 사람들이 가인을 죽이려고 한다는 것입니다.

다른 사람들은 왜 가인을 죽이려 할까요? 이것은 [Chapter 65. 사람들은 왜 가인을 죽이려 했을까?]에서 설명합니다. 여기서는 첫 번째 조건인 다른 사람들이 있다는 것만 먼저 설명합니다.

어떤 사람들은 가인이 만나기를 두려워한 사람을 아담과 하와의 후손으로, 가인 이후에 태어날 사람이라고 합니다. 또 어떤 사람들은 가인과 아벨만이 아니라 가인 이전에도 아담과 하와 사이에 아들이 있을 수 있고, 가인과 아벨 사이에도 아담의 다른 아들이 있을 수 있고, 아벨 이후로도 아담의 아들이 있었을 수 있다고 말합니다. 아벨이 죽기 전에 이미 여러 명의 아들이 아담에게 있었을 것으로 가정합니다. 그래서 아담의 다른 아들이 가인을 죽이려고 한다는 것입니다. 아담의 다른 아들이 아벨의 복수를 한다는 주장입니다.

이런 주장의 성경적 근거는 없습니다. 다만 가인 이전이나 가인과 아벨 사이에서 그리고 아벨 이후로 충분히 자녀를 낳을 수 있다는 가정하에 논리를 전개한 것입니다. 이런 상상은 충분히 해 볼 수 있습니다.

이런 가정을 부인할 만한 확실한 증거는 없습니다. 그렇다고 이런 가정을 인정할 확실한 증거도 없습니다. 그래서 이런 논리가 가능하다는 것을 거부하지는 않습니다. 논리적으로 생각할 수 있다는 것이지 이 논리가 옳다는 말은 아닙니다.

이제, 이 가정이 잘못되었다는 것을 다른 방법으로 설명하겠습니다.

가인은 아벨을 죽였습니다. 가인은 동생을 죽인 것이고 가족을 죽인 것입니다. 그래서 하나님은 가인에게 벌을 내리셨습니다. 아담과 하와가 사는 삶의 터

전에서 가인이 떠나게 된 것은 아담과 하와에게 매우 큰 사건이었을 것입니다.

성경 말씀: 창세기 4장 25절
"아담이 다시 자기 아내와 동침하매 그가 아들을 낳아 그의 이름을 셋이라 하였
으니 이는 하나님이 내게 가인이 죽인 아벨 대신에 다른 씨를 주셨다 함이며"

이 말씀에서 아담은 가인이 아벨을 죽였다는 사실을 알고 있습니다. 가인은 아벨을 들로 유인하여 죽였습니다. 아무도 알 수 없는 곳에서 가인은 아벨을 죽였습니다. 아무도 보지 못했다고 생각했겠지만 하나님은 모든 것을 보셨고 알고 계셨습니다.

처음에 아담과 하와는 가인이 아벨을 죽였다는 사실을 알 수 없었을 것입니다. 하나님이 직접 가인에게 형벌을 내리신 일로 아담과 하와는 가인이 아벨을 죽였다는 사실을 알게 되었을 것입니다.

형이 동생을 죽였지만 부모는 어떤 형벌도 그에게 내리지 않습니다. 형벌은 하나님이 가인에게 내립니다. 아담과 하와는 가인의 부모이지만 이 사건에서는 마치 참관자와 같은 모습을 보입니다. 이는 하나님이 아담의 가족을 이끌고 계셨기 때문입니다.

아담과 하와는 매우 놀랐을 것입니다. 아담에게 다른 아들들이 더 있었다면 그들도 무척 놀랐을 것입니다. 하나님이 내리신 형벌은 당시 가인에게 매우 혹독한 형벌입니다. 왜 혹독한 형벌인지는 [Chapter 68. 하나님은 왜 죄를 범한 아담의 가족과 함께하는가?]에서 설명합니다. 아담과 하와와 가족들은 가인의 행위에 대한 하나님의 형벌을 보면서 반면교사로 삼았을 것입니다. 동생을 죽이

게 되면 하나님이 직접 혹독한 형벌을 내리신다는 것을 경험했을 것입니다.

만약 가인이 쫓겨날 당시에 아담에게 다른 아들들이 있었다면 이 교훈을 받았을 것입니다. 가인이 쫓겨난 이후에 태어난 아들들 역시 이 이야기를 듣고 배웠을 것입니다. 그래서 아담의 아들들은 가인을 죽이려고 하지 않았을 것입니다. 가인을 죽이려는 아담의 아들이 있다면 그는 형을 죽인 동생으로 동생을 죽인 가인과 같은 죄를 짓는 것이기 때문입니다.

죽은 아벨은 아담의 가족입니다. 아벨을 죽인 가인도 아담의 가족입니다. 아담의 아들들이 가족의 복수를 하는 것이라고 주장하려면 가인은 아담의 가족이 아니었어야 합니다. 가인도 아담의 아들인데 가족의 복수를 한다는 말은 어불성설입니다.

아담과 하와로서는 아벨이 죽은 것도 마음이 아팠겠지만 가인이 가족을 떠나는 것도 마음 아팠을 것입니다. 비록 가인이 죄를 지었지만 가인도 아담의 아들이었고 다른 아들들이 있었다면 그들에게는 형제였기 때문입니다. 정의를 구현하기 위해 가인을 죽인다면 그 사람 역시 형제를 죽인 또 다른 죄인이 되는 것입니다. 그러면 하나님은 가인을 죽인 아담의 다른 아들에게도 형벌을 내리게 될 것입니다.

이처럼 아담의 다른 아들이 [가인에게 죗값을 치르게 한다]는 생각은 잘못된 것입니다. 하나님이 이미 가인의 죗값으로 형벌을 내리셨기 때문입니다. 아담의 다른 아들도 하나님을 믿는 신앙이 있고 하나님의 형벌을 인정하기 때문에 가인을 죽이려고 하지는 않았을 것입니다.

만약 가인을 죽이려는 자가 아담의 아들이라면 가인은 빨리 사건 현장에서 멀리 도망쳐야 합니다. 가인은 아담과 하와가 사는 지역에 더는 머물러 있으면 안 됩니다. 하나님이 가인을 찾을 때 가인은 이미 먼 곳으로 도망치고 있어야 합니다. 가인에게 가장 위험한 장소는 바로 아담과 하와가 있는 곳이기 때문입니다. 아담의 아들들은 아담과 함께 살고 있거나 떨어져 살고 있더라도 아버지를 보기 위해 수시로 아담과 하와의 집을 방문했을 것입니다. 이때 가인이 다른 아들들 눈에 띄게 된다면 죽을 수도 있습니다. 그러나 가인은 도망가지 않고 오히려 쫓아내지 않기를 하나님께 구합니다. 이는 가인이 두려워한 자들은 아담의 다른 아들들이 아니기 때문입니다.

혹시 가인을 죽이려는 자들이 아담의 직계 후손일까요? 아벨의 자손은 아닙니다. 아벨은 결혼하지 못하고 죽었습니다. 아벨이 죽은 후에 태어나는 자손들이라면 이들에게 가인은 아버지의 세대이거나 할아버지 혹은 그 이상의 세대일 것입니다. 아벨을 보지 못했던 자손들이 부모로부터 가인과 아벨의 사건을 듣는다고 가정합니다. 비록 부모로부터 아벨의 사건을 듣는다고 해서 후손에게 아벨의 죽음에 대한 복수의 울분이 일어날 수 있을까요? 아벨의 복수를 하고 싶은 마음이 일어날까요? 자손들에게 가인과 아벨의 사건은 이미 현실이 아닙니다. 자손들에게는 단지 과거의 교훈 정도로 여겨졌을 것입니다.

그런 점에서 아담의 아들들은 가인을 죽이기 위해 가인을 찾아 나서지 않았을 것입니다. 이것은 가인의 말에서 확인할 수 있습니다. 이 내용은 [Chapter 68. 하나님은 왜 죄를 범한 아담의 가족과 함께하는가?]에서 설명합니다.

아담과 아담의 아들들과 아담의 후손은 가인을 죽이지 않습니다. 셋을 낳기 전까지 아담에게는 다른 아들이 없었습니다. 아담에게 다른 아들이 있었다고 가정하더라도 아담의 다른 아들은 가인을 죽이지 않습니다. 가인이 두려워한 것은 아담의 아들들이 아닙니다. 가인이 두려워했던 사람들은 외부의 사람들입니다. 그 당시에도 에덴동산 밖에는 많은 사람이 살고 있었기 때문입니다.

Chapter 15

가인은 어디서 아내를 얻었나?

성경 말씀: 창세기 4장 16절

"가인이 여호와 앞을 떠나서 에덴 동쪽 놋 땅에 거주하더니 아내와 동침하매
그가 임신하여 에녹을 낳은지라 가인이 성을 쌓고 그의 아들의 이름으로 성을
이름하여 에녹이라 하니라"

이 말씀은 가인이 아내를 얻었다는 기록입니다.

가인은 에덴의 동쪽에 있는 놋 땅으로 이동하여 거기서 아내를 얻었습니다.
가인의 아내는 아담과 하와의 딸이 아닙니다. 가인이 아담과 하와를 떠날 때 아
담과 하와는 아직 셋을 낳기 전입니다. 아담과 하와의 자녀 중에 딸이 있었다면
그 딸은 가인의 동생이거나 누나가 될 것입니다.

성경을 연구하는 사람 대부분은 가인의 아내를 아담과 하와가 낳은 딸로 설명
합니다. 당시에는 근친혼도 허용되었다고 보는 것입니다. 당시에 땅 위에 살아
있는 사람은 오직 아담과 하와와 그들의 자녀뿐이라고 생각하기 때문입니다.

이 Chapter에서는 가인의 아내가 아담의 딸이 아니라는 것을 설명합니다. 이
로써 가인의 아내는 놋 땅에서 사귀게 된 여성이라는 것을 설명하고자 합니다.

Part 3. 아담 이전의 사람들

첫 번째, 하나님은 아담의 가족을 지키셨습니다.

하나님은 아담을 에덴동산에서 쫓아내셨습니다. 아담은 하나님의 명령을 어겼습니다. 이제 아담과 하나님 사이에 죄의 벽이 생겼고, 하나님은 아담을 버렸어야 했고, 이후로 아담의 계보는 성경에 기록되지 않았어야 합니다. 그런데 이것은 잘못된 생각입니다.

하나님은 아담이 에덴동산에서 떠난 이후에도 아담과 하와의 가족에게서 떠나시지 않았습니다. 하나님은 아담에게 흙으로 돌아가라고 말씀하셨지만 아담과 하와를 지켜 주셨고 아벨의 제사를 받으셨고 아벨의 죽음에 대해서 침묵하시지 않았습니다. 또한 아담의 후손인 에녹과도 동행하셨고 노아도 보호하셨습니다. 아담이 하나님의 명령을 어겼으나 하나님은 아담과 하와의 가족과 후손을 버리시지 않았습니다. 아담과 하와의 가족과 후손은 하나님과 동행했고 하나님의 보호를 받고 살았습니다.

성경 말씀: 창세기 4장 14절
"주께서 오늘 [이 지면]에서 나를 쫓아내시온즉 내가 주의 낯을 뵈옵지 못하리니 내가 땅에서 피하며 유리하는 자가 될지라 무릇 나를 만나는 자마다 나를 죽이겠나이다"

이 내용은 아벨을 죽인 가인이 하나님께 벌을 받을 때 하나님께 한 말입니다. 이 벌은 가인에게 내려진 매우 혹독한 벌입니다. 아담과 아담의 가족들을 하나님이 보호하고 계셨기 때문입니다. 가인은 이 말에서 [주의 낯을 뵈옵지 못하리니]라고 합니다.

이 말씀의 히브리어 원문은 וּמִפָּנֶיךָ אֶסָּתֵר[우미파테카 에사테르]입니다.

וּמִפָּנֶיךָ[우미파테카]는 접속사 ו[와우]와 불분리전치사 מ[미]와 얼굴이라는 의미의 명사 פָּנִים[파님]의 2인칭·남성·단수가 합쳐진 형태입니다. 접속사 ו[와우]는 [그리고]라는 뜻이며, 전치사 מ[미]는 [~으로부터]라는 뜻입니다. 이 단어의 의미는 [그리고 당신의 얼굴로부터]라는 뜻입니다.

אֶסָּתֵר[에사테르]는 סָתַר[사타르]라는 동사의 니팔형·미완료·1인칭·공성·단수의 형태입니다. סָתַר[사타르]는 영어로 hide, conceal로 번역되며, 한글로는 숨다, 감춘다는 뜻입니다. אֶסָּתֵר[에사테르]는 니팔형으로, 니팔형인 경우는 수동의 의미를 나타냅니다. 그래서 אֶסָּתֵר[에사테르]는 [내가 감춰질 것이다]로 번역됩니다.

וּמִפָּנֶיךָ אֶסָּתֵר[우미파테카 에사테르]는 [내가 당신의 얼굴로부터 감춰질 것입니다]라는 의미입니다. 우리 한글 성경에서는 [주의 낯을 뵈옵지 못하리니]로 번역되었습니다. 내용상 틀리지는 않았지만 직역은 아닙니다.

[주의 얼굴을 보지 못한다]는 말은 가인이 자신의 관점에서 한 말입니다. 그러나 [주의 얼굴에서 내가 감춰진다]는 말은 가인이 하나님의 관점에서 한 말입니다. 이 두 문장은 내용 면에서는 같아 보이지만 관점이 다릅니다. 하나님의 관점에서 보면, 하나님이 관심을 가지고 보호하는 사람 중에서 가인이 사라진다는 뜻입니다. 그런데 사람의 관점에서 보면, 가인이 하나님을 볼 수 없다는 뜻입니다. [하나님의 얼굴에서 가인이 감춰진다]는 말은 하나님의 보호를 받지 못한다는 내용이 포함되어 있습니다.

그런 점에서 한글 번역인 [가인이 하나님의 얼굴을 보지 못한다]는 말에는 [하나님의 보호]라는 측면이 빠져 있습니다. 가인이 한 말의 참된 의미는 자신이 하나님의 보호를 받지 못하게 된다는 것에 있습니다.

성경 말씀: 창세기 4장 6절

"여호와께서 가인에게 이르시되 네가 분하여 함은 어찌 됨이며 안색이 변함은
어찌 됨이냐 네가 선을 행하면 어찌 낯을 들지 못하겠느냐 선을 행하지 아니
하면 죄가 문에 엎드려 있느니라 죄가 너를 원하나 너는 죄를 다스릴지니라"

하나님은 이렇게 가인에게 말씀하셨습니다. 그러나 가인은 하나님의 권고와 명령을 따르지 않았고 아벨을 죽여서 하나님과 아벨에게 죄를 지었습니다. 여기서 [주의 낯을 뵈옵지 못하리니]라는 문장은 마치 가인이 하나님을 잘 섬겼고 계속해서 하나님을 섬기려고 한다는 느낌을 줍니다. 하나님의 명령을 무시하고 악을 행한 사람이 왜 하나님의 얼굴을 보고 싶어 할까요? 그래서 한글 번역으로 보면 가인의 말과 행동이 일치하지 않은 것을 느끼게 됩니다.

가인의 말과 행동이 일치하도록 번역하려면 [주의 얼굴에서 제가 감춰질 것입니다]라고 원어 그대로 번역해야 합니다. 이 말씀의 의미를 반영해서 [제가 주의 보호를 받지 못하리니]라고 번역하는 것이 더 좋은 번역이라고 생각됩니다. 가인은 비록 자신이 하나님의 권고를 무시하고 죄를 지었지만 이 지면에서 쫓겨나 죽게 되는 것은 두렵다고 하나님께 호소하고 있는 것입니다.

여기서 알 수 있듯이, 아담과 아담의 가족들이 늘 하나님의 얼굴 앞에 있었다는 것입니다. 아벨과 가인이 아담과 하와처럼 하나님의 얼굴을 직접 보았다고 확실하게 말할 수는 없지만 아벨과 가인이 하나님의 임재를 느낀 것은 확실합니

다. 물론 아벨과 가인도 하나님을 보고 하나님의 음성을 들었을 것으로 생각됩니다. 하나님은 항상 아담과 아담의 가족들을 보호하고 계셨습니다.

두 번째, 하나님의 보호가 사라지면 가인은 죽을 수도 있습니다.

가인이 그 지면에서 떠나면 하나님의 보호를 더는 받지 못하는 것이 원인이 되어 가인을 죽이고 싶어 하는 어떤 사람들이 두려움 없이 가인을 죽이려고 시도하게 된다는 것입니다. 그동안은 사람들이 가인을 만난다고 하더라도 가인을 죽이려고 시도하지 못했다는 것인데, 그 이유가 하나님이 보호하고 계셨기 때문입니다.

창세기 4장 14절에 기록된 [이 지면]은 하나님이 보호하시는 안전한 장소입니다. [이 지면] 안으로는 외부의 사람들이 들어오지 못했던 것 같습니다.

아담의 아들들이 가인을 죽이려고 하는 것이 아니라 다른 사람들이 아담의 가족을 죽이려고 하는 것입니다. 그들이 아담의 가족을 죽이려고 시도하지 못하는 것은 하나님이 보호하고 계셨기 때문입니다. 그런데 가인이 창세기 4장 14절의 [이 지면]에서 벗어나면 하나님의 보호를 받지 못하게 됩니다. 가인의 말은 자신이 주의 낮을 뵈옵지 못하기 때문에 자신을 만나는 자가 두려움 없이 자신을 죽이려고 시도할 것이라는 말입니다.

하나님은 가인을 보호하십니다. 하나님이 아벨을 죽인 가인을 보호하시는 이유는 [Chapter 66. 하나님은 왜 가인을 보호하시나?]에서 설명합니다. 하나님은 죄를 지은 가인을 보호하기 위해서 표를 주셨습니다.

하나님이 가인에게 표를 주시는 이유는 하나님이 더는 가인을 직접 보호하시지 않기 때문입니다. 가인이 [이 지면] 안에 있을 때는 굳이 표가 필요하지 않았습니다. 반면 가인이 창세기 4장 14절의 [이 지면]에서 나가게 되면 가인에게 표가 필요하게 됩니다. 아담의 가족 중에서 가인이 처음으로 하나님께 표를 받은 사람입니다.

창세기 4장 14절에서 가인이 언급한 [이 지면]은 아담과 아담의 가족들이 안전하게 지내는 구역입니다. 이 구역 안에서는 하나님이 아담과 아담의 가족들과 함께 계시기 때문입니다. 하나님은 에덴동산에서 아담과 함께 계셨고 아담이 범죄하여 동산에서 추방된 후에도 아담이 거주하는 지역에 함께 계셨습니다. 하나님도 에덴동산에 머물러 있지 않고 동산 밖으로 함께 나오신 것입니다. 물론 하나님은 어느 곳에나 계시는 분입니다. 그런데도 아담의 가족은 그 지면 안에 있을 때 하나님이 함께 계신다는 것을 직접 느끼고 살았습니다.

이렇게 하나님이 보호하시는 지역 안에서 아담과 하와의 가족들은 평화롭게 살았습니다. 물론 아담은 농사를 지어야 합니다. 비록 아담과 하와가 하나님의 명령을 어기고 동산에서 나왔지만 그래도 하나님은 아담과 하와의 가족들을 보호하셨습니다.

세 번째, 아담에게 딸이 있었다면 딸도 안전한 지역에 머물렀을 것입니다.

아담과 하와의 자녀들은 하나님께 제사를 드립니다. 아담이 하나님께 제사를 드릴 때, 아담과 하와의 자녀들은 이것을 보고 배우면서 자랐을 것입니다. 아담과 하와의 자녀들은 아들이나 딸의 구분 없이 모두 하나님의 보호를 받으며 성장했을 것입니다. 아담과 하와의 자녀도 어느 정도 성장하면 스스로 하나님께 제사를 드렸을 것입니다. 가인과 아벨은 각자 자신의 제사를 주관했지만, 아담과 하와의 딸은 아담의 제사에 함께했을 것 같습니다.

아담과 하와의 자녀들은 하나님이 보호하시는 [이 지면]에서 나가지 않습니다. 가인은 [이 지면]에서 나가는 것을 매우 두려워했습니다. 마찬가지로 가인이 두려워한 만큼 아담에게 딸이 있었다면 이 딸도 [이 지면]에서 나가는 것을 매우 두려워했을 것입니다. 창세기 4장 14절에 나오듯, 가인은 [이 지면]에 있는 동안 하나님의 모습을 직접 보았거나 하나님의 임재를 느꼈을 것입니다. 그렇다면 아담의 딸도 [이 지면]에 살면서 하나님의 임재를 느꼈을 것입니다. 가인과 같은 조건에서 살았기 때문입니다.

아담의 딸은 하나님을 섬기며 제사를 드리는 신앙인입니다. 또한 가인이 아벨을 죽인 결과로 하나님께 형벌을 받았다는 것을 직접 보았거나 전해 듣고 배웠을 것입니다. 이런 신실한 신앙이 있는 아담의 딸이 멀리 놋 땅까지 가서 하나님 앞에 죄를 지은 가인의 아내가 되겠다고 결심한다는 것은 잘못된 추측입니다.

아담이 235세가 되었을 때 아담은 손자 에노스를 얻습니다. 이때 셋이 결혼하여 첫아들을 낳은 것입니다. 셋은 아담이 130세에 얻은 세 번째 아들입니다. 아담은 세 번째 아들을 통해서 손자를 얻었습니다.

아담이 동산에서 나와서 정착한 이후로 아담이 손자를 얻을 때까지 100년 이상이 흘렀습니다. 아담이 머문 지역에서 아담의 아들인 셋은 105세가 되어서야 에노스를 얻었습니다. 이때 사람들이 여호와의 이름을 불렀다고 기록되어 있습니다. 아담이 머문 지역의 주위 사람들이 아담의 가족을 호의적으로 대하기 시작한 이후에 셋이 아내를 얻을 수 있었고 그 아내를 통해서 에노스를 낳을 수 있었다는 말입니다. 이 내용은 뒤에서 자세히 설명합니다.

아담이 머문 지역의 주위 사람들이 아담의 가족을 호의적으로 대할 때까지 아담과 하와의 자녀들은 배우자를 얻지 못했습니다. 아담에게 딸이 있었다고 가정하더라도 아담의 딸들도 셋이 대략 100세가 될 때까지 배우자를 얻지 못했고 안전지역 밖으로 나갈 수가 없었습니다. 그래서 아담과 하와의 아들과 딸은 안전해질 때까지 배우자를 얻지 못했습니다.

여기서 말하고자 하는 것은 가인의 아내는 아담의 딸이 아니라는 것입니다. 아담의 딸이 하나님께 벌을 받는 가인의 아내가 되려고 하나님의 보호가 있는 장소를 떠나서 멀리 놋 땅까지 갈 이유가 없기 때문입니다. 아담의 딸들에게 있어서 가인은 아벨을 죽이고 하나님께 벌을 받아 추방된 사람입니다. 이런 가인의 아내가 되겠다고 위험을 무릅쓰고 가인을 찾아 나서는 아담의 딸은 없었을 것입니다.

가인은 놋 땅에서 아내를 얻었고 이 아내는 아담과 하와의 딸이 아닙니다.

여기서 가인의 아내가 아담의 딸이 아니라면, 가인의 아내는 어디서 왔을까요? 하나님이 다른 사람을 또 창조하신 것일까요? 누구든지 이런 질문을 할 것입니다. 하나님이 언제 가인의 아내와 같은 다른 사람들을 창조하셨는지는 이 책에서 설명하지 않습니다.

가인은 아담과 하와의 딸이 아닌 놋 땅에 살고 있던 여인을 아내로 얻었습니다. 아담과 하와 외에도 많은 사람이 이미 지구상에 살고 있었다는 말입니다. 성경에는 다른 사람들에 관해 설명되어 있지 않습니다. 외부의 사람들은 창세기의 관점에서는 중요하지 않기 때문입니다.

가인에 관한 내용을 조금 더 설명합니다.

가인이 만날까 봐 두려워했던 사람들은 아담이 머물렀던 지역의 사람들입니다. 아담이 머물렀던 지역의 사람들이 왜 가인을 죽이려고 했는지는 [Chapter 65. 사람들은 왜 가인을 죽이려 했을까?]에서 설명합니다. 이 사람들은 아담이 머문 지역에서 멀지 않은 지역의 사람들입니다. 가인이 쫓겨났을 때는 아담이 동산에서 나온 지 20~30년 사이였습니다. 아직 아담의 소문이 먼 곳까지 퍼져 나가지 않았을 때입니다.

가인은 일정 범위를 벗어나면 사람들이 자신을 죽이려고 하지 않을 것을 알고 있었습니다. 먼 곳에 사는 사람들은 아담을 몰랐고 가인이 아담의 아들이라는 사실도 모를 것입니다. 가인은 이 위험한 지역을 벗어난 후에 먼 지역의 사람들과 어울려야 한다는 것을 알고 있었습니다. 적대적인 감정을 가지고 자신을 죽이려 하는 사람들이 가까운 동네에 살고 있었고, 이 사람들이 사는 지역을 벗어나기 위해서는 하나님의 도움이 필요했습니다.

가인은 말하는 동물을 데려가지 않았고 혈혈단신으로 아담의 가족을 떠났을 것입니다. 말하는 동물이 가인을 따라가서 가인의 종이 될 수도 있었지만 사람들이 말하는 동물을 보게 되면 가인은 위험한 상황에 빠질 것입니다. 이 내용도 나중에 자세히 설명합니다.

놋 땅은 먼 곳입니다. 놋 땅 사람들은 아직 아담에 관한 소식을 모르며, 아담의 가족에 대한 적대적인 감정이 없습니다. 가인은 놋 땅으로 갔습니다. 그곳 사람들은 나그네로 방문한 낯선 이방인을 받아 주었습니다. 놋 땅의 사람들은 가인을 평범한 사람으로 보았고 가인은 그들의 일원이 될 수 있었고 거기서 아내를 얻을 수 있었습니다.

물론 가인 역시 다른 아담의 아들들처럼 놋 땅에서 1,000년에 가깝게 살았을 것으로 추정합니다. 반면 가인의 아내는 가인과 결혼한 후로 100년을 넘기지 못하고 죽었을 것입니다. 가인의 아들 에녹(창세기 4:17)은 가인의 우월한 유전자를 물려받아 오래 살았을 것입니다.

Chapter 16

에노스 때에 하나님의 이름을 부른 사람들은 누구인가?

에노스 때 하나님의 이름을 불렀던 사람들은 아담과 하와의 후손이 아닙니다. 이들은 주위에 퍼져 살고 있었던 평범한 사람들입니다. 이 사람들은 아주 오래 전부터 이 땅에 살아왔던 사람들입니다. 물론 이 사람들도 하나님이 창조하셨을 것입니다. 그러나 이들의 창조에 관한 내용은 성경에 기록되어 있지 않습니다.

이 Chapter에서는 두 가지를 설명합니다. 첫째로 하나님의 이름을 불렀던 이 사람들이 아담과 하와의 자손이 아니라는 것을 설명합니다. 둘째로 사람들이 하나님의 이름을 불렀던 시기와 셋이 에노스를 낳은 때가 관련이 있다는 것을 설명합니다.

첫 번째, 이들이 아담과 하와의 자손이 아니라는 것을 설명합니다.

성경 말씀: 창세기 4장 25절
"아담이 다시 자기 아내와 동침하매 그가 아들을 낳아 그의 이름을 셋이라 하였으니 이는 하나님이 내게 가인이 죽인 아벨 대신에 다른 씨를 주셨다 함이며 셋도 아들을 낳고 그의 이름을 에노스라 하였으며 그 때에 사람들이 비로소 여호와의 이름을 불렀더라"

성경 말씀: 창세기 5장 6절

"셋은 백오 세에 에노스를 낳았고"

아담은 130세에 셋을 얻었습니다. 셋은 105세에 에노스를 얻었습니다. 에노스가 태어나던 해에 아담의 나이는 235세였습니다.

아담과 하와가 에덴동산을 나온 후에 가인과 아벨을 차례로 낳았다고 가정합니다. 아담이 동산에서 나온 지 4~5년 사이에 첫아들인 가인을 낳았다고 가정하는 것입니다.

가인과 아벨을 1~2년 차로 보는데, 그 이유는 가인과 아벨이 나란히 하나님께 첫 제사를 드렸기 때문입니다. 만약 가인과 아벨의 나이 차이가 20년이라고 가정한다면, 가인은 아벨보다 20년 정도 먼저 제사를 드리기 시작했을 것입니다. 그리고 하나님이 가인의 제사를 받지 않으셨다면, 아벨이 제사를 드리기 20년 전에 이미 가인에게 무슨 일이 있었을 것입니다. 제사를 받지 않는 하나님께 20년 동안 가인이 계속해서 제사를 드렸을 것으로 생각되지는 않습니다.

가인과 아벨은 나란히 첫 제사를 드렸고 여기서 하나님은 가인의 제사를 받지 않았고 아벨의 제사를 받으셨기 때문에 가인이 크게 분노했던 것입니다. 처음 경험하는 일이라서 매우 당황하고 크게 분노했을 가능성이 있습니다. 처음 경험할 때의 감정변화가 가장 클 테니 말입니다. 일반적으로 몇 번 제사를 드리다가 더는 제사를 드리지 않았을 것입니다. 만약 하나님이 받지 않는 제사를 가인이 계속 드렸다면 나중에는 감정의 동요 없이 시큰둥하게 제사를 드렸을 것입니다.

가인과 아벨의 나이 차이를 3년이라고 가정하고, 아담이 에덴동산을 나온 후로 가인이 태어나기까지 대략 4년이 걸렸다고 가정합니다. 그러면 아벨은 아담이 동산을 나온 후로 7년 만에 태어난 것이 됩니다. 아벨이 20살에 죽었다고 가정하면, 아벨은 아담이 동산에서 나온 지 27년 되는 해에 죽은 것입니다. 아벨이 죽은 후 3년 만에 셋이 태어났다고 가정해 보면, 셋은 아담이 동산을 나온 후로 30년이 되는 해에 태어난 것이 됩니다. 이렇게 가정하면 아담은 100세에 동산에서 나온 것이 되고 30년 후인 130세에 셋을 낳은 것이 됩니다.

에노스가 태어난 시기는 셋의 나이가 105세이고 아담의 나이가 235세던 때로, 아담이 에덴동산을 나온 지 대략 135년이 흐른 후였습니다. 지금까지 일부 연도를 추정하여 성경의 기록과 맞추어 봤습니다.

창세기 4장 26절에서 [그 때에 사람들이 여호와의 이름을 불렀다]고 기록되어 있습니다. 사람들이 여호와의 이름을 처음 불렀을 때는 에노스가 태어나기 1~2년 전일 것입니다. 주위의 사람들이 아담의 가족들을 받아들이고 서로 만나게 된 후에 셋이 아내가 될 여성을 만났을 것으로 추측되기 때문입니다. 하여튼 에노스가 태어났을 때 주위의 사람들은 여호와의 이름을 불렀고 그들이 아담이 섬기는 하나님을 섬기기 시작했습니다.

이 사람들을 아담과 하와의 자손으로 가정한다면 모순이 발생합니다. 아담과 하와와 그의 자손은 에노스가 태어날 때, 처음 하나님의 이름을 부른 것이 아닙니다. 아담은 에덴동산을 나온 이후로 해마다 하나님께 제사를 드렸습니다.

창세기 4장을 보면 가인과 아벨이 하나님께 제사를 드립니다. 그런데 가인과 아벨은 왜 하나님께 제사를 드리려고 했을까요? 누가 가인과 아벨에게 제사를 가르쳤을까요? 그리고 제사드리는 법을 어디서 배웠을까요?

아담이 하나님께 드린 제사에 관한 기록은 성경에 없습니다. 당연히 하나님이 어떻게 제사를 받으셨는지 그 방법 역시 나와 있지 않습니다. 아담은 땅의 소산으로 제물을 드렸을 것이고 하나님은 이를 받으셨을 것입니다. 가인과 아벨은 아담이 하나님께 드리는 제사를 보고 자랐을 것입니다. 아담이 하나님께 제사를 드릴 때 함께 참석하거나 뒤에서 보았을 것입니다. 하나님이 아담의 제사를 받으시는 것 역시 보았을 것입니다. 가인은 아담과 마찬가지로 땅의 소산으로 제물을 드렸습니다.

아담은 처음에 하나님께 범죄하여 에덴동산에서 쫓겨났습니다. 그러면 하나님은 아담을 에덴동산에서 내쫓으신 이후로 아담과는 일절 만나지 않으셨을까요?

아닙니다. 하나님도 아담이 정착한 곳에 함께 계셨고 아담이 드리는 제사를 받으셨습니다. 만약 하나님이 아담의 제사를 받지 않으셨다면 아담은 더는 제사를 드리지 않았을 것이고, 가인과 아벨에게 제사를 가르치지도 않았을 것이며, 가인이 아벨을 죽이는 사건도 발생하지 않았을 것입니다. 이에 대해서는 [Chapter 68. 하나님은 왜 죄를 범한 아담의 가족과 함께하는가?]에서 설명합니다.

하나님은 매년 아담의 제사(예배)를 받으셨고 아담과 하와의 가족에게 은혜를 베푸셨고 주위 사람들의 공격으로부터 그들을 보호하셨습니다. 아담이 유일하게 한 번 동산에서 하나님의 명령을 어겼지만 그 후로는 하나님께 범죄하지 않고 잘 살았을 것입니다. 에덴동산 이후 아담이 살면서 어떤 죄를 더 지었는지는 기록되어 있지 않습니다. 아담이 죄를 더 지었을 수도 있고 죄를 짓지 않았을 수도 있지만 성경에는 더는 아담에 관한 기록이 없습니다. 동산 밖에서는 아담에게는 지켜야 할 계명이 없습니다. 하나님이 아담에게 주신 유일한 명령은 에덴동산 안에서만 유효한 명령이었습니다. 그래서 아담이 다른 죄를 짓는 일은 없었을 것입니다.

가인과 아벨이 제사를 드렸던 것을 보면, 아담은 꾸준히 하나님께 제사를 드렸고 두 아들이 성장했을 때 가인과 아벨에게 하나님께 제사를 드리도록 가르쳤을 것입니다.

[여호와의 이름을 불렀다]는 기록은 하나님께 제사를 드렸다는 의미입니다. 하나님을 신으로 섬긴다는 의미입니다. 하나님께 제사를 드리게 되면 하나님의 이름을 부르게 됩니다. 그런데 사람들은 에노스가 태어난 때에 하나님께 제사를 드리기 시작했습니다. 이때 아담의 나이가 235세였고 에덴동산을 나온 지 135년이 흐른 뒤였습니다.

사람들은 아담이 에덴동산을 나온 이후로 135년이 지날 때까지도 하나님께 제사를 드리지 않았다는 말입니다. 그러나 아담은 에덴동산을 나온 이후로 계속해서 하나님께 제사를 드렸고 아담의 자녀들도 아담이 하나님께 제사드리는 것을 보고 자랐으며 아담의 아들인 가인과 아벨도 나이가 차면서 아담을 본받아 스스로 하나님께 제사를 드리게 되었습니다. 아벨이 죽고 가인이 떠난 후로도 아담은 계속해서 하나님께 제사를 드렸을 것입니다.

이처럼 에노스 때까지 여호와의 이름을 부르지 않았던 사람들은 아담과 하와의 가족도 아니며 그 후손도 아닙니다. 아담의 나이가 130세일 때 태어난 셋도 아버지 아담을 따라서 하나님께 제사를 드렸을 것이고 셋이 105세일 때 에노스가 태어났을 때까지도 매년 하나님께 제사를 드렸을 것입니다.

결론적으로, 에노스 때 비로소 여호와의 이름을 불렀던 사람들은 아담과 하와의 자손이 아닙니다.

하나님이 아담을 창조할 당시에도 땅 위에는 이미 많은 사람이 살고 있었습니다. 에노스 때 하나님의 이름을 불렀던 사람들은 아담과 하와가 에덴동산에서 나와서 정착했을 때 아담과 하와가 머문 곳에서 가까운, 인근 지역에 살고 있었던 다른 사람들입니다. 아담과 하와의 가족과 만날 수 있을 정도로 근거리에 살았던 사람들입니다. 이들이 아담과 하와와 그 자녀들을 보면서 하나님을 믿게 되었다는 뜻입니다.

두 번째, 사람들이 하나님의 이름을 불렀던 때가 왜 에노스를 낳았을 때였는지를 설명합니다.

사람들은 아담과 아담의 가족들을 죽이려고 했습니다. 사람들은 가인만을 죽이려고 한 것이 아니라 아담의 가족 모두를 죽이려고 한 것입니다. 이 내용은 [Chapter 14. 가인이 두려워한 사람들은 누구인가?]에서 설명했습니다.

처음에 사람들은 아담과 아담의 가족에게 적대적이었습니다. 그래서 아담과 하와는 자녀를 낳을 수는 있었어도 그 자녀들은 자녀를 낳을 수 없었습니다. 배우자를 만날 수 없었기 때문입니다. 물론 현대의 많은 사람은 아담과 하와 당시에는 근친혼을 했다고 주장합니다. 아담과 하와의 후손 외에는 지구상에 사람이 없다고 생각했기 때문입니다. 그러나 동산이 만들어지기 전에도 이미 동산 주위에는 많은 사람이 있었고 그 사람들 속에서 하나님께 선택받은 청년이 바로 아담과 하와였습니다.

에덴동산에서 나온 이후에 아담과 하와의 자녀들은 사람들의 적대적인 행동으로 인해 결혼할 상대를 찾을 수 없었기 때문에 결혼하지 못했습니다. 아담이 얻은 첫 번째 손자는 에노스였습니다. 에노스를 낳기까지 아담은 그 지역에서 135년을 살았습니다. 아담이 머문 지역의 사람들은 아담이 정착했던 초반에 아담과 아담의 가족을 죽이려고 했습니다. 그래서 가인과 아벨 그리고 이후에 태어난 셋 역시 결혼할 수 없는 상태였습니다. 만약 아담에게 딸들이 있었다면, 이 딸들도 배우자를 찾을 수 없었을 것입니다.

그렇게 100년이 넘는 시간이 흐르면서 사람들이 아담의 가족을 지역사회의 일원으로 받아들인 것입니다. 더 나아가 주위 사람들이 아담이 섬기는 하나님을 믿기 시작했습니다. 아담의 가족이 지역사회의 사람들과 교류하게 되었고 아담의 자녀들은 결혼할 상대를 만날 수 있게 되었습니다. 이렇게 분위기가 달라진 후 셋은 아내를 얻을 수 있었고 그렇게 아담의 첫 번째 손자를 낳게 된 것입니다.

이렇게, 에노스를 낳았을 때 비로소 사람들이 여호와의 이름을 불렀던 것은 이 두 가지 사건이 서로 연결되어 있기 때문입니다.

이 Chapter의 결론을 내립니다.

에노스가 태어날 때 비로소 하나님의 이름을 부른 사람들은 아담의 나이가 235세가 될 때까지 하나님께 제사(예배)를 드리지 않았던 사람들입니다. 아담의 가족은 계속 제사를 드렸기 때문에, 아담의 가족은 이 사람들이 아닙니다. 이들은 아담과 그 가족들 주위에 살고 있었던 평범한 사람들을 말합니다.

Chapter 17

아담은 죽음이 무엇인지 알고 있었을까?

성경 말씀: 창세기 2장 16절

"여호와 하나님이 그 사람에게 명하여 이르시되 동산 각종 나무의 열매는 네가 임의로 먹되 선악을 알게 하는 나무의 열매는 먹지 말라 네가 먹는 날에는 반드시 죽으리라 하시니라"

하나님은 아담에게 동산 중앙에 있는 선악과를 먹지 말라는 계명을 주셨습니다. 여기서 중요한 점은 아담이 이미 죽음을 알고 있었다는 것입니다.

이렇게 생각해 보세요.

어느 날 어머니가 자녀에게 전화합니다. 어머니가 외출하니 집에 돌아왔을 때 탁자 위에 있는 음식을 먹지 말라고 합니다. 그 음식을 먹으면 [삐리삐리] 할 것이라고 말했습니다.

이제 자녀들은 어머니의 말씀을 생각합니다. [삐리삐리]가 뭘까? 좋은 것일까? 나쁜 것일까? 먹으면 나에게 나쁜 일이 생긴다는 것일까? 아니면 좋은 일이 생긴다는 것일까?

자녀들은 [삐리삐리]가 뭔지 몰라서 고민하게 됩니다. 착한 자녀는 궁금해하지 않고 무조건 어머니의 말씀에 순종할 수도 있습니다. 탁자 위에 있는 음식을 쳐다보지도 않습니다.

그런데 어떤 자녀는 호기심이 많습니다. 어머니가 먹지 말라고 했지만 이 자녀는 [삐리삐리]가 너무 궁금합니다. 어머니는 자녀가 알지 못하는 [삐리삐리]라는 단어를 사용하여 자녀의 호기심을 유발했습니다. 이 자녀는 어머니가 하지 말라고는 했지만 [삐리삐리]가 뭔지 궁금하여 탁자 위에 있는 음식을 먹었습니다. 그리고 배가 아프기 시작했습니다.

어머니가 돌아와서 보니 아이가 상한 음식을 먹었습니다. 급히 병원으로 가서 치료를 받았습니다. 어머니는 아이에게 왜 먹지 말라는 음식을 먹었는지 물어봅니다. 아이는 [삐리삐리]가 뭔지 너무 궁금했다고 대답합니다. 어머니는 아이에게 [삐리삐리]는 지방 사투리이고 [배가 아프다]라는 뜻이라고 설명해 줍니다. 어머니는 자신이 단어를 바르게 선택하지 못했음을 알게 됩니다. 남편이 와서 아내의 잘못을 지적합니다.

"아이가 알아듣게 말을 했어야지……."

어머니의 말을 어긴 것은 아이의 잘못입니다. 그런데 아이가 모르는 단어를 사용한 어머니에게도 어느 정도 책임이 있습니다.

만약 아담이 죽음을 몰랐다면 하나님은 아담이 모르는 단어를 사용하여 명령을 내리신 것입니다. 아담이 죽음을 몰랐다면 아담의 범죄에 있어서 하나님도 일정 부분 책임을 지게 됩니다. 물론 하나님은 이런 실수를 하실 분이 아닙니다.

결론적으로 말하면, 아담은 이미 죽음이 뭔지 알고 있었고 하나님은 아담에게 [죽음]이라는 단어를 사용하여 확실하게 경고를 하신 것입니다. 아담은 죽음이 무엇인지 알고 있는 상태에서 하나님의 명령을 어긴 것입니다. 그래서 전적으로 아담의 책임이 됩니다.

그런데 여기서 한 가지 더 궁금한 것이 생깁니다. 아담은 죽음을 어떻게 알았을까요?

창세기 2장 19절에는 각종 새와 각종 들짐승을 하나님이 창조하셨다고 되어 있습니다. 여기서 새들과 짐승들을 일반적인 동물(Animal)이라고 가정한다면 하나님은 아담을 가장 먼저 창조하신 것이 됩니다.

제일 먼저 창조된 아담은 죽음을 보지 못했습니다. 아담이 하나님의 명령을 받았을 때 아담 외에는 사람이 없었고 동물도 없었으며 하와도 없었을 때입니다. 사람이 죽는 것을 보지 못했고 동물이 죽는 것도 보지 못했습니다. 아담은 죽음이라는 것을 경험한 적이 없습니다. 그래서 하나님이 창세기 2장 17절에서 [반드시 죽으리라]고 말씀하셨을 때 아담은 죽는다는 말이 무슨 뜻인지 몰랐을 것입니다. 이런 논리로 내용을 전개하면 아담의 범죄에 하나님에게도 일부 책임이 있게 됩니다.

하나님은 모든 것을 정확하게 처리하셨습니다. [하나님은 실수하시지 않는다]는 것은 신앙인으로서 우리가 가지고 있는 믿음입니다. 하나님은 아담에게 실수하시지 않았습니다.

아담의 범죄는 전적으로 아담의 책임이고 아담의 선택입니다. 아담은 하나님의 명령을 정확하게 알았고 죽음이 무엇인지 알고 있었습니다. 죽음이 무엇인지 아는 것은 아담에게 이미 경험이 있었기 때문입니다. 아담은 사람이 죽는 것을 보았고 동물이 죽는 것을 보았습니다. 그래서 죽음이 무엇인지 잘 알고 있었습니다.

아담은 최초의 인간이 아니라 최초로 혼(Soul)을 가진 인간입니다. 하나님은 아담의 몸을 창조하신 것이 아니라 아담에게 최초로 혼(Soul)을 만들어 넣어서 생령(창세기 2:7)이 되게 하신 것입니다.

아담은 에덴동산에 들어오기 전에 이미 동산 밖 마을에서 20년 정도 살았습니다. 청년이 되었을 즈음에 하나님께 선택되어 에덴동산에 들어오게 된 것입니다. 아담은 부모가 있었고 조부모도 있었고 형들과 동생들도 있었을 것입니다.

아담은 주위에 있는 사람들을 보았고 부모와 사람들에게 배우면서 자랐습니다. 사람이 죽는 것을 봤고 장례식에도 참석했을 것입니다. 조부모가 죽는 것을 봤다면 슬퍼했을 것입니다. 죽음은 두렵고 슬픈 일이라는 것을 이미 경험으로 알고 있었을 것입니다. 좋아하는 반려동물이 죽는 것을 경험했을 수도 있습니다.

물론 이렇게 말한다면 창세기 2장 7절에서 [흙으로 사람을 지으셨다]는 말씀을 부인하는 것이냐고 반문할 수 있습니다. 이렇게 질문하는 분들은 창세기 2장 22절에서 [그 갈빗대로 여자를 만드시고]라는 말씀도 그대로 믿는 사람일 것입니다.

그러면 저는 그분들에게 [하와는 왜 흙으로 만들지 않았을까?] 하는 질문을 할 것입니다. 또 [하와에게는 왜 생기를 불어넣지 않았을까?] 하는 질문도 할 것입니다. [아담을 흙으로 지었다]는 말씀은 하나님의 표현방식임을 이해해야 합니다. 하나님의 표현방식이란, 하나님이 하신 그 많은 일을 우리 인간에게 일일이 설명할 수 없기에 [짧은 한 문장으로 선언하고 더는 설명하지 않는다]는 방식입니다.

어린 자녀가 엄마에게 아이가 어떻게 태어나는지를 묻습니다. 이런 질문을 받으면 엄마는 어디까지 설명해야 할지 고민하게 됩니다. 생화학과 유전공학을 전공한 엄마는 좀 더 자세한 설명을 할 수 있을 것입니다.

두 개의 다른 DNA 정보를 가진 유전자가 합쳐질 때 유도체 RNA에 의해 한 줄의 염기서열이 떨어져 나가고 남아 있는 한 줄의 염기서열이 효소의 작용으로 하나씩 순서대로 연결되고 유전정보가 생성되며 이로 인해 새로운 유전자가 완성됩니다. 그 후에 하나로 합쳐진 DNA는 분열을 통해서 배반포까지 진행하고 그 후로 각 장기로 유도되는 줄기세포의 세포분열이 일어나고 각각의 장기가 생성됩니다.

이 설명은 제가 전문적인 지식을 가지고 있지 않기에 정확하지 않습니다. 하여튼 이런 식으로 전문지식을 동원하여 아이에게 설명할 부모는 아마 없을 것입니다. 그러면 하나님이 사람을 창조하신 내용을 우리에게 어떻게 설명하실 수 있을까요?

하나님이 모든 물질을 창조하셨습니다. 하나님이 창조한 모든 내용을 설명한다면 어떤 방식으로, 어떤 순서로, 얼마나 자세하게 설명해야 하는지 그 방법이 문제가 됩니다. 하나님의 창조는 너무나 거대하여 가늠할 수 없기 때문입니다.

또한 당시 모세도 하나님의 창조를 다 이해할 수 없었을 것입니다. 지금도 우리는 이 우주의 극히 일부만을 겨우 알아가고 있습니다. 우리가 다 이해할 수 없기에 하나님은 짧은 문장으로 창조의 모든 과정을 함축하여 표현하신 것입니다.

창세기 2장 7절에서 [흙으로 사람을 지으시고]라는 표현은 [Chapter 28. 하와는 정말 갈비뼈로 만들었을까?]에서 설명합니다.

이 Chapter의 결론을 내립니다.

아담은 에덴동산에 들어오기 전부터 죽음이 무엇인지 알고 있었습니다. 아담이 가지고 있었던 죽음에 관한 지식은 아담이 자라면서 자연스럽게 보고 듣고 경험하여 알게 된 것입니다. 아담이 직접 체득한 지식입니다. 이는 하나님이 아담을 창조하시기 전에도 이미 많은 사람이 땅 위에서 살고 있었다는 간접적인 증거입니다.

Chapter 18

아담은 농사법을,
아벨은 양치는 법을 어디서 배웠을까?

성경 말씀: 창세기 3장 17절

"…너는 네 평생에 수고하여야 그 소산을 먹으리라. 땅이 네게 가시덤불과 엉
겅퀴를 낼 것이라 네가 먹을 것은 밭의 채소인즉 네가 흙으로 돌아갈 때까지
얼굴에 땀을 흘려야 먹을 것을 먹으리니…"

하나님은 아담에게 네가 수고하여 농사를 짓고 땅에서 나오는 채소를 먹어야
한다고 말씀하셨습니다. 아담이 최초의 사람이라면 아담은 농사짓는 법을 알지
못했을 것입니다. 그러면 하나님이 에덴동산 밖으로 나온 아담에게 직접 농사
하는 법을 가르쳐 주셨을까요? 하나님이 직접 씨를 어떻게 뿌리는지, 땅은 어떻
게 일구는지, 물은 언제 주고, 언제 어떻게 돌봐야 하는지, 농사에 관한 모든 것
을 알려 주셨을까요?

하나님이 알려 주셨다고 가정한다면, 하나님은 하나의 작물 재배법만 알려 주
셨을까요? 농사로 얻어야 하는 작물은 하나가 아닙니다. 많은 작물이 있고 작물
마다 농사짓는 방법이 다를 것입니다. 이 모든 작물의 농사법까지 모두 하나하
나 하나님이 알려 주셨을까요?

성경 말씀: 창세기 4장 2절

"…아벨은 양 치는 자였고 가인은 농사하는 자였더라"

가인은 농사하는 자였다고 기록되어 있습니다. 가인은 농사법을 어떻게 알게 되었을까요? 물론 가인은 아담에게서 배웠을 것입니다. 가인은 아담이 농사일을 하는 것을 보고 자랐을 것입니다. 그래서 자연스럽게 농사법을 익혔을 것입니다.

아벨은 양 치는 자였다고 기록되어 있습니다. 그렇다면 아벨은 어디서 양을 치는 기술을 배웠을까요? 하나님이 아벨에게 양치는 기술을 가르쳐 주셨을까요? 하나님이 아담에게는 농사법을 직접 가르쳐 주시고 아벨에게는 양치는 기술을 직접 가르쳐 주셨을까요?

창세기 4장 17절에서 가인은 농사짓는 사람이었는데 갑자기 놋 땅에서 성을 만듭니다. 다른 사람이 없었다고 가정하면, 하나님이 직접 가인에게 축성기술을 가르쳐 주셨을까요? 아담이 최초의 인간이라면 놋 땅에는 아무도 없었을 것입니다. 그렇다면 가인에게 축성기술을 가르쳐 줄 사람 역시 없었을 것입니다.

창세기 4장 20절에서 야발은 가축을 치는 자의 조상이 되었다고 기록되어 있는데, 하나님이 야발에게 가축을 치는 방법을 가르쳐 주신 것일까요?

창세기 4장 21절에서 [유발은 수금과 퉁소를 잡는 모든 자의 조상이 되었다]고 기록되어 있는데, 하나님이 유발에게 수금과 퉁소를 만드는 법과 수금과 퉁소의 사용 방법을 가르쳐 주셨다는 것일까요?

창세기 4장 22절에서 [두발가인은 구리와 쇠로 여러 가지 기구를 만드는 자가 되었다고 기록되어 있는데, 하나님이 구리와 쇠로 여러 가지 기구 만드는 방법을 가르치신 것일까요?

창세기 4장 19절을 보면, 라멕은 두 아내를 두었고 두 아내에게서 세 명의 아들 야발과 유발과 두발가인이 태어났습니다. 이 세 명의 아들을 통해서 가축 치는 기술과 수금과 퉁소의 기술과 구리와 쇠로 여러 가지 기구를 만드는 기술이 생깁니다. 라멕의 세 아들이 각 분야의 기술을 개발한 사람이 됩니다. 어떻게 한 사람의 세 아들을 통해 동시에 세 분야의 기술이 갑자기 발전할 수 있었을까요?

아담의 후손 외에 다른 사람들이 없었다고 가정하면 하나님이 일일이 각 분야의 지식을 최초로 가르치셨다고 말할 수밖에 없습니다. 비록 성경에는 기록되어 있지 않지만 당시에도 많은 직업이 있었을 것입니다. 그 많은 모든 직업의 시초가 되는 사람이 나타날 때마다 하나님이 일일이 가르쳤다고 해야 할 것입니다.

세월이 흐르면서 계속해서 아담과 하와의 후손이 태어나고 그 후손 중에서 어떤 분야의 최초의 사람이 등장할 경우, 그때도 하나님은 그 사람에게 그 분야의 지식과 기술을 가르쳐 주셔야 했을 것입니다. 이런 방식으로 인류의 기술이 시작되었다고 생각하는 것은 비합리적입니다.

노아 시대의 홍수 사건 때 이 모든 사람들이 죽었을 것이고 다시 각 분야의 조상이 나와야 할 것입니다. 야발은 가축을 치는 자의 조상이 되었다고 기록되어 있는데, 노아의 홍수 이후에 다시 가축을 치는 자의 조상이 새롭게 나와야 할 것입니다. 그리고 어차피 홍수가 있을 텐데 창세기 4장에 기록된 [조상]이 되었다는 내용은 별 의미가 없는 내용이 될 것입니다. 모두 죽고 그 기술은 전수되지 않을 텐데 왜 이런 내용을 기록했을까요?

이 기술들을 개발한 것은 가인의 후손이 아닙니다. 가인의 후손에게 이 기술을 전수해 준 사람들이 당시 놋 땅에 살고 있었습니다. 홍수 이후에도 기술을 가진 사람들이 전멸되지 않았기 때문에 인류의 기술은 계속 이어진 것입니다. 인류가 발전시킨 기술들은 놋 땅에만 있는 기술이 아니었을 것입니다. 각 분야의 기술들은 지구 전체에 퍼진 기술로, 대륙마다 사람들이 기술들을 사용하고 있었을 것입니다. 이런 기술들은 오랜 시대를 거치면서 인류가 발전시킨 기술이며, 처음 기술이 개발된 이후로 사람들이 그 기술을 가지고 여러 지역으로 퍼져 나갔을 것이기 때문입니다. 놋 땅도 이런 지역 중 하나였을 것입니다.

아담을 최초의 사람이라고 가정하면 이런 문제들이 계속 발생합니다. 아담은 인류의 시조가 아니라 혼(Soul)을 가진 최초의 사람입니다. 하나님이 아담에게 숨을 불어넣으셔서 아담은 최초로 혼(Soul)이 있는 사람이 되었습니다.

그것이 아담이 인류 최초의 사람이라는 의미는 아닙니다. 하나님이 아담을 창조하시기 전부터 땅 위에는 이미 많은 사람이 살고 있었고 여러 분야의 기술들이 개발되고 발전하고 있었습니다. 사람들은 씨족 단위로, 마을 단위로, 도시 단위로 모여서 문화와 관습과 규율이 있는 사회를 이루어 살고 있었습니다.

아담은 에덴동산에 들어오기 전부터 농사법을 알고 있었을 것입니다. 아담이 20세 정도의 청년으로 성장하기까지 아담은 부모와 함께 지냈을 것입니다. 이때 아담은 부모로부터 자연스럽게 농사법을 배웠을 것입니다. 물론 스스로 농사를 지을 정도로 농사법을 완전히 터득했는지는 모릅니다. 완전하지는 않더라도 농사짓는 법을 알고는 있었을 것입니다. 마찬가지로 아담은 양치는 기술도 어느 정도 알고 있었을 것으로 생각됩니다. 아담은 자라면서 자연스럽게 농사 기술도 익히고 목축 기술도 익혔을 것입니다. 아담은 집을 짓는 기술과 살아가는 데 필요한 여러 기술을 다양하게 배우면서 자랐을 것입니다.

창세기 4장 17절에서 가인이 성을 건축하는 일은 놋 땅에 거하는 사람들의 도움을 받았을 것입니다. 가인의 아내는 그 땅에서 살고 있었던 사람이기 때문입니다. 여기서 가인이 성을 지은 것은 자신이 죽을지 모른다는 두려움 때문입니다. 이 두려움은 놋 땅 사람들의 호의적인 태도에도 사라지지 않았습니다. 이 내용은 [Chapter 67. 가인은 왜 성의 이름을 가인 성으로 하지 않았을까?]에서 설명합니다.

창세기 4장 20절의 야발은 가축을 치는 자의 조상이 되었습니다. 이 말씀은 인류 최초로 가축을 치는 자가 되었다는 말이 아니라 주위 사람들에게 가축 치는 기술을 배워서 가인의 후손 중에서 최초로 가축을 기르는 사람이 되었다는 의미입니다.

마찬가지로 창세기 4장 21절의 유발은 인류 최초로 수금과 퉁소를 잡는 자가 되었다는 말이 아니라 주위 사람들에게 기술을 배워서 가인의 후손 중에서 최초로 수금과 퉁소를 잡고 연주하는 사람이 되었다는 의미입니다.

창세기 4장 22절의 두발가인도 인류 최초로 구리와 쇠로 여러 가지 기구를 만드는 사람이 되었다는 것이 아닙니다. 놋 땅에 있었던 사람들로부터 기술을 배워서 가인의 후손 중에서 최초로 구리와 쇠로 여러 가지 기구를 만드는 일을 했다는 의미입니다.

라멕의 세 아들인 야발과 유발과 두발가인은 놋 땅과 그 주위에 있는 사람들의 도움을 받아 기술을 배웠다는 뜻입니다. 이 말씀들은 가인의 계보에서 최초로 여러 기술이 발전했다는 것을 나타내려는 것이 아닙니다. 최초를 강조하는 말씀이 아닙니다. 만약 기술의 최초를 강조하려 했다면 가인의 후손이 홍수로 전멸되지 않아야 했고 이 기술들을 후대에 계속 전수했어야 합니다.

라멕의 세 아들이 놋 땅 사람들에게서 기술을 대거 배우게 된 것은 라멕 때에 이르러 가인과 가인의 후손이 놋 땅 사람들과 어울려서 편하게 지내게 되었다는 것을 나타내는 말씀입니다. 더는 가인이 사람을 두려워하지 않게 되었다는 의미로, 가인과 가인의 6대 후손이 성에서 나와서 놋 땅 사람들과 어울리게 되었다는 의미입니다.

하나님이 아담을 창조하기 아주 오래전부터 사람들은 땅 위에서 살면서 분야별로 기술을 발전시켜 왔으며 땅 위에서 번성하였습니다.

창세기 1장 28절에서 하나님은 [⋯생육하고 번성하여 땅에 충만하라 땅을 정복하라⋯]고 말씀하셨습니다. 이 말씀은 일반 사람들이 아니라 아담과 하와를 통해서 번성하게 될 하나님의 백성들에게 땅에 충만하라는 명령입니다. 아담과 하와를 통해서 등장하게 될 하나님의 백성은 혼(Soul)이 있는 사람을 의미합니다. 하나님은 아담의 코에 생기를 불어넣어서 아담 안에 혼을 창조하셨습니다. 그 후로 아담과 하와의 후손은 혼이 있는 사람으로 태어납니다. 이 말을 다시 정확하게 표현하면, 혼이 몸을 가지고 사람으로 태어난다는 말입니다. 정확하게 말한다면, 혼이 있는 사람이 아니라 혼이 몸을 가지고 사람으로 사는 것입니다.

하나님은 혼(Soul)이 있는 사람들이 하나님의 백성이 되어 땅에 충만해지기를 바라시는 것입니다. 물론 혼이 있는 사람들이 완전한 하나님의 백성이 되는 것은 둘째 부활을 한 이후에 가능해집니다. 그래서 아직은 하나님의 백성이 땅에 충만해지는 시기가 되지 않았습니다.

하나님이 아담을 창조할 당시에 혼(Soul)이 있는 사람은 아담뿐입니다. 아담으로부터 시작하여 혼이 있는 후손이 땅 위에 퍼져 나갑니다. 당연히 아담 이외에 혼이 없는 일반적인 사람들은 아담 이전에도 이미 땅 위에 가득했습니다.

결론적으로 말해서, 아담은 농사짓는 법을 하나님께 배운 것이 아닙니다. 아벨도 양을 치는 법을 하나님께 배운 것이 아닙니다. 가인과 아벨은 이미 오래전부터 사람들 사이에서 전수되어온 농사법과 양치는 법을 아담에게서 배웠을 것입니다. 아담은 동산에 들어오기 전에 살아가는 데 필요한 기술들을 부모에게서 배웠을 것입니다. 그 당시에도 이미 많은 사람이 각 분야에서 여러 기술들을 가지고 살고 있었습니다.

Chapter 19

아담은 누구로부터 동산을 지켜야 했을까?

성경 말씀: 창세기 2장 15절

"여호와 하나님이 그 사람을 이끌어 에덴 동산에 두어 그것을 경작하며 지키
게 하시고"

이 말씀에서 하나님이 아담에게 에덴동산을 경작하고 지키게 하셨다고 기록
되어 있습니다. 여기에는 경작한다는 동사와 지킨다는 동사가 나옵니다. 이 말
씀의 히브리어 원문을 확인합니다.

וַיִּקַּח יְהוָה אֱלֹהִים אֶת־הָאָדָם וַיַּנִּחֵהוּ בְגַן־עֵדֶן לְעָבְדָהּ וּלְשָׁמְרָהּ

[와이콰하 야훼 엘로힘 에트-하아담 와이야니헤후 베간-에덴 러아브다하 우
러사므라하]

이 원문은 [Chapter 20. 아담은 몇 살에 에덴동산으로 들어갔을까?]에서 자세
하게 분석할 것입니다. 여기서는 관심이 있는 단어 וּלְשָׁמְרָהּ[우러사므라하]만
설명합니다.

וּלְשָׁמְרָהּ[우러사므라하]는 나열형 접속사 וּ[와우]와 불분리전치사 לְ[러]와
שָׁמַר[샤마르]의 콸(Qal)동사 부정사로 3인칭·여성·단수가 연결된 형태입니

다. שָׁמַר[샤마르]는 영어로 keep, watch, preserve로 번역되며, 한글로는 지키다, 유지하다 등의 뜻입니다. 이 단어는 [그리고 지키는 것을 위해서]라는 의미입니다.

하나님이 아담을 동산에 두신 것은 [일하는 것과 지키는 것을 위해서]라는 의미입니다. 여기서 관심이 있는 단어는 שָׁמַר[샤마르]입니다. 이 단어는 창세기 3장 24절에서도 사용되었습니다.

성경 말씀: 창세기 3장 24절
"이같이 하나님이 그 사람을 쫓아내시고 에덴 동산 동쪽에 그룹들과 두루 도는 불 칼을 두어 생명나무의 길을 지키게 하시니라"

이 말씀에서 하나님은 그룹천사와 두루 도는 불 칼을 두어 생명나무의 길을 지키게 하셨습니다. 여기서 지킨다는 단어가 바로 שָׁמַר[샤마르]입니다.

창세기 3장 24절의 내용은 아담이 돌아와서 생명과를 먹을 수 있기에 아담을 막기 위해서 그룹천사와 화염검(불 칼)을 두신 것입니다. 이 단어 שָׁמַר[샤마르]는 밖에서 아담이 들어오지 못하도록 에덴동산을 지킨다는 의미였습니다.

창세기 2장 15절을 보면, 처음에 하나님이 아담을 동산에 두시고 동산을 지키도록 하셨습니다. 동산을 지키는 사명이 아담에게 있었습니다. 아담이 동산에서 나가게 되면 아담이 하던 역할을 다시 누군가가 해야 합니다. 아담은 더는 동산을 지키는 임무를 수행할 수 없기 때문입니다. 그래서 하나님은 아담이 하던 일을 그룹천사와 두루 도는 불 칼이 대신하도록 하셨던 것입니다.

우리는 창세기 3장 24절에서 그룹천사와 불 칼이 에덴동산을 지키는 것은 아담이 생명나무로 가지 못하게 하는 것으로 생각해 왔습니다. 그런데 그룹천사와 불 칼이 막아야 하는 것은 아담만이 아닙니다.

창세기 2장 15절에서 처음에 하나님이 아담에게 동산을 지키도록 하셨습니다. 그러던 것이 창세기 3장 24절에서 그룹천사와 두루 도는 불 칼이 아담을 막기 위해 동산을 지킨다고 했습니다. 그러면 아담은 처음에 누구를 막기 위해서 동산을 지켜야 했던 것일까요?

창세기 3장 24절에서 그룹천사와 두루 도는 불 칼은 외부에서 동산으로 들어가려는 아담을 막은 것입니다. 그렇다면 처음에 아담은 외부의 누가 동산으로 들어오려는 것을 막아야 했던 것일까요?

창세기 2장 15절의 말씀은 에덴동산 밖에 누군가가 있었다는 간접적인 증거입니다. 처음부터 아담은 동산 밖의 사람들이 생명나무로 오는 것을 막고 지켜야 하는 임무를 받았던 것입니다. 이처럼 동산 밖에는 많은 사람이 이미 살고 있었습니다.

아담과 하와의 창조

Chapter 20

아담은 몇 살에 에덴동산으로 들어갔을까?

이 질문은 매우 간단한 질문입니다. 그런데도 많은 사람이 쉽게 생각하지 못했던 것입니다.

아담은 대략 20세 정도에 에덴동산에 들어갔을 것입니다. 만약 아담이 아주 어렸을 때 들어갔다면 누군가 어린 아담을 돌봐주어야 했을 것입니다. 아담은 어릴 때 에덴동산으로 들어간 것이 아닙니다. 그래서 어떤 사람은 하나님이 아담을 처음부터 청년으로 창조했다고 믿기도 합니다.

성경 말씀: 창세기 2장 15절

"여호와 하나님이 그 사람을 이끌어 에덴동산에 두어 그것을 경작하며 지키게 하시고"

하나님은 아담을 에덴동산에 두면서 에덴동산을 경작하고 지키게 하셨습니다. 여기서 경작한다는 단어의 의미를 이해해야 합니다. 이 단어의 의미를 파악하기 위해 히브리어 원문을 살펴보겠습니다.

וַיִּקַּח יְהוָה אֱלֹהִים אֶת־הָאָדָם וַיַּנִּחֵהוּ בְגַן־עֵדֶן לְעָבְדָהּ וּלְשָׁמְרָהּ

[와이콰하 야훼 엘로힘 에트-하아담 와이야니헤후 베간-에덴 러아브다하 우

러사므라하]

וַיִּקַּח יְהוָה אֱלֹהִים[와이콰하 야웨 엘로힘]은 [여호와 하나님이 취하셨다]는
의미입니다.

וַיַּנִּחֵהוּ בְגַן־עֵדֶן[와이야니헤후 베간-에덴]은 [에덴동산 안에 두셨다]는 의미
입니다.

לְעָבְדָהּ[러아브다하]는 불분리전치사 לְ[레]와 동사 עָבְדָהּ[아브다하]가 합쳐
진 형태입니다. עָבְדָהּ[아브다하]는 동사 עָבַד[아바드]의 칼(파알) 부정사 연계
형이며, 3인칭·여성·단수의 형태입니다. 영어로 [work, serve]로 번역되며, [일
하다, 봉사하다]는 의미입니다.

עָבַד[아바드]를 개역한글에는 [다스린다]로, 개역개정에는 [경작하다]로, 공
동번역에는 [돌보다]로, 새번역에는 [돌보다]로, 현대인의 성경에는 [관리하
다]로 번역되어 있습니다. 영어 성경 NIV에는 to work로, KJV에는 to dress로,
NSAB에는 to cultivate로 번역되었습니다.

한글과 영어 번역 중에서 경작하다, cultivate로 번역한 경우는 문제가 조금 있
습니다. 경작하다는 말은 국어사전에서 [땅을 갈아서 농사를 짓는다]는 것입니
다. 아담이 동산 안에 있는 동안은 농사를 짓는 일을 하지 않았습니다.

아담이 선악과를 먹고 하나님께 범죄하여 에덴동산에서 나가게 되었습니다.

성경 말씀: 창세기 3장 17절

"…네 평생에 수고하여야 그 소산을 먹으리라 땅이 네게 가시덤불과 엉겅퀴를 낼 것이라 네가 먹을 것은 밭의 채소인즉 네가 흙으로 돌아갈 때까지 얼굴에 땀을 흘려야 먹을 것을 먹으리니…"

아담은 에덴동산에 있을 때는 땅을 경작하는 일을 하지 않았습니다. 에덴동산에서 나간 후부터 땅을 경작하였고 밭의 소산으로 먹고살게 되었습니다.

그래서 עָבַד[아바드]의 뜻을 경작한다는 것으로 번역하는 것은 좋지 않은 번역입니다. עָבַד[아바드]는 일하다, 제공하다, 봉사한다는 의미입니다. 이 단어의 의미를 한글 성경에는 경작하다 외에 다스리다, 돌보다, 관리한다로 번역되어 있습니다.

아담은 에덴동산에서 무엇인가 일을 합니다. 그 일이 농사짓는 일은 아닙니다. 땅에서 각종 먹기에 좋은 나무들이 스스로 자라났기 때문입니다. 아담은 그냥 나무의 열매를 따서 먹기만 하면 됩니다. 경작할 일은 없습니다.

하나님은 아담을 에덴동산에 두면서 할 일을 주셨습니다. 그 일이 무엇인지 나와 있지는 않지만 어쨌든 아담은 일을 했습니다.

아담이 처음에 어린아이로 시작했다면 하나님이 어린 아담에게 일을 시켰다는 말이 됩니다. 무슨 일인지는 알 수 없어도 처음부터 어린아이에게 일을 맡길 수는 없습니다. 하나님은 아담에게 권한과 책임을 주셨고 아담은 그 책임을 다하기 위해 일을 했습니다. 하나님은 어린아이에게 일을 맡긴 것이 아니라 그만큼 성장했고 책임을 질 수 있는 사람에게 일을 맡기신 것입니다. 처음부터 아담은 그만큼 성장한 사람이었습니다.

에덴동산에 들어올 때 아담의 나이를 아무리 적게 잡아도 20살 정도는 되었을 것입니다. 더 어렸다면 책임을 감당할 수 있는 나이가 아직 아니었을 테니 말입니다.

성경 말씀: 창세기 2장 19절
"여호와 하나님이 흙으로 각종 들짐승과 공중의 각종 새를 지으시고 아담이 무엇이라고 부르나 보시려고 그것들을 그에게로 이끌어 가시니 아담이 각 생물을 부르는 것이 곧 그 이름이 되었더라. 아담이 모든 가축과 공중의 새와 들의 모든 짐승에게 이름을 주니라…"

아담은 에덴동산에 있던 모든 가축과 공중의 새와 들의 모든 짐승에게 이름을 주었습니다.

이때 아담이 철없는 아이였다면 이 일은 매우 어려웠을 것입니다. 어린 아담이 아니라 장성한 아담이었기에 동물에게 이름을 지어 주는 일이 가능했을 것입니다.

이렇듯 아담은 에덴동산에 들어올 때 이미 장성한 상태로 에덴동산에 들어왔습니다. 물론 정확한 나이를 알 수 있는 것은 아니지만 나이를 가장 어리게 짐작하더라도 20세 정도는 됐을 것으로 추측됩니다.

Chapter 21

아담은 에덴동산에서 몇 년을 살았을까?

아담이 에덴동산으로 들어간 후부터 에덴동산에서 나오기까지 몇 년이 흘렀을까 하는 것이 질문입니다. [왜 이런 것을 알아야 할까?] 하는 생각이 들 수도 있습니다. 그런데 아담이 에덴동산에 머물러 있었던 기간을 알게 되면, 아담에 대한 평가가 달라질 것입니다.

아담이 에덴동산 안에 있었던 기간을 알려면 먼저 [아담이 에덴동산에서 나왔을 때 아담의 나이가 몇 세였나]를 알면 됩니다. 우선 아담이 셋을 낳았을 때 나이를 확인합니다.

성경 말씀: 창세기 5장 3절
"아담은 백 삼십 세에 자기의 모양 곧 자기의 형상과 같은 아들을 낳아 이름을 셋이라 하였고"

성경에는 아담이 셋을 얻었을 때 아담의 나이가 130세라고 기록되어 있습니다. 이를 토대로 아벨이 죽었을 때 아담의 나이를 추정할 수 있습니다.

성경 말씀: 창세기 4장 25절
"아담이 다시 자기 아내와 동침하매 그가 아들을 낳아 그의 이름을 셋이라 하였

으니 이는 하나님이 내게 가인이 죽인 아벨 대신에 다른 씨를 주셨다 함이며"

셋은 아벨이 죽은 후에 다음으로 아담이 얻은 아들입니다. 아벨이 죽은 해에 셋이 태어났을 수도 있고 아벨이 죽은 후 2, 3년 후에 셋이 태어났을 수도 있습니다. 아벨이 죽은 후, 몇 년 만에 셋이 태어났는지는 성경에서 기록을 찾을 수 없습니다. 다만 추측할 수 있는 것은 셋이 아벨이 죽은 후, 바로 다음에 태어난 아들이라는 것입니다. 물론 아벨이 죽은 후에 처음으로 태어난 아이가 남자가 아니라 여자일 수도 있습니다. 여자인 경우는 족보에 기록하지 않았기 때문에 성경에는 기록되어 있지 않습니다. 그래서 추측으로 아벨이 죽은 지 3년쯤 후에 셋이 태어난 것으로 정하겠습니다.

셋이 태어난 해는 아무리 빨라도 아벨이 죽은 해는 아닐 것으로 생각되는데, 아무리 늦게 잡아도 10년까지는 걸리지 않았을 것으로 보입니다. 대략 2년에서 3년 정도라고 하고 아벨이 죽은 지 3년 후에 셋이 태어났다고 가정하겠습니다. 그러면 아벨이 죽었을 당시에, 아담의 나이는 3년을 뺀 127세 정도였을 것입니다.

이제 다음으로 아벨이 몇 살에 죽었는지를 확인합니다. 아벨이 가인에게 죽임을 당한 당시의 나이를 알면, 아담이 몇 살 때 아벨이 태어났는지 확인할 수 있습니다.

성경 말씀: 창세기 4장 3절
"세월이 지난 후에 가인은 땅의 소산으로 제물을 삼아 여호와께 드렸고 아벨은 자기도 양의 첫 새끼와 그 기름으로 드렸더니…"

아벨은 양 치는 일을 했고 가인은 아버지 아담을 따라서 농사짓는 일을 했습니다. 가인의 제사가 첫 번째 제사인지 아니면 이미 여러 해 동안 제사를 드려 왔는지 알 수 없습니다. 다만 성경에 기록된 아벨의 제사는 그의 첫 번째 제사였 다는 것을 알 수 있습니다.

성경 말씀: 창세기 4장 4절
"…여호와께서 아벨과 그의 제물은 받으셨으나 가인과 그의 제물은 받지 아니 하신지라 가인이 몹시 분하여 안색이 변하니"

아벨은 하나님께 처음으로 제사를 드립니다. 아벨이 드린 제사를 하나님이 받 으셨습니다. 하나님은 아벨이 드리는 첫 제사부터 그 제물을 받으셨습니다. 그 런데 아벨이 첫 제사를 드린 해에 하나님은 가인이 드린 제사를 받으시지 않았 습니다. 가인은 하나님이 아벨의 제사를 받으시고 자신의 제사를 받지 않았음 을 알고 분노합니다. 그러나 가인은 분노를 잘 참고 넘깁니다.

다음 해가 되었습니다. 가인과 아벨은 같은 날 제사를 드립니다. 하나님은 아 벨이 드린 두 번째 제사를 받으셨습니다. 그러나 하나님은 가인이 드린 제사를 또 받으시지 않습니다. 또 가인은 분노합니다. 그래도 이번 분노는 참을 만합니 다. 아벨의 첫 번째 제사 때도 잘 참았기 때문입니다. 가인은 쉽게 분노를 가라 앉히고 진정합니다.

그 이후로 제사를 드릴 때마다 하나님은 가인의 제사를 받지 않았고 아벨의 제사는 받으셨습니다. 이제는 가인이 그러려니 합니다. 이미 가인은 하나님이 어떻게 하실지 알고서 거기에 적응했기 때문입니다. 그리고 가인은 더는 제사 를 드리지 않기로 합니다.

가인이 첫 제사 때 잘 참았다면, 이와 같은 시나리오로 진행됐을 것입니다. 처음이 어렵지 두 번째부터는 쉽습니다. 처음 경험하는 경우에 충격이 가장 큰 법입니다. 가인이 첫 번째 제사에서 분노를 잘 참았다면 다음부터는 참는 것이 더 쉬워집니다. 분노를 느끼는 것도 처음보다는 덜합니다.

여기서 말하고 싶은 것은, 가인은 아벨의 첫 번째 제사에서 큰 분노를 느꼈고 그 분노를 참지 못한 것입니다. 만약 첫 분노를 잘 참았다면 다음 해부터는 조금 더 쉽게 참았을 것이고 아벨은 죽지 않았을 것입니다. 가인은 첫 번째 제사에서 분노를 참지 못한 것입니다. 그래서 가인은 아벨을 죽였습니다. 아벨이 죽은 해의 제사는 아벨의 첫 번째 제사였다는 뜻입니다. 추측하건대, 이 제사는 아벨의 첫 번째 제사이면서 동시에 가인에게도 첫 번째 제사였을 것입니다.

가인이 여러 해 동안 제사를 드렸는데 그때마다 하나님이 제사를 받으시지 않았다고 가정합니다. 이때까지는 가인만 제사를 드렸고 아벨이 제사를 드리지 않았다고 가정합니다. 이런 경우, 가인은 하나님이 제사를 받지 않는다는 사실에 익숙해져서 많이 무뎌졌을 것입니다. 하나님이 아벨의 첫 제사에서 제물을 받는 것을 본다면 조금은 충격을 받을 것입니다. 그러나 하나님이 자신의 제사를 받지 않는 것은 충격이 아닙니다. 그래서 가인이 느끼는 분노도 처음만은 못했을 것입니다.

물론 이런 내용은 대부분 인간의 자연스러운 감정을 기반으로 추측한 것입니다. 가인에게 보통 사람과 다른 형태의 감정변화가 일어난다면, 다른 결과가 나올 수도 있었을 것입니다.

하여튼 이 추론에서 얻고자 하는 것은 하나님께 드리는 첫 번째 제사를 가인과 아벨이 같은 날 드렸다는 것입니다. 물론 하루 이틀의 차이가 있었는지는 모릅니다.

여기서는 [아벨이 몇 세에 양을 치는 일을 시작했느냐?] 하는 것이 관심입니다. 양을 돌보기 시작한 지 얼마 안 되어 첫 번째 새끼를 얻었을 것이고 아벨은 그 첫 새끼로 하나님께 제사를 드렸고 다음 제사를 드리기 전에 죽었습니다.

양을 기르기 시작한 후로, 1~2년 안에 양의 첫 새끼를 얻었을 것으로 추측됩니다. 그리고 첫 제사를 드린 후 다음 제사를 드리지 못했으니 첫 제사 후 1년이 되기 전에 죽었을 것입니다. 결론지어 말하면, 아벨은 양을 치기 시작하여 2~3년 안에 죽은 것으로 보입니다.

그렇다면 그 당시 사람들은 몇 살부터 양을 돌보기 시작했을까요?

성경 말씀: 창세기 37장 2절
"야곱의 족보는 이러하니라 요셉이 십칠 세의 소년으로서 그의 형들과 함께 양을 칠 때에 그의 아버지의 아내들 빌하와 실바의 아들들과 더불어 함께 있었더니 그가 그들의 잘못을 아버지에게 말하더라"

이 말씀에서 요셉은 17세에 양을 쳤다고 기록되어 있습니다. 현재도 17세면 어느 정도 자기 일을 할 수 있는 나이입니다. 요셉의 경우를 아벨에 대입해서 아벨이 17세에 양을 치기 시작했다고 가정하겠습니다. 이렇게 가정할 경우, 아벨이 죽은 해에 아벨의 나이는 19세~20세 정도였을 것입니다. 아벨은 결혼하기에는 아직 어렸고 당연히 자녀도 없었을 것입니다. 아벨은 20살 전후로 가인에게 죽임을 당했던 것입니다.

앞에서 아벨이 죽은 해에 아담의 나이를 127세 정도로 추측했습니다. 아벨이 20세에 죽었다면 아담의 나이가 107세였을 때 아벨이 태어난 것이 됩니다.

이어서 아벨의 형인 가인이 태어난 해를 추측해 봅니다.

가인은 아벨의 바로 위 형입니다. 물론 가인과 아벨 사이에 딸이 있었을 수도 있습니다. 성경에는 여성을 언급하지 않기 때문에 가인과 아벨 사이에 아담의 딸이 있었는지는 기록되어 있지 않습니다. 물론 가인과 아벨 사이에 여러 명의 딸이 있을 수도 있고, 딸이 없을 수도 있습니다.

보통의 경우로 생각해서 가인과 아벨 사이에 아담의 다른 자녀가 없다고 가정합니다. 이럴 경우 가인과 아벨의 나이는 1~2년의 차이가 날 것입니다. 아담에게 가인과 아벨 사이에 딸이 한 명 있었다고 가정하면 가인과 아벨의 나이 차이가 한 3~4년 정도 난다고 볼 수 있습니다.

가인이 최소한 아벨보다 4년 정도 먼저 태어났다고 가정하겠습니다. 아벨이 태어났을 때 아담의 나이가 107세였다면 가인이 태어났을 때 아담의 나이는 103세가 될 것입니다.

가인과 아벨이 하나님께 첫 제사를 드릴 때 같은 해 한날에 제사를 드린 것으로 본다면, 아마도 가인과 아벨의 나이 차이는 그리 크지 않았을 것입니다.

결론지어 말해서, 아담이 첫 번째 아들인 가인을 얻었을 때의 나이를 103세 정도로 가정합니다. 이때는 아담이 에덴동산에서 나온 후에 처음으로 아들을 얻은 때입니다.

아담이 에덴동산에서 나온 후로 몇 년 만에 가인이 태어났을까요? 아마도 아담이 정착하고 집도 준비하고 농사도 짓고 하면서 조금의 시간이 더 흘렀을 것입니다. 아담이 에덴동산에서 나온 후에 1~2년이 지났다고 가정하겠습니다. 아담은 아들 가인을 얻기 2년 전쯤에 에덴동산에서 나왔다고 가정하겠습니다.

그러면 아담이 101세가 되는 해에 선악과를 먹고 에덴동산에서 나오게 되었다는 것으로 추측해 볼 수 있습니다.

자, 이제 아담이 에덴동산에 있었던 기간을 대강 추측할 수 있게 되었습니다. 아담이 에덴동산에서 나왔을 때의 나이에서 에덴동산에 들어갔을 때의 나이를 빼면 아담이 동산에 머문 기간이 나옵니다.

아담은 20세쯤 되는 나이에 에덴동산에 들어갔다고 가정했습니다. 그리고 아담이 대략 100세에 에덴동산에서 나왔다고 추측해 보았습니다. 아담은 에덴동산에서 80년 정도를 지낸 것으로 추측할 수 있습니다. 생각지 못했던 결론일 것입니다. 아담과 하와는 에덴동산 안에서 오랫동안 살았고 80년 동안 하나님의 명령을 지켰습니다. 아담과 하와가 하나님의 명령을 쉽게 어긴 것은 아닙니다.

Chapter 22

아담은 에덴동산에서 무슨 일을 했을까?

많은 분은 아담이 에덴동산 안에서 어떤 일을 했는지 알지 못합니다. 그냥 아담과 하와가 낙원에서 행복하게 지냈다고만 생각합니다. 그러나 아담에게는 에덴동산에서 해야 하는 일이 있었습니다.

하나님은 아담에게 해야 할 일과 주의할 점을 말씀하셨습니다. 그런데 대부분의 기독교인은 주의할 점에만 집중해서 봅니다. 이제 하나님이 아담에게 명하신 일과 주의하라고 당부하신 내용을 분리하여 살펴보겠습니다.

성경 말씀: 창세기 2장 15절
"여호와 하나님이 그 사람을 이끌어 에덴 동산에 두어 그것을 경작하며 지키게 하시고 여호와 하나님이 그 사람에게 명하여 이르시되 동산 각종 나무의 열매는 네가 임의로 먹되 선악을 알게 하는 나무의 열매는 먹지 말라 네가 먹는 날에는 반드시 죽으리라 하시니라"

이 말씀을 자세히 살펴보면, 하나님은 아담에게 3가지를 말씀하셨습니다. 첫째는 에덴동산을 경작하라는 것이고, 둘째는 에덴동산을 지키라는 것이고, 셋째는 선악과를 먹지 말라는 것입니다.

이 3가지 명령에서 첫 번째와 두 번째 명령은 실제로 있었던 일을 서술하는 방식으로 기록되어 있고, 세 번째 명령은 직접화법으로 기록되어 있습니다. 그래서 사람들은 직접화법을 사용한 세 번째 명령만을 하나님의 명령으로 생각하는 경향이 있습니다.

하나님은 아담에게 그것을 경작하고 지키게 하셨습니다. 아담은 그것을 경작하고 지켰습니다. 아담은 어떻게 [그것을 경작하고 지켜야 한다]는 것을 알았을까요?

경작하라, 지키라는 이 두 개의 동사만으로 아담이 에덴동산에서 할 일을 알 수 있었을까요? 하나님은 아담에게 다른 어떤 설명도 없이 단순히 동산을 경작하고 지키라는 단 한 문장의 말씀만 하셨을까요?

하나님이 아담에게 텔레파시로 하나님의 뜻을 전달하셨을까요? 아니면 글로 써서 보여 주셨을까요? [그것을 경작하고 지킨다]는 것을 아담은 하나님께 들었습니다. 하나님은 세 번째 명령을 아담에게 말로 전달하셨습니다. 그런데 세 번째 명령은 첫 번째 명령과 두 번째 명령과 이어져 있습니다. 하나님은 세 번째 명령만 말로 하신 것이 아니라 첫 번째, 두 번째 명령도 말로 하셨던 것입니다.

하나님은 아담에게 하신 첫 번째 명령과 두 번째 명령은 단순히 경작해라, 지키라는 단어로만 말씀하시지 않았을 것입니다. 세 번째 명령을 매우 상세하게 말씀하셨기 때문입니다. 그래서 앞의 두 명령도 상세하게 말씀하셨을 것입니다.

하나님은 아담에게 에덴동산에서 경작(일)하는 일이 무엇인지, 어떻게 일하는 것인지 상세하게 말씀하셨을 것입니다. 또 하나님은 아담에게 에덴동산을 왜 지켜야 하는지, 누구로부터 지키는 것인지, 어떻게 지키는 것인지도 상세하게 말씀하셨을 것입니다. 다만 그 내용이 기록되지 않아 이 말씀을 읽는 우리에게는 감춰져 있습니다. 하나님이 아담에게 말씀하신 두 가지 명령은 숨겨져 있지만 세 번째는 숨겨져 있지 않습니다. 그래서 성경을 읽는 사람들이 아담에게 할 일이 있었다는 것을 잘 이해하지 못하는 것입니다.

앞의 두 가지 명령은 아담이 에덴동산에서 해야 할 일입니다. 그리고 세 번째 명령은 에덴동산에서 주의해야 할 점입니다. 경작하는 일과 지키는 일은 아담이 해야 하는 일이고 선악과를 먹지 말아야 하는 것은 주의해야 할 일입니다.

창세기 2장 에덴동산의 내용 중에서 아담에게 중요한 두 가지 일은 명확하게 드러나 있지 않습니다. 그런데 아담이 주의해야 하는 일은 눈에 띄게 드러나 있습니다. 그래서 성경을 읽는 사람들에게 아담이 해야 하는 일이 감춰져 있다고 말하는 것입니다.

하나님의 명령을 히브리어 원문으로 살펴보겠습니다.

> 성경 말씀: 창세기 2장 15절
> "여호와 하나님이 그 사람을 이끌어 에덴동산에 두어 그것을 경작하며 지키게 하시고"

이 말씀의 원문은 다음과 같습니다.

וַיִּקַּח יְהוָה אֱלֹהִים אֶת־הָאָדָם וַיַּנִּחֵהוּ בְגַן־עֵדֶן לְעָבְדָהּ וּלְשָׁמְרָהּ

[와이콰하 야훼 엘로힘 에트-하아담 와이아니헤후 버간-에덴 러아브다하 우

러사므라하]

이 히브리어 원문은 [Chapter 20. 아담은 몇 살에 에덴동산으로 들어갔을까?]에서 이미 한 번 설명했습니다. 이 Chapter에서는 원문 분석을 하지 않습니다.

이 말씀을 직역한다면 [여호와 하나님이 아담을 취하셨다. 그리고 에덴 동산 안에 두셨다. 일하는 것을 위해서, 지키는 것을 위해서]가 됩니다. 이것을 문장으로 만들면 [여호와 하나님이 아담을 취하시고 일하는 것과 지키는 것을 위해서 동산 안에 두셨다]가 됩니다.

아담을 에덴동산에 두신 목적이 לְעָבְדָהּ[러아브다하]와 וּלְשָׁמְרָהּ[우러사므라하]입니다.

앞에서 설명한 대로, לְעָבְדָהּ[러아브다하]는 동사 עָבַד[아바드]의 칼 부정사 연계형이며 3인칭 · 여성 · 단수의 형태입니다. 영어로 [work, serve]로 번역되며, [일하다, 봉사하다]는 의미입니다. 한글 성경에는 [다스리다, 경작하다, 돌보다, 관리하다] 등으로 번역되었습니다.

이미 앞에서 설명한 대로, 에덴동산 안에서는 아담이 농사일을 하지 않았습니다. 농사짓는 일은 에덴동산에서 나간 후에 하게 된 것입니다. 그래서 경작한다는 번역은 맞지 않습니다. 이 책을 쓰고 있는 저(저자)는 기본적으로 개역개정을 사용하고 있지만 이 본문에서는 개역한글을 사용하도록 하겠습니다.

성경 말씀: 창세기 2장 15절
"여호와 하나님이 그 사람을 이끌어 에덴동산에 두사 그것을 다스리며 지키게

하시고"

아담이 동산에서 해야 할 일은 다스리고 지키는 것입니다. 다스린다는 표현은 동사 עָבַד[아바드]를 번역한 것으로 일한다는 의미입니다. 동산 안에 있는 무엇인가를 다스리고 돌보는 일을 했다는 것입니다. 만약 이 일이 고된 일이라면, 아담에게 에덴동산은 낙원 같은 곳이 아니라 힘든 일터였을 것입니다.

여기서는 [지키게 하다]는 말씀의 의미를 확인하고자 합니다.

וּלְשָׁמְרָהּ[우러사므라하]는 접속사 וּ[와우]와 불분리전치사 לְ[러]와 שָׁמְרָהּ[사므라하]가 합쳐진 형태입니다. שָׁמְרָהּ[사므라하]는 동사 שָׁמַר[사마르]의 칼(파알) 부정사 연계형이며 3인칭·여성·단수의 형태입니다. 영어로 keep, watch, preserve로 번역되며, 한글로는 지키다, 지켜보다, 돌보다, 보호하다는 의미입니다.

에덴동산 안에는 아담이 지켜야 하는 무엇인가가 있다는 말입니다. 이 내용은 [Chapter 19. 아담은 누구로부터 동산을 지켜야 했을까?]에서 설명했습니다

아담은 에덴동산 안에서 하와를 다스리고 지켜야 했을까요? 하와는 아닙니다. 하나님이 아담에게 이 명령을 주셨을 때 하와는 아직 창조되지 않았습니다. 하나님은 아담에게 하와를 다스리고 지키라고 명령하신 것이 아닙니다.

아담은 에덴동산 안에서 동물을 다스리고 지켜야 했을까요? 당연히 이것도 아닙니다. 동물은 아담이 하나님으로부터 명령을 받고 난 후에 창조되었습니다. 그래서 시간상으로 맞지 않습니다. 하나님이 아직 창조되지도 않은 동물을

아담에게 다스리고 지키라고 하신 것이 아닙니다.

하나님은 아담에게 에덴동산을 다스리고 지키라고 하셨습니다. 그렇다면 아담이 이 명령을 받았을 당시 에덴동산에는 무엇이 있었을까요? 하와도 없었고 동물도 아직 없었던 시기입니다. 그런데 에덴동산에는 여러 종류의 나무들이 있었습니다.

성경 말씀: 창세기 2장 9절
"여호와 하나님이 그 땅에서 보기에 아름답고 먹기에 좋은 나무가 나게 하시니 동산 가운데에는 생명나무와 선악을 알게 하는 나무도 있더라"

에덴동산에는 나무들이 많이 있습니다. 그 중앙에는 생명나무도 있습니다. 아담이 다스리고 지켜야 하는 것은 생명나무와 선악의 지식나무와 좋은 나무들입니다.

성경 말씀: 창세기 3장 22절
"여호와 하나님이 이르시되 보라 이 사람이 선악을 아는 일에 우리 중 하나 같이 되었으니 그가 그의 손을 들어 생명나무 열매도 따먹고 영생할까 하노라 하시고"

아담이 선악과를 먹었을 때 하나님은 아담이 생명과(생명나무의 열매)도 따먹고 영생할 것을 염려하셨습니다. 죄를 범한 아담은 이제 생명과를 먹어서는 안 된다는 것입니다. 그래서 하나님은 아담을 에덴동산에서 내보낸 후에 다시 돌아오지 못하도록 두루 도는 화염검(불 칼)과 그룹천사를 두셨습니다. 이제 생명나무를 아담에게서 지켜야 하는 상황이 되었습니다.

아담은 에덴동산에 있는 동안 생명과(생명나무의 열매)를 먹지 않았습니다. 아담은 에덴동산에 오랫동안 머물렀습니다. 그런데도 아담은 왜 생명과를 먹지 않았을까요? 눈치가 빠르고 행동이 민첩한 사람이었다면 제일 먼저 생명과를 먹었을 것입니다. 그러나 아담은 생명과를 먹지 않았습니다. 그 이유는 [Chapter 51. 아담은 왜 생명나무의 열매를 먹지 않았을까?]에 설명합니다.

아담은 에덴동산에 있으면서 생명나무를 지키는 역할을 받았습니다. 아담의 할 일은 에덴동산의 나무들을 다스리고 지키는 것입니다. 아담은 생명나무를 살펴보고 관리하며 누구도 생명나무로 접근하지 못하도록 지키고 있었습니다.

Chapter 23

정말 아담이 동물들에게
이름을 지어 주었을까?

성경 말씀: 창세기 2장 19절

"여호와 하나님이 흙으로 각종 들짐승과 공중의 각종 새를 지으시고 아담이
무엇이라고 부르나 보시려고 그것들을 그에게로 이끌어 가시니 아담이 각 생
물을 부르는 것이 곧 그 이름이 되었더라. 아담이 모든 가축과 공중의 새와 들
의 모든 짐승에게 이름을 주니라…"

많은 분이 이 말씀을 읽으면서 아담은 머리가 좋고 지혜가 있었고 지식이 많
았다고 설명합니다. 각 생물을 보면서 바로 이름을 지어 주는 직관력과 관찰력
이 뛰어났다고 설명합니다. 어떤 사람은 반대로 아담이 어떻게 모든 생물의 특
징을 파악할 수 있겠느냐는 질문을 합니다. 그래서 이 Chapter에서는 아담이 동
물에게 이름을 주었다는 기록을 찾아보고 그 의미를 설명합니다.

첫 번째, 어떤 사람들은 어떻게 아담이 모든 새와 들짐승에게 이름을 지어 줄
수 있겠느냐는 의문을 제기합니다.

이 주장도 일리가 있습니다. 현재 땅 위에 있는 들짐승과 새들은 매우 많고 다
양한 종들이 있습니다. 이렇게 많은 들짐승과 새들에게 어떻게 아담 혼자서 일
일이 이름을 지어 주겠느냐는 것입니다. 상식적으로는 불가능해 보입니다.

두 번째, 각종 새와 각종 들짐승이 에덴동산에 다 들어올 수 있었을까 하는 것입니다.

창세기 2장 15절에서 하나님은 아담에게 에덴동산을 관리하도록 명령하셨습니다. 에덴동산의 크기가 어느 정도인지는 알 수 없지만 아담이 관리할 수 있었다고 가정하겠습니다. 아담이 관리할 수 있는 크기라면 에덴동산의 지름은 어느 정도였을까요? 에덴동산의 지름을 100m~200m 정도로 잡아 보겠습니다. 물론 젊고 힘 있는 사람과 나이가 있는 사람과는 차이가 있을 것입니다. 이 모든 것을 다 수용하여 에덴동산의 지름을 200m로 잡아 보겠습니다. 제가 보기에 지름이 200m인 정원이라면 한 사람이 관리할 수 있는 정원은 아닙니다. 한 사람이 관리할 수 있는 정원은 지름이 100m도 안 될 것 같습니다.

지름이 200m인 에덴동산에 하나님이 각종 새와 각종 들짐승을 창조하여 아담에게 데려오셨습니다. 각종 새의 종류만 몇만 종일까요? 각종 들짐승 역시 종류만 몇만 종일까요? 이렇게 많은 각종 새와 각종 들짐승이 아담이 혼자 관리하는 에덴동산으로 들어올 수는 있었을까요? 각종 새와 각종 들짐승이 에덴동산 밖에까지 길게 줄을 서서 이름을 받으려고 기다렸을까요? 새와 들짐승들이 이름을 받으려면 얼마 동안 줄을 서서 기다려야 했을까요?

가만히 생각해 보면, 현실적으로도 맞지 않는 내용입니다. 현재 우리가 알고 있는 새들과 들짐승들이 조용히 자기 차례를 기다린다는 것도 비현실적입니다.

세 번째, 왜 동물들에게 이름이 필요할까요?

동물이 아담 앞에 왔을 때 동물에게 [너의 이름을 호랑이다]라고 말한다면 호랑이가 자기 이름을 듣고 기뻐하면서 돌아갔을까요? 또 다른 호랑이를 만나서 [우리 이름은 이제부터 호랑이야]라고 전달했을까요? 동물들이 [내 이름은 기린이다, 내 이름은 독수리다] 하면서 자신들끼리 의사소통을 할 때 서로 이름을 불렀을까요? 또한 호랑이, 기린 등의 명칭은 종에 대한 명칭입니다. 각 동물의 개별 이름은 아닙니다. 사실 동물들은 아담의 말을 알아듣지 못하니 동물들 스스로는 이름이 필요하지 않습니다.

의사소통을 위해서 이름을 사용하는 것은 사람입니다. 사람과 사람이 소통할 때 특정 동물에 관한 내용을 상대에게 전달하기 위한 목적으로 동물 이름을 사용합니다. 그런데 당시에는 아담만 있었습니다. 아담과 의사소통을 하기 위한 대상이 없었다는 말입니다. 만약 동물들보다 하와가 먼저 창조되었다면 아담은 하와와의 의사소통을 위해서라도 특정된 일부 동물의 이름을 지어야 했을 것입니다. 적어도 함께 지내는 가축의 이름은 필요했을 것입니다. 그러나 하와도 없고 사람도 없고 동물도 자신의 이름이 필요하지 않은데 왜 아담은 이름을 지어야 했을까요?

네 번째, 물고기들은 이름을 지을 필요가 없었을까요?

아담은 각종 새와 각종 들짐승의 이름을 지었습니다. 그런데 바다의 물고기들은 이름을 받지 못했습니다. 왜 물고기들은 이름을 받지 못했을까요?

에덴동산은 바다와 인접해 있지 않았기 때문에 물고기들이 아담에게 올 수 없었던 것일까요? 물고기들이 에덴동산에 올 수 없었기 때문에 물고기들에게만 이름을 주지 않았던 것일까요? 만약 이런 이유라면 아담이 바다로 가서 이름을 지어 줄 수도 있지 않았을까요?

Part 4. 아담과 하와의 창조

지금까지 찾아본 것과 같이, 이 네 개의 질문만으로도 아담이 동물들에게 이름을 주었다는 기록은 믿기 어렵습니다. 마찬가지로 뱀과 하와가 대화했다는 기록을 읽으면 에덴동산의 기록은 신화적으로 보이기도 하고 판타지 소설로도 보입니다. 내용이 전혀 현실적이지 않고 실제로도 말하는 뱀은 없기 때문입니다.

하나님이 에덴동산에서 물고기를 빼고 새와 들짐승만 창조하셨던 것은 에덴동산에서 창조된 새와 짐승이 현실에서 우리 눈으로 볼 수 있는 새와 짐승이 아니었기 때문입니다. 창세기 2장 19절에서 물고기를 뺀 이유는 우리가 알고 있는 동물이 아니라는 것을 암시합니다. 또한 아담이 이름을 주었는데 물고기가 빠진 것도 이 동물들은 실제 말을 하는 지적인 생명체이기 때문입니다.

창세기 2장 19절에 각종 새와 각종 들짐승이라고 기록되어 있는데, 그 이유는 이들에게 혼(Soul)이 없기 때문입니다. 하나님은 혼이 없는 존재를 동물로 표현하신 것입니다. 아담만이 혼(Soul)이 있어서 아담은 생령(창세기 2:7)이 되었습니다.

각종 새와 각종 들짐승이라고 기록되어 있는데, 말 그대로 새와 짐승이며 사람은 아닙니다. 그런데 자연 속에서 볼 수 있는 실제 새(Bird)와 땅 위의 동물(Animal)은 그 종류가 매우 많습니다. 그러나 창세기 2장 19절의 각종 새와 각종 들짐승은 지적인 생명체이기 때문에 많지 않습니다. 하나님은 아담에게 일꾼을 주신 것입니다. 이들은 아담 밑에서 일을 하도록 창조된 지적인 존재입니다. 이들이 지적인 존재인 것은, 이 동물들 중 하나인 뱀이 말을 하고 하와를 논리적으로 유혹한 것에서 알 수 있습니다.

이 동물들을 종(servant)이라고 말하는 것은 적절하지 않습니다. 하나님은 아담에게 동산을 다스리라고 말씀하셨습니다. 아담은 동산에서는 왕이라고 할 수 있습니다. 동산 안에 살게 된 동물들은 백성이라고 할 수 있습니다. 그래서 아담과 동물들의 관계는 왕과 백성의 관계입니다. 백성을 종(servant)이라고는 하지 않습니다. 백성은 각자 주도적으로 자신의 삶을 사는 하나의 독립된 개체입니다. 다만 왕이 명령하면 백성은 그 명령에 한해서 따르는 것입니다. 왕의 명령이 없다면 백성은 각자 자신의 삶을 살아갑니다. 하지만 이 책에서는 창세기 2장 19절의 각종 새와 각종 들짐승을 아담의 종(servant)이라고 표현하겠습니다. 이렇게 표현하는 것이 설명하기에 편해서 그렇습니다.

아담이 이 종들에게 이름을 주었습니다. 아담이 준 이름은 사자, 호랑이, 독수리, 기린 등과 같은 동물의 이름이 아닙니다. 이 동물들의 종(Species)은 많지 않습니다. 새에 속한 몇 개의 종(Species)과 들짐승 몇 개의 종(Species)과 가축으로 표현되는 몇 개의 종(Species)입니다. 그리고 각 종(Species)마다 몇 개의 쌍을 이루는 동물이 있었을 것입니다. 그래서 아담이 그들에게 이름을 부여하는데 그리 많은 시간이 걸리지는 않았을 것입니다.

우리는 사람을 부를 때 이름을 부르기도 하지만 별칭을 부르기도 합니다. 초등학생 중에서 어떤 아이가 코끼리 소리를 잘 흉내 냅니다. 그러면 친구들은 그 아이를 코끼리라는 별명으로 부를 것입니다. 어떤 아이는 어릴 때부터 피아노를 잘 칩니다. 그래서 친구들은 그 아이를 피아니스트라고 부를 것입니다. 어떤 아이는 달리기를 매우 잘합니다. 그래서 친구들은 그 아이를 유명한 육상 선수인 우사인 볼트라고 부를 것입니다.

이름은 부모님이 지어 주신 고유명칭입니다. 그러나 여러 가지 특성과 재주를 표현하는 별칭도 있습니다. 사람들은 회사에서 김 과장, 이 수석 등으로 동료를 부릅니다. 또 어떤 사람을 김 박사님, 이 점장님, 최 기장님 등으로 부르기도 합니다. 어떤 호칭에는 그 사람의 직종이 나타나 있기도 합니다.

하나님은 에덴동산을 만들고 그곳에 아담을 두셨습니다. 그리고 아담에게 에덴동산을 지키라고 명령하셨습니다. 그런데 아담이 있는 에덴동산은 아담 혼자 관리하기에는 너무 넓었습니다. 그래서 하나님은 아담의 지휘 아래 에덴동산을 지킬 여러 종의 지적 존재를 창조하셨습니다. 다만 이들은 아담과는 다르게 혼(Soul)이 없는 지적 존재입니다. 그래서 하나님은 이 종들을 각종 새와 각종 들짐승으로 표현하신 것입니다. 물론 이 종들의 얼굴은 사람의 얼굴이 아닙니다. 이 동물들이 아담에게 예속되었지만 사람은 아닙니다. 그 겉모습은 동물의 모습을 띠고 있습니다. 지성과 이성을 갖추었고 대화가 가능한 지적 동물들입니다.

성경 말씀: 창세기 3장 1절
"그런데 뱀은 여호와 하나님이 지으신 들짐승 중에 가장 간교하니라. 뱀이 여자에게 물어 이르되 하나님이 참으로 너희에게 동산 모든 나무의 열매를 먹지 말라 하시더냐"

이 말씀에서 뱀이 가장 간교했다는 것을 알 수 있습니다. 그렇다면 들짐승들도 간교했다는 말이 됩니다. 물론 들짐승 중에서 뱀이 가장 머리가 좋았다는 표현입니다. 하나님이 창조하신 들짐승 중에는 뱀도 함께 있었던 것입니다. 그렇다면 과연 뱀만 말하는 능력이 있고 다른 들짐승들은 말하는 능력이 없었을까요?

하나님이 창조하신 각종 새와 각종 들짐승은 모두 말할 수 있었습니다. 이 내용은 [Chapter 41. 들짐승 중에서 뱀만 하와를 유혹했을까?]에서 설명합니다.

결론적으로, 각종 새와 각종 들짐승은 혼(Soul)이 없는 생명체이며 사람은 아닙니다. 이 들짐승과 새들은 아담에게 속한 종(servant)이 되었습니다. 이 종들은 지적 생명체이고 그리 많은 수는 아닙니다. 이 동물들은 각 종류대로 암수가 있었고 한 쌍만 있는 것이 아니라 각 종마다 여러 쌍이 있었을 것입니다. 뱀을 예로 들자면, 하와를 유혹한 뱀은 뱀의 그룹에 포함되는데 이 그룹에는 하와를 유혹한 뱀만 있었던 것이 아니라 다른 뱀도 여럿이 있었을 것입니다. 아담에게 주어진 새와 들짐승은 수천, 수만 종이 아닙니다. 새와 들짐승을 합하여 십여 종에 불과했을 것입니다. 참새와 같은 종은 아담의 명령을 받고 어떤 일을 하기에는 적합하지 않아서 창세기 2장 19절의 각종 새에는 포함되지 않았을 것입니다.

아담은 이 종들에게 이름을 주었습니다.

아담이 종들에게 준 이름은 그들의 직분과 연관된 이름입니다. 새의 경우는 순찰과 전령의 역할을 맡았을 것이고 들짐승의 경우는 경비와 방어의 역할을 맡았을 것입니다. 가축으로 표현된 동물들의 경우는 동산의 관리를 맡았을 것입니다. 독수리 종은 서쪽 순찰, 매의 종은 동쪽 순찰과 같은 방식입니다. 또 사자종은 남쪽 경비와 방어, 호랑이 종은 북쪽 경비와 방어를 맡았을 수 있습니다.

이런 식으로 그들에게 임무를 맡깁니다. 각 종에 속한 동물들은 각자의 임무를 받았는데 어떤 독수리의 경우에는 서쪽 새벽 순찰대 대장이라든가 어떤 사자의 경우에는 남쪽 오후 경비대 1구역 담당 경비대원이라든가, 이런 방식의 이름입니다. 이렇게 그들의 이름에는 그들의 역할이 표현되어 있습니다.

아담이 그들에게 이름을 지어 준다는 말은 각 종에게 그들이 할 일을 정해 준다는 의미였습니다. 물론 아담이 이들에게 어떤 이름을 주었는지 정확하게 알 수는 없습니다. 아담은 에덴동산을 지키고 다스리는 일을 위해서 필요한 종들 (servants)에게 각자의 일을 정해 준 것입니다. 그들에게 할 일을 배분한 것입니다.

Chapter 24

하나님은 왜 아담을 창조하셨나?

하나님은 하나님의 백성을 창조하기 위해 아담을 창조하셨습니다. 아담의 창조는 하나님의 백성을 창조하기 위해 하나님이 첫 번째로 하신 일입니다. 이 내용을 자세히 알려면 저자의 첫 번째 저서 《하나님의 창조는 끝나지 않았다》를 참고하기 바랍니다.

성경 말씀: 창세기 1장 26절
"하나님이 이르시되 우리의 형상을 따라 우리의 모양대로 우리가 사람을 만들고 그들로 바다의 물고기와 하늘의 새와 가축과 온 땅과 땅에 기는 모든 것을 다스리게 하자 하시고"

아담이 창조되기 전에도 이미 많은 사람이 있었습니다. 그 사람들은 혼(Soul)이 있는 아담과는 다르게 동물과 마찬가지로 혼이 없는 사람들입니다. 혼이 없는 사람들은 하나님의 백성이 될 수 없습니다. 그래서 하나님은 혼이 있는 하나님의 백성을 창조하시는 것입니다. 성경의 내용은 하나님이 하나님의 백성을 창조하시는 과정을 기록한 것입니다.

하나님이 창조하려는 하나님의 백성은 다음과 같은 조건이 필요합니다. 첫째로, 하나님의 백성은 땅 위에서 살아야 합니다. 둘째로, 하나님의 백성은 영원히 존재해야 합니다. 셋째로, 새와 물고기와 땅의 짐승을 다스려야 합니다.

하나님은 이런 조건을 만족하는 하나님의 백성을 창조하려고 일을 시작하셨습니다. 지금도 하나님은 이 창조의 작업을 진행하고 계십니다. 이제 이 세 가지 조건을 구체적으로 확인하겠습니다.

첫 번째. 하나님의 백성은 땅 위에서 살아야 합니다.

창세기 1장 28절에서 [생육하고 번성하여 땅에 충만하라]고 말씀하셨습니다. 하나님은 처음부터 땅 위에서 살도록 계획하신 것입니다. 땅 위에서 몸을 가지고 영생을 누리도록 하신 것입니다. 하나님이 남자와 여자를 창조하신 목적은 땅 위에 충만하게 하려는 것입니다.

영의 세계가 따로 있고 물질세계가 따로 있는 것은 아닙니다. 이 세상의 만물은 사람을 위한 삶의 배경(무대)이 됩니다. 마찬가지로 영(Spirit)에게도 그 배경이 됩니다. 몸이 없는 영(Spirit)과 몸이 없는 혼(Soul)은 삶을 사는 것이 아닙니다. 그냥 존재하는 것입니다. 삶을 누린다는 것은 물질세계에서 요리하고 맛있는 것을 먹고 물건을 만지고 새로운 제품을 만들고 스포츠와 레포츠를 즐기는 등 물질세계를 경험하는 것입니다.

영(Spirit)과 혼(Soul)의 세계에는 동물이 없으며 식물도 없으며 먹는 일도 없고 스포츠나 레포츠를 즐길 수 없고 그림을 그릴 수도 없습니다. 영과 혼의 세계가 따로 있는 것이 아닙니다. 영과 혼은 물질과 직접 접촉하지는 못하지만 이 세상을 공유합니다.

예수님이 요한복음 11장 11절에서 [우리 친구 나사로가 잠들었도다. 그러나 내가 깨우러 가노라]고 말씀했습니다. 만약 영의 세계에도 동물이 있고 식물과 자연이 있고 집도 있고 재미있는 일들이 있어서 죽은 사람이 그쪽 세계로 넘어가는 것이라면, 예수님은 나사로가 잠들었다고 말씀하지 않았을 것입니다. 아마도 예수님은 [우리 친구 나사로가 영의 세계로 넘어갔느니라]고 말씀하셨을 것입니다. 영의 세계가 따로 존재하지 않기 때문에 죽은 사람의 영과 혼은 그냥 쉬면서 대기하는 것입니다. 그래서 예수님은 죽은 사람을 잔다고 표현하신 것입니다.

하나님은 하나님의 백성들을 창조하시는데 땅 위에서 몸을 가지고 삶을 누리도록 창조하셨습니다. 그래서 죽은 사람들이 모두 깨어날 때가 올 것입니다. 이 때 다시 몸을 가지고 살아나서 이 땅 위에서 영원히 살게 될 것입니다. 둘째 부활을 하면, 하나님의 백성들은 몸을 가지고 땅 위에서 영생을 누리게 됩니다. 이 때 비로소 창세기 1장 28절에서 말씀한 [생육하고 번성하여 땅에 충만하라]는 하나님의 명령이 이루어집니다.

두 번째, 하나님의 백성은 영원히 존재해야 합니다.

하나님의 백성은 하나님이 관심을 가지고 바라보는 대상입니다. 하나님의 백성은 나이가 들고 죽은 후 소멸되어 사라지는 존재여서는 안 됩니다. 하나님이 영원한 분이기 때문입니다. 하나님의 백성은 언제든지 하나님이 보고자 할 때 살아 있어야 합니다. 그래서 하나님은 하나님의 백성을 영원한 존재로 창조하십니다. 그것이 바로 하나님의 형상대로 창조한다는 의미입니다. 하나님의 형상대로 창조했기 때문에 하나님의 백성은 혼(Soul)으로 창조되었고 혼이라서 영원히 존재합니다.

백 년 후, 천 년 후, 만 년 후에도 하나님의 백성인 어떤 사람을 하나님이 관심을 가지고 어떻게 사는지 보려고 하신다면 그 사람은 계속해서 살아 있어야 합니다.

세 번째, 하나님의 백성은 새와 물고기와 땅의 짐승을 다스려야 합니다.

창세기 1장 28절에서 하나님은 [바다의 물고기와 하늘의 새와 땅에 움직이는 모든 생물을 다스리라]고 말씀하십니다.

새와 물고기와 땅의 모든 생물은 혼(Soul)이 없어서 죽으면 사라집니다. 그러나 하나님의 백성은 죽어도 사라지지 않는 존재입니다. 영원한 존재는 영원하지 못한 동물들을 다스리고 관리할 것입니다. 혼이 있는 사람은 영원한 존재로서 혼이 없는 동물들보다 존귀한 존재가 됩니다. 하나님은 일반적인 생명체를 다스릴 존귀한 존재인 혼(Soul)을 창조하시는 것입니다.

하나님은 이런 특징을 갖는 하나님의 백성을 창조하고 계십니다. 하나님 백성의 세 가지 특징 중에서 처음으로 갖추게 된 조건은 영존 곧 [영원히 존재하는 것]입니다. 하나님이 사람을 창조하실 때 죽어도 사라지지 않는 존재로 창조하셨습니다. 그 사람이 바로 아담입니다.

아담은 죽어도 사라지지 않는 특징을 갖게 되었습니다. 그리고 이 특징이 하와에게 옮겨져 하와는 영원한 존재가 되었습니다. 물론 아담과 하와는 죽었습니다. 이는 아담이나 하와가 완성된 하나님의 백성이 아니라 그 시작점에 있었던 사람이기 때문입니다. 하나님의 창조가 아직도 끝나지 않았기 때문입니다.

결론적으로, 하나님이 아담을 창조하신 목적은 영원히 사라지지 않는 하나님의 백성을 창조하기 위해서입니다.

Chapter 25

아담이 생령이 되었다는 말씀은 무슨 의미인가?

성경 말씀: 창세기 2장 7절

"여호와 하나님이 땅의 흙으로 사람을 지으시고 생기를 그 코에 불어넣으시니 사람이 생령이 되니라"

하나님은 아담을 창조하셨습니다. 아담은 생령이 되었습니다. 여기서 생령이라는 단어는 [살아 있는 영]이라는 의미로, 영어로는 living spirit입니다. 이 생령이라는 단어가 바르게 번역되었는지 정확하게 알기 위해서는 히브리어 원문을 참고할 필요가 있습니다.

וַיְהִי הָאָדָם לְנֶפֶשׁ חַיָּה

[와이히 하아담 러네페쉬 하이야]

וַיְהִי[와이히]는 접속사 וְ[와우]와 동사 הָיָה[하야]가 연결된 형태로서 칼(Qal) 동사 연계형 미완료·3인칭·남성·단수의 형태입니다. 동사 הָיָה[하야]는 영어로 to fall out, come to pass, become, be 등으로 번역됩니다. 본문에서는 become의 의미로 사용되었으며, 한글 성경에서는 ~되다로 번역되었습니다. 이 단어의 의미는 [그리고 ~되었다]입니다.

הָאָדָם[하아담]은 정관사 הַ[하]와 אָדָם[아담]이 연결된 형태로서 [그 아담]이라는 뜻입니다. אָדָם[아담]은 하나님이 창조한 사람의 이름입니다. 또한 사람이라고도 번역됩니다.

לְנֶפֶשׁ[러네페쉬]는 불분리전치사 לְ[러]와 여성명사 נֶפֶשׁ[네페쉬]가 연결된 형태입니다. 불분리전치사 לְ[러]는 영어로는 to, for, by로, 한글로는 ~을 위하여, ~에게 등으로 번역됩니다. נֶפֶשׁ[네페쉬]는 영어로 a soul, living being, life, self, person, desire, passion, appetite, emotion 등으로 번역됩니다. 본문 창세기 2장 7절에서는 영(spirit)으로 번역되었습니다.

חַיָּה[하이야]는 형용사로 사용되었으며, 형용사 חַי[하이]의 여성·단수의 형태입니다. חַי[하이]는 영어로 alive, living 등으로 번역되며, 본문에서는 [살아 있는]으로 번역되었습니다.

לְנֶפֶשׁ חַיָּה[러네페쉬 하이야]는 [살아 있는 존재를 위하여] 또는 [살아 있는 존재로]라고 해석됩니다. נֶפֶשׁ חַיָּה[네페쉬 하이야]를 창세기 2장 7절에서는 생령으로 번역되었습니다. 이렇게 번역한 이유는 [네페쉬]를 영(Spirit)으로 해석했기 때문입니다.

נֶפֶשׁ חַיָּה[네페쉬 하이야]라는 단어는 창세기 1장 20절, 창세기 1장 21절, 창세기 1장 24절, 창세기 1장 30절에서도 사용되었습니다. 창세기 1장에서 4번이나 사용되었는데 그 사용 예를 살펴볼 필요가 있습니다.

첫 번째, 창세기 1장 20절을 살펴봅니다.

וַיֹּאמֶר אֱלֹהִים יִשְׁרְצוּ הַמַּיִם שֶׁרֶץ נֶפֶשׁ חַיָּה

[와이요메르 엘로힘 이스러수 하마임 세레스 네페쉬 하이야]

이 말씀에서 נֶפֶשׁ חַיָּה[네페쉬 하이야]가 나옵니다. 이 נֶפֶשׁ חַיָּה[네페쉬 하이야는 영어 성경에서 living creatures로, [살아 있는 창조물]로 번역되었습니다. 창세기 1장 20절에서 נֶפֶשׁ חַיָּה[네페쉬 하이야]는 물속에 사는 물고기를 의미합니다. 한글 성경에서는 이 말씀에 나오는 נֶפֶשׁ חַיָּה[네페쉬 하이야]를 [생물]로 번역했습니다.

두 번째, 창세기 1장 21절을 살펴봅니다.

וַיִּבְרָא אֱלֹהִים אֶת-הַתַּנִּינִם הַגְּדֹלִים וְאֵת כָּל-נֶפֶשׁ הַחַיָּה

[와이브라 엘로힘 에트-하타니님 하가돌림 워에트 칼-네페쉬 하하이야]

이 말씀은 [하나님이 큰 바다짐승과 모든 생물을 창조하셨다]로 번역되었습니다.

כָּל[칼]은 [모든]이라는 뜻입니다. כָּל-נֶפֶשׁ הַחַיָּה[칼-네페쉬 하하이야]는 [그 살아 있는 모든 물건]이라는 뜻으로, 영어 성경에는 every living thing으로 번역되어 있고, 한글 성경에는 [모든 생물]로 번역되어 있습니다. 한글 성경에는 이 말씀에 포함된 נֶפֶשׁ הַחַיָּה[네페쉬 하하이야]를 [생물]로 번역했습니다.

세 번째, 창세기 1장 24절을 살펴봅니다.

וַיֹּאמֶר אֱלֹהִים תּוֹצֵא הָאָרֶץ נֶפֶשׁ חַיָּה

[와이요메르 엘로힘 토우체 하아레츠 네페쉬 하이야]

이 말씀은 [하나님이 이르시되 땅은 생물을 내라]로 번역되어 있습니다. 이 부분은 창세기 1장 24절 전체가 아니라 앞부분만 발췌한 것입니다. 그래서 뒤에 나오는 문구로 [그 종류대로]라는 단어가 따라옵니다.

이 본문에서도 נֶפֶשׁ חַיָּה[네페쉬 하이야]라는 문구가 나옵니다. 창세기 1장 24절에서 נֶפֶשׁ חַיָּה[네페쉬 하이야]는 땅에서 나오는 생물입니다. 창세기 1장 24절의 후반부를 보면, נֶפֶשׁ חַיָּה[네페쉬 하이야]는 가축과 기는 것과 땅의 짐승들을 가리키고 있습니다. 한글 성경에서 이 말씀에 포함된 נֶפֶשׁ חַיָּה[네페쉬 하이야]는 [생물]로 번역되었습니다.

네 번째, 창세기 1장 30절을 살펴봅니다.

וּלְכֹל רוֹמֵשׂ עַל-הָאָרֶץ אֲשֶׁר-בּוֹ נֶפֶשׁ חַיָּה
[우러칼 로우메스 알-하아레츠 아세르-보우 네페쉬 하야]

נֶפֶשׁ חַיָּה[네페쉬 하야]는 한글 성경에서 [생명이 있어]로 번역되었고 영어 성경에는 [the breath of life]로 번역되었습니다. 전체 문구는 한글 성경 개역개정에서 [그리고 생명이 있어 땅 위에 기는 모든 것]으로 번역되었습니다. 이 말씀의 נֶפֶשׁ חַיָּה[네페쉬 하야]는 문구의 구조상 [생명이 있어]로 번역되었으나 역시 נֶפֶשׁ חַיָּה[네페쉬 하야]가 지시하는 것은 [땅 위에 기는 동물]입니다. 그래서 이 말씀의 נֶפֶשׁ חַיָּה[네페쉬 하야]는 [생명]으로 번역되었습니다.

이렇게 창세기 1장에서 4개의 기록을 모두 찾아봤습니다.

창세기 1장 20절에서 נֶפֶשׁ חַיָּה[네페쉬 하이야]는 [생물]로, 창세기 1장 21절에서 הַנֶּפֶשׁ הַחַיָּה[네페쉬 하하이야]도 [생물]로, 창세기 1장 24절에서 נֶפֶשׁ חַיָּה[네페쉬 하이야]도 [생물]로 번역되었습니다. 창세기 1장 30절의 נֶפֶשׁ חַיָּה[네페쉬 하이야]는 [생명]으로 번역되었습니다.

창세기 2장 7절에서 하나님은 아담을 창조하셨고, נֶפֶשׁ חַיָּה[네페쉬 하이야]가 되었다고 말씀하셨습니다. 이 말씀의 נֶפֶשׁ חַיָּה[네페쉬 하이야]는 한글 성경에서는 [생령]으로 번역되었습니다. 창세기 1장 20절, 창세기 1장 21절, 창세기 1장 24절, 창세기 1장 30절에도 같은 단어를 사용하였는데, 이 구절에서는 [생물]로 번역되었습니다.

같은 단어를 아담에게 적용할 때는 [생령]으로, 동물에게 적용할 때는 [생물]로 번역한 것입니다. 왜 נֶפֶשׁ חַיָּה[네페쉬 하이야]를 다르게 번역했을까요? 하나님이 아담의 코에 생기를 불어넣으셨으니 동물과는 다르게 표현해야 한다고 생각한 것일까요?

하나님이 보실 때 소멸하여 사라지는 존재는 살아 있지 않습니다. 하나님은 소멸하는 존재를 살아 있다고 보시지 않습니다. 소멸하는 존재는 하나님의 눈에는 단순히 흙일 뿐입니다.

창세기 1장과 2장에서 נֶפֶשׁ חַיָּה[네페쉬 하이야]는 살아 있는 존재라는 의미입니다. 살아 있다는 것은 하나님 앞에서 살아 있다는 표현입니다. 하나님 앞에서 살았다는 의미는 소멸하지 않고 영원히 존재한다는 의미입니다.

창세기 2장 7절의 아담이나 창세기 1장에 나오는 동물들이 다 하나님 앞에서 살았기 때문에 **נֶ֫פֶשׁ חַיָּה**[네페쉬 하이야]라는 문구를 같이 사용하게 된 것입니다. 생령이라는 표현이나 생물이라는 표현 모두 죽지 않고 영원히 살아 있는 존재가 되었다는 의미입니다.

Chapter 26

영원히 사라지지 않아야
살아 있다는 말인가요?

하나님이 [살아 있다]고 말씀하시는 경우는 그 대상이 영원히 살아 있는 존재라는 뜻입니다. 동물이나 사람이 영원히 죽지 않거나 죽어도 다시 살아날 때 하나님에게는 살아 있는 것입니다. 동물이든 사람이든 죽은 후에 소멸하여 사라진다면, 하나님에게는 살아 있는 것이 아니라 잠시 움직이는 흙입니다.

하나님이 창세기 1장과 2장에서 생물(생령)이라고 말씀하시는 경우, 다시 말해서 살아 있다고 표현한 경우는 동물과 아담입니다. 여기에서 동물은 물고기와 땅의 짐승입니다. 물론 새도 살아 있는 존재가 되겠지만 창세기 1장에서 직접 새를 생물이라고 표현한 말씀은 없습니다.

아담과 동물은 같은 의미에서 생물입니다. 동물에게 사용된 생물(נֶפֶשׁ חַיָּה)이라는 단어와 아담에게 사용된 생령(נֶפֶשׁ חַיָּה)이라는 단어는 히브리어로는 같은 단어입니다. 아담도 동물도 하나님의 눈에는 살아 있는 존재라는 것입니다.

첫 번째, 물고기와 땅의 짐승을 생물(נֶפֶשׁ חַיָּה)로 말씀하신 이유를 설명합니다.

지금까지 모든 동물은 죽었습니다. 현재 살아 있는 모든 동물도 언젠가는 죽습니다. 그래서 지금까지의 모든 동물은 נֶפֶשׁ חַיָּה[네페쉬 하야]가 아닙니다. 지금까지의 모든 동물은 죽은 후에 사라지기 때문입니다.

창세기 1장은 하나님이 영원한 하나님의 나라를 창조하시려는 계획에 관한 기록입니다. 아직 하나님의 계획이 다 이루어지지 않았습니다. 하나님은 다섯째 날과 여섯째 날에 동물을 창조하시는데, 이는 미래에 하나님의 나라에서 창조될 동물을 의미합니다. 다섯째 날과 여섯째 날에 창조될 동물들은 아직 이 땅 위에 없습니다. 이 동물들이 등장하게 되면 이 동물들도 하나님 앞에서 살아 있는 동물이 됩니다.

성경 말씀: 이사야 65장 25절
"이리와 어린 양이 함께 먹을 것이며 사자가 소처럼 짚을 먹을 것이며 뱀은 흙을 양식으로 삼을 것이니 나의 성산에서는 해함도 없겠고 상함도 없으리라 여호와께서 말씀하시니라"

이 말씀은 다섯째 날과 여섯째 날에 창조될 동물의 모습을 보여 주고 있습니다. 이리와 어린 양과 사자와 소와 뱀들이 육식이 아닌 초식을 한다는 것입니다. 지금은 이리나 사자와 뱀이 풀을 먹지 않으며 다른 동물을 잡아먹습니다. 지금의 동물은 이사야 65장 25의 동물이 아닙니다. 현재 어린 양과 소도 죽음이 있기 때문에 이사야 65장 25의 동물이 아직 아닙니다.

성경 말씀: 창세기 1장 30절
"또 땅의 모든 짐승과 하늘의 모든 새와 생명이 있어 땅에 기는 모든 것에게는 내가 모든 푸른 풀을 먹을 거리로 주노라 하시니 그대로 되니라"

이 말씀은 이사야 65장 17절~25절 말씀에서 성취됩니다. 이 말씀은 새 하늘과 새 땅에 대한 말씀입니다. 이리와 어린 양과 사자와 소와 뱀들이 하나님이 말씀하신 것처럼 푸른 풀을 식물로 먹는 시대가 올 것입니다. [새 하늘과 새 땅]의 시대입니다. 이때의 동물들은 נֶפֶשׁ חַיָּה[네페쉬 하야]가 됩니다. 하나님 앞에 살아있는 동물이 됩니다. 새 하늘과 새 땅의 동물은 영원히 죽지 않습니다.

창세기 1장에 나오는 동물의 창조 기록은 세상에 없었던 동물을 새롭게 만들어 새와 물고기와 짐승이 존재하게 한다는 기록이 아닙니다. 창세기 1장에 나오는 동물의 창조 기록은 영원히 살지 못했던 새와 물고기와 짐승들이 죽지 않고 영원히 살게 된다는 의미입니다. 지금의 동물이 영원히 살게 된다는 뜻입니다.

두 번째, 아담은 오래전에 죽은 사람이지만 왜 하나님 앞에서 살아 있는 생물(생령)이라고 말씀하셨는지 설명합니다.

처음부터 하나님은 아담을 생물(하나님의 관점에서 살아 있는 존재)로 창조하셨습니다. 아담은 생물(생령)인데, 그 이유는 혼(Soul)에 있습니다. 아담은 죽을 수 있는 상태였지만 혼이 있었습니다. 아담이 죽으면 몸은 썩어서 사라지더라도 혼은 사라지지 않습니다. 그래서 죽어도 사라지지 않고 하나님 앞에서 영원히 존재합니다.

혼이 있으면 부활해서 계속해서 삶을 이어 갈 수 있습니다. 물론 지금까지는 예수님 외에 아무도 부활하지 못했습니다. 비록 죽어서 몸은 없지만 때가 되면 모두 부활하여 삶을 이어갈 것이기 때문에 하나님에게 혼(Soul)이 있는 사람은 영원히 살아 있는 사람입니다.

예수님의 말씀을 하나의 예로 설명합니다.

마가복음 12장 26절에서 예수님은 [하나님은 아브라함과 이삭과 야곱의 하나님이며 하나님은 산 자의 하나님]이라고 말씀했습니다. 마가복음 12장 27절에서 예수님은 [하나님은 죽은 자의 하나님이 아니라 산 자의 하나님]이라고 말씀했습니다. 아브라함과 이삭과 야곱은 이미 오래전에 죽은 사람들이지만 미래에 몸을 가지고 부활할 사람들이기 때문에 살아 있다는 뜻입니다. 물론 아브라함과 이삭과 야곱은 혼(Soul)이 아니라 영(Spirit)일 것으로 보입니다. 영이든 혼이든 둘 다 부활할 것이기 때문에 하나님의 눈에는 둘 다 살아 있습니다.

반대로, 영이나 혼이 없는 사람은 하나님에게는 살아 있는 것이 아니라는 말입니다. 이들은 단지 움직이는 흙에 불과합니다. 그리고 죽으면 사라집니다.

예수님의 또 다른 말씀으로 설명합니다.

성경 말씀: 마태복음 15장 26절
"대답하여 이르시되 자녀의 떡을 취하여 개들에게 던짐이 마땅하지 아니하니라"

예수님이 두로와 시돈 지방으로 다니실 때 가나안 여인이 예수님께 자신의 딸을 고쳐 달라고 큰 소리를 지르면서 요청합니다. 그런데도 예수님은 여인을 모른 체하십니다. 나중에 여인이 다가와서 절하며 예수님께 요청합니다. 그때 예수님이 여인에게 하신 말씀입니다.

예수님은 여인의 요청을 들어주십니다. 어차피 여인의 요청을 들어줄 것인데 왜 이런 말씀을 하셨을까요? 여인은 예수님에게서 이런 말을 들었을 때 모욕감을 느끼지 않았을까요? 아마도 자신의 딸을 고치고자 하는 열망이 다른 모든 감정을 다 덮었을 것입니다. 지금의 어느 목회자가 이런 말을 했다면 그 사람은 한국에서 목회하기 어려울 수도 있을 정도입니다.

예수님 당시의 사회는 지금의 한국 사회와는 다르기 때문에 단순 대입식으로 비교할 수는 없습니다. 그렇더라도 그때나 지금이나 개로 취급받는 것은 좋은 게 아닙니다. 그런데 예수님은 이 여인을 무시하거나 차별하지 않았습니다. 무시하거나 차별했다면 여인의 소원을 들어주지 않았을 것입니다. 예수님은 여인을 칭찬하면서 여인의 소원을 들어주셨습니다.

예수님이 이 말씀에서 말씀하려는 것은 바로 혼(Soul)입니다. 비록 예수님은 여인의 소원을 들어주셨지만 이 여인의 사건을 통해서 혼이 없는 사람과 혼이 있는 사람이 있다는 것을 말씀하는 것입니다. 물론 이 여인에게 혼이 없다는 성경적 증거는 없습니다. 다만 예수님이 이 여인을 개로 표현하신 것은 여인을 무시해서가 아니라 혼이 없는 사람이 있다는 것을 말씀하는 것입니다.

세 번째, 영(Spirit)이나 혼(Soul)이 없는 사람에 관해서 설명합니다.

아담을 창조할 당시에 땅 위에는 많은 사람이 이미 살고 있었습니다. 그 당시의 사람들은 모두 혼이 없는 사람들입니다. 그래서 하나님은 아담을 통해서 최초의 혼을 창조하신 것입니다.

사람이 죽으면 몸은 썩어서 사라지거나 화장으로 소멸하는데 이때 혼이 없는 사람은 그 존재 자체가 사라집니다. 하나님은 영원하신 분입니다. 그래서 혼(Soul)이 없는 사람은 하나님의 백성이 될 수 없습니다. 하나님의 눈에 아담 당시의 모든 사람은 살아 있지 않았습니다. 당시의 모든 사람은 움직이는 흙입니다. 이들은 흙이기 때문에 죽으면 그냥 흙으로 돌아갑니다.

하나님은 영원히 존재하는 하나님의 백성을 창조하고자 하셨습니다. 하나님의 백성은 하나님이 보실 때 살아 있어야 합니다. 하나님이 살았다고 인정하는 존재는 사라지지 않아야 합니다. 비록 아담과 하와의 후손도 수명이 다하면 죽게 되겠지만 이들은 처음부터 부활할 수 있는 혼으로 태어난 것이기 때문에 하나님이 보실 때 살아 있는 사람들입니다. 나중에 부활할 사람들이기 때문입니다.

결론적으로, 아담은 [생령]이 된 것이 아니라 [생물]이 된 것입니다. 아담에게는 혼(Soul)이 있었기 때문에 [살아 있는 혼]이라고 불러도 될 것입니다. 그러나 영원히 존재한다는 의미에서 하나님은 [생물]이라는 단어를 사용하신 것입니다. 아담에게 혼을 불어넣음으로써 하나님은 아담을 영원한 존재로 창조하셨습니다.

Chapter 27

왜 하와의 코에는
생기를 불어넣지 않았을까?

성경 말씀: 창세기 2장 21절

"여호와 하나님이 아담을 깊이 잠들게 하시니 잠들매 그가 그 갈빗대 하나를
취하고 살로 대신 채우시고 여호와 하나님이 아담에게서 취하신 그 갈빗대로
여자를 만드시고 그를 아담에게로 이끌어 오시니"

하나님은 남자와 여자를 똑같이 만드시지 않았습니다. 아담은 흙으로 만든 후
에 코에 생기를 불어넣으셨습니다. 반면 하와는 흙으로 만들지도 않았고 코에
생기를 불어넣지도 않았습니다. 하와는 아담을 만드는 방법과는 달랐습니다.
왜 이렇게 다르게 만드셨을까요?

남매는 같은 부모에게서 태어납니다. 그러니 같다고 볼 수 있습니다. 제가 의
학적인 내용은 잘 모릅니다만 남자와 여자는 뼈와 살과 모든 장기가 거의 같을
것입니다. 그런데 하나님은 아담과 하와를 다르게 만드셨습니다. 물론 갈비뼈
하나로 장성한 여성을 만든다는 것은 물리적으로는 불가능합니다. 하나님은 전
능한 분이시니 무엇이든 가능하다고 주장하면 이 말에는 동의합니다.

하나님은 전능하신 분으로 못하시는 것이 없습니다. 그러나 하와를 아담의 갈
빗대로 창조하셨다는 말씀은 다른 것을 의미하고 있습니다. 이제 그 이유를 확

인하고자 합니다. 이 내용은 [Chapter 28. 하와는 정말 갈비뼈로 만들었을까?]에서 더 자세하게 설명합니다. 이 Chapter에서는 코에 생기를 불어넣지 않은 이유를 설명합니다.

성경 말씀: 말라기 2장 15절

"그에게는 영이 충만하였으나 오직 하나를 만들지 아니하셨느냐 어찌하여 하나만 만드셨느냐 이는 경건한 자손을 얻고자 하심이라"

말라기 2장 15절 히브리어 원문에서 וּמַה הָאֶחָד[우마 하에하드]라는 문구가 있습니다. 이 문구는 [왜 하나인가?]라는 의미입니다. 한글 성경 개역개정에는 [어찌하여 하나만 만드셨느냐?]로 번역되어 있습니다.

하나님은 분명히 아담과 하와를 만드셨습니다. 하나님이 만드신 사람은 두 사람입니다. 그러면 [둘]을 만들었다고 해야 맞습니다. 그런데 하나님은 말라기 선지자를 통해서 [하나]만 만들었다고 말씀합니다. 이런 이유로 이 말씀은 이해가 가지 않는 난해구절이 되었습니다. 그러면 이 말씀은 대체 무슨 뜻일까요?

하나님은 분명히 하나를 만드셨습니다.

하나님이 무엇인가를 만드셨습니다. 그 무엇인가가 육체라고 한다면 하나님은 아담의 육체와 하와의 육체를 만드신 것이 됩니다. 아담이나 하와는 육체를 가지고 있기 때문입니다. 그래서 만든 것이 육체를 의미한다면 둘을 만든 것이 됩니다.

만약 하나님이 만들었다고 하는 것이 육체가 아니라면 하나가 될 수 있습니다. 하나님이 만들었다고 하는 것이 혼(Soul)이라면 하나를 창조했다는 말씀은 맞습니다. 말라기 2장 15절에서 하나님이 만드신 것은 육체가 아닌 혼입니다. 창조의 대상을 혼으로 한정한다면, 하나님은 [하나]만 만드신 것이 됩니다.

하나님은 혼을 만드셨는데 그 혼은 아담에게 불어넣은 혼입니다. 하나님은 하와도 만드셨지만 하와의 경우에는 코에 생기를 불어넣으시지 않았습니다. 하와의 코에 생기를 불어넣지 않은 것은 하나님이 혼을 추가로 창조하시지 않았다는 것을 의미합니다.

하나님이 하와의 코에도 생기를 불어넣었다면 하나님은 혼을 두 번 창조하신 것이 됩니다. 하지만 하와의 코에 생기를 불어넣지 않았기 때문에 하나님은 생기를 하나만 창조하신 것입니다. 하나님이 창조하신 생기는 아담에게 넣은 것 하나뿐입니다.

구약성경의 일부 말씀에는 사람을 혼(Soul)으로 표현합니다. 사람이 곧 혼이라는 개념입니다. 구약에서 נֶפֶשׁ[네페쉬]를 혼이라는 뜻으로 사용합니다. 창세기 46장 27절에서 נֶפֶשׁ[네페쉬]가 두 명, 칠십 명으로 번역되었습니다. 원문대로라면 두 혼과 칠십 혼으로 번역해야 합니다. 이는 혼이 사람이기 때문에 두 명, 칠십 명으로 번역한 것입니다. 출애굽기 12장 15절에서 [유교병을 먹는 자]라는 문구가 나옵니다. 이 말씀에서 נֶפֶשׁ[네페쉬]를 사람으로 번역했습니다. 원본대로라면 [유교병을 먹는 혼]으로 번역해야 합니다. 구약에서 하나님은 נֶפֶשׁ[네페쉬]를 사람으로 표현합니다.

하나님이 하나를 만드셨다고 하신 말씀의 내용은 육체가 아니라 혼입니다. 하나님은 육체에 집중하지 않고 오직 혼에 집중하셨습니다. 하나님의 창조는 영원한 존재의 창조입니다. 이 영원한 존재가 곧 아담에게 불어넣은 혼입니다. 육은 죽으면 흙으로 돌아가고 다시 다른 동물이나 다른 사람을 위한 몸의 재료로 재사용됩니다. 그래서 몸은 영원하지 않습니다. 물론 죽음이 없다면 육체만 있는 사람도 영원히 존재할 수 있습니다.

혼(Soul)이 있는 존재에게서 혼이 있는 자녀가 태어납니다. 하나님은 혼이 있는 하나님의 백성이 생육하고 번성하여 땅에 충만해지기를 바라신 것입니다. 하나님이 오직 하나의 혼만 창조하신 것은 창세기 1장 27절의 [남자와 여자]를 창조하려는 것입니다. 창세기 1장 27절의 [남자와 여자]는 하나님이 아담을 통해서 유일하게 창조한 혼의 후손입니다. [남자와 여자]가 모두 하나의 혼에서 시작되었다는 말입니다.

하나님은 혼이 혼을 낳도록 창조하셨습니다. 혼이 있는 아담에게서 자녀가 태어나면 그 자녀에게 혼이 생성되도록 창조하신 것입니다. 이런 방식으로 창조하셨기 때문에 혼은 하나만 창조해도 됩니다. 혼은 아담에게 있든지 하와에게 있든지 아담과 하와 중 하나만 있어도 됩니다.

만약 혼이 혼을 낳지 못한다면 하나님은 사람이 태어날 때마다 일일이 혼을 창조하셔야 했을 것입니다. 아니면 무수히 많은 혼을 미리 만들어 놓고 사람이 태어날 때마다 혼을 하나씩 보내야 했을 것입니다. 창조해 놓은 혼이 다 떨어지면 혼이 없는 사람이 태어날 수도 있을 것입니다. 그래서 하나님은 이런 방법을 사용하시지 않았습니다.

결론적으로, 하나님이 하와를 창조하실 때 코에 생기를 불어넣지 않은 것은 혼을 하나만 창조하기 위해서였습니다. 하나님은 아담과 하와 두 사람을 창조

Part 4. 아담과 하와의 창조

하는 과정에서 단 하나의 혼만을 창조하셨습니다.

물론 아담과 하와 모두를 혼으로 창조해도 문제는 없었을 것입니다. 부모 중 한 명이 혼이든지, 부모가 둘 다 혼이든지 그 자녀는 혼으로 태어날 것입니다. 그런데도 하나님은 하나만 창조하셨습니다. 만약 아담과 하와에게 모두 생기를 불어넣어 혼을 창조하셨다면 아마도 창세기 말씀을 읽는 어떤 사람도 혼의 창조를 깨닫지 못했을 것입니다. 아담과 하와 두 사람의 코에 생기를 불어넣게 되면 이것은 혼이 아니라 단순히 호흡을 가능하게 한 것으로 사람들이 이해했을 것입니다.

그러면 하와는 혼이 없는 사람일까요? 아닙니다. 하와는 혼이 있는 생령이 되었습니다. 하와에게 있는 혼은 하나님이 직접 코에 생기를 불어넣어 창조하신 것이 아니라 처음에 아담에게 넣었던 혼입니다. 아담에게 넣었던 혼을 하와에게로 옮긴 것입니다. 이 내용은 [Chapter 28. 하와는 정말 갈비뼈로 만들었을까?]에서 설명합니다.

Chapter 28

하와는 정말 갈비뼈로 만들었을까?

이 질문을 하게 된 이유는 하와의 창조방법이 아담을 창조한 방법과 달랐기 때문입니다. 아담을 흙으로 창조했다면 하와도 흙으로 창조해야 합니다. 아담의 코에 생기를 불어넣었다면 하와의 코에도 생기를 불어넣어야 합니다. 아담의 생령이 되었다면 하와도 생령이 되어야 합니다. 그런데 아담과 하와는 그 과정에 있어서 다르게 창조된 것으로 보입니다. 왜 달랐을까요?

첫 번째, 아담을 흙으로 지으셨을 때 아담은 살아서 숨 쉬는 사람이었습니다.

창세기 2장 7절에서 하나님이 아담을 창조할 때 두 가지 작업을 하셨습니다. 첫 번째 작업은 흙으로 아담의 몸을 지으신 것이고 두 번째 작업은 생기를 코에 불어넣은 것입니다. 많은 분이 이 과정을 오해합니다. 하나님이 첫 번째 작업을 하셨을 때 아담은 살아 있지 않았다고 생각합니다. 아담이 아직 숨을 쉬지 않고 있었다고 생각하기 때문입니다. 하나님이 두 번째 작업을 하신 후에 살아 있는 사람이 되었다고 생각합니다. 하나님이 코에 생기를 불어넣은 후에 비로소 아담이 숨을 쉬고 살아 움직이게 되었다는 것입니다.

창세기 2장 19절에는 하나님이 흙으로 각종 새와 각종 들짐승을 만들었다고 기록되어 있습니다. 각종 새와 각종 들짐승도 아담과 마찬가지로 흙으로 만드셨습니다. 각종 새와 각종 들짐승에게는 코에 생기를 불어넣었다는 기록이 없습니다. 하나님은 새와 들짐승에게는 생기를 불어넣으시지 않았습니다. 그런데도 새와 들짐승은 살아서 움직였습니다.

또 창세기 2장 21절에서 하나님은 하와를 갈빗대로 창조하셨습니다. 그런데 하나님은 하와의 코에 생기를 불어넣지 않았습니다. 하나님이 하와를 아담에게 이끌어 오셨고 아담은 하와를 맞이합니다. 아담이 하와를 만났을 때 하와는 숨을 쉬지 않는 상태였을까요?

하나님은 새의 코와 들짐승의 코와 하와의 코에 생기를 불어넣지 않았습니다. 그런데도 새와 들짐승과 하와는 살아 있었습니다.

만약 하나님이 코에 생기를 불어넣었기 때문에 아담이 살아 숨 쉬고 움직이게 되었다고 가정한다면 하와는 숨을 쉬지도 않고 살아 있지도 않은 상태여야 합니다. 그러나 하와는 코에 생기를 불어넣지 않았어도 살아 움직이는 사람이 되었습니다.

하나님이 생기를 불어넣지 않았어도 하와가 살아 있었다면 아담도 마찬가지입니다. [하나님이 흙으로 아담을 지었다]는 말씀만으로 아담은 살아 있었다고 생각해야 합니다. 하나님이 아담의 코에 생기를 불어넣었기 때문에 아담이 살아서 숨을 쉬며 움직인 것이 아닙니다. 하나님이 첫 번째 작업을 하신 것(흙으로 지은 것)만으로도 아담은 이미 살아 있는 사람이 되어 있었던 것입니다.

두 번째, 아담이 생령인 이유는 하나님이 코에 생기를 불어넣었기 때문입니다.

아담이 생령이 된 원인은 무엇일까요? 하나님이 흙으로 아담을 만드셨기 때문에 생령이 된 것일까요? 아니면 코에 생기를 불어넣었기 때문에 생령이 된 것일까요?

창세기 2장 19절에서 하나님은 흙으로 각종 새와 각종 들짐승을 만드셨습니다. 각종 새와 각종 들짐승도 아담과 같이 흙으로 창조되었습니다. 그러나 각종 새와 각종 들짐승을 생령이라고 기록하지는 않았습니다.

[흙으로 만들었다]는 기록은 호흡하고 음식을 먹고 활동하는 살아 있는 존재가 되었다는 의미입니다. 그러나 [흙으로 만들었다]는 말이 생령이 되었다는 의미는 아닙니다.

하나님이 아담을 창조할 때 두 가지 작업을 순차적으로 하셨습니다. 첫 번째 작업만으로 아담은 살아 움직이는 남자가 되어 있었습니다. 아직 두 번째 작업을 하지 않았는데도 아담은 살아 있는 사람입니다. 물론 이 상태는 살아 있는 상태지만 생령은 아직 아닌 상태입니다.

생령은 창세기 1장 20절과 창세기 1장 24절에 나온 [생물]과 같은 단어입니다. 이 생물이라는 단어와 생령으로 번역된 단어가 히브리어 원문에서는 같은 단어입니다. 생령이 되었다는 의미는 곧 하나님 앞에서 영원히 살아 있는 존재가 되었다는 뜻입니다. 이 내용은 [Chapter 26. 영원히 사라지지 않아야 살아 있다는 말인가요?]에서 설명했습니다.

아담이 생령이 된 원인은 하나님이 아담의 코에 생기를 불어넣었기 때문입니다. 하나님이 아담의 코에 생기를 불어넣었기 때문에 아담은 영원한 존재가 되었습니다. 단순히 호흡하고 음식을 먹고 잠을 자며 활동하는 사람이라는 뜻이 아니라 영원한 존재가 되었다는 의미입니다.

세 번째, 흙으로 몸을 만든 것보다 혼(Soul)을 창조한 것이 중요합니다.

창세기 2장 7절에서 하나님이 표현하고자 하셨던 것은 혼의 창조입니다. 하나님은 아담의 코에 생기를 불어넣으셨는데, 이 행위가 혼의 창조입니다. 하나님은 사라지지 않는 하나님의 백성을 혼으로 창조하신 것입니다.

아담의 몸을 창조했다는 기록은 [땅의 흙으로 지으셨다]는 부분입니다. 여기서 몸을 만드셨다는 내용에는 살아 움직이도록 하는 생명력까지 포함합니다. 창세기 2장 19절에서 하나님은 각종 새와 각종 들짐승도 같은 방법으로 창조하셨습니다.

그래서 창세기 2장 7절에서 하나님이 말씀하려고 하는 것은 [흙으로 만든다]는 첫 번째 작업이 아니라 [코에 생기를 불어넣었다]는 두 번째 작업입니다. 하나님이 하시려는 것은 하나님의 백성을 창조하는 것이며 하나님의 백성은 혼입니다. 육체(Body)는 혼(Soul)이 물질 세상에서 삶을 누릴 수 있도록 해 주는 도구입니다. 물론 혼이 없는 사람인 경우, 몸(Body) 자체가 그 사람의 본질입니다. 그러나 하나님의 백성인 경우, 몸이 아니라 혼이 그 사람의 본질입니다.

하나님이 아담을 창조했다고 말씀하는 내용은 몸이 아니라 혼입니다. 하나의 혼을 창조하여 아담의 코에 넣어서 아담 안에 있게 하셨다는 것입니다. 창세기 2장 7절에서 말씀하려는 핵심은 [코에 생기를 불어넣은 창조 행위]입니다. 아담을 만든 창세기 2장 7절의 말씀에서, 강조점은 혼의 창조입니다.

네 번째, 하와의 창조 기록에서도 강조점은 혼(Soul)의 창조입니다.

하나님은 아담과 하와를 창조하셨습니다. 하나님은 아담을 먼저 창조하셨고 그 후에 동물을 창조하셨고 나중에 하와를 창조하셨습니다. 창세기 2장 7절에서 하나님이 아담을 창조했다고 말씀하실 때, 핵심은 혼의 창조입니다. 그래서 아담은 생령이 되었습니다. 하나님이 하와를 창조하실 때도 핵심은 혼의 창조입니다.

창세기 2장 7절에서 하나님이 아담을 창조하신 기록은 두 가지 작업입니다. 첫 번째 작업은 [땅의 흙으로 사람을 만들었다]는 기록이고 두 번째 작업은 [코에 생기를 불어넣었다]는 기록입니다. 아담에 대해서는 두 가지 창조 행위를 모두 기록했습니다.

하와의 창조 기록은 하나밖에 없습니다. 창세기 2장 22절에는 하나님이 아담의 갈빗대로 하와를 만들었다고 기록되어 있습니다. 하와를 창조한 기록에서는 하나의 창조 행위만이 기록되어 있습니다. 하나님이 두 가지 중 하나만 기록하셨다면, 더 중요한 사항을 기록하신 것입니다.

그렇다면 이 기록은 하와의 몸을 만들었다는 기록일까요? 하와에게 혼을 만들었다는 기록일까요? 하와 속에 혼을 넣지 않아서 하와는 생령이 아닐까요?

하나님이 아담의 창조에 대해서 중요하게 여기신 것은 혼의 창조였습니다. 마찬가지로 하와의 창조에 대해서도 하나님이 중요하게 여기신 것은 혼의 창조입니다. 아담과 하와 둘에 대해 하나님은 혼의 창조에 관심을 두고 계신 것입니다.

[아담의 갈빗대로 하와를 만들었다는 것은 몸의 창조에 관한 기록이 아니라 혼의 창조에 관한 기록입니다. 하나님은 하와를 창조하는 과정에서 중요한 관심 사항을 기록에 남기신 것입니다. [아담의 갈빗대로 만들었다는 기록은 아담에게 넣은 혼으로 하와를 만들었다는 뜻입니다. 아담의 것을 하와에게 옮긴 것입니다.

아담의 몸은 땅의 흙으로 만들었습니다. 각종 새와 각종 들짐승도 흙으로 만들었습니다. 당연히 하와의 몸도 흙으로 만들었습니다. 다만 하와에 관한 창조 행위에서 몸의 창조는 기록하지 않았습니다. 하나님이 관심을 가지고 있는 혼에 관해서만 기록으로 남긴 것입니다.

다섯 번째, 갈빗대(rib)는 아담 속에 넣은 생기를 의미합니다.

하나님은 아담을 깊게 잠들게 한 후에 아담 속에 넣었던 생기를 빼내어 하와에게 넣으셨습니다. 아담은 생기가 빠져나간 사람이 되었고 하와는 생기가 있는 사람이 되었습니다. 이 생기가 곧 혼(Soul)을 의미합니다.

하나님은 아담을 창조하실 때 혼을 만들어 넣었습니다. 그래서 아담은 창조될 때부터 생령이 되었습니다. 그런데 하나님이 하와를 만드실 때, 아담에게 넣었던 생기를 빼서 하와에게 넣으셨습니다. 그래서 아담은 하와가 창조될 때부터 혼(Soul)이 없는 존재가 되었습니다. 아담에게 혼이 있었던 기간은 하나님이 아담의 코에 생기를 불어넣었을 때부터 하나님이 하와를 창조하시기 전까지입니다.

하나님은 하와를 창조하실 때, 아담에게 넣었던 생기를 빼내어 하와에게 옮기셨습니다. 그래서 하와도 창조될 때부터 생령이 되었습니다. 갈빗대로 표현된 단어는 하나님이 아담에게 넣었던 생기를 의미합니다. 또한 이것은 혼(Soul)을 의미합니다.

여섯 번째, 창세기 2장 22절의 히브리어 원문을 살펴보겠습니다.

וַיִּבֶן יְהֹוָה אֱלֹהִים ׀ אֶת־הַצֵּלָע אֲשֶׁר־לָקַח מִן־הָאָדָם לְאִשָּׁה
[와이벤 야훼 엘로힘 에트-하첼라 아세르-라콰크 민-하아담 러이샤]

וַיִּבֶן[와이벤]은 분불리접속사 וְ[와우]와 בָּנָה[바나]라는 동사가 연결된 형태입니다. 동사 בָּנָה[바나]는 칼(Qal)동사 연계형 미완료 · 3인칭 · 남성 · 단수로서 [그가 만들다]는 의미입니다.

וַיִּבֶן יְהֹוָה אֱלֹהִים[와이벤 야훼 엘로힘]은 [여호와 하나님이 만들었다]는 뜻입니다.

אֶת־הַצֵּלָע[에트-하첼라]에서 אֶת[에트]는 다음에 오는 명사를 목적어로 만들어 주는 단어입니다. 여기서는 הַצֵּלָע[하첼라]를 목적어로 만듭니다.

הַצֵּלָע[하첼라]는 정관사 הַ[하]와 명사 צֵלָע[첼라]로 되어 있습니다. צֵלָע[첼라]는 영어로 rib, side로 번역됩니다. 창세기 2장 21절과 22절에서는 갈빗대(rib)로 번역되었습니다. 그러나 이 두 구절 외에 이 단어가 사용된 모든 구절에서 이 단어는 side로 사용되었습니다. [갈빗대]라는 단어는 본문의 내용에 맞추어 적절하게 이해될 수 있도록 번역하는 과정에서 추가한 의미가 아닐까 싶습니다.

אֶת־הַצֵּלָע[에트-하첼라]는 본래의 뜻대로 번역하면 [그 옆구리]라는 뜻입니

Part 4. 아담과 하와의 창조

다. 물론 한글 성경의 번역에 맞춰 계속 [갈빗대]라는 단어를 사용하겠습니다.

אֲשֶׁר־לָקַח מִן־הָאָדָם[아세르-라콰흐 민-하아담]에서 אֲשֶׁר[아세르]는 관계
대명사로서 which에 해당합니다. 앞에 있는 명사 צֵלָע[첼라]를 뒤에 있는 내용
으로 설명합니다.

לָקַח מִן־הָאָדָם[라콰흐 민-하아담]에서 동사 לָקַח[라콰크]는 영어로 take로
번역되며 [취하다]라는 뜻입니다. 이 본문에서는 [취하신]으로 번역되어 있습니
다.

מִן־הָאָדָם[민-하아담]은 מִן[민]이라는 전치사와 אָדָם[아담]이라는 명사가 연
결된 형태입니다. מִן[민]은 영어로 from으로 번역되며, 한글로 [~부터]라는 의미
입니다. מִן־הָאָדָם[민-하아담]은 [아담에게서]라는 뜻입니다.

לָקַח מִן־הָאָדָם[라콰크 민-하아담]이라는 문구는 [아담에게서 취한]으로 번
역됩니다. אֶת־הַצֵּלָע אֲשֶׁר־לָקַח מִן־הָאָדָם[에트-하첼라 아세르-라콰크 민-
하아담]이라는 문구는 [아담에게서 취한 갈빗대를]로 번역됩니다.

לְאִשָּׁה[러이샤]는 불분리전치사 לְ[레]와 여자를 의미의 명사 אִשָּׁה[이샤]가 연
결된 형태입니다. לְ[레]는 [~을 위해서]라는 의미입니다. לְאִשָּׁה[러이샤]는 [여자
를 위하여]라는 의미입니다.

본문의 말씀을 직역하면 다음과 같습니다.

"하나님이 그 갈빗대를 만드셨다. 남자에게서 취한, 여자를 위하여"

이 문장을 매끄럽게 바꾸면 다음과 같습니다.

"하나님이 여자를 위하여 남자에게서 취한 갈빗대를 만들었다"

본문의 말씀은, 하나님이 여자를 만들었다는 것이 아니라 여자를 위해서 갈빗대를 만들었다는 것입니다. 문법적으로 이런 의미인가 싶지만 본문의 내용을 잘 살펴보면, 하나님은 남자에게서 취한 갈빗대로 여자를 만들었다는 것입니다. 영어 성경과 한글 성경 번역이 틀리지 않았다고 생각됩니다. 또한 히브리어에 정통한 분들의 해석을 존중하며 제가 그 정도로 히브리어를 잘 아는 것은 아니어서 저의 번역에도 실수가 있을 수 있습니다.

다만 성경에서 말하는 것이 무엇인지를 파악할 때는 단어와 문법에서 찾는 것이 아니라 그 내용에서 찾아야 합니다. 하나님은 여자를 창조할 때 가장 중요한 부분에 집중하셨습니다. 그리고 그 내용이 잘 전달될 수 있도록 문장을 구성하셨다고 저는 생각합니다. 이 말씀에서 가장 중요한 점은 혼(Soul)이기 때문입니다.

모세와 후대의 성경 필사자들은 혼에 대한 잘못된 인식을 가질 수 있어서 하나님은 가장 쉽고 단순한 방법으로 성경의 진리를 전달하신 것입니다. 그래서 하나님이 중점을 두고 전달하고자 하는 진리는 내용 속에 설명되어 있습니다. 물론 이런 말씀은 현실적으로는 해석이 어려운 문장이 되기도 합니다. 그래서 '어떻게 갈비뼈 하나로 여자를 만드는가?' 하는 의구심이 드는 문장이 되었습니다.

창세기 2장 21절에서는 [여러 개의 갈빗대 중에서 하나]라고 했습니다. 이는 성경을 기록하는 모세와 모세 이후의 성경 필사자(성경을 손으로 기록하여 복사본을 만드는 사람)들을 위한 것으로 보입니다.

모세와 후대의 필사자들이 기록할 때, 과학적으로는 이해되지 않아도 하나님의 능력으로는 가능하다고 믿기 때문에 이 문장을 기록하는 데 의심이 없었을 것입니다. 그래서 하나님이 불러주신 내용이 지금까지도 변경되지 않고 우리에게 전해 내려온 것입니다.

사실 갈빗대로 번역된 히브리어 צֵלָע[첼라]는 주로 옆구리(side)로 사용되었습니다. 창세기 2장에서만 갈빗대로 번역되었습니다. 이 말씀에서 표현하고자 하는 것은 갈비뼈가 아니라 옆구리입니다. 옆구리는 사람의 몸통에 해당하는 가슴과 배의 옆면을 의미합니다. 팔, 다리나 머리는 옆구리에 해당하지 않습니다.

본문 말씀의 צֵלָע[첼라]는 복수의 형태입니다. [옆구리들 중의 하나]라는 표현입니다. 복수 형태로 사용한 것은 사람의 몸통 안에는 여러 개의 중요한 장기들이 있기 때문입니다. 하나님이 아담의 몸통 안에서 여러 개의 중요한 장기 중 하나를 꺼냈고 그것을 살로 채웠다고 기록되어 있습니다.

사람에게 있는 중요한 장기를 꺼내면 사람은 죽습니다. 아담이 죽지 않은 것은 꺼낸 것이 실제 장기는 아니라는 말입니다. 하나님이 아담의 몸 안에서 꺼낸 것은 사람의 몸 일부가 아닙니다. 그것은 하나님이 아담 안에 넣었던 혼(Soul)입니다. 하나님이 꺼낸 것은 혼이기 때문에 몸의 기능에는 전혀 문제가 없었을 것입니다. 혼은 아담의 장기 중 하나로 나열할 만큼 아담에게 중요한 가치가 있었습니다.

또한 창세기 2장 21절에서 [살로 채웠다]는 표현은 아담을 다시 흙으로 돌려놓았다는 것을 표현한 말씀입니다. 하나님이 보시기에 살(flesh)은 흙에 불과하니다. 아담은 혼이 없는 존재가 되었습니다. 이때부터 아담은 다시 흙이 되었습니다. 아직 선악과를 먹지 않았지만 아담은 이때부터 흙입니다. 흙이었던 아담이 흙으로 돌아가지 않고 영원히 살려면 에덴동산에 영원히 머물렀어야 합니다.

하와는 아담의 갈빗대 한 개로 만들어진 것이 아닙니다. 아담과 같이 하와도 에덴동산 밖의 세상에서 살고 있었던 청년 중 하나였습니다. 하나님이 한 명의 준수한 청년을 선택하여 에덴동산 안으로 데려오신 것입니다. 그리고 아담을 잠재우신 후에 아담에게 넣었던 혼(Soul)을 하와에게로 옮기신 것입니다. 이것을 이해할 수 있는 말씀이 있습니다.

> 성경 말씀: 창세기 3장 20절
> "아담이 그의 아내의 이름을 하와라 불렀으니 그는 모든 산 자의 어머니가 됨이더라"

[산 자]라는 말은 앞에서 설명한 것처럼, 하나님 앞에서 살아 있는 자를 말합니다. 하나님 앞에서 살아 있다는 것은 영원히 죽지 않거나 죽어도 나중에 살아나게 될 사람입니다. 죽어도 살아난다는 말은 곧 그 사람에게 혼이 있다는 뜻입니다.

하와가 [모든 산 자의 어미]라는 말은 하와를 통해 태어나는 후손은 혼(Soul)을 가질 것이라는 말입니다. 본래는 아담의 혼이었기 때문에 아담은 모든 산 자의 아비가 돼야 했습니다. 하나님이 아담에게 있는 혼을 하와에게로 옮기셨기 때문에 하와가 살아 있는 자가 되었고 모든 산 자의 어미가 되었습니다.

그러면 혼이 없어진 아담은 이제 어떻게 되는 것일까요?

Part 4. 아담과 하와의 창조

성경 말씀: 창세기 3장 19절

"네가 흙으로 돌아갈 때까지 얼굴에 땀을 흘려야 먹을 것을 먹으리니 네가 그
것에서 취함을 입었음이라 너는 흙이니 흙으로 돌아갈 것이니라 하시니라"

하나님은 아담에게 [너는 흙이니 흙으로 돌아갈 것]이라고 말씀하셨습니다.
아담은 처음 창조될 때는 살아 있는 존재였습니다. 그때는 흙이 아니었습니다.
그런데 이 말씀을 하실 때 하나님이 아담에게 흙이라고 하신 이유는 아담 속에
는 혼이 사라지고 없었기 때문입니다.

그러면 하와의 경우는 어떤가 생각해 봅시다.

하와도 선악과를 먹고 하나님 앞에 죄를 범하였습니다. 그런데 하나님은 하와
에게 [너도 흙이니 흙으로 돌아가라]는 말씀을 하시지 않았습니다. 하나님은 하
와에게 왜 [흙으로 돌아가라]는 말씀을 하시지 않았을까요? 하와는 [흙]이 아니
기 때문입니다.

아담은 [흙]이 되었지만, 하와는 [흙]이 아닙니다. 아담에게는 혼이 없었고 하
와에게는 혼이 있었기 때문입니다. 하나님이 아담에게 있었던 혼을 하와에게로
옮기셨기 때문에 아담으로서는 있었던 혼이 사라진 것입니다.

하나님은 갈비뼈 하나로 성인의 몸을 조성하여 하와를 만드신 것이 아닙니다.
하나님은 몸보다 더 중요한 혼에 관해서 말씀하신 것입니다. 아담의 경우, 흙으
로 사람을 지었다고 말씀하셨는데, 하와의 경우에는 [흙으로 지었다]는 말씀을
하지 않았습니다. 아담과 하와의 몸은 그리 중요하지 않았기 때문입니다.

아담과 하와는 에덴동산 밖에서 살고 있었던 준수한 남자, 여자 청년이었습니다. 이 두 사람 모두 하나님께 선택되었습니다. 하나님은 하와를 데려와서 처음에 아담 속에 넣었던 갈빗대(혼)를 하와에게 옮기신 것입니다.

하와가 에덴동산 이전부터 살아 있었던 여자 청년이라는 것을 설명할 수만 있다면, 창세기 2장 21절에서 하와의 몸이 아담의 뼈로 만들어진 것이 아니라는 것을 증명할 수 있게 됩니다. 하와가 에덴동산 이전부터 세상에 살고 있었던 사람이라는 것은 [Chapter 71. 아담은 왜 선악의 지식을 가지면 안 되는 것일까?]에서 설명합니다.

Chapter 29

아담을 흙으로 만들었다는 의미는 무엇인가?

성경 말씀: 창세기 2장 7절

"여호와 하나님이 땅의 흙으로 사람을 지으시고 생기를 그 코에 불어넣으시니 사람이 생령이 되니라"

이 말씀은 하나님이 직접 아담을 흙으로 만드신 것 같은 느낌을 줍니다. 하나님이 흙을 재료로 하여 아담의 몸을 만들고 팔과 다리를 만들어 몸에 연결하고 머리를 만들어 몸 위에 붙입니다. 그리고 머리에 눈과 코와 귀와 입을 만든 후에 코에 호흡을 불어넣자 아담이 사람이 되어 살아서 움직이기 시작했습니다.

많은 분이 이렇게 생각합니다. 이 모든 과정을 [땅의 흙으로 사람을 지으시고]라는 한마디로 축약하여 말씀하셨다고 생각합니다.

물론 이렇게 이해하는 것이 가장 자연스러워 보입니다. 그러나 여기에는 두 가지 문제가 있습니다. 첫 번째로 히브리어 원문의 번역이 다를 수 있고 두 번째로 방식은 틀리지 않지만 내용이 조금 다릅니다. 이 내용을 자세히 설명합니다.

첫 번째, 창세기 2장 7절의 앞부분에 대한 히브리어 원문을 확인합니다.

וַיִּיצֶר יְהוָה אֱלֹהִים אֶת־הָאָדָם עָפָר מִן־הָאֲדָמָה

[와이이체르 야훼 엘로힘 에트-하아담 아파르 민-하아다마]

וַיִּיצֶר[와이이체르]는 불분리접속사 וְ[와우]와 יָצַר[야차르]의 칼(Qal)동사 연속적 미완료·3인칭·남성·단수의 형태입니다. יָצַר[야차르]는 영어로 form으로 번역되며, 한글 성경에는 [짓는다]로 되어 있습니다. 이 단어는 בָּרָא[바라]와는 다른 의미입니다. יָצַר[야차르]는 재료를 가지고 어떤 형태를 만든다는 의미입니다. 물질을 새롭게 창조한다는 의미는 아닙니다.

יְהוָה אֱלֹהִים[야훼 엘로힘]은 [여호와 하나님]이라는 뜻입니다.

אֶת־הָאָדָם[에트-하아담]에서 אֶת[에트]는 뒤에 나오는 명사를 목적어로 만듭니다. הָאָדָם[하아담]은 정관사 הַ[하]와 연결된 형태로서 [그 아담]이라는 뜻입니다. אֶת־הָאָדָם[에트-하아담]은 [그 아담을]로 번역됩니다.

עָפָר[아파르]는 남성명사로서 영어로는 dust이며, 먼지라는 뜻입니다. 개역개정에서는 이 단어가 [흙으로] 번역되었습니다.

מִן־הָאֲדָמָה[민-하아다마]는 [그 땅으로부터]라는 의미입니다. מִן[민]은 전치사로, 영어로는 from에 해당되며 [~으로부터]라는 의미입니다. הָאֲדָמָה[하아다마]는 정관사 הַ[하]와 אֲדָמָה[아다마]라는 단어가 결합되어 있는 형태입니다. אֲדָמָה[아다마]는 영어로 ground, land로 번역되며, 한글로는 땅이라는 의미입니다.

개역개정에는 עָפָר[아파르]가 흙으로 번역되었고, מִן־הָאֲדָמָה[민-하아다마]

에서 אֲדָמָה[아다마]가 땅으로 번역되었습니다. 그래서 עָפָר מִן־הָאֲדָמָה[아파르 민-하아다마]를 [땅의 흙으로]라고 번역하였습니다. 이 번역이 바르게 되었는지 잘 모르겠습니다. אֲדָמָה[아다마]는 땅이 아니라 흙으로 번역해야 할 것 같습니다. 또 עָפָר[아파르]를 흙으로 번역했는데, 더 정확하게 먼지로 번역해야 할 것 같습니다. 땅은 영어로는 earth이며, 히브리어 원어로는 אֶרֶץ[에레츠]입니다.

개역한글에는 עָפָר[아파르]가 번역되지 않았고, מִן־הָאֲדָמָה[민-하아다마]에서 אֲדָמָה[아다마]가 [흙]으로 번역되었습니다. 그래서 [흙으로]라고 번역되어 있습니다.

영어 성경 NIV에는 man from the dust of the ground로 번역되었습니다. 이것은 [흙의 먼지로 사람을 만들고]라는 의미로서 개역개정과 같습니다.

영어 성경 KJV에는 man of the dust of the ground로 번역되었습니다. 이것은 [흙의 먼지의 사람]이라는 의미입니다. 그런데 KJV의 번역은 다른 번역과는 다르게 특이합니다. מִן־הָאֲדָמָה[민-하아다마]에서 מִן[민]을 from으로 번역하지 않고 of로 번역한 경우입니다.

영어 성경 NASB에는 man of dust from the ground로 번역되었습니다. 이것은 [흙으로부터 먼지의 사람을 만들고]라는 의미입니다.

제가 말하고자 하는 것은 עָפָר[아파르]를 결과를 나타내는 הָאָדָם[하아담]과 같이 묶어서 번역하느냐 아니면 재료를 나타내는 מִן־הָאֲדָמָה[민-하아다마]와 같이 묶어서 번역하느냐 하는 것입니다. אֲדָמָה[아다마]는 흙이며 재료이고

אָדָם[아담]은 사람이며 결과입니다. [흙으로 사람을 만들었다]고 할 때, 흙은 재료이고 사람은 결과입니다.

עָפָר[아파르]를 재료로 번역한 성경은 한글개정, 공동번역, 새번역, 현대인의 성경, NIV 등이 있습니다. עָפָר[아파르]를 번역하지 않은 성경은 개역한글이 있습니다. עָפָר[아파르]를 결과로 번역한 성경은 KJV, NASB가 있습니다.

עָפָר[아파르]를 재료로 보면, 땅의 흙으로, 진흙으로, 땅의 티끌로, from the dust로 번역됩니다. 문장으로는 [흙의 먼지로 사람을 만들었다]로 번역됩니다. 그러나 עָפָר[아파르]를 결과로 보면 먼지의 사람, 진흙의 사람 등으로 번역할 수 있습니다. 문장으로는 [흙으로 먼지의 사람을 만들었다]가 됩니다.

본문을 자세히 살펴보면, עָפָר[아파르]는 מִן־הָאֲדָמָה[민-하아다마] 앞에 있습니다. 물론, 한글에서 단어의 위치는 중요합니다. 히브리어도 단어의 위치가 중요한 것 같습니다. 물론 제가 히브리어에 정통한 사람은 아니어서 확신할 수는 없습니다.

한글에서 [중요한 그 사람의 가방]과 [그 사람의 중요한 가방]은 다른 의미입니다. [중요한]이라는 단어는 바로 다음에 오는 명사를 꾸며 주기 때문에 앞의 문장은 사람이 중요하다는 뜻이고 뒤의 문장은 가방이 중요하다는 뜻입니다. 이 말씀에서는 [흙의 먼지로 사람을 만들었다]와 [흙으로 먼지의 사람을 만들었다]의 차이가 됩니다.

עָפָר[아파르]는 מִן־הָאֲדָמָה[민-하아다마] 앞에 있고, אֶת־הָאָדָם[에트-하아담] 뒤에 있습니다. 확실하다고 주장할 수는 없으나 제가 보기에는 אָדָם עָפָר

הָֽ[에트-하아담 아파르]가 맞는 것 같습니다. 그래서 עָפָר[아파르]는 재료가 아니라 결과를 의미합니다.

אֶת־הָֽאָדָם עָפָר[에트-하아담 아파르]는 [먼지 사람] 또는 [흙의 사람]이라는 의미입니다. 물론 틀린 번역일 수 있습니다. 이 번역이 옳지 않다고 생각이 들면, 자신이 믿는 성경의 번역을 따르면 됩니다.

결론적으로, 이 말씀은 [여호와 하나님이 땅의 흙으로 사람을 지으시고]가 아니라 [여호와 하나님이 흙으로 먼지 사람을 지으시고]가 옳다고 봅니다. [먼지 사람]이란 אָדָם עָפָר[아담 아파르]로서 하나님이 코에 생기를 불어넣기 전의 사람이라는 의미입니다. 다시 말해서 혼이 없는 사람이라는 의미입니다.

하나님은 흙으로 혼이 없는 먼지 사람을 만드셨습니다. 그리고 그 먼지 사람의 코에 생기를 불어넣어 혼(Soul)이 있는 영원한 존재를 만드셨습니다. 이것이 아담입니다. 하나님이 생기를 불어넣기 전에 흙으로 사람을 만드셨습니다. 이 사람이 혼이 없는 먼지 사람입니다.

어떤 사람에게 혼이 있는지 아니면 혼이 없는지는 겉으로 구분되지 않습니다. 다만 아담과 하와의 후손이 계속 태어나면서 혼이 있는 사람들이 늘어났습니다. 혼이 있는 사람은 노아 때 홍수로 모두 죽었지만 노아와 세 아들로부터 후손이 번성하여 다시 혼이 있는 사람들이 늘어났습니다. 노아의 후손이 계속 퍼져나가서 많은 민족과 섞인 것으로 보입니다. 지금은 많은 국가, 많은 민족에서 혼이 있는 사람들이 태어나고 있다고 저는 믿습니다. אָדָם עָפָר[아담 아파르]와 같은, 혼이 없는 사람들이 아직도 태어나고 있는지는 모르겠습니다.

두 번째, [땅의 흙으로 사람을 지으시고]라는 말씀은 창조 과정을 한마디로 축약한 설명입니다.

이 Chapter의 첫 부분에서도 설명한 대로, 많은 사람이 이 말씀의 의미를 하나님이 즉석에서 흙을 빚어서 아담의 몸을 만드신 것으로 이해합니다.

하나님이 흙을 가져와서 물을 붓고 잘 섞어서 진흙으로 만듭니다. 이 진흙으로 사람의 몸(가슴과 배)을 만듭니다. 그리고 그 사람의 팔과 다리를 진흙으로 만들어 몸에 붙입니다. 또 사람의 머리를 진흙으로 만들어 몸 위에 붙입니다. 이렇게 완성된 사람은 그냥 서 있는 진흙입니다. 단순한 예술품처럼 진흙으로 몸을 만든 것입니다. 생명도 없고 움직임도 없으며 사람의 모양을 한 흙입니다. 하나님이 사람 모양의 진흙에 생기를 불어넣자 갑자기 이 진흙 표면이 피부로 바뀝니다. 피부에 핏기가 돌고 숨을 쉬고 눈을 뜨고 팔다리를 움직이고 입을 움직이며 말을 하기 시작합니다.

이 과정을 [하나님이 흙으로 사람을 만드시고]라는 한 문장으로 설명한 것이라는 생각입니다. 기독교인 대부분은 이런 식으로 이해하고 있을 것입니다. 그런데 이 내용을 조금 다르게 설명해 보겠습니다.

하나님이 세상 만물을 만들기 전에 먼저 천사들과 영들을 만드셨습니다. 다음으로 하나님은 세상 먼지를 만드셨습니다. 그 후로 오랜 시간이 흐르면서 세상의 먼지들이 뭉치고 흙이 되고 흙이 뭉치면서 땅이 되고 땅이 커지면서 행성이 됩니다. 가스가 모여서 핵융합반응을 일으키고 항성(별)이 생성됩니다. 별이 많아지면서 초신성 폭발이 일어나고 블랙홀들이 생깁니다. 거대한 블랙홀이 중심이 되어 은하가 생기고 만물이 지금의 모습을 갖춥니다. 세상 만물이 매우 오랜 시간이 흐르면서 이런 과정을 거쳤습니다.

　그리고 하나님이 하나의 행성에서 초기 생명체를 만드셨습니다. 이 생명체들이 오랜 시간이 지나면서 DNA의 변화를 일으켰고 환경에 적응할 수 없는 생명체 대부분은 죽습니다. 일부 생명체는 DNA 변형을 통해서 환경에 적응하여 살아갑니다. 하나님은 DNA의 적절한 변형을 주어 생명체가 발전하도록 하셨습니다. 매우 오랜 시간이 흐르면서 생명체는 다양한 모습으로 발전합니다. 이 과정에서 사람이 등장하고 사람들이 발전하여 언어를 가지게 되었습니다. 사람은 지성과 감성을 가지게 되었고 문화와 기술이 발달한 사회를 이루었습니다.

　하나님은 이 모든 과정을 [하나님이 흙으로 사람을 만드시고]라는 한 문장으로 축약하신 것입니다.

　하나님은 즉석에서 흙을 빚어서 아담을 만드신 것이 아니라 어떤 부부의 아들인 한 청년을 선택하신 것입니다. 하나님은 선택한 청년을 데려오셨습니다. 하나님은 이 청년이 있기까지의 모든 과정을 단 한 문장으로 설명하신 것입니다. 하나님이 세상 만물의 기초인 먼지를 만드신 일에서부터 문명사회를 이루고 살고 있던 청년 아담에게 이르기까지 아담이 있게 된 모든 과정을 단 한 문장으로 설명하신 것입니다.

　하나님은 혼이 없는 평범한 한 청년을 선택하셨고 선택한 청년을 하나님 앞에 두시고 [흙으로 사람을 만들었다]고 말씀하신 것입니다. 이 말씀 하나에 태초부터 시작하여 아담이 태어나 성장한 것까지 모든 과정을 담고 있습니다. 이 창조의 과정은 먼지를 만들 때부터 시작되는 것입니다. 아담의 부모도 이 창조의 과정에 포함되어 있습니다. 또한 오랜 시간을 통해서 인류가 발전하였는데, 이 과

정도 [흙으로 만든다]는 창조의 과정에 다 포함된 것입니다. 지금의 우주가 있기까지 138억 년이 흘렀다고 합니다. 그 긴 138억 년의 시간도 영원하신 하나님에게는 아주 조금의 시간에 불과합니다. 하나님은 그렇게 잠깐 동안에 먼지로 사람을 창조하신 것입니다.

이렇게 설명하는 이유는 하와의 창조가 이를 뒷받침하기 때문입니다.

하나님은 아담을 만드신 후에, 하와도 만드셨습니다. 그런데 하와의 경우에는 [흙으로 만들었다]는 표현이 없고 [코에 생기를 불어넣었다]는 표현도 없습니다.

[흙으로 사람을 만들었다]는 표현에서 흙이 재료라고 가정한다면, 하와의 경우는 갈빗대가 재료가 될 것입니다. 아담이 사람의 모습을 띠고 있었어도 흙덩어리였는데 하나님이 코에 생기를 불어넣어서 살아 있는 사람이 되었다고, 그렇게 사람들이 믿어 왔습니다.

만약 이렇게 믿었다면, 하와의 경우는 어떨까요?

하와도 갈빗대로 만들어진 사람의 모형이었을 것입니다. 갈빗대가 재료이기 때문입니다. 그러나 하와에게는 코에 생기를 불어넣지 않았기에 하와는 갈빗대로 만들어진 모형으로 그냥 있어야 합니다. 살아 있지 않은 인간 모형입니다.

그런데 하와는 생기를 불어넣지 않았어도 살아 움직이는 사람이었습니다. 이 말은 아담이 살아 움직이는 것도 하나님이 코에 생기를 불어넣었기 때문이 아니라는 것입니다. 하나님이 아담의 코에 생기를 불어넣기 전에도 아담은 살아 있었다는 뜻입니다. 아담이 살아 움직이는 것은 [하나님이 흙으로 사람을 만드시고에 포함되어 있습니다.

[생기를 코에 불어넣었다]는 표현은 혼이 없는 상태로 살아 있는 아담에게 혼(Soul)을 넣었다는 뜻입니다. [생기를 코에 불어넣었다]는 표현은 살아 있지 않은 인간 모습을 한 모형을 살아 움직이게 했다는 뜻이 아닙니다.

그렇다면 왜 하나님은 하와에 대해서는 [흙으로 만들었다]는 표현을 하시지 않았을까요?

그 이유는 창세기 2장 7절의 [여호와 하나님이 흙으로 사람을 지으시고]라는 말씀에 하와도 포함되어 있었기 때문입니다. 이 말씀에는 아담도 포함되어 있고 하와도 포함되어 있고 그들의 부모뿐 아니라 그 당시에 살아 있는 모든 사람이 다 포함되어 있기 때문입니다. 물론 이 말씀은 아담의 창조에 관한 내용입니다. 이 말씀 속에 모든 인간의 창조를 포함한 것으로 창조의 결과만을 말씀하신 것입니다. 하나님은 창조의 과정에 관한 자세한 설명은 모두 생략하셨습니다.

아담 때까지의 모든 사람은 עָפָר אָדָם[아담 아파르]입니다. 죽으면 흙으로 돌아갈 사람들이라는 것입니다. 아담도 부모가 있고 하와도 부모가 있지만 아담과 하와는 하나님 창조의 결과물이며, 이 창조물은 עָפָר אָדָם[아담 아파르] 곧 흙의 사람입니다. 아담과 하와를 하나님이 데려오시기 전에는 아담도 עָפָר אָדָם[아담 아파르]였고 하와도 עָפָר אָדָם[아담 아파르]였습니다. 아담과 하와는 에덴동산에 오기 전까지 [흙의 사람]이었습니다.

모든 사람은 하나님의 창조 안에 있으며 혼이 없는 [흙의 사람]이라고 하나님이 우리에게 말씀하십니다. 그리고 나중에 등장하는 하와에 대해서는 이 설명을 추가할 필요가 없었습니다. 아담에 관해서 말씀하실 때 간단하게 선언하셨기 때문입니다. 반복해서 말씀할 필요가 없습니다.

세 번째로, 아담의 생애는 동산을 창조하기 20여 년 전에 시작되었습니다.

성경 말씀: 창세기 3장 7절
"이에 그들의 눈이 밝아져 자기들이 벗은 줄을 알고 무화과나무 잎을 엮어 치마로 삼았더라"

성경 말씀: 창세기 3장 10절
"이르되 내가 동산에서 하나님의 소리를 듣고 내가 벗었으므로 두려워하여 숨었나이다"

창세기 3장 7절에는 아담과 하와가 무화과나무 잎을 엮어 치마를 둘렀다고 기록되어 있습니다. 아담과 하와가 부끄러움을 느낀 것입니다. 창세기 3장 10절에서 아담은 하나님께 [두려워한다]고 고백하고 있습니다. 아담과 하와는 두려움을 느낀 것입니다.

하나님은 아담에게 선악과를 따먹지 말라고 명령하셨습니다. 선악과를 먹게 되면 부작용이 생기기 때문입니다. 이 부작용은 두려움과 부끄러움을 느끼는 것입니다. 선악과의 효과는 선악의 지식을 얻는 것이지만 아담과 하와의 경우에는 부끄러움과 두려움이라는 감정이 올라와서 감정에 지배받게 된다는 것입니다. 아담과 하와가 이런 감정에 빠지는 것은 예전에 이런 감정을 느끼며 살았기 때문입니다. 아담과 하와는 부모가 있는 청년으로 20여 년을 동산 밖에서 평범한 청년으로 살았습니다. 이렇게 사는 동안, 아담과 하와는 죽음에서 오는 공포와 두려움과 부끄러움과 수치와 분노와 질투와 시기와 우울감과 자괴감 등의 감정들을 느끼며 살았습니다.

아담이 두려움과 부끄러움을 느끼게 된 이유는 이미 경험한 적이 있었기 때문입니다. 아담과 하와는 동산에 들어오기 바로 직전에 창조된 것이 아닙니다. 아담과 하와의 몸을 하나님이 직접 흙으로 만드신 것이 아닙니다. 아담과 하와는 부모가 있는 청년으로 20년 정도를 동산 밖에서 살았습니다. 아담과 하와가 선악과를 먹었을 때 두려움과 부끄러움을 느꼈다는 것이 간접적인 증거입니다.

여기서는 이 정도만 설명합니다. 이 내용은 [Chapter 71. 아담은 왜 선악의 지식을 가지면 안 되는 것일까?]에서 설명합니다.

이처럼 하나님이 [흙으로 아담을 만드셨다]는 기록은 그 자리에서 진흙으로 빚어서 만들었다는 뜻이 아닙니다. 생명체 창조의 길고 긴 모든 과정을 함축하여 단 한 문장으로 말씀하신 것입니다.

생명과와 선악과

Chapter 30

생명과는 영원히 죽지 않는 몸을 만들어 준다

생명과(생명나무의 열매)는 어떤 효과가 있을까요? 생명과의 효과는 영원한 생명입니다. 그런데 영원한 생명에는 두 가지가 있습니다. 하나는 기능적인 면에서의 영생이고 다른 하나는 능력 면에서의 영생입니다. 능력 면에서의 영생은 [Chapter 69. 생명나무, 영생 그 이상의 효과]에서 설명합니다. 이 Chapter에서는 기능적인 면에서의 영생을 설명합니다.

많은 사람이 생명나무를 예수님이라고 말합니다. 영원한 생명은 오직 예수님만이 주실 수 있다고 생각하기 때문입니다. 분명히 예수님을 통하지 않고는 하나님에게 갈 수 있는 사람이 없습니다. 그런데 영생과 하나님에게로 가는 것은 다릅니다. 생명나무는 예수님이 아닙니다. 이 내용은 [Chapter 8. 생명나무는 예수님인가?]에서 설명했습니다.

그러면 생명과의 효과는 무엇인지 확인해 보겠습니다.

성경 말씀: 창세기 3장 22절
"여호와 하나님이 이르시되 보라 이 사람이 선악을 아는 일에 우리 중 하나 같이 되었으니 그가 그의 손을 들어 생명나무 열매도 따먹고 영생할까 하노라 하시고"

이 말씀에서 생명과의 효과를 어렴풋이 느낄 수 있습니다. 이 말씀에 표현된 생명과의 효과는 영원한 생명입니다. 또한 영원한 생명은 영적인 것이 아니라 물질적인 것이라는 사실을 알 수 있습니다. 아담이 동산에서 쫓겨날 때, 아담은 영(Spirit)도 아니고 혼(Soul)도 아닙니다. 아담 속에는 영이나 혼이 없습니다. 아담에게 영이나 혼이 없는데 영생한다는 말은 육체의 영생을 의미합니다. 하나님은 아담에게 흙이라고 말씀하신 후에, 아담이 영생할까 우려한다고 말씀하셨습니다. 이 말은 흙이 영생할까 우려한다는 뜻입니다.

우선 일반적으로 잘못 알고 있는 개념을 설명합니다.

생명과는 영생을 주고 선악과는 죽음을 준다고 가정하겠습니다. 이 말은 두 나무의 효과는 상반된 것이라는 전제입니다. 이런 설명이 일반적으로 교회에서 이해하고 있는 방식입니다. 저는 이 방식이 틀렸음을 설명하는 것입니다.

생명과 죽음은 정반대의 개념입니다. 생명이 있다는 말은 죽지 않았다는 말입니다. 만약 사람이 죽게 되면 생명은 끝납니다. 생명과 죽음은 생명체의 상태를 설명하는 말로 서로 양립할 수 없습니다. 생명체의 상태는 둘 중에 하나만 가능합니다. 살아 있거나 아니면 죽은 것입니다. 죽었다면 죽는 순간이 생명의 끝입니다.

지금까지의 설명은 물질적인 설명입니다. 그러면 영적인 개념으로 생명과 죽음을 설명하겠습니다.

사람이 생명과를 먹으면 영생하게 됩니다. 이 영생은 영적인 의미에서 하나님과 함께 있는 것이라고 가정합니다. 사람이 선악과를 먹으면 죽습니다. 이 죽음은 영적인 의미로 하나님과 영원히 분리되는 것을 의미합니다. 이 두 가지는 완전히 상반된 개념입니다. 이 두 가지 효과 중에서 하나만 가능합니다. 영생 아니면 죽음입니다.

이제 물질적인 개념과 영적인 개념을 하나로 묶어서 설명하겠습니다. 두 가지 개념을 따로 설명하지 않아도 [생명과와 선악과의 효과가 상반된다]는 생각이 잘못된 것임을 설명할 수 있기 때문입니다.

아담이 생명과를 먹으면 영생을 얻고 죽음은 사라집니다. 아담이 선악과를 먹으면 그때부터 죽음을 향해 가며 영원한 생명은 사라지고 유한한 생명이 됩니다. 영생의 효과와 죽음의 효과는 공존할 수 없습니다. 그래서 둘 중 어느 하나의 열매를 먹으면 다른 열매의 효과는 사라진다고 봐야 합니다. 물론 이 두 가지 효과가 중화될 수 있다고 가정한다면 두 개의 효과가 모두 사라진다고 볼 수 있을 것입니다. 두 개의 효과가 사라진다면 열매를 먹기 전의 상태로 돌아간다고 가정합니다.

예를 들어, 아담이 생명과를 먹어서 영생하는 중에 선악과를 먹는다면 어떻게 될까요? 반대로 아담이 선악과를 먹고 죽음이 있는 삶을 사는 중에 생명과를 먹는다면 어떻게 될까요?

앞에서 가정한 것처럼 만약 생명과의 효과와 선악과의 효과가 상반된다면 아담이 생명과를 먹는 순간 죽음은 사라지고 지옥에 가지 않게 되며 하나님에게로 가게 되고 영원한 생명을 얻게 됩니다.

반면 선악과를 먹게 되면 그전에 얻었던 영원한 생명이 사라지고 아담 속에 죽음이 들어오며 하나님과 영원히 떨어져 지옥에 가게 됩니다.

이처럼 두 나무의 효과가 상반된다면 아담이 선악과를 먹었을 때 아담은 빨리 생명과를 먹어야 합니다. 두려움과 부끄러움을 느꼈을 때 나뭇잎으로 몸을 가릴 것이 아니라 얼른 달려가서 생명과를 먹으면 됩니다. 그러면 다시 죽음은 사라지고 생명이 주어지고 하나님에게로 갈 수 있고 지옥에는 가지 않게 될 것입니다. 빛과 어둠의 개념과 비슷합니다. 빛과 어둠은 함께 있을 수 없습니다. 빛이 있으면 어둠이 사라지고 어둠이 깊은 곳은 빛이 사라져 없는 것입니다.

만약 이렇게 두 나무의 효과가 상반된다면 아담이 선악과를 먹었을 때 하나님은 아담에게 생명과를 먹으라고 말씀하셨어야 합니다.

그런데 지금까지의 설명은 하나님이 아담에게 하신 말씀과는 전혀 일치하지 않습니다. 그래서 지금까지의 설명은 가정에 의한 것으로 잘못된 설명입니다. 앞에서 생명과는 영생을 주고 선악과는 죽음을 준다고 가정했습니다. 이렇게 가정했을 때 두 나무의 열매는 상반됩니다. 그런데 이 가정이 잘못되었다는 것입니다. 이 개념이 왜 잘못되었는지 자세히 설명합니다.

성경 말씀: 창세기 3장 22절
"…그가 그의 손을 들어 생명나무 열매도 따먹고 영생할까 하노라"

이 말씀에서 하나님은 아담이 생명과를 먹는 것을 바라지 않습니다. 하나님은 아담이 영생하는 것을 바라지 않습니다. 만약 아담이 생명과를 먹으면 아담은 영생할 것입니다. 그런데 아담이 영원한 생명을 가지게 되어도 선악과의 효과는 사라지지 않습니다.

앞에서 두 효과가 서로 중화되어 사라지는 것을 가정해 봤습니다. 그러나 하나님은 선악과의 효과와 생명과의 효과인 영생이 함께 있게 된다는 것을 말씀하십니다. 두 나무 열매의 효과가 중화되어 사라진다는 가정은 잘못된 것입니다.

앞에서 생명과와 선악과의 효과가 상반된다는 것도 가정해 봤습니다. 생명과와 선악과의 효과는 아담 안에서 공존할 수 없다는 논리였습니다. 그런데 실제로는 생명과의 효과와 선악과의 효과가 아담 안에서 함께 공존할 수 있었습니다. 다시 말해서 아담은 두 나무의 효과를 모두 가질 수 있다는 것입니다.

아담이 선악을 알게 되었습니다. 그런데 하나님은 [생명나무의 열매도 따먹고]라고 말씀하셨습니다. [열매도 따먹고]라는 말씀은 선악과의 효과와 생명과의 효과를 동시에 누릴 수 있다는 뜻입니다.

이 말씀의 히브리어 원문을 보겠습니다.

וְעַתָּה ׀ פֶּן־יִשְׁלַח יָדוֹ וְלָקַח גַּם מֵעֵץ הַחַיִּים וְאָכַל וָחַי
[워아타 켄-이쉬라 야도우 워라콰크 감 메에츠 하하이임 워아칼 와하이 러오람]

이 원문은 [이제, 그가 손을 들고, 또한 생명나무를 취할 것이고, 먹을 것이고, 영원히 살 것이다]라는 뜻입니다. 우려를 나타내는 말씀입니다. 한글 성경에는 [열매도 따먹고] 또는 [실과까지 따먹고]로 번역되었는데, 의미상 번역이 틀리지 않습니다.

선악과를 먹은 사람이 생명과를 먹어도 영생하는 효과가 없다고 한다면 군이 생명과를 먹지 못하도록 막을 필요는 없었을 것입니다.

Part 5. 생명과와 선악과

[영생할까 하노라]라는 말씀은 염려한다는 의미입니다. [~하노라]로 번역된 것은 잘못된 번역입니다. 생명과를 먹었을 때 영생할 수도 있고 영생하지 않을 수도 있다는 의미가 아닙니다. 생명과를 먹으면 반드시 영생한다는 뜻입니다. 그래서 영생하는 것을 막겠다는 의미입니다.

선악과의 효과와 생명과의 효과가 아담 안에서 서로 상충하지 않고 공존할 수 있습니다. 그래서 하나님은 영생하는 효과가 아담에게 생기지 않도록 막겠다는 것입니다. 아담이 선악과를 먹은 후에 생명과를 먹으면 아담은 선악을 아는 지식을 가지고 있는 상태로 영원히 살게 된다는 뜻입니다.

이제 생명과의 효과가 어떤 것인지 알 수 있습니다.

생명과를 먹으면 영원히 살게 됩니다. 그런데 생명과가 주는 [영생]의 의미는 영적인 생명이 아니라 육체의 영원한 생명을 의미합니다. 선악을 알고 있는 상태로 영원히 살게 되기 때문에 육체의 영원한 생명을 의미합니다.

하나님에게 죄를 범한 사람은 하나님 옆에 있을 수 없습니다. 하나님은 빛이고 거룩하기에 하나님에게 죄를 범한 사람은 하나님에게로 갈 수 없습니다. 하나님에게로 가려면 예수 그리스도의 보혈로 먼저 죄사함을 받아야 합니다. 죄사함을 받지 못한 상태로 죄인이 하나님 앞으로 갈 수는 없습니다.

아담은 하나님의 명령을 어겼습니다. 그래서 하나님이 계신 영의 세계에서 아담은 하나님에게 갈 수 없습니다. 만약 아담이 예수님의 피로 죄사함을 받는다면 아담은 영의 세계에서 하나님 곁으로 갈 수 있을 것입니다.

여기서 하나님이 아담의 영생을 염려하신 것은 생명과를 먹는 것과 예수님을 믿는 것과는 같지 않다는 뜻입니다. 생명과를 먹는 것이 예수님의 피로 죄사함을 받는 것이라면, 아담은 하나님에게로 갈 수 있습니다. 그러면 하나님은 영생을 얻는 것을 장려하셔야 합니다. 아담이 생명과를 먹으면 예수님의 피로 죄사함을 받거나 하나님에게로 가는 것이 아니라, 죄인의 상태로 아담의 육체가 죽지 않고 영원히 살게 되는 것을 말합니다. 그래서 하나님이 아담의 생물학적 영생을 막으신 것입니다.

창세기 3장 19절에서 하나님은 아담에게 [너는 흙이니 흙으로 돌아갈 것이니라]고 선언하셨습니다. 그리고 하나님은 창세기 3장 22절에서 [생명나무 열매도 따먹고 영생할까 하노라]고 말씀하면서 아담이 생명나무 열매를 먹지 못하도록 막으셨습니다.

하나님은 아담에게 흙으로 돌아가라 말씀하셨습니다. 만약 아담이 생명과를 먹을 수만 있었다면 영생할 것입니다. [흙이 되라]는 선언이 있고 난 뒤에도 생명과를 먹기만 한다면 아담은 영생할 수 있었다는 것입니다. 아담은 하나님의 명령을 어긴 죄인입니다. 비록 아담이 죄가 있는 상태라 하더라도 생명과를 먹으면 영생한다는 것입니다.

영생을 영적인 생명이라고 정의한다면 그것은 하나님 곁으로 가서 영원히 사는 것을 말합니다. 반면 영생을 육체적인 것으로 정의한다면 그것은 죽지 않는 몸을 가지고 영원히 사는 것을 의미합니다.

하나님이 에덴동산 중앙에 나게 하신 생명나무의 효과에는 몸을 영원히 살게 하는 효과가 포함되어 있습니다. 아담이 하나님에게 죄를 범하고도 생명과를 먹으면 영생할 수 있기 때문입니다. 생명과는 죄가 있거나 없거나 그것과 상관 없이 생명과를 먹은 사람의 몸을 죽지 않게 해서 영원히 살게 하는 것입니다. 선 악과의 효과가 아담 속에 그대로 있는 상태에서 영생을 얻을 수 있었기 때문입 니다.

이제 생명나무의 효능을 정확하게 이해할 수 있게 되었습니다.

생명나무 열매가 주는 [영생]은 영원히 죽지 않는 몸의 생명력을 말합니다. 늙 지 않고 병들지 않고 죽지 않는 몸이 됩니다. 물론 혼(Soul)과 몸이 분리되는 일 이 있을지는 모릅니다. 혼이 나가서 몸을 움직이지 못할 수도 있겠지만 몸 자체 는 죽지 않습니다. 몸을 심하게 다칠 수도 있습니다. 그래도 몸이 바로 회복되어 영원한 삶을 이어 갈 수 있게 될 것입니다. 물론 생명과를 먹은 몸은 다치는 일 도 없을 것으로 보입니다.

에덴동산 중앙에 있는 생명과를 먹은 사람은 죽음이 없는 영원히 살 수 있는 몸을 가질 것입니다.

Chapter 31

죄를 범하기 전,
아담의 몸은 죽는 몸일까? 죽지 않는 몸일까?

아담은 에덴동산에서 대략 80년쯤 살았던 것으로 추정됩니다. 아담은 20대에 에덴동산에 들어온 것으로 추정되고, 100세쯤에 에덴동산에서 나갔을 것으로 추정됩니다. 이 내용은 [Chapter 21. 아담은 에덴동산에서 몇 년을 살았을까?]에서 설명했습니다.

아담은 80년 정도 긴 세월을 에덴동산에 있다가 선악과를 먹은 이후 바로 하나님에게 책망을 듣고 에덴동산을 나가게 되었을 것입니다. 아담은 선악과를 여러 번 반복해서 먹지는 않았을 것입니다. 선악과를 먹지 않은 상태로 에덴동산 안에서 80년 정도를 살았습니다.

물론 아담은 에덴동산에 있으면서 생명과도 먹지 않았습니다.

성경 말씀: 창세기 3장 22절
"여호와 하나님이 이르시되 보라 이 사람이 선악을 아는 일에 우리 중 하나 같이 되었으니 그가 그의 손을 들어 생명나무 열매도 따먹고 영생할까 하노라 하시고"

이 말씀은 아담이 생명과를 한 번도 먹지 않았음을 의미합니다. 아담은 에덴동산에서 80년 정도를 살면서 생명과도 먹지 않았고 선악과도 먹지 않았습니다.

지금까지 동산 안에 있었던 아담의 상황을 설명했습니다. 그렇다면 질문이 하나 생깁니다. 에덴동산에 머무는 80년 동안 아담은 영생하는 중이었을까요? 아니면 언젠가 죽을 수밖에 없는 유한한 삶을 살고 있었던 것일까요?

우선 아담이 영생하는 상태였는지를 먼저 생각해 봅시다.

만약 아담이 영생하는 상태였다면 아담은 영원히 죽지 않을 것입니다. 생명과를 먹으면 영생합니다. 그런데 아담은 생명과를 먹지 않았습니다. 생명과를 먹는 사람만이 영생한다고 가정하면 아담은 영생할 수 없는 상태입니다.

창세기 3장 22절에서 [생명나무 열매도 따먹고 영생할까 하노라]는 말씀에서 아담이 영생하는 상태가 아니었음을 알 수 있습니다. 생명과를 먹지 않은 아담은 영생할 수 없습니다. 그래서 에덴동산에서 80년을 사는 동안 아담은 영원한 생명을 가지고 있지 않았다는 것을 알 수 있습니다.

두 번째로, 아담이 죽음이 있는 유한한 삶을 살고 있었는지 생각해 봅시다.

아담이 영원한 생명을 가지고 있지 않다면 아담은 언젠가는 죽을 사람입니다. 동산에서는 젊은 상태로 살고 있었기 때문에 아직 죽을 때는 아니었을 것입니다. 아담은 영원히 살지 못하기 때문에 언젠가는 반드시 죽게 될 것입니다. 아담은 나이가 들어서 죽거나 병에 걸려서 죽거나 사고로 죽을 수 있습니다.

아담은 에덴동산에서 80년 정도를 살았습니다. 아담은 선악과를 먹은 이후에 에덴동산에서 쫓겨났습니다. 쫓겨나기 바로 직전에 선악과를 먹었습니다. 아담은 거의 80년 동안 선악과를 먹지 않았던 것입니다. 선악과를 먹지 않았던 80년 동안 아담은 하나님에게 범죄하지 않고 있었습니다. 80년 동안 에덴동산에 머물면서 죄를 범하지 않은 아담은 당연히 죽음이 없는 상태여야 합니다.

기독교인 대부분은 [죄의 삯은 사망]이라고 알고 있습니다. 아담이 죄를 지어서 죽을 수밖에 없는 상태가 되었다는 것입니다. 그렇다면 아담이 죄를 짓지 않았던 80년의 기간 동안 아담은 죽음이 있는 삶을 살아서는 안 됩니다. 죄가 없는 상태로 살았던 아담은 죄의 종이 아니며 죽음에 매여 있지 않았습니다. 그래서 아담이 죄를 범하기 전까지 아담은 죽음이 있는 유한한 생명이어서는 안 되는 것입니다.

이제 우리가 무엇을 모르고 있었는지 깨달을 수 있습니다.

아담이 에덴동산에 머물고 있었던 동안, 아담이 유한한 삶을 살고 있었는지 아니면 아담이 무한한 삶을 살고 있었는지 우리가 모르고 있다는 것입니다.

에덴동산에 머무는 동안 아담은 영생할 수 없습니다. 생명과를 먹지 않았기 때문입니다. 또 아담은 죽어서는 안 됩니다. 하나님께 죄를 짓지 않았기 때문입니다. 에덴동산에 있는 동안 아담은 죽음이 있는 삶도 아니고 영생이 있는 삶도 아닌 상태로 살았습니다. 그런데 죽음과 영생은 둘 중 하나만 가능합니다. 둘 중 하나의 상태여야 합니다. 중간 상태는 없습니다. 언젠가 죽거나 아니면 영원히 죽지 않거나여야 합니다.

에덴동산에 머무는 동안, 과연 아담은 어떤 상태였을까요?

Part 5. 생명과와 선악과

이 문제를 해결하려면 하나님이 말씀하신 선악과에 관해서 자세히 알아야 합니다. 우리가 선악과에 관해서 너무 심하게 오해하기 때문에 이런 모순된 상황이 생긴 것입니다. 선악과에 관해서는 [Chapter 34. 선악과가 없었다면 인류는 죽지 않았을까?]에서 설명합니다. 이 Chapter에서 설명하는 것은 죽음에 대한 것입니다. 가장 큰 오해는 죽음이 선악과로부터 시작되었다는 것인데, 죽음은 선악과 때문에 생긴 것이 아닙니다.

아담은 생명과를 먹지 않았기 때문에 영생하지 못합니다. 아담은 언젠가는 죽을 수밖에 없는 몸을 가지고 있었습니다. 아직 선악과를 먹지 않았는데도 아담은 에덴동산 안에서 죽음이 있는 삶을 살고 있었습니다. 아담은 동산에 들어오기 전부터 원래 죽음이 있는 몸으로 살고 있었기 때문입니다.

이 내용을 설명하기 위해서 에덴동산의 나무에 관해서 자세히 설명합니다.

성경 말씀: 창세기 2장 9절
"여호와 하나님이 그 땅에서 보기에 아름답고 먹기에 좋은 나무가 나게 하시니 동산 가운데에는 생명나무와 선악을 알게 하는 나무도 있더라"

하나님은 에덴동산에서 나무들을 나게 하셨습니다. 이 나무들은 보기에 아름답고 먹기에 좋은 나무들입니다. 이 나무들 중에는 생명나무도 있습니다. 물론 선악의 지식나무도 있습니다.

선악의 지식나무는 하나님이 동산 중앙에 나게 하신 나무입니다. 선악의 지식나무는 보기에 아름답고 먹기에도 좋은 나무입니다. 하나님이 동산에서 보기에 아름답고 먹기에 좋은 나무를 나게 하셨는데, 선악의 지식나무만 예외라고 하신 말씀은 없습니다. 처음부터 선악의 지식나무는 좋은 나무입니다. 하나님은 동산에서 나쁜 나무를 나게 하시지 않았습니다.

생명나무도 보기에 아름답고 먹기에 좋은 나무입니다. 생명나무 역시 선악의 지식나무와 같이 하나님이 직접 동산에 나게 하신 나무입니다. 생명나무의 가치는 선악의 지식나무와 마찬가지로 가장 중요합니다. 생명나무의 가치는 다른 나무들보다 뛰어납니다. 마찬가지로 선악의 지식나무의 가치도 다른 나무들보다 뛰어난 것입니다. 생명나무와 선악의 지식나무 둘 다 최고의 가치를 지니고 있습니다. 선악의 지식나무는 생명나무와 같이 동산 중앙에 있었기 때문입니다.

창세기 2장 9절에는 […도 있더라]는 표현이 나옵니다. […도 있더라]는 표현은 적절한 번역이라고 생각합니다. 원어 상에서는 […도 있더라]는 의미는 없습니다. 그러나 원어를 살펴볼 필요까지는 없다고 판단됩니다.

히브리어 원문에는 [여호와 하나님이 자라게 하였다]로 되어 있는데 목적어가 세 개 나옵니다. 첫 번째 목적어는 [모든 나무]이고 두 번째 목적어는 [생명나무]이고 세 번째 목적어는 [선악의 지식나무]입니다. 하나님은 모든 나무뿐 아니라 생명나무와 선악의 지식나무를 자라게 하셨습니다. 원어 상으로 보면, 모든 나무(כָּל־עֵץ: 칼-에츠)를 말씀하신 후에 생명나무를 따로 한 번 더 언급하시고 선악의 지식나무를 한 번 더 언급하시는 형태입니다.

생명나무와 선악의 지식나무가 중앙에 있다고 한 번 더 언급하는 방법으로 그 가치를 설명하신 것입니다. 동산 중앙에 있다는 말에서 이 두 개의 나무가 가장 중요한 나무였음을 알 수 있습니다.

Part 5. 생명과와 선악과

이제 나무의 효능에 대해서 좀 더 깊은 이해가 필요합니다.

다음과 같은 예를 들겠습니다.

어떤 사람이 췌장암 4기로 판정을 받았습니다. 이 사람은 병을 치료하기 위해 동네 병원을 찾았습니다. 동네 병원에서 의사가 말합니다.

"저의 병원은 감기, 몸살과 간단한 진료를 합니다. 췌장암은 우리 병원에서는 치료할 수 없으니 옆 건물에 있는 더 큰 병원으로 가십시오. 그 병원에는 x-ray 도 촬영할 수 있습니다."

옆 병원에 갔더니 그 병원 의사가 말합니다.

"우리 병원은 감기, 몸살 등 여러 가지 병을 진단하고, x-ray도 있으며 간단한 수술도 합니다. 그런데 췌장암은 치료할 수 없습니다. 이 병을 치료하려면 대학 병원으로 가십시오."

대학병원에 갔더니 그 병원 의사가 말합니다.

"우리 병원은 감기, 몸살 등 기본적인 치료와 X-RAY, CT, MRI를 갖추고 있으 며 모든 시설이 잘되어 있고 모든 병을 고칩니다. 잘 오셨습니다. 여기서 췌장암 을 치료합니다."

제가 말하고자 하는 것은, [⋯도 있더]라는 표현은 가장 어려운 것을 해결한다 는 뜻입니다. 효능으로 표현한다면 가장 좋은 효능이라는 것입니다. 생명나무의 효능은 에덴동산에 있는 모든 나무의 효능 중에서 가장 좋은 효능이라는 것입니다.

창세기 2장 9절의 말씀은 모든 나무가 좋다는 것입니다. 하나님이 만드신 모든 나무는 먹기에 좋습니다. 그 나무 중에는 동산 중앙에 있는 생명나무가 포함되어 있습니다. 이 생명나무는 에덴동산에 있는 나무 중에서 가장 뛰어난 효능을 가지고 있습니다.

생명나무의 효능은 100% 완전한 효능입니다. 한 번만 먹으면 늙지도 않고 병들지 않으며 죽지 않는 효능을 가지고 있습니다. 그렇다면 에덴동산에 있는 다른 나무들의 효능은 어떨까요? 어떤 나무는 90%의 효능이 있고 어떤 나무는 80%의 효능이 있고 어떤 나무는 50%의 효능이 있을 것입니다. 어떤 나무의 효능은 기본적인 효능밖에 없어서 단지 영양분을 제공하는 정도입니다. 영양분만 제공하는 나무 중에는 [무화과나무]가 있습니다.

어떤 나무의 효능이 90%라고 가정할 때 이 나무의 열매를 먹으면 병에 걸리지 않습니다. 물론 노화가 진행되고 결국 사망에 이르게 됩니다. 이 나무는 생명나무가 아니므로 노화와 죽음을 막지 못합니다. 그러나 병에 걸리지 않게 하는 효능이 있습니다. 물론 실제로 이런 나무가 존재했는지는 알 수 없습니다.

어떤 나무의 효능이 80%라고 가정할 때 이 나무의 열매를 먹으면 늙지 않습니다. 물론 시간이 지나면 죽게 됩니다. 나이가 들어서 죽음을 맞이하는 순간까지 젊은 상태로 죽습니다. 물론 이런 효능을 가진 나무가 실제로 에덴동산 안에 있었는지는 모릅니다.

어떤 나무의 효능이 70%라고 가정할 때 이 나무의 열매를 먹으면 모든 병이 치료됩니다. 어떤 병에 걸려도 이 나무의 열매를 먹으면 다 치료됩니다. 이 나무의 열매를 먹더라도 노화와 질병과 사망을 막지 못합니다. 질병에 걸리지 않게 하는 효능이 아니라 질병을 치료하는 효능입니다. 물론 이런 나무가 에덴동산 안에 있었는지 알 수 없습니다.

어떤 나무의 효능이 60%라고 가정할 때 이 나무의 열매를 먹으면 먹은 사람의 수명이 늘어납니다. 이 열매를 먹을 때마다 장수의 유전자 효율이 높아져서 10년씩 생명이 연장된다고 가정합니다. 수명을 최대 1,000년으로 정합니다. 보통의 사람이 80년 정도 산다고 가정할 때 이 열매를 10번 먹으면 180년의 수명을 가지게 됩니다. 수명이 1,000년을 채우면 더는 연장되지 않습니다. 100년 지나면 900년의 수명이 남아 있습니다. 이때 이 열매를 다시 10회 먹으면 다시 100년이 추가되어 1,000년의 수명을 계속 유지할 수 있게 됩니다. 물론 이런 나무가 실제로 동산 안에 있었는지는 모릅니다.

우리 인간의 몸은 수명의 한계가 있는 듯합니다. 아무리 최장으로 늘려도 수명이 1,000년을 넘지 않는 구조로 되어 있는 것 같습니다. 아담이 동산에서 몇 년을 살든지 아담과 하와는 계속해서 1,000년의 수명을 가지고 있습니다. 아무리 좋은 열매를 많이 먹어도 최대 수명은 1,000년입니다. 동산에 있으면서 좋은 열매를 먹는 동안은 최대한의 수명을 유지합니다. 그래서 아담과 하와가 동산 안에서 있는 동안에는 수명이 줄지 않습니다.

에덴동산에 있었던 먹기에 좋은 나무들은 하나님이 직접 만드신 나무로 오직 동산 안에만 있었습니다. 외부에는 이런 나무가 나지 않았습니다. 이 나무 중에서 최고의 효능을 자랑하는 나무는 생명나무입니다. 생명나무의 열매를 먹는 사람은 늙지도 않고 병들지 않고 죽지 않게 됩니다. 동산 안에 있는 좋은 나무들의 열매를 아무리 많이 먹어도 생명나무의 열매를 한 번 먹는 것보다 못합니다.

생명나무가 있었기 때문에 이보다 못 한 효능의 나무들이 있었다는 것을 추측할 수 있습니다. 영원히 죽지 않는 효능은 생명나무에만 있었을 것입니다. 다른 나무들의 효능으로는 죽음을 피할 수 없었을 것입니다. 물론 나름대로 좋은 효능들이 있었을 것입니다.

아담 당시의 사람은 1,000년씩 살 수 있는 게 아닙니다. 당시의 사람들은 지금과 같이 오래 살아도 100년을 넘지 못했을 것입니다. 아담도 부모에게서 태어났을 때는 100년도 안 되는 수명을 가지고 있었습니다. 아담 역시 죽음이 있는 유한한 삶을 살고 있었습니다. 아담의 몸은 결국에는 죽는 몸입니다.

하나님은 그런 아담을 선택해서 에덴동산에 두셨고 동산의 모든 나무의 열매를 먹도록 허락하셨습니다. 다만, 동산 중앙에 있는 선악과만 먹지 말라고 하셨습니다.

아담은 생명과를 먹지 않았기 때문에 수명이 있는 유한한 몸으로 에덴동산 안에서 80년을 살았습니다. 아담은 생명과를 먹지 않았지만 먹기에 좋은 나무들의 열매를 먹었습니다.

생명과의 효능을 100%로 보았을 때 70% 정도의 효능으로 모든 병을 치료하는 나무의 열매도 먹었을 것이고, 80% 정도의 효능으로 노화를 막아 주는 나무의 열매도 먹었을 것입니다. 또 한 번 먹을 때마다 10년씩 수명이 늘어나는 열매도 많이 먹었을 것입니다. 또 어떤 병에도 걸리지 않게 하는 열매도 먹었을 것입니다. 물론 이런 효능의 나무들이 있었을 경우에 그렇습니다. 생명나무가 있었다면 이런 효능을 가진 나무도 충분히 있었을 것입니다.

아담은 80년 정도를 에덴동산에 살면서 각종 좋은 효능의 열매를 먹었을 것입니다. 그래서 아담의 유전자는 우월한 유전자가 되었고 아담의 수명도 1,000년에 가깝게 늘어났습니다. 당연히 하와도 아담과 같습니다. 그래서 아담과 하와의 자손들도 좋은 유전자를 물려받아 노아 때 홍수가 일어날 때까지 1,000년에 가까운 수명을 누리며 살게 된 것입니다. 그러나 아담과 하와의 후손을 제외한 당시 모든 사람은 지금처럼 100년이 안 되는 수명을 가지고 살고 있었을 것입니다.

지금 설명하고 있는 내용은 에덴동산에 있는 먹기에 좋은 나무들의 효능입니다. 창세기 2장에는 이 나무들에 대한 자세한 설명이 없습니다. 그래서 생명나무의 효능(영생)을 기준으로 유추하여 설명한 것입니다.

이 Chapter의 결론을 내립니다.

에덴동산에서 80년을 사는 동안 아담의 몸은 죽는 몸일까요? 죽지 않는 몸일까요? 이 질문에 대한 대답은 [아담은 죽음이 있는 몸을 가지고 영원히 사는 상태로 살았다]입니다.

아담은 생명나무 열매를 먹지 않았기 때문에 영생하지 못합니다. 아담은 죽음이 있는 몸을 가지고 살았습니다. 그러나 아담은 먹기에 좋은 나무의 열매를 계속 먹었습니다. 그래서 아담은 병에 걸리지 않았고 노화를 경험하지 않고 최대의 수명을 가지게 되었습니다. 최대의 수명은 1,000년입니다. 아담은 최대의 수명을 가진 채 전혀 수명이 줄지 않은 상태로 계속 수명이 연장되는 삶을 살고 있었습니다. 아담이 에덴동산에서 나가지만 않았다면 수명이 계속 연장되어 죽지 않고 영원히 살았을 것입니다.

Chapter 32

생명나무는 아담에게 필요하지 않았다

많은 사람이 생명나무가 동산 중앙에 있었다는 점에서 하나님이 아담을 위해서 만든 나무라고 생각할 것입니다. 그런데 생명나무에 관한 하나님의 말씀을 자세히 살펴보면, 생명나무는 아담을 위한 것이 아닙니다. 생명나무가 왜 아담을 위한 것이 아닌지를 설명합니다.

첫 번째, 아담에게 생명나무가 필요하지 않았다는 것을 아담과 에덴동산의 창조 순서로 설명합니다.

성경 말씀: 창세기 2장 7절
"여호와 하나님이 흙으로 사람을 지으시고 생기를 그 코에 불어넣으시니 사람이 생령이 된지라. 여호와 하나님이 동방의 에덴에 동산을 창설하시고 그 지으신 사람을 거기 두시고"

창조의 순서는 매우 중요합니다. 그 순서에 의해 창조의 목적이 정해지기 때문입니다. 하나님은 아담을 먼저 창조하셨습니다. 그 후에 에덴동산을 창조하셨습니다. 그렇다면 에덴동산은 아담을 위하여 창조된 것으로 추측할 수 있습니다.

이렇게 생각해 봅시다.

어떤 사람이 자신이 살 집을 짓는다고 가정합니다. 이 사람은 건축사사무소에 가서 설계를 의뢰합니다. 건축사사무소에서는 이 집에 누가 살게 될지 확인합 니다. 이 사람은 2m 30cm나 되는 큰 키의 농구선수였습니다. 그래서 건축사는 집의 천장 높이를 높게 설계합니다. 매우 당연합니다. 만약 이 사람의 키가 1m 50cm였다면 이 키에 맞춰 천장 높이를 낮췄을 것입니다. 집이 완공된 후에 그 집에 실제로 살 사람이 입주합니다. 사람이 중심이 되는 건축형태입니다. 집은 그 사람을 위한 공간이 됩니다.

집을 먼저 짓고 이 집에 살 사람을 구한다고 가정해 봅시다. 다시 말해서 에 덴동산을 먼저 만들고 다음에 아담을 창조했다고 가정하는 것입니다. 집을 지 을 때 건축주는 이 건물에 살 사람을 특정할 수 없습니다. 그래서 그 지역 사람 들의 평균 키에 맞춰 집을 지을 것입니다. 집이 완공된 후에 이제 집에 살 사람 을 구합니다. 이 집에 살 수 있는 사람들이 입주할 것입니다. 거구의 농구선수는 이 집에 살 수 없습니다. 이 집은 평균 키에 맞춰져 있고 거구의 농구선수에게는 매우 불편할 것입니다. 집이 중심이 됩니다. 공간 자체가 사람보다 더 중요합니 다. 건축주는 집에 맞는 사람을 찾게 될 것입니다.

하나님은 에덴동산을 중심에 두지 않고, 에덴동산에 살 사람을 중심에 두셨습 니다. 그래서 에덴동산은 그냥 보편적인 사람을 위해 만든 것이 아니라, 특정한 사람을 위해 디자인된 공간입니다.

먼저 창조된 에덴동산은 나중에 창조될 존재를 위해 준비되는 것입니다. 출산 준비를 한다고 생각해 봅시다. 앞으로 태어날 아기를 위해서 아기방과 필요한

Part 5. 생명과와 선악과

모든 것을 먼저 준비합니다. 후에 아기가 태어나면, 아기는 준비된 공간의 주인 공이 됩니다.

만약 하나님이 아담보다 에덴동산을 먼저 창조하셨다면, 에덴동산은 아담을 위한 공간이 되었을 것입니다. 그런데 아담이 먼저 창조되었고 에덴동산이 나중에 창조되었습니다. 에덴동산이 준비된 이후에 등장하는 사람이 주인공이 됩니다. 그래서 동산보다 먼저 창조된 아담은 에덴동산의 주인공이 아닙니다. 에덴동산의 실제 주인공은 동산이 만들어진 이후에 등장합니다.

하나님은 아담을 창조하셨습니다. 아담은 죽음이 없는 상태로 창조되었습니다. 정확하게 말한다면 하나님은 죽음이 있는 청년 아담을 선택하셨고 부끄러움과 같은 선악의 감정을 봉하고 육체의 죽음이 있는 채로 동산에 살도록 하셨습니다. 동산에 있는 동안은 아담에게 죽음이 없습니다. 아담은 동산에서 영생하게 되어 있었습니다. 굳이 생명나무의 열매를 먹지 않아도 아담은 유한한 몸으로 영원히 살 수 있었습니다.

결론적으로 말해, 생명나무는 아담을 위해 만든 것이 아닙니다. 아담과 하와이후에 등장할 경건한 자손을 위해 준비된 것입니다. 아담에게 생명나무는 꼭 필요한 나무가 아닙니다. 하나님이 생명나무를 만드신 이유는 아담을 위해서가 아니라 이후에 등장할 경건한 자손을 위해서입니다.

두 번째, 아담에게 생명나무가 필요하지 않았다는 것을 선악과를 먹기 전과 먹은 후의 상태를 비교하여 설명합니다.

먼저 아담이 선악과를 먹기 전의 상태에 관해서 설명합니다.

아담이 동산에서 쫓겨나게 된 것은 선악과를 먹었기 때문입니다. 선악과를 먹기 전까지는 동산 안에서 살았습니다. 아담은 대략 80년이라는 기간 동안 에덴 동산에서 살았습니다. 이 기간 동안 아담은 영원히 사는 중이었습니다.

비록 아담이 생명과를 먹지는 않았지만, 동산 안에서 나가지만 않는다면, 아담은 영원히 살 수 있는 상태입니다. 이런 아담에게 생명과는 굳이 필요하지 않습니다. 아담이 동산 밖으로 나가지만 않는다면 아담에게 생명과의 효능은 꼭 필요한 것이 아니었다는 말입니다.

다음으로 아담이 선악과를 먹은 후의 상태를 설명합니다.

아담은 선악과를 먹었습니다. 아담은 하나님의 명령을 어겼고 하나님은 아담을 동산에 두지 않겠다고 말씀하십니다. 아담은 동산에서 나가게 되었습니다. 아담이 동산에서 나가면 더는 좋은 나무의 열매를 먹지 못합니다. 아담의 수명은 연장되지 않을 것이고 동산 밖으로 나가는 순간부터 아담의 남은 수명은 점점 줄어들 것입니다. 시간이 흐를수록 죽음의 순간이 아담에게 가까이 다가올 것입니다.

동산에서 나가면 아담에게는 유한한 삶이 시작될 것입니다. 아담의 남은 수명은 1,000년쯤 됩니다. 아담이 동산에서 나간 후로 830년을 산 것은 아마도 안 좋은 환경 때문이었을 것입니다. 우리가 보기에는 830년도 매우 긴 시간이지만 그래도 아담은 죽음이 있는 유한한 삶을 시작한 것입니다.

생명과는 동산에서 나가게 되는 아담에게 정말로 필요한 열매입니다. 유한한 삶을 살게 되는 시점에서 아담이 생명과를 먹는다면 아담은 영원히 살 수 있습

Part 5. 생명과와 선악과

니다. 아담이 동산 안에 있을 때는 굳이 필요하지 않았지만 오히려 동산에서 나가게 될 때는 꼭 필요한 효능입니다.

아담에게 생명과가 가장 절실한 그때 하나님은 생명나무의 열매를 주지 않겠다고 말씀하십니다. 하나님은 동산 밖으로 나가는 아담에게 생명과의 효능을 주지 않겠다고 말씀하신 것입니다.

그렇다면 왜 하나님은 생명과를 만드신 것일까요? 동산에 머무는 동안 아담에게 생명과가 굳이 필요하지도 않았고 동산 밖으로 나가게 되었을 때는 오히려 생명과를 먹지 못하게 하셨습니다. 어차피 아담에게 필요하지도 않았고 아담에게 주지도 않을 것이라면, 하나님은 생명나무를 왜 만드셨을까요?

하나님이 이렇게 하신 이유는 생명나무의 열매가 아담을 위한 것이 아니기 때문입니다. 하나님은 생명나무가 꼭 필요했습니다. 그래서 동산 중앙에 생명나무를 만들어 두신 것입니다. 그러나 이 생명나무는 아담을 위한 것이 아닙니다. 아담이 아니라 아담과 하와 사이에서 태어날 경건한 자손을 위해서 만들어 두신 것입니다.

세 번째, 아담에게 생명나무가 필요하지 않았다는 것을 아담에게 주신 하나님의 명령으로 설명합니다.

성경 말씀: 창세기 2장 15절
"여호와 하나님이 그 사람을 이끌어 에덴동산에 두어 그것을 경작하며 지키게 하시고 여호와 하나님이 그 사람에게 명하여 이르시되 동산 각종 나무의 열매는 네가 임의로 먹되 선악의 지식나무의 열매는 먹지 말라 네가 먹는 날에는

반드시 죽으리라 하시니라"

이 말씀은 하나님이 아담을 에덴동산에 두시면서 아담에게 주신 명령입니다. 하나님이 아담에게 주신 명령은,

첫 번째, 동산을 경작하고 지키라.
두 번째, 동산 각종 나무의 열매를 임의로 먹으라.
세 번째, 선악의 지식나무의 열매는 먹지 말라는 것입니다.

이 말씀 어디에도 생명나무에 대한 언급이 없습니다. 하나님은 아담에게 생명과를 먹으라고 권하시지 않았습니다. 동시에 아담에게 생명과를 먹지 말라고 금하지도 않았습니다. 하나님은 아담에게 [동산 각종 나무의 열매는 네가 임의로 먹되]라고만 말씀하셨습니다. 이 말씀에는 생명나무의 열매도 포함되어 있습니다. 그래서 아담은 얼마든지 생명과를 먹을 수 있었습니다. 물론 아담은 생명과를 먹지 않았습니다. 그 이유는 [Chapter 51. 아담은 왜 생명나무의 열매를 먹지 않았을까?]에서 설명합니다.

[임의로 먹으라]는 말에는 생명과를 먹어도 되고 먹지 않아도 된다는 의미입니다. 반드시 먹어야 한다는 의미는 아닙니다. 아담이 생명과를 먹는 것은 하나님에게는 중요하지 않았습니다.

물론 [임의로 먹으라]는 번역은 해석을 가미한 번역입니다. 히브리어 원어로는 [먹고 먹으라]로 되어 있고, 이는 강조의 의미로 [반드시 먹으라]로 번역할 수도 있습니다. 번역자들이 [임의로 먹으라]고 번역한 이유가 특정 나무의 열매로 제한하지 않고 [동산의 모든 나무의 열매]라고 말씀하셨기 때문입니다. 이 번역

Part 5. 생명과와 선악과

은 직역이 아니지만 틀리지 않았다고 봅니다.

만약 생명나무가 중요한 나무이고 아담이 꼭 영생해야 한다면 하나님은 아담에게 생명과를 꼭 먹으라고 권하셨을 것입니다. 그렇다면 하나님은 다음과 같이 말씀하셨어야 했습니다.

"각종 나무의 열매는 네가 임의로 먹고 생명나무의 열매는 반드시 먹고 선악을 알게 하는 나무의 열매는 먹지 말라 네가 먹는 날에는 반드시 죽으리라"

하나님은 동산 중앙에 두 그루의 나무를 나게 하셨습니다. 이 두 나무는 동산 중앙에 있어서 동산의 모든 나무들 중에서 가장 중요한 나무입니다. 이 두 나무 역시 보기에 아름답고 먹기에 좋은 나무입니다. 생명나무와 선악의 지식나무도 보기에 아름답고 먹기에 좋은 나무입니다. 결코 나쁜 나무가 아닙니다. 하나님은 동산 안에 나쁜 나무를 나게 하시지 않았습니다.

동산 중앙에 있는 두 나무는 동산 안에서 가장 중요한 나무입니다. 그런데도 하나는 먹으라고 하지 않았고 하나는 먹지 말라고 하셨습니다. 이런 하나님의 명령을 생각하면, 동산 중앙에 있는 이 두 개의 중요한 나무는 아담과 상관이 없는 나무라는 것을 알 수 있습니다. 더 자세한 내용은 [Chapter 69. 생명나무, 영생 그 이상의 효과]에서 설명합니다.

생명나무와 선악의 지식나무는 아담과 하와를 위해 있는 것이 아닙니다. 하나님은 경건한 자손을 위해서 생명나무와 선악의 지식나무를 만들어 놓으신 것입니다.

Chapter 33

선악과가 없었다면 자유의지가 없었을까?

많은 분이 선악과의 의미를 찾으려고 노력합니다. 그래서 성경을 연구하는 사람들이 선악과를 두고, 참된 자유의지에 관한 것이라고 말합니다. 그러나 이는 잘못된 논리의 전개입니다. 그 내용을 설명합니다.

선악의 지식나무가 없다면, 아담이 하나님에게 순종한다는 것을 나타낼 방법이 없다는 것입니다. 선악과를 먹지 않는 것은 아담이 하나님의 명령을 지키는 것입니다. 아담이 하나님의 명령을 지키기 때문에 아담이 하나님을 섬기는 것을 증명할 수 있다는 것입니다.

선악의 지식나무가 없다면, 하나님과 아담 사이에서 누가 창조주이고 누가 피조물인지 구분이 안 된다는 말도 합니다. 하나님이 아담에게 세상의 모든 권세를 주셨다는 것입니다. 세상 모든 권세를 가진 아담이 할 수 없는 일은 없다는 것입니다. 그래서 아담에게 할 수 없는 일이 하나 필요한데, 그것이 선악의 지식나무라는 것입니다.

아담은 선악과를 먹지 못하기 때문에 아담은 자신이 할 수 없는 것이 있다는 사실을 계속 인지하게 되고, 그 결과로 자신 위에 창조주 하나님이 계신다는 것을 잊지 않게 된다는 논리입니다. 아담이 교만해지지 않도록 하는 일종의 안전장치라는 말입니다.

그래서 선악의 지식나무를 하나님의 사랑이라고 표현하는 사람도 있고 이 나무를 선한 천사라고 말하는 사람도 있습니다.

또 어떤 분은 선악과가 아담에게 참된 자유의지가 있다는 것을 의미한다고 합니다. 참된 자유의지란 할 수 있으나 스스로 하지 않는 것으로 증명된다는 것입니다. 아담은 하나님을 사랑합니다. 그래서 하나님에 대한 사랑을 스스로 증명해야 합니다. 그런데 아담은 모든 나무의 열매를 먹을 수 있었습니다. 먹도록 허용된 나무의 경우에는 열매를 먹는 것과 먹지 않는 것으로 하나님을 향한 아담의 마음을 표현할 수 없다는 것입니다. 그래서 아담에게 먹지 말라고 명하신 선악과는 아담이 스스로 하나님을 섬기고 있다는 것을 증명하는 것이라고 합니다.

아담이 하나님을 사랑하는 것을 어떻게 증명할 것인가? 아담 스스로는 얼마든지 먹을 수는 있었지만 하나님이 먹지 말라고 말씀하셨기 때문에 스스로 먹지 않는 선택을 한다는 것입니다. 이것이 아담에게 주어진 참된 자유의지를 의미한다는 것입니다. 그래서 선악의 지식나무는 그 자체가 인간의 자유의지를 의미한다고 설명합니다.

이런 설명은 모두 잘못된 것입니다.

창조주와 피조물의 관계를 정확하게 하려고 하나님과 아담 사이에 선악의 지식나무가 있었다는 설명은 잘못된 것입니다. 또한 선악과를 아담이 얼마든지 먹을 수 있지만 스스로 하나님의 계명을 지키기 위해 먹지 않았다는 것으로, 참된 자유의지를 설명해 준다는 해석도 잘못된 것입니다.

첫 번째로, 선악의 지식나무는 창조주와 피조물의 관계를 분명히 한다는 주장에 관해서 설명합니다. 이 주장의 핵심은 아담에게는 먹을 수 없는 나무가 있어서 그것을 통해 아담 자신이 피조물인 것을 계속 인지하는 방법으로 하나님이 창조주임을 증명한다는 것입니다. 만약 선악의 지식나무가 없다면 하나님과 아담 사이에 구분이 되지 않는다는 설명입니다.

선악의 지식나무가 없어도 아담은 피조물입니다. 아담은 자신이 먹을 수 없는 나무가 있거나 말거나 자신을 창조주로 생각하지 않습니다. 선악과 말고도 아담이 하지 못하는 일은 매우 많습니다. 아담은 공중을 날지 못합니다. 아담은 지구 밖으로 나가지 못합니다. 아담은 숨을 쉬지 않으면 죽습니다. 아담은 천사들을 다스릴 수 없습니다. 아담은 물속을 걸어 다닐 수 없습니다. 아담은 흙으로 동물을 만들 수 없습니다. 아담이 할 수 없는 일은 너무나도 많습니다.

아담이 선악과를 먹지 못한다고 느낄 때마다 [아, 나는 피조물이구나. 나를 창조하신 하나님이 계시구나. 그분이 나보다 높구나] 되새기며 겸손해지기 위해 노력했을까요?

아담은 선악의 지식나무가 없어도 자신이 하나님과 같다는 생각을 전혀 하지 않았습니다. 아담이 할 수 없는 일은 너무나도 많았기 때문입니다. 선악과 하나를 먹지 못한다고 해서 겸손해지거나 선악과를 먹는다고 해서 교만해지는 것은 아닙니다.

두 번째로, 선악과는 인간의 자유의지를 의미한다는 해석이 있는데 역시 이런 설명도 잘못된 것입니다.

선악과를 먹으려고 다가가면 나무가 투명해져서 손에 잡히지 않는다고 가정해 봅시다. 그러면 하나님이 강제로 먹지 못하게 하신 것이 됩니다. 이런 경우는 참된 자유의지가 아닙니다. 그래서 하나님은 아담이 선악과를 먹을 수 있도록 창조하셨습니다. 그리고는 아담에게 먹지 못하게 명령하셨습니다. 아담은 스스로 얼마든지 먹을 수 있지만 먹지 않는 선택을 한다는 것입니다. 이것이 참된 자유의지라고 말합니다.

이런 주장이 잘못된 이유는, 아담은 다른 나무를 두고도 이런 선택을 할 수 있기 때문입니다. 굳이 선악과만이 아니라 다른 나무들을 두고도 아담은 자유롭게 자신이 원하는 대로 선택하고 결정을 내릴 수 있습니다. 이런 결정도 자유의지입니다.

성경 말씀: 창세기 2장 16절
"여호와 하나님이 그 사람에게 명하여 이르시되 동산 각종 나무의 열매는 네가 임의로 먹되"

이 말씀은 하나님이 아담을 에덴동산에 두실 때 아담에게 말씀하신 것입니다. 이 말씀에서 하나님은 [동산 각종 나무의 열매를 임의로 먹으라]고 말씀하셨습니다. 여기서 하나님은 생명나무의 열매를 먹으라고 말씀하신 것이 아닙니다. 무화과 열매를 먹으라고 말씀하신 것도 아닙니다. 하나님은 그냥 [임의로 먹으라]고 말씀하신 것입니다.

더 정확한 내용을 파악하기 위해서 히브리어 원문을 잠시 살펴보겠습니다.

מִכֹּל עֵץ־הַגָּן אָכֹל תֹּאכֵל

[미콜 에츠-하간 아콜 토켈]

מִכֹּל[미콜]은 전치사 מִ[미]와 명사 כֹּל[콜]이 합쳐진 형태입니다. כֹּל[콜]은 영어로 the whole, all로 번역되며, 한글로 [모든]이라는 의미입니다. 전치사 מִ[미]는 영어로 from으로 번역되며, 한글로는 [~부터]라는 의미입니다.

עֵץ־הַגָּן[에츠-하간]은 나무라는 의미의 עֵץ[에츠]와 정원이라는 의미의 הַגָּן[하간]이 마켑(־)으로 연결된 형태입니다. הַגָּן[하간]은 정관사 הַ[하]와 정원이라는 단어 גָּן[간]이 연결된 형태입니다. 의미는 [그 정원의 나무]라는 의미입니다.

אָכֹל[아콜]은 אָכַל[아칼]이라는 동사의 칼(Qal)형·Infinitive Absolute입니다. Infinitive Absolute란 [부정사 절대형]으로 뒤에 나오는 같은 의미의 동사 תֹּאכֵל[토켈]을 강조하는 형태입니다.

תֹּאכֵל[토켈]은 אָכַל[아칼]이라는 동사의 칼(Qal)형·미완료·2인칭·남성·단수의 형태입니다. אָכַל[아칼]은 영어로 eat로 번역되며, 한글로는 먹는다는 뜻입니다. תֹּאכֵל[토켈]은 [너는 먹는다]는 의미입니다.

אָכֹל תֹּאכֵל[아콜 토켈]에서 אָכֹל[아콜]이 강조의 의미를 나타내기 때문에 [너는 반드시 먹는다] 또는 [너는 확실히 먹는다]가 될 것입니다. 이것이 자연스럽지 않기 때문에 강조의 의미를 [확실히]라는 뜻보다는 [자유롭게]라는 의미로 번역했습니다. 우리 한글 성경에서는 [임의로]라는 의미로 번역되었습니다.

מִכֹּל[미콜]은 한글로 [모든 것으로부터]라는 의미입니다. 이 문장은 뒤에 나

무가 나오므로 [모든 나무로부터 먹을 수 있다]는 의미로 사용됩니다. 자연스럽게 표현한다면, [모든 나무를 먹을 수 있다]는 뜻입니다. 물론 실제로는 나무를 먹는 것이 아니라 그 나무의 열매를 먹는 것입니다.

이 원문을 번역하면, [너는 동산의 모든 나무를 반드시 먹는다]가 됩니다. 물론 이 문장을 현대인에게 맞춰 자연스럽게 표현한다면, [너는 동산의 모든 나무의 열매를 꼭 먹어라]는 의미가 될 것입니다. 이 문장에서 한글 성경에 나오는 [임의로]라는 단어는 없습니다. 내용상으로 보면, [임의로]라는 단어가 들어가는 것도 틀리지는 않습니다.

또한 창세기 2장 16절의 첫 단어는 צָוָה[차바하]로서 이는 명령한다는 의미의 동사입니다. 하나님이 명령하신 내용이기 때문에 이 단어의 의미를 반영한다면, [너는 동산의 모든 나무를 꼭 먹어라]로 번역됩니다. 또한 [임의로]라는 번역도 무난합니다. 그래서 [동산 각종 나무의 열매는 네가 임의로 먹되]라는 한글 성경의 번역도 문제는 없다고 봅니다.

'한글 성경의 번역상에 큰 문제가 없다면 왜 굳이 원어를 설명했는가?' 싶을 것입니다. 이유는 이후에 제가 설명하는 내용을 이해하고 난 후에도 성경 번역상의 문제는 없다는 것을 먼저 알리려는 것입니다. 제가 설명한 내용을 보면 '성경 원어가 어떻게 되었는지 확인해야 하지 않을까?' 하는 생각이 들 수도 있어서 그렇습니다.

창세기 2장 16절에서 하나님은 [동산 각종 나무의 열매를 임의로 먹어라]고 하셨습니다. [임의로]라는 말은 먹고 싶은 것은 어느 것이든 선택해서 먹으라는 것입니다. [임의로]라는 단어가 히브리어 원문에 없다는 것은 이미 앞에서 확인했습니다. 내용상 모든 나무를 대상으로 말씀하셨기 때문에 [임의로]라는 단어가 들어간 것도 잘못된 번역은 아닙니다.

어느 날 아담이 배가 고파서 무엇을 먹을까 고민합니다. 눈앞에 무화과나무의 열매가 보입니다. 아담은 무화과나무의 열매를 따서 먹으려고 하다가 중단하고 다른 나무의 열매를 따서 먹습니다. 아담은 무화과나무의 열매를 먹을 수도 있고 먹지 않을 수도 있습니다.

아담에게 자유의지가 있다는 뜻입니다. 무엇이든 원하는 것을 선택할 수 있는 자유가 있습니다.

성경 말씀: 창세기 3장 22절
"여호와 하나님이 이르시되 보라 이 사람이 선악을 아는 일에 우리 중 하나 같이 되었으니 그가 그의 손을 들어 생명나무 열매도 따먹고 영생할까 하노라 하시고"

이 말씀에서 아담은 생명나무의 열매를 한 번도 먹지 않았음을 알 수 있습니다. 아담은 에덴동산에서 80여 년을 살았습니다. 아담은 80년 동안 생명나무의 열매를 한 번도 먹지 않았습니다.

하나님은 [동산 각종 나무의 열매를 먹어라] 명령하셨는데 그렇다면, 아담이 하나님의 명령을 어긴 것이 되지 않을까요?

물론 아닙니다.

아담은 모든 나무의 열매를 먹을 수 있다는 허락을 받았습니다. 반드시 먹어야 한다는 명령이 아니라 모든 나무의 열매 중 어느 하나를 먹어도 명령을 지킨 것입니다. 먹는 열매가 굳이 생명나무의 열매가 아니어도 된다는 뜻입니다.

선악과가 없어도 아담에게는 모든 나무 중에서 어떤 열매라도 먹거나 혹은 먹지 않거나 할 수 있는 참된 자유의지를 가지고 있었습니다. 선악과가 아니어도 아담에게는 참된 자유의지가 있었습니다. 하나님이 선악의 지식나무를 통해 아담에게 참된 자유의지를 주셨다는 뜻이 아닙니다. 이런 주장은 잘못된 것입니다.

Chapter 34

선악과가 없었다면 인류는 죽지 않았을까?

하나님이 선악의 지식나무를 만드시지 않았다면 좋았을 것이라고 많은 사람이 생각합니다. 선악의 지식나무가 없었다면 아담이 따먹지 않았을 것이고 아담이 따먹지 않았다면 사람은 죽지 않았을 것으로 생각합니다. [왜 아담이 잘못한 것으로 인해 우리가 모두 죽어야 하는가] 하는 성토를 하기도 합니다. 이런 생각이 드는 것이 자연스럽습니다. 당연히 아담을 두고 불평할 만한 내용입니다.

성경 말씀: 창세기 2장 17절
"선악을 알게 하는 나무의 실과는 먹지 말라 네가 먹는 날에는 정녕 죽으리라"

이 말씀으로 인해 선악과를 먹으면 죽게 된다는 생각을 합니다. 또한 아담이 죽는 사람이 되었기 때문에 아담의 후손인 인류가 모두 죽게 된 것으로 믿게 되었습니다.

하지만 이런 생각은 당시의 상황에 관한 오해에서 비롯된 것입니다. 에덴동산에서 있었던 일을 오해한 것입니다. 사람들이 죽는 것은 아담으로 인한 것이 아닙니다. 이 Chapter에서 이 내용을 설명합니다.

첫 번째, 아담이 창조된 당시에도 이미 사람들이 있었습니다.

하나님이 아담을 만드시기 전부터 많은 사람이 이미 살고 있었습니다. 이 내용은 [Part 3. 아담 이전의 사람들]의 Chapter에서 여러 가지 경우로 설명했습니다. 지금은 많은 분이 아담 이전 이미 오래전부터 사람이 있었다는 것에 동의합니다. 아담을 인류 최초의 사람으로 보지 않고 하나님이 직접 창조한 최초의 사람이라는 것에 동의합니다. 또한 최초로 하나님의 형상을 닮은 사람이라는 것에 동의합니다.

물론 아직도 아담 창조 전에는 사람이 없었고 아담만이 인류의 조상이라고 주장하는 신앙인들도 있을 것입니다만, 앞에서 여러 가지 경우로 이미 설명했던 것처럼 아담 이전에도 많은 사람이 지구상에 살고 있었습니다.

두 번째, 생명나무는 에덴동산에 한 그루만 있었고 다른 곳에는 없었습니다.

영생을 주는 생명나무는 오직 에덴동산에만 있었습니다. 만약 생명나무가 에덴동산 밖에도 있었다면 두루 도는 화염검과 그룹천사가 생명나무의 길을 지키는 것은 의미 없는 일입니다. 창세기 3장 24절에서 하나님이 두루 도는 화염검과 그룹천사를 두어 생명나무의 길을 지키게 하신 것은 생명나무가 에덴동산 중앙에 한 그루만 있었기 때문입니다.

생명나무가 에덴동산에만 있었다는 것은 에덴동산 밖에서는 영생을 얻을 수 없다는 말입니다. 하나님은 세상의 다른 어느 곳에서도 영원한 생명을 얻을 수 있도록 허락하시지 않았습니다. 오직 에덴동산 안에서만 영원한 생명을 얻을 수 있도록 하셨습니다.

에덴동산 밖에 많은 사람이 살고 있었지만 그들 중에 누구도 영원한 생명을 허락받은 사람은 없었습니다. 오직 아담만 에덴동산 안에서 영원한 생명을 허락받았습니다. 그런데도 아담은 먹는 것이 허락된 생명나무의 열매를 먹지 않았습니다.

세 번째, 죽음은 아담 이전부터 있었습니다.

오직 아담만이 영원한 생명을 허락받은 것이기 때문에 에덴동산 밖에 있었던 모든 사람은 죽을 수밖에 없는 유한한 삶을 살고 있었습니다. 아담이 창조되기 오래전부터 이미 사람들은 죽음이 있는 짧은 삶을 살았습니다.

만약 아담 외에는 어떤 사람도 없었고 아담이 최초의 인류이며 모든 인류의 시조라고 생각한다면, 아담 이전에는 죽음이 없었다고 생각할 수 있습니다.

그러나 아담은 최초의 인류가 아니며 모든 인류의 시조도 아니고 오직 혼(Soul)이 있는 최초의 사람입니다. 아담 이전에도 이미 많은 사람이 살고 있었습니다. 사람에게 죽음이 있는 것은 아담의 범죄로 인한 것이 아니라는 것을 충분히 알 수 있습니다.

네 번째, 에덴동산 밖에 있었던 사람은 영생하지 않았습니다.

하나님은 에덴동산 밖에 있는 어떤 사람에게도 영생을 허락하신 적이 없습니다. 하나님이 동산 안에 선악의 지식나무를 만들거나 만들지 않거나 이 일과 상관없이, 아담이 아닌 사람들은 이미 죽음이 있는 삶을 살고 있었습니다. 현재의 인류가 유한한 삶을 사는 것은 아담이 선악과를 먹었기 때문이 아닙니다.

Part 5. 생명과와 선악과

인류는 아담과 상관없이 아담이 태어나기 아주 오래전부터 죽음이 있는 유한한 삶을 살고 있었습니다. 사람들이 죽게 된 원인을 아담에게 돌리는 것은 에덴동산의 일을 오해했기 때문입니다.

Chapter 35

선악의 지식나무는 누가 만들었나?

어떤 분들은 선악의 지식나무를 하나님이 만들지 않았다고 주장합니다. 선악의 지식나무는 악한 존재고 하나님은 결코 악한 존재를 만들지 않았다고 믿기 때문입니다. 그러나 선악의 지식나무는 하나님이 직접 만드신 것이 맞습니다.

성경 말씀: 창세기 2장 9절

"여호와 하나님이 그 땅에서 보기에 아름답고 먹기에 좋은 나무가 나게 하시니 동산 가운데에는 생명나무와 선악의 지식나무도 있더라"

선악의 지식나무는 하나님이 직접 동산 중앙에 나게 하셨고 이 나무는 보기에 아름답고 먹기 좋은 나무입니다. 하나님은 먹을 수 없는 나쁜 나무를 만드시지 않았습니다.

사람들이 이런 주장을 하는 이유는 선악의 지식나무를 나쁘게 보고 있기 때문입니다. 많은 분이 선악의 지식나무를 사탄이나 나쁜 사람이나 악한 존재 등으로 생각합니다.

하나님은 선악의 지식나무를 나쁜 나무라고 말씀하시지 않았습니다. 다만, 하나님은 아담에게 선악과를 먹지 말라고 말씀하신 것입니다. 선악과를 먹지 말라고 말씀하셨다고 해서 선악의 지식나무가 나쁘다는 의미는 결코 아닙니다.

이렇게 생각해 봅시다.

어머니가 맛있는 고구마와 감자와 귤과 포도와 사과와 배를 준비했습니다. 어머니는 아들에게 고구마나 귤이나 포도나 사과나 배를 먹으라고 말합니다. 그런데 감자는 먹지 말라고 합니다. 감자는 쪄서 아버지에게 드릴 것이라고 합니다. 아버지가 찐 감자를 매우 좋아하는데 몇 개 없었기 때문입니다.

아들은 여러 가지 좋아하는 음식을 먹으면 됩니다. 그런데 감자는 먹으면 안 됩니다. 감자에 독이 있거나 감자가 위험해서가 아니라 아버지에게 드리기 위해서입니다.

선악과에 독이 있는 것도 아니며 선악의 지식나무는 악한 존재도 아닙니다. 선악의 지식나무는 보기에 아름답고 먹기에 좋은 과일나무입니다. 다만, 아담이 선악과를 먹지 말아야 하는 이유는 아담을 위한 과일이 아니기 때문입니다. 게다가 이 과일을 먹으면 아담에게 부작용이 생기는데 하나님은 이 부작용을 원하시지 않았기 때문입니다.

선악의 지식나무는 하나님이 직접 만드신 나무이며 보기에 아름답고 먹기에 좋은 나무입니다.

Chapter 36

선악의 지식나무가 주는 지식은 무엇일까?

많은 분이 선악과를 먹으면 죽게 된다고 생각합니다. 하나님이 [죽으리라]고 말씀하셨기 때문입니다. 이 개념에서 더 확장해서 [선악과가 인간 세상에 죽음을 가져왔다]고까지 생각합니다. 그러면서도 선악과의 정확한 의미를 알고 싶어 합니다. 이 Chapter에서는 선악과가 주는 효능이 무엇인지, 선악의 지식이 무엇인지를 자세히 설명합니다

이 내용을 설명하기 위해서 다음과 같은 순서로 진행합니다.

(1) 선악을 알게 되어도 죽음은 없습니다.
(2) 선악의 지식은 감정과 관련이 있습니다.
(3) 선악과를 먹은 아담은 영(spirit)과 같은 수준의 지식을 가졌습니다.
(4) 아담이 [우리]처럼 되는 것은 나쁜 것이 아닙니다.
(5) 선악의 지식은 이미 아담이 알고 있었던 지식입니다.
(6) 선악의 지식은 몸으로 경험하여 습득하는 지식입니다.
(7) 선악과를 먹었을 때 아담 속에서 일어난 변화를 설명합니다.

첫 번째, 선악을 알게 되어도 죽음은 없습니다.

성경 말씀: 창세기 2장 17절

"선악을 알게 하는 나무의 열매는 먹지 말라 네가 먹는 날에는 반드시 죽으리라 하시니라"

하나님이 선악과를 먹으면 아담에게 [반드시 죽으리라]고 말씀하셨습니다. 그래서 사람들은 아담이 선악과를 먹으면 죽게 된다고 믿게 되었습니다. 선악과의 효능은 죽음이고 선악의 지식나무는 죽음의 나무라고 생각합니다.

어떤 사람은 선악의 지식나무를 죽음의 나무로 표현하면서 에덴동산에는 생명나무와 죽음의 나무가 있다고 말합니다. 하나님이 아담 앞에 생명과 죽음, 선과 악, 순종과 불순종을 두었다는 것입니다. 아담에게 선택할 수 있는 능력을 주셨고 스스로 하나님을 선택하여 생명을 얻게 되는 교훈을 주신 것이라고 말합니다. 하지만 하나님은 아담에게 이런 식의 선택권을 주신 것이 아닙니다. [순종하지 않으면 죽는다]는 규칙을 아담에게 주신 것도 아닙니다.

아담은 선악과를 먹고 하나님처럼 되었습니다. 그런데 하나님에게는 죽음이 없습니다. 선악과를 먹는 것과 죽음은 전혀 상관이 없다는 말입니다.

선악과를 먹었기 때문에 아담이 죽게 된 것이 아닙니다. 아담이 죽게 된 것은 하나님이 아담을 동산 밖으로 내보내셨기 때문입니다. 그리고 아담이 동산에서 나가게 된 것은 선악과를 먹었기 때문입니다. 결과적으로, 선악과를 먹었기 때문에 죽게 된 것은 맞습니다. 그러나 선악과의 효능 자체가 죽음은 아닙니다. 이 내용은 [Chapter 34. 선악과가 없었다면 인류는 죽지 않았을까?]에서 설명했습니다.

선악과의 효능은 먹는 사람에게 선악의 지식을 제공하는 것입니다. 경건한 자손들은 선악과를 먹고 선악의 지식을 얻었습니다. 이에 대해서는 [Chapter 73. 경건한 자손은 생명과와 선악과를 먹었다]에서 설명합니다.

아담과 하와는 선악의 지식을 가져서는 안 됩니다. 선악의 지식이 아담과 하와에게 부작용을 일으키기 때문입니다. 이에 관한 자세한 내용은 [Chapter 48. 하와는 왜 아담에게 선악과를 주었을까?]에서 설명합니다.

두 번째, 선악의 지식은 감정과 관련이 있습니다.

וּמֵעֵץ הַדַּעַת טוֹב וָרָע לֹא תֹאכַל מִמֶּנּוּ כִּי בְּיוֹם אֲכָלְךָ מִמֶּנּוּ מוֹת תָּמוּת

[우메에츠 하다아트 토브 와라아 로 토칼 밈멘누 키 버욤 아카러카 미멘누 무트 타무트]

이 말씀은 창세기 2장 17절의 히브리어 원문입니다. 이 원문에서 [선악의 지식나무]라는 문구는 עֵץ הַדַּעַת טוֹב וָרָע[에츠 하다아트 토브 와라아]입니다. 이 문구를 직역하면 [선과 악의 지식의 나무]라는 뜻입니다. 그런데 여기서 וָרָע טוֹב[토브 와라아]는 [선과 악]이라는 의미로 번역되었습니다.

טוֹב[토브]는 [좋다]는 뜻이며, 영어로는 pleasant, agreeable, good로 번역됩니다. 창세기 24장 16절에는 טוֹב[토브]가 아름답다(beautiful)는 뜻으로 번역되었습니다. 창세기 1장 4절, 10절, 12절, 18절, 21절, 25절, 31절에는 [하나님이 보시기에 좋았더라]는 말씀이 나옵니다. 여기서 좋았더라는 단어가 바로 טוֹב[토브]입니다. 이 말씀들의 טוֹב[토브]는 기쁜 마음을 표현합니다. 창세기 6장 2절에 [사람의 딸들의 아름다움을 보고]라는 문구가 있습니다. 여기서 아름답다는

단어가 ב֑וֹט[토브]입니다. 그래서 ב֑וֹט[토브]는 옳음과 그름에 관한 판단력을 의미하기도 하지만 기분이 좋다, 보기가 좋다, 행복하다, 아름답다는 감성적인 의미를 표현하기도 합니다.

עַר[라아]는 [나쁘다]는 뜻이며, 영어로는 bad, evil로 번역됩니다. 창세기 41장 4절에서는 עַר[라아]가 흉하다(ugly)라는 뜻으로 번역되었습니다. עַר[라아]가 악, 어둠의 뜻만 가지고 있는 것이 아니라 흉하다, 추하다, 험악하다, 보기에 좋지 않다는 의미도 있습니다.

우리는 עַר וְ֑וֹט ב[토브 와라아]를 선과 악, 빛과 어둠, 정의와 불의만 생각합니다. 그러나 이 단어는 아름다움과 흉함, 기분이 좋은 것과 기분이 좋지 않은 것, 상쾌함과 불쾌함, 기쁜 것과 슬픈 것과 같은 감정적인 의미로도 사용됩니다. 다시 말해서 이 단어는 매우 포괄적으로 사용되고 있다는 것입니다. 그래서 [선악]의 의미를 정확하게 파악하려면, 단어 자체가 아니라 문장 안에서 파악해야 합니다.

예를 들어, [그 사람은 좋은 사람이다]라고 말할 때 [좋다]는 의미는 매우 포괄적으로 사용된 것입니다. [좋다]는 의미가 정의로운 사람이라는 뜻인지, 착한 사람이라는 뜻인지, 예의가 바른 사람이라는 뜻인지, 부드러운 성격을 가진 사람이라는 뜻인지, 그 말에 대한 상세한 설명이 추가로 필요합니다. [선과 악의 지식나무]라는 문구에서 [선악]이라는 단어도 이와 같습니다. 이 단어의 의미를 정확하게 이해하려면 관련된 다른 말씀을 참고해야 합니다.

결론부터 말하면, 선악의 지식은 이성적인 판단력에 관한 것이 아니라 감성적인 느낌에 관한 것입니다.

세 번째, 선악과를 먹은 아담은 우리(Spirits)와 같은 수준의 지식을 갖게 되었습니다.

성경 말씀: 창세기 3장 22절

"여호와 하나님이 이르시되 보라 이 사람이 선악을 아는 일에 우리 중 하나 같이 되었으니"

이 말씀에서 분명히 알아야 하는 것은 두 가지입니다. 첫 번째, [우리 중 하나]라는 말씀에서 [우리]는 창조주만을 의미하지 않습니다. 두 번째, 아담이 우리와 [같다]는 것입니다.

[우리 중 하나]라는 말씀에서 [우리]는 창조주인 하나님만을 의미하는 것은 아닙니다. 여기서 우리는 영(Spirit)들을 의미하는 것으로, 영들은 하나님과 하나님의 아들들입니다. 이 내용은 [Chapter 73. 경건한 자손은 생명과와 선악과를 먹었다]에서 설명합니다. 이 Chapter에서는 우리와 [같다]는 내용에 집중합니다.

말씀을 전하는 설교자 대부분은 이 말씀을 [아담이 하나님과 같이 되었다]로 해석합니다. 이렇게 해석하다 보니 선악을 판단하는 아담의 능력이 하나님과 같은 수준이 되었다고 보는 것입니다. 그래서 선악과를 먹는 것은 사실상 나쁜 것이 아니라고 해석하기도 합니다. 하나님은 선하신 분이기 때문에 아담이 하나님처럼 된 것은 좋은 일이라는 것입니다. 하나님과 같이 되는 것이 나쁜 것이라면 하나님이 나쁘다는 말이 되기 때문입니다.

물론, 하나님처럼 되는 것은 좋은 것입니다. 그러나 이 말씀에서 아담은 하나님처럼 된 것이 아니라 [우리 중 하나]처럼 된 것입니다. 이 [우리]는 하나님과 하나님의 아들들을 말합니다. 아담은 창조주처럼 된 것이 아니라 피조물이 포함된 영(Spirit)들처럼 된 것입니다. 하나님과 하나님의 아들들이 가지고 있는 선악의 지식을 아담도 가지게 되었다는 뜻입니다.

대통령이 탁구를 하는데 드라이브 기술을 익혔다고 가정합니다. 어떤 초등학생도 학교에서 탁구를 배우면서 선생님에게서 드라이브를 배웠습니다. 이 초등학생과 대통령은 같은 드라이브 기술을 배웠습니다. 그렇더라도 이 초등학생은 대통령이 아닙니다. 단지, 드라이브를 구사하는 수준이 대통령과 같은 수준이라는 의미입니다. 아담은 두려움과 부끄러움이라는 감정에 관한 지식을 하나님과 같은 수준으로 가지게 된 것입니다. 선악의 지식에 관한 내용은 뒤에서 더 자세히 설명합니다.

네 번째, 아담이 [우리]처럼 되는 것은 나쁜 것이 아닙니다.

아담이 영(Spirit)들처럼 선악의 지식을 아는 것은 나쁜 것이 아닙니다. 이 영(Spirit)들 중에는 하나님도 포함되어 있기 때문입니다. 하나님은 선악을 알게 되는 것을 나쁘다고 말씀하지 않았습니다. 다만, 하나님은 아담에게 선악과를 먹지 말라고 말씀하신 것입니다. 먹지 말라는 말씀 자체가 선악의 지식이 나쁘다는 뜻은 아닙니다.

선악과를 먹었을 때 아담과 하와에게 문제가 되는 것은 부작용입니다. 만약 부작용이 없다면 아담이 선악의 지식을 가져도 상관없습니다. 선악과를 먹고 선악의 지식을 가져도 됩니다. 그러나 아담이 선악의 지식을 얻는 순간, 아담과 하와에게는 부작용이 나타납니다. 경건한 자손인 하나님의 아들들에게는 부작용이 나타나지 않지만 아담과 하와에게는 부작용이 나타나기 때문에 하나님이 아담과 하와에게 선악과를 먹지 못하도록 금하신 것입니다. 이에 대해서는 [Chapter 48. 하와는 왜 아담에게 선악과를 주었을까?]에서 설명합니다.

앞에서 설명한 것처럼, 선악과의 선악은 옳고 그름을 판단하는 이성적 판단력이 아닙니다. 선악과의 선악은 평범한 사람이 경험하는 감정을 의미합니다.

다섯 번째, 선악의 지식은 이미 아담이 알고 있었던 지식입니다.

아담 당시에는 이미 많은 사람이 동산 밖에서 살고 있었습니다. 사람은 태어나서 자라고 나이 들고 병들고 죽습니다. 하나님이 에덴동산을 만들기 전에 살았던 모든 사람은 영생하지 못했습니다. 당시 영생하는 방법은 에덴동산의 생명과를 먹는 것밖에 없었습니다. 물론 동산 밖의 평범한 사람들은 생명과의 존재를 몰랐을 것입니다.

사람으로 태어나서 경험하게 되는 감정이 선악의 감정입니다. 선악의 감정은 굳이 선악과를 먹지 않아도 생활 속에서 경험하면서 알게 되는 자연스러운 감정입니다. 동산 밖에서 살았던 모든 사람은 이미 선악의 지식을 가지고 있는 상태입니다. 두려움과 공포와 부끄러움이 무엇인지 아는 우리도 모두 선악의 지식을 가지고 있는 상태입니다. 살아 있는 모든 사람은 선악의 지식을 가지고 있는 상태입니다.

영(Spirit)과 사람(Soul) 양쪽 다 느끼는 감정이 있습니다. 기쁨, 즐거움과 같은 감정입니다. 이런 감정들은 선악의 감정에 포함되지 않습니다. 선악의 감정은 전체 감정 중에서 일부에 해당합니다. 선악의 감정은 사람이 되어야만 느낄 수 있는 것입니다. 몸이 있어야 느낄 수 있는 감정입니다. 몸이 없는 영이 느낄 수 있는 감정은 선악의 감정에 해당하지 않습니다.

선악의 감정은 사람이 땅에서 몸을 가지고 살면서 느끼는 감정입니다. 공포나 두려움은 우리가 죽을지도 모른다는 위기상황에서 느끼는 감정입니다. 부끄러움은 벗었다는 것을 아는 순간 밀려오는 감정입니다. 이런 감정은 몸이 없다면 느낄 수 없는 감정입니다. 물론 실수를 했거나 잘못된 행동을 했을 때 느끼는 부끄러움도 있습니다. 이런 부끄러움은 영들도 느끼는 부끄러움이며, 이런 감정은 선악의 감정이 아닙니다. 부끄러움이라는 감정도 그 내용에 따라서 선악의 감정일 수도 있고, 선악의 감정이 아닐 수도 있습니다. 선악의 감정은 몸을 가지고 있을 때만 느낄 수 있는 감정을 의미합니다.

아담과 하와는 하나님으로부터 선택받기 전에 세상에서 20년 정도 살았습니다. 그래서 아담과 하와는 선악의 감정을 이미 알고 있는 상태였습니다. 동산에 들어올 때 하나님이 이 감정을 봉하여 활성화되지 않게 하셨습니다.

선악의 감정에 관한 지식을 가지고 있는 것과 선악의 감정을 아는 것과 선악의 감정을 느끼는 것을 구분할 필요가 있습니다. 첫 번째는 관련 지식을 가지고 있는 상태이고, 두 번째는 아는 것이고, 세 번째는 느끼는 상태입니다. 선악의 감정에 관한 지식을 가지는 것과 선악의 감정을 아는 것은 마치 같은 말처럼 보이지만 분명히 다릅니다. 이 세 가지를 구분하는데 최근 유행했던 코로나바이러스를 예로 들어 설명합니다.

거의 모든 사람은 코로나바이러스를 압니다. 전 세계적으로 크게 유행을 했었기 때문입니다. 사람들은 코로나바이러스의 증상에 대해 많이 알고 있습니다. 이 바이러스에 걸리면 열이 나고, 목이 따갑고 아프며, 맛을 느끼지 못하고, 냄

새를 맡지 못하게 된다는 것을 알고 있습니다. 방송, 신문 등 여러 매체에서 코로나바이러스에 관한 증상을 반복적으로 설명했습니다. 그래서 많은 사람이 코로나바이러스를 경험하지는 못했지만 코로나바이러스에 관한 지식을 가지고 있습니다. 이 상태가 관련 지식을 가지고 있는 상태입니다.

어떤 사람이 코로나바이러스에 감염되었습니다. 심한 열이 나고 두통을 느끼며 목이 아프고 맛을 못 느끼며, 냄새를 맡지 못합니다. 이 사람은 며칠 동안 심하게 고생합니다. 코로나바이러스의 증상을 심하게 경험하고 있는 중입니다. 코로나바이러스로 인한 고통을 느끼고 있는 중입니다. 이 상태가 지식의 내용을 몸으로 느끼고 있는 상태입니다.

며칠이 지나서 몸이 나았습니다. 코로나바이러스가 다 사라지고 몸은 회복되었습니다. 이제 코로나바이러스의 증상을 느끼지 않습니다. 이 사람은 코로나바이러스에 걸렸을 때 느끼는 고통이 무엇인지를 잘 압니다. 이 사람이 아는 내용은 코로나바이러스에 걸리기 전에 머리로만 알았던 것과는 다릅니다. 이전에는 머리로만 증상을 이해했습니다. 그런데 지금은 과거의 경험을 통해서 바이러스에 감염되었을 때의 고통을 느낌으로 알고 있습니다. 증상은 사라졌으나 느낌으로 고통을 이해하는 상태입니다. 이 상태가 아는 상태입니다.

사람은 솜사탕이 달다는 것을 압니다. 그러나 솜사탕을 먹어 보지 못한 사람은 입안에서 살살 녹으면서 혀에 달게 느껴지는 그 느낌을 알지 못합니다. 솜사탕을 먹어 본 사람은 경험을 통해서 느껴지는 솜사탕의 느낌 자체를 압니다. 그래서 당장 솜사탕이 입안에 없더라도 그 단맛의 느낌을 압니다.

선악과를 먹으면 선악의 지식을 가지게 됩니다. 선악의 지식을 가진다는 말은 머릿속 단어장에 하나의 지식을 추가로 기록하는 형태가 아닙니다. 선악의 지식을 가진다는 말은 선악의 감정을 경험하지 않고도 경험한 사람이 느낀 것과 동질의 느낌을 알게 된다는 것입니다. 정적인 의미에서 기억하는 것이 아니라 몸의 감각을 통한 느낌을 아는 것입니다.

아담은 선악과를 먹기 전에도 선악의 감정이 무엇인지 지식으로 알고 있었습니다. 선악의 감정인 두려움과 공포와 부끄러움 등 이런 감정을 하나의 지식으로 머리로는 이해하고 있었습니다. 단지 이런 감정을 경험한 적이 없었던 것과 같은 상태입니다.

아담과 하와는 동산 밖에서 살았던 20년간의 모든 것을 기억합니다. 부끄러움과 두려움과 공포와 기쁨과 즐거움 등 모든 것을 알고 있고, 기억합니다. 다만 선악의 감정에 관해서는 머리로만 이해하고 있다는 뜻입니다. 부끄러움이 무엇인지, 죽음이 무엇인지, 공포가 무엇인지 머리로는 알고 있습니다. 죽으면 생이 끝나고 사라진다는 것을 머리로 알고 있습니다. 그런데 공포의 감정이 없습니다. 공포를 느끼지 않으며, 공포를 경험할 때의 몸의 반응을 모르고 있습니다. 이것이 아담과 하와가 선악과를 먹기 전의 상태입니다.

원칙적으로 선악의 감정을 아는 것은 경험하기 전까지는 불가능합니다. 공포를 느꼈을 때의 상태를 그대로 이해하려면 공포를 경험해야만 합니다. 공포를 경험하지 못한 사람은 공포를 이해하지 못합니다. 아프고 고통스러운 감정을 경험할 때 비로소 제대로 알게 됩니다. 사람은 살면서 경험을 통해서 감정의 느낌을 알게 됩니다.

그런데 선악과를 먹으면 선악의 감정을 느낌으로 이해하게 됩니다. 선악과는 먹는 사람에게 경험하지 않고도 경험한 것과 완전히 같은 감정을 알게 해 줍니다. 머리로 이해하는 것이 아니라, 몸을 통해서 느끼고 경험하여 이해하게 되는 감정을 똑같이 느낌으로 알게 해 줍니다.

아담과 하와가 선악과를 먹고 이런 감정을 알게 되는 순간, 선악과가 알게 해준 감정은 아담과 하와가 이미 과거에 경험하여 알고 있었던 감정입니다. 새롭게 알게 되는 것이 아니라 이미 경험했던 감정입니다. 다만 하나님이 아담과 하와가 에덴동산 안으로 들어온 이후 그들의 과거 경험의 감정을 봉해 놓아서 선악과를 먹기 전까지는 떠올릴 수 없었던 감정입니다.

선악과를 먹은 후에, 아담과 하와는 선악의 감정을 다시 알게 되었습니다. 그리고 여기에 추가해서 선악의 감정을 느끼는 몸으로 되돌아갔습니다. 선악의 감정을 느낀다는 것은 선악의 감정에 지배받는 몸이 되었다는 뜻입니다. 선악의 감정을 느끼는 것은 땅에서 삶을 사는 사람에게는 지극히 정상적인 것입니다.

여섯 번째, 선악의 지식은 몸으로 경험하여 습득하는 지식입니다.

앞에서 설명한 것처럼, 선악의 지식은 모든 사람이 경험을 통해 자연스럽게 알게 되는 감정을 느낌으로 알 수 있게 해 줍니다. 사람은 살면서 부끄러움을 느끼고 두려움을 느끼고 좌절을 느끼고 공포를 느끼며 그 외에도 더 많은 감정을 느낍니다. 부끄러움과 두려움과 좌절과 공포와 수치와 분노와 질투와 미움 등과 같이 사람으로 살면서 경험하는 감정입니다. 선악의 지식은 이런 감정을 머리가 아닌 몸과 마음에 새겨넣습니다. 선악과를 먹으면 이런 감정을 경험하지 않고도 경험한 것처럼 알 수 있게 됩니다.

하나님의 아들들은 사람처럼 경험을 통해 이런 감정을 알게 되면 안 됩니다. 그래서 하나님은 과일을 먹는 방법으로 선악의 감정을 마음으로 이해하게 하셨습니다. 만약 경건한 자손이 선악의 감정을 이해하지 못하면 경건한 자손은 중보자가 되지 못합니다. 하나님의 아들들이 사람으로 태어나는 목적은 경건한 자손이 되는 것입니다. 경건한 자손은 중보자로서 사람이 살면서 느끼는 감정을 마음으로 이해하고 있어야 합니다. 이 내용은 [Chapter 72. 에덴동산과 경건한 자손과 하나님의 아들들]에서 설명합니다.

일곱 번째, 선악과를 먹었을 때 아담에게 일어난 변화를 설명합니다.

마지막으로 하나 더 설명할 것이 있습니다. 아담이 선악과를 먹기 전의 상태입니다. 이를 설명하기 위해서 선악을 알게 되는 과정을 설명하고자 합니다.

선악을 알게 되는 과정을 두 가지로 생각해 볼 수 있습니다. 첫 번째, 아담의 지적 수준이 낮은 상태에서 높은 상태로 바뀌는 것입니다. 두 번째, 지적 수준의 변동 없이 동급의 다른 분야의 지식을 추가로 얻는 것입니다.

이 두 가지 중 첫 번째는 한 단계 위로 성장하는 과정입니다. 반면 두 번째는 한 단계 위로 올라가는 것이 아니라 같은 단계에서 옆으로 확장되는 것입니다.

첫 번째 과정을 설명합니다.

아담의 지적 수준이 80이라고 가정합니다. 이 상태는 선악을 분별하지 못하는 수준입니다. 판단력이 낮고 현명하지 못한 상태입니다. 아담은 하나님이나 천사들과 대화를 계속하지 못합니다. 아담의 지적 수준이 떨어져서 하나님이나 천사들의 말을 제대로 이해하지 못합니다. 아담과 대화할 때, 하나님이나 하나님의 아들들이 답답함을 느낍니다. 그런데 아담이 선악과를 먹습니다. 그러자 아담의 지적 수준이 200으로 올랐습니다. 이제 아담은 판단력이 좋아졌고 현명해졌고 높은 수준의 지적 대화가 가능한 사람이 되었습니다.

선악과를 먹었을 때, 아담에게 이런 변화가 있었던 것일까요?

두 번째 과정을 설명합니다.

아담은 이미 최고의 지적 수준에 이르러 있습니다. 높은 수준의 대화가 가능합니다. 아담은 현명했고 판단력이 좋았으며 이해력이 높습니다. 아담은 하나님이나 하나님의 아들들과 대화를 할 수 있습니다. 하나님과 하나님의 아들들은 아담과 높은 수준의 지적 대화를 나눌 수 있습니다. 하나님의 아들들은 아담과 함께 천문학, 법학, 물리학, 건축학, 사회과학, 인류학, 심리학, 의학, 고고학, 예술, 미술, 스포츠까지 모든 분야에서 전문적인 대화가 가능했습니다.

아담이 선악과를 먹었습니다. 아담이 선악의 감정을 이해하기 시작했습니다. 이전에 하나님의 아들들은 특별한 분야에서는 아담과 대화를 제대로 진행하지 못했습니다. 아담의 수준은 매우 높았지만 딱 한 분야에서만 아담은 맞지 않는 대답을 합니다. 그 분야가 선악의 감정에 대한 것입니다. [어떤 경우에 공포를 느끼느냐?] 하는 대화에서 아담은 하나님의 아들들이 하는 말을 피상적으로만 이해합니다. 각자 적당한 상황을 이야기합니다. 숲에서 사자와 눈이 마주쳤을 때, 낭떠러지에서 매달렸을 때. 그런데 아담은 [시냇가에 빠졌을 때]라고 대답합니다. 공포에 맞는 상황이 아닙니다. 아담은 이렇게 머리로만 이해하기 때문에 정확한 상황을 설명하지 못합니다.

Part 5. 생명과와 선악과

그런데 선악과를 먹고 선악의 감정을 정확하게 이해합니다. 다재다능한 아담이 마지막으로 부족했던 선악의 감정을 제대로 알게 되었습니다. 선악의 감정에 관한 아담의 설명에 하나님의 아들들이 모두 공감합니다. 하나님의 아들들은 선악의 감정에 관한 아담의 설명을 옳다고 인정합니다. 그러나 선악의 감정을 느낌으로 아는 순간 아담의 몸은 선악의 감정에 영향을 받는 몸이 되었습니다.

그러면 아담이 선악과를 먹었을 때 이 두 가지 중에서 어떤 변화가 있었던 것일까요?

두 번째 변화였습니다. 아담은 수준이 높은 사람이며 판단이 뛰어나고 이성적인 사람입니다. 하나님과 천사들과 하나님의 아들들과 함께 대화할 수 있는 수준의 사람입니다. 다만 선악의 감정에 관해서는 마치 사전을 읽는 것처럼 기계적인 설명만 했습니다. 그러다 선악과를 먹은 아담은 선악의 감정을 몸으로 경험하고 느낀 것처럼 이해하게 되었습니다.

선악과는 지능이나 판단력을 높여주는 것이 아닙니다. 아담과 하와는 이미 높은 수준의 지능을 갖추고 있었습니다.

Chapter 37

아담과 하와는 하나님처럼 되었다

뱀이 하와에게 [하나님처럼 되리라]고 말했고 이 말에 하와가 넘어갔다고 많은 분이 생각합니다. 하와가 하나님과 같은 존재가 되고 싶어 했다고 해석합니다. 하와의 마음이 교만했다든가 하와가 욕심을 부렸다고 해석합니다. 그러나 아담과 하와는 그런 의미에서 선악과를 먹은 것이 아닙니다. 이 내용은 [Chapter 47. 하와는 왜 선악과를 먹었을까?]에서 설명합니다. 이 Chapter에서는 [하나님처럼 되었]다는 말의 의미를 설명합니다.

첫 번째, 뱀은 진실을 이용하여 하와를 유혹했습니다.

많은 분이 하와가 뱀에게 속았다고 말합니다. 뱀이 거짓말을 했다는 것입니다. 그러나 뱀은 거짓말을 한 것이 아니라 진실을 말한 것입니다. 물론 뱀이 잘했다는 것은 아닙니다. 뱀은 진실을 이용해서 하와를 유혹했습니다. 뱀의 목적은 하와가 하나님의 명령을 어기도록 하는 것입니다. 그래서 뱀은 더욱 저주를 받게 되었습니다.

뱀은 거짓말을 한 것이 아니라 진실을 말했습니다. 뱀은 하와가 하나님의 명령을 어기도록 자신이 알게 된 정보를 이용했습니다. 하와가 하나님의 명령을 다르게 알고 있다는 것을 뱀이 알았습니다. 그래서 뱀은 하나님의 명령을 거짓으로 바꾸지 않고도 하와를 유혹할 수 있었습니다. 하와가 다르게 알고 있었기 때문에, 진실을 이용하는 것이 더 쉬웠습니다.

하와도 하나님의 말씀을 고의로 바꾼 것이 아닙니다. 하와는 뱀에게 자신이 진실이라고 알고 있었던 것을 그대로 말했습니다. 하와가 알고 있는 내용은 아담이 알려 준 것입니다. 그래서 하와는 뱀이 말하기 전까지는 자신이 오해하고 있었던 내용을 진실이라고 믿고 있었습니다. 하와는 진실을 모르고 있었습니다. 그래서 뱀이 진실을 말했을 때, 하와는 처음에는 진실을 바르게 이해하기 어려웠을 것입니다.

뱀이 하와를 유혹할 때 뱀은 하와가 알고 있는 것과 다르게 말해야 합니다. 만약 하와가 하나님의 명령을 바르게 알고 있었다면, 뱀은 하나님의 명령을 변경하여 거짓으로 유혹했을지 모릅니다. 그러나 하와가 하나님의 명령을 오해하고 있었기 때문에 오히려 진실을 말하는 것이 더 효과적이었습니다.

물론 비록 하와가 진실을 몰랐다고 하더라도 하와는 먹지 말라는 명령 자체를 지켰어야 했습니다. 이 내용은 [Part 6. 아담과 하와의 범죄]에서 Chapter별로 읽어 보면 이해하게 될 것입니다.

두 번째, 하나님의 아들들은 선악을 아는 [우리] 속에 포함되어 있습니다.

성경 말씀: 창세기 3장 22절
"여호와 하나님이 이르시되 보라 이 사람이 선악을 아는 일에 우리 중 하나 같이 되었으니"

여기서 하나님이 [우리 중 하나]라고 말씀하신 [우리]는 성부·성자·성령을 의미하는 우리가 아닙니다. 우리는 하나님과 하나님의 아들들입니다. 말씀하시는 분은 하나님이고 말씀을 듣는 존재는 하나님의 아들들입니다. 하나님의 아들들은 아담과 하와를 통해서 사람으로 태어난 경건한 자손입니다. 하나님이 경건한 자손들에게 아담에 대해 말씀하는 내용입니다. 이 말씀을 할 때 천사들도 함께 있었을 것입니다. 그러나 하나님은 천사들에게 말씀한 것이 아니라 경건한 자손에게 말씀하신 것입니다. 이 부분은 [Chapter 73. 경건한 자손은 생명과와 선악과를 먹었다]에서 설명합니다

이 말씀에서 하나님은 아담을 두고 [우리 중 하나]라고 말씀하셨습니다. 아담이 하나님처럼 되었다는 뜻입니다. 그런데 [우리]에는 피조물인 하나님의 아들들이 포함되어 있습니다. 그래서 아담이 하나님처럼 되었다고 말할 수는 있어도 창조주처럼 되었다는 말은 아닙니다.

하나님처럼 되었다는 표현에는 [선악을 아는 일]이라는 구체적인 분야가 명시되어 있습니다. 하나님의 능력과 권능과 영원성 등 모든 면에서 하나님과 같은 수준이 되었다는 뜻은 아닙니다. 단지, 아담이 선악을 아는 지식을 가지게 되었는데 이 지식은 하나님이 알고 있는 지식과 같다는 의미입니다.

하나님처럼 된다는 말이 어떤 면에서는 교만한 것으로 보입니다. 그러나 다른 면에서 보면 좋은 것일 수도 있습니다.

레위기 11장 45절에서 [내가 거룩하니 너희도 거룩할지어다]라고 말씀합니다. 만약 거룩함에 단계가 있다면 하나님의 거룩함에 맞는 단계에 오르라는 말이 됩니다. 만약 거룩함이 양자택일의 문제라면 거룩 편에 서라는 뜻이 됩니다.

쉽게 말해서 하나님이 거룩하신 것과 같게 거룩해야 한다는 말입니다.

또 마태복음 5장 48절에서 [하나님께서 온전하심과 같이 온전하라]고 말씀하셨습니다. 이 말씀은 온전함에 있어서 하나님과 같이 되라는 것입니다. 선악의 지식나무가 있었던 것처럼, 온전함을 주는 나무가 있다고 가정해 봅시다. 뱀이 했던 말을 적용해 볼 때 뱀은 [그것을 먹는 날에는 너희 눈이 밝아져 하나님과 같이 되어 온전함을 이룰 줄 하나님이 아심]이라고 말했을 것입니다. 그렇다면 예수님은 빨리 먹으라고 권고하셨을 것입니다. 예수님은 우리가 하나님의 온전하심과 같이 온전하기를 바라기 때문입니다.

이처럼 하나님처럼 된다는 것을 문제 삼기 전에 [선악을 아는 일]의 의미를 파악하는 것이 먼저입니다.

만약 하나님처럼 된다는 말의 내용이 지위에 관한 것이라면 이는 창조주의 지위에 오르겠다는 말이 됩니다. 이런 경우에는 하나님처럼 되고 싶어 하는 사람을 교만하다고 말할 수 있습니다.

그러면 선악을 아는 일은 하나님의 지위와 하나님의 권위에 도전하는 일일까요?

하나님은 아담과 하와가 [선악을 알게 되는 것]을 금하셨습니다. 그러나 아담과 하와가 선악을 알게 된다고 하더라도 하나님의 지위와 권위가 도전받는 것은 아닙니다. 그래서 아담과 하와가 선악과를 먹었다고 해서 아담과 하와가 교만했다고 결론을 내리는 것은 잘못된 것입니다.

하와는 [선악을 알게 되는 것]을 지혜로워지는 것으로 오해했습니다. 이는 하와가 선악의 지식나무에 관해 들어본 적이 없었기 때문입니다. 뱀은 하와가 동산 중앙에 있는 나무에 관해 모르고 있다는 사실을 알았습니다. 그래서 하와가 오해할 것을 예상했고 하와가 선악과를 먹기를 원했습니다. 이 내용은 [Chapter 47. 하와는 왜 선악과를 먹었을까?]에서 설명합니다.

아담과 하와가 선악과를 먹었다고 하더라도 하나님과 같은 능력을 갖게 되는 것은 아닙니다. 선악을 알게 되는 것은 능력과 관련된 것이 아니기 때문입니다. 또한 아담과 하와가 선악과를 먹었다고 하더라도 하나님의 지위를 얻거나 권세를 가지는 것도 아닙니다. 선악을 알게 되는 것은 지위나 권세에 관한 것이 아니기 때문입니다. 선악을 아는 일은 나쁜 일이 아닙니다. 창세기 3장 22절에 나오듯, 하나님이 선악을 알고 계셨기 때문입니다.

이 나무는 지식을 제공합니다. 이 나무가 제공하는 지식은 선악에 관한 것입니다. 선악이라는 분야를 두 가지로 구분해 보면, 하나는 정의와 불의에 관한 것으로 지성의 영역이고, 다른 하나는 기분이 좋은 것과 나쁜 것에 관한 것으로 감성의 영역입니다.

이 나무가 제공하는 [선악]은 이 두 가지 중에서 기분이 좋은 것과 나쁜 것을 의미하는 감성 영역입니다. 아담과 하와는 에덴동산에 들어오기 전부터 선악의 감정을 알고 있었는데 동산에 들어올 때 하나님이 봉하셔서 선악의 감정을 알지 못하는 상태가 되었습니다. 그런데 선악과를 먹고 난 후 다시 선악의 감정을 알게 되었습니다. 그래서 아담과 하와는 하나님과 같은 상태가 된 것입니다.

아담과 하와의 범죄

Chapter 38

하나님의 두 가지 명령: 먹어라, 먹지 말라

많은 분이 창세기 2장 16절에서 하나님이 아담에게 주신 명령을 하나로만 생각합니다. 선악과를 먹지 말라는 명령만 생각하는데, 하나님은 두 가지의 명령을 주셨습니다.

성경 말씀: 창세기 2장 16절
"여호와 하나님이 그 사람에게 명하여 이르시되 동산 각종 나무의 열매는 네가 임의로 먹되 선악을 알게 하는 나무의 열매는 먹지 말라 네가 먹는 날에는 반드시 죽으리라 하시니라"

하나님의 명령에는 먹지 말라는 것만이 아니라 먹으라는 명령도 포함됩니다. 창세기 2장 16절과 17절을 보면, [모든 것을 먹어라. 그리고 하나는 먹지 말라]는 것입니다. 하나님이 아담에게 내리신 명령은 두 가지였습니다. 첫 번째는 모든 나무의 열매를 먹으라는 것이고 두 번째는 선악과를 먹지 말라는 것입니다.

하나님은 동산 나무의 열매를 먹으라고 명령하셨는데, 아담은 생명나무의 열매는 먹지 않았습니다. 그러면 아담은 하나님의 계명을 어긴 것일까요?

생명나무의 열매를 반드시 먹으라는 명령은 없습니다. 첫 번째 명령은 모든 나무의 열매를 먹으라는 것입니다. 첫 번째 명령에서 생명나무를 특별히 지정하지는 않았습니다. 만약 생명나무를 꼭 짚어서 지정했다면 아담은 하나님의 계명을 두 번 어긴 것이 됩니다. 생명과를 먹지 않은 것과 선악과를 먹은 것입니다. 그러나 하나님은 아담에게 생명과를 먹지 않은 것으로는 책망하시지 않았습니다.

첫 번째 명령이 주목받지 못하는 이유는 이 명령을 지키기가 매우 쉬웠기 때문입니다. 이 명령은 [모든 열매를 먹어야 한다]는 것도 아니고 [생명나무의 열매를 먹어야 한다]는 것도 아닙니다. 어느 나무의 열매를 먹든지 먹기만 하면 됩니다. 생명과를 먹지 않아도 다른 나무의 열매를 먹으면 하나님의 명령을 지킨 것이 됩니다. 사실 먹는 행위는 사람의 가장 기본적인 욕구입니다. 먹으라고 명령하지 않아도 아담은 종류별로 좋은 나무들의 열매를 먹었을 것입니다.

그렇다면 하나님은 왜 [생명나무]를 꼭 짚어서 말씀하시지 않았을까요? 생명나무는 중요한 나무인 것 같은데, 왜 하나님은 이 나무를 꼭 먹어야 한다는 말씀을 하시지 않은 것일까요? 이 내용은 [Chapter 69. 생명나무, 영생 그 이상의 효과]에서 설명합니다.

Chapter 39

하와를 유혹한 뱀은 사탄일까?

많은 분이 뱀을 사탄이라고 생각합니다. 요한계시록을 보면, 그렇게 말하는 것으로 보이기 때문입니다.

성경 말씀: 요한계시록 12장 9절
"큰 용이 내쫓기니 옛 뱀 곧 마귀라고도 하고 사탄이라고도 하며 온 천하를 꾀는 자라 그가 땅으로 내쫓기니 그의 사자들도 그와 함께 내쫓기니라"

이 말씀에서 사탄이 [옛 뱀]으로 기록되어 있습니다. 이 옛 뱀이 에덴동산에서 하와를 유혹한 그 뱀이라는 생각이 듭니다. 그래서 에덴동산에 있었던 뱀을 사탄이라고 주장하게 된 것입니다.

이 주장 안에서도 에덴동산의 뱀에 관해서는 두 가지 해석이 가능합니다.

첫 번째, 실제 뱀이라는 가설입니다. 실제 뱀이 있었는데 그 뱀 속에 사탄이 들어가서 하와를 유혹했다는 것입니다. 뱀은 말을 할 수 있는 구강 구조를 가지고 있지 않습니다. 그래서 뱀과 하와의 대화는 음파로 진행될 수 없습니다. 이 가설을 주장하는 사람들에게 의사의 전달 방법은 중요하지 않습니다. 단지, 뱀 안에 사탄이 들어갔고 사탄이 하와를 유혹했다는 것이 중요하다는 것입니다.

이 가설에서 어떤 사람은 뱀이 실제 뱀이 아니라 사람이라고 합니다. 사탄이 뱀인데 사탄의 영이 사람 속에 들어갔다는 논리입니다. 사탄은 뱀으로 표현되는 악한 영이기에 뱀의 영인 사탄이 사람 속에 들어간 것으로 표현되었다는 해석입니다. 이런 방식의 가설에서는 뱀의 영이 들어간 사람과 하와가 말로 대화를 하는 것이 가능해집니다.

두 번째, 사탄이 가상의 형상으로 뱀의 모습을 사용했다는 가설입니다. 실제 뱀은 아니라는 것입니다. 사탄이 뱀의 형상으로 자신의 모습을 만들었고 그렇게 하와에게 접근하여 대화를 했다는 것입니다. 대화가 끝나면 뱀의 형상은 사라집니다. 영체인 사탄이 하와에게 음파로 말을 전달했을 리는 없습니다. 현실적으로는 불가능하더라도 사탄은 그렇게 대화를 할 수 있다는 것입니다.

이렇게 두 가지 가설 모두 뱀이 사탄이라고 주장합니다.

요한계시록 12장 9절에서 사탄을 옛 뱀이라고 하신 말씀은 분명한 진실입니다. 예수님이 주신 계시의 내용이고 사도 요한이 그 계시를 받아서 그대로 기록한 것이기에 이 내용은 진실입니다.

요한계시록 12장 9절의 내용은 사실로 증명되지 않았습니다. 그런데도 요한계시록의 기록이 진실이라는 것을 믿는 것은 예수님의 말씀이기 때문입니다. 사실로 증명되기 전에 먼저 믿는 것입니다. 이 믿음은 사실로 증명되어야 합니다. 그러나 아직은 객관적 사실로 증명된 적이 없는 기록입니다. 물론 현실에서 이 말씀을 증명하기는 어려울 것입니다. 증명해야 할 대상이 영적 존재인 사탄이기 때문입니다. 다만, 하나님의 나라가 이루어지고 나면 그때는 모든 사람이 이 진실을 알게 될 것으로 믿습니다.

요한계시록 12장 9절에서 사탄은 옛 뱀입니다. 사탄이 뱀인 것을 나타내는 사건은 많이 있었을 것입니다. 사람은 성경에 기록된 것만을 참고할 수 있습니다. 그러나 하나님과 천사들은 성경에 기록되지 않은 많은 사건들을 알고 있을 것입니다. 사탄이 뱀이라는 것을 설명할 수 있는 사건이 에덴동산의 사건 하나만은 아닐 것입니다.

영의 세계에서는 에덴동산 이전부터 사탄과 관련된 여러 가지 사건이 있었을 것입니다. 뱀의 형상을 한 사탄에게 많은 일이 있었을 것입니다. 현재로서는 이런 일들은 모두 하나님과 천사들만 아는 것입니다.

요한계시록 12장 9절의 [옛 뱀]이라는 단어를 볼 때, 에덴동산을 떠올리는 것은 사람들이 아는 성경상 최초의 기록이기 때문입니다. 루시퍼가 뱀의 형상으로 어떤 문제를 일으켰다는 기록은 에덴동산의 사건이 유일합니다. 사탄이라는 단어와 마귀라는 단어는 성경에 많이 기록되어 있습니다. 그러나 루시퍼가 뱀으로 등장하는 것 같은 기록은 에덴동산의 내용뿐입니다.

요한계시록 12장 9절에서 하나님은 루시퍼를 [옛 뱀]이라고 했는데, 이때 하나님은 많은 사건 중에서 어떤 특정 사건을 배경으로 말씀하셨을 수도 있습니다. 하나님이 어떤 다른 사건을 배경으로 루시퍼를 뱀이라고 말씀하시든, 사람 입장에서는 에덴동산 하나만 알고 있습니다. 그래서 [옛 뱀]이라는 단어를 볼 때 무조건 에덴동산의 사건을 연상합니다.

여기서 제가 하고 싶은 말은, 요한계시록 12장 9절의 말씀을 [에덴동산의 뱀은 사탄이다]라는 주장의 근거로 삼지 말자는 것입니다. 그렇게 하기에는 요한계시록 12장 9절의 말씀이 너무 포괄적으로 사용되었습니다. [에덴동산의 옛 뱀]이라고 기록되었다면 확실한 근거가 될 수 있습니다. 그러나 그냥 [옛 뱀]이라고 기록되어 있어서 확실한 근거로 삼기는 어렵다는 것입니다.

에덴동산의 일이 아니더라도 루시퍼를 [옛 뱀]이라고 말할 만한 일들이 아주 오래전부터 많이 있었을 것입니다. 루시퍼가 옛 뱀인 것은 확실합니다. 그러나 에덴동산의 뱀만으로 한정하지는 말자는 것입니다. 우리가 아는 성경의 기록 이전 아주 오래전에 루시퍼를 큰 용으로 부르게 된 계기가 있었을 것입니다. 용으로 불리던 루시퍼가 뱀으로 불리게 된 계기도 있었을 것입니다.

루시퍼를 부르는 별칭 중에서 용, 뱀, 사탄, 마귀가 있습니다. 이 중에서 어느 별칭이 더 루시퍼를 대표하는 별칭일까요? 요한계시록 12장 9절에는 [사탄]이나 [마귀]나 뱀]이라는 별칭보다는 [용]이 대표적인 별칭으로 기록되어 있습니다. 루시퍼의 대표적인 별칭은 큰 용입니다. 요한계시록 12장 9절에는 [큰 용이 내쫓겼다]고 기록되어 있기 때문입니다. 만약 [옛 뱀]이 대표적인 별칭이었다면, [옛 뱀이 내쫓기니 큰 용 곧 마귀라고도 하고 사탄이라고도 하며]라고 기록되었을 것입니다.

사탄의 정식명칭은 루시퍼이고, 대표적인 별칭은 큰 용입니다. 그런데 구약성경에서 루시퍼가 용으로서 벌인 일은 기록되어 있지 않습니다. 루시퍼가 뱀으로서 벌인 일도 여러 가지 많을 것입니다. 성경의 기록만 고려한다면, 주요 별칭은 [큰 용]이 아니라 [사탄]이라고 해야 맞을 것입니다. 성경에는 마귀나 사탄이라는 별칭이 많이 등장하기 때문입니다. 그런데도 요한계시록 12장 9절에는 [큰 용이 내쫓겼다]고 기록되어 있습니다. 에덴동산 이전에 루시퍼가 용으로 벌인 사건들이 있었고, 이 사건들은 성경에 기록되지 않았습니다. 그런데 루시퍼가 용으로 벌인 일들은 루시퍼가 뱀으로 벌인 일이나 루시퍼가 사탄으로 벌인 일이나 루시퍼가 마귀로 벌인 일들보다 더 크고 많았다는 뜻입니다. 그래서 루시퍼의 대표적인 별칭이 옛 뱀, 마귀, 사탄이 아니라 [큰 용]이 되었던 것입니다. 루시퍼의 대표적인 악은 큰 용으로서 벌인 일입니다. 이에 비해서 루시퍼가 뱀으로서 벌인 일은 작은 것입니다. 하나님이 루시퍼의 별칭을 부를 때 성경의 기록만을 참고하시지는 않았던 것 같습니다. 성경 기록이 있기 이전까지를 모두 참고했을 때 루시퍼는 [큰 용]으로서 많은 일을 했습니다.

루시퍼가 성경 기록 이전에 큰 용으로 벌인 일도 많았으나 루시퍼가 뱀으로 벌인 일도 여러 가지가 있었을 것입니다. 하나님이 루시퍼를 [옛 뱀]이라고 부른 것은 에덴동산의 일이 아니라 그 이전의 사건을 두고 [옛 뱀]으로 불렀을 것입니다. 그래서 에덴동산에서 하와를 유혹한 뱀의 사건은 어쩌면 루시퍼가 한 것이 아닐 수 있다는 말입니다. 에덴동산의 뱀이 루시퍼가 아닐지라도, 루시퍼가 옛 뱀으로 불릴 만한 이유는 많이 있었다는 뜻입니다.

어찌 되었든, 창세기 3장 1절의 뱀이 사탄이 아니라는 것을 설명합니다.

요한계시록 12장 9절에서 사탄을 천하를 꾀는 자라고 합니다. 사탄이라는 말은 대적자라는 뜻입니다. 사탄은 천하를 꾀는 자입니다. 이 말은 사탄이 누군가를 유혹하여 하나님께 죄를 짓도록 한다는 뜻입니다. 사탄은 하나님에게 직접 죄를 짓지는 않지만 다른 누군가가 하나님에게 죄를 짓도록 유도하는 일을 합니다.

요한계시록 12장 10절에는 큰 용을 [하나님 앞에서 우리 형제들을 밤낮으로 참소하던 자]라고 설명합니다. 사탄은 하나님 앞에 가서 형제들의 잘못을 지적하고 하나님에게 형벌을 청구합니다.

욥기 1장 6절과 욥기 2장 1절에서 사탄은 하나님 앞에 나옵니다. 이 자리에서 사탄은 하나님에게 욥에 대한 은혜를 거두면 욥이 하나님을 원망할 것이라고 주장합니다. 그래서 욥에게 시련이 시작됩니다. 사탄은 의로운 하나님의 종들도 시련을 받도록 합니다.

누가복음 22장 31절에는 사탄이 베드로를 밀 까부르듯이 청구했다고 기록되어 있습니다. 사탄이 하나님에게 베드로를 넘겨달라고 청구한 이유는 베드로가 닭 울기 전에 3번을 부인할 것이기 때문입니다. 베드로가 예수님을 부인하면 사탄은 베드로를 넘겨받아 베드로에게 혹독한 하나님의 형벌을 내리도록 하겠다는 것입니다. 사탄이 어떤 형벌을 청구했는지는 모르지만 예수님의 기도로 하나님이 사탄의 청구를 받아들이지 않았던 것 같습니다.

하나님 앞에서 사탄은 하나님에게 죄를 지은 사람에 대한 형벌을 청구합니다. 반대로 사탄이 하나님에게 죄를 짓게 되면 사탄은 하나님에게 형벌을 받고 하나님 앞에서 쫓겨날 것입니다. 죄인은 누구라도 하나님 앞에 나올 수 없기 때문입니다. 사탄은 예수님 때까지도 하나님 앞에 나와서 베드로를 청구했습니다. 이 말은 욥의 시대를 거쳐 예수님 시대까지 사탄은 하나님에게 죄를 짓지 않았다는 것을 의미합니다.

만약 사탄이 하와를 직접 유혹했다면, 죄인이 된 사탄은 6,000년 전에 이미 하나님에게 형벌을 받아 하나님 앞에서 일찌감치 쫓겨났을 것입니다. 그 후로 하나님 앞에서 형제들을 참소하는 일을 하지 못했을 것입니다. 결론지어 말하면, 예수님 때까지도 사탄이 하나님 앞에 있을 수 있었던 것은 사탄이 하나님에게 직접적인 죄를 짓지 않았기 때문입니다. 에덴동산의 뱀은 사탄이 아니라는 말입니다.

창세기 3장 1절의 뱀이 사탄이 아니라는 것을 다른 시각에서 설명합니다.

우리는 에덴동산에 뱀이 하나만 있었을 것이라고 막연하게 생각합니다. 어쩌면 이런 생각조차 하지 않았을 것입니다. 에덴동산에 뱀이 있었다는 정도로 생각이 멈춰 있었을 것입니다.

에덴동산 있었던 말하는 뱀은 하나가 아닙니다. 동산에는 뱀들이 있었는데 그들 중 하나가 하와를 유혹했고 하와는 그 유혹에 넘어간 것입니다. 다른 뱀들이 하와를 유혹하지 않았다는 의미는 아닙니다. 아마 뱀들이 돌아가면서 몇 번씩 하와를 유혹했을 것입니다. 물론, 어떤 뱀이 어떻게 몇 번이나 유혹했는지에 관한 기록은 없습니다. 성경에는 성공한 마지막 사건 하나만 기록되어 있기 때문입니다.

중요한 점은 뱀이 하나가 아니라면 뱀은 사탄을 의미하지 않는다는 것입니다. 뱀이 하나가 아니라면 사탄은 이 뱀에게 들어갔다가 나오고 다시 저 뱀에게 들어갔다가 나오고 하는 방식으로 계속 하와를 유혹했다고 가설 내용을 수정해야 할 것입니다.

뱀은 하나가 아니며 말하는 능력이 있는 뱀도 하나가 아닙니다. 에덴동산에 있었던 뱀들은 모두 말하는 능력이 있습니다. 게다가 말하는 동물이 뱀만은 아닙니다. 에덴동산에 있었던 각종 들짐승도 말을 했고 동산에 있었던 각종 새도 말을 했습니다. 이렇게 에덴동산에 있었던 동물이 다 말하는 동물이라고 한다면, 뱀은 가상의 존재가 아니라 실존하는 뱀입니다. 또한 하와를 유혹했던 것이 뱀만은 아니므로 뱀이 곧 사탄은 아니라는 것입니다.

Part 6. 아담과 하와의 범죄

이게 무슨 말인가? 동물들이 다 말을 한다니….

아마도 이런 전개에 거부감이 들 수 있습니다. [서론]과 [Chapter 4. 말하는 뱀에 대한 동의]에서 이미 [뱀이 말을 한다]는 사실을 정해 놓고 시작하자고 했습니다. 창세기 3장 1절에 그렇게 기록되어 있으니 이 사실을 그대로 인정하자고 했습니다. 이 부분에 관해서는 논리적으로 이성적으로 현실적으로 따지지 말자는 것입니다. 아직 현실에서 말하는 뱀을 발견한 적이 없으니 말입니다. 그래서 성경에 기록된 것 그대로 인정하고 시작하자고 제안한 것입니다. 이 사실을 그대로 인정하면 에덴동산에서 하나님이 우리에게 말씀하고자 하는 진실을 알 수 있습니다.

말하는 뱀을 인정했다면 말하는 동물들을 인정하는 것도 어려운 일은 아닐 것입니다. 말하는 여러 동물 중 하나가 뱀입니다.

아담이 동산에 머물렀던 80년 동안 많은 들짐승이 아담과 하와를 유혹했고 뱀들도 각자 여러 번 유혹했을 것입니다. 다만 성경에는 마지막에 성공한 뱀 하나의 경우만을 기록해 놓았습니다. 많은 들짐승이 아담과 하와를 유혹했다는 것은 [Chapter 41. 들짐승 중에서 뱀만 하와를 유혹했을까?]에서 설명합니다.

결론적으로, 에덴동산에서 하와를 유혹한 뱀은 당시에 실제로 두 발로 서서 돌아다니는 뱀이었고 이 뱀은 여러 뱀들 중 하나였습니다. 그래서 이 뱀은 실존하는 뱀이고 사탄이 아니라는 것입니다. 또한 말하는 뱀은 당시에 실존했던 뱀이지만, 우리가 자연 속에서 보는 뱀의 모습은 아닙니다.

Chapter 40

뱀은 하와를 한 번만 유혹했을까?

성경에서 뱀이 하와를 유혹한 기록은 단 한 번입니다. 뱀이 몇 번이나 유혹했는지는 나와 있지 않습니다. 그뿐만 아니라 성경을 믿는 성도들조차 뱀이 하와를 유혹하려고 시도했던 횟수에 관해서는 생각해 보지 못했을 것입니다.

아담과 하와와 뱀의 범죄 사건은 창세기 3장 1절에서 7절까지의 말씀입니다. 아담과 하와의 범죄에 관한 내용은 단 7개의 구절로 되어 있습니다. 아주 간단한 내용입니다. 뱀이 언제 어디서 몇 번이나 유혹했는지, 아담이 옆에 있었는지, 열매를 몇 개나 먹었는지, 모든 과정이 생략되어 있습니다.

창세기 3장 1절에서 7절까지의 말씀을 보면, 첫 번째로 뱀이 유혹했던 내용이 기록되어 있고, 두 번째로 하와가 하나님의 명령을 다르게 알고 있는 내용이 기록되어 있고, 세 번째로 하와가 유혹에 넘어간 이유가 기록되어 있고, 네 번째로 열매를 먹은 결과가 기록되어 있습니다.

이 기록은 단지 아담과 하와가 선악과를 먹었던 과정을 짧게 요약한 것입니다. 아담과 하와의 범죄는 단지 1, 2분 만에 벌어진 일이 아닙니다. 1시간에 벌어진 사건도, 하루에 벌어진 사건도 아니라 여러 날 동안 벌어진 사건입니다. 또한 뱀은 한 번만 시도한 것이 아닙니다. 뱀은 하와를 유혹하여 죄를 범하게 하려고 여러 번 시도했을 것입니다. 성경에 기록된 내용은 마지막에 성공한 내용을 요약하여 기록한 것입니다. 뱀이 하와를 유혹하려고 시도했으나 실패한 내용은 기록되지 않았다는 것입니다.

많은 분이 아담이 선악과를 너무 쉽게 먹은 것으로 생각합니다. 또한 하와가 바보 같아서 뱀의 유혹에 쉽게 넘어갔다고 생각합니다만 실제로는 그렇지 않았다는 것을 알아야 합니다.

아담과 하와는 에덴동산에서 80년 동안 살았습니다. 이 내용은 [Chapter 21. 아담은 에덴동산에서 몇 년을 살았을까?]에서 설명했습니다.

아담과 하와가 80년 정도를 에덴동산에서 살았다는 것은 하나님의 명령을 80년 동안 잘 지켰다는 의미입니다. 지난 80년 동안 뱀이 한 번만 유혹했을 리 없습니다. 여러 번 시도했다는 것을 추측할 수 있습니다.

그런데 뱀은 아담을 유혹하지 않고 왜 하와를 유혹했을까요?

당연히 뱀은 아담을 먼저 유혹했을 것입니다. 그러나 실패한 것입니다. 뱀은 한 번 실패했다고 해서 포기하지 않았습니다. 뱀은 유혹의 말을 이렇게 저렇게 바꿔 가며 아담을 유혹했을 것입니다. 그러나 아담은 유혹에 넘어가지 않았습니다. 그래서 하와를 유혹하기로 한 것입니다. 뱀은 하와를 유혹했으나 하와 역시 뱀의 첫 번째 유혹에 바로 넘어가지는 않았을 것입니다. 뱀은 여러 번에 걸쳐 말을 바꿔 가면서 하와를 유혹했을 것입니다. 그렇게 마지막 유혹이 있고 난 뒤에 하와가 선악과를 먹은 것입니다.

마지막에 뱀은 [너희가 결코 죽지 아니하리라. 너희가 그것을 먹는 날에는 너희 눈이 밝아져 하나님과 같이 되어 선악을 알 줄 하나님이 아심이니라]는 말로 하와를 유혹했습니다.

하와가 이 유혹의 말에 넘어갔는지는 확실히 알 수 없습니다. 창세기 3장 1절~7절의 기록은 모든 과정을 요약한 내용이기 때문입니다. 어찌 보면 뱀이 유혹했던 말이 결정적인 원인은 아닐 수도 있습니다. 하와가 선악과를 먹기 전에 마지막으로 뱀에게 들었던 말이었기 때문에 성경에 그렇게 기록되었을 수도 있습니다. 다만, 뱀이 마지막으로 한 말이 하와에게 많은 영향을 준 것은 확실합니다. 하와가 하나님에게 뱀이 자신을 유혹했다고 고백하고 있기 때문입니다.

이 Chapter의 결론을 내립니다.

뱀은 80년 동안 에덴동산에 있으면서 아담과 하와를 여러 번에 걸쳐 유혹했습니다. 처음에는 아담을 먼저 유혹했을 것이고 아담에게 통하지 않자 하와를 유혹했을 것입니다.

아담과 하와가 80년 동안 에덴동산에 머물렀다는 것은 아담과 하와가 80년 동안 하나님의 명령을 지키며 선악과를 먹지 않았다는 의미입니다. 또한 뱀도 80년 동안 한 번만 유혹한 것이 아닙니다. 아담과 하와는 뱀의 많은 유혹을 80년 동안 이겨 내며 하나님의 명령을 지켰던 것입니다.

많은 분이 아담과 하와를 비판합니다. 이분들은 하나님의 명령을 과연 80년 동안 지켜 낼 수 있을까요? 현대인에게 80년은 거의 평생에 가깝습니다. 아담과 하와가 쉽게 하나님의 명령을 어긴 것은 아닙니다. 아담과 하와는 나름대로는 잘 이겨 냈습니다. 물론 최종결과로는 선악과를 먹었기 때문에 아담과 하와는 명령을 어겼습니다.

아담과 하와가 80여 년을 동산에 있었던 동안 뱀은 여러 번에 걸쳐서 아담과 하와를 유혹했습니다.

Chapter 41

들짐승 중에서 뱀만 하와를 유혹했을까?

많은 분은 뱀이 하와를 유혹했던 내용만 생각합니다. 뱀이 여러 번 유혹했다는 것을 생각하지 못합니다. 뱀의 단 한 번의 유혹에 하와가 선악과를 먹은 것으로 생각합니다. 그러나 뱀이 한 번만 유혹한 것도 아니며, 뱀만 아담과 하와를 유혹한 것도 아닙니다.

[서론]과 [Chapter 4. 말하는 뱀에 대한 동의]에서 언급한 대로, 말하는 동물에 대한 인정이 필요합니다. 하나님이 우리에게 말씀하고자 하는 것을 이해하기 위해서는 기록된 것 그대로 인정하고 하나님의 말씀을 봐야 합니다. 말하는 동물들을 인정하고 나면 창세기의 난제들을 이해하게 될 것입니다.

땅의 짐승들이 아담과 하와를 유혹했다는 것을 성경에서 확인하겠습니다.

아담과 하와가 선악과를 먹은 것으로 하나님에게 벌을 받습니다. 여기서 관련자들이 모두 벌을 받는데, 이들은 뱀과 하와와 아담입니다. 각자가 하나님에게 벌을 받는데 이 내용을 자세히 확인하겠습니다.

성경 말씀: 창세기 3장 14절
"여호와 하나님이 뱀에게 이르시되 네가 이렇게 하였으니 네가 모든 가축과

들의 모든 짐승보다 더욱 저주를 받아 배로 다니고 살아 있는 동안 흙을 먹을
지니라"

이 말씀은 하나님이 뱀에게 내리는 벌에 관한 내용입니다. 하나님이 하와에게
벌을 내리는 내용은 창세기 3장 16절입니다. 하나님이 아담에게 벌을 내리시는
내용은 창세기 3장 17절입니다. 하나님은 이렇게 뱀과 하와와 아담에게 각각 벌
을 내리십니다. 하나님은 아담에게 벌을 내릴 때 가장 많은 말씀을 하십니다. 이
는 아담의 책임이 가장 컸기 때문입니다.

이 Chapter에서는 하나님이 뱀에게 하시는 말씀에 집중할 필요가 있습니다.
하나님은 뱀에게 [네가 모든 가축과 들의 모든 짐승보다 더욱 저주를 받아 배로
다니고 살아 있는 동안 흙을 먹을지니라]고 말씀합니다. 하나님은 뱀에게 말씀
하실 때 [모든 가축과 들의 모든 짐승]을 뱀과 비교하여 말씀합니다.

아담은 하나님이 금하신 명령을 어겼기에 벌을 받습니다. 아담은 하나님에게
죄를 지었습니다. 하와도 아담을 통해 전해 들은 하나님의 명령을 어겼기에 벌
을 받습니다. 뱀은 하와를 유혹하여 아담에게 전해 들은 하나님의 명령을 어기
도록 종용했기 때문에 저주를 받습니다. 그런데 [모든 가축과 들의 모든 짐승]은
어떤 일을 했기에 하나님에게 저주를 받을까요?

성경 말씀: 창세기 3장 1절
"그런데 뱀은 여호와 하나님이 지으신 들짐승 중에 가장 간교하니라"

이 말씀에서 뱀은 들짐승 중에 가장 간교합니다. 뱀이 가장 간교하다는 말은
뱀만 간교한 것이 아니라 들짐승도 간교했다는 것입니다. 간교함에 있어서 뱀

이 가장 뛰어나다는 말입니다.

성경 말씀: 창세기 2장 14절
"…네가 모든 가축과 들의 모든 짐승보다 더욱 저주를 받아…"

이 말씀에서 뱀은 더욱 저주를 받았습니다. 뱀이 더욱 저주를 받았다는 말은 들짐승들도 저주를 받았지만 뱀이 더 많은 저주를 받았다는 말이 됩니다. 들짐승들도 하나님으로부터 저주를 받았다는 것입니다.

하나님은 뱀만을 두고 말씀하지 않고 들짐승을 함께 말씀하셨습니다. 들짐승은 간교했고 저주를 받았습니다. 뱀은 들짐승 중에서 가장 간교했고 들짐승들보다 더욱 저주를 받았습니다. 같은 논리로 들짐승들은 악을 행했고 뱀은 가장 큰 악을 행한 것입니다.

그렇다면 들짐승들은 어떤 악한 일을 했을까요?

뱀은 하와를 유혹하여 선악과를 먹도록 했습니다. 마찬가지로 들짐승들도 아담과 하와를 유혹하여 선악과를 먹도록 유혹했습니다. 동산에 있는 들짐승들이 다른 악한 행위를 할 가능성은 없습니다. 에덴동산에는 악을 행할 만한 다른 일이 없었기 때문입니다.

들짐승들이 아담과 하와를 유혹했습니다. 들짐승들은 아담과 하와에게 각자 여러 번에 걸쳐서 선악과를 먹어 보라고 유혹했습니다. 그러나 유혹을 시도했던 들짐승들은 모두 실패했습니다. 뱀들도 아담과 하와를 유혹했습니다. 뱀들도 다른 들짐승들처럼 여러 번 실패했습니다. 그런데 뱀들은 가장 간교했기 때

Part 6. 아담과 하와의 범죄

문에 최종적으로 뱀 하나가 강력한 유혹을 한 것입니다. 뱀의 무리 중 하나가 하나님의 말씀을 이용하여 아담과 하와를 무너지게 했습니다. 다른 들짐승들은 모두 실패했고 다른 뱀들도 실패했으나, 뱀 하나가 성공한 것입니다.

그렇게 뱀이 성공했기 때문에 뱀들에게 가장 많은 저주를 내리게 된 것입니다. 들짐승들이 간교했고 뱀은 가장 간교했습니다. 들짐승들이 아담과 하와를 유혹했으나 실패했고 뱀은 최종적으로 유혹에 성공했습니다. 들짐승들이 저주를 받았고 뱀은 더욱 저주를 받았습니다.

뱀은 아담과 하와가 각각 따로 있을 때도 여러 번 유혹했을 것이고 둘이 같이 있을 때도 여러 번 유혹했을 것입니다. 뱀은 말로 유혹했습니다. 그렇다면 들짐승은 어떤 방법으로 아담과 하와를 유혹했을까요? 들짐승들도 아담과 하와를 말로 유혹한 것입니다. 말하는 것은 뱀만이 아닙니다. 에덴동산의 들짐승들은 말하는 들짐승이었고 에덴동산의 새들도 말하는 새들입니다.

이 말하는 들짐승과 말하는 새들은 창세기 1장의 다섯째 날과 여섯째 날에 창조되는 [새와 물고기와 땅의 짐승]이 아닙니다. 말하는 들짐승과 말하는 새는 창세기 2장 19절에서 하나님이 에덴동산에서 따로 창조한 [새들과 들짐승]입니다. 말하는 새들과 말하는 들짐승은 자연 속의 동물이 아닙니다. 이들은 하나님이 직접 에덴동산에서 창조하여 아담 밑에 있게 한 지적인 존재들입니다. 이들은 아담의 명령을 이해하고 명령에 따라 에덴동산에서 일했습니다.

에덴의 들짐승들은 80년 정도를 아담 밑에서 일하면서 가끔 아담과 하와에게 동산 중앙에 있는 나무에 관해 물으며 먹으면 어떻게 되는지를 시험해 보자고 말했던 것입니다. 이것이 들짐승들의 유혹입니다. 뱀을 포함한 모든 들짐승은 하나님의 명령을 이용하지 않았습니다. 처음에 뱀도 하나님의 명령을 이용한 것은 아닙니다. 하나님의 명령을 몰랐기 때문입니다. 그런데 어떤 뱀 하나가 하나님의 명령을 알게 되었고, 이때 하나님의 명령을 이용하여 하와를 유혹했습니다. 이 마지막 유혹이 매우 치명적인 유혹이 되었습니다.

이렇게 모든 들짐승이 저주를 받은 것은 뱀뿐 아니라 이 들짐승들도 아담과 하와를 유혹했기 때문입니다.

Chapter 42

뱀이 하와를 유혹했을 때, 아담도 같이 있었을까?

뱀이 하와를 마지막으로 유혹할 때 그 자리에 아담은 없었습니다. 마찬가지로 하와가 아담에게 선악과를 줄 때도 그 자리에 뱀은 없었습니다. 뱀이 하와를 유혹했던 날과 하와가 선악과를 먹은 날과 하와가 아담에게 선악과를 준 날은 다른 날입니다.

만약 뱀이 하와를 유혹할 때 아담이 옆에 있었다면, 그것은 하와를 유혹한 것이 아니라 아담을 유혹한 것이 됩니다. 아담이 하와 옆에 있었다면 뱀이 하는 말을 아담도 들었을 것입니다. 아담은 뱀의 말을 초반부터 막았을 것입니다. 그랬다면 하와는 뱀의 말을 제대로 듣지 못했을 것입니다. 뱀이 하와에게 선악과에 관한 말을 꺼내면 그동안 선악과에 관한 내용을 감춘 아담이 가만히 있지 않았을 테니 말입니다.

뱀과 하와의 대화 중에 아담의 말이 전혀 나오지 않은 것은 뱀이 하와를 유혹하는 그 자리에 아담이 없었기 때문입니다.

성경 말씀: 창세기 3장 12절
"아담이 가로되 하나님이 주셔서 나와 함께 하게 하신 여자 그가 그 나무 열매를 내게 주므로 내가 먹었나이다"

이 말씀은 하나님의 질문에 아담이 대답한 내용입니다. 이 말에서 아담은 하와가 열매를 주어 먹었다고 고백합니다. 만약 뱀이 하와를 유혹하는 자리에 아담이 있었다면, 아담의 고백은 달랐을 것입니다. 아마도 뱀이 자신과 하와를 꾀므로 먹었다고 고백했을 것입니다.

뱀은 아담을 여러 번 유혹했을 것이고, 하와도 여러 번 유혹했을 것이며, 아담과 하와가 함께 있을 때도 유혹했을 것입니다. 뱀이 몇 번을 유혹했고 누구를 유혹했으며 어떤 내용으로 유혹했는지는 알 수 없습니다.

다만, 창세기 3장 5절의 내용을 가지고 유혹을 시도할 경우에 뱀은 아담을 유혹할 수 없습니다. 뱀은 하와가 하나님의 명령을 어떻게 알고 있는지 알아야 했습니다. 뱀과 하와는 하나님의 명령을 직접 듣지 못했습니다. 뱀과 하와는 하나님의 명령을 아담을 통해 들었습니다. 그래서 뱀은 하와도 자신처럼 하나님의 명령을 다르게 알고 있을 것으로 예상했습니다.

뱀은 하와에게 하나님의 명령이 잘못되었다는 것을 말하려 합니다. 하나님의 명령이 잘못되었다는 말이 하나님의 명령을 직접 듣지 못한 하와에게 영향을 줍니다. 그러나 아담에게는 전혀 영향을 줄 수 없습니다.

만약 아담이 뱀의 유혹하는 말을 듣는다면,

"내가 하나님의 명령을 들었지 네가 하나님의 명령을 들었느냐? 뱀, 너는 하나님의 명령을 듣지도 못했으면서 하나님의 명령이 틀렸다고 말하는 것이냐?"

아담은 이렇게 뱀을 질타했을 것입니다.

뱀은 아담을 유혹하지 못하고 도리어 아담에게 교육을 받았을 것입니다. 아담은 뱀에게 복명복창을 명령하고 뱀이 틀리지 않을 때까지 하나님의 명령을 외우게 했을 것입니다. 아담이 뱀에게 전한 하나님의 명령은 [동산 중앙에 있는 두 그루의 나무는 만지지 말고 먹지 말]라는 것입니다. 아담은 뱀에게 이 명령을 몇 번씩 외우게 하고 시험도 봤을 것입니다.

뱀은 아담에게 [하나님이 참으로 동산 모든 나무의 실과를 먹지 말라고 하시더냐?]라는 질문을 할 수 없습니다. 아담이 뱀으로부터 이런 질문을 받으면 아담은 뱀에게 교육이 필요하다고 느꼈을 것입니다. 이런 질문은 아담을 유혹하는 것이 아니라, 뱀이 제대로 알고 있지 못하다는 것을 아담에게 알리는 결과만 낳습니다. 아담은 오히려 뱀을 교육했을 것입니다. 이런 질문은 아담에게 유혹이 되지 않습니다.

뱀은 아담이 없는 틈을 타서 하와를 유혹했으나 하와는 뱀의 유혹을 그 자리에서 곧바로 뿌리쳤을 것입니다. 아마도 뱀이 다음 유혹을 시도하기 전에 하와가 스스로 선악과를 먹었던 것으로 추측됩니다.

결론적으로, 뱀이 하와를 마지막으로 유혹했을 당시에는 아담이 옆에 있지 않았습니다. 아담이 있었다면 뱀과 하와의 대화는 이어지지 않았을 것이며 아담은 뱀을 따로 끌고 가서 철저한 교육을 했을 것입니다. 뱀은 아담이 없는 틈을 타서 하와를 유혹했고 하와는 뱀의 마지막 유혹을 받았습니다. 하와가 마지막으로 유혹을 받는 자리에는 아담이 있지 않았습니다.

뱀이 이번에 마지막으로 한 번만 유혹하자고 했던 것은 아닐 것입니다. 하와가 이 유혹에 넘어가지 않았다면 뱀은 다시 유혹을 시도했을 것입니다. 하와가 선악과를 먹으면 그 시점을 기준으로 가장 최근에 시도한 유혹이 마지막 유혹입니다.

[마지막 유혹이 언제인가] 하는 것은 중요하지 않습니다. 다만, 하와가 마지막으로 유혹을 받았을 때 아담은 옆에 없었습니다.

Chapter 43

죽을까 하노라, 영생할까 하노라

하와는 뱀에게 [죽을까 하노라]고 대답합니다. [죽을까 하노라]는 말은, 죽을 수도 있지만 죽지 않을 수도 있다는 의미입니다. 그런데 이 말씀은 번역에 문제가 있는 말씀입니다. 이 내용은 [Chapter 44. 하와가 말한 죽을까 하노라의 의미]에서 자세히 설명합니다.

많은 분이 이 문구를 보고 하와가 하나님의 말씀을 왜곡했다고 설명합니다. 하와가 이렇게 말한 것은 하와의 의식 속에서 선악과에 관한 확고한 의식이 사라졌다는 것입니다. [반드시 죽을 것이다]라고 말해야 하는데 하와는 죽을 수도 있지만 죽지 않을 수도 있다고 대답한 것이라고 합니다.

사탄이 이 틈을 노렸다고 주장합니다. 명령에 대한 하와의 의식이 흐려졌기 때문에 사탄이 이 틈을 노리고 [죽을까 하노라]를 [죽지 않는다]로 바꾸었다는 것이고, 이 말이 하와에게 유효했다는 주장을 합니다.

그런데 지금은 많은 분이 히브리어 원문을 보고 번역이 잘못되었다는 것을 지적합니다. 그분들과 마찬가지로 이 책에서도 번역의 문제를 확실하게 짚고 넘어갑니다. 이 말씀의 히브리어 원문은 [Chapter 44. 하와가 말한 죽을까 하노라의 의미]에서 분석합니다.

성경 말씀: 창세기 3장 22절

"여호와 하나님이 이르시되 보라 이 사람이 선악을 아는 일에 우리 중 하나 같이 되었으니 그가 그의 손을 들어 생명나무 열매도 따먹고 영생할까 하노라 하시고"

개역한글과 개역개정에는 창세기 3장 22절의 말씀이 [영생할까 하노라]로 번역되었는데, 이 번역도 잘못되었습니다.

생명나무의 열매를 먹었을 때 영생할 수도 있고 영생하지 않을 수도 있다는 뜻으로 하나님이 말씀하신 것일까요?

아닙니다. 생명나무의 열매를 먹으면 반드시 영생하게 됩니다. 그래서 하나님은 아담이 영생하는 것을 염려한다고 말씀하신 것입니다. 하나님은 아담이 영생하는 것을 원하지 않는다는 의미로 말씀하신 것입니다. 히브리어 원문의 내용은 [영생할까 하노라]가 아니라 [영생할 것이다]입니다.

마찬가지로 하와가 한 말도 [죽을까 하노라]가 아니라 [죽을 것이다]입니다. 오해의 소지가 있는 번역을 한 것입니다.

Chapter 44

하와가 말한 [죽을까 하노라]의 의미

많은 분이 하와의 말에 틈이 있었다고 지적합니다. 그래서 하와의 말을 확인해 보겠습니다.

성경 말씀: 창세기 3장 2절

"여자가 뱀에게 말하되 동산 나무의 열매를 우리가 먹을 수 있으나 동산 중앙에 있는 나무의 열매는 하나님의 말씀에 너희는 먹지도 말고 만지지도 말라 너희가 죽을까 하노라 하셨느니라"

하나님은 창세기 2장 17절에서 반드시 죽으리라고 말씀하셨습니다. 그런데 하와는 하나님의 명령을 죽을까 하노라로 바꾸어 말합니다. 많은 분이 이 부분에서 하와가 죽으리라고 말했어야 했다고 설명합니다. 하와가 하나님의 말씀을 그대로 말하지 않고 변경했다고 설명합니다. 하나님의 말씀을 왜곡했다는 것입니다. 사탄에게 틈을 보인 것이라고 설명합니다.

죽을까 하노라는 말은 죽을지도 모른다는 의미로도 바꿀 수 있기 때문이라고 합니다. 죽을까 하노라는 말의 의미는 죽을 수도 있지만 죽지 않을 수도 있다는 의미로 해석된다고 합니다. 이것은 믿음이 부족한 사람의 말이라고 합니다. 하와는 하나님의 말씀에 대한 확실한 믿음이 부족했기 때문에 결국 뱀이 [죽지 않을 것이다로 응수했을 때, 무너졌다는 해석입니다.

많은 분이 만약 하와가 하나님의 말씀을 그대로 말했다면 유혹을 이겨 냈을 것이라고 설명합니다. 하와가 [죽으리라]고 말하지 않고 [죽을까 하노라]고 말했기 때문에 하와가 무너진 것이고 아담이 죄를 범한 것이고 사망과 죽음의 지배를 받게 된 것이라고 설명합니다.

그러나 이것은 잘못된 설명입니다. 번역상의 문제가 있기 때문입니다. 이 말씀의 원어를 살펴보겠습니다.

אֲשֶׁר בְּתוֹךְ־הַגָּן אָמַר אֱלֹהִים לֹא תֹאכְלוּ מִמֶּנּוּ וְלֹא תִגְּעוּ בּוֹ פֶּן־תְּמֻתוּן וּמִפְּרִי הָעֵץ

[우미프리 하에츠 아세르 버토우크-하겐 아마르 엘로힘 로 토크루 미멘누 우로 티그게우 보우 펜-터무툰]

וּמִפְּרִי הָעֵץ אֲשֶׁר בְּתוֹךְ־הַגָּן[우미프리 하에츠]는 [그리고 그 나무의 열매], [아세르 버토우크-하겐]은 [그 동산 가운데 안에], אָמַר אֱלֹהִים[아마르 엘로힘]은 [하나님이 말씀하셨다], לֹא תֹאכְלוּ מִמֶּנּוּ[로 토크루 미멘누]는 [너희는 그것을 먹지 말라], וְלֹא תִגְּעוּ בּוֹ[우로 티그게우 보우]는 [그리고 그것을 만지지 말라], פֶּן־תְּמֻתוּן[펜-터무툰]는 [죽을까 하노라]는 뜻입니다.

히브리어 원어에서 [죽을까 하노라]로 번역된 단어가 פֶּן־תְּמֻתוּן[펜-터무툰]입니다. 이 부분에 대해서 자세히 살펴보겠습니다.

פֶּן[펜]은 [~을 하지 않도록]이라는 뜻입니다. 영어로는 lest로 번역됩니다.

תְּמֻתוּן[터무툰]은 מות[무트]라는 동사의 Qal형 · 미완료 · 2인칭 · 남성 · 복수의 형태입니다. 영어로는 to die로 번역됩니다. תְּמֻתוּן[터무툰]은 [너희가 죽을 것이다]라는 뜻입니다. פֶּן־תְּמֻתוּן[펜-터무툰]은 [너희가 죽지 않도록]이라는 뜻입니다.

이 말씀을 직역한다면, [너희가 죽지 않도록 동산 중앙에 있는 나무의 열매는 먹지 말라 그리고 만지지 말라]입니다.

이 문구를 영어 성경 NIV에는 or you will die로, KJV에는 lest ye die로, NASB에는 or you will die로 번역되었습니다. 영어 성경에는 [죽을까 하노라]가 아니라 [죽을 것이다]로 번역되어 있습니다. 영어 성경은 히브리어 원문에 더 가깝게 번역됐습니다. 공동번역에서는 [죽지 않으려거든]으로, 새번역에서는 [어기면 우리가 죽는다]로, 현대인의 성경에서는 [그렇지 않으면 너희가 죽게 될 것이다]로 번역되어 있습니다. 지금 언급한 영어 성경과 한글 성경은 히브리어 원문에 맞게 번역되었습니다.

하와는 죽을 수 있지만 죽지 않을 수도 있다는 의미로 [죽을까 하노라]라고 말한 것이 아닙니다. 하와는 정확하게 [죽으리라]로 대답한 것입니다. [죽을까 하노라]로 번역된 개역개정과 개역한글의 번역은 오해가 될 만한 번역입니다.

하와는 하나님의 명령을 의심했다거나 뱀에게 틈을 주는 그런 식으로 대답하지 않았습니다. 먹으면 죽는다는 사실을 정확하게 인지하고 대답했습니다.

Chapter 45

하와는 왜 하나님의 명령을 다르게 말했을까?

하와는 아담이 하나님에게서 받은 명령과 다르게 말했습니다. 하와는 왜 하나님의 명령을 다르게 알고 있었을까요? 하와가 하나님의 명령을 잘 알고 있었으면서도 악의로 고의로 말씀을 왜곡했던 것일까요?

하와는 하나님의 명령을 왜곡한 것이 아닙니다. 하와는 하나님의 명령을 알고 있는 그대로 뱀에게 대답한 것입니다. 하와는 자신이 알고 있는 내용과 하나님이 아담에게 하신 명령이 달랐다는 것을 몰랐습니다. 하와는 하나님의 명령을 다르게 알고 있었습니다.

하와가 하나님의 말씀을 다르게 알고 있었던 이유를 설명합니다.

성경 말씀: 창세기 2장 16절
"여호와 하나님이 그 사람에게 명하여 이르시되 동산 각종 나무의 열매는 네가 임의로 먹되 선악을 알게 하는 나무의 열매는 먹지 말라 네가 먹는 날에는 반드시 죽으리라 하시니라"

이 말씀은 하나님이 아담에게 하신 것입니다.

성경 말씀: 창세기 3장 2절

"동산 나무의 열매를 우리가 먹을 수 있으나 동산 중앙에 있는 나무의 열매는
하나님의 말씀에 너희는 먹지도 말고 만지지도 말라 너희가 죽을까 하노라 하
셨느니라"

이것은 하와가 뱀에게 대답한 내용입니다. 하나님이 아담에게 하신 말씀과 하
와가 뱀에게 대답했던 내용에는 차이가 많이 있습니다. 여기서 우리는 하와의
상태를 조금 이해할 수 있습니다.

첫 번째, 하와는 동산 중앙에 있는 두 개의 나무가 어떤 나무인지 몰랐습니다.

하나님은 아담에게 동산 중앙이라고 하시지 않았습니다. 그런데 하와는 동산
중앙이라고 대답합니다. 또한 하나님은 선악의 지식나무라고 정확하게 지정하
여 말씀하셨습니다. 그런데 하와의 대답에는 선악의 지식나무라는 표현이 나오
지 않습니다.

하와는 동산 중앙에 있는 나무라고 말합니다. 동산 중앙에는 생명나무와 선악
의 지식나무가 있었습니다. 하와의 대답에 의하면, 금지된 나무는 두 개의 나무
모두를 포함합니다. 하와의 말속에는 생명나무의 열매를 만지기만 해도 죽는다
는 의미가 포함되어 있습니다. 하와는 두 나무 중 하나가 선악의 지식나무였다
는 것을 몰랐고 두 나무 중 하나가 생명나무였다는 것을 몰랐습니다. 동산 중앙
에는 두 개의 나무가 있었는데 하와는 이 두 나무의 정체를 80년 동안 몰랐던 것
입니다.

두 번째, 하와는 동산 중앙에 있는 두 나무의 효능을 몰랐습니다.

하와가 뱀의 말을 듣고 마음이 흔들렸다고 가정하겠습니다. 그렇다면 하와는 뱀의 말을 들었을 때, 나무의 효능에 대해 처음으로 들었을 가능성이 큽니다. 하와는 동산 중앙에 있는 두 나무의 이름도 몰랐고 열매의 효능도 모르고 있었습니다. 두 나무 중에 한 나무의 효능이 선악을 알게 한다는 것도 알지 못했습니다.

뱀은 [너희 눈이 밝아져 하나님과 같이 되어 선악을 알게 될 것이다]라고 말했습니다. 뱀은 아담과 하와가 선악을 아는 것을 하나님이 원하지 않았다고 말합니다. 그리고 이 나무의 열매를 먹으면 선악을 알게 된다고 알려 주었습니다. 뱀은 맞는 말을 했습니다. 뱀의 말은 맞지만 그 결과는 하나님의 명령을 어기는 것입니다. 뱀은 선악과를 먹지 않기를 바라는 하나님의 뜻을 알지 못했습니다. 뱀의 유혹은 강력했습니다. 뱀의 유혹이 강력했던 이유는 그 말이 진실이었기 때문입니다. 그러나 지금 말하는 내용의 핵심은 [하와가 얼마나 정확하게 알고 있었느냐] 하는 것입니다.

하와가 이미 [선악을 알게 한다]는 나무의 효능을 알고 있었다면 뱀의 말은 하와에게 큰 영향을 주지 못했을 것입니다. 뱀의 말에 하와의 마음이 흔들린 것은 뱀을 통해서 처음으로 선악을 알게 되는 효능을 알았기 때문입니다.

하와는 에덴동산에 살면서 중앙에 있는 두 나무에 관해 전혀 몰랐습니다. 다만 중앙에 있는 두 나무에 관해서는 만지지 말아야 하고 먹지 말아야 한다는 것만 알고 있었습니다. 하와는 동산 중앙에 있는 나무에 대한 지식이 없었습니다.

세 번째, 하와는 동산 중앙에 있는 두 나무에 관해서 왜 이렇게 무지했을까요?

하와는 에덴동산에서 가장 나중에 창조되었습니다. 하나님이 아담을 만들고

Part 6. 아담과 하와의 범죄

다음으로 동산을 만들고 다음으로 들짐승과 새를 만들고 마지막에 하와를 만드셨습니다.

하나님이 아담에게 명령을 내리실 때는 아담을 에덴동산에 두실 때입니다. 이때는 아직 들짐승과 새들을 만들기 전이고 하와를 만들기 전입니다. 하나님이 아담에게 주신 명령은 오직 아담만 들었고 이 명령은 아담만 알고 있었습니다.

하와는 하나님의 명령을 직접 받지 않았습니다. 하와는 하나님의 명령을 아담에게 전해 들었습니다. 하와가 하나님의 명령을 다르게 알고 있었던 것은 아담이 하나님의 명령을 다르게 전했기 때문입니다.

에덴동산을 다스리고 지키는 권한은 아담에게 있습니다. 아담은 에덴동산 안에 있는 모든 것을 다스려야 합니다. 아담이 다스리고 가르쳐야 하는 대상은 에덴동산에 있는 들짐승과 새들과 하와입니다. 물론 하와는 아담을 돕는 자이지 아담의 종은 아닙니다. 그래서 아담은 하와를 다스리거나 하와에게 명령하는 위치에 있지 않습니다. 하와는 하나님의 명령을 직접 받은 것이 아니므로 정확한 명령을 알지 못했습니다. 하와가 알고 있는 것은 아담에게 전해 들은 것입니다.

아담은 하나님의 명령을 다르게 전했고 두 나무 중 하나가 생명나무라는 것과 또 다른 나무가 선악의 지식나무라는 사실도 하와에게 숨겼습니다. 그래서 하와는 동산 중앙에 있는 두 나무에 관해서 알지 못했습니다.

네 번째, 뱀은 어떻게 이 나무의 효능을 알았을까요?

뱀은 동산 중앙에 있는 두 나무 중 하나가 선악의 지식나무라는 것을 알았습니다. 이 정보를 이용하여 하와를 유혹했습니다. 그런데 이 정보는 처음에 아담만 알고 있었습니다. 하와도 모르는 이 정보를 뱀은 어떻게 알게 되었을까요? 이 내용은 [Chapter 46. 뱀은 동산 중앙에 있는 나무의 비밀을 어떻게 알았을까?]에서 설명합니다.

다섯 번째, 아담은 왜 하나님의 명령을 다르게 전했을까요?

하나님의 명령과 하와의 말을 비교하여 아담이 하나님의 명령을 어떻게 바꾸었는지 확인하겠습니다.

하나님은 선악의 지식나무라고 분명하게 명시하여 말씀하셨습니다. 그런데 아담은 동산 중앙에 있는 나무로 바꾸었습니다. 하나님은 먹지 말라고 말씀하셨습니다. 그런데 아담은 만지지 말고 먹지 말라고 바꾸었습니다.

범위를 따져 보면, 아담의 말이 더 포괄적이라는 것을 알 수 있습니다. 하나님은 선악의 지식나무만을 말씀하셨는데 아담은 생명나무까지 포함했습니다. 동산 중앙에는 생명나무도 있었기 때문입니다. 하나님은 먹지 말라고 하셨으나 아담은 만지지 말라는 말을 추가했습니다. 먹으려면 먼저 만져야 합니다.

이런 차이를 통해 아담이 하나님의 명령을 더 강화하여 전달했음을 알 수 있습니다.

하나님이 하와를 아담에게 데리고 오셨을 때 아담은 매우 기뻐했을 것입니다. 아담은 하와를 많이 사랑했을 것입니다. 아담은 자신이 다스리는 에덴동산의 이곳저곳을 하와에게 자세히 설명했을 것입니다. 아담은 이렇게 모든 것을 설명하면서 동산 중앙에 있는 나무에 관한 하나님의 명령을 전달했습니다.

아담은 하와에게 생명나무와 선악의 지식나무에 관해 설명하지 않습니다. 생명과를 만지다가 옆에 있는 선악과를 만질 수 있기 때문입니다. 생명과를 먹으려다가 옆에 있는 선악과도 먹을 수 있기 때문입니다.

아담은 먹지 말라는 정도로 끝내지 않고 동산 중앙에 있는 나무에 접근조차 하지 못하도록 하나님의 명령을 바꾼 것입니다. 아담은 선악의 지식나무도 알려 주지 않았고 생명나무도 알려 주지 않았으며 선악과의 효능과 생명과의 효능도 알려 주지 않았습니다. 아담은 죽는다는 말만 했던 것입니다. 아담은 하와가 동산 중앙에 접근조차 하지 못하게 하려고 한 것입니다.

하와가 하나님의 명령을 다르게 알고 있었던 이유는 아담이 하나님의 명령을 강화하여 더 엄격한 명령으로 바꾸었기 때문입니다. 하와가 일부러 하나님의 말씀을 왜곡한 것이 아닙니다.

Chapter 46

뱀은 동산 중앙에 있는
나무의 비밀을 어떻게 알았을까?

하와도 알지 못했던 나무의 비밀을 뱀은 어떻게 알고 있었을까요? 이것을 알아내는 것은 매우 어려운 작업입니다. 성경에 있는 조금의 힌트를 가지고 추정하는 방법밖에는 없습니다.

첫 번째, 하나님은 아담에게 명령을 내리셨습니다.

성경 말씀: 창세기 2장 16절
"여호와 하나님이 그 사람에게 명하여 이르시되 동산 각종 나무의 열매는 네가 임의로 먹되 선악을 알게 하는 나무의 열매는 먹지 말라 네가 먹는 날에는 반드시 죽으리라 하시니라"

이 말씀은 하나님이 아담에게 내린 명령입니다. 이 명령은 들짐승들과 새들과 하와를 창조하기 전에 주신 것입니다. 이 명령은 아담만이 알고 있는 명령입니다. 그리고 아담에게만 주어진 명령입니다.

창세기 2장 19절을 보면, 하나님이 각종 들짐승과 각종 새를 만드신 후에 들짐승들과 새들에게 명령을 내렸다는 기록은 없습니다. 기록되지 않았을 뿐이지 하나님이 들짐승들과 새들에게 따로 명령을 내리셨을까요?

저는 그렇지 않다고 생각합니다. 마찬가지로 하나님이 하와를 창조하셨지만 하와에게 어떤 명령도 하시지 않았습니다. 하나님은 오직 아담에게만 선악과를 먹지 말라고 명령하신 것입니다. 그래서 들짐승들과 새들과 하와는 하나님의 명령을 직접 받지 않았습니다. 하나님의 명령을 듣고 아는 것은 아담뿐이고, 뱀도 이 명령을 듣지 못했습니다.

두 번째, 하나님은 에덴동산의 모든 것을 아담에게 설명하셨습니다.

성경에는 기록되어 있지 않지만 하나님은 아담에게 에덴동산의 나무들에 관해 자세히 설명하셨을 것입니다. 아담은 하나님에게서 동산 중앙에 있는 두 나무인 생명나무와 선악의 지식나무에 관해서도 자세한 설명을 들었을 것입니다. 그리고 하나님으로부터 선악의 지식나무에 관해서 먹지 말라는 명령을 받았습니다.

하나님은 왜 아담을 창조하셨는지, 왜 아담을 에덴동산에 두셨는지, 왜 아담에게 생명나무와 선악의 지식나무를 지키라고 하셨는지, 에덴동산에서 해야 할 일이 무엇인지를 다 설명하셨을 것입니다. 아담은 이 모든 것을 다 듣고 이해했을 것이고 하나님의 명령을 지키겠다고 대답했을 것입니다.

어떤 사람이 회사에 들어가서 선임으로부터 업무를 인수한다고 가정합니다. 신입사원은 선임으로부터 관련된 업무에 관한 모든 설명을 듣습니다. 선임이 업무와 관련된 내용을 제대로 설명하지 않는다면 그 신입사원은 일을 제대로 처리하지 못하게 될 것입니다.

어떤 사람이 중요한 업무를 맡게 될 때는 비밀을 유지하기 위해 비밀유지 서약을 합니다. 만약 비밀유지 서약을 하지 않는다면 회사의 중요한 정보가 밖으로 새어나갈 것이고 회사의 업무에 중대한 차질이 발생할 것입니다. 그래서 비밀유지 서약을 하지 않는 사람에게는 회사의 중요한 업무를 맡기지 않습니다.

이처럼 하나님도 아담에게 모든 것을 설명하셨고 아담은 다 들었고 하나님이 주신 명령을 준행하기로 약속했을 것입니다.

세 번째, 뱀은 아담으로부터 정보를 얻었을 것입니다.

뱀이 정보를 얻는 것은 두 가지뿐입니다. 하나는 아담에게서 직접 정보를 얻는 것입니다. 또 하나는 중간에 누군가를 거쳐서 간접적으로 정보를 얻는 것입니다. 동산 중앙에 있는 나무에 관한 정보는 아담만 알고 있는 내용이었기 때문입니다. 아담이 뱀에게 직접 나무에 관한 내용을 말하지는 않았을 것으로 추측합니다.

하나님이 들짐승들과 새들을 아담에게 데리고 오셨을 때 아담이 이 나무들의 정보를 말했을 수도 있습니다. 만약 이때 동산 중앙에 있는 나무들에 관해서 설명했다면, 들짐승들과 새들이 하와보다 먼저 생명과와 선악과를 알게 되었을 것입니다. 그랬다면 뱀이 이 정보를 이용하여 하와를 유혹한 시점이 무척 빨랐을 것입니다. 아마도 아담은 에덴동산에서 1년을 채우지도 못하고 나가게 되었을 것입니다. 그런데 아담은 대략 80년 정도를 에덴동산에 있었습니다.

하와는 에덴동산에 있으면서 80년 만에 처음으로 동산 중앙에 있는 나무에 관한 효능을 뱀에게서 전해 들었습니다. 뱀 역시 지난 80년 동안 동산 중앙에 있는 나무에 관한 정보를 알지 못했다는 것입니다. 뱀이 80년 동안 이 두 나무에 관한 정보를 알지 못했다면 다른 들짐승들이나 새들도 80년 동안 이 나무에 관한 정보를 알지 못했을 것입니다.

아담은 80년 동안 동산 중앙에 있는 두 나무에 관한 정보를 들짐승들과 새들과 하와에게 비밀로 했던 것입니다. 아담 스스로 이 중요한 내용을 감추기로 한 것입니다.

결국, 뱀이 알고 있는 정보는 아담에게서 흘러나온 것입니다. 아담이 부주의하여 실수했거나 오랜 시간이 흐르면서 나태해졌거나 또 다른 어떤 이유가 있었을 것입니다. 정확한 원인은 알 수 없지만 아담만 알고 있던 동산 중앙에 있는 두 나무에 관한 정보가 들짐승들에게 알려지게 되었습니다. 이런 점에서 문제의 시작은 아담입니다.

네 번째, 아담은 들짐승들과 새들에게 금지 명령을 내렸습니다.

하나님이 들짐승들과 새들을 아담에게 데리고 오셨을 때 아담은 들짐승과 새들에게 이름을 주었습니다. 그들에게 각자의 할 일을 배분했다는 뜻입니다. 이때 아담은 동산 중앙에 있는 두 나무에 관해 알려 주지 않았습니다. 그래서 들짐승들과 새들은 80년 동안 이 나무에 관한 내용을 알지 못했습니다.

아담은 들짐승들과 새들에게 동산 중앙에 있는 두 나무에 관해서 알려고 하지 말 것과 접근하지 말 것과 두 나무의 열매를 만지지 말고 먹지 말라고 명령했을 것으로 추측됩니다. 하와가 고백한 하나님의 명령은 아담이 들짐승들과 새들에게도 지키게 했던 명령입니다. 만약 아담이 하와에게 한 말과 들짐승들과 새들에게 한 말이 서로 달랐다면, 에덴 동산에 있은 지 얼마 안 되는 초기에 이미 문제가 발생했을 것입니다.

아담은 들짐승들과 새들에게 먼저 명령을 내렸고 그 후에 하나님이 하와를 데려오셨을 때 하와에게도 같은 내용으로 하나님의 명령을 전했을 것입니다. 아니라면, 하나님이 하와를 데려오셨을 때 아담이 들짐승들과 새들과 하와를 한자리에 다 모아 놓고 동산 중앙에 있는 두 나무에 관해서 먹지 말고 만지지 말라고 명령했을 수도 있습니다.

아담이 들짐승들과 새들에게 먼저 명령하고 하와에게 나중에 하나님의 명령을 전달했는지, 들짐승들과 새들과 하와를 한자리에 모아서 동시에 하나님의 명령을 전달했는지 알 수는 없습니다.

하나님은 아담에게는 선악과를 먹지 말라고 명령했지만 들짐승들과 새들과 하와에게는 이 명령을 하지 않았습니다. 들짐승들과 새들과 하와는 하나님으로부터 직접 명령을 받지 않았습니다. 실제로 하와가 선악과를 먹었을 때, 하나님은 바로 하와를 책망하시지 않았습니다. 선악과를 먹지 말라는 명령은 아담에게만 주어진 것입니다.

아담은 자신이 다스리는 들짐승들과 새들에게 [만지지 말고 먹지 말라]는 명령을 내렸습니다. 그리고 하와에게는 하나님의 명령을 전달하는 형식으로 [만지지 말고 먹지 말라]는 말을 했습니다.

하나님이 아담에게만 내린 명령을 아담은 왜 들짐승들과 새들과 하와에게까지 더 강화된 명령으로 지키라고 했을까요?

만약 뱀과 들짐승들이 모여서 생명과와 선악과를 손에 들고 다니고 바구니에 담아 여기저기 가지고 다니면서 나눠 주기도 하고 두 열매를 먹으면서 왔다 갔다 한다면, 선악과를 먹을 수 없는 아담에게는 매우 불편한 상황이 전개되었을 것입니다. 열매들이 여러 그릇에 담겨 있고 또 먹기 좋게 여러 조각으로 잘라져 담겨 있다면 실수로라도 아담이 먹을 수 있는 상황이 발생할 수 있기 때문입니다.

그래서 아담은 동산 중앙에 있는 두 나무에 관해서 일절 설명하지 않았고 동산 안에 있는 모든 동물에게 [동산 중앙에 있는 두 나무의 열매를 만지지 말고 먹지 말]라는 명령을 내린 것입니다.

다섯 번째, 새와 들짐승 중에서 일부는 동산 중앙에 있는 두 나무가 궁금했을 것입니다.

들짐승들과 새들이 동산 내부를 다니면서 각종 나무의 열매를 먹습니다. 자신들의 하루 일이 끝나면 모여서 대화를 합니다. 동산 안에서 있었던 일과 그날 있었던 여러 가지 일들을 서로 이야기하면서 하루하루를 보냈을 것입니다. 동산에서의 일은 고된 노동이 아니므로 피곤함에 지쳐 바로 잠드는 일은 없었을 것입니다.

세월이 지나면서 들짐승들과 새들은 동산의 모든 곳을 속속들이 다 알게 됩니다. 80년이 지나는 동안, 들짐승들과 새들은 동산 안의 일이라면 눈을 감고도 할 수 있을 정도로 숙련되었을 것입니다. 그래서 동산 중앙에 있는 두 나무에 관해서 궁금해하지 않을 수 없었을 것입니다.

물론, 새들과 들짐승들은 아담의 명령대로 동산 중앙에 있는 나무에 접근하지 않았을 것이며 관심을 두지 않았을 것이고 명령을 잘 지켰을 것입니다.

새와 들짐승 중에서 일부는 동산 중앙에 있는 나무에 호기심을 느꼈을 것입니다. 들짐승 중에서 일부가 아담에게 접근하여 동산 중앙에 있는 두 나무는 어떤 나무인지 물었을 것입니다. 80여 년을 지내면서 한 번도 묻지 않았을 것 같지는 않습니다. 들짐승들은 가끔 아담에게 다가와서 동산 중앙에 있는 나무의 이름이 뭔지, 효능이 뭔지 물었을 것입니다. 먹으면 정말 죽는지 물었을 것입니다. 그때마다 아담은 들짐승들에 호통치며 묻지 말고 궁금해하지 말라고 말했을 것입니다.

들짐승들은 가끔 하와에게도 다가와서 물었을 것입니다. 하와는 아담의 종이 아니라 아담을 돕는 자이기에 아담이 동산 중앙에 있는 두 나무의 비밀을 말했을 것으로 생각을 하면서 말입니다. 동산 중앙에 있는 나무의 이름은 무엇인지, 이 두 나무의 효능은 어떤 것인지, 먹으면 정말 죽는지 물었을 것입니다. 그러나 하와는 아담이 말한 내용 그대로 궁금해하지 말고 묻지 말라고 대답했을 것입니다.

아담은 이 사실을 80년 동안 비밀로 했습니다. 아담은 자신의 임무가 끝날 때까지 비밀로 하려고 했을 것입니다. 아담은 들짐승들과 새들과 하와에게 동산 중앙에 있는 나무의 정보를 감추었고 말하지 않았습니다. 동물들에게는 단지 금지 명령만 내렸고 하와에게는 하나님의 명령을 설명하는 방식으로 전달했을 것입니다.

뱀은 하와를 유혹하기 바로 전 또는 몇 시간 전 또는 며칠 전이나 몇 달 전에 선악의 지식나무에 대한 정보를 얻었을 것입니다. 아마도 며칠 전에 알았거나 몇 달 전에 알았을 것입니다. 뱀이 어떻게 알게 되었는지는 성경에 설명되어 있지 않기 때문에 알 수 없습니다. 분명한 것은 아담에게서 이 정보가 흘러나왔다는 것입니다.

뱀이 이 나무의 정보를 일찍 알았다면 그만큼 선악과의 정보를 이용하여 하와를 유혹하는 시점이 훨씬 빨랐을 것이며 아담과 하와가 에덴동산에서 더 빨리 나가게 되었을 것입니다. 아담과 하와가 동산에서 80년을 살았다는 것은 80년이 되었을 즈음에 뱀이 선악의 지식나무에 관한 정보를 알게 되었다는 것을 의미합니다. 또한 아담이 80년 정도의 긴 기간 동안 동산 중앙에 있는 나무의 정보를 알려 주지 않았다는 의미도 됩니다.

원인은 알 수 없지만 아담에게서 이 정보가 흘러나왔습니다. 왜 아담이 이 정보를 말하게 되었는지 모르겠지만 아담의 잘못이라는 점은 확실합니다. 어떻게 들어갔을지는 몰라도 뱀은 이 정보를 전해 들었습니다.

Chapter 47

하와는 왜 선악과를 먹었을까?

하와가 선악과를 먹은 이유를 두고 많은 분이 [하나님처럼 되리라]는 욕심 때문이었다고 말합니다. 또 많은 분이 하와가 하나님의 말씀을 왜곡했다고 합니다. 이런 주장들은 성경을 자세히 살펴보지 못해서 생긴 오해입니다. 이 Chapter에서 하와가 선악과를 먹은 이유를 살펴보겠습니다.

첫 번째, 대략 80년 만에 하와의 마음에 변화가 생겼습니다.

하와는 동산 중앙에 있는 두 나무를 쳐다보지 않았고 신경 쓰지 않았습니다. 또한 유혹의 말을 들었어도 관심을 두지 않았고 아담을 통해 전해 들은 하나님 의 명령을 잘 지켰습니다. 하와 입장에서는 동산에 다른 나무도 많이 있어서 굳 이 동산 중앙에 있는 두 나무가 필요하지 않았습니다.

그런데 동산에 들어온 이후로 대략 80년 만에 하와의 마음이 달라졌습니다. 80여 년 동안 전혀 움직이지 않았던 하와의 마음이 달라졌다는 것을 알 수 있는 말씀이 있습니다.

성경 말씀: 창세기 3장 5절
"너희가 그것을 먹는 날에는 너희 눈이 밝아져 하나님과 같이 되어 선악을 알

줄 하나님이 아심이니라"

성경 말씀: 창세기 3장 6절
"여자가 그 나무를 본즉 먹음직도 하고 보암직도 하고 지혜롭게 할 만큼 탐스
럽기도 한 나무인지라"

하와는 뱀에게서 처음으로 선악을 알게 된다는 말을 들었습니다.

뱀이 동산 중앙에 있는 하나의 나무를 가리키며 이 나무의 열매를 먹으면 선
악을 알게 될 것이라고 말한 것입니다. 물론, 뱀이 나무를 손으로 가리켰는지 성
경에는 기록되어 있지 않습니다. 어쩌면 뱀은 손에 선악과를 들고 왔을 수도 있
습니다.

하와는 대략 80년 만에 동산 중앙에 있는 두 개의 나무 중 하나의 효능을 알게
되었습니다. 뱀과 하와는 이때까지도 생명나무에 관해서는 알지 못했던 것 같
습니다. 뱀은 선악의 지식나무만을 알았고, 하와도 뱀을 통해 선악의 지식나무
를 알게 된 것입니다. 동산에서 80년을 지내며 하와는 가끔 '이 나무들은 뭘까?'
하는 의문을 가졌을 것입니다. 뱀을 통해 80년 만에 두 나무 중 하나가 [선악을
알게 한]다는 것을 알았습니다.

뱀이 선악과를 들고 왔다면 하와는 선악과를 만져도 죽지 않는다는 것을 바로
알았을 것입니다. 물론, 뱀이 처음 질문을 할 때부터 선악과를 들고 있었는지는
모릅니다. 하여튼 하와는 그 나무가 죽음의 나무가 아니라, 선악의 지식을 주는
나무라는 것을 알았습니다.

아담과 하와는 그동안 들짐승들의 유혹을 많이 받았기 때문에 하와가 뱀의 유혹에 즉시로 반응하지는 않았을 것입니다. 하와는 아담의 종이 아닙니다. 반면 에덴동산에 있는 들짐승들과 새들은 아담의 관리를 받는 위치에 있습니다. 확실하지는 않지만 하와와 뱀의 관계는 주인과 종의 관계와 비슷했을 것입니다. 그래서 주인의 자리에 있었던 하와가 뱀의 말을 들었다고 해서 바로 선악과를 먹지는 않았을 것입니다.

두 번째, 뱀에게 유혹을 받은 후에 하와의 마음에 변화가 생겼습니다.

하와는 동산 중앙에 있는 두 나무의 열매에 관해서 만지거나 먹으면 죽을 것으로 생각했습니다. 그런데 뱀의 말을 듣고 나니, 동산 중앙에 있는 나무 중 하나는 선악을 알게 해 주는 효능이 있다는 것입니다. 나무에 대한 인식이 달라진 것입니다. 그때까지 하와는 동산 중앙에 있는 나무에 관심을 두지 않았습니다. 그런데 갑자기 동산 중앙에 있는 한 나무에 관심을 가지기 시작했습니다. 하와는 며칠을 두고 동산 중앙에 있는 한 나무를 유심히 관찰합니다. 그리고 만약 뱀이 선악과를 만졌다면 뱀이 죽지 않을까 하여 며칠을 두고 뱀을 관찰했을 것입니다. 뱀이 죽지 않는다는 것을 알았기 때문에 하와는 선악과를 만졌을 것입니다. 하와는 이 열매를 만져도 죽지 않는다는 것을 확인했을 것입니다.

하와는 자신이 알고 있는 하나님의 명령에 오류가 있다는 것을 알게 되었습니다. 만져도 죽지 않았으니 말입니다. 하와는 이제 이 열매를 먹어도 죽지 않을 수 있다는 생각까지 하게 됩니다. 그리고 뱀의 말대로, 그 나무의 열매는 선악의 지식을 줄지도 모른다는 생각을 합니다. 동산 중앙에 있는 알 수 없는 두 그루의 나무를 빼고는 모든 나무가 다 좋은 나무였기 때문입니다.

성경 말씀: 창세기 3장 4절

"너희가 결코 죽지 아니하리라. 너희가 그것을 먹는 날에는 너희 눈이 밝아져

하나님과 같이 되어 선악을 알 줄 하나님이 아심이니라"

하와는 뱀의 이 말을 믿고 선악과를 먹었을까요?

뱀의 말은 [죽지 않는다. 하나님처럼 된다]는 것입니다. 하와는 어떤 마음에서 선악과를 먹었을까요? 하와는 하나님처럼 되고 싶었을까요? 아닙니다. 하와가 선악과를 먹으려 했던 이유는 지혜로워지고 싶었기 때문입니다.

성경 말씀: 창세기 3장 6절

"여자가 그 나무를 본즉 먹음직도 하고 보암직도 하고 지혜롭게 할 만큼 탐스

럽기도 한 나무인지라"

하와는 선악과를 먹고 지혜롭게 되기를 바랐던 것입니다. 먹음직하고 보암직 하다는 표현은 열매의 겉모습을 설명한 것입니다. 하와가 열매에 기대했던 효 과는 하나님처럼 되는 것이 아니라 지혜롭게 되는 것입니다.

[먹음직도 하고 보암직도 하다]는 말을 두고, 하와가 타락했기 때문에 그렇게 보이게 되었다고 해석하는 분들이 있습니다. 이것은 옳지 않은 해석입니다. 하 와가 유혹을 받기 전에도 선악과는 먹음직하고 보암직합니다. 하와의 마음에 변화가 있었던 부분은 [지혜롭게 할 것 같다]는 것입니다.

성경 말씀: 창세기 2장 9절

"여호와 하나님이 그 땅에서 보기에 아름답고 먹기에 좋은 나무가 나게 하시

니 동산 가운데에는 생명나무와 선악을 알게 하는 나무도 있더라"

이 말씀에서 하나님은 보기에 아름답고 먹기에 좋은 나무들이 나게 하셨습니다. 동산의 모든 나무는 보기에 아름답고 먹기에 좋은 나무입니다. 보암직하다는 말은 보기에 아름답다는 말이고 먹음직하다는 말은 먹기에 좋다는 뜻입니다. 하와가 뱀의 유혹을 받기 전에도 선악의 지식나무는 보암직하고 먹음직한 나무였습니다.

하와가 이 나무에 관해 몰랐을 때도 이 나무는 보암직하고 먹음직했을 것입니다. 그러나 하와가 선악의 지식나무라는 말을 듣고 보았을 때 이 나무의 느낌에는 [지혜롭게 해 줄 것 같다]는 느낌이 추가된 것입니다.

세 번째로, 하와는 왜 지혜로워지고 싶었을까요?

하와는 자신에게 지식이 부족하다고 느끼지 않았을 것입니다. 하와가 자신이 무지하다고 느끼려면 누군가는 하와가 모르는 이야기를 해야 합니다. 아담과 하와는 그들이 살아가는 데 있어서 필요한 모든 지식을 가지고 있었을 것입니다. 또한 자신이 가지고 있는 지식의 테두리 안에 살고 있었기 때문에 다른 지식이 언급되는 일은 없었을 것입니다.

하와가 뱀의 말을 들었을 때, 하와는 현재보다 더 지혜로워질 수 있다는 의미로 받아들인 것입니다. 하와는 더 지혜로워지는 것을 원했습니다. 하와가 하나님처럼 되고 싶다거나 하나님께 도전하려고 한 것은 아닙니다. 하와는 단순히 더 지혜로워지고 싶어서 선악과를 먹은 것입니다. 지혜가 부족하다고 느낀 것은 아닙니다. 하와는 '현재의 상태에서 더 지혜롭게 된다면 어떤 상태일까?' 하는 궁금증이 생겼던 것입니다.

실제로 선악과는 지혜롭게 하는 효과를 가지고 있지 않습니다. 선악의 지식은 땅에서 살아가는 사람이 몸을 통해서 느끼는 감정에 관한 것입니다. 하와는 선악의 지식을 오해한 것입니다. 선악의 지식이 무엇인지, 뱀도 하와도 몰랐습니다. 뱀은 선악의 지식이 무엇인지 모르면서 하와를 유혹했습니다. 이 선악의 지식을 정확하게 알고 있는 사람은 아담뿐입니다. 뱀도 선악의 지식을 오해했고 하와도 선악의 지식을 오해했습니다. 하와는 오해하여 더 지혜로워질 것을 기대했던 것입니다.

만약 아담이 하와에게 선악의 지식이 무엇인지 정확하게 설명했다면 하와는 뱀의 말에 영향을 받지 않았을 것입니다. 아담이 선악과의 효능을 설명했다면 하와는 지혜로워지겠다는 생각을 하지 않았을 것입니다. 실제로 선악과는 지혜롭게 하는 효능이 없기 때문입니다. 아담이 바른 정보를 하와에게 알려 주지 않았기 때문에 하와가 선악과를 먹게 된 것입니다.

네 번째, 하와는 왜 과일 하나를 먹으면 지혜가 생길 것으로 믿었을까요?

현대인이라면 누구라도 과일 하나 먹는 것으로 지혜가 생긴다는 말을 믿지는 않을 것입니다. 그렇다면 아담과 하와는 미신을 믿는 수준이거나 아니면 지적으로 부족했던 사람이었을까요? 물론 아닙니다. 아담과 하와는 하나님이 직접 만드셨고 하나님을 직접 만난 사람이었고 지혜로운 사람입니다.

[열매를 먹으면 선악을 아는 일에서 하나님처럼 된다]는 말은 뱀이 하는 사기성 거짓말이 아닙니다. 실제로 에덴동산에는 신비로운 효능을 가진 과일나무가

많이 있었기 때문입니다. 신비한 효능을 가진 나무 중에서 가장 뛰어난 효능을 가진 나무는 생명나무입니다. 생명나무의 열매에는 한 번만 먹으면 영원히 죽지 않게 하는 효능이 있습니다. 그래서 하와는 지혜롭게 해 주는 나무도 충분히 있을 수 있다는 생각을 하게 되었을 것입니다.

다섯 번째, 사실상 뱀의 유혹은 실패한 것과 다름이 없습니다

하와는 뱀의 말대로 행동한 것이 아니라 자신이 원하는 대로 행동한 것입니다. 뱀은 그 과일을 먹어도 죽지 않을 것이며 선악을 알게 되어 하나님처럼 될 것이라고 말했습니다. 하나님과 같이 된다는 말은 하나님과 동등한 지위를 갖는다는 의미가 아닙니다. 하나님과 같은 능력을 갖추게 된다는 말도 아닙니다. 하나님이 선악을 아는 것과 같은 수준으로 선악을 알게 된다는 의미입니다. 하나님이 알고 계신 것과 같은 지식을 가지게 된다는 의미입니다.

하와는 하나님처럼 된다는 말에 관심을 둔 것이 아닙니다. 뱀은 하나님처럼 되라는 의미로 유혹을 시도했으나 하와는 하나님처럼 되려고 선악과를 먹은 것이 아닙니다.

[견물생심]이라는 말이 있습니다. 하와가 무엇인가 탐을 내려면 그런 마음을 일으키는 뭔가가 있어야 합니다. 그런데 에덴동산에는 그런 것이 없었습니다.

다음과 같은 상황을 생각해 보겠습니다.

하나님과 경건한 자손이 대화하고 있습니다. 하나님과 경건한 자손은 [선악]이라는 주제로 대화를 하고 있습니다. 하와가 다가와서 이 대화에 함께하려고

합니다. 이때 하나님이 하와에게 너는 선악의 지식이 없어서 이 대화에 함께할 수 없다고 말씀합니다. 그리고 경건한 자손들이 하와를 대화에서 제외합니다.

만약 이런 상황이 있었다면, 대화에 함께하기 위해서 하와는 선악의 지식을 얻으려고 했을 것입니다. 선악의 지식이 무엇인지 알려고 백방으로 노력했을 것입니다.

그런데 선악의 지식나무는 하와가 80년 만에 갑자기 관심을 두게 된 나무입니다. 80년 동안 하와는 이 나무에 관심을 두지 않았습니다. 이것은 하나님이 경건한 자손과 대화할 때, [선악]과 관련된 내용을 대화의 주제로 삼지 않았다는 것을 의미합니다. 만약 하나님과 경건한 자손들이 [선악]과 관련된 내용을 대화의 주제로 삼았다 하더라도 아담과 하와가 함께하지 않은 자리에서 대화했을 것입니다. 아담과 하와는 에덴동산에서 80여 년을 지내는 동안 자신이 미련하다고 생각했던 적이 없었고 선악의 지식이 필요하다고 느낀 적도 없었습니다.

하와가 탐을 내려면 그만큼 부러운 것이 있다는 사실을 인지해야 합니다. 그런데 에덴동산에서 아담과 하와의 지위는 높았습니다. 하나님과의 대화에서 제외된 적도 없습니다. 동산 안에서 아담과 하와는 부러운 것이 없었습니다. 그래서 하와는 하나님처럼 되고 싶다는 생각을 하지 않았을 것입니다.

뱀은 [하나님처럼 되리라]는 의미로 유혹했겠지만 하와는 하나님처럼 되는 것에는 관심을 두지 않았을 것입니다. 그런 의미에서 뱀은 실패한 것입니다.

여섯 번째, 결국 뱀은 유혹하는 데 성공했습니다.

동산 안에 있는 나무는 어떤 나무든지 아담과 하와에게 좋은 효과를 주었습니다. 먹어서 나쁜 나무는 없었습니다. 하와는 선악과도 좋은 효과를 줄 것으로 생각했을 것입니다. 하와는 선악과를 먹기 전까지도 부족한 것이 없었습니다. 그런데 이 나무는 선악을 알게 해 주는 효과가 있다고 합니다. 이 나무의 열매를 먹으면 선악의 지식을 얻게 되고 더 지혜로워진다는 것입니다. 하와는 다른 나무의 열매를 먹고 효과를 얻었던 것처럼, 지금보다 더 지혜로워지는 효과를 얻으면 어떤 상태가 될지 궁금했을 것입니다.

하와는 뱀의 유혹에 넘어간 것이 아니라 자기 생각으로 선악과를 먹었습니다. 뱀이 의도한 것과는 다르지만 결국은 선악과를 먹었기 때문에 뱀의 유혹은 성공했다고 말할 수 있습니다. 뱀이 하와에게 준 선악과에 관한 정보는 하와가 선악과를 먹는 일에 결정적인 영향을 주었습니다.

하와는 처음으로 [선악을 알게 된다]는 말을 들었고 아담이 지금까지 자신에게 숨겼다는 사실을 알았습니다. 하와는 자신이 실수하지 않기를 바라는 아담의 마음을 알았을 것입니다.

이 Chapter의 결론을 내립니다.

뱀이 선악과의 효능을 말하기 전까지 하와는 그 나무에 관심이 없었습니다. 선악의 지식을 얻게 된다는 말을 들은 후로 하와는 자신이 지금보다 더 지혜로워질 수 있다고 생각했습니다. 그래서 하와는 더 지혜롭게 되는 것이 궁금했습니다. 하와는 선악의 지식을 얻어서 더 지혜로운 사람이 되기로 한 것입니다.

Chapter 48

하와는 왜 아담에게 선악과를 주었을까?

많은 분이 아담과 하와가 같이 있었고 뱀이 하와를 유혹하고 하와가 선악과를 바로 따먹고 이어서 바로 옆에 있었던 아담에게 건네준 것으로 생각합니다. 이 내용을 모두가 함께 있었던 자리에서 같은 시간에 한 번에 이루어진 것으로 생각합니다.

실제로는 뱀이 하와를 유혹한 후로 하와가 아담에게 선악과를 건네주기까지 많은 시간이 흘렀을 것입니다. 하와가 아담에게 선악과를 주게 된 과정을 설명합니다.

첫 번째, 뱀의 유혹이 있었던 사건 이후로 시간이 흘렀습니다.

우리가 맛있어 보이는 사과를 보면 아무 걱정 없이 주저하지 않고 먹을 수 있습니다. 사과는 이미 많이 먹어 봤고 맛있는 과일이고 위험하지 않다는 것을 이미 잘 알고 있기 때문입니다. 처음 먹는 과일이 아니기 때문입니다.

만약 어떤 과일을 처음 보게 된다면 이 과일을 먹는 데 주저할 것입니다. 처음 보는 과일을 바로 먹지 못하는 것은 그 과일을 신뢰하지 못하기 때문입니다. 어떤 과일을 안심하고 먹을 수 있으려면 경험이 필요합니다. 누군가 맛있게 먹는 것을 지켜보는 과정이 필요합니다. 부모님이나 친구나 다른 사람이 안전하게 먹는 것을 확인해야 합니다.

마찬가지로, 하와가 선악과를 먹으려면 선악과를 먹어도 죽지 않는다는 신뢰가 있어야 합니다. 그래서 하와가 선악과를 먹기로 결심하기까지 시간이 걸렸을 것입니다. 이것은 [Chapter 47. 하와는 왜 선악과를 먹었을까?]에서 설명했습니다. 하와는 선악과의 효능을 알게 되었고 지혜를 얻으려고 선악과를 먹습니다. 뱀에게 설명을 들은 후로 선악과를 먹기까지 어느 정도의 시간이 흘렀을 것입니다. 어느 정도였는지는 모릅니다.

두 번째, 하와는 아담에게 말하지 않고 선악과를 먹습니다.

처음에는 단지 선악과를 만지기만 했을 것입니다. 하와는 며칠이 지나도 자신이 병들거나 죽지 않는다는 것을 느낍니다. 이렇게 여러 번 만지고 나서 자신에게 이상이 없다는 것을 알게 되었을 것입니다.

하와는 어느 한 날을 정하여 선악과를 먹기로 합니다. 하와는 이 일을 아담과 의논하지 않습니다. 하나님의 명령을 어기는 것이기 때문입니다. 하나님이 거짓말을 하셨는지, 아담이 거짓말을 했는지 알 수 없지만 만약 아담이 거짓말을 한 것이라면 아담과 상의할 수는 없기 때문입니다. 하와는 스스로 결정합니다. 하와는 선악과 먹는 일을 혼자서 실행합니다. 하와가 선악과를 먹을 때 옆에는 뱀도 없었고 아담도 없었고 아무도 없었을 것입니다. 하나님에게 죄를 짓는 장면을 다른 존재에게 보여 줄 수는 없었기 때문입니다.

하와는 선악과를 먹었고 이때는 하나님이 하와에게 벌을 내리시지 않습니다.

하와는 지혜로워지고 싶었지만 전혀 다른 반응으로 인하여 놀라게 됩니다. 하와는 선악을 알게 한다는 의미를 오해했습니다. 아담이 선악을 알게 한다는 의미를 설명해 주지 않았기 때문에 하와는 그 의미를 오해하여 지혜를 얻을 것으로 생각했습니다.

하와는 이제 부끄러움을 느끼게 되었습니다.

에덴동산에 들어오기 전에는 부끄러웠을 때 숨거나 도망치거나 몸을 가리는 행위를 했었습니다. 에덴동산에 들어온 후로는 이런 감정을 잊었습니다. 하나님이 하와에게 있는 선악의 감정을 봉하셨기 때문입니다.

그런데 눈이 밝아져서 선악을 알게 되었습니다. 이 선악의 지식은 문자적으로는 [좋은 감정과 나쁜 감정에 대한 지식]으로 표현되어 있습니다. 선악의 지식은 선악의 감정을 느낄 때 그 느낌을 알게 해 줍니다. 이 선악의 감정에는 부끄러움이 포함되어 있습니다. 그래서 하와는 부끄러움이라는 감정이 어떤 느낌인지 알게 되었습니다. 선악과는 단순히 선악의 감정을 느낌으로 알게 합니다.

감정이 어떤 느낌인지 아는 것과 감정을 실제로 느끼고 있는 것은 다른 것입니다. 공포의 느낌을 아는 것과 공포를 느끼는 것은 다른 것입니다. 사람은 누구나 공포란 감정이 무엇인지 압니다.

어떤 사람이 곰에게 쫓기다가 넘어졌습니다. 곰이 넘어진 사람에게 다가갑니다. 이 순간, 넘어진 사람은 다가오는 곰을 봅니다. 이 장면을 영화로 보고 있는 관객들은 이 사람이 공포를 느낄 것이라는 사실을 다 알고 있습니다. 그리고 다음 장면에서 그 사람이 공포심에 휩싸여 벌벌 떠는 모습을 보게 됩니다. 그렇더라도 관객들은 공포심에 떨지 않습니다. 공포가 무엇인지는 알지만 공포심에 휩싸이지는 않습니다. 관객은 영화관에서 스크린으로 이 장면을 보고 있기 때문입니다. 관객에게는 실제 상황이 아니기 때문입니다.

공포라는 감정이 어떤 것인지 알지만 공포라는 감정에 지배받지 않는 상태가 있습니다. 하나님이 경건한 자손에게 원하시는 상태입니다. 이것이 선악의 지식을 경건한 자손에게 주려고 하신 하나님의 뜻입니다. 경건한 자손들은 선악과를 먹고 공포라는 감정을 느낌으로 알지만 공포감에 빠지지 않습니다. 경건한 자손의 몸은 태어날 때부터 공포와 두려움과 부끄러움을 느끼지 않습니다.

하와는 선악의 지식을 가지게 되면서 동시에 감정에 지배받는 사람으로 되돌아갔습니다. 하와가 감정에 지배받는 상태가 된 것은 에덴동산에 들어오기 전부터 그렇게 살았기 때문입니다. 하와의 몸은 태어날 때부터 이런 감정을 느끼도록 되어 있습니다. 하나님이 하와 속에 있던 공포와 두려움과 부끄러움과 같은 선악의 감정을 봉해 놓으셨는데 선악과를 먹고 얻은 지식으로 인해 이 감정들의 봉인이 풀렸던 것입니다. 하와는 지능이 높아지는 것을 기대했지만 지능이 더 높아지는 것은 아니었습니다.

세 번째, 선악을 알게 된 하와에게 문제가 생겼습니다.

하와는 혼자 선악과를 먹었습니다. 하와는 잊고 있었던 감정들을 다시 느끼게 되었습니다. 하나님이 봉해 두셨던 선악의 감정이 다시 살아난 것입니다. 그동안 꺼져 있었던 감정 스위치가 다시 켜졌다고 생각하는 것이 더 쉽게 이해될 것 같습니다.

하와는 아담에게 권할 만한 열매가 아니라는 것을 알았습니다. 또한 하나님의 계명을 어기는 것이기에 아담에게 먹으라고 권할 수도 없었습니다. 그래서 하와는 아담에게는 선악과를 먹으라고 권하지 않기로 합니다. 이렇게 여러 날이 흐릅니다.

그런데 하와의 몸 안에서 되살아난 감정이 하와를 지배하기 시작합니다.

선악과를 먹은 후로 하와는 두려움, 공포, 부끄러움, 수치심, 우울감, 무력감, 분노, 질투, 경쟁심, 미움 등 선악의 감정을 느끼는 사람이 되었습니다. 기쁨, 즐거움, 행복감 등의 감정은 선악과를 먹기 전에도 느끼고 아는 감정들입니다. 선악과를 먹고 알게 되는 감정은 육체를 가지고 있는 한계에서 오는 감정들입니다. 사람이 살아가면서 자연스럽게 느끼는 평범한 감정입니다. 이런 감정을 느끼는 것 자체가 죄는 아닙니다.

하와가 선악과를 먹었어도 공포나 분노나 외로움이나 두려움이나 무력감과 같은 감정을 느낄 수는 없었습니다. 에덴동산에는 아담과 하와를 위협하거나 절망하게 할 일이 없었기 때문입니다. 하와는 선악과를 먹었지만 죽음을 느낄 수 없었습니다. 선악과는 죽음을 가져오는 것이 아니라 선악의 감정을 느낌으로 알게 하기 때문입니다. 죽음을 느끼려면 죽음의 공포를 느낄 만한 상황이 발생해야 합니다. 그러나 동산 안에는 죽음이 없습니다.

하와가 잊고 있었던 감정들이 모두 살아났어도 실제 감정을 유발하는 일들이 없었습니다. 과거에 느꼈던 모든 감정이 다시 활성화되어 하와의 몸 한쪽에 자리 잡고 실존하게 되었지만 에덴동산 안에서는 이런 감정을 유발할 만한 원인이 없었기 때문에 하와는 부정적 감정을 느낄 수 없었습니다.

그런데 하와는 유일하게 감정 하나를 느끼게 되었습니다. 그것은 벌거벗었다는 사실에서 오는 부끄러움입니다. 하와는 아담에게 선악과를 먹으라고 권하지 않았습니다. 하와는 선악과를 먹은 사실을 아담에게 숨겼습니다. 하와는 부끄러움을 느꼈으나 그냥 참기로 했습니다. 하와는 부끄러움보다는 하나님의 명령을 어겼다는 것과 아담에게 책망을 듣게 될 것을 피하려고 감추기로 했을 것입니다.

여러 날이 흐릅니다. 며칠이 지났는지 몇 달이 지났는지는 모릅니다. 하와는 하나님의 명령을 어긴 사실을 숨겨 왔는데 이제는 부끄럽다는 감정이 수치심으로 발전했습니다. 하나님께 벌을 받거나 아담에게 책망을 듣는 것보다 수치심을 참는 일이 더 어려워졌습니다.

처음에는 아무렇지 않은 듯이 행동했지만 시간이 흐를수록 견디기 어려워졌습니다. 옷을 입지 않은 아담을 볼 때도 부끄러웠을 것이지만 아담이 자신을 볼 때는 수치스럽다고 느꼈을 것입니다. 아담은 아무런 반응을 보이지 않았지만 하와는 혼자서만 계속해서 수치심을 느꼈을 것입니다. 침묵하면 하와는 동산에서 영원히 살 수 있습니다.

이제 이 Chapter의 결론을 정리합니다.

하와는 부끄러움을 느끼게 되었습니다. 부끄러움은 그 강도를 더하여 수치심이 되었습니다. 하와가 동산 안에서 사는 동안 영원히 수치심을 느끼게 됩니다. 하와는 이 수치심의 고통을 끝내기 위해서 아담과 함께 몸을 가려야 한다고 생각합니다. 그래서 아담도 수치심을 느끼도록 해야 했습니다. 하와는 이런 이유로 아담이 선악과를 먹도록 유혹한 것입니다.

Chapter 49

아담은 왜 하와가 건네준 선악과를 먹었을까?

많은 사람은 아담이 하나님처럼 되려고 선악과를 먹었다고 생각합니다. 뱀이 선악과를 먹으면 하나님처럼 된다고 말했기 때문입니다. 그러나 아담은 뱀에게 유혹을 받은 것이 아닙니다. 아담은 [선악과를 먹으면 하나님처럼 될 것이다]라는 말을 듣지 못했습니다. 이 말은 뱀이 하와를 유혹할 때 한 말입니다. 아담은 뱀으로부터 유혹을 받지 않았습니다. 이 내용은 [Chapter 55. 뱀은 아담의 범죄와 관련이 없다]에서 설명합니다.

그러면 하와가 아담에게 선악과를 건네면서 [선악과를 먹으면 하나님처럼 될 것이다]라고 말했을까요? 하와는 뱀에게 이런 유혹의 말을 들었습니다. 그러나 하와가 아담에게 선악과를 건넬 때는, 뱀에게 들은 말을 하지 않았습니다. 하와는 뱀의 말이 틀렸다는 것을 알았습니다. 그래서 뱀의 말을 그대로 인용하지는 않았습니다.

아담은 [선악과를 먹으면 하나님처럼 된다]는 말을 뱀에게서도 하와에게서도 듣지 못했습니다. 그래서 아담은 하나님처럼 되려고 선악과를 먹은 것이 아닙니다. 그러면 아담은 왜 선악과를 먹었을까요? 이 Chapter에서 선악과를 먹을 수밖에 없었던 아담의 마음을 조금은 이해해 보고자 합니다.

첫 번째, 아담은 하나님의 명령을 정확하게 이해하고 있었습니다.

아담은 에덴동산에 들어오면서 하나님으로부터 계명을 직접 받았습니다. 아담은 어떤 나무가 생명나무인지, 어떤 나무가 선악의 지식나무인지 하나님에게 들었기 때문에 정확하게 알고 있습니다. 하나님이 먹지 말라는 나무가 어느 나무인지 알아야 명령을 지킬 수 있기 때문입니다. 또한 아담은 동산 중앙에 있는 두 나무만이 아니라 동산 안에 있는 많은 다른 나무들에 대해서도 하나님에게 들어 알고 있습니다.

아담은 동산 중앙에 있는 두 나무 중 하나는 선악을 알게 해 준다는 사실을 알고 있었습니다. 또한 이 나무의 효능은 지능이나 판단력을 높여주는 것이 아니라 일부 느낄 수 없는 감정에 관한 지식을 준다는 것도 알고 있었습니다. 아담은 자신이 죽게 되는 경우를 하나님에게 들어 자세히 알고 있습니다.

아담은 에덴동산의 세부적인 것에 대해서도 잘 알고 있었는데, 에덴동산을 잘 모른다면 동산을 다스리고 지킬 수 없기 때문입니다. 하나님에게 들었기에 각종 좋은 열매를 알고 있고 각 열매의 효능이 무엇인지도 알고 있습니다.

두 번째, 열매를 건네면서 아담과 하와는 어떤 대화를 했을까요?

아담과 하와 사이에 어떤 대화가 오고 갔는지 성경에 기록되어 있지 않습니다. 창세기 3장 6절에는 [자기와 함께 있는 남편에게도 주매 그도 먹은지라]고 기록되어 있습니다. 하와가 선악과를 아담에게 주고 있습니다. 아담과 하와가 아무 대화도 없이 그냥 묵묵히 건네주고 묵묵히 받아먹었을 리는 없습니다. 아담과 하와는 이 열매에 대해서 서로 묻고 대답했을 것입니다.

아담과 하와의 대화를 추측해 보면 당연히 있어야 하는 대화 내용을 알 수 있습니다. 아담이 하와와 나눴을 대화는 다음과 같습니다.

아담: 왜 선악과를 나에게 주느냐?
하와: 왜 선악과를 만졌는데도 죽지 않느냐?
아담: 하나님의 명령을 내가 과장했다.
하와: 나는 이미 선악과를 먹었다.

세 번째, 아담은 분명히 "왜 이 열매를 나에게 가져왔느냐?"라고 물었을 것입니다.

하와가 선악과를 가져왔을 때 아담은 매우 놀랐을 것입니다. 하와가 하나님이 금지하신 열매를 가져왔기 때문입니다. 하나님의 계명을 어기는 것입니다. 이것은 아담이 하와에게 강조했던 유일한 계명입니다. 하와가 계명을 어기고 열매를 가져왔으니 매우 놀랐을 아담은 왜 이 열매를 가져왔는지 하와에게 묻지 않을 수 없는 상황입니다.

아담은 80년 만에 처음으로 위기감을 느꼈을 것입니다. 또한 자신에게는 죽음의 위기라는 것을 알았을 것입니다. 하나님은 아담에게 이 열매를 먹으면 죽을 것이라고 분명하게 말씀하셨기 때문입니다. 그래서 아담은 하와가 이런 행동을 하게 된 이유를 분명히 알아야 했을 것입니다.

네 번째, 하와는 아담에게 하나님의 명령이 뭔가 잘못되었다는 것을 말했을 것입니다.

하와는 오히려 아담에게 되물었을 것입니다. 하나님은 이 열매를 만지기만 해도 죽는다고 했지만 하와 자신이 선악과를 만졌어도 죽지 않았기 때문입니다. 하나님의 명령에 대하여 의심이 든다는 말을 했을 것입니다.

그동안 하와는 하나님의 명령을 의심한 적이 없었을 것입니다. 그러나 뱀의 유혹을 받고 난 후로, 하나님의 명령에 대해 의심하기 시작했을 것입니다. 뱀이 선악과를 들고 와서 유혹했을 가능성이 있습니다. 그런데도 뱀은 죽지 않았습니다. 그래서 하와는 하나님의 명령을 의심했고 아담에게 만져 봤다고 말했을 것입니다.

하와는 아담에게 선악과를 먹이려고 합니다. 또한 하나님의 말씀이 맞지 않는다는 말도 하려고 합니다. 그래서 하와는 선악과를 들고 와야 했을 것입니다. 하와는 선악과를 손에 들고 와서 아담에게 "봐라. 이렇게 만졌는데도 죽지 않는다."라며 보여 주었을 것입니다.

물론 하와가 죽지 않는다는 사실로는 아담이 충격을 받지 않습니다. 아담은 선악과를 만지더라도 죽지 않는다는 것을 이미 잘 알고 있었기 때문입니다. 아담이 놀란 것은 그 열매를 하와가 들고 왔다는 것입니다. 하와에게는 [만지지 말]라는 명령을 추가하여 전달했음에도 하와가 이 명령을 어겼기 때문입니다.

다섯 번째, 아담은 하와에게 자신이 하나님의 계명을 과장했다고 말했을 것입니다.

아담은 [만지지도 말]라는 말을 자신이 추가했다고 하와에게 설명했을 것입니다. 하나님의 명령에는 없었지만 자신이 추가한 것이고 선악과를 만지는 것만

　　　　　　　　　Part 6. 아담과 하와의 범죄

으로는 죽지 않는다고 설명했을 것입니다.

아담이 하나님의 명령을 바꾸어서 전달했기 때문에 하와는 하나님의 명령이 틀렸다는 생각을 하게 되었습니다. 하나님의 명령을 의심했기 때문에 하와가 선악과를 만져 보는 실험을 하게 된 것입니다. 이런 일이 발생한 것은 아담이 하와에게 하나님의 명령을 다르게 전했기 때문입니다. 아담은 하나님의 명령을 그대로 전달했어야 했고 생명나무와 선악의 지식나무에 관한 정보를 그대로 알려 줬어야 했습니다.

여섯 번째, 하와는 선악과를 먹은 것과 죽지 않은 것을 아담에게 말합니다.

아담의 설명을 들은 하와는 그래도 이해되지 않는 부분이 있습니다. 만지는 것만으로는 죽지 않는다고 했는데 하와는 이미 선악과를 먹었습니다. 하나님은 먹으면 죽는다고 하셨기 때문에 하와는 죽었어야 합니다. 그러나 하와는 선악과를 먹었어도 죽지 않았습니다. 그래서 하와는 [그래도 하나님의 명령이 맞지 않는]다는 것을 아담에게 말했을 것입니다.

아담은 하와에게 선악과의 효과는 죽음이 아니라고 설명합니다. 아담은 하나님에게 들었던 내용을 사실대로 설명합니다. 선악과를 먹으면 선악의 지식을 얻게 된다는 사실을 설명합니다. 아담은 하나님의 명령과 선악과의 효과와 하나님의 명령을 어기면 왜 죽게 되는지를 하와에게 자세히 설명합니다. 이때가 되어서 하와는 진실을 알게 되었습니다.

아담은 큰 고민에 빠지게 되었습니다. 하와가 선악과를 손에 들고는 왔어도 아직 먹지 않았다면, 아담과 하와에는 아직 기회가 있었습니다. 아담은 하나님의 명령을 자세히 설명하고 선악과를 먹지 말자고 한 번 더 다짐했을 것입니다. 그러나 이미 하와가 먹고 나서 아담에게 가져왔기 때문에 아담은 낙담할 수밖에 없었을 것입니다.

아담이 하나님의 명령을 과장하여 전달했고 선악과의 효과도, 죽음에 이르게 되는 과정도 설명하지 않아서 이런 일이 발생했음을 느끼게 되었습니다. 하와 는 아담에게서 바른 설명을 듣지 못했기 때문에 잘 알지 못하는 상태에서 열매 를 먹었습니다. 아담이 하와에게 책임을 추궁할 수 없는 이유는 자신이 하나님 의 명령을 바르게 전하지 않았기 때문입니다. 아담은 감추려고만 했던 자신의 판단이 크게 잘못됐음을 그때 알았을 것입니다.

일곱 번째, 아담은 선악과를 먹기로 합니다.

아담이 결단할 시간이 되었습니다. 아담과 하와는 에덴동산에서 해야 할 사명 이 있습니다. 이 사명은 아담이 하나님으로부터 받은 것입니다. 이 사명은 아담 과 하와가 함께해야만 할 수 있는 사명입니다. 이 사명에 대해서는 [Chapter 72. 에덴동산과 경건한 자손과 하나님의 아들들]에서 설명합니다.

하와가 하나님의 명령을 어겼고 더 이상 아담과 하와는 에덴동산에서 해야 할 사명을 수행할 수 없게 되었습니다. 하나님이 주신 사명을 수행하기 위해서는 하와가 선악과를 먹지 말았어야 했습니다.

이제 에덴동산에서 아담과 하와는 주어진 사명을 수행할 수 없으므로 에덴동 산 안에 머물러 있을 이유가 없어졌습니다. 아담은 오랫동안 고민합니다. 아담 이 에덴동산에 머물러 있어도 단지 시간만 흐를 뿐입니다.

Part 6. 아담과 하와의 범죄

아담은 선악과를 먹지 않고 혼자서 고민합니다. 아담의 고민은 깊어지고 고민의 시간이 길어집니다. 얼마의 시간이 흘렀는지 알 수 없습니다. 몇 시간이 흘렀는지, 며칠이 혹은 몇 달이 지났는지 알 수 없습니다. 성경에는 이런 자세한 부분에 대해서는 기록되어 있지 않습니다. 아담이 하나님의 명령을 어기면서까지 죽음으로 가게 되는 열매를 아무런 고민 없이 받아먹었다는 것은 상식적으로 말이 되지 않습니다. 아담은 오랫동안 고민했을 것입니다. 어느 누가 죽을 줄 알면서도 망설임 없이 쉽게 열매를 먹을 수 있겠습니까?

하와가 선악과를 먹었기 때문에 아담과 하와는 에덴동산에서 주어진 사명을 수행할 수 없습니다. 이런 상태로 아담은 선악과를 먹지 않고 버티고 있습니다. 아담이 선악과를 먹지 않고 있는 동안 하나님은 아담을 책망하시지 않습니다. 하와는 이미 선악과를 먹었고 아담은 선악과를 먹지 않은 상태로 계속해서 시간이 흐르고 있었던 것입니다.

이런 상태가 언제까지 계속될 수는 없습니다.

하와가 선악과를 먹지 않았던 상태로 되돌아갈 수는 없습니다. 하와가 아담과 같은 상태가 될 수 없다는 것입니다. 반면 아담은 하와와 같은 상태가 될 수 있습니다. 아담이 선악과를 먹으면 아담은 하와와 같은 상태가 될 수 있습니다.

에덴동산에서 아담이 하나님에게서 받은 사명을 수행할 수 있는 상태로 되돌아가고 싶어도 아담은 그렇게 할 수가 없었습니다. 하와의 상태는 이미 돌이킬 수 없었기 때문입니다. 사실 아담이 선택할 수 있는 것은 하나뿐입니다. 아담에게 남은 것은 선악과를 먹고 하와와 같은 상태가 되는 것뿐입니다.

하와는 아담이 선악과 먹기를 기다렸을 것입니다.

아담은 오랫동안 선악과를 먹지 않고 버티고 있었을 것입니다. 이것은 하나님의 명령을 어기는 일이며 자신이 죽게 되는 것이기 때문입니다. 하와는 수치심 때문에 아담 앞에 나타나지 않습니다. 하와가 아담에게 선악과를 먹었다고 고백한 후로 하와는 수치심을 느끼는 상황을 만들지 않았을 것입니다. 하와가 먼저 무화과나무 잎으로 치마를 만들어 입었고 멀리서 아담이 어떻게 하는지 바라보기만 했을 것입니다.

아담이 선악과를 먹지 않고 버티는 동안, 아담은 하와를 만날 수 없었을 것이고 아담은 하나님이 주신 임무를 수행할 수 없었으며 의미 없는 시간만 계속해서 흘렀을 것입니다. 아담은 이전 상태로 되돌아갈 수 없다는 것을 잘 알고 있습니다. 그리고 이렇게 하나님의 계명을 지키려고 버티고 있을 수도 없다는 것을 압니다.

아담은 죽음을 받아들이기로 합니다. 아담은 혼자서 선악과를 먹습니다. 그리고 하와가 했던 것과 같이 자신도 무화과나무 잎을 엮어서 치마를 만들어 몸을 가리게 됩니다. 아담이 무화과나무 잎으로 치마를 만들어 몸을 가리는 것을 멀리서 하와가 봅니다. 하와는 아담이 선악과를 먹었음을 알았습니다. 그리고 아담 앞에 나타납니다.

아담과 하와의 관계가 다시 회복됩니다. 그러나 이제는 에덴동산에 있을 수 없는 사람이 되었습니다. 아담은 에덴동산에서 나가게 될 것을 알고 있었고 하나님의 말씀대로 죽음을 향해 가게 될 것을 알고 있습니다.

Chapter 50

아담과 하와는 정말로 책임을 회피했을까?

많은 분이 아담이 하와에게 책임을 전가하고 하와는 뱀에게 책임을 전가한다고 생각합니다. 그러나 아담과 하와는 책임을 회피하지 않았습니다. 성경에 기록된 내용은 아담과 하와의 말을 핵심이 되는 사실만 간단하게 축약하여 기술해 놓은 것입니다.

창세기 3장 8절-13절은 하나님이 아담과 하와와 대화하신 장면을 기록한 구절입니다. 아담과 하와가 선악과를 먹은 후에, 하나님과 처음으로 대면하는 장면입니다. 이 장면은 단지 6개의 구절을 읽는 정도의 짧은 시간 안에 이루어진 사건이 아닙니다. 더 많은 대화가 있었습니다.

창세기 3장 8절-13절은 하나님과 아담과 하와가 했던 말 중에서 꼭 필요한 내용만을 추려서 기록한 것입니다. 아담과 하와가 단지 창세기 3장 8절~13절에 나오는 몇 마디 말만 했던 것은 아니라는 것입니다. 하나님은 성경에 기록될 때 맥락상 중요한 내용만 추려 기록하도록 하셨다는 것입니다.

첫 번째, 아담이 책임을 회피하려고 했을까요?

창세기 3장 11절에서 하나님은 아담에게 '내가 네게 먹지 말라 명한 그 나무 열매를 네가 먹었느냐?'고 질문하십니다. 그런데 아담이 하나님에게 이렇게 대답합니다.

"하나님 다 저의 잘못입니다. 하와는 벌하지 마십시오. 그저 저만 벌하여 주십시오. 제가 모든 책임을 지겠습니다"

과연 아담이 이렇게 대답할 수 있었을까요?

아담은 자신의 잘못을 인정하고 하나님의 결정을 기다렸을 것입니다. 어쩌면 용서를 구했을 수도 있습니다. 아담은 자신이 하와가 하나님의 명령을 실천하도록 하는 방법에 있어서 잘못된 방법을 사용했다는 것을 이미 깨달았습니다. 그러나 아담은 모든 책임을 지겠다고 하지는 않았을 것입니다. 아담이 책임을 지지 않겠다고 발뺌한다는 말은 아닙니다. 아담이 짊어져야 할 책임의 한계와 그에 맞는 형벌을 정하는 일은 하나님이 결정하실 사항이기 때문입니다. 하와를 벌하지 말라든가 하와의 잘못이 크다는 말을 하는 것은 하나님이 하실 일을 침범하는 행위가 됩니다.

창세기 3장 11절의 [누가 너의 벗었음을 네게 알렸느냐 내가 네게 먹지 말라 명한 그 나무 열매를 네가 먹었느냐]는 질문은 책임 여부를 묻는 말씀이 아니라 일의 자초지종을 아담 스스로 고백하라는 뜻입니다. 이 말씀은 죄를 인정하라는 요구가 아니라 있었던 사실을 그대로 말하라는 의미입니다.

두 번째, 하나님은 전지전능한 분으로 이미 다 아시는데 왜 아담에게 물으셨을까요?

어떤 분은 이런 논리로 하나님이 왜 아담에게 질문하고 아담에게 대답을 요구하시는지 궁금해합니다. 이런 분들의 주장대로라면 하나님은 이렇게 말씀하셨을 것입니다.

"아담아, 내가 너더러 먹지 말라고 한 나무의 열매를 네 아내의 말을 듣고 먹었구나. 하와야, 너는 뱀의 유혹에 넘어가서 열매를 먹었구나. 내가 다 보았느니라. 내가 다 아느니라"

아담과 하와에게 묻지도 않고 그대로 형벌까지 선언하시면 될 일입니다. 굳이 어떤 일이 있었는지 일일이 묻고 듣는 절차가 필요하지 않았을 것입니다.

많은 사람이 하나님을 오해합니다. 하나님에 대한 오해를 풀기 위해서 하나의 예를 들어보겠습니다.

어떤 선생님이 있습니다. 이 선생님은 이제 학교에 들어간 아이를 위해 산수를 가르치고 있습니다. 문제를 아이에게 제시하고 풀어보라고 합니다. 물론 선생님은 문제를 보자마자 그 답을 압니다. 어려운 문제가 아니라서 선생님은 바로 답을 알지만 아이는 이제 막 산수를 시작했기 때문에 답을 모르고 있습니다. 선생님은 답을 알려 주는 것이 아니라 아이가 답을 스스로 찾을 수 있도록 그 원리를 설명합니다. 선생님은 아이가 스스로 문제를 풀 수 있도록 이끕니다. 아이가 원리를 깨닫고 스스로 문제를 풀면, 선생님은 그 순간이 기쁜 것입니다.

하나님은 온 우주를 만들고 모든 것을 아시며 모든 것을 할 수 있는 능력이 있습니다. 그러나 전능하신 하나님이 하나님의 능력으로 순식간에 처리하는 것은 하나님의 방식이 아닙니다. 하나님은 하나님이 창조하신 사람들과 함께 성취하기를 원하십니다. 이것은 선생님이 학생을 가르치는 것과 비슷합니다.

하나님이 아담과 하와에게 질문하시는 이유는 내용을 몰라서 질문하는 것이 아닙니다. 하나님은 이미 다 알고 계시지만 아담과 하와의 입으로 사건의 경위를 말하게 하려는 것입니다. 하나님은 계속해서 아담과 하와와 함께할 것이기 때문입니다.

아담과 하와가 하나님에게 죄를 범했어도 하나님은 아담과 하와를 버리시지 않습니다. 아담과 하와의 대답을 듣고자 하셨고 아담과 하와가 하나님 앞에 용서를 구하기를 바라셨을 것입니다. 그래서 아담과 하와에게서 직접 듣기를 바라신 것입니다. 물론 창세기 3장에서 아담과 하와가 하나님에게 용서를 구했다는 기록은 없습니다. 아담과 하와가 하나님에게 용서를 구하지 않았다는 말은 아닙니다. 창세기 3장의 내용은 동산에서 있었던 일을 중요한 것만 추려서 사실 위주로 간추려 기록한 것입니다.

세 번째, 이 대화의 자리에는 모든 가축과 들짐승들이 함께 있었습니다.

거의 모든 사람들이 이 대화 자리에 하나님과 아담과 하와만 있는 것으로 생각합니다. 그러나 이 자리는 하나님이 아담과 하와와 뱀을 판단하시는 공식적인 자리입니다. 이 자리에는 재판장이신 하나님이 계셨습니다. 당사자인 아담과 하와와 뱀이 있었습니다. 거기에 더해 모든 가축과 들의 모든 짐승이 함께 있었습니다.

성경 말씀: 창세기 3장 11절
"여호와 하나님이 뱀에게 이르시되 네가 이렇게 하였으니 네가 모든 가축과

들의 모든 짐승보다 더욱 저주를 받아 배로 다니고 살아 있는 동안 흙을 먹을
지니라"

이 말씀은 하나님이 하와의 말을 듣고 바로 뱀에게 형벌을 내리시는 내용입니
다. 이 말씀만 보면, 하와의 말을 들은 후에 바로 이어서 뱀에게 형벌을 내린 것
으로 보입니다.

창세기 3장 11절에는 [모든 가축과 들의 모든 짐승보다 더욱 저주를 받아]라
는 부분이 있습니다. 이 말씀에서 모든 가축과 들의 모든 짐승이 저주를 받았다
는 것을 알 수 있습니다. 뱀이 저주를 받기 전에 먼저 들짐승들이 저주를 받았습
니다.

하와의 대답이 있고 난 후에 하나님은 들짐승에게 형벌로 저주를 내리셨습니
다. 그리고 그 후에 뱀에게 형벌로 저주를 내리셨는데 뱀은 다른 들짐승보다 더
욱 많은 형벌을 받았습니다. 하와의 대답과 뱀의 형벌 사이에 들짐승들에 대한
형벌이 있습니다.

창세기 3장에는 하나님이 들짐승에게 내리신 저주가 무엇인지, 언제 형벌을
내렸는지는 기록되어 있지 않습니다. 가축과 들짐승에게 내린 형벌은 중요하지
않기 때문에 기록하지 않은 것으로 보입니다. 하나님이 아담과 하와와 뱀에 대
해 형벌을 말씀하시는 이 자리에서는 성경에 기록된 내용보다 더 많은 일이 있
었다는 것을 알 수 있습니다.

네 번째, 이 재판의 현장에는 새들과 천사들과 하나님의 아들들이 있었습니다.

하나님은 아담과 하와에게 묻고 대답을 들은 자리에서 아담과 하와와 뱀에게 각각 형벌을 내리셨는데, 이 모든 과정에 새들과 가축들과 들짐승들이 함께 있었습니다. 새들과 가축들과 들짐승들이 함께 있어서 하나님이 아담과 하와에게 묻는 것을 들었고 아담과 하와가 대답하는 것을 들었고 하나님이 형벌을 선언하시는 것 역시 들었습니다.

이 자리에는 아담과 하와와 에덴동산에 있었던 모든 동물이 함께 있었습니다. 이 자리는 재판이 열리는 장소였고 모두가 함께 모인 장소였습니다. 하나님과 아담과 하와의 사적인 대화 자리가 아닙니다. 이 자리에는 영적 존재인 천사들과 하나님의 아들들(경건한 자손)까지 모두 함께 있었습니다.

하나님은 아담과 하와와 뱀에게 일어난 일들을 모두 알고 있습니다. 아담이나 하와나 뱀이 하나님에게 직접 설명하지 않아도 하나님은 이미 무슨 일이 있었는지 다 알고 계십니다.

그러나 천사들과 하나님의 아들들과 뱀이 아닌 들짐승들과 새들과 가축들은 아담과 하와에게 어떤 일이 일어났는지 몰랐습니다. 일부 뱀 같은 동물은 부분적으로 아담과 하와에게 변화가 생겼다는 것을 감지했을 것입니다. 그러나 일의 자초지종을 알지는 못했을 것입니다. 아담과 하와의 변화는 하루 이틀에 발생한 일이 아니었기 때문입니다. 하나님은 모든 내용을 아시지만 하나님을 제외한 피조물 대부분은 이 사건의 모든 내용을 알지 못했습니다.

모든 것을 아시는 하나님이 바로 형벌을 선언하시면, 천사들과 하나님의 아들들과 새들과 짐승들은 무슨 일이 일어난 것인지 알지 못한 채 하나님이 왜 아담과 하와와 뱀에게 형벌을 내리시는지 의아했을 것입니다.

다섯 번째, 하나님은 아담과 하와의 입을 통하여 모든 일을 알게 하셨습니다.

하나님은 아담과 하와가 직접 그동안 자신들에게 일어난 일을 설명하도록 하셨습니다. 그 자리에 있었던 모든 존재가 창조주 하나님의 판단이 정의로우며 하나님의 심판이 의롭다는 것을 알 수 있도록 말입니다. 하나님이 형벌을 선언하시기 전에, 그 자리에 모인 모든 존재가 어떤 일이 있었는지를 다 알게 되었습니다.

천사들과 하나님의 아들들과 새들과 짐승들이 아담의 입을 통해서 아담에게 있었던 모든 일을 들었을 것입니다. 아담이 왜 선악과를 먹을 수밖에 없었는지 그 사정을 듣게 된 것입니다.

성경 말씀: 창세기 3장 12절
"하나님이 주셔서 나와 함께 있게 하신 여자 그가 그 나무 열매를 내게 주므로 내가 먹었나이다"

아담의 이 말은 책임을 하나님에게 돌리려는 것이 아닙니다. 또한 책임을 하와에게 돌리려는 말도 아닙니다.

아담은 자신에게 있었던 일들을 사실 위주로 길게 설명합니다. 자신의 행동에 대해 평가를 하고 함께한 모든 피조물들이 이 사실을 알도록 합니다. 아담의 긴 설명이 끝난 후에, 그 자리에 있었던 천사들과 하나님의 아들들과 하와와 새들과 짐승들은 아담에게 있었던 일과 아담의 마음을 이해하게 됩니다. 창세기 3장 12절은 그러한 아담의 긴 설명을 단지 중요한 사실만 추려서 한 줄로 요약한 것입니다.

이제 하와 차례가 되었습니다.

하나님이 하와에게 왜 이런 행동을 했는지 물으십니다. 하와에게 자기 일을 모두에게 설명하라고 기회를 주신 것입니다. 하와 자신의 입으로 하와에게 일어난 일들을 그 자리에 모인 모든 존재에게 들려주라는 뜻입니다.

하와는 자신이 왜 선악과를 먹게 되었는지, 왜 아담에게 선악과를 주지 않을 수 없었는지를 설명합니다. 뱀이 하와에게 했던 말과 동산 중앙에 있었던 나무의 실체를 알게 된 것과 아담이 자신에게 전달한 하나님의 명령이 달랐다는 것을 설명했을 것입니다.

그 자리에 모인 천사들과 하나님의 아들들과 새들과 들짐승들은 하와에게 있었던 일을 하와의 입을 통해서 다 듣게 되었습니다. 그리고 하와를 이해하게 됩니다.

성경 말씀: 창세기 3장 13절
"여호와 하나님이 여자에게 이르시되 네가 어찌하여 이렇게 하였느냐 여자가
이르되 뱀이 나를 꾀므로 내가 먹었나이다"

하와는 하나님에게 [뱀이 나를 꾀므로 내가 먹었나이다]고 대답합니다. 하나님의 질문에 단 한 문장으로 대답한 것처럼 보입니다. 그러나 이 말은 하와가 길게 설명했던 모든 말 중에서 가장 중요한 사실만 연결해 하나의 문장으로 줄여서 기록한 것입니다.

하나님과 하와의 대화를 보면, 하와가 동문서답을 한 것처럼 보입니다. 하나

님의 질문은 [네가 어찌하여 이렇게 하였느냐]는 것입니다. 이 질문은 어떤 의미였을까요? [하와 너는 왜 아담에게 선악과를 주었느냐]는 질문이었을까요? 아니면 [하와 너는 왜 선악과를 먹었느냐]는 질문이었을까요? 창세기 3장 12절에서 아담은 하나님에게 하와가 선악과를 주어 먹었다고 대답합니다. 그러면 자연스러운 진행을 가정할 때, 하나님의 다음 질문은 [하와가 왜 아담에게 선악과를 주었느냐]가 됩니다.

만약 자연스러운 대화라고 가정한다면, 하나님은 하와에게 어째서 아담에게 선악과를 주었는지를 물으셨을 것입니다. 그런데 하와는 아담에게 선악과를 주게 된 이유를 말하는 것이 아니라, 자신이 선악과를 먹게 된 경위를 말합니다. 그래서 하나님의 첫 질문은 왜 아담에게 선악과를 주었느냐는 것이고 하와의 마지막 대답은 선악과를 먹게 된 경위입니다. 하나님과 하와의 대화가 이 한 구절만은 아니라는 것을 알 수 있습니다. 하나님과 하와 사이에 많은 대화가 있었고, 하와는 충분한 답변을 했을 것입니다.

하나님은 공평하신 하나님이며 공의로우신 하나님입니다. 아담과 하와는 자신에게 있었던 일과 자신의 행동에 대한 평가를 재판장이신 하나님과 주위에 있는 모든 피조물 앞에서 충분히 설명한 것입니다. 하나님은 아담과 하와의 말을 충분히 들으셨고 주위에 있던 모든 피조물이 다 함께 들었습니다.

아담과 하와는 자신들의 마음을 모두에게 고백했습니다. 사람들은 가끔 중요한 순간에 꼭 해야 하는 말을 하지 못하는 경우가 있습니다. 그래서 시간이 흐른 후에 그 말을 하지 못한 것을 후회합니다. 그러나 아담과 하와는 후회하지 않을 만큼 자신이 하고 싶었던 모든 말을 할 수 있었습니다.

창세기 3장 12절은 아담의 대답이고 창세기 3장 13절은 하와의 대답입니다. 아담과 하와가 대답한 하나의 문장만 본다면, 아담과 하와가 책임을 회피하는 사람들로 보이기도 합니다. 그러나 아담과 하와는 이렇게 짧게 대답한 것이 아닙니다. 자신에게 일어난 일들을 자세히 설명한 것입니다. 하나님은 아담과 하와에게 하고 싶은 말을 하도록 충분한 시간을 주셨습니다. 다만, 이 두 문장은 실제 아담과 하와에게 있었던 일을 행위 위주로 정리하여 한 문장으로 축약한 것입니다.

아담과 하와는 책임을 회피한 것이 아니며 자신들의 선택을 잘 알고 있었고 하나님 앞에 용서를 구했을 것입니다.

Chapter 51

아담은 왜 생명나무의 열매를 먹지 않았을까?

아담이 생명나무의 열매(생명과)를 먹지 않았다는 것은 성경 말씀에서 알 수 있습니다. 아담은 왜 생명과를 먹지 않았을까요? 우리 같으면 제일 먼저 생명과를 먹었을 텐데 말입니다. 이제부터 아담이 80년 동안 동산 안에 있었으면서도 생명과를 먹지 않은 이유를 설명합니다.

첫 번째, 아담은 생명과를 먹지 않았습니다.

성경 말씀: 창세기 3장 22절

"여호와 하나님이 이르시되 보라 이 사람이 선악을 아는 일에 우리 중 하나 같이 되었으니 그가 그의 손을 들어 생명나무 열매도 따 먹고 영생할까 하노라 하시고"

창세기 3장 22절에서 [영생할까 하노라]는 표현은 [영생할 수도 있지만 영생하지 않을 수도 있다]는 의미가 아닙니다. 이것은 창세기 3장 3절에서 [죽을까 하노라]는 표현과 같은 형태입니다. 이에 대해서는 [Chapter 43. 죽을까 하노라, 영생할까 하노라]에서 설명했습니다.

이 말씀은 아담이 영생하게 되는 것을 염려하는 내용입니다. 생명과를 먹으면 반드시 영원히 살게 된다는 것입니다. 그래서 아담이 먹으면 안 된다는 말씀입니다.

이 말씀을 보면, 아담은 아직 생명과를 먹지 않았다는 것을 알 수 있습니다. 아담이 이미 생명과를 먹고 영생하고 있다면 하나님이 [영생할까 하노라]는 말씀을 하실 이유가 없습니다. 아직 아담이 생명과를 먹지 않았기 때문에 아담이 먹는 것을 막겠다는 말씀을 하실 수 있는 것입니다.

아담은 동산 안에서 80여 년을 살면서 생명과를 한 번도 먹지 않았습니다. 하와도 마찬가지로 생명과를 먹지 않았습니다. 아담과 하와는 에덴동산에서 사는 동안 생명과를 한 번도 먹지 않았습니다.

두 번째, 왜 아담은 생명과를 80년 동안 한 번도 먹지 않았을까요?

그 이유는 간단합니다.

아담 자신이 직접 들짐승과 새들에게 동산 중앙에 있는 나무의 열매를 만지지도 말고 먹지도 말라는 명령을 했습니다. 하와에게도 하나님의 명령이라고 하면서 동산 중앙에 있는 나무는 만지지 말고 먹지 말라고 말했습니다.

아담은 이 명령을 할 때 선악의 지식나무를 정확하게 지목한 것이 아니라 동산 중앙의 나무라고 표현했습니다. 아담이 한 명령에는 생명나무도 포함되어 있었던 것입니다. 아담이 하와에게 전해 준 하나님의 명령에 따르면, 생명과도 만지지 말아야 하고 먹지도 말아야 합니다.

아담은 자신도 하나님의 명령을 지키고 있다는 것을 본으로 보여야 했기 때문에 생명과를 먹지 않았습니다. 게다가 아담에게는 생명과가 꼭 필요하지도 않았습니다.

생명과는 영원히 살게 하는 효능이 있습니다. 생명과의 효능은 에덴동산 안에 있는 모든 나무의 효능 중에서 가장 뛰어난 효능입니다.

에덴동산에 있는 동안 아담은 각종 좋은 나무의 열매를 먹었습니다. 좋은 열매를 먹어서 아담은 병에 걸리지 않습니다. 혹시라도 병에 걸린다고 하더라도 바로 치유되는 열매가 있었을 것입니다. 아담은 젊음을 유지해 주는 효능의 열매를 먹어서 나이가 들어도 젊은 모습을 오랫동안 유지했을 것입니다. 물론 이렇게 좋은 효능을 지닌 열매를 먹어도 이 효능들이 생명과의 효능보다는 못합니다.

에덴동산에 있는 동안은 아담에게는 생명과의 효능이 굳이 필요하지 않았습니다. 아담과 하와가 에덴동산에 있는 동안 여러 가지 좋은 열매로 인해 생명과를 먹은 것처럼 그렇게 영원히 살 수 있었습니다.

선악의 지식나무뿐 아니라 생명나무까지 포함해서 먹지 말라는 금지 명령을 내려도 아담에게는 아쉬울 것이 없었습니다. 그래서 아담은 생명나무까지 포함해서 동산 중앙에 있는 나무의 열매를 먹지도 말고 만지지도 말라고 명령했던 것입니다. 그리고 아담 자신도 생명과를 먹지 않았습니다.

아담과 하와가 받은 형벌

Chapter 52

하나님은 범죄와 유혹을 구분하신다

하나님은 아담과 하와의 사건에서 범죄와 유혹을 분명하게 구분하셨습니다. 어떤 분은 '이것이 무슨 말인가?' 하는 생각이 들 것입니다. 하나님이 아담에게 하신 말씀과 하와에게 하신 말씀과 뱀에게 하신 말씀을 하나씩 찾아보고, 범죄와 유혹을 구분해 보겠습니다.

범죄와 유혹을 구분하는 이유는 하나님이 범죄와 유혹을 다르게 처리하시기 때문입니다. 범죄에 대해서는 벌을 내립니다. 반면 유혹에 대해서는 벌을 내리지 않습니다. 하나님은 명령을 어긴 사람에게만 벌을 내립니다.

첫 번째, 유혹과 범죄를 구분합니다.

뱀은 하와를 유혹했고 하와는 아담을 유혹했습니다. 유혹이라는 말은 죄를 지은 당사자에게 원인을 제공한 것을 의미합니다. 하와는 뱀이 유혹했음을 고백했고 아담은 하와가 유혹했음을 고백했습니다. 하와를 유혹한 것으로는 뱀이 하나님에게 벌을 받지 않았습니다. 마찬가지로 하와도 아담을 유혹한 것으로는 하나님에게 벌을 받지 않았습니다.

하나님은 뱀에게 벌을 내리지 않으셨지만 창세기 3장 14절을 보면, 뱀이 저주를 받는 내용이 나옵니다. 마치 뱀이 형벌을 받는 것 같습니다. 그런데 이것은 하나님이 뱀에게 벌을 내리는 말씀이 아닙니다. 이 부분은 [Chapter 57. 뱀이 받은 저주는 무엇일까?]에서 설명합니다.

하나님은 하와에게도 벌을 내리시지 않았습니다. 그런데 창세기 3장 16절에는 하와가 하나님에게 벌을 받는 것으로 보입니다. 이 말씀에 관해서는 [Chapter 54. 유혹한 하와와 유혹받은 아담과의 관계 변화]에서 설명합니다.

하나님은 명령을 어긴 아담에게만 벌을 내립니다. 하나님은 아담에게만 벌을 내리셨습니다. 하나님이 아담에게 벌을 내리는 내용은 [Chapter 56. 아담이 죽게 된 원인은 무엇일까?]에서 설명합니다.

뱀과 하와는 하나님의 명령을 직접 받은 것이 아니었기에 하나님의 벌을 받지 않습니다. 그러나 하와는 아담을 유혹했고 뱀은 하와를 유혹했습니다. 뱀의 유혹은 아담이 하나님의 명령을 어기는 데 영향을 줬습니다. 아담의 범죄는 뱀의 유혹으로부터 시작된 것입니다.

뱀과 하와는 하나님에게 벌을 받지는 않았지만 하나님은 유혹한 자와 유혹을 받은 자의 관계를 새롭게 정하십니다. 유혹받은 자가 하나님에게 죄를 지었을 경우, 유혹한 자는 하나님에게 벌을 받지 않으나 유혹을 받은 상대와의 관계에서 불리한 상황에 놓이게 됩니다.

뱀은 하와를 유혹했고 하와는 아담을 유혹했습니다. 그래서 뱀은 하와의 관계에서 불리한 처지에 놓이게 됩니다. 하와 역시 아담과의 관계에서 불리한 처지에 놓이게 됩니다.

아담은 누군가를 유혹하지 않았습니다. 그래서 아담에게는 유혹에 의한 상대방과의 관계 재정리 과정이 없습니다. 다만, 아담은 하나님의 명령을 어겼기 때문에 하나님으로부터 벌을 받습니다. 물론 벌을 받는다고 하더라도 자세히 보면 아담이 실제로 받은 벌은 벌을 받았다고 할 수 없는 내용입니다. 이에 대해서는 [Chapter 59. 아담에게 주어진 형벌을 벌이라고 할 수 있을까?]에서 설명합니다.

하나님은 아담과 하와와 뱀에 관해서 범죄와 유혹을 구분하셨고 범죄에 관해서는 벌을 내리고 유혹에 관해서는 당사자의 관계를 다시 정리하는 방법으로 처리하셨습니다. 하나님의 판결을 보면, 누가 죄를 범한 것인지 분명히 알 수 있습니다. 만약 유혹과 범죄를 구분하지 않으면, 뱀도 범죄자이고 하와도 범죄자로 여기게 될 것입니다.

Chapter 53

유혹한 뱀과 유혹받은 하와의 관계 변화

뱀은 하와를 유혹했고 하와는 아담을 유혹했습니다. 그래서 하나님은 뱀과 하와의 관계를 다시 정하셨고 아담과 하와의 관계를 다시 정하셨습니다. 이 Chapter에서는 뱀과 하와의 관계를 살펴보겠습니다.

선악과를 먹기 전까지 뱀과 하와는 특별한 관계가 아니었습니다. 물론, 뱀은 에덴동산에서 아담 밑에서 일하는 종입니다. 창세기 2장 19절에서 하나님은 들짐승과 새를 창조하셨습니다. 창세기 2장 19절의 들짐승과 새는 창세기 1장 20절-25절에 나오는 새와 들짐승이 아닙니다. 창세기 1장 20절-25절의 새와 바다의 고기와 땅의 짐승은 하나님이 미래에 창조하실, 죽지 않는 영원한 생명을 가진 동물을 의미합니다.

이사야 65장 25절에 나오는 이리와 어린 양과 사자와 소와 뱀은 모두 초식동물입니다. 이리와 뱀과 사자는 현재는 육식동물이지만 이사야 65장 17절에서 하나님이 새 하늘과 새 땅을 창조하신 후에는 모든 육식동물이 초식동물로 바뀔 것입니다. 그래서 하나님은 이사야 65장 25절에서 [나의 성산에서는 해함도 없겠고 상함도 없다]고 말씀하셨습니다. 이 내용이 이루어지는 시대의 이리와 뱀과 사자는 풀을 먹을 것인데, 이는 창세기 1장 30절 말씀의 성취입니다.

이 내용은 저자의 첫 번째 저서 《하나님의 창조는 끝나지 않았다》를 참고하기 바랍니다.

창세기 2장 19절에서 하나님이 창조하신 들짐승과 새는 흔히 알고 있는 새와 바다의 고기와 땅의 짐승이 아닙니다. 하나님이 에덴동산을 창조하기 전에도 이미 하늘에는 새가 날아다녔고 바다에는 많은 물고기가 있었으며 땅 위에는 많은 동물이 살고 있었습니다.

창세기 2장 19절의 들짐승과 새는 하나님이 에덴동산에 두려고 창조하신 지적 생명체입니다. 이들은 아담의 종으로 창조되었습니다. 창세기 2장 19절에 기록된 것 그대로 이들의 겉모습은 동물의 모습입니다. 이 동물들은 사람이 아닙니다. 또한 현재 지구상에서는 볼 수 없는 동물입니다.

에덴동산 안에서 하와와 뱀의 관계는 주인과 종의 관계와 비슷합니다. 물론 뱀과 아담과의 관계는 주인과 종의 관계입니다. 정확하게는 종이 아닙니다. 아담과 동물들은 왕과 백성의 관계입니다. 이 책에서는 그냥 종(servant)이라고 표현합니다.

아담과 하와의 관계는 동등한 관계입니다. 하와는 아담을 돕는 자로서 뱀에게 명령을 내릴 수도 있지만, 실제로 뱀과 하와의 관계는 정해지지 않았습니다. 어떤 관계도 없다는 것입니다. 뱀과 하와의 대화를 보면 뱀은 하와와 동등한 입장에서 자유롭게 대화하는 것 같습니다. 최소한 뱀이 자유롭게 지낸다는 것을 느낄 수 있습니다.

뱀이 하와를 유혹하였고 이 유혹을 시작으로 아담의 범죄까지 이르게 되었습

Part 7. 아담과 하와가 받은 형벌

니다. 그래서 하나님은 뱀과 하와의 관계를 정합니다. 뱀은 하와와의 관계에서 불리한 처지에 놓이게 됩니다. 이 내용은 창세기 3장 15절에 나와 있습니다.

창세기 3장 14절은 하나님이 뱀에게 형벌을 내린 것으로 보이지만 실제로는 조금 다릅니다. 이 내용은 [Chapter 57. 뱀이 받은 저주는 무엇일까?]에서 설명합니다.

성경 말씀: 창세기 3장 15절
"내가 너로 여자와 원수가 되게 하고 네 후손도 여자의 후손과 원수가 되게 하리니 여자의 후손은 네 머리를 상하게 할 것이요 너는 그의 발꿈치를 상하게 할 것이니라 하시고"

이 말씀은 하나님이 하와와 뱀과의 관계를 정한 내용입니다. 많은 분이 이 말씀을 두고 원시복음이라고 말합니다. 물론 틀린 말은 아닙니다. 우선 본문 말씀을 나눠 보겠습니다. 이 말씀을 3가지로 나누어 정리합니다.

첫 번째, 뱀과 여자가 원수가 되고
두 번째, 뱀의 후손과 여자의 후손이 원수가 되고
세 번째, 여자의 후손은 뱀의 머리를 상하게 하고 뱀은 여자 후손의 발꿈치를 상하게 한다.

많은 분이 [뱀은 여자의 후손의 발꿈치를 상하게 하고 여자의 후손은 뱀의 머리를 상하게 한다]는 부분을 두고, 원시복음이라고 말합니다.

하나님이 뱀과 하와의 관계를 정하시는 내용에는 세 가지 선언이 있는데, 원시복음으로 보이는 말씀은 세 번째 선언입니다. 첫 번째 선언은 뱀과 여자가 원수가 되는 것이고, 두 번째 선언은 뱀의 후손과 여자의 후손이 원수가 되는 것입니다. 이 두 가지 선언은 원시복음으로 볼 수 없는데, [원수가 된다]는 말은 복음이 될 수 없기 때문입니다. 목회자 대부분은 이 두 부분에 관한 내용을 설명하지 않습니다.

하나님은 뱀과 여자의 관계를 다시 정리하시는데, 이 관계에서 뱀은 불리한 상황이 됩니다. 뱀은 여자의 후손으로부터 머리를 상하게 됩니다. 원시복음이라는 내용과 같이, 결국 뱀으로 비유된 사탄은 여자의 후손으로 태어난 하나님의 아들 예수 그리스도로 말미암아 모든 권세를 잃게 될 것입니다.

[원수가 된다]는 관계는 일회성으로 끝나는 말이 아닙니다. 그런데 예수님의 승리는 단 일회적이고 유일한 사건입니다. 오직 한 번뿐이고 한 번에 모든 것이 끝나는 승리입니다. 예수님의 경우는 [관계의 정리]라는 표현보다는 [전쟁의 승리]라는 표현이 더 어울립니다.

[관계의 정리]라는 관점에서 주목할 점은, 첫 번째 선언과 두 번째 선언입니다. 뱀과 여자가 원수가 되고 뱀의 후손과 여자의 후손이 원수가 된다는 선언입니다. 이 관계는 뱀에게 매우 불리한 내용입니다.

왜 뱀에게 불리한 내용일까요?

하나님은 이 땅 위에 하나님의 나라를 창조하실 것입니다. 하나님은 하나님의 나라에서 살게 될 하나님의 백성을 먼저 창조합니다. 하나님의 백성은 혼(Soul)이 있는 사람으로 창조되었습니다. 혼이 있는 사람은 죽어도 죽은 것이 아니라 잠자는 것이고 나중에 부활하게 될 것입니다. 혼들은 하나님의 나라에서 동물들을 다스리며 영생하게 될 것입니다.

성경 말씀: 창세기 3장 20절

"아담이 그의 아내의 이름을 하와라 불렀으니 그는 모든 산 자의 어머니가 됨
이더라"

이 말씀은 하와가 혼을 가진 자로서, 하와의 후손으로 태어나는 모든 사람은
혼이 있다는 말입니다. 혼이 있는 사람은 살아 있는 사람이고 죽어도 죽은 것이
아니라 잠자는 것입니다.

성경 말씀: 마태복음 12장 27절

"하나님은 죽은 자의 하나님이 아니요 산 자의 하나님이시라 너희가 크게 오
해하였도다 하시니라"

이 말씀은 하와의 후손으로 태어난 사람들은 죽어도 죽은 것이 아니며 나중에
부활할 것이라는 예수님의 증언입니다.

성경 말씀: 창세기 1장 28절

"하나님이 그들에게 복을 주시며 하나님이 그들에게 이르시되 생육하고 번성
하여 땅에 충만하라, 땅을 정복하라, 바다의 물고기와 하늘의 새와 땅에 움직
이는 모든 생물을 다스리라 하시니라"

이 말씀은 혼을 가진 하나님의 백성이 하나님의 나라에서 하늘의 새와 바다의
고기와 땅의 동물을 다스리게 된다는 하나님의 선언입니다.

성경 말씀: 이사야 65장 25절

"이리와 어린 양이 함께 먹을 것이며 사자가 소처럼 짚을 먹을 것이며 뱀은 흙
을 양식으로 삼을 것이니 나의 성산에서는 해함도 없겠고 상함도 없으리라 여
호와께서 말씀하시니라"

하나님은 이사야 선지자를 통해서 [창세기 1장 28절의 말씀이 반드시 이루어
진다는 것을 말씀하십니다. 이사야 선지자를 통해서 하나님은 하나님이 계획
하신 하나님의 나라를 반드시 이루실 것이라고 선언하신 것입니다.

이렇게 많은 말씀에서 하나님은 하나님의 백성을 창조한다고 말씀하십니다.
하나님의 백성은 혼(Soul)이 있어서 죽어도 죽은 것이 아니며 잠자는 것이고 이
들은 부활할 사람들이기 때문에 살아 있다는 것입니다. 하나님은 산 자의 하나
님이기 때문입니다. 이렇게 혼이 있는 하나님의 백성은 하늘의 새와 바다의 고
기와 땅의 짐승을 다스리며 살도록 창조되었습니다. 그래서 이사야 65장 25절
과 같이, 동물들이 하나님의 백성과 함께 있으면 동물도 죽음이 없는 영원한 생
명을 누리게 됩니다.

뱀이 여자의 후손인 하나님의 백성들과 함께 지내면 뱀들도 죽음이 없는 영원
한 생명을 얻게 될 것입니다. 그러나 하나님은 하와를 유혹한 뱀에 대해서 여자
와 원수가 되게 하고 후손도 원수가 되게 한다고 선언하셨습니다. 뱀들은 하나
님의 백성과 함께 살 수 없고, 영생을 누릴 수 없다는 말씀입니다.

뱀은 하나님의 백성을 창조하는 하나님의 일을 방해했습니다. 모든 동물은 여
자의 후손인 [산 자들] 곧 죽어도 다시 살아날 수 있는, 혼(Soul)을 가진 하나님
의 백성에게 다스림을 받으면서 동시에 영원한 생명을 누릴 수 있습니다. 그런

데 뱀은 하나님의 일을 방해했으니 뱀이 영원한 생명을 누릴 수 없도록 하는 것은 당연합니다. 하나님은 동물에게도 영원한 생명을 주는 창조의 작업을 진행하고 계시는데 뱀이 이 일을 방해했으니, 뱀 스스로 영생을 거부한 것입니다. 뱀이 영생을 얻고자 했다면 뱀도 하나님이 하시는 창조의 일을 방해할 것이 아니라 오히려 잘되기를 바라야 했습니다.

어떤 이들은 뱀은 이런 내용을 모르고 있었으니 너무 과한 처분이 아닐까 생각할 수도 있습니다. 그러나 아담은 에덴동산에서 하나님을 보고 하나님의 음성을 들으며 하나님과 대화를 했습니다. 에덴동산에 있었던 들짐승들과 새들은 이런 장면을 보았을 것입니다. 들짐승과 새로 표현된 아담의 종들은 하나님이 직접 임하시는 장면을 보았을 것입니다. 이들은 하나님이 하시는 일에 주의해야 했습니다. 뱀들과 들짐승들과 새들은 하나님이 뭔가 하고 계시다는 것을 충분히 알고 있었습니다. 내용을 구체적으로 알지 못해도 행동을 주의하며 하나님의 명령을 어기도록 유혹하는 일은 하지 말았어야 했습니다.

뱀은 여자의 후손인 하나님의 백성과 화친할 수 없는 관계가 되었습니다. 그래서 뱀은 영원히 하나님의 백성과 함께 지낼 수 없고 하나님의 백성들과 함께 있을 때 얻게 되는 영원한 생명 역시 받을 수 없게 되었습니다.

Chapter 54

유혹한 하와와 유혹받은 아담과의 관계 변화

하와는 선악과를 먹었습니다. 그리고 아담을 유혹했습니다.

하와는 하나님의 명령을 어겼습니다. 하지만 하나님이 하와에게 선악과를 먹지 말라고 명령하신 적이 없습니다. 하와는 하나님에게서 직접 명령을 받지 않았습니다. 하와는 아담으로부터 하나님의 명령을 들었습니다. 아담은 하와에게도 하나님의 명령을 지키도록 요구했습니다.

아담과 함께 하와도 하나님의 명령을 지켜야 합니다. 하와가 하나님의 명령을 지키지 않으면 아담도 하나님의 명령을 지키기 어렵기 때문입니다. 하와가 선악과를 먹으면 아담이 저항하더라도 결국에는 선악과를 먹을 수밖에 없습니다. 그래서 아담은 하와가 하나님의 명령을 어기지 않도록 하기 위해 하나님의 명령을 더 강화하여 전달했습니다. 그런데 아담의 이런 방법으로 인해 하와는 하나님의 명령을 오해했고 하나님의 명령이 잘못되었다는 생각을 하기에 이르렀습니다.

이 Chapter에서 집중해서 보고자 하는 것은 유혹에 대한 것입니다. 하와의 범죄 여부나 하와에게 내려진 형벌에 대한 것은 [Chapter 58. 하와에게 주어진 형벌을 벌이라고 할 수 있을까?]에서 설명합니다. 이 Chapter에서는 아담과 하와의 관계 변화에 집중합니다.

하와가 아담을 유혹하여 아담이 하나님의 명령을 어기도록 했습니다. 아담이 하나님에게 죄를 짓는 일에서 하와가 원인이 되었습니다. 하나님은 이 문제를 처리하는 과정에서 하와에게 벌을 내리시지 않습니다. 하와가 선악과를 먹은 일을 판결하는 것이 아니기 때문입니다. 지금은 아담이 선악과를 먹은 일로 판결하는 것이기 때문에 하와에게는 벌을 내리지 않습니다. 그러나 하와가 원인이 되었기 때문에 아담과 하와의 관계에서 하와는 불리한 입장이 됩니다. 이 내용은 다음의 말씀에서 확인할 수 있습니다.

> 성경 말씀: 창세기 3장 16절
> "또 여자에게 이르시되 내가 네게 임신하는 고통을 크게 더하리니 네가 수고하고 자식을 낳을 것이며 너는 남편을 원하고 남편은 너를 다스릴 것이니라 하시고"

이 말씀은 두 가지로 나눌 수 있습니다. 첫 번째 선언은 임신과 해산의 고통을 크게 더하는 것이고, 두 번째 선언은 아담(남편)과의 관계를 다시 정하여 상하 관계가 되는 부분입니다.

첫 번째 선언은 하나님이 하와에게 벌을 내리는 내용입니다. 그런데 자세히 보면 이것은 벌이 아닙니다. 이 부분에 대해서는 [Chapter 58. 하와에게 주어진 형벌을 벌이라고 할 수 있을까?]에서 설명합니다.

두 번째 선언은 아담과의 관계를 상하 관계로 정하는 부분입니다. 아담이 선악과를 먹기 전까지는 하와는 아담과는 동등한 위치였고 아담과 하와 사이에는 위아래가 없는 관계였습니다.

창세기 2장 18절에서 돕는 배필이라는 말씀은 히브리어로 כְּנֶגְדּֽוֹ עֵזֶר[에제르 커네그두]라고 합니다. עֵזֶר[에제르]는 남성·단수로서 영어로는 helper로 번역되며, 한글로는 [돕는 자]라는 의미입니다. כְּנֶגְדּֽוֹ[커네그두]는 불분리전치사 כְּ[커]와 נֶגֶד[네게드]가 합쳐진 형태입니다. 전치사 כְּ[커]는 영어로 according to로 번역되며, נֶגֶד[네게드]는 영어로 in front of, in sight of, opposite to로 번역됩니다.

본문의 단어는 영어 성경 NIV나 NASB에서 suitable로 번역되었습니다. כְּנֶגְדּֽוֹ[커네그두]는 한글로는 적절하게, 알맞게 등의 의미로, כְּנֶגְדּֽוֹ עֵזֶר[에제르 커네그두]는 [적절한 돕는 자]라는 번역이 맞을 것 같습니다.

한글 성경에는 배필이라는 단어로 번역했는데 이것은 부인, 아내라는 의미를 강조하여 선택한 것으로 보입니다. 히브리어 원어로 보면, 부인이나 아내를 강조하는 말보다 [돕는다]에 강조점을 두는 것이 맞을 것 같습니다. 물론 하와는 여자였고 결국에는 아담과 함께 살면서 자녀를 낳았으니, 아내라고 해도 틀린 말은 아닙니다.

하나님이 강조하려고 하셨던 것은 아담을 옆에서 도와주는 존재로서, 하와는 아담과 상하 관계가 아니라 동급의 관계라는 것입니다. 하와는 아담의 종이 아니라 아담과 동등한 지위를 가진 존재로 창조된 것입니다.

하와는 아담을 유혹해 아담이 선악과를 먹게 했습니다. 그래서 하와는 아담과의 관계에서 불리한 입장이 되었습니다. 그 내용이 창세기 3장 16절입니다. 이제 하와는 아담을 사모하고 아담은 하와를 다스리게 됩니다.

개역개정 창세기 3장 16절에서 [너는 남편을 원하고]라는 말씀은 히브리어 원어로 그대로 번역해 보면, [너의 남자는 너의 갈망이 될 것이다]입니다. 아담과 하와의 관계가 동등한 관계에서 상하 관계로 변경된 것입니다. 아담이 하와를 다스리게 된 원인은 하와가 아담을 유혹했기 때문입니다.

이처럼 아담과 하와의 관계가 다시 정해진 것은 하나님의 벌이 아닙니다. 하나님은 하와에게 벌을 내리시지 않았습니다. 유혹에 대해서는 하나님이 하와에게 벌을 내리실 이유가 없습니다. 유혹은 당사자 간의 문제이며 유혹받은 자가 유혹을 이기면 되기 때문입니다. 다만, 유혹으로 말미암아 아담이 죄를 범하였기 때문에 아담과의 관계에서 하와는 아담의 다스림을 받는 위치가 됩니다. 이 관계는 오직 아담과 하와 두 사람의 개인적인 관계입니다. 다른 사람들하고는 관련이 없습니다.

Chapter 55

뱀은 아담의 범죄와 관련이 없다

하나님에게 죄를 범한 자는 하나님의 벌을 받습니다. 반면 하나님에게 죄를 짓도록 유혹한 자는 하나님의 벌을 받지 않습니다. 유혹한 자는 벌을 받지는 않지만 유혹을 받은 자와의 관계에서 불리한 입장이 됩니다. 유혹한 자와 유혹을 받은 자 사이에서 원인을 제공했다는 문제가 있기 때문입니다. 이것을 앞의 여러 가지 주제로 살펴보았습니다.

뱀이 하와를 유혹했기 때문에 창세기 3장 15절에서 뱀과 하와의 관계가 새롭게 정해졌습니다. 그리고 하와가 아담을 유혹했기 때문에 창세기 3장 16절에서 하와와 아담과의 관계 역시 새롭게 정해졌습니다.

뱀과 아담과의 관계에는 아무런 변화가 없습니다. 하나님은 아담과 뱀의 관계에 관해서 새롭게 규정하는 말씀을 하시지 않았습니다. 뱀과 하와 사이의 내용과 달리, 뱀이 아담의 영원한 종이 된다든가 뱀과 아담이 영원히 원수가 된다든가 하는 말씀이 없습니다.

에덴동산 안에서 아담과 뱀의 관계는 왕과 백성의 관계입니다. 어떻게 보면 주인과 종의 관계와도 비슷합니다. 이런 관계는 아담이 범죄하여 에덴동산에서 쫓겨나더라도 바뀌지 않았습니다. 아담과 뱀의 관계에서 아무런 변화가 없다는 것은 뱀이 직접 아담을 유혹하지 않았다는 것을 의미합니다.

많은 사람이 뱀이 아담을 유혹했다는 식으로 믿습니다. 아담과 하와가 같이 있는 자리에서 뱀이 하와를 유혹했고 하와가 선악과를 먹었고 바로 옆에 있는 아담에게 열매를 주었고 아담이 바로 받아먹었다고 생각합니다. 그래서 실질적으로 뱀이 아담을 유혹한 것처럼 이해합니다.

하나님이 아담과 하와와 뱀에게 벌을 내리는 내용을 잘 살펴보면, 누가 누구를 유혹했는지를 알 수 있습니다. 또한 하나님이 서로의 관계를 다시 정하는 내용에는 아담과 뱀의 관계를 새롭게 정하는 말씀이 없습니다. 이는 아담과 뱀은 서로 직접적인 관련이 없다는 것을 뜻합니다. 뱀의 유혹이 아담에게 영향을 미친 것은 확실합니다. 그러나 그 사이에는 하와가 있어서 뱀이 아담을 직접 유혹한 것은 아닙니다. 이는 뱀이 하와를 유혹하는 자리에는 아담이 없었다는 것을 의미합니다. 아담과 하와가 함께 있는 자리에서 뱀이 하와를 유혹했다면, 이는 아담을 유혹한 것과 다름이 없습니다. 뱀과 하와의 대화에서 아담이 가만히 있을 리 없기 때문입니다. 아담이 함께 있었다면 어떤 식으로든 아담은 뱀이 하와를 유혹하는 대화에 끼어들었을 것입니다.

만약 뱀이 아담을 직접 유혹했다면 뱀과 아담과의 관계에서 뱀은 불리한 입장이 되어야 합니다. 하나님이 뱀과 아담과의 관계를 다시 새롭게 정하셨을 것입니다.

많은 분이 사탄의 권한이 아담에게서 왔다고 주장합니다. 처음에 아담이 하나님으로부터 세상 나라의 권세를 받았다고 생각합니다. 또 아담을 유혹한 뱀을 마귀라고 생각합니다. 뱀은 아담을 타락시켰습니다. 아담은 하나님에게 죄를 지었습니다. 죄를 지은 자는 마귀의 종이 됩니다. 그래서 아담은 마귀의 종이 되었고 아담이 가지고 있었던 세상 나라의 권세를 마귀가 가져갔다는 논리입니다.

이런 주장을 하는 분들은 에덴동산의 내용과 바울서신서의 내용을 연결지어 논리를 전개합니다. 이런 식으로 연결하는 것은 좋은 해석방법이 아닙니다. 아담의 권한과 사탄으로 표현되는 뱀의 행동은 창세기 3장 안에서 해석되어야 하고 바울서신서와 연결지어서는 안 됩니다. 창세기 3장 내용 안에 답이 있습니다.

만약 뱀이 아담을 유혹하여 하나님에게 죄를 범하도록 했다면 뱀과 아담의 관계는 하나님에 의해 다시 정해졌을 것입니다. 그리고 새로운 관계에서 뱀은 예전 관계보다 더 불리한 입장이 되었을 것입니다.

아담이 자신이 가지고 있는 권한을 뱀에게 빼앗기는 처분을 받는다면 이것은 아담이 불리한 처지에 놓이는 것입니다. 아담이 뱀과의 관계에서 자신의 권한을 빼앗기고 뱀의 종이 된다는 말은 아담이 뱀을 유혹했다는 의미입니다.

하와가 아담을 섬기는 처지가 된 것은 하와가 아담을 유혹했기 때문입니다. 마찬가지로 아담이 사탄의 종이 되려면 아담도 사탄을 유혹하여 사탄이 하나님에게 죄를 짓도록 원인을 제공하는 당사자가 되어야 합니다. 아담은 사탄을 유혹한 적이 없고 사탄도 아담의 유혹을 받을 위치에 있지 않습니다. 사탄을 뱀으로 비유하더라도 아담이 뱀을 유혹하여 뱀이 하나님에게 죄를 범하도록 원인을 제공한 일은 없었습니다.

뱀과 아담은 아무런 관련이 없습니다. 물론 들짐승들과 뱀은 과거에 아담과 하와를 여러 차례 유혹했을 것입니다. 그렇더라도 과거의 시도는 모두 실패한 유혹입니다. 물론 실패한 유혹이라도 유혹을 시도한 것만으로도 짐승들이 저주를 받았습니다. 그런데 이 저주는 인과응보에 해당하며 당시에 곧바로 임하는 것이 아닙니다. 왜냐하면 이전의 모든 유혹에서 아담과 하와는 유혹을 다 이겨냈기 때문입니다. 들짐승이 받은 저주의 내용은 이 책에서 설명하지 않습니다.

하나님에게 죄가 되는 행동이 발생했을 때 하나님은 그 행동을 유발하게 된 원인을 찾습니다. 이런 식으로 계속해서 원인을 소급하여 최초의 원인까지 확인합니다. 이것이 뱀과 하와와 아담에 이르는 유혹의 흐름입니다. 뱀은 최초의 원인이므로 뱀에게서 이전의 원인을 파악할 필요는 없었습니다.

아담이 죄를 범하게 된 사건에서 아담을 유혹한 것은 하와이고 뱀이 아니라는 것은 확실합니다. 만약 하와가 아담을 유혹하지 않았다면 뱀이 하와를 유혹한 것이나 하와가 선악과를 먹은 것은 하나님에게 책망받지 않았을 것입니다. 나중에 선악과를 먹지 않은 아담이 알게 되었을 때, 아담이 뱀과 하와를 책망했을 것입니다. 선악과를 먹지 말라는 하나님의 명령은 아담에게 한정되어 있었습니다.

정확하게 말해서, 아담의 범죄에 있어서 뱀은 직접적인 원인이 아닙니다. 그래서 하나님은 아담과 뱀의 관계를 다시 정하시지 않았습니다. 아담이 뱀을 유혹한 것도 아니고 뱀이 아담을 유혹한 것도 아니므로 아담과 뱀 사이에서 권한이 넘어가거나 넘어온다는 하나님의 선언이 없었습니다.

아담의 범죄에 있어서 뱀은 직접적인 관련이 없습니다.

뱀은 아담의 범죄에 있어서 한 단계 앞서 있는 원인 제공자입니다. 그런데 이런 관계가 있었어도 하나님은 한 단계를 건너뛴 책망과 관계 설정에 관한 언급은 하시지 않았습니다. 오직 유혹한 자와 유혹을 받은 자와의 관계만을 다시 정합니다. 아담과 하와와 뱀에 관한 하나님의 판단을 보면, 뱀과 아담은 직접적인 관련이 없습니다. 그래서 하나님은 아담의 범죄에 관해서는 그 원인을 뱀에게서 찾지 않습니다.

Chapter 56

아담이 죽게 된 원인은 무엇일까?

하나님이 말씀하신 대로, 선악과를 먹은 아담은 죽게 되었습니다. 사람들은 이 일을 두고 하나님이 저주를 내렸다고 생각하고 아담이 벌을 받았다고 생각합니다. 그러나 이런 생각은 사람들의 오해입니다.

아담에게 죽음이 있게 된 것은 하나님의 형벌이라고 할 수 없습니다. 하나님이 직접 죽음을 주신 것이 아니기 때문입니다. 이 Chapter에서 아담에게 죽음이 있게 된 원인을 정확하게 설명하면서 사람들의 오해를 풀어보고자 합니다.

첫 번째, 선악의 지식나무는 죽음의 나무가 아닙니다.

이미 [Chapter 34. 선악과가 없었다면 인류는 죽지 않았을까?]에서 죽음은 선악과로 인해 생긴 것이 아니라는 것을 설명했습니다. 또한 에덴동산 중앙에 있는 두 나무 중 하나의 효능은 영원한 생명력을 주는 것이고 다른 하나의 효능은 선악을 알게 하는 것입니다. 이것은 [Chapter 36. 선악의 지식나무가 주는 지식은 무엇일까?]에서 설명했습니다.

선악과를 먹으면, 먹는 사람에게 죽음이 있게 되는 것이 아니라 선악의 지식이 생깁니다. 아담이 선악과를 먹었을 때 아담에게 나타나는 효과는 부끄러움과 두려움이라는 감정을 알게 되는 것입니다.

성경 말씀: 창세기 2장 25절
"아담과 그의 아내 두 사람이 벌거벗었으나 부끄러워하지 아니하니라"

선악과를 먹지 않았을 때 아담과 하와는 부끄러움을 느끼지 못했습니다.

성경 말씀: 창세기 3장 7절
"이에 그들의 눈이 밝아져 자기들이 벗은 줄을 알고 무화과나무 잎을 엮어 치마로 삼았더라"

선악과를 먹고 난 후 아담과 하와는 부끄러움이라는 감정의 느낌을 알게 되었습니다. 또한 동시에 부끄러움을 느끼게 되었습니다. 아담과 하와가 부끄러움과 두려움을 느끼는 것은 두 사람에게만 나타나는 부작용입니다. 두 사람은 부끄러움을 느끼고 나서 몸을 치마로 가리게 되었습니다.

성경 말씀: 창세기 3장 10절
"이르되 내가 동산에서 하나님의 소리를 듣고 내가 벗었으므로 두려워하여 숨었나이다"

아담과 하와는 하나님의 음성을 듣고 숨었습니다. 아담과 하와가 두려워했던 것은 하나님의 명령을 어겼기 때문입니다. 아담과 하와는 벗은 것을 가리기 위해 치마를 만들어 둘렀고 치마 두른 것을 하나님이 보시면 명령을 어긴 사실을 하나님이 알게 될 것입니다.

성경에는 아담과 하와가 선악과를 먹은 후에 부끄러움을 느끼고 치마를 만들어 입었다고 기록되어 있습니다. 선악과를 먹으면 부끄러움과 두려움을 느끼는 것으로 오해할 수 있습니다. 부끄러움과 두려움이라는 감정을 느낌으로 아는 것과 부끄러움과 두려움을 실제로 느끼는 것은 다릅니다.

두 번째, 아담이 죽게 된 것은 에덴동산에서 나갔기 때문입니다.

아담이 죽게 된 것은 에덴동산의 좋은 열매를 먹지 못하게 되었기 때문입니다. 아담과 하와의 몸은 영생하는 몸이 아닙니다. 이 내용은 [Chapter 31. 죄를 범하기 전의 아담은 죽는 몸일까? 죽지 않는 몸일까?]에서 설명했습니다.

아담과 하와는 에덴동산에 있으면서 좋은 열매를 먹은 효과로 수명이 계속 늘어났습니다. 사람의 수명을 100년이라고 가정할 때, 20년을 산 사람은 80년의 수명이 남습니다. 그런데 에덴동산에서는 10년이 흐르든, 20년이 흐르든, 80년이 흐르든 아담에게 주어진 수명은 전혀 줄어들지 않습니다. 100년의 수명을 가진 아담과 하와는 에덴동산에서 수명이 연장되는 좋은 열매를 계속 먹었습니다. 그래서 아담과 하와의 수명은 1,000년까지 늘어났습니다. 아마도 사람의 최대 수명은 1,000년 같습니다. 몇 년이 흐르든지 아담과 하와의 수명은 계속 1,000년으로 남아 있습니다. 아담과 하와는 1,000년의 수명을 유지한 채 에덴동산에서 영원히 살 수 있었습니다.

아담과 하와가 에덴동산에서 나갈 때 1,000년의 수명을 가지고 있었을 것입니다. 아담이 동산에서 나가는 순간부터 아담의 수명이 줄어들기 시작합니다. 물론 에덴동산 밖의 좋지 않은 환경으로 인해 1,000년을 채우지는 못했던 것으로 추측됩니다.

하나님은 아담과 하와를 동산에서 나가게 하면서도 그들의 늘어난 수명을 단축하시지는 않았습니다. 아담과 하와가 이미 얻은 수명을 다시 되돌리지 않았습니다. 하나님은 아담과 하와가 에덴동산에서 얻은 수명과 좋은 효과를 그대로 둔 상태로 수명을 다할 때까지 살도록 묵인하셨습니다.

아담과 하와는 생명나무의 열매를 먹지 않았기 때문에 영생하지는 못합니다. 언젠가는 죽습니다. 하나님은 단지 아담과 하와를 에덴동산에서 나가게 하셨습니다. 하나님이 아담에게 죄의 형벌로 죽음을 주신 것이 아닙니다. 아담과 하와 속에는 처음부터 죽음이 내재되어 있었습니다.

창세기 2장 17절에서 하나님이 [네가 반드시 죽으리라]고 말씀하신 것은 아담과 하와에게 죽음의 저주를 주시겠다는 뜻이 아닙니다. 하나님은 단지 아담과 하와를 에덴동산에서 내보낼 것이고 그렇게 되면 자신의 수명을 다하고 난 후에 자연스럽게 죽게 되는 것을 의미합니다. 동산 밖에서는 수명을 연장해 줄 만한 열매를 먹지 못하기 때문입니다. 하나님이 일부러 아담과 하와를 죽게 하신다는 뜻은 아닙니다.

이렇게 생각해 봅시다.

어떤 사장이 직원을 고용합니다. 그리고 근로계약서를 작성합니다. 근로계약서에는 직원이 해야 할 일을 기록했습니다. 만약 직원이 이 일을 제대로 수행하지 않으면 회사에 손해가 발생하고 사장은 직원을 해고한다고 되어 있습니다. 급여는 매월 지급하는 것으로 되어 있습니다.

이 직원이 나태해서 자기 일을 제대로 수행하지 않았습니다. 그렇다고 사장이

이 직원을 죽이거나 때려서 장애인으로 만들 수는 없습니다. 이미 지급한 급여를 다시 빼앗는 것도 안 됩니다. 이 직원에게 사장이 할 수 있는 최고의 징계는 해고입니다.

하나님도 이와 같습니다.

하나님은 아담을 고용합니다. 아담에게 해야 할 일과 하지 말아야 할 일을 알려 줍니다. 만약 아담이 자기 일을 제대로 수행하지 못하면 고용주인 하나님은 아담을 해고합니다. 해고한다는 말은 에덴동산 밖의 세상으로 돌려보낸다는 말입니다. 계약을 어겼으므로 다시 돌려보내는 것은 당연합니다. 그러나 하나님은 아담이 동산에서 얻은 모든 좋은 효과를 빼앗지 않습니다.

에덴동산 밖의 세상은 죽음이 있는 세상입니다. 아담이 동산 밖으로 나가면, 아담은 죽음이 있는 세상으로 돌아가게 됩니다. 아담은 생명나무의 열매를 먹지 않았습니다. 그래서 아담이 동산에서 좋은 나무들의 열매를 먹으며 얻었던 모든 효과가 끝나면 결국 아담은 죽게 됩니다. 에덴동산 밖에서는 생명을 연장해 주는 좋은 나무의 열매를 먹을 수 없기 때문입니다. 다른 사람들은 100년을 살지 못하고 죽는데 아담은 동산에서 얻은 효과로 인해 동산 밖에서도 830년을 더 살 수 있었습니다.

하나님은 아담에 대해 최대한의 좋은 조건으로 처리하셨습니다.

아담에게 없었던 죽음이 새로 생긴 것이 아닙니다. 죽음은 처음부터 아담 안에 있었습니다. 아담이 동산 안에 있었던 동안에는 수명이 계속 연장되었고, 죽음은 의미가 없었습니다.

무한한 삶을 살고 있던 아담이 유한한 삶을 살게 된 것은 아담이 예전에 살았던 세상으로 돌려보내졌기 때문이고, 아담이 생명나무의 열매를 먹지 않았기 때문이고, 더는 동산의 좋은 나무들의 열매를 먹지 못해서 생명이 더는 연장되지 않았기 때문입니다.

Chapter 57

뱀이 받은 저주는 무엇일까?

뱀은 하와를 유혹했습니다. 창세기 3장에서 하와를 유혹한 뱀은 히브리어로 נָחָשׁ[나하시]입니다. 영어로는 serpent로 번역됩니다. snake는 작은 뱀들을 의미합니다. serpent는 큰 뱀을 의미합니다. snake와 serpent가 둘 다 한글로는 뱀으로 번역됩니다. 이 책에서는 창세기 3장의 나하시를 뱀으로 사용합니다.

창세기 3장의 뱀이 선악과를 먹었다는 기록은 없습니다. 하나님이 선악과를 먹지 말라고 뱀에게 명령하신 적도 없습니다. 뱀이 하나님의 명령을 어겼다는 것을 성경에서 확인할 수 없습니다.

만약 뱀이 선악과를 먹었다고 하더라도 뱀이 하나님에게 죄를 지은 것인지는 명확하지 않습니다. 만약 아담이 동산 중앙에 있는 나무의 열매를 먹지 말라고 뱀에게 명령했다면 뱀은 아담의 명령을 어긴 것입니다. 그런데 뱀이 선악과를 먹었는지는 알 수 없습니다.

하나님이 뱀에게 선언하신 말씀을 살펴보겠습니다.

성경 말씀: 창세기 3장 14절
"여호와 하나님이 뱀에게 이르시되 네가 이렇게 하였으니 네가 모든 가축과

들의 모든 짐승보다 더욱 저주를 받아 배로 다니고 살아 있는 동안 흙을 먹을
지니라. 내가 너로 여자와 원수가 되게 하고 네 후손도 여자의 후손과 원수가
되게 하리니 여자의 후손은 네 머리를 상하게 할 것이요 너는 그의 발꿈치를
상하게 할 것이니라 하시고"

하나님이 뱀에게 선언하신 말씀은 두 가지로 나눠집니다. 두 가지 선언 중에
서 첫 번째 선언은 창세기 3장 14절이고 두 번째는 창세기 3장 15절입니다. 첫
번째 선언은 하나님이 뱀에게 형벌을 내리신 것으로 보이는 구절입니다. 창세
기 3장 15절의 두 번째 선언은 뱀과 여자와의 관계를 다시 정한 내용입니다. 두
번째 선언은 [Chapter 53. 유혹한 뱀과 유혹받은 하와의 관계 변화]에서 설명했
습니다.

이 Chapter에서는 하나님이 뱀에게 하신 말씀 중에서 첫 번째 선언에 집중해
서 설명합니다. 창세기 3장 14절의 첫 번째 선언이 하나님이 뱀에게 형벌을 내
리는 것으로 오해되기 때문입니다.

만약 하나님이 뱀에게 형벌을 내리신 것이 맞다면 뱀은 하나님에게 직접 죄를
지은 것입니다. 만약 이 말씀이 뱀에게 내린 형벌이 아니라면 뱀은 하나님에게
직접 죄를 지은 것이 아닙니다. 여기서 뱀은 사탄이 아니라는 것을 [Chapter 39.
하와를 유혹한 뱀은 사탄일까?]에서 설명했습니다.

창세기 3장 14절의 말씀을 두 가지로 설명합니다. 첫 번째, 창세기 3장 1절의
뱀은 현재 우리가 볼 수 있는 뱀이 아니라는 것을 설명합니다. 두 번째, 창세기 3
장 14절은 창세기 3장의 뱀에게 내리는 형벌이 아니라는 것을 설명합니다.

첫 번째, 창세기 3장 1절의 뱀은 실제 뱀이 아닙니다.

창세기 3장의 뱀은 우리가 아는 뱀과 다릅니다. 그런데 사람들 대부분은 창세기 3장의 뱀을 우리가 아는 뱀과 같은 동물로 알고 있고 창세기 3장의 뱀을 지금 우리가 현재 볼 수 있는 뱀의 조상 정도로 생각합니다. 하와를 유혹했던 뱀을 아담 당시에 실제 살았던 일반적인 뱀이라고 생각합니다. 그래서 뱀과 관련된 내용에서 계속 혼동이 일어나는 것입니다.

창세기 3장 14절은 [네가 모든 가축과 들의 모든 짐승보다 더욱 저주를 받아 배로 다니고 살아 있는 동안 흙을 먹을지니]라는 말씀입니다. 이 말씀은 뱀이 하나님으로부터 형벌을 받는 것으로 보이는 내용입니다.

이 말씀에서 뱀이 받은 형벌은 [배로 다니고 흙을 먹는 것]입니다. 그런데 이 형벌이 조금 이상합니다. 오늘날 우리가 자연 속에서 볼 수 있는 뱀은 다리가 없고 배로 기어 다닙니다. 그런데 뱀은 흙을 먹지 않습니다. 지금의 뱀은 육식성으로 곤충이나 척추동물을 잡아먹습니다.

만약 창세기 3장의 뱀이 형벌을 받은 것이고 지금 우리가 알고 있는 뱀의 조상이라면 현재의 뱀은 흙을 먹고 살아야 합니다. 비슷한 경우가 지렁이입니다. 사실 지렁이도 흙을 먹는 것은 아니라 흙 속에 있는 양분을 섭취하고 흙을 다시 배출하는 방식으로 살아갑니다. 현실의 뱀은 흙을 먹지 않습니다. 창세기 3장의 뱀이 현재 우리가 볼 수 있는 뱀의 조상이라고 가정해서 설명했을 때, 이 형벌은 현실과 전혀 맞지 않습니다.

하나님이 명령하면 반드시 말씀하신 대로 이루어져야 합니다. 하지만 현실의 뱀은 이렇게 살지 않습니다. 그래서 창세기 3장의 뱀은 지금 있는 뱀의 조상이 아닙니다. 창세기 3장의 뱀은 우리가 아는 뱀이 아닙니다.

두 번째, 창세기 3장 14절은 당시 에덴동산에서 하와를 유혹한 뱀에게 내리는 형벌이 아닙니다.

하나님은 뱀에게 벌을 내리시지 않았습니다. 창세기 3장 14절의 말씀은 하나님이 창세기 3장의 뱀에게 형벌을 내리신 것으로 보이지만 그렇지 않습니다. 지금 우리가 알고 있는 뱀이 흙을 먹지 않는 것처럼, 창세기 3장의 뱀도 흙을 먹지 않습니다.

창세기 3장의 뱀은 말을 합니다. 하와를 유혹했던 뱀은 말하는 뱀입니다. 말하는 뱀은 현재 지구상에서 볼 수 없습니다. 현재 우리가 알고 있는 뱀들이 배로 다니는 것을 창세기 3장 14절의 결과로 볼 수 없다는 것입니다. 지금 우리가 아는 실제 뱀들은 하와를 유혹한 뱀의 후손이 아니기 때문입니다. 만약 우리가 어디선가 말하는 뱀을 보았는데, 이 뱀이 배로 다닌다면 창세기 3장 14절의 말씀이 이루어진 것이라고 주장할 수 있습니다. 하지만 이런 형벌을 받아야 하는 [말하는 뱀]이 지구상에서는 전혀 보이지 않습니다. 그래서 창세기 3장에 나오는 말하는 뱀이 이런 형벌을 실제로 받았는지는 알 수 없습니다.

그보다는, 하나님은 창세기 3장의 뱀을 간접적으로 이용한 사탄에게 앞으로 내릴 형벌을 예정하신 것으로 봐야 합니다. 실제 하나님은 에덴동산에 있었던 뱀에게는 벌을 내리시지 않았습니다. 창세기 3장 14절은 사탄에게 하신 말씀입니다. 하나님이 사탄에게 창세기 3장 14절과 같은 형벌을 내리겠다고 선언하신 말씀입니다. 미래의 어느 시점에 사탄을 이렇게 처리하겠다고 미리 말씀하신 것입니다. 사탄이 하나님의 일을 간접적으로 방해했기 때문에 하나님이 사탄을 벌하기로 정하셨다는 의미입니다.

하나님의 일을 직접 방해한 창세기 3장의 뱀은 사탄이 아닙니다. 이는 [Chapter 39. 하와를 유혹한 뱀은 사탄일까?]에서 설명했습니다. 사탄은 직접 개입하지 않았습니다. 사탄은 뱀을 뒤에서 사주하지 않았고 멀리서 뱀이 하는 일을 지켜보기만 했습니다. 사탄이 직접 개입하지 않아도 되는 이유는 뱀이 스스로 하와를 유혹할 것이기 때문입니다.

하나님은 아담과 하와를 통해 하나님의 일을 시작하셨습니다. 그런데 사탄이 간접적으로 하나님의 일을 방해했습니다. 하나님은 그 당시에 사탄을 직접 벌하지는 않았지만 미래에 사탄에게 창세기 3장 14절의 형벌을 받도록 하겠다고 말씀하신 것입니다. 형벌을 내리려면 하나님에게 직접 죄를 지어야 합니다. 하나님은 사탄이 뒤에 숨지 못하도록 하실 것이고 사탄은 하나님에게 직접 죄를 짓게 될 것이고 이후에 창세기 3장 14절의 형벌을 받게 될 것이라고 선언하신 것입니다. 만약 사탄이 하나님을 방해하는 행동을 중단한다면 사탄은 창세기 3장 14절의 형벌을 받지 않을 것입니다.

뱀에게 [배로 다니고 종신토록 흙을 먹게 한다]고 하신 말씀은 앞으로 하나님이 하실 것을 말씀한 것입니다. 이 말씀은 아직도 이루어지지 않았고 미래에 이루어질 것으로, 사탄에게 내려질 형벌입니다. 하나님은 사탄을 [배도 다니고 종신토록 흙을 먹는 존재]로 만드시겠다는 것입니다. 또한 사탄에게 이런 형벌을 내리기로 하나님은 계획하셨고 사탄은 하나님의 계획대로 하나님에게 직접적인 죄를 범하게 될 것입니다.

[배로 다니고 종신토록 흙을 먹게 한다]는 말씀이 구체적으로 어떤 형벌인지 궁금할 것입니다. 이 형벌은 뱀에 관한 것이 아니라 사탄에 관한 것입니다. 이 형벌에 관한 내용은 이 책에서 설명하지 않고 넘어갑니다.

Chapter 58

하와에게 주어진 형벌을 벌이라고 할 수 있을까?

하나님이 하와에게 벌을 내립니다. 그 내용은 창세기 3장 16절에 기록되어 있습니다. 그 내용이 정말로 형벌이 맞는지 확인해 봅시다.

성경 말씀: 창세기 3장 16절.
"또 여자에게 이르시되 내가 네게 임신하는 고통을 크게 더하리니 네가 수고하고 자식을 낳을 것이며 너는 남편을 원하고 남편은 너를 다스릴 것이니라 하시고"

이 말씀은 두 가지로 나눌 수 있습니다. 하나는 하나님이 내리는 형벌이고 다른 하나는 아담과의 관계 변화입니다. 형벌은 [임신하는 고통을 크게 더하는 것과 수고하고 자식을 낳는]다는 부분입니다. 아담과의 관계는 [너는 남편을 원하고 남편은 너를 다스릴 것이니라]는 부분입니다. 두 번째 아담과의 관계는 [Chapter 54. 유혹한 하와와 유혹받은 아담과의 관계 변화]에서 설명했습니다. 이 Chapter에서는 형벌로 보이는 첫 번째 말씀에만 집중합니다.

하나님은 하와에게 명령을 내리시지 않았고, 하와는 선악을 안다는 말의 의미를 알지 못했습니다. 그래서 하와가 하나님의 명령을 어겼다고 말하기는 어렵습니다. 그러나 하와가 선악과를 먹은 것은 분명하며, 하나님은 이에 관한 말씀을 하셨습니다. 오해하지 않기 위하여 하나님이 하와에게 하신 말씀을 깊이 묵상해야 합니다. 하나님이 하와에게 하신 말씀은 벌이 아닙니다. 이것은 예전으로 되돌려지는 것을 말합니다.

형벌로 보이는 내용은 첫 번째 임신하는 고통을 크게 더하는 것이고 두 번째 수고하고 자식을 낳는 것입니다. 임신할 때의 고통과 출산할 때의 고통을 말씀하시는 것 같습니다.

물론 하나님이 임신과 출산을 나누어 말씀하신 것일 수도 있습니다. 여성들이 임신할 때 고통이 따를 수 있다는 말인데 아마도 입덧이나 기타 여러 가지 불편한 상태를 말하는 것 같습니다. 잉태의 고통을 크게 더한다는 것과 수고하고 아이를 낳는다는 것, 이 두 가지는 같은 것을 의미할 수도 있습니다. 임신과 출산을 나누기보다는 자녀를 얻는 일에 큰 고통이 따른다는 표현일 것입니다. 임신과 태중에 아이를 품고 있는 일과 해산까지 이 모든 전체 과정을 말하는 것으로 보입니다. 자녀를 얻기 위해서 큰 고통을 감내해야 한다는 말씀으로 보입니다.

현재 여성들은 임신과 출산의 과정에서 많은 고통을 견뎌야 하는데 그러면, 이 고통스러운 과정이 하와 때문에 발생한 것일까요? 아닙니다. 여성들이 임신과 출산의 과정에서 겪는 고통은 하와 때문이 아닙니다.

출산의 고통이 사람만의 것은 아닙니다. 동물들도 산통을 느낀다고 합니다. 사람이 느끼는 고통이 동물보다 더 크다는 주장이 있습니다만 동물의 고통과 사람의 고통을 비교하는 것은 의미 없는 일입니다. 사람은 사람대로 동물은 동물대로 고통을 느낍니다. 우리 주변에 있는 반려견이나 반려묘도 새끼를 낳을 때 고통스러워하는 것을 볼 수 있습니다.

창세기 3장 16절에서 [고통을 크게 더하리니]라는 말씀을 통해, 하와가 이 말씀을 듣기 전에도 임신과 출산의 고통이 있었다는 것과 그 고통의 강도가 크지 않았다는 것을 알 수 있습니다. 임신과 출산의 고통은 하와가 하나님에게 벌을 받기 전에도 있었습니다. 다만, 고통의 정도가 매우 작았습니다.

하와가 에덴동산 안에서 생활하는 동안 임신과 출산에 있어서 고통이 없었거나 미미했을 것입니다. 에덴동산에서 나온 후로는 큰 고통을 느끼게 되었을 것입니다. 동산에서 나온 후에 하와가 임신과 출산을 통해 겪는 고통은 현대인이나 아담 시대의 에덴 동산 외부에 살았던 다른 여성들이 느끼는 고통과 같은 수준이었을 것입니다.

아담이 죄를 범하기 전에도 동산 밖에 거주했던 사람들은 늙고 병들고 아프고 죽었습니다. 늙는 것과 병드는 것과 아픈 것은 죽음이 있는 사람들이 겪는 고통입니다. 죽음으로부터 오는 고통이라고 말할 수 있습니다. 죽음이 없는 사람은 늙지 않으며 병드는 일도 없습니다. 항상 몸의 상태가 좋습니다. 몸이 최상의 상태를 유지하면 아픈 것도 없을 것입니다.

길을 가다가 넘어지면 당연히 아픔을 느낍니다. 이것은 실수로 다치는 것이고 이런 아픔은 죽음으로부터 오는 아픔이 아닙니다. 반면 나이가 들어서 몸이 약해지고 병이 나고 아픈 것은 죽음으로부터 오는 고통입니다. 죽는 순간의 고통을 말하는 것이 아닙니다. 죽음이 있기에 노화와 기능 저하로 병들고 아프게 되는 것을 말합니다.

동산 밖에 거주하는 사람들은 영생을 누릴 수 없습니다. 영생은 동산 안에 있는 생명나무를 통해서만 얻을 수 있었기 때문입니다. 동산 밖에 거주하는 사람들은 모두 죽음에서 오는 고통을 느끼며 살아갑니다. 단지 동산 안에 거주했던 아담과 하와만 예외였습니다.

아담과 하와는 죽음이 없는 곳에서 살고 있었기에 동산 밖에 거주하는 사람들과 같은 수준의 고통을 겪지 않았습니다. 그래서 하와가 느끼는 임신과 출산의 고통도 매우 작았거나 거의 없을 정도로 미미했을 것입니다. 동산 안에서 사는 하와가 임신과 출산에서 고통을 느꼈다고 해도 동산 밖에 거주하는 사람들이 느끼는 고통에 비하면, 없는 것과 다를 바 없었을 것입니다.

지금 현대인들이 느끼는 임신과 출산의 고통은 에덴동산 밖에 거주했던 여성들과 같은 수준의 고통일 것입니다. 지금 현대인들이 느끼는 고통은 하와 이전부터 이어져 내려오는 고통입니다. 하와로 인해 새롭게 생겨난 고통이 아니라 죽음이 있는 세상에서 살 수밖에 없는, 고대 인류로부터 계속해서 이어져 온 고통이라는 말입니다.

아담과 하와는 에덴동산에 들어오면서 죽음의 고통으로부터 해방되었습니다. 그래서 동산에 들어온 하와는 임신과 출산의 고통을 거의 느끼지 않는 삶을 살 수 있었습니다. 임신과 출산 중에 고통이 거의 없는 것은 에덴동산 안에서의 복입니다. 이런 복은 하와만 유일하게 누렸던 복입니다. 여성들이 경험하는 임신과 출산의 고통은 하와와는 상관없이 인류가 존재하면서 계속해서 느껴 온 고통입니다.

하나님이 하와에게 선언하신 임신과 출산의 고통은 동산 밖에 거주하는 모든 여성이 경험하는 고통과 같습니다. 하나님이 굳이 하와에게 벌을 말씀하지 않더라도 하와가 동산 밖으로 나가게 되면 경험하게 될 고통입니다. 하나님이 하와에게 특별히 벌을 내렸다고 말하기보다는 하와가 동산 밖으로 나가게 되면 자연스럽게 겪게 될 일을 말씀하신 것입니다.

동산에 들어가면서 하와는 늙지 않고 병들지 않으며 아프지 않고 고통이 없는 복을 누릴 수 있었습니다. 오직 에덴동산 안에서만 먹을 수 있었던 각종 좋은 효능의 나무 열매를 먹으며 죽음이 없는 삶을 누렸습니다.

하나님은 죄를 범한 아담을 동산 밖으로 나가게 하셨습니다.

동산에서 나간 아담과 하와는 동산이 주는 특별한 복을 더는 얻을 수 없게 되었습니다. 이제 아담과 하와는 죽음이 있는 삶으로 되돌려졌습니다. 아담과 하와는 죽는 것을 피할 수 없었고, 하와에게는 임신과 출산의 고통이 크게 더해졌습니다. 이제는 통증을 줄여줄 열매도, 노화를 막아 줄 열매도, 질병을 막아 줄 열매도 먹을 수 없습니다. 그런데도 아담과 하와는 에덴동산에서 얻은 효과로 인해서 1,000년에 가깝게 살았습니다.

하나님은 하와에게 없던 고통을 추가하신 것이 아닙니다. 이런 고통은 동산에 들어오기 전 하와에게도 있을 수 있었던 고통입니다. 다만 에덴동산에 들어오기 전에는 임신과 출산을 경험하지 않았기 때문에 하와는 이런 고통을 느껴 본 적이 없었을 것입니다.

하나님이 하와에게 말씀하신 내용은 동산 밖에서는 모든 여성이 경험하는 고통입니다. 이런 고통은 여성 중에서 하와만 특별히 받는 고통이 아닙니다. 하와는 동산 밖의 모든 여성이 겪는 고통을 같은 수준으로 경험하게 되었습니다. 하나님은 단지 하와가 에덴동산 밖의 세상에서 겪게 될 일을 말씀하신 것입니다.

더 정확하게 알기 위해서 창세기 3장 22절 이하의 말씀을 살펴보겠습니다.

성경 말씀: 창세기 3장 22절
"여호와 하나님이 이르시되 보라 이 사람이 선악을 아는 일에 우리 중 하나 같
이 되었으니 그가 그의 손을 들어 생명 나무 열매도 따먹고 영생할까 하노라
하시고 여호와 하나님이 에덴 동산에서 그를 내보내어 그의 근원이 된 땅을
갈게 하시니라. 이같이 하나님이 그 사람을 쫓아내시고 에덴 동산 동쪽에 그
룹들과 두루 도는 불 칼을 두어 생명 나무의 길을 지키게 하시니라"

이 말씀에는 하나님이 아담을 동산에서 내보내는 내용이 기록되어 있습니다.
창세기 3장 22절에는 [보라 이 사람이 선악을 아는 일에 우리 중 하나 같이 되었
다]고 기록되어 있습니다. 이 말씀에서 [이 사람]이라고 기록된 히브리어 원어는
הָאָדָם[하아담]입니다. הָאָדָם[하아담]은 정관사 הַ[하]와 אָדָם[아담]이 합쳐진
말로, [그 남자] 또는 [그 아담]으로 번역됩니다. 이 단어는 남자와 여자가 아니
라 아담 한 사람만을 의미합니다.

아담과 하와를 함께 언급하는 경우는 창세기 2장 25절과 창세기 3장 8절과 창
세기 3장 21절이 있습니다.

창세기 2장 25절에는 [아담과 그의 아내 두 사람이 벌거벗었으나 부끄러워하
지 아니하니라]고 기록되어 있습니다. 두 사람을 함께 언급했는데, [아담과 그의
아내]라고 되어 있습니다.

창세기 3장 8절에는 [그들이 그 날 바람이 불 때 동산에 거니시는 여호와 하나
님의 소리를 듣고 아담과 그의 아내가 여호와 하나님의 낯을 피하여 동산 나무

사이에 숨은지라고 기록되어 있습니다. 두 사람을 함께 언급했는데, [아담과 그의 아내]라고 되어 있습니다.

창세기 3장 21절에는 [여호와 하나님이 아담과 그의 아내를 위하여 가죽옷을 지어 입히시니라고 기록되어 있습니다. 두 사람을 함께 언급했는데, [아담과 그의 아내]라고 기록되어 있습니다.

이렇게 성경에서 두 사람을 함께 언급할 때는 [아담과 그의 아내]라는 형식으로 기록되어 있습니다.

그러나 창세기 3장 22절에는 [그 아담]이라고 기록되어 있습니다. 선악을 아는 일은 아담과 하와 두 사람 모두에게 해당합니다. 그런데 하나님은 하와를 빼놓고 아담만 언급하십니다.

창세기 3장 23절을 보면, [여호와 하나님이 에덴 동산에서 그를 내보내어 그의 근원이 된 땅을 갈게 하시니라]로 되어 있습니다. 이 말씀에서 [그를] 내보낸다고 되어 있습니다. 히브리어 원문에서는 3인칭·단수로 되어 있어서, 아담 한 사람을 내보냈다는 뜻입니다. 하나님은 하와를 내보냈다고 말씀하시지 않았습니다. 하나님은 아담만을 동산에서 나가게 한다고 말씀하셨습니다.

창세기 3장 23절에 [땅을 갈게 하시니라]고 기록되어 있습니다. 땅을 갈고 일하는 것은 하와가 아니라 아담이 할 일입니다. 창세기 3장 17절에서 하나님은 아담에게 [너는 네 평생에 수고하여야 그 소산을 먹으리라]고 말씀하셨습니다. 창세기 3장 19절에 [얼굴에 땀을 흘려야 먹을 것을 먹으리니]라고 기록되어 있습니다. 땅을 갈고 땀을 흘리며 일해야 한다고 하나님이 아담에게 말씀하셨습니다. 창세기 3장 23절에서 하나님이 땅을 갈도록 한 대상은 아담입니다. 하나님은 창세기 3장 23절에서 하와를 빼고 아담만을 대상으로 말씀하십니다.

또한 창세기 3장 24절에 [이같이 하나님이 그 사람을 쫓아내시고 에덴 동산 동쪽에 그룹들과 두루 도는 불 칼을 두어 생명나무의 길을 지키게 하시니라]고 기록되어 있습니다. [그 사람]을 쫓아내셨다고 기록되어 있습니다. 히브리어 원문에서 [그 사람]은 הָאָדָם[하아담]입니다. 위에서 설명한 창세기 3장 22절의 [이 사람]과 같은 히브리어 단어입니다. 창세기 3장 22절에서는 [하아담]을 이 사람으로 번역했고, 창제시 3장 24절은 [하아담]을 그 사람으로 번역했습니다. 창세기 3장 24절에서 하나님이 동산에서 쫓아낸 사람은 하와가 아니라 아담입니다. 하나님은 아담만을 말씀합니다.

이처럼 선악을 알게 된 것도 아담이고 생명나무 열매를 먹으면 안 되는 것도 아담이며 동산에서 쫓겨난 것도 아담이고 땀을 흘려 일해야 하는 것도 아담이고 생명나무로 가는 길을 막은 것도 아담이 돌아오지 못하게 하기 위해서입니다. 이 말씀에는 하와가 빠져 있습니다. 하나님이 쫓아낸 대상은 하와가 아닌 아담입니다.

하나님은 왜 창세기 3장 22절부터 24절까지의 말씀에서 하와를 빼셨을까요? 선악과를 먼저 먹은 것도 하와이고 아담에게 건네준 것도 하와인데, 하나님은 하와를 언급하시지 않았습니다.

하나님은 아담에게 명령하셨기 때문에 아담만을 대상으로 말씀하십니다. 하나님이 하와를 빼신 것은 하와가 하나님의 명령을 어긴 것은 아니기 때문입니다. 하와는 하나님의 명령을 어긴 일이 없습니다. 하와는 하나님에게서 명령을 받은 적이 없습니다. 아담은 자신에게만 내려진 하나님의 명령을 하와에게까지 확대 적용했습니다. 결론적으로, 하와는 하나님에게 벌을 받지 않았습니다.

하나님은 아담을 동산에서 나가게 하십니다. 동산에서 나가는 것은 처음에 하나님이 아담을 동산으로 부르실 때부터 명시적으로 계약한 내용입니다. 처음부터 선악과를 먹으면 동산에서 내보내기로 계약되었다는 뜻입니다.

아담이 동산에서 나가게 될 경우, 아담에게 속한 모든 사람과 종들은 아담을 따라 나가야 합니다. 하와는 아담을 돕는 사람입니다. 그래서 아담이 동산에서 나가면, 하와도 아담을 따라 나가야 합니다. 하와가 동산 밖으로 나가면, 하와는 자연스럽게 동산의 좋은 열매를 먹지 못하게 됩니다. 하와는 동산 안으로 들어오기 이전의 상태로 돌아갑니다.

잉태와 출산의 고통은 마치 하나님이 내리는 형벌로 보입니다. 그러나 잉태와 출산의 고통은 동산 밖으로 나가면 자연스럽게 겪게 됩니다. 하나님은 형벌을 내린 것이 아니라, 하와가 아담을 따라 동산 밖으로 나가게 될 때 겪게 될 고통을 말씀하신 것입니다.

이렇게 생각해 보세요.

뱀이 아담을 유혹했다고 가정합니다. 아담이 선악과를 먹었습니다. 하와는 유혹을 받지 않았고, 선악과를 먹지 않았다고 가정합니다. 하나님은 선악과를 먹은 아담을 처음 계약 내용대로 동산에서 내보냅니다. 아담이 동산에서 나갈 때, 하와와 아담에게 속한 동물들이 함께 나갑니다. 하와는 선악과를 먹지 않았어도 동산 밖으로 나가게 되고 동산 밖의 사람과 같은 정도의 잉태와 출산의 고통을 겪게 될 것입니다. 이것은 하와가 [죽으리라]는 말씀을 직접 받지 않았지만 하와도 똑같이 죽은 것과 같은 원리입니다. 동산 밖으로 나간다는 말은 원래의 삶으로 되돌려진다는 뜻입니다.

잉태와 출산의 고통은 하나님이 추가한 고통이 아니라 하와 안에 내재된 것입니다. 이것은 동산 밖으로 나가기만 하면 겪게 될 고통입니다.

Chapter 59

아담에게 주어진 형벌을 벌이라고 할 수 있을까?

하나님이 아담에게 내리신 벌이 과연 벌이 맞는지 생각해 보겠습니다. 이 주제는 [Chapter 58. 하와에게 주어진 형벌을 벌이라고 할 수 있을까?]에서 이미 설명한 것과 같습니다. 같은 원리로 아담이 하나님에게서 받은 벌에 대해서도 특별히 형벌을 받았다고 말할 수는 없습니다.

성경 말씀: 창세기 3장 17절
"아담에게 이르시되 네가 네 아내의 말을 듣고 내가 네게 먹지 말라 한 나무의 열매를 먹은즉 땅은 너로 말미암아 저주를 받고 너는 네 평생에 수고하여야 그 소산을 먹으리라. 땅이 네게 가시덤불과 엉겅퀴를 낼 것이라 네가 먹을 것은 밭의 채소인즉 네가 흙으로 돌아갈 때까지 얼굴에 땀을 흘려야 먹을 것을 먹으리니 네가 그것에서 취함을 입었음이라 너는 흙이니 흙으로 돌아갈 것이니라 하시니라"

이 말씀은 하나님이 아담에게 벌을 내리는 내용입니다. 이 말씀에서 아담이 받은 벌을 세분화해서 나열해 보겠습니다.

첫 번째, 너는 네 평생에 수고하여야 그 소산을 먹으리라.
두 번째, 땅이 네게 가시덤불과 엉겅퀴를 낼 것이라.

세 번째, 네가 먹을 것은 밭의 채소다.

네 번째, 네가 흙으로 돌아갈 때까지 얼굴에 땀을 흘려야 먹을 것을 먹는다.

다섯 번째, 너는 흙이니 흙으로 돌아갈 것이니라.

이렇게 하나님이 말씀한 내용을 적어 보면, 한 문장으로 설명할 수 있습니다. 그것은 [아담은 평생 땀을 흘려가며 일을 해서 밭의 채소를 먹고 살다가 죽을 것이다]라는 것입니다.

에덴동산에 있을 때는 동산 안에 있는 나무들이 스스로 열매를 맺고 아담과 하와는 따서 먹기만 하면 됩니다. 그러나 이제부터는 땅에서 스스로 자란 나무의 열매를 쉽게 얻을 수 없습니다. 땀을 흘려가며 밭을 일구고 채소를 심고 돌봐야 합니다. 이제는 살기 위해서 일해야 하는 상황이 된 것입니다.

그러면 이런 일들이 에덴동산 밖에 있는 사람들에게는 전혀 없었던 것일까요? 아담만 유일하게 땀을 흘리며 일해야 할까요?

이 점을 확인하기 위해서 아담이 죄를 범하기 이전과 이후의 자연 상태를 비교합니다.

창세기 2장 9절을 보면, 처음에 하나님이 동산을 만드실 때 동산 안에 생명나무와 각종 먹기에 좋은 나무를 나게 하셨습니다. 생명나무와 각종 좋은 나무는 에덴동산 안에만 있었습니다. 생명나무와 각종 좋은 나무가 동산 밖에는 없었습니다. 물론 무화과나무가 지금까지도 있는 것을 보면 에덴동산 안에는 동산 밖에 있는 과일나무도 있었습니다. 그러나 동산 안에만 있었던 생명나무와 각종 효능의 나무는 동산 밖에는 없었습니다.

만약 하나님이 동산 밖에도 생명나무가 나도록 하셨다면 아담이 굳이 동산을 지킬 필요는 없었을 것입니다. 이는 창세기 2장 15절에서 알 수 있듯이, 아담에게 동산을 지키도록(שָׁמַר: 샤마르) 하셨기 때문입니다. 이 שָׁמַר[샤마르]라는 단어는 창세기 3장 24절에서도 사용되었습니다. 창세기 3장 24절을 보면, 그룹천사와 두루 도는 화염검(불 칼)이 생명나무의 길을 지킵니다. 여기서 지킨다는 단어가 שָׁמַר[샤마르]입니다.

동산 밖에도 생명나무가 있었다면 아담은 굳이 생명나무의 열매를 먹기 위해 동산으로 돌아올 필요가 없을 것입니다. 그룹천사와 두루 도는 화염검이 아담이 먹지 못하도록 동산을 지킬 필요도 없어집니다. 생명나무의 유일성이 없어지기 때문입니다.

땅이 저주를 받기 전의 자연 상태를 보면, 에덴동산 안에는 생명나무와 각종 좋은 나무가 있었고 가시덤불과 엉겅퀴는 없었습니다. 반면 동산 밖에는 생명나무도 없고 각종 좋은 나무도 없습니다.

땅이 저주를 받은 후에도 에덴동산에는 생명나무와 각종 좋은 나무가 계속 있었습니다. 만약 땅이 저주를 받으면서 동산 안에 가시덤불과 엉겅퀴가 자라나게 되었다면 동산 안에 있던 생명나무와 각종 좋은 나무도 사라졌을 것입니다. 땅이 저주를 받아 생명나무가 사라진다면 더는 동산을 지킬 이유가 없습니다. 굳이 그룹천사와 두루 도는 화염검을 둘 필요가 없습니다.

창세기 3장 24절에서 그룹천사와 두루 도는 화염검을 두셨다는 말은 땅이 저주를 받아도 에덴동산 안에는 생명나무와 각종 좋은 나무가 계속 있다는 뜻입니다. 땅은 가시덤불과 엉겅퀴만을 내야 하는데, 생명나무와 각종 좋은 나무가 왜 사라지지 않고 계속 있었던 것일까요?

땅이 받은 저주는 대체 무엇이었을까요?

땅이 저주를 받거나 받지 않거나 상관없이 생명나무는 항상 그 자리에 있습니다. 생명나무는 땅이 저주받기 전에도 동산에 있었고 땅이 저주받은 후에도 동산에 있었습니다. 각종 좋은 나무도 마찬가지였을 것입니다.

땅이 저주를 받거나 받지 않거나 상관없이 생명나무는 동산 바깥에는 한 그루도 없습니다. 저주를 받아서 사라진 것이 아니라 처음부터 동산 밖에는 없었습니다. 물론 각종 좋은 나무도 땅이 저주받기 전부터 동산 바깥에는 없었습니다.

이렇게 볼 때 가시덤불과 엉겅퀴에 관해서도 같은 방식으로 추론할 수 있습니다. 가시덤불과 엉겅퀴는 처음부터 에덴동산 안에 없었습니다. 땅이 저주받은 후에도 동산 안에는 가시덤불과 엉겅퀴가 자라지 않았을 것입니다.

가시덤불과 엉겅퀴는 땅이 황폐해진다는 의미입니다. 에덴동산 안에 가시덤불과 엉겅퀴가 번지면 동산 내부가 황폐해진다는 의미입니다. 요한계시록 2장 7절에서 생명나무의 열매를 주신다고 말씀하신 것을 보면, 동산은 지금까지도 아름다운 모습을 그대로 유지하고 있는 것 같습니다.

땅이 저주를 받기 전과 후를 비교해 볼 때 에덴동산에는 아무런 변화가 없습니다. 그렇다면 동산 밖의 세상에서도 땅이 저주를 받기 전과 후의 상태가 달라지지 않았을 것으로 보입니다.

이 저주는 땅이 아담에게 가시덤불과 엉겅퀴를 준다는 것이기 때문입니다. 이 저주의 강조점은 아담입니다. 땅이 모든 지역에 가시덤불과 엉겅퀴를 자라게 한다는 뜻이 아니라 아담에게 가시덤불과 엉겅퀴를 준다는 것입니다. 땅이 하나님에게 받은 저주는 아담에게만 국한된 저주입니다.

동산 밖의 세상에는 가시덤불과 엉겅퀴가 이미 많이 있었을 것입니다. 동산 밖의 세상에는 생명나무와 각종 좋은 효능의 나무들이 하나도 없었습니다. 물론 무화과나무와 같이 효능은 없고 단지 영양분만 제공하는 과실수들은 있었을 것입니다.

동산 밖의 사람들은 과실수로만 살 수 없으며 농사를 짓고 고기를 잡고 사냥하면서 살았을 것입니다. 흉년이 들면 먹을 것을 구하기 힘들었을 것입니다. 동산 밖의 사람들은 저주와 상관없이 땀을 흘리며 일하면서 살았을 것입니다. 지금의 세상과 크게 다르지 않다는 것입니다. 물론 현대는 그때와는 다르게 농업기술과 과학기술의 발달로 대량 생산이 가능해졌습니다.

땅이 저주받기 전과 저주받은 후로 구분해 볼 때, 에덴동산 안과 에덴동산 밖의 세상은 크게 변한 것이 없습니다. 변한 것은 아담이 동산 밖으로 나가게 된 것뿐입니다.

하나님이 아담에게 선언한 내용은 에덴동산 밖에 사는 사람들에게는 늘 있었던 상황입니다. 에덴동산 밖에 사는 사람들은 죽으면 흙으로 돌아갑니다. 하나님이 에덴동산 밖의 세상에 영생을 허락하신 적이 없었기 때문입니다. 생명나무나 각종 좋은 나무는 에덴동산 안에만 있었습니다.

땅이 저주를 받기 전에도 에덴동산 밖에 있는 사람들은 처음부터 하나님이 아담에게 선언하신 내용처럼 살고 있었습니다. 하나님이 아담에게 선언하신 내용은 에덴동산 밖에 사는 사람들에게는 일상과도 같은 것입니다.

하나님이 아담에게 하신 일은 에덴동산 밖으로 아담을 내보내신 것입니다. 하나님이 아담에게 형벌로 선언하신 내용은 아담이 동산 밖에서 살게 될 때 겪게 될 것입니다. 아담이 동산 밖으로 나가면 동산 밖에 사는 사람들과 같은 방식으로 살 수밖에 없습니다. 아담도 동산 안으로 들어오기 전에는 그들과 같은 방식으로 살았을 것입니다.

하나님은 아담에게 벌을 내렸다기보다는 아담을 다시 세상으로 돌려보낸 것입니다.

이렇게 생각해 봅시다.

어떤 편의점 주인이 있습니다. 이 주인은 학생을 한 명 고용했습니다. 학생에게 편의점을 맡긴 것입니다. 그런데 학생이 물건의 가격표를 다르게 붙여서 자꾸 물건값을 틀리게 계산합니다. 학생이 일하는 동안 주인에게 손해가 발생합니다. 계속 손해가 발생해서 주인은 학생에게 편의점 일을 그만두도록 합니다. 그리고 그동안 했던 일에 대한 급여를 계산합니다.

편의점 주인이 학생을 고용한 동안에는 학생은 주인에게 속합니다. 그래서 주인이 모든 책임을 지게 됩니다. 이 학생이 일을 잘해서 편의점의 매출이 많이 올라도 학생이 받는 대가는 정해져 있습니다. 편의점의 이익은 학생이 아니라 주인에게 돌아갑니다. 마찬가지로 학생에 의해 발생하는 손해도 주인이 감당해야 합니다. 이 손해를 학생에게 배상하라고 요구하지는 않습니다. 비록 학생에 의해 손해가 발생하더라도 이것으로 학생을 벌하지 않습니다. 주인이 할 수 있는 것은 단지 해고하는 것입니다.

하나님도 이와 같습니다.

하나님은 아담과 하와를 동산에 머물게 하면서 사명을 주셨습니다. 그런데 아담과 하와가 하나님이 먹지 말라고 한 열매를 먹어서 하나님에게 받은 사명을 계속할 수 없게 되었습니다. 하나님은 이제 아담과 하와를 해고합니다. 하나님은 아담과 하와에게 손해배상을 요구하지 않습니다. 단지, 동산에 더는 있지 못하게 하신 것입니다. 불이익을 주신 것이 아니라 원래의 세상으로 돌려보낸 것입니다.

아담과 하와는 자신이 살던 세계로 돌아가게 되었고 다시 동산 밖의 세상에서 자신들이 동산 안으로 들어오기 전 예전에 살던 방식대로 살게 되었습니다. 땀을 흘리며 일하고 고통 중에 자녀를 낳으며 나이가 들면 죽는 삶입니다.

아담이 에덴동산에 들어오기 전에 아담은 땀을 흘리며 일하고 나이가 들면 죽는 삶을 살고 있었습니다. 얼굴에 땀을 흘리며 일하는 것은 하나님의 명령을 어긴 결과로 처음 겪는 일이 아니라는 것입니다. 하나님의 명령을 어긴 결과는 동산 밖으로 나가는 것입니다. 동산 안에서 일하기로 했던 하나님과 아담의 계약이 파기되는 것입니다.

오히려 아담이 동산에서 나가게 되었을 때 동산에 들어오기 전보다 더 좋아진 것이 있습니다. 아담은 동산에 들어오기 전에 100년도 안 되는 수명을 가지고 있었는데, 동산에서 나갈 때는 1,000년에 가까운 수명을 가지고 있었습니다.

비록 하나님의 명령을 끝까지 수행하지는 못했지만, 아담은 하나님에게 선택되어 하나님의 일을 했었기 때문에 1,000년이라는 수명을 얻은 상태로 동산을 나갔습니다. 또한 수명이 다할 때까지 병들지 않고 병으로 인한 고통을 받지 않으며 살았을지도 모릅니다. 아담은 동산에 들어오기 전보다 더 좋아진 상태였습니다.

하나님은 아담에게 동산 밖으로 나가라고 벌을 내렸지만 실제로 아담은 선물을 잔뜩 가지고 집으로 돌아가는 것과 같습니다. 하나님이 아담에게 내린 조치는 처음부터 계약에 명시된 것이며, 이것은 이전 삶으로 돌려보낸다는 것입니다. 벌이라기보다는 계약 위반에 따른 계약의 종료입니다.

Chapter 60

인류의 죽음이 아담에게서 시작되었나?

지금까지 이 책 내용을 순서대로 읽으신 분은 이미 답을 알 것으로 생각됩니다만 이 Chapter에서 이 주제를 정리합니다.

성경 말씀: 창세기 3장 17절

"아담에게 이르시되 네가 네 아내의 말을 듣고 내가 네게 먹지 말라 한 나무의 열매를 먹은즉 땅은 너로 말미암아 저주를 받고 너는 네 평생에 수고하여야 그 소산을 먹으리라. 땅이 네게 가시덤불과 엉겅퀴를 낼 것이라 네가 먹을 것은 밭의 채소인즉 네가 흙으로 돌아갈 때까지 얼굴에 땀을 흘려야 먹을 것을 먹으리니 네가 그것에서 취함을 입었음이라 너는 흙이니 흙으로 돌아갈 것이니라 하시니라"

이 내용은 하나님이 아담에게 선언하신 말씀입니다. 많은 분이 이 내용을 모든 사람에게 적용합니다. 모든 사람은 흙이기 때문에 흙으로 돌아간다고 말합니다. 우리가 모두 죽을 수밖에 없다는 주장도 이 말씀에서 비롯되었다고 생각됩니다. 아담이 하나님으로부터 이 말씀을 받을 때, 아담을 모든 인류의 대표로 이해했기 때문입니다.

이런 생각은 잘못된 것입니다. 당시에 아담과 하와밖에 없었고 아담과 하와가 인류의 조상이라면 맞는 말이 될 수도 있겠지만, 당시에도 에덴동산 밖에는 이미 많은 사람이 살고 있었으니, 아담은 인류의 대표가 될 수가 없습니다.

첫 번째로, 아담과 하와가 따로 벌을 받습니다.

벌을 내릴 때, 하나님은 아담과 하와를 구분해서 벌을 내리십니다. 아담이 받은 형벌은 하와가 받은 형벌과 다릅니다. 아담의 형벌은 인류 전체의 형벌이 아닙니다. 아담이 인류 전체를 대표한다면, 하나님은 하와에 대한 벌을 따로 내리시지 않아야 합니다. 혹은 아담이 받은 형벌을 기본으로 하고 거기에 추가로 하와에게만 내리는 형벌을 추가하는 형식이어야 합니다.

아담이 받은 형벌을 기본이라고 가정한다면, 아담에게 먼저 형벌을 내리고 그후에 하와에게 형벌을 내려야 합니다. 하와에게 형벌을 내릴 때는 아담의 형벌에 추가로 임신과 출산의 고통을 더한다고 말씀하셨어야 합니다.

[너는 흙이니 흙으로 돌아가리]는 말씀은 하나님이 아담에게 하신 것이고 하와에게는 이런 말씀을 하시지 않았습니다. 하와가 죽어 하와의 몸이 사라졌어도 하와는 흙으로 돌아가지 않았습니다. 물론 실제로 하와의 몸은 죽은 후 자연으로 돌아갔을 것입니다. 이것을 흙으로 돌아갔다고도 표현할 수 있을 것입니다.

성경 말씀: 요한복음 11장 11절
"이 말씀을 하신 후에 또 이르시되 우리 친구 나사로가 잠들었도다. 그러나 내가 깨우러 가노라. 제자들이 이르되 주여 잠들었으면 낫겠나이다 하더라. 예수는 그의 죽음을 가리켜 말씀하신 것이나 그들은 잠들어 쉬는 것을 가리켜 말씀하심인 줄 생각하는지라. 이에 예수께서 밝히 이르시되 나사로가 죽었느니라"

이것은 예수님이 나사로의 죽음에 관하여 말씀하신 것입니다. 예수님은 나사로가 이미 죽었는데도 죽었다고 하지 않고 잠잔다고 말씀했습니다. 다시 살아날 사람은 죽은 것이 아니라 자는 것입니다.

성경 말씀: 마가복음 12장 26절
"죽은 자가 살아난다는 것을 말할진대 너희가 모세의 책 중 가시나무 떨기에 관한 글에 하나님께서 모세에게 이르시되 나는 아브라함의 하나님이요 이삭의 하나님이요 야곱의 하나님이로라 하신 말씀을 읽어보지 못하였느냐. 하나님은 죽은 자의 하나님이 아니요 산 자의 하나님이시라 너희가 크게 오해하였도다 하시니라"

이것은 예수님이 사두개인과 대화할 때 하신 말씀입니다. 하나님은 죽은 자의 하나님이 될 수 없고 산 자의 하나님이 된다는 것입니다. 비록 아브라함과 이삭과 야곱이 죽어 현재는 몸이 없지만 살아 있는 자라는 뜻입니다.

성경 말씀: 창세기 3장 20절
"아담이 그의 아내의 이름을 하와라 불렀으니 그는 모든 산 자의 어머니가 됨이더라"

이 말씀에는 아담이 그의 아내를 하와라고 부른 이유가 설명되어 있습니다. 하와라는 단어의 히브리어 원어는 חַוָּה[하와]입니다. חַוָּה[하와]라는 단어가 어떤 단어에서 파생되었는지는 확인되지 않습니다. 그런데 חַוָּה[하와]라는 단어는 חַי[하이]라는 단어와 연관이 있는 것으로 추측됩니다. חַי[하이]는 [살아 있는]이라는 의미이고, חַוָּה[하와]라는 단어도 [산 자의 어미]라는 의미가 있습니다. 이는 아담이 [모든 산 자의 어미]라는 의미로 חַוָּה[하와]라고 불렀기 때문입니다.

하와는 죽은 자가 아니라 산 자입니다. 하와는 나사로처럼 부활할 사람입니다. 하와는 산 자의 어미로, 흙으로 돌아가 사라질 존재가 아니라는 것입니다. 오직 아담만이 흙으로 돌아갈 사람입니다.

하나님이 아담에게 하신 말씀과 하와에게 하신 말씀이 서로 다릅니다. 만약 아담에게 하는 말씀이 모든 인류에게 하는 것이라면, 하나님은 아담과 하와에게 따로 선언하시지는 않았을 것입니다. 또한 온 인류에게 해당하는 말씀이라고 주장하려면 하나님이 아담과 하와에게 공통으로 적용되는 말씀을 먼저 하신 후에 하와에게만 적용되는 말씀과 아담에게만 적용되는 말씀을 따로따로 하셨어야 합니다. 그럴 경우 하나님은 아담과 하와에게 다음과 같은 말씀을 하셨을 것입니다.

> "하나님께서 아담과 하와에게 이르시되 너희는 흙이니 흙으로 돌아가라. 하와에게는 이것에 출산의 고통을 더한다. 아담에게는 이것에 땀 흘려 일하는 노동을 추가한다"

그러나 하나님은 아담에게만 [너는 흙이니 흙으로 돌아갈 것이니라]고 말씀하셨습니다. 다시 말해서 [너는 흙이니 흙으로 돌아가라]는 말씀은 하나님이 온 인류에게 하신 것도 아니고 모든 남성에게 하신 것도 아니고 단지 단 한 사람 아담에게만 하신 것입니다.

이 말씀이 온 인류에게 적용되는 것이라면 하나님은 하와에게도 같은 말씀을 하셨어야 합니다. 이 말씀의 내용을 보면 하나님이 아담에게 벌을 내리는 그 말씀에 아담과 함께 있었던 하와도 제외되어 있는데, 어떻게 온 인류에게 선언한 말씀으로 확대하여 생각할 수 있을까요?

하와는 [흙으로 돌아가라]는 말씀을 받지 않았습니다. 하와는 비록 몸이 죽더라도 흙으로 돌아가는 사람이 아니라 나중에 부활하게 될 [산 자]입니다.

아담이 인류의 대표였다면, 하와를 비롯한 모든 사람이 흙으로 돌아가야 했습니다. 하지만 하와가 [모든 산 자의 어미가 되었다]는 말은 하와의 후손 중에서 흙으로 돌아가지 않고 [산 자]들이 태어난다는 의미입니다. 하와의 후손은 [산 자]로서, [흙으로 돌아가는 대상]에 포함되지 않습니다.

대표적인 예가 아브라함과 이삭과 야곱입니다. 아브라함과 이삭과 야곱은 후에 부활할 사람들로, 모두 산 자입니다. 여기서 모든 산 자의 어미는 하와입니다. 아브라함과 이삭과 야곱의 조상은 하와라고 할 수 있습니다. 결론적으로, 모든 산 자의 대표는 아담이 아니라 하와입니다. 아담은 인류의 대표도 아니고 산 자(Soul)의 조상도 아닙니다.

창세기 3장 14절~19절의 내용은 하나님이 아담과 하와와 뱀에게 말씀하시는 장면으로, 여기서 인류의 대표는 없습니다. 하나님의 심판을 받는 대상은 아담 한 명과 하와 한 명과 뱀입니다. 아담에게 내려진 하나님의 선언은 인류의 대표로서가 아니라 개인으로서 아담 단 한 명에게만 해당합니다.

두 번째로, 정녕 죽으리라는 말씀은 아담 한 사람에게 하신 것입니다.

창세기 2장 17절에서 하나님은 [선악과를 먹으면 반드시 죽으리라]고 말씀하셨습니다. 이 말씀은 모든 인류에게 하신 것이 아닙니다. 동산에는 아담밖에 없었기 때문에 이 말씀은 아담에게만 하신 것입니다. 반드시 죽는다고 하신 말씀은 아담에게만 적용됩니다.

어떤 사람은 아담이 죽게 되었기 때문에 아담의 후손도 죽게 된 것으로 생각합니다. 아담이 인류의 조상이기 때문에 아담에게 주어진 형벌은 모든 인류에게 주어진 형벌이라고 생각하는 것입니다. 이런 생각은 잘못된 것입니다. 아담은 인류의 조상이 아니기 때문입니다. 아담 당시에도 이미 많은 사람이 살고 있었고 아담은 그중 한 명의 청년이었습니다.

[선악과를 먹으면 반드시 죽는다]고 하셨는데, 아담이 죽게 되는 것은 에덴동산에서 나갔기 때문입니다. 아담이 죽을 수밖에 없게 된 이유를 [Chapter 56. 아담이 죽게 된 원인은 무엇일까?]에서 설명했습니다.

또한 선악과의 효능은 사람을 죽게 만드는 것이 아니라 선악의 지식을 제공하는 것입니다. 이 내용은 이미 [Chapter 36. 선악의 지식나무가 주는 지식은 무엇일까?]에서 설명했습니다.

아담 당시에도 많은 사람이 살고 있었습니다. 그들은 모두 유한한 삶을 살았습니다. 아담이 선악과를 따먹기 전에도 동산 밖의 사람들은 모두 죽음이 있는 삶을 살았습니다. 이것은 [Chapter 34. 선악과가 없었다면 인류는 죽지 않았을까?]에서 설명했습니다.

하나님은 아담에게 [너는 흙이니 흙으로 돌아가라]고 말씀하셨습니다. 동산 바깥에 있는 모든 사람은 이미 죽음이 있는 삶을 살고 있었고 그 조상들도 모두 죽었고 모두 흙으로 돌아갔습니다.

[흙이기 때문에 흙으로 돌아가는 것은 동산 밖에 사는 모든 사람에게는 당연한 현실입니다. 동산 밖의 모든 사람은 살다가 죽으면 흙으로 돌아갔습니다. 이

런 과정은 아담에게서 처음 일어난 일이 아닙니다.

오히려 동산 밖의 모든 사람에게 일어나는 일이 아담에게는 예외였습니다. 아담은 에덴동산 안에서 살고 있었기 때문입니다. 동산 안에서 사는 아담은 죽음이 없는 영원한 삶을 살고 있었습니다. 아담이 동산 밖으로 나왔을 때 다른 사람들과 마찬가지로 흙으로 돌아가게 된 것입니다.

[너는 흙이니 흙으로 돌아가라]는 명령은 모든 인류에게 적용되는 것이 아니라 아담에게만 적용됩니다. 동산 밖의 사람들에게는 이미 죽음이 있었고 죽으면 흙으로 돌아가는 것이 당연했기 때문입니다. [흙으로 돌아가라]는 명령은 그동안 예외였던 아담에게만 주어진 것입니다. 동산 밖의 사람들은 하나님과 상관이 없었고 이미 죽음이 있었기 때문에 이 명령에는 해당되지 않았습니다. 하나님은 아담을 에덴동산 밖의 사람들과 같은 상태로 되돌리는 말씀을 하신 것입니다.

사람들이 죽음을 향해 가는 것은 아담의 범죄와는 상관이 없습니다. 아담에게 내린 벌은 오직 아담에게만 허락되어 있던 영원한 생명을 끝내는 것입니다. 아담에게 주어진 영생을 끝내는 방법은 아담을 죽음이 있는 예전의 삶으로 돌려보내는 것입니다. 이는 하나님이 아담을 에덴동산 밖으로 내어 보내는 것으로 성취됩니다. 하나님은 아담을 동산 밖으로 나가게만 하셨습니다. 아담에게 따로 죽음을 주신 것은 아닙니다.

아담이 선악과를 먹으면 아담을 동산 밖으로 나가게 하여 예전의 삶으로 돌려보낸다는 것은 하나님이 아담을 동산 안으로 데려오실 때 아담과 하나님 사이에 있었던 계약의 내용일 것입니다.

아담의 범죄로 인류가 죽게 된 것이 아닙니다. 아담의 범죄는 아담 자신에게만 적용됩니다. 하와가 죽은 것도 에덴동산에서 나갔기 때문입니다. 아담이 지은 죄에 대한 형벌은 아담만 받았습니다. 아담이 죄를 지은 것으로 인류 전체가 벌을 받는 일은 없었습니다.

Chapter 61

아담 때문에 만물이 저주받은 것일까?

많은 분이 아담이 범죄하여 땅이 저주를 받았고 이때 땅이 받은 저주를 만물이 받은 저주라고 생각합니다. 지금의 자연환경은 땅이 저주를 받은 결과라고 생각하기도 합니다. 이런 생각은 하나님의 말씀을 오해한 것입니다. 이 Chapter에서는 하나님이 땅에 내리신 저주의 내용을 자세히 살펴보고, 이 저주는 아담에게 한정되어 있었다는 것을 설명합니다.

이 내용은 이미 [Chapter 59. 아담에게 주어진 형벌을 벌이라고 할 수 있을까?]에 어느 정도 설명했습니다. 그렇지만 히브리어 원문을 분석하는 방식으로 설명합니다.

아담이 죄를 범하기 전에는 땅이 저주를 받지 않았습니다. 그러면 그때의 땅은 아주 좋은 상태였을까요? 아담이 죄를 범한 후에는 땅이 저주를 받아서 황폐해진 것일까요? 현재 지구의 자연환경은 아담의 범죄 이후 저주를 받아 황폐해진 모습일까요?

아담의 범죄로 인해 땅이 저주를 받을 때 이 저주로 인해 땅이 황폐해진 것이라면 모든 인류는 아담의 범죄로 인해 피해를 받게 된 것입니다. 아담의 범죄와 아담에게 내려진 형벌은 모든 인류에게 영향을 끼친 것으로 볼 수 있습니다. 그러면 아담을 인류의 대표로 보아도 될 것입니다.

그러나 땅은 아담의 범죄 이전과 아담의 범죄 이후에도 변하지 않았습니다. 땅은 지구의 어떤 지역에서도 아담과 상관없이 그대로 유지되고 있었습니다. 땅은 아담과는 아무런 관련이 없습니다.

땅이 받은 저주의 내용은 [가시덤불과 엉겅퀴를 준다]는 것입니다. [땅이 아담에게 좋은 것을 주지 않는다]는 것입니다.

아담이 어느 지역을 가든 아담이 머문 지역의 땅에서는 좋은 열매를 맺는 나무가 스스로 자라나지 않습니다. 아담이 머문 땅에 스스로 자라나는 좋은 나무가 아예 없다면 땅은 아무것도 하지 않아도 됩니다.

가시덤불과 엉겅퀴가 전혀 없고 기후와 환경이 좋고 과실수도 많고 물이 있고 좋은 땅이 있다고 가정합니다. 아담이 이 좋은 땅으로 이주했다고 가정합니다. 그러면 땅은 아담에게 임한 저주를 실행하여 이 지역에 가시덤불과 엉겅퀴가 자라게 합니다. 비옥하고 좋았던 땅이 안 좋은 땅으로 바뀝니다. 아담이 이 지역에서 살려면 힘겹게 농사를 지어야 합니다. 아담이 이 지역을 떠나면, 이 지역은 다시 비옥한 땅으로 바뀝니다.

아담이 황량한 땅에 이주했다고 가정합니다. 이 지역은 처음부터 가시덤불과 엉겅퀴가 많이 자라나 있습니다. 땅이 아담에게 임한 저주를 군이 실행할 필요가 없습니다. 아담이 이 지역에서 살려면 힘겹게 농사를 지어야 합니다. 아담이 이 지역을 떠나도 땅은 이 지역을 바꿀 이유가 없습니다. 이 지역은 처음부터 가시덤불과 엉겅퀴가 많이 자라는 안 좋은 땅이었기 때문입니다. 이 지역에 아담이 오거나 떠나거나 이 지역의 땅에는 변화가 없습니다. 땅이 저주를 실행할 이유가 없습니다.

땅은 아담이 가는 모든 지역을 이렇게 바꿀 것입니다. 아담이 없다면, 땅은 원래의 자연상태를 바꾸지 않습니다. 이처럼 저주는 땅에 고정된 것이 아니라 아담을 따라다니는 것입니다.

더 자세히 알기 위해 창세기 3장 17절의 히브리어 원문을 분석할 필요가 있습니다. 창세기 3장 17절에는 [땅은 너로 말미암아 저주를 받고 너는 네 평생에 수고하여야 그 소산을 먹으리라] 기록되어 있습니다. 이 부분의 히브리어 원문을 보면, 다음과 같습니다.

אֲרוּרָה הָאֲדָמָה בַּעֲבוּרֶךָ בְּעִצָּבוֹן תֹּאכֲלֶנָּה כֹּל יְמֵי חַיֶּיךָ
[아루라 하아다마 바아부레카 버이챠보운 토카렌나 콜 요메 하이예카]

이 원문에서 אֲרוּרָה הָאֲדָמָה בַּעֲבוּרֶךָ[아루라 하아다마 바아부레카]라는 말씀이 [땅은 너로 말미암아 저주를 받고]라는 부분입니다.

בַּעֲבוּרֶךָ[바아부레카]는 עֲבוּר[아부르]라는 부사의 2인칭·남성·단수의 형태입니다. עֲבוּר[아부르]는 영어로 for the sake of, on account of, so that 등으로 번역됩니다. בַּעֲבוּרֶךָ[바아부레카]는 영어로 for your sake로 번역되었습니다. 한글로 직역하면 [너 때문에, 너를 위해서] 등으로 번역할 수 있습니다.

בְּעִצָּבוֹן[버이챠보운]은 [고통 속에서]라는 뜻입니다.

תֹּאכֲלֶנָּה[토카렌나]는 אָכַל[아칼]이라는 동사의 칼(Qal)동사·미완료·2인 칭·남성·단수로서 영어로는 you shall eat으로 번역됩니다. אָכַל[아칼]이라는 동사는 [내가 먹는]다는 의미입니다. תֹּאכֲלֶנָּה[토카렌나]를 우리 말로 번역한다면 [네가 먹을 것이다]라는 의미입니다.

כֹּל יְמֵי חַיֶּיךָ[콜 요메 하이예카]는 [네 평생에]로 번역되었습니다. כֹּל[콜]은 영어로 all에 해당합니다. יְמֵי[요메]는 יוֹם[욤]이라는 단어의 남성·복수로서 [날들]로 번역됩니다. יוֹם[욤]은 day를 의미합니다. חַיֶּיךָ[하이예카]는 חַי[하이]의 2인칭·남성·단수의 형태입니다. חַי[하이]는 영어로 alive, living으로 번역되며, [살아 있는]이라는 뜻입니다. כֹּל יְמֵי חַיֶּיךָ[콜 요메 하이예카]는 [너의 살아 있는 모든 날]이라는 의미입니다.

이 문장을 직역하면 [땅은 너 때문에 저주를 받아 너의 살아 있는 모든 날에 고통 속에 너는 먹을 것이다]입니다.

이 문장은 하나로 되어 있습니다. 한글 성경에는 [땅은 너로 말미암아 저주를 받고 너는 네 평생에 수고하여야 그 소산을 먹으리라]로 번역되어 있어서 두 문장으로 보이는데, 원문은 하나의 문장입니다. 이 문장 내에는 접속사 וְ[와우]가 없습니다.

정확하게는 [네가 네 아내의 말을 듣고 내가 네게 먹지 말라 한 나무의 열매를 먹었은즉 땅은 너로 말미암아 저주를 받고 너는 네 평생에 수고하여야 그 소산을 먹으리라]가 하나의 문장입니다.

이 문장에서 [네가 네 아내의 말을 듣고 내가 네게 먹지 말라 한 나무의 열매를 먹었은즉은 원인을 나타내기 위해서 사용된 문장입니다. כִּי[키-]로 시작되어 있어서 다음에 오는 문구의 원인을 나타내고 있습니다.

이 문장에서 [땅은 너로 말미암아 저주를 받고 너는 네 평생에 수고하여야 그 소산을 먹으리라]는 부분에도 접속사 ו[와우]가 없어서 두 개의 문장이 아닙니다. 한글 성경에서는 [땅은 너로 말미암아 저주를 받고]가 하나의 독립된 문장으로 보이고, [너는 네 평생에 수고하여야 그 소산을 먹으리라]는 부분도 독립된 한 문장으로 보입니다. 그러나 이것은 두 개의 문장이 아니라 하나의 문장입니다.

땅이 저주를 받는 것을 따로 하고 아담이 평생 수고하는 일을 따로 한다는 말이 아닙니다. 아담이 평생 수고하는 일을 하게 되는 것은 땅이 저주를 받았기 때문이라는 것입니다. 땅이 저주를 받은 것은 아담이 아내의 말을 듣고 하나님이 먹지 말라고 명하신 열매를 먹었기 때문입니다.

땅이 저주를 받았다는 부분에서 번역을 달리할 필요가 있습니다. [땅은 너로 말미암아 저주를 받고]라는 말씀의 히브리어 원문은 אֲרוּרָה הָאֲדָמָה בַּעֲבוּרֶךָ [아루라 하아다마 바아부레카]입니다. 이 문구는 세 개의 단어로 되어 있는데, 단어 중에서 [너로 말미암아]라는 부분이 בַּעֲבוּרֶךָ[바아부레카] 입니다.

이 단어의 의미를 [너 때문에]가 아니라 [너를 위해서]라고 번역해야 맞을 듯합니다. 이 단어는 창세기 26장 24절에서 같은 의미로 사용되었습니다.

성경 말씀: 창세기 26장 24절
"그 밤에 여호와께서 그에게 나타나 이르시되 나는 네 아버지 아브라함의 하

나님이니 두려워하지 말라 내 종 아브라함을 위하여 내가 너와 함께 있어 네게 복을 주어 네 자손이 번성하게 하리라 하신지라"

이 말씀에서 [내 종 아브라함을 위하여]라는 내용이 있습니다. 이 문구는 히브리어 원어로 בַּעֲבוּר אַבְרָהָם עַבְדִּי[바아부르 아브라함 아브디]입니다. 이 문구에서 בַּעֲבוּר[바아부르]가 창세기 3장 17절의 עֲבוּר[아부르]입니다. 이 말씀에서는 [내 종 아브라람을 위하여]로 번역되었습니다.

창세기 3장 17절에는 [~때문에]로, 창세기 26장 24절에는 [~위하여]로 번역되었습니다.

창세기 3장 17절에서 [너로 말미암아]로 번역하면, 땅이 저주의 형벌을 받는 대상이 되는 것으로 보입니다. 반면 [너를 위하여]라고 번역하면, 저주의 형벌을 받는 대상은 땅이 아니라 아담이 되는 것입니다.

창세기 3장 17절의 내용을 살펴보면 [너는 네 평생에 수고하여야 그 소산을 먹으리라]라는 말씀이 하나님이 아담에게 내리신 저주의 내용입니다. 저주의 고통을 받는 것은 땅이 아닙니다. 저주의 내용은 아담이 평생 수고하여야 한다는 것입니다. 땅은 저주를 받는 대상이 아닙니다. 땅은 저주를 실행하는 집행자입니다.

이렇게 하나님이 아담에게 선언하신 말씀을 살펴보면, 모두 아담에게 하신 말씀입니다. 땅을 두고 하신 말씀은 없습니다.

첫 번째로, 땅이 가시덤불과 엉겅퀴를 아담에게 준다.

두 번째로, 아담은 밭의 채소를 먹어야 한다.

세 번째로, 아담은 땀을 흘려야 한다.

네 번째로, 아담은 흙으로 돌아갈 것이다.

이 내용은 모두 아담에게 선언한 말씀입니다. 많은 분이 이 내용을 모든 사람에게 적용합니다. 그래서 모든 사람은 흙이기 때문에 흙으로 돌아간다는 말을 합니다. 우리가 모두 죽을 수밖에 없는 것도 이 말씀에서 비롯되었다고 생각합니다. 아담이 형벌을 받을 때 아담을 인류의 대표라고 생각했기 때문입니다.

하나님이 아담에게 하신 말씀대로 하와도 채소를 먹었을 것입니다. 그러나 [얼굴에 땀이 흘러야 땅의 소산을 먹는다]고 하신 말씀은 아담에게 주신 것입니다.

창세기 3장 17절에서 [너로 말미암아]로 번역하면, 저주의 대상이 땅인 것처럼 보입니다. 저주의 내용은 가시덤불과 엉겅퀴만을 내는 것입니다. 그러면 저주의 내용은 [땅이 황폐해진다]가 될 것입니다.

이렇게 해석할 때 땅이 황폐해지는 것은 아담에게만 미치는 영향이 아니라 땅 위에 사는 모든 사람에게 광범위하게 영향을 미칩니다. 땅 위에 사는 모든 인류가 아담의 범죄 이후로 땅에서 가시덤불과 엉겅퀴만을 얻게 됩니다. 과연 그럴까요?

아담이 죄를 범하기 전에 땅은 저주를 받지 않았습니다. 그렇다면 땅 위에 살던 모든 사람이 땀을 흘려 일하지 않아도 땅으로부터 각종 좋은 나무의 열매를 얻을 수 있었을까요? 아담이 죄를 범하기 전에 땅 위에 사는 모든 사람이 일하지 않고, 사냥하지 않고, 심거나 거두지 않고, 그냥 스스로 자란 나무에서 자유롭게 열매를 얻고 먹으면서 살았을까요?

하나님이 아담을 창조할 당시에 지구상에 이미 많은 사람이 살고 있었다는 것을 인정하는 순간부터 이 모든 것은 다르게 해석됩니다. 동산 밖에 있는 사람들은 모두 땀을 흘리며, 일하고, 심고, 거두고, 사냥하고, 물고기를 잡으면서 살고 있었습니다. 모두가 땀을 흘리며 밭을 갈고 농사일을 하며 살았습니다. 땅이 저주를 받았기 때문에 일하며 사는 것이 아니라 아담 이전부터 그들은 일하면서 살았습니다. 동산에 들어가기 전에는 아담과 하와도 다른 사람들과 다를 바 없는 삶을 살았습니다.

아담과 하와가 동산에 있었던 동안에만 땀을 흘리면서 밭을 가는 일을 하지 않았습니다. 동산에 들어간 아담과 하와만이 영생을 누리고 있었습니다.

그런데 저주의 내용을 보면 [땅이 아담에게 가시덤불과 엉겅퀴를 준다]는 것입니다. 아담이 일을 안 하고 땅에서 얻을 수 있는 것은 가시덤불과 엉겅퀴라는 것입니다. 다시 말해서 이 저주는 오직 아담에게만 해당됩니다.

동산 밖의 사람들은 원래 살던 방식대로 계속해서 살고 있습니다. 동산 밖에서 사는 사람들은 아담의 범죄와 상관없이 살았고 아담의 범죄 이후로도 하나님에게서 어떤 저주나 불이익을 받지 않았습니다. 땅이 받은 저주는 오직 아담에게만 적용된 저주입니다.

이처럼 만물은 저주의 대상이 된 적이 없습니다. 아담 개인에게만 적용된 저주입니다.

가인과 아벨

Chapter 62

하나님은 왜 가인의 제물을 받지 않으셨을까?

사람들은 하나님이 가인의 제물을 받으시지 않은 이유를 궁금해합니다. 가인과 아벨의 제사에서 차이를 찾기가 쉽지 않기 때문입니다. 많은 분이 그 원인을 가인이 땅의 소산으로 드렸기 때문이라고 추측합니다. 아벨은 양으로 하나님께 제사를 드렸는데 가인 역시 양으로 피의 제사를 드려야 했다는 것입니다. 물론 이런 추측은 잘못된 것입니다. 이 Chapter에서는 하나님이 가인의 제사를 받으시지 않은 이유에 관해 설명합니다.

첫 번째, 가인을 받지 않았기 때문에 가인의 제사를 받지 않았습니다.

성경 말씀: 창세기 4장 4절
"아벨은 자기도 양의 첫 새끼와 그 기름으로 드렸더니 여호와께서 아벨과 그의 제물은 받으셨으나 가인과 그의 제물은 받지 아니하신지라 가인이 몹시 분하여 안색이 변하니"

이 말씀을 보면, 하나님이 가인의 제물을 받지 않은 이유를 알 수 있습니다. 하나님은 [아벨과 그의 제물]을 받으셨고 [가인과 그의 제물]은 받으시지 않았습니다.

하나님이 받으시는 것은 사람과 제물입니다. 하나님은 사람을 먼저 받으신 후에 그 사람이 드리는 제물을 받습니다. 하나님이 사람을 받으시지 않는다면 그 사람이 드리는 제물도 받지 않습니다.

사람도 사랑하는 사람이 선물을 주면 그 선물이 아무리 작은 것이라도 기쁘게 받습니다. 만약 싫어하는 사람이 와서 선물이라고 어떤 물건을 건넨다면 아마도 그 선물이 아무리 좋은 것이라도 받기를 거부할 것입니다. 하나님도 이와 같습니다.

하나님이 아벨의 제물을 받으신 것은 아벨의 행실이 선했기 때문에 하나님의 마음에 들었던 것입니다. 그래서 아벨이 드리는 제물을 받으신 것입니다. 반대로 가인은 그 행실이 좋지 않았기 때문에 하나님이 가인을 마음에 들어 하시지 않았습니다. 그래서 하나님은 가인이 드린 제물을 받으시지 않았습니다. 가인이 제물을 드릴 때 그의 제사나 제물에 문제가 있었던 것은 아닙니다. 문제가 되는 것은 제사가 아니라 평소에 해오던 가인의 행실입니다.

하나님이 가인을 미워한다는 말은 아닙니다. 가인의 행실이 좋지 않기 때문에 하나님이 가인의 제물을 받으시지 않았습니다. 나중에라도 가인의 행실이 좋아졌다면 하나님은 언제라도 가인의 제물을 받으셨을 것입니다.

가인의 행실이 좋지 않은 상태에서 가인이 드린 제물을 하나님이 받으신다면 가인은 자신의 악한 행실도 하나님이 묵인하는 것으로 오해할 수 있습니다. 하나님은 가인을 미워하지 않지만 가인의 행실이 옳지 않았기 때문에 가인의 제물을 받으실 수 없었습니다.

가인이 선을 행하지 않았고 악도 행하지 않았는데 이것을 두고 하나님이 가인에게 선을 행하지 않았다고 지적하신 것일까요? 가인이 아무것도 하지 않았다면 하나님은 가인의 제사를 받으셨을 것입니다. 가인이 악을 행하지 않았다면 하나님은 가인의 제사를 거부하시지 않았을 것입니다. 하나님이 가인에게 선을 행하지 않았다고 하신 것은 가인이 선을 행해야 하는 상황에서 악을 행했다는 지적입니다.

창세기 4장 8절에서 [죄의 소원이 네게 있으나]라는 말씀은 이미 가인이 악한 행동을 반복해 왔음을 암시합니다. 여기서 히브리어 원문을 확인할 필요가 있습니다.

성경 말씀: 창세기 4장 7절
"네가 선을 행하면 어찌 낯을 들지 못하겠느냐 선을 행하지 아니하면 죄가 문에 엎드려 있느니라 죄가 너를 원하나 너는 죄를 다스릴지니라"

이 말씀에서 확인하고자 하는 문장은 [네가 선을 행하면 어찌 낯을 들지 못하겠느냐]는 부분입니다.

הֲלוֹא אִם־תֵּיטִיב שְׂאֵת

[하로우 임-테티브 서에트]

הֲלוֹא[하로위는 부정사 לֹא[로]의 부정형관사입니다. לֹא[로]는 [~이 아니다]는 뜻입니다. הֲלוֹא[하로위는 [~그렇지 않느냐?]는 의미입니다.

אִם[임]은 가정적 조건의 접속사입니다. 영어로는 if에 해당되며, 한글로는 [만

약이라는 뜻입니다.

בֵּיטִיתֵ[테티브]는 בטַיִ[야타브]의 히필형동사 · 미완료 · 2인칭 · 남성 · 단수의 형태입니다. בטַיִ[야타브]는 영어로 to be good, well, glad, pleasing의 의미이며, 한글로는 [선을 행한다]는 의미입니다.

שֵׂאֵת[세에트]는 동사로서 칼(Qal)형동사 · 연계형부정사입니다. שֵׂאֵת[세에트]는 영어로 exaltation, dignity, swelling 등으로 번역됩니다. 본문 말씀의 שֵׂאֵת[세에트]는 영어로 accept로 번역되었습니다. 한글로는 [받아들인다]는 뜻입니다.

שֵׂאֵת[세에트]를 개역한글, 개역개정, 공동번역에서는 [얼굴을 들지 못한다]로, 새번역에서는 [얼굴빛이 달라진다]로, 현대인의 성경에서는 [예물을 받지 않겠느냐]로 번역되었습니다. 히브리어 원문에 가장 가까운 것은 현대인의 성경입니다. שֵׂאֵת[세에트]를 NIV 성경에서는 accept로, KJV 성경에서도 accept로, NASB 성경에서는 lifted up으로 번역되었습니다. 영어 성경에는 대체로 히브리어 원문에 가깝게 번역되었습니다. 이 말씀을 직역하면 [만약 네가 선을 행하면 너를 받아들이지 않겠느냐]는 뜻입니다. 한글 성경은 [낯을 들지 못하겠느냐]로 번역되었는데 직역은 아닙니다.

하나님은 정확하게 말씀하셨습니다. 하나님은 [만약 네가 선을 행하면 너의 제물을 받지 않겠느냐]고 말씀하신 것이 아닙니다. 하나님은 [만약 네가 선을 행하면 너를 받지 않겠느냐]고 말씀하신 것입니다. 제물이 아니라 사람을 받는 것입니다.

가인이 선을 행한다면 이후로는 하나님이 가인을 받겠다는 뜻입니다. 하나님이 가인을 받으시면 가인이 드린 제물도 역시 받게 됩니다. 가인이 어떤 제물을 드리더라도 제물의 종류와는 상관없이 그 제사를 받는다는 뜻입니다.

두 번째, 가인이 행한 악과 지은 죄에는 차이가 있습니다.

가인은 아벨을 죽였습니다. 가인은 아벨에게 죄를 지었습니다. 아벨은 하나님께 호소했고, 하나님은 재판장으로서 가인의 죄에 대한 형벌을 내리십니다. 그래서 가인은 땅에서 유리하는 자가 되어 아담이 머물고 있는 지역에서 쫓겨나게 되었습니다. 아벨을 죽인 것은 가인이 죄를 지은 것입니다.

제사를 드리기 전에 이미 가인은 악을 행했습니다. 하나님은 가인이 선을 행하지 않았기 때문에 가인의 제사를 받지 않았다고 말씀하셨습니다. 가인은 제사를 드리기 전에 먼저 생활 속에서 반복해서 악행을 했습니다. 그러나 하나님은 이 악행에 관해서는 형벌을 내리지 않고 제사를 받지 않는 정도로 처리하십니다. 이 악행들은 하나님 앞에 죄가 되지 않았습니다.

어떤 악은 제사를 받지 않는 정도로 처리하고 어떤 악은 형벌을 내립니다. 아벨을 죽인 악은 죄로 규정되었습니다. 반면 제사를 드리기 전에 가인이 행한 악은 죄로 규정되지 않았습니다.

죄로 규정하지 않았고 그래서 형벌을 내리지는 않았지만 하나님이 기뻐하시지 않는 악이었습니다. 가인은 이런 악을 행하고 있었던 것입니다.

세 번째, 소소한 악행은 죄의 유혹을 가져옵니다.

가인의 마음에 아벨에 대한 미움이 반복적으로 일어났던 것 같습니다. 계속된 죄의 유혹이 있었습니다. 하나님은 가인에게 죄의 유혹에 넘어가지 말고 죄를 다스리라고 권고하셨습니다. 가인이 죄를 짓지 않고 죄의 유혹을 이겨 낸다면 하나님은 가인의 제물을 기쁘게 받겠다는 것입니다.

바늘 도둑이 소도둑이 된다는 말이 있습니다. 가인의 반복된 악행이 가인을 폭력적인 성향으로 바꿉니다. 반복적인 악행은 더 쉽게 죄를 지을 수 있도록 합니다. 소소한 악행이 많아지면 결국에는 죄를 짓게 됩니다.

가인은 죄의 유혹을 이기지 못하고 아벨을 죽이기에 이릅니다. 여기서 가인이 받은 죄의 유혹이 무엇인지 생각해 볼 필요가 있습니다.

창세기 4장 6절에서 하나님은 가인이 선을 행하지 않았기 때문에 죄가 문에 엎드려 있다고 말씀합니다. [죄가 문에 엎드렸다]는 표현은 가인이 살았던 당시의 사람들이 이해하는 표현이었을 것입니다. 죄가 문에 엎드렸기 때문에 죄가 가인을 원하고 있는 것입니다. 이 말은 가인이 죄를 지었다는 뜻이 아닙니다. 하나님이 가인에게 죄를 다스리라고 권고하시기 때문입니다. 이때는 가인이 아직 아벨을 죽이기 전입니다.

[죄의 소원이 네게 있다]는 말씀은 아벨을 미워하여 죽이고 싶어 하는 충동이 가인의 마음속에 일어났다는 뜻입니다. 하나님이 가인의 제사를 받지 않았고 아벨의 제사를 받으셨을 때 분노가 치밀어 올랐을 것입니다. 이는 안색이 변했다는 표현에서 알 수 있습니다. 가인이 분노했을 때 아벨을 죽이고 싶다는 생각을 했을 것입니다. 그래서 하나님이 가인에게 죄의 유혹을 이기라고 말씀하신 것입니다.

네 번째, 형벌을 받지 않는 가인의 악행은 무엇일까요?

이제 궁금한 것은, 하나님께 제사를 드리기 전에 가인은 어떤 악행을 하고 다녔을까요? 이 악행은 아벨을 죽인 것이 아닙니다. 하나님이 가인의 제사를 받으시지 않은 것은 가인이 아벨을 죽이기 전이었기 때문입니다. 가인이 어떤 행동을 했길래 가인의 행동이 선하지 않다고 말씀하셨을까요?

예를 들어 가인이 자신의 집에서 나오지 않으면서 하와가 주는 밥을 먹고 잠만 자고 일체 어떤 일도 하지 않았다면 가인은 선을 행하지도 않았고 동시에 악을 행하지도 않은 상태입니다. 물론 이 경우는 아닙니다. 가인은 농부였습니다. 자신의 집에만 틀어박혀 있지 않았습니다. 가인은 농사짓는 일을 했습니다. 창고에도 가고 농기구도 만들고 물을 주기도 하고 과일이나 채소를 재배하고 수확하는 등 가인은 많은 일을 했을 것입니다.

하나님은 가인이 선을 행하지 않았다고 말씀하셨습니다. 그런데 성경에는 가인의 악행에 대한 기록이 없습니다. 그래서 많은 분이 하나님이 가인의 제사를 받지 않은 것을 두고 혼란을 느끼는 것입니다. 그러면 당시에 가인이 어떤 종류의 악행을 할 수 있었는지, 가인의 삶을 추측해 보겠습니다. 어떤 악행이 가능한지 생각해 보는 것입니다.

아담과 하와는 가인의 부모이기에 가인이 부모에게는 악행을 하지 않았을 것입니다. 이 악행은 불효가 아니었을 것입니다. 가인은 농부입니다. 아벨은 양치는 일을 합니다. 아벨에게 시간의 여유가 있었는지는 잘 모르겠습니다. 가인은 아담처럼 아침에 일어나 밭에 나가 일하고 저녁이 되면 집에 돌아와 쉬었을 것입니다. 이런 날들이 계속됐다면 가인은 악행을 저지를 시간이 없었을 것 같습니다. 또한 악행을 저지를 대상이 아벨밖에 없습니다. 그러면 아벨을 죽이는 것 말고 가인이 할 수 있을 법한 다른 악행은 무엇일까요?

하나님에게 형벌을 받는 악행은 십계명에서 확인할 수 있습니다.

성경 말씀: 출애굽기 20장 12절
"네 부모를 공경하라. 그리하면 네 하나님 여호와가 네게 준 땅에서 네 생명이 길리라. 살인하지 말라. 간음하지 말라. 도둑질하지 말라. 네 이웃에 대하여 거짓 증거하지 말라. 네 이웃의 집을 탐내지 말라. 네 이웃의 아내나 그의 남종이나 그의 여종이나 그의 소나 그의 나귀나 무릇 네 이웃의 소유를 탐내지 말라"

십계명 중에서 앞의 네 계명은 하나님께 대한 것입니다. 가인이 하나님의 이름을 망령되게 부르거나 다른 신을 섬기거나 우상을 만들지는 않았을 것 같습니다. 하나님의 음성을 직접 듣고 있고 하나님의 보호를 받는 와중에 십계명의 첫 네 계명을 어길 사람은 없을 것입니다.

십계명 중에서 뒷부분의 여섯 계명은 사람과 사람 사이에서 지켜야 하는 계명입니다.

네 부모를 공경하라: 가인은 아담과 하와를 공경했을 것입니다. 가인이 아담과 하와를 공경하지 않았어도 가인은 부모에게 함부로 행동하지 않았을 것입니다. 아버지 아담이 가인에게 농사법을 가르쳐준 지 얼마 되지 않았을 때입니다. 아담은 930살까지 살았습니다. 아담이 셋을 낳았을 때가 130세였으니 가인을 낳았을 당시 아담의 나이는 대략 100세 정도였을 것입니다. 가인이 제사를 드릴 당시 아담은 아주 건장한 청년 같은 모습이었을 것입니다. 신체적으로도 가인

이 아담에게 함부로 행동할 수는 있는 상태는 아닙니다.

살인하지 말라: 가인은 아벨을 죽였습니다. 그로 인해 이 계명을 어긴 것이 됩니다. 그렇지만 아벨을 죽이기 전, 제사를 드리기 전에 행동한 악행은 아닙니다. 지금은 제사를 드리기 전, 가인의 악행이 무엇인지 찾고 있습니다. 아담과 하와와 아벨을 제외한 다른 사람이 없다고 가정하면, 살인죄는 지을 수 있는 죄가 아닙니다.

간음하지 말라, 도둑질하지 말라, 네 이웃에 대하여 거짓 증거하지 말라, 네 이웃의 집을 탐내지 말라, 이 4개의 계명은 이웃이 있어야 지킬 수 있는 명령입니다. 동시에 이웃이 없다면 어길 수도 없는 명령입니다. 아담과 하와와 가인과 아벨만 살고 있었다고 가정하면, 이런 죄는 지을 수 있는 죄가 아닙니다.

십계명에서 규정하고 있는 6개의 계명 중에서 가인이 어길 수 있는 계명은 없습니다. 아벨을 죽이기 전에, 가인에게 가능한 악행은 십계명에서 찾을 수 없습니다.

지상에 아담과 하와와 가인과 아벨만 있었다고 가정하면 가인은 악행을 저지를 수 있는 상황이 아닙니다. 그러나 가인은 하나님이 보시기에 반복적으로 악행을 했습니다. 이 말은 곧 지상에 아담의 가족 외에도 다른 사람들이 있었다는 말이 됩니다.

다섯 번째, 가인은 혼자 농사일을 한 것이 아닙니다.

가인은 혼자 농사일을 하지 않았습니다. 가인에게는 따르는 종들이 있었습니다. 이 종들은 말하는 동물들입니다. 아벨에게도 따르는 종들이 있었습니다. 가인과 아벨에게는 말하는 동물들이 종(servant)으로 있었습니다. 아담은 말하는 동물들 중 일부에게 가인과 아벨을 돕도록 명령했습니다.

아담과 하와는 가인과 아벨을 낳았고 가인과 아벨은 잘 자랐을 것입니다. 아담은 농부가 되었습니다. 아담은 동산에서 함께 나온 말하는 동물들과 일을 합니다. 하와는 집안을 관리하고 있습니다. 가인과 아벨이 아기였을 때는 돌아다니지 않기 때문에 하와는 안심하고 자기 일을 할 수 있었습니다.

가인과 아벨이 자라면서 여기저기 걸어 다닙니다. 아담은 농사일로 밭에 나가 있고 하와도 여러 가지 신경 쓸 일이 많아서 가인과 아벨만 지켜볼 수는 없습니다. 사람들은 아담의 가족을 보면 죽이려고 합니다. 그래서 아담은 일부 말하는 동물들에게 가인과 아벨을 지키도록 명령했을 것입니다. 이때부터 가인과 아벨에게는 그들을 따라다니며 지켜 주는 말하는 동물들이 있었습니다.

가인과 아벨이 성장하였고 가인은 아담을 도와 아담과 함께 일을 합니다. 가인은 아담에게 농사일을 배우고 있습니다. 아벨도 양치는 법을 아담에게 배웁니다.

시간이 흘러 가인과 아벨은 독립적으로 각자의 일을 시작합니다. 이때 아담은 가인과 아벨에게 말하는 동물들을 배정해 주었습니다. 가인은 농부가 되어 자신의 종으로 배정된 동물들과 함께 일을 시작합니다. 아벨도 자기의 종으로 배정된 동물들과 함께 양 치는 일을 시작했습니다.

창세기 4장 8절을 보면, [가인이 그의 아우 아벨에게 말하고 그들이 들에 있을 때 가인이 그의 아우 아벨을 쳐 죽였다]고 기록되어 있습니다. [그들이 들에 있을 때 가인이 그의 아우 아벨을 쳐 죽였다]는 내용은 잘 이해됩니다. 가인과 아벨이 우연히 들에 함께 있게 되었을 때 가인이 아벨을 죽였다고 생각하면 쉽게 이해가 됩니다.

그런데 창세 4장 8절의 [가인이 그의 아우 아벨에게 말하고]라는 문장은 어떤 의미일까요? 가인이 아벨에게 무슨 말을 했다는 것일까요? 하나님이 가인에게 권고하신 말씀을 가인이 아벨에게 설명했다는 뜻일까요?

[가인이 그의 아우 아벨에게 말했다]는 문장은 [가인이 아벨에게 들로 나가자]고 말했다는 뜻입니다. 당시에 아담과 하와와 가인과 아벨만 있었다면 가인이 아벨과 둘만 있게 되는 기회는 쉽게 생겼을 것입니다. 그런데 가인이 굳이 아벨에게 둘이 들판으로 나가자고 말한 것입니다. 그 이유는 가인과 아벨에게는 항상 따라다니는 종들이 있었기 때문입니다. 이 종들은 말하는 동물들입니다. 가인과 아벨의 말을 알아듣고 함께 먹고 마시며 함께 일하고 순종하는 동물들입니다. 이 동물들이 늘 아벨과 함께 있어서 가인은 아벨과 둘만 있을 기회가 없었습니다. 그래서 굳이 가인은 아벨에게 [둘만 들판으로 나가자]고 말한 것이고, 성경은 이런 특이한 상황을 기록으로 남긴 것입니다.

가인과 아벨은 각자 자기의 종들과 함께 농사와 양 치는 일을 했습니다. 가인과 아벨은 각각 자기의 종들을 다루는 방식에서 다른 행보를 보입니다.

가인은 자기의 종들을 다스릴 때 과격하고 무자비하게 다스렸던 것 같습니다. 말하지 못하는 자연의 동물들을 죽였을 가능성도 있습니다. 평소 가인은 자기의 종들을 폭력적으로 다스렸고 폭언했고 무리하게 일을 시켰을 것으로 추측됩니다. 자기의 종들이 말을 듣지 않거나 자기의 명령을 제대로 수행하지 않았을 경우, 분노하며 화를 많이 내고 과하게 체벌한 것으로 보입니다. 가인은 하나님께 제사를 드리기 전부터 자기의 종들에게 악행을 일삼았던 것입니다. 이런 행동은 죄로 정할 수는 없지만 악한 행동입니다. 가인의 이런 행동이 하나님이 보시기에 좋지 않았을 것입니다.

반대로, 아벨은 자기의 종들을 좋게 대했던 것으로 추측됩니다. 아벨은 자기의 종들이 잘못했을 때도 분노하지 않고 화를 내지 않으며 과하게 체벌하지 않고 인자하게 대했을 것입니다. 아벨이 선한 행동을 했다고 확정하는 것은 아닙니다. 다만 아벨은 악한 행동을 하지 않았습니다.

당시 상황에서 아벨이 어떤 일을 할 수 있었을까요? 지상에 아담의 가족만 있었다고 가정할 때, 아벨이 어떤 위대한 업적을 세울 수 있었을까요? 세상을 구하는 일도 없었을 것이며 장애인을 돕는 일도 없었을 것이며 약자를 구하기 위해 희생하는 일도 없었을 것입니다. 아벨이 단지 4명밖에 없는 세상에서 어떤 의로운 일을 할 수 있었을까요?

실제로는 아벨에게 종들이 있었고 주위에도 많은 사람이 살고 있었습니다. 물론 가인과 아벨은 주위 사람들과 만나지 않았을 것입니다. 주위의 사람들이 아담의 가족을 죽이려고 했기 때문입니다. 아벨은 안전한 구역 안에서 양을 치는 일을 하며 지냈을 것입니다.

이제 이 Chapter의 결론을 내립니다.

아벨은 자기의 종들을 좋게 대했습니다. 그러나 가인은 자기의 종들을 나쁘게 대했습니다. 종들을 대하는 가인의 행동은 과격하고 지나쳤던 것 같습니다. 하나님이 가인의 제사를 받지 않은 것은, 가인이 이미 악한 사람이었기 때문입니다. 사람이 하나님께 예배드리고자 한다면, 먼저 자신의 삶에서 악행을 버리고 선행을 해야 합니다. 예배드리는 사람은 하나님이 보시기에 악을 행하지 않는 사람이어야 합니다.

Chapter 63

가인은 왜 동생을 죽일 정도로 분노했을까?

가인과 아벨은 하나님께 제사를 드렸습니다. 같은 날 제사를 드린 것인지는 확실하지 않습니다. 하나님은 가인의 제사를 받지 않으셨고 아벨의 제사를 받으셨습니다. 그러자 가인의 얼굴빛이 변했습니다.

가인의 얼굴빛이 변했다는 것은 가인이 분노했다는 것을 암시합니다. 그러나 이 순간이 지나면 감정은 가라앉고 마음은 진정됩니다. 다시 일상으로 돌아올 수 있습니다. 하나님이 왜 자신의 제사를 받지 않았나 돌아볼 수 있는 시간은 충분합니다.

가인이 아벨을 죽인 장소는 들판입니다. 가인은 아벨에게 들판으로 나가자고 말했습니다. 그러면 가인과 아벨이 하나님께 제사를 드린 장소는 가인이 아벨을 죽인 들판은 아닌 것이 됩니다.

가인이 제사를 드리는 중에 분노를 참지 못하고 달려가서 아벨을 죽였다면 가인이 아벨을 죽인 이유를 충분히 이해할 수 있습니다. 가인에게 분노조절장애가 있었을 것으로 보면 됩니다. 그러나 제사를 드린 장소와 아벨이 죽은 장소가 달랐다면, 가인은 제사드릴 당시에 치밀어 오른 분노를 잘 억제한 것입니다.

가인은 얼굴색이 변할 정도로 분노했지만 잘 참았습니다. 가인은 충분히 자신의 분노를 억제할 수 있었고 감정을 가라앉히고 차분하게 이성을 되찾았을 것입니다. 그런데도 결국 가인은 아벨을 죽였습니다. 왜 가인은 아벨을 죽였을까요?

이 문제를 풀려면 당시 상황을 이해해야 합니다.

가인과 아벨이 같은 날 제사를 드렸다고 가정합니다. 그랬다면 아마 아담도 하나님께 제사를 드렸을 것입니다. 아담은 가인이나 아벨 중 어느 한 명의 제사에 참여하지는 않았을 것입니다. 이날이 하나님께 제사를 드리는 날이었다면 아담도 따로 하나님께 제사를 드렸을 것입니다. 물론, 가인과 아벨만 제사를 드렸을 수도 있습니다.

아담과 가인과 아벨이 서로 어느 정도 떨어진 위치에서 단을 쌓고 하나님께 제사를 드립니다. 하와는 아담 옆에 있습니다. 아담의 제사는 성경에 기록되지 않았습니다. 가인이 아벨을 죽인 사건에 초점이 맞춰져 있기 때문입니다. 아담의 제사는 이 주제에서 벗어나 있어서 설명할 필요가 없었을 것입니다.

아담과 가인과 아벨은 각자 자신의 종들과 함께 제단과 제물을 준비합니다. 가인이 혼자 제사를 드린 것도 아니며 아벨이 혼자 제사를 드린 것도 아닙니다. 가인이 제단을 만들 때 혼자서 직접 돌을 옮기거나 쌓지는 않았을 것입니다. 종들이 돌을 옮기고, 쌓고, 제물을 준비하고, 제물을 올려놓았을 것입니다. 제사를 드리는 날, 아담과 가인과 아벨은 그 종들과 함께 아침부터 분주하게 움직였을 것입니다.

하나님께 제사를 드리는 시간이 다가왔습니다. 가인은 제단 앞에 서서 하나님에게 기도를 올립니다. 하나님이 제물을 받으시기를 기도하며 첫 제사를 드리게 된 것을 감사드리고 한 해 농사를 풍성하게 해 주신 것에 감사의 기도를 올렸을 것입니다.

이렇게 가인이 제단 앞에 서서 기도를 올릴 때 가인의 종들은 어디에 있었을까요? 제단을 완성한 후에 각자 자기의 처소로 돌아가서 쉬었을까요? 종들은 가인이 제단 앞에 서서 기도할 때 그 뒤에 모두 서서 경건한 마음으로 함께했을 것입니다. 가인의 종들이 몇인지는 몰라도 그들 모두 뒤에 서 있었을 것입니다. 아담이 드렸던 제사와 같이, 하나님이 응답하기를 기다리고 있었을 것입니다.

이런 상황은 아벨도 같습니다. 조금 떨어진 곳에서 아벨이 제단 앞에서 하나님께 기도합니다. 그 뒤에는 아벨의 종들이 서 있습니다. 아담도 같은 날 제사를 드렸다면, 아담도 조금 떨어진 장소에서 같은 제사를 드렸을 것입니다. 가인과 아벨이 독립했기 때문에, 가인도 아벨도 각자 독립적으로 하나님께 제사를 드립니다. 마치 성인으로 인정받는 첫 번째 제사와도 같습니다.

아담과 하와와 아담의 모든 종이 제단 앞에 서서 하나님께 제사를 드립니다. 하나님은 아담의 제단에서 제물을 받으십니다. 물론, 아담의 제물은 가인과 같은 땅의 소산입니다. 하나님은 아벨의 제물을 받으셨습니다. 하나님은 아담과 아벨의 제물을 받으셨는데 가인의 제물은 받으시지 않았습니다.

하나님이 제물을 어떻게 받으시는지는 나와 있지 않습니다. 그래서 하나님이 엘리야의 제사를 받으신 예를 가지고 와서 설명하겠습니다. 하나님은 아담과 아벨의 제단에 불을 내려서 제물을 사릅니다.

모든 말하는 동물들은 이미 오랫동안 봐 온 광경입니다. 아무도 놀라지 않습니다. 매년 아담이 제사를 드렸기 때문입니다. 종들은 하나님이 제사를 받을 것이라고 이미 예상했습니다. 그런데 가인의 제단에는 불이 내려오지 않습니다. 이때 아담과 하와와 아벨이 가인의 제단 쪽을 봅니다.

아담의 종들과 가인의 종들과 아벨의 종들이 모두 가인의 제단을 봅니다. 종들이 수군거리기 시작합니다. 가인은 혹시 조금 늦게 불이 내려올까 싶어서 잠시 더 기도하며 기다립니다. 그러나 결국에는 불이 내려오지 않습니다.

이때 가인의 종들은 예상했다는 듯이 수군거립니다. 가인은 이 제사를 드리기 전부터 가인의 종들을 악하게 다루었기 때문입니다. 가인은 일 년 농사를 짓는 동안, 수확 때까지 종들을 험하게 다루었을 것입니다.

'그럴 줄 알았다.'
'못되게 굴었으니 하나님도 제사를 받지 않는다.'
'우리가 그동안 학대를 받았는데 하나님이 우리를 돌아보셨다.'

가인의 종들이 이런 말들을 했을지도 모릅니다. 그뿐만 아니라 아벨의 종들과 아담의 종들도 이 사실을 알고 있었을 것입니다. 아벨의 종들과 가인의 종들은 서로를 비교합니다. 평소에도 아벨의 종들은 아벨이 좋은 사람이라 말하고 가인의 종들은 힘들다는 말을 했을 것입니다.

아담과 하와와 가인과 아벨만 있었다면 가인이 받는 충격은 덜했을 것입니다. 그래도 아벨이 미웠을 테지만 아벨을 죽일 정도는 아니었을 것입니다. 그러나 모든 종들이 다 함께 모인 자리였기에 가인이 받은 충격은 매우 컸을 것입니다.

하나님은 아담과 하와와 아벨과 모든 종이 모여 있던 자리에서 가인에게 말씀합니다. 왜 하나님이 가인의 제사를 받지 않았는지, 그 이유를 모두가 알도록 말씀합니다. 아담의 가족과 모든 말하는 동물들은 하나님께 경배하고 하나님의 말씀을 마음에 새기며 제사를 마칩니다. 물론 하나님이 모두가 있는 자리에서 말씀하지 않고, 가인에게만 말씀하셨을 수도 있습니다. 그러나 얼굴이 붉어졌을 때 말씀하셨기 때문에, 아마도 제사를 드리는 그 자리에서 말씀하신 듯합니다. 하나님은 가인에게 제사를 받지 않은 이유를 정확하게 말씀하셨습니다.

가인은 자신의 방으로 돌아와서 자신을 돌아봅니다. 하나님의 말씀도 생각합니다. 자신의 종들만이 아니라 아담의 종들과 아벨의 종들까지 모든 말하는 동물들이 수군거리는 모습을 봤습니다. 이 종들은 창세기 2장 19절에 나오는 말하는 뱀과 말하는 각종 들짐승과 말하는 각종 새입니다. 이 동물들이 자신을 비판하는 것으로 느꼈을 것입니다.

가인의 체면은 크게 구겨졌고 종들이 수군거린 모습이 자꾸 머릿속에 떠오릅니다. 비록 분노의 감정은 가라앉았지만 또다시 분노의 감정이 올라옵니다. 이런 현상이 며칠 동안 반복됩니다. 가인은 결국 자신의 악행을 돌아보는 것이 아니라 자신과 비교된 아벨을 향해 분노하기에 이릅니다.

가인의 원망은 아벨에게 향한 것이 아니라 하나님에게 향한 것입니다. 하나님은 아담의 제사도 받았고 아벨의 제사도 받으셨습니다. 아담은 매년 제사를 드렸고 계속 하나님이 제사를 받으셨으니 아버지 아담에 대해서는 따로 분노를 느끼지는 않았을 것입니다. 하나님이 아버지 아담의 제사를 받는 것은 항상 있었던 일이기에 당연하게 여깁니다. 가인과 비교된 것은 아벨입니다. 가인은 자신과 비교되었던 아벨에게 화살을 돌린 것입니다.

종들의 말과 수군거리던 행동이 계속 떠오르면서 가인의 분노가 반복적으로 일어나게 되어 가인은 아벨을 죽이기로 합니다. 아벨을 죽이지 않으면, 죽을 때까지 반복적으로 분노가 일어날 것이기 때문입니다. 가인의 분노가 아벨을 죽일 정도로 커진 것은 지켜보며 수군거렸던 종들이 있었기 때문입니다.

Chapter 64

아벨의 피는 어떻게
하나님께 호소하게 되었을까?

성경 말씀: 창세기 4장 10절

"이르시되 네가 무엇을 하였느냐 네 아우의 핏소리가 땅에서부터 내게 호소하
느니라"

하나님은 죽은 아벨의 피가 하나님께 호소한다고 말씀하셨습니다. 이 말씀의
히브리어 원문과 비교했을 때 번역상의 문제는 없습니다. 히브리어 원문도 번
역된 내용과 같습니다. 그래서 따로 원문을 설명하지는 않겠습니다.

사람이 누군가에게 호소하려면 말을 해야 합니다. 입이 없으면 호소할 수 없
습니다. 호소문을 적으려고 해도 손이 있어야 글을 작성할 수 있습니다. 죽은 사
람은 호소할 수 없습니다.

사람이 죽으면서 피를 흘리면 피는 그냥 땅으로 스며들어 사라집니다. 현대
의 과학 수사기법에서는 루미놀(Luminol) 테스트로 보이지 않는 피까지도 찾아
냅니다. 피가 있으면, 그 피에서 DNA를 추출하여 죽은 사람의 신원을 파악합니
다. 물론, 수사기관에 죽은 사람의 DNA 정보가 있어야 합니다.

현실에서는 죽은 사람의 피가 호소하는 일이 없습니다. 현실에서는 일어나지

않는 일이 성경에는 기록되어 있습니다. 물론 현실적으로 그렇다 하더라도 성경의 표현이 틀린 것은 아닙니다. 이 부분에 관해 설명합니다.

첫 번째, 땅에서 호소하는 것은 피가 아니라 혼(Soul) 혹은 영(Spirit)입니다.

성경 말씀: 요한계시록 6장 9절
"다섯째 인을 떼실 때에 내가 보니 하나님의 말씀과 그들이 가진 증거로 말미암아 죽임을 당한 영혼들이 제단 아래에 있어 큰 소리로 불러 이르되 거룩하고 참되신 대주재여 땅에 거하는 자들을 심판하여 우리 피를 갚아 주지 아니하시기를 어느 때까지 하시려 하나이까 하니 각각 그들에게 흰 두루마기를 주시며 이르시되 아직 잠시 동안 쉬되 그들의 동무 종들과 형제들도 자기처럼 죽임을 당하여 그 수가 차기까지 하라 하시더라"

이 말씀을 보면, 우리 피를 갚아 달라고 요청하는 사람들은 죽임을 당한 사람들입니다. 11절에 [자기처럼 죽임을 당한다]고 기록되어 있습니다. 아벨이 가인에 의해 죽은 것처럼, 이들은 피살된 피해자들입니다.

11절에 [잠시 동안 쉬되]라고 기록되어 있습니다. 피살된 사람들이 쉬고 있습니다. 이들은 살아 있는 사람들이 아니라 죽어서 몸이 없는 영혼들입니다. 9절에 나오듯 이들은 [죽임을 당한 영혼]입니다. 기록된 말씀의 표현대로 하면, 죽은 사람들은 사라진 것이 아니라 쉬고 있는 것입니다. 사람이 죽는다고 해서 모든 것이 그대로 끝나는 것은 아닙니다. 부활을 기다리며 쉬고 있다는 뜻입니다.

이 말씀에서 하나님에게 호소하는 것은 피가 아니라 영혼입니다. 실제로는 영혼이 하나님께 호소하고 있습니다. 피는 몸을 구성하는 한 부분입니다. 피 자체가 하나님에게 호소하는 것은 아닙니다.

두 번째, 왜 하나님은 피가 호소한다고 말씀하셨을까요?

하나님은 왜 아벨의 피가 땅에서 하나님께 호소한다고 하신 것일까요? 피의 호소란, 가인이 아벨을 죽였다는 것을 말합니다. 사람이 병으로 죽거나 사고로 죽었다면 죽은 사람에게서 피의 호소는 없습니다. 피의 호소라는 것은 살해당한 피해자의 영혼이 하나님께 호소할 때 사용하는 표현입니다. 죽음의 원인이 살인일 때 해당됩니다.

하나님께 호소하는 것은 아벨의 영혼이지만 호소의 이유가 살해된 것이기 때문에 피가 호소한다고 표현한 것입니다.

세 번째, 죽은 후에도 하나님에게 호소하는 일이 가능해졌습니다.

아담 이전에도 많은 사람이 살고 있었습니다. 아담과 하와도 이 사람들 중 하나였습니다. 당시 사람들은 영혼이 없기에 죽으면 그냥 소멸합니다. 당시 사회에도 누군가에게 죽임을 당하고 재산을 빼앗기는 일들이 있었을 것입니다. 이렇게 모든 것을 빼앗기고 죽임을 당하면 그 사람은 너무나 억울할 것입니다. 그런데 억울하지 않습니다. 억울함을 호소해야 하는 그 사람은 죽은 후에 소멸되었기 때문입니다. 억울하다고 말하는 존재가 없다는 것입니다. 혼(Sou)이 없으므로 그 사람의 존재는 죽음으로 끝난 것입니다.

어떤 사람이 사업을 시작했다고 가정합니다. 동업자와 함께 열심히 사업을 했지만 사업에 실패했습니다. 이 사람은 경험이 부족해서 사업에 실패했다고 생각했습니다. 그런데 나중에 보니 성공할 수 없는 사업이었습니다. 이 사업을 제안하고 함께 동업한 사람이 처음부터 불가능한 일을 속여서 돈만 가로챘던 것입니다. 이 사람은 억울할 수밖에 없습니다. 이 억울함을 호소하기 위해 법원에 소장을 접수합니다. 판사는 이 모든 것을 파악하고 공의로운 판결을 내립니다. 가해자를 사기죄로 구속했고 가해자의 재산을 몰수하여 피해자를 구제하였습니다.

이 피해자가 억울함을 풀 수 있었던 이유는 모든 사실을 문서로 작성하여 법원에 소장을 접수했기 때문입니다. 이 피해자가 먼저 자살했거나 사고로 죽었다면 이 사건에 대한 진실은 묻혔을 것입니다.

아담 당시의 사람들은 영(Spirit)이나 혼(Soul)이 없습니다. 비록 그들이 억울하게 죽임을 당해도 그들이 창조주 하나님께 호소할 수 없는데, 이는 호소할 혼이 없었기 때문입니다. 영이나 혼이 없는 사람들은 죽음과 동시에 그 존재가 사라집니다. 사람에게 영혼이 없는 상태에서는 악행이 계속 발생하고 있어도 창조주 하나님께 호소하는 일이 없었던 것입니다. 하나님은 악행을 미워하지만 악행에 대한 형벌을 요청해야 하는 피해자가 하나도 없었다는 것입니다. 피해자는 많아도 호소하는 일이 없었습니다. 그래서 당시 세상은 무법한 세상이었습니다. 사람을 죽이고 재물을 빼앗아도 편안하게 살 수 있는 세상입니다. 물론, 각 시대나 사회마다 법과 규율이 있어서 구제될 수는 있었을지 모릅니다. 하지만 사람의 법에는 한계가 있습니다.

그런데 아담부터는 세상이 달라지기 시작했습니다.

아담과 하와의 후손은 혼(Soul)이 있습니다. 종종 하나님의 명령을 받은 영(Spirit)이 사람으로 태어나기도 합니다. 그래서 하나님은 아벨의 피가 호소한다

Part 8. 가인과 아벨

는 말씀을 하신 것입니다. 혼이 뭔지 모르는 당시 사회에서 오직 아담과 하와의 가족만이 혼의 존재를 알았습니다. 하나님은 가인에게 [아벨의 피가 땅에서 호소한다]고 말씀하셨습니다. 이것은 이제부터는 사람을 죽여도 그것이 끝이 아니라는 선언입니다. 죽은 사람의 혼이 하나님께 호소하게 되었고 하나님은 악행을 절대 묵과하시지 않는다는 선언입니다.

아담의 자손들은 하나님의 백성으로 창조되었습니다. 하나님의 백성들은 혼(Soul)입니다. 죽어도 사라지지 않는 영원한 존재가 되었습니다. 하나님의 백성은 부모에게서 태어날 때부터 이미 영원한 존재로 태어납니다. 육체의 죽음이 결코 끝이 아니라는 것입니다.

아담과 하와의 가족은 [아벨의 피가 땅에서 내게 호소한다]는 말씀을 하나님에게서 처음으로 들었습니다. 아담과 하와와 가인은 죽은 후에도 아벨의 혼이 하나님께 호소한다는 것을 처음으로 배웠습니다. [아벨의 피가 땅에서 내게 호소한다]는 말씀은 이제부터 죄는 반드시 드러나는 새로운 세상이 시작되었다는 선언입니다.

네 번째, 귀신도 혼(Soul)으로 하나님의 백성이 될 존재입니다.

우리는 세상 여러 나라에서 귀신에 대한 소문을 듣습니다. 실제로 귀신은 존재하고 성경에도 귀신에 관한 내용이 많이 나옵니다. 귀신은 죽은 사람의 혼입니다. 죽은 것은 육체이고 인생을 살았던 사람의 본질은 혼입니다. 혼은 아담과 하와의 후손에게만 있습니다. 하나님이 하나님의 백성을 창조하려고 아담 코에 생기를 불어넣어 처음으로 혼을 만드셨습니다. 그래서 모든 혼은 나중에 하나님의 백성이 될 것입니다.

혼(Soul)은 죽은 후, 육체와 분리되어 땅 아래로 내려가 쉬면서 앞으로 있을 부활을 기다립니다. 죽은 후 육체에서 분리된 혼은 처음에는 자신이 계속 존재한다는 것에 혼란을 느낄 것입니다. 자신의 육체에 다시 들어갈 수 없다는 것도 알게 됩니다.

사탄은 세상 임금으로 혼이 땅 아래에 내려가 쉬도록 인도해야 합니다. 물론 사탄이 직접 하는 것이 아니라 사탄에게 속한 천사들이 이 일을 해야 합니다. 그런데 사탄의 천사들이 이 일을 하지 않습니다. 그래서 혼은 처음 어떻게 할지 몰라 당황합니다. 사탄의 천사들은 이 업무를 죽은 지 오래된 혼에게 맡깁니다. 우리가 보통 저승사자로 알고 있는 그들이 바로 혼입니다. 오래된 혼들이 땅 아래에 있는 장소로 이제 막 죽은 혼을 인도합니다.

혼이 귀신이 되는 이유는, 그들이 죽은 후에 땅 아래로 내려가 쉬지 않고 지상에 남아서 살아 있는 사람을 괴롭히기 때문입니다. 어떤 사람은 죽은 후에 너무 억울해하며 자신에게 고통을 준 사람을 괴롭힙니다. 만약 하나님이 아담의 코에 생기(Soul)를 불어넣지 않았다면 사람에게 혼이 없었을 것이고 귀신도 존재하지 않았을 것입니다.

하나님이 아담을 창조하신 후로 이 세상은 다른 환경이 되었습니다. 예전에는 사람을 죽이고 재물을 빼앗으면 모든 것이 끝나는 세상이었습니다. 사람을 죽이고 재산을 빼앗아도 편안하게 살 수 있는 세상이었습니다. 이제는 그렇지 않습니다. 아벨이 죽어서 하나님께 호소한 것과 같이, 죽은 사람들이 억울함을 하나님께 호소할 수 있게 되었습니다. 심지어 하나님을 모르는 혼이 죽은 후에 직접 귀신이 되어 복수할 수 있는 세상이 되었습니다.

혼은 귀신이 되어 복수하는 일을 해서는 안 됩니다. 억울한 일을 창조주 하나님에게 맡기고 공의로운 하나님께 호소해야 합니다. 살아 있는 사람을 괴롭혀서는 안 됩니다. 혼이 되어 가장 쉽게 하는 것은 사람 속에 들어가는 것입니다. 이것은 하나님이 금하신 것으로 하나님에게 죄를 짓는 것입니다. 죽어서도 하나님에게 형벌을 받을 죄를 추가하는 것입니다. 혼은 죽은 후에 사람 속에 들어갈 것이 아니라 땅 아래로 내려가 쉬면서 앞으로 있을 부활을 기다려야 합니다.

이 Chapter의 결론을 내립니다.

[아벨의 피가 하나님께 호소한다]는 말씀은 이제부터는 하나님의 백성이 태어나기 시작했다는 의미가 포함되어 있습니다. 물론, 당시에 하나님의 백성은 몇 사람에 불과했습니다. 이후 아담과 하와로부터 하나님의 백성들이 계속 태어나고 혼(Soul)이 계속 태어나서 하나님의 백성들이 늘어났습니다. 또한 홍수로 진멸된 후에는 노아와 세 아들로부터 하나님의 백성인 혼이 다시 태어나서 늘어났습니다. 물론, 이 땅은 아직 하나님의 나라가 아닙니다. 하나님의 나라가 아직 이루어지지 않은 상태에서, 계속해서 하나님의 백성이 태어나고 있는 상황입니다.

혼이 있기에 하나님의 백성은 몸이 죽어도 끝이 아닙니다. 나중에 부활할 때 그들을 죽인 사람은 반드시 하나님의 형벌을 받게 됩니다. 하나님의 백성은 자신을 죽인 사람에 대한 형벌을 하나님께 호소할 수 있습니다.

Chapter 65

사람들은 왜 가인을 죽이려 했을까?

사람들은 왜 가인을 죽이려고 했을까요? 가인이 사람들에게 어떤 잘못을 했을까요? 이 사람들은 아담의 자손일까요? 어쩌면 가인은 존재하지도 않는 두려움을 느꼈던 것은 아닐까요?

이 주제는 매우 예민하면서도 답을 알 수 없는 주제였습니다. 그동안 답이 없었던 것은 아담 이전부터 사람이 살고 있었다는 것을 인정하지 않았기 때문입니다. 또한 말하는 동물을 인정하지 않았기 때문입니다. 이 Chapter에서 자세히 설명합니다.

첫 번째, 가인의 두려움은 엄살이 아닙니다.

성경 말씀: 창세기 4장 14절
"주께서 오늘 이 지면에서 나를 쫓아내시온즉 내가 주의 낯을 뵈옵지 못하리니 내가 땅에서 피하며 유리하는 자가 될지라 무릇 나를 만나는 자마다 나를 죽이겠나이다"

이 말씀은 가인에게 죽음에 대한 두려움이 있다는 것을 보여 줍니다. 가인이 느끼는 두려움은 가상의 대상에 대한 두려움이 아닙니다. 가인이 엄살을 떨고 있는 것은 아니라는 말입니다. 이것은 가인의 말에 대한 하나님의 말씀에서 확인이 됩니다.

성경 말씀: 창세기 4장 15절
"여호와께서 그에게 이르시되 그렇지 아니하다 가인을 죽이는 자는 벌을 칠 배나 받으리라 하시고 가인에게 표를 주사 그를 만나는 모든 사람에게서 죽임을 면하게 하시니라"

하나님은 가인의 말을 인정하고 가인의 두려움을 해소할 수 있도록 표를 주셨습니다. 하나님이 대책을 준비하신 것에서 가인의 말이 분명한 사실임을 확인할 수 있습니다.

두 번째, 가인이 아담의 가족과 함께 있을 때는 안전했습니다.

많은 사람이 가인이 두려워한 사람은 아담의 아들들이라고 주장합니다. 대부분 이렇게 주장합니다. 이분들의 주장이 맞았다면 가인은 아담과 함께 있어도 안전하지 않습니다.

가인은 [이 지면]에서 살고 있었고 하나님이 보고 계시는 가운데 살고 있었습니다. 그런데도 가인은 아벨을 죽일 수 있었습니다. 가인이 아벨을 죽일 수 있었다는 것은 아담의 다른 자녀들도 가인을 얼마든지 죽일 수 있다는 것을 의미합니다.

알려지지 않은 아담의 다른 아들이 있다고 가정합니다. 이 아들이 아벨을 좋아하고 무척 사랑했다고 가정합니다. 이 아들은 아벨의 복수를 하고자 합니다.

아담과 하와가 머무는 지역에서도 이 아들은 가인을 충분히 죽일 수 있습니다. 가인이 아벨을 죽일 수 있었던 것처럼 말입니다.

이런 가정이 사실이라면 가인은 얼른 가족들이 머물고 있는 [이 지면]에서 도망쳐야 합니다. 창세기 4장 14절에서 하나님에게 [오늘 이 지면에서 나를 쫓아내시온즉 내가 주의 낯을 뵈옵지 못하리니]라는 말을 할 것이 아니라 먼저 아담의 자녀들이 쫓아올 수 없을 정도로 도망치는 것이 좋습니다. 그랬다면 하나님이 가인을 찾기도 전에 가인은 벌써 멀리 도망치고 있었을 것입니다.

가인은 하나님께 [이 지면]에서 쫓아내면 자신이 죽을 수 있다고 호소합니다. 창세기 4장 13절에서 가인은 [이 지면]에 있어야 죽지 않을 수 있기에 자신을 내쫓는 것은 자신에게 너무나 무거운 벌이라고 하나님께 말합니다. 가인은 [이 지면]에서 나가는 것을 두려워한 것이지 [이 지면] 안에 머무는 것을 두려워하지 않았습니다. 창세기 4장 14절에 나오는 [이 지면]은 가인에게 안전한 장소였다는 말입니다.

다시 말해서, 아담과 하와는 가인을 죽이지 않을 것이라는 말입니다. 아담과 하와에게 가인은 아들입니다. 그래서 아담과 하와는 가인을 죽이지 않을 것입니다. 이때 아담과 하와에게 다른 아들은 없었을 것입니다. 아담의 다른 아들이 있다고 가정하더라도 아담의 다른 아들은 가인을 죽이지 않습니다. 가인은 [이 지면]에 거하는 것이 자신에게 안전하다는 것을 잘 알고 있었습니다.

세 번째, 당시의 사람들은 에노스 때에 여호와의 이름을 불렀습니다.

[누가 가인을 죽이려 하는가?]라는 주제는 성경을 연구하는 분들에게 있어서

해결하기 가장 어려운 부분이 아닐까 싶습니다. 어떤 정보나 자료가 없기 때문에 이 문제를 풀어낼 실마리를 찾을 수 없습니다.

사람들이 가인을 죽이려고 한다는 것은 어떤 목적이 있기 때문입니다. 물론 그렇지 않은 경우도 있기는 합니다만 웬만해서는 아무 이유도 없이 다른 사람을 죽이려고 하지 않습니다.

이제 만나는 사람들이 자신을 죽일 것이라는 가인의 두려움이 어디서 왔는지 그 근거를 찾아보겠습니다.

먼저 당시의 사람들을 이해해야 합니다. 여기에 대해서는 [Chapter 16. 에노스 때에 하나님의 이름을 부른 사람들은 누구인가?]에서 당시 사람들에 관해 설명했습니다. 이 사람들은 하나님을 모르는 세상 사람들입니다.

네 번째, 사람들은 갑자기 등장한 아담과 하와를 보았습니다.

아담과 하와가 동산에서 나와 정착해서 살고 있을 때 아담이 머물렀던 지역의 근거리에는 다른 사람들이 살고 있었습니다. 이 사람들은 아담과 그의 가족을 보았을 것입니다. 이들은 하나님을 믿지 않았고 하나님을 알지도 못하는 사람들입니다. 창세기 4장 26절에 에노스가 태어날 때가 되어서야 사람들이 여호와의 이름을 불렀다고 기록되어 있기 때문입니다. 에노스가 태어나기 전까지는 이 사람들이 여호와의 이름을 부르지 않았다는 의미입니다.

사람들이 하나님을 믿고 하나님께 제사를 드리기 시작한 시기는 셋이 에노스를 낳았을 때부터입니다. 셋은 가인이 아벨을 죽인 이후에 태어난 아담의 아들입니다. 셋이 105세 때 에노스가 태어났습니다. 사람들이 하나님을 믿고 섬기기 시작한 시기는 가인이 아벨을 죽인 이후로 최소한 105년이 지난 후가 됩니다. 가인이 아벨을 죽일 당시에 주위에 살고 있었던 사람들은 하나님을 몰랐습니다. 가인이 아벨을 죽인 시기는 사람들이 하나님을 섬기기 시작한 해보다 100여 년 전의 과거입니다.

가인이 아벨을 죽인 해는 아담이 동산에서 나온 후로 20여 년이 지난 시기입니다. 당시의 사람들이 보기에는 아담과 하와가 갑자기 이주해 왔을 것입니다. 사람들은 아담과 하와에 관해서 궁금해했을 것이고 아직은 아담과 하와를 잘 알지 못했을 것입니다.

당연히 사람들은 아담이 섬기는 하나님을 알지 못했습니다. 그래서 사람들은 아담과 아담의 가족들에 대해서 존경하거나 조심하지 않았을 것입니다. 아직 하나님을 몰랐기 때문에 하나님에 대한 두려움이 없었습니다.

하나님을 모른다고 해도 굳이 가인을 죽이려고 하지는 않았을 것입니다. 사람들이 자신을 보면 죽일 것이라는 가인의 말은 당시 상황을 더 자세히 이해해야 알 수 있습니다.

다섯 번째, 사람들은 아담과 하와를 아무도 기억하지 못했습니다.

하나님이 아담과 하와를 에덴동산으로 데리고 들어왔을 당시에, 아담과 하와는 어느 한 지역에 살고 있는 사람들 중 한 명입니다. 약 80년이 지나 아담과 하와가 다시 지역으로 돌아왔을 때 아담과 하와를 아는 사람은 아무도 없었을 것입니다.

아담과 하와 그리고 아담의 후손은 매우 오래 살았습니다. 아담은 930년을 살았고 셋은 800년을 살았습니다. 당시 모든 사람이 모두 이렇게 오래 살았을까요? 아닙니다. 당시나 지금이나 오래 살아야 80년에서 100년 정도입니다. 그 당시 사람의 수명은 현대인의 수명과 같다고 생각합니다. 6,000년이라는 짧은 기간에 자연적인 요인만으로 인류의 수명에 큰 변화가 생기지는 않았을 것입니다. 6,000년 전이나 지금이나 인류의 수명에는 큰 변화가 없다고 생각합니다. 오히려 인류가 100세까지 살게 된 것은 얼마 되지 않았고 의학기술의 발전과 생활환경의 개선이 있었기 때문입니다.

아담과 하와는 동산에서 각종 좋은 나무의 열매를 먹고 우월한 몸을 가지게 되었습니다. 아담과 하와가 동산에 들어오면서 그들의 몸은 노화가 멈추고 병들지 않게 되었습니다. 이것도 생명나무의 열매(생명과)를 먹은 것만은 못한 효과입니다. 아담과 하와는 생명과를 먹지 않았습니다. 그러나 각종 좋은 나무의 열매를 먹었기 때문에 매우 뛰어난 유전자를 가지게 되었습니다.

동산 밖의 사람들은 이런 좋은 효과가 있는 나무의 열매를 먹지 않았습니다. 그래서 그때도 지금과 같이 길어야 100년 정도의 수명을 가지고 살았을 것입니다.

아담과 하와는 동산에서 80년 정도 살았습니다. 아담과 하와가 동산에서 나왔을 당시에 아담과 하와의 나이는 100세쯤 되었을 것입니다. 당시 사람들이 보기에 100세가 된 사람은 지금과 마찬가지로 걷지도 못할 만큼 나이가 든 사람입니다. 당시에도 100세까지 사는 사람은 거의 없었을 것입니다. 아담과 하와가 동산에서 나올 때 실제 나이는 100세쯤 되었어도 외모는 20대의 건강한 몸입니다.

에덴 동산에 들어가기 전 아담과 하와를 알고 있었던 부모와 친척과 친구들은 모두 죽고 없었을 것입니다. 그중 누군가 살아 있었다고 가정하더라도, 20세 정도의 얼굴을 하고 있는 아담과 하와를 알아볼 수 있는 사람은 없습니다. 사람들은 전혀 모르는 남녀가 자신들이 거주하는 지역 근처에 와서 삶의 터전을 마련했다고 생각했을 것입니다.

여섯 번째, 에덴동산에서 아담과 하와만이 나온 것이 아닙니다.

하나님은 아담과 하와를 동산 밖으로 나가게 하셨습니다. 이때 나온 것은 아담과 하와만이 아닙니다. 아담이 다스리던 종들(servants)이 있었습니다. 이 종들이 아담과 하와와 함께 나와서 아담이 있는 곳에 함께 거주하며 아담과 같이 살았습니다. 이 종들은 말하는 동물들입니다. 이 동물들은 종이라고 하기보다는 아담에게 맡겨진 백성입니다. 아담은 이 동물들을 다스리는 왕입니다. 아담은 이 동물들을 책임지고 있으며, 이 동물들은 아담의 명령을 받습니다. 그래서 아담과 함께합니다. 이 동물들을 종으로 표현하는 것이 설명하기에 편해서 계속 종(servant)이라고 표현하겠습니다.

말하는 동물들은 하나님이 아담에게 맡긴 종들이었기에 아담이 동산에서 나가게 되었을 때 이 종들도 같이 나오게 되었습니다. 아담을 볼 수 있었던 주위의 사람들은 아담과 하와만 본 것이 아니라 이 종들까지 보았을 것입니다.

하나님은 아담에게 [얼굴에 땀을 흐르도록 일해야 채소를 먹을 수 있다]고 말씀하셨습니다. 아담은 이제 농사일을 합니다. 혼자서 하는 것이 아니라 종들과 함께 일을 합니다.

이 종들은 창세기 2장 19절에 나오는 말하는 뱀과 말하는 들짐승들과 말하는 새들입니다. 이 동물 중에는 참새나 토끼 같은 작은 동물은 없습니다. 이 동물들은 사자, 소, 독수리, 호랑이와 같이 사람만큼 몸집이 있고 힘이 있는 동물입니다. 이 종들이 아담의 명령을 받고 에덴동산을 함께 지켰습니다. 토끼나 참새 같은 크기로 에덴동산을 지킬 수는 없습니다. 아담은 말하는 동물에게 명령을 내렸고 말하는 동물들이 두 발로 서서 다니면서 일했고 주위 사람들은 이 모습을 보게 된 것입니다. 이 동물들의 존재는 주위에 있는 사람들에게는 대단히 놀랄 만한 것입니다.

일곱 번째, 말하는 뱀은 에덴동산 이야기를 신화나 판타지 소설로 보이게 합니다.

성경에는 동산에서 있었던 일이 덤덤하게 기록되어 있습니다. 비록 후세 사람들에게 이 동물들에 관한 내용이 판타지 소설로 느껴지더라도 하나님은 있는 그대로의 사건이 성경에 기록되도록 하셨습니다.

이미 [서론]과 [Part 1. 새로운 세계]에서 동의를 구한 것과 같이, 말하는 뱀과 말하는 동물이 성경에 기록된 그대로 실제 있었다고 일단 인정하자고 했습니다. 그렇지 않으면 당시 사람들이 가인을 죽이려 한 이유를 이해할 수 없습니다.

현대인에게 자동문은 너무나 자연스러운 것입니다. 센서가 있어서 사람이 접근하면 자동으로 문이 열립니다. 자동문에 대해서 굳이 따로 설명할 필요가 없는 것은 현대인에게는 늘 경험하는 기본적인 지식이기 때문입니다.

하나님은 성경에서 우리에게 말하는 뱀에 대해서 아무런 설명도 하지 않습니다. 뱀이 왜 말하게 되었는지, 이 뱀들이 얼마나 많은지, 언제부터 뱀들이 말하게 되었는지 그리고 모세가 창세기를 쓸 당시에는 왜 말하는 뱀들을 찾아볼 수가 없는지, 하나님은 일절 설명하지 않습니다. 하나님이 자세한 말씀을 하지 않는 이유는 모세와 모세 당시의 사람에게는 설명할 방법이 없기 때문입니다.

창세기의 말씀을 읽는 현대인에게는 신화나 판타지 소설처럼 여겨지고 비현실적이며 일어날 수 없는 일입니다. 이 부분에서 우리는 조금만 더 열린 마음으로 성경의 증언을 대할 필요가 있습니다.

하나님은 있었던 일들에 대해서 덤덤하게 사실만을 말씀하고 계십니다. 하나님은 에덴동산의 내용이 우리에게 신화나 판타지 소설로 보이게 될 것을 알고 계십니다. 그러나 때가 되면 이해할 날이 올 것이기에 묵묵히 말씀하신 것입니다.

여덟 번째, 사람들은 아담과 아담의 가족을 두려워하게 되었습니다.

아담이 다스리는 동물들은 두 발로 서서 다닙니다. 또한 아담과 대화를 합니다. 이 동물들은 사람처럼 행동합니다. 그들의 얼굴은 뱀의 얼굴이고, 호랑이의 얼굴이고, 사자의 얼굴이고, 소의 얼굴이고, 독수리의 얼굴을 하고 있습니다. 아담이 거느리고 있는 종들의 얼굴을 동물의 얼굴로 표현해 봤습니다. 창세기 2장 19절에 각종 새와 각종 들짐승이라고 기록되어 있기 때문입니다. 물론 실제 얼굴이 어떠했는지는 성경에 나와 있지 않습니다.

사람들의 눈에는 아담이 괴물들을 거느리고 있는 무서운 존재로 보입니다. 사람들은 두려워하여 아담을 멀리합니다. 사람들은 이 알 수 없는 생명체들이 자신들을 죽일지도 모른다는 생각을 합니다. 당시는 죽이고 뺏으면 되는 세상이었으니 이런 생각은 사람들에게 공포를 일으킵니다. 이런 공포는 계속해서 번져

나갑니다. 점점 더 넓은 지역으로 이 소문이 확대 재생산되어 알려지게 됩니다.

물론 처음에 사람들은 이 특별한 동물들이 궁금했을 것입니다. 그런데 곧 위협이 된다고 생각하고 이 동물들을 죽이기로 합니다. 당연히 아담과 그의 가족들도 죽여야 하는 대상이 됩니다. 사람들은 가인만을 죽이려는 것이 아니라 아담과 그의 가족과 아담의 종들을 모두 죽이고자 했습니다.

이런 반응은 현대인들도 같을 것입니다. 우리 자신을 보면, 당시 사람들의 반응을 이해할 수 있습니다.

어디선가 새로운 종(species)이 발견되었다고 가정합니다. 이 종은 두 발로 다니며, 말을 하고, 대화가 가능할 만큼 지적이며, 머리는 사자의 머리를 하고 있다고 가정합니다. 아마도 인류는 이 새로운 존재를 붙잡아서 심문할 것입니다. 이들의 기술이 얼마나 발전했는지, 몇 명이나 있는지, 대규모의 공동체를 이루고 있는지, 무기는 얼마나 되는지, 인류를 위협하는 존재인지 파악하려고 할 것입니다. 그리고 위협이 된다고 판단되면, 인류가 먼저 그들을 진멸하려고 할 것입니다.

당시의 사람들도 갑자기 등장한 아담과 그의 가족과 함께하는 종(동물)들을 보면서 이와 같은 반응을 보였던 것입니다. 사람들은 자신들의 안전을 위하여 위험요소를 제거하려고 했을 것입니다. 그때까지는 주위에 사는 사람들의 수가 아담과 그의 가족과 아담의 종들을 합친 수보다 많았을 테니 말입니다.

아홉 번째, 하나님은 사람들에게서 아담과 그의 가족을 보호하셨습니다.

하나님은 아담과 그의 가족을 보호하셔야 했습니다. 그래서 하나님은 창세기 4장 14절에서 가인이 말한 [이 지면]을 설정합니다. 하나님은 일정한 구역을 정하여 안전지대로 만듭니다. [이 지면] 안에서는 안전하도록 하나님이 무엇인가 하셨습니다. [이 지면] 안으로 외부의 사람이 들어오지 못하게 하신 것으로 추측됩니다.

[이 지면] 안으로 외부의 사람들이 들어오지 못하게 하신 방법은 성경에 나와 있지 않습니다. 하나님은 아담과 그의 가족을 위해서 안전구역을 만드셨습니다. 만약 아담이나 아담의 가족이 이 안전구역 밖으로 나가게 되면 사람들에 의해 죽게 될 수도 있습니다. 그래서 가인은 [이 지면]에서 내보내지 말기를 하나님께 구했습니다.

열 번째, 마침내 사람들은 아담과 아담의 가족을 인정하고 받아들입니다.

시간이 흐르면서 상황이 달라졌습니다. 아담과 함께한 종들은 비록 겉보기에는 괴물로 보였을 테지만 백 년이 지나도록 주위의 사람을 해치지 않았습니다. 사람들은 아담과 그의 가족과 아담의 동물들이 위험하지 않다는 것을 서서히 알게 되었을 것입니다. 그래서 아담과 그의 가족에 대한 두려움과 아담을 향한 공격성이 사람들의 마음에서 사라지게 되었습니다.

당시 사람들은 오래 살아도 80년 정도입니다. 그때나 지금이나 사람의 수명은 크게 다르지 않습니다. 반면 아담과 하와와 그 가족들은 1,000년 가까이 살 수 있었습니다. 아담이 동산에서 나온 후로 셋이 태어날 때까지 135년이 흐르는 동안 사람들은 아담과 하와가 늙지 않는다는 것을 느꼈을 것입니다. 아담과 하와와 그의 가족들은 주변 사람들보다 수명이 10배 정도 더 길었기 때문에 노화의 속도도 10배는 늦게 진행됐을 것입니다. 어쩌면 노화의 현상 없이 수명을 다했을 때 20대의 모습으로 편안히 죽었을 수도 있습니다. 주위 사람들은 아담과 하와가 자신들과 다르다는 것을 알게 된 것입니다. 그래서 아담과 하와가 하나님께 드리는 제사를 보면서 그 사람들 역시 하나님을 섬기기 시작한 것입니다.

아담이 동산에서 나온 후로 135년이 흘렀을 때 셋이 에노스를 낳았습니다. 아담이 손자를 얻은 것입니다. 이때 아담의 나이 235세였습니다. 그런데도 아담은 여전히 젊은 상태입니다. 그래서 사람들이 이때부터 하나님을 섬기기 시작했고 그 기록이 창세기 4장 26절의 내용입니다. 사람들은 동산에서 나온 아담을 100년 이상 조부모와 부모 세대를 거쳐 지켜보았고 아담이 자신들과는 전혀 다르다는 것을 알았고 아담과 그의 가족들에게 초월적인 힘이 있다는 것을 알았습니다.

가인이 말한 [나를 만나는 자]는 주위에 살던 평범한 사람들입니다. 이들은 아담의 동물들을 보고 두려움을 느꼈기 때문에 자신과 가족을 지키기 위해서 위험을 제거하고자 했습니다. 주위의 사람들은 아담과 아담에게 속한 사람과 말하는 동물을 죽이려고 했습니다.

Chapter 66

하나님은 왜 가인을 보호하시나?

많은 사람이 가인을 나쁘게 보고 저주받은 존재, 사탄을 상징하는 인물로 설명합니다. 그래서 가인의 표를 사탄을 상징하는 표로 생각하기도 합니다. 물론 가인이 아우 아벨을 죽인 것은 분명 나쁜 것이고 벌을 받아야 마땅합니다. 그런데 하나님은 가인을 보호합니다. 왜 하나님은 나쁜 가인을 보호하는 것일까요?

성경 말씀: 창세기 4장 15절
"여호와께서 그에게 이르시되 그렇지 아니하다 가인을 죽이는 자는 벌을 칠
배나 받으리라 하시고 가인에게 표를 주사 그를 만나는 모든 사람에게서 죽임
을 면하게 하시니라"

이 말씀은 하나님이 가인에게 하신 말씀입니다. 하나님은 가인이 만나는 사람에게서 죽임을 당하지 않도록 표를 주셨습니다.

첫 번째, 이 표는 하나님이 주신 것입니다. 사탄이 준 것이 아닙니다.

가인의 표는 가인 스스로가 만든 것도 아니고 사탄이 준 것도 아닙니다. 이 표는 하나님이 가인에게 주신 것입니다. 그래서 이 표는 사탄을 상징하는 표가 아닙니다. 이 표는 하나님이 가인을 보호하시는 표입니다.

성경 말씀: 요한 1서 3장 12절

"가인 같이 하지 말라 그는 악한 자에게 속하여 그 아우를 죽였으니 어떤 이유로 죽였느냐 자기의 행위는 악하고 그의 아우의 행위는 의로움이라"

이 말씀은 사도 요한이 요한 1서에서 한 말입니다. 사도 요한은 가인을 악한 자에게 속해 있다고 말합니다.

성경 말씀: 유다서 1장 11절

"화 있을진저 이 사람들이여, 가인의 길에 행하였으며 삯을 위하여 발람의 어그러진 길로 몰려 갔으며 고라의 패역을 따라 멸망을 받았도다"

이 말씀은 예수님의 형제인 유다의 글입니다. 유다는 가인의 길로 행하는 사람에게는 화가 있다고 말을 합니다. 유다도 가인을 좋지 않게 표현하고 있습니다.

사도 요한이나 예수님의 형제 유다의 글에서 가인에 관한 그들의 생각을 읽을 수 있습니다. 가인을 좋게 평가하지 않습니다. 가인이 아벨을 죽였으니 가인은 좋게 평가받을 수 없습니다.

많은 분이 가인에 대해서 좋지 않게 보는 것은 당연합니다. 가인이 악한 사람이기 때문에 하나님도 가인을 돌아보시지 않았을 것으로 막연하게 생각하는 분들이 많습니다.

그런데 하나님은 가인에게 표를 주셨습니다. 표를 주신다는 것은 하나님이 가인을 보호하신다는 뜻입니다. 가인이 아우 아벨을 죽였음에도 하나님은 가인을 보호하셨습니다. 물론 하나님은 아벨을 죽인 일에 대해서는 가인에게 벌을 내렸습니다.

두 번째, 이 표는 죽지 않게 하는 것이 아닙니다.

이 표는 가인을 죽을 수 없는 상태로 만드는 표가 아닙니다. 이 표는 가인을 어떤 빛으로 둘러싼다든가 가인의 피부가 강철처럼 단단해진다든가 가인을 죽이려고 가인의 얼굴을 보기만 해도 눈이 멀게 된다든가 하는 특별한 기능을 하는 것은 아닙니다.

누구든지 가인을 만나는 자는 가인을 죽일 수 있습니다. 가인이 사람에 의해 죽을 수 있다는 말은 하나님이 주신 표에 대한 말씀에서 알 수 있습니다. 하나님이 가인에게 주신 표의 의미는 가인을 죽였을 때 칠 배로 벌을 내리겠다는 것입니다.

하나님이 주신 표의 의미가 당시 사람들에게 어떻게 전달될 수 있었을까요? 이것은 알 수 없습니다. 단지, 가인이 사람에게 살해당하지 않은 것은 가인을 만나는 사람마다 하나님이 주신 표를 보고 그 의미를 알았던 것 같습니다. 하나님이 주신 표가 가인의 이마에 있었는지, 손에 있었는지, 어떤 형태로 있었는지 알수 없습니다. 성경에는 이에 대한 자세한 설명이 없습니다.

세 번째, 하나님은 왜 가인을 보호하시는 것일까요?

하나님은 가인이 만나는 사람들로부터 가인을 보호하셨습니다. 가인이 만나게 될 사람들은 누구였을까요? 이들은 아담의 아들들이 아닙니다. 그 이유는 [Chapter 68. 하나님은 왜 죄를 범한 아담의 가족과 함께하는가?]에서 설명합니다.

가인이 만나기를 두려워했던 사람들은 세상에 사는 사람들입니다. 세상에 사는 사람들이 왜 가인을 죽이려고 했는지는 [Chapter 65. 사람들은 왜 가인을 죽이려 했을까?]에서 설명했습니다.

많은 사람이 아담과 하와가 에덴동산에 들어가기 전부터 세상에 살고 있었습니다. 아담과 하와가 동산에 살 때도 많은 사람이 살고 있었고 아담과 하와가 동산에서 나왔을 때도 많은 사람이 살고 있었습니다.

하나님은 아담을 동산에 두시면서 아담의 코에 생기를 넣어 혼(Soul)을 아담 안에 두셨습니다. 그리고 이 혼을 빼내어 하와에게로 옮기셨습니다. 이후로 아담과 하와를 통해서 태어나는 사람은 혼으로 태어납니다. 만약 혼이 만들어지기 전에 하나님의 아들들(Spirits)이 태아 몸 안에 들어간다면 영(Spirit)이 사람으로 태어나는 경우가 됩니다.

성경 말씀: 창세기 5장 3절
"아담은 백삼십 세에 자기의 모양 곧 자기의 형상과 같은 아들을 낳아 이름을 셋이라 하였고"

이 말씀을 보면 아담이 셋을 낳았습니다. 셋은 아담과 같은 형상이라고 기록되어 있습니다. 하나님은 하나님의 형상(영: Spirit)을 본으로 하여 혼(Soul)을 만들어 아담 속에 두셨습니다. 그 후에 그 혼이 하와에게 옮겨졌고 이후 하와가 셋이라는 혼을 낳았습니다. 마치 하나님의 형상이 아닌 것처럼 보이지만 셋은 하나님의 형상을 닮은 혼으로 태어난 것입니다. 혼 자체가 하나님의 형상대로 창조된 것입니다. 물론 아담이 하나님의 명령을 어긴 후에 태어났기 때문에 셋은 경건한 자손이 아닙니다. 에덴동산 밖에서 태어난 가인과 아벨과 셋은 경건한 자손이 아닙니다.

하나님은 아담과 하와가 더는 경건한 자손을 낳을 수 없기에 동산에서 나가게 하셨습니다. 아담과 하와가 동산 안에 있었을 때는 그들을 통해 하나님의 아들들이 경건한 자손으로 태어날 수 있었습니다. 아담과 하와가 동산에서 나온 후로도 하나님의 아들들이 종종 태어나기는 했으나, 이들도 경건한 자손은 아닙니다.

에덴동산에서 나온 후부터 아담과 하와는 하나님의 백성인 혼을 낳습니다. 뱀은 아담과 하와에게 선악과를 먹도록 유혹했고, 사탄의 의도대로 아담과 하와는 하나님이 원하는 상태를 유지할 수 없습니다. 사탄은 하나님의 아들들이 더는 사람으로 태어나지 않을 것으로 기대한 것 같습니다. 그러나 하나님은 계속해서 하나님의 아들들을 아담과 하와의 후손으로 태어나게 하셨습니다. 아담과 하와의 후손은 혼으로 태어나며, 필요에 따라 하나님의 아들들이 사명을 가지고 하와의 후손으로 태어나기도 했습니다. 하나님의 아들들인 영(Spirit)과 하나님의 백성인 혼(Soul)이 함께 사람으로 태어나기 시작했습니다.

혼은 하나님이 아담의 코에 불어넣었던 존재로, 영원히 사라지지 않으며 영생을 누리게 될 존재입니다. 혼은 혼을 낳습니다. 그래서 혼들의 수가 늘어나게 됩니다. 이 혼들은 하나님의 백성이 되어 땅 위에서 영생을 누리게 될 사람입니다.

비록 아담이 동산에서 나온 후에 낳은 자녀이지만 셋 역시 하나님의 형상을 닮았고 아담의 형상대로 태어난 존재입니다. 다만 창세기 5장 3절에서 말하려는 것은 셋은 경건한 자손이 아니라는 것입니다. 하나님이 얻고자 하는 경건한 자손은 아담과 하와를 통해서 태어난 영(Spirit)들입니다. 그러나 셋은 혼(Soul)입니다.

아담과 하와가 동산에서 나온 후로, 아담과 하와로부터 혼이 태어나기 시작했습니다. 가인은 그렇게 아담과 하와 사이에서 첫 번째로 태어난 혼입니다.

네 번째, 가인은 보호받아야 하는 하나님의 백성입니다.

하나님은 아담을 동산에 두실 때 코에 생기를 넣어 혼을 창조하셨습니다. 하나님의 백성을 창조한 것입니다. 하나님의 백성은 모두 혼으로 영원히 사라지지 않는 존재로 태어납니다. 반면 아담 당시에 세상에 살고 있었던 모든 사람은 혼이 아닙니다. 혼이 없는 사람들은 죽으면 모두 흙으로 돌아가 사라집니다.

하나님이 바라보실 때 가인이 범죄하여 아담이 머물고 있는 땅에서 떠나게 되었어도 가인은 여전히 혼이 있는 하나님의 백성입니다. 하나님의 백성으로 창조된 가인이 혼이 없는 세상 사람들보다 더 귀한 존재인 것은 너무나 당연합니다.

하나님은 하나님의 백성으로 창조된 가인을 혼이 없는 존재들로부터 지키신 것입니다. 혼들은 하나님의 백성으로 요한계시록 20장에 나오는 백보좌 심판때 모두 부활할 것입니다. 그들이 부활하게 되는 이유는 몸이 없는 상태로 땅과 바다에서 혼으로 기다리고 있기 때문입니다.

성경 말씀: 요한계시록 20장 13절
"바다가 그 가운데에서 죽은 자들을 내주고 또 사망과 음부도 그 가운데에서 죽은 자들을 내주매"

죽은 자들이 사망과 음부에서 나오고 바다에서도 나옵니다. 이들은 죽은 자들이기 때문에 몸이 없습니다. 몸은 이미 오래전에 썩어서 사라졌고 이들의 몸을 이루고 있던 원소들은 다른 동물이나 식물을 이루는 원소로 다시 사용되었을 것입니다. 죽은 자들은 몸이 없는데 어떻게 백보좌 심판 때까지 기다릴 수 있었을까요? 이들은 혼으로 존재하기에 그 긴 시간을 기다릴 수 있습니다.

가인은 하나님이 백성으로 창조된 소중한 혼입니다. 가인도 백보좌 심판 때 부활하여 하나님의 백성이 될 사람입니다. 가인은 아벨을 죽인 죄로 벌을 받지만 영원히 지옥에 있지는 않습니다. 혼은 그들이 살아 있을 때 행동한 대로 모든 행위를 다 따져서 백보좌 심판 때 상과 벌을 받습니다. 벌을 받기는 하지만, 죄를 지은 만큼만 벌을 받게 됩니다. 가인은 죄값을 치른 후 하나님이 땅 위에 세우는 하나님의 나라에서 하나님의 백성으로 영원히 살게 될 것입니다. 이에 대한 자세한 내용은 저자의 첫 번째 저서《하나님의 창조는 끝나지 않았다》를 참고하면 됩니다.

하나님의 백성으로 창조된 혼(Soul)도 죄를 범할 수 있습니다. 지은 죄에 관해서는 벌을 받고 고치면 됩니다. 육체의 죽음과 함께 사라져 버리는, 혼이 없는 사람인 흙의 존재와는 다릅니다. 하나님은 가인을 당시에 그 지역 일대에 살고 있는 혼이 없는 흙의 존재들로부터 지키고 보호하신 것입니다. 죽으면 소멸되는 흙의 사람들이 하나님의 백성인 가인을 죽이지 못하도록 보호하신 것입니다.

Chapter 67

가인은 왜 성의 이름을
가인성으로 하지 않았을까?

가인이 성을 만들었습니다. 그런데 가인은 그 성의 이름을 자신의 이름으로 하지 않았습니다. 가인은 그 성의 이름을 아들의 이름인 에녹으로 지었습니다. 그래서 [에녹성]이 되었습니다.

성경에는 왜 이 내용이 기록되었을까요? 이는 가인이 자신의 이름으로 성의 이름을 짓지 않았던 이유를 말하려고 했던 것 같습니다. 가능성이 있는 이유를 설명합니다.

사람들은 성을 보고 에녹성이라고 불렀습니다. 가인이 에녹성으로 이름을 붙인 이유는 자신을 죽이려고 했던 사람들에게 자신의 위치를 들키지 않으려는 것입니다. 가인이 성을 지은 이유도 자신을 죽이려는 사람들에게서 자신을 보호하려고 했기 때문입니다.

놋 땅에 성이 생긴다면 성에 대한 소식은 소문을 타고 점점 더 먼 곳으로 알려질 것입니다. 아마도, 아담이 머물렀던 지역까지 놋 땅에 새로 세워진 성에 대한 소식이 전해질 것입니다. 가인이 자신의 이름으로 성의 이름을 지었다면 이 성의 이름이 가인성으로 알려졌을 것입니다. 그러면 가인을 죽이려고 했던 사람들도 소식을 들을 수 있습니다. 가인을 죽이려는 사람들이 성의 위치를 파악하고 가인에게 올 수 있습니다. 그래서 가인은 자신의 이름을 따지 않고 아들의 이름을 따서 에녹성이라고 이름을 붙이게 된 것입니다.

놋 땅에 사는 사람들은 가인에게 적대적이지 않았습니다. 놋 땅에 살았던 사람은 가인에게 우호적이었고 가인은 놋 땅 사람과 잘 어울리게 되었습니다. 놋 땅 사람 중에서 아내를 얻을 수 있었고 그 지역에 성도 건축할 수 있었습니다. 놋 땅의 사람들은 가인이 누군지 몰랐던 것입니다.

반면에 아담이 머물렀던 지역의 사람들은 아담과 하와와 가인과 아벨을 보았습니다. 그들은 말하는 뱀을 보았고 다른 말하는 동물들도 보았고 두려움을 느꼈기 때문에 처음에는 아담의 가족을 죽이려고 했습니다. 이 내용은 [Chapter 65. 사람들은 왜 가인을 죽이려 했을까?]에서 설명했습니다.

놋 땅에 살았던 사람들은 아담과 아담의 가족과 말하는 동물들을 보지 못했습니다. 아담의 가족에 대한 정보도 없었고 가인의 얼굴도 몰랐고 가인에 대한 두려움을 가지지 않았습니다. 20세 정도의 평범한 청년이 놋 땅에 들어와서 함께 살려고 한다는 정도로 생각한 것입니다.

아담이 머물렀던 지역의 사람들이 가인이 놋 땅에 있다는 소문을 듣는다면 그들이 놋 땅으로 찾아와 아담에 관한 내용을 전할 것입니다. 놋 땅에서도 사람들이 가인을 배척하게 될 수 있고 그래서 가인은 자신이 죽을 수도 있다는 생각을 했을 것입니다.

하나님이 주신 표가 가인을 죽지 않게 하는 것이었다면, 성을 만들 필요는 없었습니다. 가인이 하나님에게서 받은 표는 가인이 죽지 않게 하는 것이 아니라 가인을 죽인 사람에게 7배의 벌을 내린다는 표입니다. 누군가 7배의 벌을 받더라도 가인을 죽이겠다고 한다면, 가인은 죽을 수도 있다는 뜻입니다.

가인이 아담을 떠날 때 아담이 머물렀던 지역의 사람들을 길에서 만났을 것입니다. 이때 가인은 만나는 사람마다 하나님이 주신 표를 보여 주었을 것입니다. 반면 놋 땅 사람은 가인을 죽이려고 하지 않았기 때문에 가인이 가지고 있는 표를 보지 못했을 것입니다.

가인은 놋 땅 사람과 빨리 친해지고 싶었을 것입니다. 놋 땅 사람과 가족이 되어 그들의 보호를 받고 싶었을 것입니다. 아마도 가인은 결혼을 서둘렀을 것입니다. 가인은 그 땅 여성과 결혼하여 놋 땅 사람의 일원이 되었습니다. 아담이 머물렀던 지역 사람들이 와서 가인을 공격하려고 해도 이제 놋 땅 사람들이 보호해 줄 것이라는 생각에 조금은 안심이 되었을 것입니다.

그래도 가인은 완전히 안심하지는 못했던 것 같습니다. 놋 땅에 살더라도 갑자기 사람들이 와서 자신의 집에 들어온다면 놋 땅 사람이 도와주기도 전에 죽을 수 있습니다. 그래서 가인은 자신을 위해서 성을 짓기로 한 것입니다. 놋 땅 사람의 도움을 받아 성을 만듭니다. 이제 가인이 성에 머무는 동안은 아담이 머물렀던 지역의 사람들이 함부로 성에 들어올 수 없게 되었습니다. 성문을 닫고 필요할 때만 성문을 열면 되기 때문입니다. 이제 가인은 잠을 잘 때도 편안하게 잘 수 있게 되었습니다.

가인은 마지막으로 성의 이름을 에녹으로 정합니다. 아담이 머물렀던 지역의 사람들이 성의 이름을 듣고 가인을 연상하지 못하도록 한 것입니다. 가인은 에녹을 낳았을 때까지도 두려웠던 것 같습니다.

Chapter 68

하나님은 왜 죄를 범한
아담의 가족과 함께하는가?

　많은 사람은 하나님이 죄를 범한 아담과 계속 함께 하는 이유를 생각하지 않습니다. 아담은 죄를 지어 에덴동산에서 쫓겨났고 죄인은 하나님과 함께 있을 수 없다는 결론을 내립니다. 그리고는 가인과 아벨의 사건을 마치 아담과 전혀 연관이 없는 아주 새로운 내용처럼 다룹니다. 그리고 아벨은 아담과는 관련이 없는 사람처럼 생각합니다. 아벨은 의인이고 아담은 죄인이라는 것입니다.

　하지만 가인과 아벨은 하나님에게 죄를 지어 에덴동산에서 나온 아담의 아들들입니다. 아담이 죄를 지어 하나님과의 관계가 끊어졌다면 아담의 자식들에 관한 이야기도 등장하지 않아야 합니다. 사람들은 동생에게 죄를 지은 가인의 자식들을 악인의 계통으로 말하면서도 하나님에게 죄를 지은 아담의 자식들은 악인의 계통이라고 말하지 않습니다. 의인 아벨이 아담의 아들이기 때문입니다. 사람들은 모순된 해석을 합니다.

　하나님은 범죄한 아담을 동산에서 내보냈어도 그 후로 계속 아담과 함께하셨습니다. 마찬가지로 하나님은 가인에게 표를 주어 보호하셨습니다. 하나님은 아담의 가족과 함께 계셨습니다. 이 Chapter에서는 하나님이 아담과 하와의 가족과 함께하는 이유에 관해 설명합니다.

첫 번째, 아담의 말을 통해 하나님이 함께 계셨다는 것을 알 수 있습니다.

성경 말씀: 창세기 4장 1절

"아담이 그의 아내 하와와 동침하매 하와가 임신하여 가인을 낳고 이르되 내가 여호와로 말미암아 득남하였다 하니라"

이것은 하와가 가인을 낳은 후에 한 말입니다. 아담과 하와는 계속 하나님의 은혜를 받고 있다는 것을 알고 있었습니다. 그래서 하나님이 자신들과 함께 계심을 고백한 것입니다.

두 번째, 아벨의 제사를 받은 말씀에서 하나님이 함께 계심을 알 수 있습니다.

성경 말씀: 창세기 4장 4절

"아벨은 자기도 양의 첫 새끼와 그 기름으로 드렸더니 여호와께서 아벨과 그의 제물은 받으셨으나"

이 말씀에서 하나님이 아벨과 그의 제물을 받으셨다고 합니다. 하나님이 아벨의 아버지 아담을 버리셨는데, 그 아들의 제사를 받으셨다는 것은 뭔가 맞지 않는 느낌입니다. 물론 아담을 버렸어도 아벨의 제사를 받을 수는 있습니다. 하나님이 하시겠다면 무엇인들 불가능하겠습니까?

그러나 상식적으로 생각해 볼 때, 하나님이 아담과 함께 계셨기 때문에 아담의 아들들인 가인과 아벨을 지켜보셨고 아벨의 제사를 받으신 것으로 보는 것이 맞습니다. 창세기 4장 6절~7절에서 하나님은 가인에게 죄를 다스리라고 경고까지 하십니다. 아담을 돌아보셨기 때문에 아담의 아들들을 돌아보신 것입니다.

세 번째, 하나님은 아담의 제사를 받으셨습니다.

창세기 4장 4절에서 하나님은 아벨의 제사를 받으셨습니다. 이것은 무엇을 의미할까요? 아벨은 제사 드리는 법을 어디서 배웠을까요? 아벨은 아버지 아담에게서 하나님께 제사드리는 법을 배웠을 것입니다.

가인과 아벨이 스스로 하나님께 제사드리기 전에 그들은 먼저 아담이 하나님께 제사를 드리는 것을 보고 자랐을 것입니다. 아담은 하나님께 제사를 드리는 것을 가인과 아벨에게 자세히 설명했을 것입니다.

아담이 하나님께 제사를 드릴 때 가인과 아벨은 하나님이 아담의 제사를 받으시는 것을 볼 수 있었을 것입니다. 하나님이 아담의 제사를 한 번도 받으시지 않았다면 가인과 아벨은 제사드리는 이유를 알지 못했을 것이고, 아담은 가인과 아벨에게 하나님께 제사드려야 하는 이유를 제대로 설명하지 못했을 것입니다.

아벨이 하나님께 제사를 드리고 하나님이 아벨의 제사를 받으신 것에서, 가인과 아벨이 성장하는 동안 하나님이 아담의 제사를 받으셨다는 것이 간접적으로 증명됩니다.

네 번째, 하나님은 아담과 아담의 가족을 위한 안전한 장소를 마련하셨습니다.

[Chapter 15. 가인은 어디서 아내를 얻었나?]에서 하나님이 아담과 가족들을 보호하고 있다는 것을 조금 설명했습니다. 하나님이 아담의 가족을 보호하기 위하여 일정 지역을 안전한 장소로 만드셨는데, 그 장소가 [이 지면]입니다.

성경 말씀: 창세기 4장 14절

"주께서 오늘 [이 지면]에서 나를 쫓아내시온즉 내가 주의 낯을 뵈옵지 못하리니 내가 땅에서 피하며 유리하는 자가 될지라 무릇 나를 만나는 자마다 나를 죽이겠나이다"

이것은 가인이 하나님에게 한 말입니다. 가인은 [이 지면]에서 쫓겨나는 것을 매우 두려워했습니다. 가인을 만나는 사람이 가인을 죽이려고 할 것이기 때문입니다.

많은 사람이 [누가 가인을 죽이려고 하는가]에 초점을 맞춰 생각하는데, 이 말 속에는 하나님이 아담의 가족을 보호하고 계셨다는 의미가 담겨 있습니다.

아담은 하나님의 명령을 어겼고 그로 인해 동산에서 나가게 되었습니다. 이때 하나님은 아담을 동산 밖으로 나가게는 했어도 아담과의 관계를 완전히 끊으신 것은 아닙니다. 아담을 동산에서 나가게 한 하나님은 아담과 함께 동산 밖에 있는 아담의 처소에 함께 계셨습니다. 하나님의 눈과 귀가 아담이 있는 곳에 항상 머물러 있었다는 의미입니다.

하나님은 아담과 아담의 가족이 머무는 장소를 보호하셨습니다. 이 장소가 가인이 말하는 [이 지면]입니다. 하나님이 아담의 가족을 지켰기 때문에 [이 지면]에 있는 동안 아담과 아담의 가족들은 안전하게 살 수 있었습니다.

하나님이 그 지역을 어떻게 보호하셨는지는 성경에 나와 있지 않습니다. 현대의 상황에 맞게 바꿔서 설명하면, 집 주위에 전기 장벽을 세우고 여기에 고압 전류가 흐르게 해서 누구든 접근하면 감전되어 죽거나 크게 다치게 되는 경우와 비슷하지 않을까 싶습니다. 물론, 구체적으로 어떤 방법인지는 알 수 없습니다.

하나님은 아담이 사는 집과 아담이 일구는 밭과 들을 포함하여 넓은 지역을 둘러서 안전한 장소를 마련하신 듯합니다. 이렇게 하나님은 아담과 아담의 가족을 지키고 보호하셨습니다.

누구도 [이 지면] 안으로 들어오거나 접근하지 못했을 것 같습니다. 가인이 말한 [이 지면]은 하나님이 아담과 아담의 가족들을 위해 안전하게 만드신 장소입니다.

다섯 번째, 하나님은 왜 아담의 가족을 보호하실까요?

아담은 하나님에게 죄를 지었습니다. 물론 죄를 지었다고 표현하기보다는 하나님이 주신 규칙을 어겼다는 표현이 더 맞을 것입니다. 이 규칙은 동산 안에서 지켜야 하는 주의사항입니다. 아담이 동산 안에 머물러 있을 수 있는 조건을 말씀하신 것이고 이 조건을 어기면 더는 동산 안에 머물러 있을 수 없다는 것입니다.

죄를 지었다거나 계명을 어겼다는 말은 상당히 무겁게 느껴지지만 동산에 머물기 위한 조건으로 주어진 주의사항을 어겼다는 표현은 다소 가볍게 느껴집니다. 결국, 하나님은 아담을 동산에서 내보내는 것으로 에덴동산의 일을 정리하셨습니다. 아담은 하나님의 형벌을 피하게 되었는데, 이 형벌은 아담이 죽으면 사라지기 때문에 [공소권 없음]과 같은 형태로 마무리되는 것입니다. 이것은 [Chapter 75. 하나님은 왜 아담에게만 명령을 내리셨나?]에서 설명합니다.

하나님은 하와에 대해서는 형벌을 내리시지 않았는데 하와는 하나님이 창조한 혼이고 하와는 하나님의 명령을 직접 받지 않았기 때문입니다. 그래서 하와는 형벌의 대상에서 벗어납니다. 다만, 하와는 아담을 돕는 자였기 때문에 아담이 동산에서 나가면 자연스럽게 하와도 함께 나가게 됩니다.

하와는 하나님의 형상(Spirit)대로 지음을 받은 혼(Soul)이기 때문에 하나님의 백성이라고 할 수 있고 하나님의 백성의 시조라고 할 수 있습니다.

성경 말씀: 창세기 3장 20절
"아담이 그의 아내의 이름을 하와라 불렀으니 그는 모든 산 자의 어머니가 됨이더라"

이것은 아담이 하와에게 한 말을 기록한 것입니다. 하와는 [모든 산 자의 어머니가 된다고 합니다. 하나님의 백성으로 창조되는 모든 혼(Soul)은 하와로부터 시작되기 때문입니다. 아담은 혼의 존재를 알고 있었습니다. 하나님이 혼을 아담 속에 넣으실 때 하나님은 혼의 존재를 아담에게 알려 주셨습니다. 아담은 하나님에게 선택되면서 혼을 받게 된다는 것을 알고 있었습니다.

만약 하나님이 아담 모르게 혼을 창조하여 넣은 것이라면 하나님이 아담을 실험도구로 이용하신 것이 됩니다. 하나님은 아담에게 혼에 대해 말씀하셨고 이 혼의 존재를 하와에게로 옮길 것도 말씀하신 것으로 보입니다.

성경 말씀: 창세기 2장 23절
"아담이 이르되 이는 내 뼈 중의 뼈요 살 중의 살이라 이것을 남자에게서 취하였은즉 여자라 부르리라 하니라"

아담은 하나님이 하와를 데려오셨을 때 하나님이 자신에게 가장 중요했던 혼을 빼서 하와에게 옮긴 사실을 알고 있었습니다. 그래서 [뼈 중의 뼈요, 살 중의 살]이라는 표현을 했습니다. 아담은 이 일을 하나님에게서 듣고 이미 알고 있었습니다. 만약 아담이 하와를 갈비뼈 한 개로 만들었다고 믿었다면 아담은 [내 뼈 중에 하나로다]라는 식으로 고백했을 것이고 [살 중의 살]이라는 말은 하지 않았을 것입니다.

아담의 고백을 통해서 하나님이 자신에게 주신 소중한 혼(Soul)을 하와에게 옮기셨다는 사실을 아담이 알고 있었음을 확인할 수 있습니다. 하나님이 혼을 하와에게 옮길 것을 아담에게 말씀하셨고 아담도 이에 동의했다고 생각됩니다.

혼(Soul)은 사람의 본질입니다. 사람이 태어날 때 혼으로 태어나기 때문에 혼 자체는 주거나 받을 수 있는 것이 아니라 사람 자체입니다. 반면 아담과 하와는 혼이 없는 상태로 부모에게서 태어났기 때문에 아담과 하와에게 혼은 여의주 같은 느낌이었을 것입니다. 아담과 하와에게 혼은 하나님이 주시는 것으로, 영생을 가능하게 해 주고 다른 혼을 태어나게 하는 능력으로 보였을 것입니다.

아담은 동산에서 나가지만 않으면 영생할 것이기 때문에 영생하게 하는 혼을 굳이 소유하지 않아도 될 것으로 생각했던 것 같습니다. 그래서 아담은 혼을 하와에게 양도하는 것에 동의했을 것이고 이 작업이 끝난 후에 깨어나 하와를 보고 [내 뼈 중의 뼈요, 내 살 중의 살]이라고 고백한 것입니다. 아담은 가장 소중한 혼을 하와에게 양도하는 것을 아까워하지 않았던 것 같습니다.

하나님이 창조하고자 원하는, 창세기 1장 26절~28절의 사람들은 하나님의 백성입니다. 이들을 창조하기 위해서 하나님이 친히 혼(Soul)을 만들어 아담 속에

Part 8. 가인과 아벨

두셨고 이 혼을 아담에게서 하와에게로 옮기셨습니다. 하나님의 백성은 하와에게서부터 시작됩니다. 하나님은 하나님이 이루실 일을 하와를 통해서 진행하시는 것입니다. 그러니 아담과 하와의 가족을 결코 버리실 수 없는 것입니다.

동산을 만드신 목적

Chapter 69

생명나무, 영생 그 이상의 효과

에덴동산 안에 있었던 생명나무는 아담을 위한 것이 아닙니다. 생명나무는 경건한 자손을 위한 것입니다. 이 Chapter에서는 왜 경건한 자손에게 생명나무가 필요한지를 설명합니다.

아담과 하와는 에덴동산에서 경건한 자손을 낳았습니다. 경건한 자손은 아담과 하와를 통해서 태어났지만 아담과 하와가 키우지는 않았을 것입니다. 경건한 자손은 아담과 하와의 유전자를 이용하여 몸을 갖게 되었습니다. 그래서 경건한 자손의 몸은 아담과 하와와 같은 몸입니다. 경건한 자손의 몸도 아담과 하와처럼 부끄러움을 느낄 수 없는 몸입니다. 선악의 감정에 영향받지 않습니다. 또한 아담과 하와와 같은 죽음이 있는 몸을 가지고 태어났지만 생명과를 먹고 죽지 않는 몸이 되었습니다. 경건한 자손에 관한 내용은 [Chapter 70. 에덴동산은 경건한 자손을 위한 것이다]에서 설명합니다.

생명과의 효과는 영생(eternal life)입니다. 이 영생은 영적인 영원한 생명이 아니라 몸의 영원한 생명을 의미합니다. 창세기 3장 22절에 [그가 손을 들어 생명나무의 열매도 따먹고 영생할까 하노라]고 하신 말씀에 의하면, 아담이 생명과를 먹으면 영생합니다. 그런데 이때는 아담이 선악과를 먹은 후입니다. 하나님에게 죄를 지은 후에도 생명과를 먹으면 아담이 영생한다는 것입니다. 하나님에게 죄를 지은 사람은 하나님 앞에 갈 수 없습니다. 이것이 영적인 의미에서의 죽음입니다. 아담은 영적으로 이미 죽은 것인데 만약 아담이 생명과를 먹으면 영생을 얻게 됩니다. 생명과가 주는 영생은 영적인 영생이 아니라 물질적인 영생이라는 것을 알 수 있습니다. 생명과는 먹는 자의 몸을 영원히 살아 있게 하는 것입니다.

경건한 자손은 생명과를 먹기 전에는 영생하지 않았던 것일까요?

경건한 자손의 몸은 아담과 하와의 DNA로 만든 몸입니다. 아담과 하와의 몸은 죽음이 있는 몸입니다. 다만 동산에서는 죽음의 순간이 영원히 오지 않습니다. 수명이 계속 늘어서 1,000년 정도의 수명이 줄지 않는 상태로 영원히 지속됩니다. 경건한 자손도 마찬가지입니다. 경건한 자손도 처음 태어날 때는 아담과 하와 같이 수명의 한계가 있는 몸으로 태어납니다. 그래서 경건한 자손은 생명과를 먹었습니다.

그러나 생명과의 실제적인 효과는 영생이 아닙니다. 생명과의 효과는 죽음이 있는 몸을 죽음이 없는 몸으로 만드는 것이 아닙니다. 죽음이 있는 유한한 몸을 죽음이 없는 무한한 몸으로 만드는 것은 생명과의 부수적인 효과입니다. 생명과의 실제 효과는 몸이 부서지지 않도록 강화해 주는 효과입니다.

성경 말씀: 출애굽기 33장 20절
"또 이르시되 네가 내 얼굴을 보지 못하리니 나를 보고 살 자가 없음이니라"

모세는 하나님을 보게 해 달라고 요청했습니다. 하나님은 모세의 요청을 들어주셨지만 하나님의 얼굴을 볼 수 없다고 말씀하셨습니다. 하나님의 얼굴을 보면 누구라도 살 수 없기 때문입니다.

> 성경 말씀: 출애굽기 19장 12절
> "너는 백성을 위하여 사면으로 지경을 정하고 이르기를 너희는 삼가 산에 오르거나 그 지경을 범하지 말지니 산을 범하는 자는 정녕 죽임을 당할 것이라. 손을 그에게 댐이 없이 그런 자는 돌에 맞아 죽임을 당하거나 살에 쐬어 죽임을 당하리니 짐승이나 사람을 무론하고 살지 못하리라"

하나님은 울타리 안으로 들어오면 짐승이나 사람이나 모두 죽임을 당할 것이라고 말씀합니다. 하나님이 사람이나 짐승을 죽인다는 의미가 아닙니다. 하나님을 보려고 오면 그냥 스스로 죽게 된다는 뜻입니다. [짐승도 죽는다]고 말씀하신 것을 보면 죄 때문에 죽는 것이 아닙니다. 죄의 유무와 상관없이, 강한 바람에 의해 날아다니는 돌에 맞아 죽거나, 하나님에게서 나오는 빛에 의해 살아 있는 몸이 파괴된다는 것입니다. 하나님이 죽여서가 아니라 사람이나 짐승의 육체가 하나님에게서 나오는 영화로운 빛을 견디지 못한다는 뜻입니다.

영원히 산다는 것은 DNA의 기능으로 구현될 수 있습니다. 유전자가 완전해져서 유전자 변형이 일어나지 않는다면 암은 전혀 발생하지 않을 것입니다. 그뿐만 아니라, 유전자의 기능 강화로 노화되지도 않고 병들지 않는 몸을 만들 수 있습니다. 그 몸을 누군가가 총이나 폭탄 같은 무기로 물리적인 충격을 가하지만 않는다면 영원히 살아 있는 몸이 될 수 있습니다. 그런데 이런 영생으로는 하나님 앞에 있을 수 없습니다.

경건한 자손은 하나님 앞에서 하나님을 섬기는 중보자가 됩니다. 이 말은 곧 하나님의 강력한 빛에 몸이 드러나게 된다는 뜻입니다. 이 세상의 어떤 몸도 하나님의 강력한 빛 앞에서는 부서지고 말 것입니다. 그래서 중보자는 하나님의 빛 앞에서도 부서지지 않는 강한 몸이 필요합니다. 이런 몸을 만들어 주는 효과가 생명나무의 효과입니다.

성경 말씀: 요한계시록 22장 14절
"그 두루마기를 빠는 자들은 복이 있으니 이는 저희가 생명나무에 나아가며 문들을 통하여 성에 들어갈 권세를 얻으려 함이로다"

생명나무의 열매를 먹지 않으면 성에 들어갈 수 없습니다. 새 예루살렘 성에는 하나님과 어린 양의 영광이 비추고 있기 때문입니다. 이 영광이 모든 몸을 파괴합니다. 그래서 성에 들어갈 하나님의 종들은 생명나무의 열매를 먹어야 합니다. 하나님의 영광이 비추더라도 몸이 파괴되지 않아야 하기 때문입니다.

생명나무는 영생을 주는 나무가 아니라 하나님 앞에 있을 수 있게 하는 나무입니다. 이 나무의 열매는 영생하게 하는 효과가 아니라 하나님 앞에서도 부서지지 않고 살아 있게 하는 효과입니다. 생명나무의 목적은 육체의 영원한 생명이 아닙니다. 생명나무의 목적은 하나님의 아들들이 몸을 가지고 하나님 앞에 있을 수 있게 하는 것입니다.

에덴동산에서 아담은 생명과를 먹지 않은 상태로 하나님을 만났습니다. 아담이 하나님을 만나는 일은 에덴동산에서는 가능했으나, 새 예루살렘 성에서는 불가능합니다. 이것은 하나님이 달라지셨기 때문입니다. 에덴동산에서는 몸을 파괴하는 강력한 빛이 나오지 않았으나, 새 예루살렘 성안에서는 몸을 파괴하는 강력한 빛이 하나님에게서 뿜어져 나옵니다. 에덴동산에서 하나님이 임재하는 방법과 새 예루살렘 성안에서 하나님이 임재하는 방법이 다릅니다.

에덴동산에서 하나님은 영의 상태로 아담과 하와를 만나셨습니다. 아담과 하와가 어떻게 하나님과 함께 있을 수 있었는지 확실히 알 수는 없습니다. 영이신 하나님이 아담과 하와가 볼 수 있는 형태로 자신을 바꾸신 것 같고, 아담과 하와를 보호하신 것 같습니다. 반면 새 예루살렘 성안에서는 하나님의 영광이 물질 세계의 강력한 빛으로 방출되는 것 같습니다.

경건한 자손은 생명과를 먹고 하나님의 영광이 빛나는 새 예루살렘 성안에 있을 수 있습니다. 하나님의 영광 앞에서도 죽지 않는 몸이라면 지상의 어떤 무기로도 죽일 수 없는 몸이 됩니다. 생명과의 효과가 매우 강하기에 그 결과로 육체의 영원한 생명도 보장되는 것입니다.

육체의 영원한 생명력은 생명나무의 주된 효과가 아니라 부수적으로 따라오는 효과입니다. 생명나무의 주된 효과는 하나님 앞에서 몸을 살아 있게 하는 것입니다.

Chapter 70

에덴동산은 경건한 자손을 위한 것이다

하나님은 동산을 만들고 거기에 아담과 하와를 두셨습니다. 그러나 동산은 아담과 하와를 위한 장소가 아닙니다. 이 내용을 설명합니다.

> 성경 말씀: 말라기 2장 15절
> "그에게는 영이 충만하였으나 오직 하나를 만들지 아니하셨느냐 어찌하여 하나만 만드셨느냐 이는 경건한 자손을 얻고자 하심이라 그러므로 네 심령을 삼가 지켜 어려서 맞이한 아내에게 거짓을 행하지 말지니라"

하나님은 영이 충만하다고 기록되어 있습니다. 하나님에게 능력이 많다는 뜻입니다. 하나님은 전능하시기에 사람을 창조할 때 하나가 아니라 수백 명, 수천 명을 만들 수 있고 셀 수 없이 많은 아담과 하와를 만들 수 있습니다. 그런데 하나님은 오직 하나만 만드셨다고 합니다. 이유는 경건한 자손을 얻기 위해서입니다.

하나님은 아담과 하와를 창조하셨습니다. 하나님은 분명히 두 사람을 창조하셨습니다. 그런데도 하나님은 말라기 선지자를 통해서 하나만 만들었다고 하셨습니다. 하나만 만들었다고 하신 말씀은 아담 속에 생기를 불어넣은 혼(Soul)의 창조를 의미합니다. 이것은 [Chapter 27. 왜 하와의 코에는 생기를 불어넣지 않았을까?]에서 이미 설명했고 [Chapter 28. 하와는 정말 갈비뼈로 만들었을까?]에서도 자세히 설명했습니다.

하나님은 아담과 하와를 통해서 경건한 자손을 얻고자 하셨습니다. 그래서 그 경건한 자손을 위하여 동산을 만들었습니다. 그리고 동산 안에 각종 보기에 아름답고 먹기에 좋은 나무를 만들었습니다. 이 나무들은 경건한 자손들을 위해 만든 것입니다. 생명나무와 선악의 지식나무도 경건한 자손을 위해서 만들었습니다. 물론 아담과 하와를 배려한 나무들도 있었을 것으로 생각합니다. 경건한 자손은 에덴동산에서 아담과 하와를 통해서 사람으로 태어난 하나님의 아들들입니다. 아담과 하와가 에덴동산의 주인공이 아니라는 것입니다.

아담과 하와는 동산 중앙에 있는 선악과를 먹어서는 안 됩니다. 이 나무는 아담과 하와를 위한 것이 아니기 때문입니다. 이 나무는 경건한 자손을 위해서 만든 것입니다. 생명과와 선악과는 경건한 자손들이 먹어야 하는 열매였습니다.

물론 아담과 하와가 생명과를 먹을 수 있었지만, 아담과 하와가 꼭 생명과를 먹을 필요는 없습니다. 생명과는 경건한 자손들에게는 꼭 필요한 열매입니다. 경건한 자손으로 태어난 하나님의 아들들은 생명과와 선악과를 먹었습니다. 이 내용은 [Chapter 73. 경건한 자손은 생명과와 선악과를 먹었다]에서 설명합니다.

아담과 하와가 동산 안에 머무는 동안에는 감정에 지배받지 않는 몸 상태를 유지하고 있었습니다. 그래서 아담과 하와 사이에서 태어나는 경건한 자손도 감정에 지배받지 않는 몸을 가지고 태어납니다.

성경의 기록에서 죽음이 없는 경우를 네 가지로 설명할 수 있습니다.

첫 번째가 예수님입니다. 예수님은 동정녀 마리아를 통해서 죽음이 없는 몸을 가지고 태어났습니다. 그래서 예수님은 부활하셨습니다. 두 번째로 동산에서 나가기 전의 아담입니다. 아담은 죽음이 있는 몸이지만 죽음의 순간이 영원히 오지 않는 상태로 동산 안에서 살았습니다. 세 번째로 하와입니다. 하와도 아담과 같습니다. 네 번째가 동산 안에서 아담과 하와를 통해 태어난 사람입니다. 이들은 경건한 자손입니다. 경건한 자손은 생명과를 먹고 죽음이 없는 몸을 가졌습니다.

하나님이 아담과 하와와 동산을 만드신 이유는 동산 안에서 아담과 하와를 통해 하나님의 아들들이 감정의 지배를 받지 않고 죽음이 없는 몸을 갖도록 하는 것입니다. 경건한 자손은 감정에 지배받지 않는 몸을 가지고 태어났고, 죽음이 없는 몸을 만들기 위해 생명나무의 열매를 먹었습니다.

성경 말씀: 요한계시록 2장 7절
"귀 있는 자는 성령이 교회들에게 하시는 말씀을 들을지어다 이기는 그에게는 내가 하나님의 낙원에 있는 생명나무의 열매를 주어 먹게 하리라"

에덴동산이 낙원입니다. 동산에 있었던 생명나무는 아직도 낙원에 그대로 있습니다. 하나님은 이기는 자에게 낙원에 있는 생명나무의 열매를 주어 먹게 한다고 말씀하십니다. 생명나무는 하나님이 경건한 자손에게 주시려고 동산 안에 나게 한 나무입니다. 요한계시록 2장 7절에 나오는 이기는 자가 경건한 자손이 됩니다.

경건한 자손은 창세기 6장 2절에 나오는 하나님의 아들들입니다. 하나님의 아들들은 영(Spirit)으로, 아담과 하와를 통해서 세상에 태어나도록 계획되어 있었습니다. 하나님의 계획대로 하나님의 아들들은 아담과 하와를 통해서 이 땅에 사람으로 태어났습니다.

아담과 하와를 통해 태어난 하나님의 아들들은 그 수가 매우 적었습니다. 아담과 하와가 동산에서 80년 정도만 살았기 때문입니다. 동산은 아담과 하와가 영원히 살 수 있는 환경을 제공했지만 아담과 하와는 80년 정도만 있었고 선악과를 먹고 난 이후에는 동산에서 쫓겨나갔습니다.

아담과 하와가 선악과를 먹은 후 에덴동산에서 쫓겨난 이후로도 하나님의 아들들은 아담과 하와와 그들의 후손을 통해 계속해서 사람으로 태어났습니다. 하나님은 하나님의 아들들을 사람으로 보내는 일을 멈추시지 않았습니다. 비록 사탄에 의해 방해를 받았지만, 하나님의 계획은 계속 진행되었습니다. 다만 아담과 하와가 선악과를 먹은 후에 태어나는 하나님의 아들들은 경건한 자손이 아닙니다. 이들은 본질상으로는 하나님의 아들들이 맞지만, 창세기 6장 2절에 나오는 하나님의 아들들은 아닙니다. 아담과 하와가 선악과를 먹은 후 에덴동산 밖에서 아담과 하와의 후손으로 태어난 하나님의 아들들은 감정의 지배를 받는 몸을 가지고 태어난 상태에서 하나님으로부터 받은 사명을 감당한 후에 죽음을 맞이합니다.

창세기 6장 2절에 나오는 하나님의 아들들은 전체 하나님의 아들들 중에서 아담과 하와가 에덴동산 안에서 낳은 사람입니다. 이들은 선악의 감정을 느끼지 않으며 생명과를 먹고 죽음이 없는 몸을 가졌습니다. 이 사람들만 경건한 자손이라고 부릅니다. 그래서 이들은 몇 명 되지 않습니다. 경건한 자손은 80여 년 동안 동산 안에서 태어난 하나님의 아들들이기 때문입니다. 아담과 하와가 동산에 머무는 80년 동안 매년 자녀를 낳지는 않았을 테니 말입니다.

Part 9. 동산을 만드신 목적

하나님의 아들들 중에서 극히 일부가 에덴동산 안에서 아담과 하와를 통해서 경건한 자손으로 태어났습니다. 경건한 자손은 세상을 이기는 과정이 필요하지 않았습니다. 경건한 자손들은 이미 요한계시록 2장 7절에 나오는 이긴 자와 같은 상태입니다. 경건한 자손은 태어나는 것만으로도 세상을 이기는 조건을 갖췄습니다. 경건한 자손은 선악의 지식을 얻기 위해서 선악과를 먹었고, 파괴되지 않은 강한 몸을 갖기 위해 생명과를 먹었습니다. 동산의 모든 환경은 경건한 자손을 위해 준비된 것입니다. 동산은 아담과 하와를 위한 장소가 아닙니다.

Chapter 71

아담은 왜 선악의 지식을
가지면 안 되는 것일까?

하나님은 아담에게 선악과를 먹지 말라고 말씀하셨습니다. 그 이유는 경건한 자손을 얻기 위해서입니다. 아담과 하와가 선악과를 먹게 되면 아담과 하와를 통해서는 더는 경건한 자손이 태어날 수 없기 때문입니다. [Chapter 70. 에덴동산은 경건한 자손을 위한 것이다]에서 이미 설명한 것과 같습니다.

경건한 자손은 하나님의 아들들이 아담과 하와를 통해 감정에 지배받지 않는 몸을 가지고 태어나는 사람을 의미합니다. 아담과 하와가 동산 안에서 얻게 되는 아들들은 혼(Soul)이 아니라 영(Spirit)입니다. 그러나 아담과 하와가 동산에서 나간 후로는 혼이 태어납니다. 가끔 하나님의 명령을 받은 영(Spirit)이 죽음이 있는 몸으로 태어납니다. 가인과 셋은 분명한 혼입니다. 아벨은 영일지도 모른다는 생각이 듭니다.

하나님의 아들들은 창세 전부터 하나님 옆에 있었던 피조물로, 하나님은 이들이 아담과 하와를 통해서 몸을 가지고 사람으로 태어나도록 계획하셨습니다. 만약 아담과 하와가 오랫동안 선악과를 먹지 않았다면 욥도 경건한 자손으로 태어났을 것입니다. 욥에 관한 내용은 [Chapter 72. 에덴동산과 경건한 자손과 하나님의 아들들]에서 설명합니다.

첫 번째, 선악의 지식은 아담과 하와가 감정에 휩싸이게 합니다.

선악과의 효능은 선악의 감정을 느낌으로 알게 합니다. 오직 지식만을 제공합니다. 감정을 느끼게 하는 효능은 없습니다. 선악과는 하나님의 아들들과 아담과 하와에게 같은 효과를 냅니다. 먹는 사람에 따라 다르게 효과를 내는 것은 아닙니다. 그런데 하나님의 아들들에게 나타나지 않는 부작용이 아담과 하와에게 나타납니다. 이 부작용은 아담과 하와 안에 봉해진 감정을 되살리는 것입니다.

하나님의 아들들은 세상을 만들기 전에 영(spirit)으로 창조되었습니다. 하나님의 아들들에게는 죽음이나 소멸이 없습니다. 죽어 본 적이 없고 죽음에서 오는 두려움이 무엇인지 모릅니다. 하나님의 아들들이 사람으로 태어나서 생명과를 먹고 죽지 않는 몸을 가지게 되었습니다. 하나님의 아들들은 몸이 있어도 죽음을 경험하지 않습니다. 하나님의 아들들은 사람이 되어도 죽음이나 두려움을 이해할 수 없습니다.

두려움과 공포와 부끄러움과 고통을 경험한 적이 없는 하나님의 아들들은 선악의 지식을 알게 되더라도 선악의 감정을 느끼지 않습니다. 선악과는 선악의 감정을 느낄 수 있도록 감정의 발현을 활성화하는 것이 아니기 때문입니다. 선악과를 먹으면 선악의 감정을 경험하지 않고도 경험한 것처럼 알게 됩니다. 부끄러움이 무엇인지 알지만 부끄러움을 느끼지 않습니다. 공포가 무엇인지 알지만 공포를 느끼지 않습니다.

아담과 하와는 다릅니다. 아담과 하와가 선악의 지식을 얻은 순간부터 아담과 하와는 이런 감정에 휩싸이게 됩니다. 이것이 선악과를 먹었을 때 아담과 하와에게 나타나는 부작용입니다. 창세기 4장 5절에서 가인이 몹시 분하여 얼굴색이 바뀐 것과 같습니다.

우리 속담에 자라 보고 놀란 가슴 솥뚜껑 보고 놀란다는 말이 있습니다. 자라에게 물린 사람은 너무 아픈 나머지, 자라와 비슷해 보이는 솥뚜껑만 보아도 놀란다는 뜻입니다. 그만큼 경험은 그 사람의 생각과 행동에 큰 영향을 줍니다.

기억을 잃은 사람이 잃어버린 기억과 연관된 어떤 장소에 가게 되거나 잃어버린 기억과 관련된 어떤 물건을 보게 되면 어렴풋이 기억을 떠올리게 됩니다. 기억을 되찾기도 합니다. 선악과를 먹으면, 이런 현상이 아담과 하와에게 일어나게 됩니다.

선악의 지식은 단순한 지식입니다. 선악과의 효능은 단순히 선악의 지식을 제공하는 것입니다. 이 내용은 [Chapter 36. 선악의 지식나무가 주는 지식은 무엇일까?]에서 설명했습니다. 선악의 지식은 부끄러움과 두려움과 공포와 우울감과 분노와 수치심 등 사람이 느끼는 감정에 관한 지식을 제공합니다. 부끄러움을 느낄 때의 감정, 두려움을 느낄 때의 감정을 알도록 지식으로 제공합니다.

두려움과 공포와 부끄러움 등 선악의 감정을 이미 경험했던 사람은 선악의 지식을 알게 될 때 과거에 경험했던 감정을 떠올리며 당시에 느꼈던 감정에 휩싸이게 됩니다. 이런 경우를 트라우마, 외상 후 스트레스 장애라고 말할 수 있습니다.

어떤 트라우마가 있는 사람은 관련된 기억이 떠오를 때마다 구토하기도 합니다. 어떤 사람은 교통사고를 당한 후 [외상 후 스트레스 장애]가 생겨 차만 타도 머릿속이 하얘지고 몸이 굳어진다고 합니다. 이렇게 트라우마는 사람의 몸에 강한 영향을 줍니다. 감정에 지배를 받는 몸이 되어 버립니다. 극한 공포를 느낄 때 발을 움직이지 못하는 경우가 있습니다. 극한 감정들이 몸에 큰 영향을 미친다는 것을 알 수 있습니다. 이런 감정을 느끼는 사람은 선악의 감정에 지배를 받는 몸을 가지고 있다고 말할 수 있습니다.

아담과 하와를 통해 태어나는 경건한 자손은 트라우마가 없는 경우에 해당하고, 아담과 하와는 트라우마가 있는 경우에 해당합니다. 선악의 지식을 얻은 아담과 하와는 선악의 감정을 알게 되자, 선악의 감정이 극렬하게 올라와서 감정의 지배를 받는 몸으로 돌아갔습니다. 두려움과 공포와 부끄러움과 수치심을 느끼게 되면 이전과는 다른 행동을 하게 됩니다. 공포를 느끼면 중요한 순간에 몸이 굳어지고 아무것도 하지 못하는 상태가 됩니다.

아담과 하와는 에덴동산에 들어오기 전부터 세상에 살았던 젊은 청년입니다. 아담과 하와는 동산 외부에 살면서 죽음을 보았고 두려움과 공포를 알았고 부끄러움과 수치심을 경험했던 사람입니다. 비록 하나님이 그들을 동산으로 데리고 들어오시면서 이런 감정을 봉했지만, 선악과를 먹게 되면 이런 감정이 다시 살아나게 됩니다. 봉인이 풀린다는 것입니다.

아담과 하와가 선악과를 먹으면 봉인이 풀려서 감정에 지배받는 몸으로 바뀝니다. 그래서 선악과를 먹은 아담과 하와가 부끄러움을 이기지 못하고 무화과나무로 치마를 만들어 입었던 것입니다. 이런 행동이 나오게 된 것은 부끄러움이라는 감정이 아담과 하와를 지배했기 때문입니다. 지식으로만 아는 것이 아니라 감정의 지배를 받는다는 것입니다.

만약 하나님을 섬겨야 하는 하나님의 아들들이 극한 공포나 두려움이나 수치심이나 부끄러움을 느낀다면 어느 순간 하나님의 아들들이 감정에 휩싸여서 하나님을 제대로 섬기지 못하는 상황이 발생합니다. 하나님의 아들들은 선악의 감정을 지식으로만 가지고 있어야 하고 선악의 감정에 영향을 받는 사람이 되면 안 됩니다.

아담과 하와가 선악과를 먹은 후로 그 사이에서 자녀가 태어나면 그 자녀는 두려움과 공포와 부끄러움과 수치심과 우울감과 분노라는 선악의 감정에 지배를 받는 몸을 가지고 태어납니다. 경건한 자손을 얻고자 하신 하나님의 뜻과 맞지 않는 몸으로 태어납니다.

이런 이유로 아담에게 선악과를 먹지 말라고 말씀하신 것입니다.

Chapter 72

에덴동산과 경건한 자손과 하나님의 아들들

하나님은 아담과 하와를 창조하실 때 두 가지를 하셨습니다. 하나는 영원한 하나님의 백성을 창조하는 것이고, 또 다른 하나는 하나님과 하나님의 백성들 사이에 있는 중보자를 얻기 위한 것입니다.

첫 번째로, 하나님이 영원한 하나님의 백성을 창조하기 위해서 하신 일은 아담 속에 혼(Soul)을 창조하신 것입니다. 이것은 [Chapter 25. 아담이 생령이 되었다는 말씀은 무슨 의미인가?]에서 설명했습니다. 그리고 [Chapter 27. 왜 하와의 코에는 생기를 불어넣지 않았을까?]에서 설명했습니다.

두 번째로, 하나님이 중보자를 얻기 위해 하신 일은 세 가지입니다. 첫째가 혼(Soul)의 창조이고, 둘째가 에덴동산의 창조이고, 셋째가 아담과 하와의 몸의 상태를 조금 바꾼 것입니다.

혼의 창조는 백성의 창조와 중보자를 얻는 이 두 가지 목적을 다 이루는 것입니다. 아담 속에 혼(Soul)이 있었기 때문에, 영(Spirit)들이 사람으로 태어날 수 있었습니다. 이것은 [Chapter 80. 영(Spirit)이 어떻게 사람이 될 수 있었을까?]에서 설명합니다. 하나님은 중보자인 경건한 자손을 위해 에덴동산을 만들었습니다. 이 내용은 [Chapter 70. 에덴동산은 경건한 자손을 위한 것이다]에서 설명했습니다. 또한 하나님은 중보자를 얻기 위해 아담과 하와의 몸의 상태를 조금 바꾸셨습니다.

동산의 모든 나무는 경건한 자손을 위해 만든 것이기 때문에 경건한 자손은 동산 안에 있는 모든 나무의 열매를 먹을 수 있었습니다. 경건한 자손은 동산 중앙에 있는 생명과나 선악과도 먹을 수 있었습니다. 오히려 생명과와 선악과는 반드시 먹어야 합니다. 이 두 나무의 열매는 하나님의 뜻을 이루기 위해 경건한 자손이 반드시 먹어야 합니다. 이 내용은 [Chapter 73. 경건한 자손은 생명과와 선악과를 먹었다]에서 설명합니다.

하나님은 아담과 하와를 동산 안으로 데려오면서 아담과 하와의 몸의 상태를 조금 바꾸셨는데, 이는 두려움과 공포와 부끄러움과 질투와 시기 등과 같은 선악의 감정을 봉한 것입니다. 이렇게 하신 이유는 중보자인 경건한 자손을 얻기 위해서입니다.

그렇다면 하나님은 왜 경건한 자손이 필요했던 것일까요?

하나님은 영원히 살며 완전한 자유를 누리는 하나님의 백성(Soul)을 창조하셨습니다. 완전한 자유는 하나님에게 등을 돌릴 수도 있는 자유입니다. 완전한 자유를 얻었기 때문에 하나님의 백성은 거룩하지 않습니다. 하나님은 처음부터 하나님의 백성을 거룩하지 않게 창조하시는 것입니다. 하나님은 거룩하지 않은 백성을 직접 만나실 수 없습니다. 그래서 하나님은 하나님과 하나님의 백성 사이에 중보자를 세우시는 것입니다. 이 중보자가 경건한 자손입니다. 이 내용은 저자의 첫 번째 저서 《하나님의 창조는 끝나지 않았다》에 설명되어 있습니다.

경건한 자손은 하나님과 하나님의 백성들 사이에 중보자가 될 것입니다. 중보자는 하나님과 만날 수 있고 백성과도 만날 수 있어야 합니다. 그래야 중간에서 중보자의 역할을 할 수 있습니다.

중보자는 하나님을 만나야 합니다. [경건한 자손]이라는 문구에서 [경건하다]는 말은 하나님을 만나는 존재이기 때문에 붙인 말입니다. 당연히, 경건한 자손은 거룩해야 합니다. 그래서 처음부터 하나님 옆에 있었던 거룩한 영(Spirit)들이 이 역할을 담당하게 되었습니다.

중보자는 백성과도 만나야 합니다. 하나님의 백성(Soul)은 물질세계의 몸을 가지고 있어서 몸이 없는 영(Spirit)을 볼 수 없습니다. 그래서 백성과 만나야 하는 중보자에게는 몸이 필요합니다. 하나님 옆에 있었던 영들이 몸을 가지기 위해서 아담과 하와를 통해 사람으로 태어납니다.

경건한 자손은 하나님 앞에 있었던 영(Spirit)이면서 동시에 사람으로 태어나서 살과 뼈가 있는 몸을 가집니다. 영이기 때문에 하나님 앞에 갈 수 있고 사람이기 때문에 백성과 만날 수 있습니다. 이것이 하나님이 경건한 자손을 원하셨던 이유입니다. 하나님의 계획대로 하나님 옆에 있었던 하나님의 아들들이 하나씩 에덴동산에서 경건한 자손이 되었습니다.

아담과 하와는 바깥세상에서 살고 있었던 청년입니다. 두려움과 공포와 부끄러움을 느끼고 수치와 질투와 시기와 분노를 느끼는 몸으로 살고 있었습니다. 아담과 하와는 평범한 사람으로 살고 있었습니다. 하나님은 이런 아담과 하와의 몸의 상태를 조금 바꾸어 선악의 감정을 느끼지 못하게 하셨습니다. 아담과 하와를 통해 태어날 경건한 자손은 선악의 감정을 느끼지 않는 몸을 가져야 하기 때문입니다.

하나님이 아담과 하와의 감정 중에서 선악의 감정을 봉하지 않았다고 가정합니다. 그러면 경건한 자손에게 문제가 발생합니다. 아담과 하와가 에덴동산에서 아이를 낳으면, 그 아이는 아담과 하와와 같은 상태로 태어납니다. 아이들은 태어날 때부터 부끄러움과 두려움과 공포와 분노와 수치와 좌절감을 느끼면서 사는 존재로 태어날 것입니다. 영적 존재였던 하나님의 아들들이 사람으로 태어나면서 선악의 감정을 느끼는 상태로 태어납니다. 감정의 영향을 받는 몸입니다. 영들(Spirits)이 사람의 몸을 가지면서 두려움과 공포를 느낄 수 있고 좌절할 수 있는 존재로 바뀌는 것입니다. 이렇게 되면 하나님과 백성의 중보자로서는 맞지 않습니다.

경건한 자손은 태어날 때부터 하나님을 보고 들을 수 있으며 물질세계의 사람과도 대화하고 접촉할 수 있습니다. 사람이 느끼는 부끄러움과 두려움과 공포와 수치와 좌절과 우울 등 선악의 감정을 느끼지 않습니다. 하나님이 사람만 느낄 수 있는 감정의 스위치를 꺼 놨다고 설명하는 것이 적절할 것 같습니다. 경건한 자손에게 몸은 물질세계의 사람과 접촉하는 도구입니다.

백성은 몸을 가지고 땅 위에서 많은 것을 누리며 영생합니다. 생을 사는 것이고 삶을 즐기는 것입니다. 삶을 살기 위해서는 몸이 필요합니다. 그러나 경건한 자손은 땅 위에서 평범하게 사는 백성의 삶을 살지 않습니다. 그래서 몸의 여러 가지 기능을 사용하지 않아도 되며 오직 사람 앞에 나타날 때만 몸이 필요합니다.

경건한 자손은 부끄러움과 두려움과 공포와 수치심과 좌절감과 분노 등 선악의 감정을 느끼지는 않지만 대신 사람을 이해할 수 없습니다. 사람들이 느끼는 선악의 감정을 이해하지 못하면, 사람들의 삶을 공감할 수 없습니다. 중보자의 자격이 없다고 할 수 있습니다. 그래서 하나님은 경건한 자손에게 선악의 지식을 가지도록 하셨습니다.

선악의 지식은 사람들이 느끼는 감정을 알 수 있게 해 줍니다. 옳고 그름을 판단하는 판단력이 아닙니다. 선악의 감정은 부끄러움, 수치, 두려움, 공포, 불안, 우울, 무력감 등과 같이 사람이 살아가면서 경험을 통해 자연스럽게 느끼는 감정입니다. 영들(Spirits)도 여러 가지 감정이 있지만, 선악의 감정은 영으로만 있을 때는 느낄 수 없는 감정을 의미합니다. 오직 사람에게만 있는 감정으로 물질 세계에 몸을 가지고 살면서 경험하는 감정들입니다. 선악과를 통해서 이런 감정들의 느낌을 경건한 자손이 알도록 하셨습니다. 하나님을 섬기는 종들은 선악의 감정을 알아야 하지만 선악의 감정에 빠지면 안 됩니다.

성경 말씀: 요한계시록 7장 15절
"그러므로 그들이 하나님의 보좌 앞에 있고 또 그의 성전에서 밤낮 하나님을 섬기매 보좌에 앉으신 이가 그들 위에 장막을 치시리니"

성경 말씀: 요한계시록 22장 3절
"다시 저주가 없으며 하나님과 그 어린 양의 보좌가 그 가운데에 있으리니 그의 종들이 그를 섬기며"

이 말씀에서 하나님의 종들은 하나님을 밤낮으로 섬긴다고 기록되어 있습니다. 하나님의 종들은 밤낮으로 하나님을 섬깁니다.

이렇게 생각해 봅시다.

하나님의 종들이 밤낮으로 하나님을 섬기고 있습니다. 어느 날 하나님이 둘러보시니 한 명의 종이 보이지 않습니다. 밤낮으로 보이던 종인데 갑자기 보이지 않습니다. 하나님이 멀리까지 살펴보시니 그 종이 어둡고 작은 집 안에 들어앉아 있습니다. 하나님이 그 마음을 살펴보시니 이 종이 하나님을 섬기는 일에 회의를 느끼고 좌절하여 우울해하고 있습니다.

이런 일이 일어난다면 어떨까요? 당연히 안 되겠지요.

하나님은 중보자를 세우려고 하셨습니다. 중보자는 사람의 사정을 이해하고 하나님께 중보의 요청을 드립니다. 그래서 하나님의 아들들은 사람과 접촉할 수 있도록 특화된 몸을 가집니다. 몸을 가지고 있기는 하지만 두려움을 느끼거나 공포감에 휩싸여서는 안 됩니다. 그러면서도 중보자로서 사람이 느끼는 감정을 잘 이해하고 있어야 합니다. 그래서 하나님은 하나님의 아들들이 경험을 통하지 않고 선악과를 먹는 방법으로 이런 감정을 알 수 있게 하셨습니다.

그러면 에덴동산에서 아담과 하와를 통해서 태어난 사람들은 경건한 자손이 되기 위해서 어떤 노력을 해야 했을까요?

에덴동산에서 아담과 하와를 통해 태어난 이들은 경건한 자손이 되기 위해서 어떤 것도 할 필요가 없습니다. 태어난 것만으로 이미 경건한 자손입니다. 아담과 하와를 통해서 에덴동산에서 태어났기 때문에 선악의 감정에 지배되지 않는 몸을 가지고 태어났습니다. 단지 선악과와 생명과를 먹는 것만으로 중보자가 되기 위한 모든 준비를 마칠 수 있었습니다.

이들은 하나님이 정한 수가 채워질 때까지 에덴동산에서 머물러 있으면 됩니다. 물론 하나님이 원하시는 수가 차기 전에 아담과 하와가 선악과를 먹어서 하나님의 아들들이 경건한 자손으로 태어나는 일은 중단되었습니다.

하나님의 아들들은 하나님 앞에서 영으로만 있었습니다. 하나님은 이 영들을 몸이 있는 경건한 자손으로 만들기 위해 에덴동산을 만드신 것입니다.

Chapter 73

경건한 자손은 생명과와 선악과를 먹었다

[Part 9. 동산을 만드신 목적]에서 지금까지 [경건한 자손]에 대해 설명했습니다. 하나님은 경건한 자손을 얻고자 하셨습니다. 하나님이 얻고자 하는 경건한 자손은 생명과와 선악과를 먹어야 했습니다. 당연히 아담과 하와를 통해 사람으로 태어난 경건한 자손은 생명과와 선악과를 먹었습니다. 물론 경건한 자손들이 생명과와 선악과를 먹었다는 기록은 성경에서 찾을 수 없습니다. 간접적으로 경건한 자손이 생명과와 선악과를 먹은 것을 말씀에서 확인할 수 있습니다.

경건한 자손이 선악과를 먹었다는 것을 설명합니다.

성경 말씀: 창세기 3장 22절
"여호와 하나님이 이르시되 보라 이 사람이 선악을 아는 일에 우리 중 하나 같이 되었으니 그가 그의 손을 들어 생명나무 열매도 따먹고 영생할까 하노라 하시고"

이것은 아담이 선악과를 먹은 후에 하나님이 말씀하신 내용입니다. 이 말씀에서 [우리 중 하나]같이 되었다고 합니다. 여기서 [우리]란, 이 말씀을 하는 하나님과 그 말씀을 듣는 경건한 자손입니다. 경건한 자손은 아담과 하와를 통해 세상에 태어난 하나님의 아들들입니다.

어떤 사람들은 [우리]를 성부와 성자와 성령으로 설명합니다. 여기서 [우리]를 삼위일체 하나님으로 설명하는 것은 무리한 해석입니다. 예수님이 태어나기 전까지 하나님은 오직 한 분이며 유일하신 하나님입니다.

하나님은 선악과를 먹지 않아도 선악의 지식을 가지고 있는 분입니다. 하나님은 모든 것을 아시는 창조주이시기 때문입니다.

하나님의 아들들이나 천사들은 영(Spirit)입니다. 이 영들은 피조물입니다. 영이라고 해도 피조물은 존재의 시작이 있습니다. 그래서 영들도 모든 것을 그냥 알 수는 없습니다. 선악의 지식은 사람이 되어야만 알 수 있는 감정입니다. 영적인 존재는 물질세계의 몸이 없어서 선악의 감정을 경험할 수 없습니다. 천사들과 하나님의 아들들은 두려움과 공포와 부끄러움 등의 감정을 결코 알 수 없습니다. 이런 감정은 육체를 가지고 있는 사람만이 느끼는 감정입니다.

하나님의 아들들은 경건한 자손으로 태어났습니다. 경건한 자손은 사람입니다. 경건한 자손은 선악의 지식을 알기 위해서 선악과를 먹었습니다. 그래서 경건한 자손은 선악을 아는 [우리] 속에 포함되어 있었습니다. 만약 경건한 자손이 선악의 지식을 얻지 못했다면 아담과 하와를 제외하고 선악의 지식을 아는 분은 하나님 한 분이셨을 것입니다. 그랬다면 하나님은 [우리]라는 표현을 사용하시지 않았을 것입니다. 아마도 [이 사람이 선악을 아는 일에 나처럼 되었다]고 말씀하셨을 것입니다.

하나님의 아들들은 많습니다. 그들 중에서 일부가 아담과 하와를 통해 사람으로 태어났습니다. 이들을 제외한 다른 모든 하나님의 아들들은 사람이 아닌 영의 상태로 있었습니다. 물질세계의 몸이 없는 하나님의 아들들은 몸을 통해 느끼는 감정을 알지 못합니다. 이들은 영의 상태로 있어서 물질인 선악과를 먹을 수도 없습니다. 그래서 영들에는 선악의 지식이 없습니다. 선악의 지식을 얻으려면 선악과를 먹어야 하고 선악과를 먹으려면 물질세계의 몸이 있어야 합니다. 물질세계의 몸이 있어야 지식의 형태로라도 선악의 감정을 이해할 수 있습니다.

아담이 선악과를 먹었을 때 영적 존재 중에서 선악의 지식을 가지고 있는 존재는 하나님과 경건한 자손 외에는 없었습니다. 그래서 하나님은 아담을 두고 경건한 자손들에게 [우리 중 하나]라는 표현을 사용하신 것입니다. 몸이 없고 영(Spirit)으로만 있는 하나님의 아들들은 경건한 자손이 아니므로 [우리 중 하나]라는 말씀에서 한 [우리] 속에 포함되어 있지 않았습니다.

물론 하나님의 아들들은 영의 상태로도 기쁨과 즐거움과 행복과 같은 감정을 느낄 것입니다. 이런 감정들은 유한한 물질세계의 삶에서 오는 것이 아닙니다. 이런 감정들은 영의 상태로도 느낄 수 있는 감정입니다.

하나님의 아들들은 영의 상태로도 슬픔과 두려움과 분노를 느낄 수 있습니다. 이런 감정도 굳이 사람이 되어야만 느낄 수 있는 감정은 아닙니다. 영들도 하나님 앞에서 두려움을 느끼고 하나님을 경외합니다.

두려움, 공포, 수치심, 부끄러움, 무력감, 우울감, 좌절감 등과 같은 감정들은 물질세계의 유한한 생명체가 되었을 때 느끼는 감정들입니다. 두려움이나 부끄러움은 영들도 느끼는 감정일 것입니다. 천사들은 하나님 앞에 있을 때는 두려움을 느낄 수 있습니다. 또는 천사가 실수했을 때 부끄러움을 느낄 수 있을 것입니다. 그런데 선악과가 주는 지식은 방금 언급한 감정에 관한 지식이 아닙니다.

어떤 사람이 내 뒤를 따라옵니다. 그는 손에 칼을 쥐고 있습니다. 사람은 뒤에 따라오는 사람이 자신을 공격할까 하는 두려움을 느끼게 됩니다. 그런데 슈퍼맨이 있다고 가정합니다. 슈퍼맨은 그 사람을 두려워하지 않습니다. 칼이 슈퍼맨의 몸을 뚫지 못할 것이기 때문입니다. 영들에는 죽음이 없습니다. 영들은 이런 상황에서도 두려움을 느낄 수 없습니다. 이런 상황에서는 사람만 두려움을 느낍니다.

이처럼 두려움이라는 감정도 영(Spirit)과 사람이 느끼는 스펙트럼이 다릅니다. 다양한 감정들이 있어도 영들이 느끼는 감정과 영의 상태에서는 느낄 수 없는 감정이 있고 사람이 되어야만 느낄 수 있는 감정이 있습니다.

부끄러움이라는 감정을 생각해 볼 때 사람은 옷을 입지 않으면 부끄러움을 느낍니다. 그런데 영에는 옷이 없습니다. 옷을 입지 않아서 느끼는 부끄러움을 영은 모릅니다. 하나님의 아들들과 천사들은 행위가 온전치 않을 때 부끄러움을 느낄 수 있습니다. 이것은 사람도 같습니다. 이렇게 [부끄러움]이라는 감정도 영과 사람이 느끼는 스펙트럼이 다릅니다. 사람이 느끼는 감정의 폭이 영들이 느끼는 것보다 더 넓습니다. 사람에게는 육체로부터 오는 감정들이 추가되어 있기 때문입니다. 영은 느낄 수 없지만 사람만이 느낄 수 있는 추가된 감정이 곧 선악의 감정입니다.

[우리 중 하나]라는 말씀에서 [우리]는, 말씀하고 있는 하나님과 그 말씀을 듣는 하나님의 아들들입니다. 말씀을 듣는 하나님의 아들들은 아담과 하와를 통해 사람으로 태어난 경건한 자손입니다. 경건한 자손이 선악의 지식을 아는 것은 선악과를 먹었기 때문입니다.

이제 경건한 자손이 생명과를 먹었다는 것을 설명합니다.

누군가가 경건한 자손을 죽이겠다고 총을 들고 다가온다고 가정합니다. 경건한 자손이 죽을 수 있는 몸을 가지고 있다고 가정합니다. 그러면 경건한 자손은 총에 맞으면 죽게 될 것이라는 생각을 할 것입니다. 죽음에 대한 공포와 두려움이라는 감정이 경건한 자손의 마음에 일어나지 않는다고 하더라도, 경건한 자손은 총에 맞고 곧 죽을 것이라는 생각을 합니다. 그래서 죽음을 피하기 위해 경건한 자손은 회피의 행동을 하게 될 수도 있습니다. 감정이 없어도 이성적 판단에 의해 죽음을 피하기 위한 선택을 한다는 것입니다. 이런 상태라면 하나님과 백성들 사이의 중보자로서는 제 역할을 할 수 없습니다.

만약 경건한 자손의 몸이 죽지 않는 몸이라고 가정합니다. 이미 어떤 방법으로도 자신의 몸을 죽일 수 없고 고통을 줄 수 없다는 것을 알고 있습니다. 그러면 어떤 죽음의 위협에도 굴하지 않을 수 있습니다. 죽음에 대한 공포와 두려움이 마음에 일어나지 않을 뿐만 아니라, 공포나 두려움에 의한 몸의 변화도 일어나지 않고, 이성적 판단에서도 죽음에 맞서는 당당한 존재가 됩니다. 이래야 하나님을 위한 중보자의 모습을 갖출 수 있습니다. 그래서 하나님의 아들들은 생명과를 먹었습니다.

하나님의 아들들 중에서 일부가 아담과 하와를 통해 경건한 자손으로 태어났습니다. 경건한 자손의 몸은 아담과 하와의 유전자로 만들어진 몸입니다. 경건한 자손의 몸은 아담과 하와의 몸과 같은 몸입니다.

아담과 하와의 몸은 동산 안에서 유한한 수명을 가지고 영원토록 최대의 수명을 유지합니다. 이는 [Chapter 31. 죄를 범하기 전, 아담의 몸은 죽는 몸일까?

죽지 않는 몸일까?]에서 설명했습니다. 아담과 하와 같이 경건한 자손도 수명이 있는 육체로 태어났습니다. 경건한 자손이 태어났을 때의 몸은 수명이 있고, 수명을 다하면 죽게 되며, 선악의 감정이 일어나지 않는 몸입니다. 경건한 자손의 몸은 아담과 하와와 같은 상태의 몸이기 때문에 육체라고 할 수 있습니다. 아담과 하와의 몸이 육체이기 때문입니다. 경건한 자손이 태어났을 때 경건한 자손의 몸은 육체입니다.

성경 말씀: 창세기 6장 3절
"여호와께서 이르시되 나의 영이 영원히 사람과 함께 하지 아니하리니 이는 그들이 육신이 됨이라 그러나 그들의 날은 백이십 년이 되리라 하시니라"

이 말씀에서 주목하는 부분은 [그들이 육신이 됨이라]는 부분입니다. [그들이 육신이 됨이라]는 말씀에서 그들은 [나의 영]을 의미합니다. [나의 영]은 하나님의 영을 의미하며, 하나님의 영이란 피조물인 하나님의 아들들입니다. 그들은 에덴동산 안에서 몸을 가지고 경건한 자손으로 태어난 하나님의 아들들입니다. 이 말씀의 의미는 [경건한 자손이 육신이 되었다]는 것입니다. 이 내용은 [Chapter 81. 하나님의 아들들은 왜 아내를 얻으면 안 되는 것일까?]에서 설명합니다.

경건한 자손이 아내를 얻기 전 그들의 몸은 육체(flesh)가 아니었습니다. 그런데 경건한 자손이 아내를 얻은 후에는 그들의 몸이 육체로 바뀝니다. 경건한 자손의 몸이 육체가 된 후에는 하나님이 그들의 수명을 120년으로 정합니다. 경건한 자손의 몸이 죽음이 없는 몸에서 죽음이 있는 몸으로 바뀌었다는 뜻입니다. 이 말씀은 경건한 자손이 아내를 얻기 전까지는 죽음이 없는 몸을 가지고 있었다는 뜻입니다. 이 내용은 [Chapter 86. 하나님의 영이 영원히 사람과 함께하지 않는다?]에서 설명합니다.

경건한 자손은 아담과 하와를 통해 태어났을 때, 그들의 몸은 아담과 하와의 유전자로 만든 몸입니다. 당연히 아담과 같이 죽음이 있는 몸입니다. 그러다가 어느 순간부터 경건한 자손의 몸은 죽음이 없는 몸으로 바뀌었습니다. 경건한 자손은 태어난 후 어느 시점에 에덴동산에 있는 생명과를 먹었습니다. 생명과를 먹음으로 죽음이 없는 영원한 몸을 가지게 되었습니다.

창세기 6장 3절에서 죽음이 있는 몸을 육체(flesh)로 부릅니다. 경건한 자손은 육체를 가지고 태어났다가 생명과를 먹고 육체가 아닌 몸으로 바뀐 것입니다. 그러다가 동산에서 나와서 아내를 얻고 다시 육체로 돌아간 것입니다.

생명과를 먹으면 육체였던 몸이 육체가 아닌 그 이상의 무엇인가로 바뀝니다. 의의 도구라는 표현이 맞을지도 모르겠습니다. 그런데 아내를 얻으면 생명과의 효과가 사라집니다. 아내를 얻는다는 말은 이 땅에서 백성으로 산다는 의미가 있습니다. 생명과는 중보자를 위한 것이지 백성을 위한 것이 아닙니다. 그래서 백성의 삶을 살려고 하면 생명과의 효과가 사라지는 것 같습니다.

경건한 자손은 선악과를 먹은 후, 사람이 경험하는 감정의 느낌을 알게 되었습니다. 지식으로만 얻는 것이기 때문에 부끄러움을 느끼고 얼굴이 달아오르거나, 두려움을 느끼고 손발을 떨거나, 공포에 빠져서 오금이 저리거나, 좌절감을 느끼고 힘이 빠지거나, 우울해하거나, 분노에 치를 떠는 등 이런 일은 일어나지 않습니다. 또한 생명과를 먹고 죽지 않는 몸을 가지게 되었습니다. 하나님 앞에 섰을 때도 죽지 않는 몸이 되었습니다. 생명과를 먹은 후 몸은 삶의 도구에서 의의 도구로 바뀌었습니다. 이렇게 경건한 자손은 중보자의 역할을 할 준비가 되었습니다.

Chapter 74

선악과를 먹은 아담과
경건한 자손은 왜 달랐을까?

선악과를 먹은 사람은 경건한 자손과 아담과 하와입니다. 경건한 자손을 위해 만든 나무이기 때문에 경건한 자손이 선악과를 먹어도 문제가 되지 않습니다. 경건한 자손은 두려움이나 부끄러움을 알게 되지만, 부끄러움과 두려움이라는 감정을 느끼지는 않습니다. 그러나 아담과 하와가 선악과를 먹으면, 부작용이 발생합니다. 아담과 하와가 선악과를 먹으면 부끄러움과 두려움을 알게 되지만, 아는 것에서 멈추지 않고 두려움과 부끄러움이라는 감정을 몸으로 느끼게 됩니다. 이것은 감정의 지배를 받는 것을 의미합니다. 두려움과 부끄러움은 선악의 감정 중 하나입니다.

어째서 경건한 자손과 아담과 하와의 결과가 달랐을까요? 이 책을 순서대로 읽은 분이라면 이미 이 질문에 대한 답을 알고 있을 것입니다.

선악의 지식나무는 히브리어 원어 그대로 번역하면 [선악의 지식의 나무]입니다. 이 나무는 말 그대로 먹는 사람에게 선악의 지식을 제공합니다. 선악과를 먹은 경건한 자손과 아담과 하와에게 이 나무는 그대로 선악의 지식을 제공했습니다.

성경 말씀: 창세기 3장 22절
"여호와 하나님이 이르시되 보라 이 사람이 선악을 아는 일에 우리 중 하나 같

이 되었으니 그가 그의 손을 들어 생명나무 열매도 따먹고 영생할까 하노라 하시고"

이 말씀에서 경건한 자손도 선악을 알았고 아담도 선악을 알았다는 것을 알 수 있습니다. 선악의 지식나무는 말 그대로 선악을 알게 합니다. 선악과는 경건한 자손과 아담과 하와에게 같은 효과를 줍니다.

경건한 자손은 부끄러움, 공포, 두려움, 우울감, 수치심, 분노와 같은 감정을 느끼지 못합니다. 경건한 자손은 선악의 감정을 지식으로 압니다. 경건한 자손은 사람이 느끼는 감정을 이해합니다. 그런데 느끼지는 못합니다. 감정으로 느끼지 못한다는 말은 이런 감정에 지배받지 않는다는 의미입니다.

우리는 감정이 복받친다는 표현을 사용합니다. 또는 분노가 치밀어 오른다거나 피가 끓는다는 표현을 쓰기도 합니다. 부끄러움을 느끼면 얼굴이 확 달아오릅니다. 이렇게 강한 감정은 몸에도 영향을 줍니다. 심한 공포를 느끼게 되면 아무것도 못 하고 벌벌 떨기만 하는 사람도 있습니다.

하나님의 아들들은 세상을 만들기 전에 하나님이 창조한 영(Spirit)입니다. 이 영들은 하나님이 세상을 창조하실 때 함께 그 창조를 바라보며 기뻐했던 존재들입니다. 이들에게는 죽음이 없고 죽음을 경험하지도 않습니다. 이들은 죽음에 대한 두려움과 공포뿐 아니라, 옷을 입지 않아서 느끼는 부끄러움이 없습니다.

하나님이 다니엘에게 말씀을 전하라고 가브리엘 천사에게 명령을 내리십니다. 가브리엘 천사는 바사왕국의 군주를 이길 능력이 없습니다. 가브리엘 천사는 다니엘에게 사탄을 바사왕국의 군주로 비유하여 말했습니다. 그래서 가브리엘 천사는 바사왕국의 군주에 막혀서 21일 동안 다니엘에게 가지 못했습니다. 만약 가브리엘이 공포를 느끼는 존재였다면 자신보다 강한 바사왕국의 군주를 발견했을 때 두려움에 뒷걸음치며 도망했을 것입니다. 가브리엘 천사는 바사왕국의 군주가 막더라도 하나님의 명령을 실행했습니다. 가브리엘 천사는 바사왕국의 군주에 막힐 때까지 앞으로 진행합니다. 물론 영들도 하나님 앞에서는 두려움을 느낄 것입니다. 그러나 이 두려움은 창조주에 대한 두려움이지 사람이 느끼는 죽음의 공포와 같은 두려움은 아닙니다. 가브리엘에게는 죽음에 대한 두려움이 없습니다.

그런데 아담과 하와는 달랐습니다.

선악의 지식을 얻는 것은 경건한 자손과 아담과 하와가 모두 같습니다. 이 선악의 지식이 경건한 자손에게는 부작용이 없습니다. 경건한 자손은 죽음을 경험해 본 적도 없고 앞으로도 죽음을 경험할 일이 없기 때문입니다.

반면 아담과 하와는 원래부터 부끄러움과 두려움을 알고 있었습니다. 동산 안에 들어오기 전에 이미 가까운 사람들의 죽음을 경험했고 두려움과 공포와 부끄러움과 수치심과 분노와 우울감 등 여러 가지 선악의 감정을 경험했습니다.

아담과 하와가 선악과를 먹고 부끄러움과 두려움을 느끼게 되었는데 이 감정은 처음 느낀 것이 아닙니다. 다만, 동산에 들어오면서 하나님이 이런 감정을 봉하여 느낄 수 없게 하셨습니다. 부끄러운 감정이 무엇인지는 알지만 이해하지 못하는 상태이고, 부끄러움이라는 감정을 느낄 수 없는 상태였습니다.

성경에는 분명하게 [선악의 지식나무]라고 기록되어 있습니다. 이 단어의 히브리어 원어는 창세기 2장 9절에 나와 있으며 다음과 같습니다.

וְעֵץ הַדַּעַת טוֹב וָרָע

[워에츠 하다아트 토브 와라아)

이 원문은 [Chapter 9. 선악의 지식나무는 비진리를 가르치는 사람인가?]에서 분석했습니다. 원문을 직역하면, [선과 악의 지식의 나무]입니다. 이 나무는 오직 지식만을 제공합니다. 선악의 감정이 어떤 느낌인지 알게 합니다. 단순 정보로 안다는 뜻이 아니라, 직접 경험하지 않고도 감정을 느낄 때의 상태를 이해하게 한다는 뜻입니다. 선악의 감정을 느끼게 하지는 않습니다.

에덴동산 안으로 들어오기 전, 아담과 하와에게 부모가 있었고 형제와 자매가 있었을 것입니다. 아담과 하와는 가족들 혹은 아는 사람들의 죽음을 경험했던 청년들입니다. 하나님이 아담과 하와를 창조하실 때 아담과 하와의 몸을 직접 만드신 것이 아닙니다. 하나님은 동산 밖에서 평범하게 살고 있던 청년을 선택하여 동산 안으로 데려오셨고 동산에 두면서 부끄러움, 수치심, 분노, 두려움, 공포, 자괴감, 우울감, 무력감 등과 같은 평범한 사람이 경험하는 감정을 봉했습니다. 또한 아담과 하와의 몸도 동산 안에서 감정의 지배를 받지 않도록 하셨습니다. 이렇게 해서 아담과 하와를 통해 태어나는 경건한 자손도 감정의 지배를 받지 않는 몸으로 태어났습니다.

아담과 하와는 동산에 들어가기 전부터 이미 경험을 통해 이런 감정들을 알고 있었습니다. 선악의 감정은 죽음이 있는 유한한 삶을 사는 모든 사람이 자연스럽게 체득하게 되는 감정들입니다.

성경 말씀: 창세기 2장 25절

"아담과 그의 아내 두 사람이 벌거벗었으나 부끄러워하지 아니하니라"

성경 말씀: 창세기 3장 10절

"이르되 내가 동산에서 하나님의 소리를 듣고 내가 벗었으므로 두려워하여 숨었나이다"

아담은 선악과를 먹기 전에는 부끄러움을 느끼지 못했습니다. 아담과 하와는 부끄러움이라는 사전적 의미를 머리로는 알고 있습니다. 그러나 감정 자체가 어떤 느낌인지는 모릅니다. 그런데 아담이 선악과를 먹은 후에는 부끄러움과 두려움을 느끼게 되었습니다. 아담이 선악과를 먹은 전후로 바뀐 것은 부끄러움과 두려움이라는 감정을 느끼는 것입니다. 머리로만 알고 있었던 감정을 몸으로 경험하게 된 것입니다.

하나님이 아담과 하와의 몸을 직접 창조하셨다면 아담과 하와는 선악의 감정과 지식과 기억을 가지고 있지 않았을 것입니다. 하나님이 아담과 하와의 지식과 감정을 봉하실 필요가 없었을 것이고, 아담과 하와가 선악과를 먹어도 감정에 지배를 받는 일은 전혀 없었을 것입니다.

선악과는 단순히 지식을 제공하기 때문에 먹는 사람에게 감정을 느끼게 하는 효능은 없습니다. 아담과 하와는 본래 두려움과 부끄러움을 느끼는 사람입니다. 이것을 하나님이 봉하셨는데 아담과 하와가 선악과를 먹었을 때 이 봉인이 풀리게 되었습니다. 이것은 아담과 하와의 몸을 하나님이 직접 흙으로 만드신 것이 아님을 의미합니다.

경건한 자손은 선악과를 먹기 전의 아담과 같은 상태입니다. 아담이 부끄러움과 두려움을 느끼지 못하는 이유는 과거에 경험했던 감정이 봉해졌기 때문입니다. 경건한 자손이 부끄러움과 두려움을 느끼지 못하는 이유는 동산에서 태어나서 이런 감정을 전혀 경험하지 못했기 때문입니다.

이 Chapter의 결론입니다.

경건한 자손은 선악과를 먹고 선악의 지식을 얻었습니다. 선악의 감정을 몸으로 경험하지 않고도, 선악의 감정들이 발현되었을 때의 느낌을 이해하게 되었습니다. 그리고 이것으로 끝입니다. 반면 아담과 하와가 선악의 감정을 알게 되었을 때, 이 느낌은 과거에 경험했던 감정과 완전히 일치하는 것입니다. 그래서 봉인이 해제되어 선악의 감정에 지배를 받는 몸으로 되돌아갔습니다. 아담과 하와는 동산에 들어오기 전에 이미 감정에 지배받는 몸으로 살았던 경험이 있었기 때문입니다.

Chapter 75

하나님은 왜 아담에게만 명령을 내리셨나?

하나님은 아담에게 선악과를 먹지 말라고 명령하셨습니다. 그런데 이때는 동산에 하와도 없었고 동물들도 없었습니다. 오직 아담만 있었습니다. 아담만이 하나님의 명령을 받았습니다. 하나님은 왜 아담에게만 명령을 내리셨을까요? 아담과 하와를 창조하신 후에, 아담과 하와가 같이 있을 때 명령을 내려도 되지 않았을까요?

이 Chapter에서는 하나님이 아담에게만 명령을 내린 이유를 설명합니다.

첫 번째, 하나님은 하와와 말하는 뱀과 동물들에게 명령을 내리지 않았습니다.

성경 말씀: 창세기 2장 16절
"여호와 하나님이 그 사람에게 명하여 이르시되 동산 각종 나무의 열매는 네가 임의로 먹되 선악을 알게 하는 나무의 열매는 먹지 말라 네가 먹는 날에는 반드시 죽으리라 하시니라"

이 명령은 아담에게 하신 것입니다. 하나님은 하와에게는 이런 명령을 하시지 않았습니다. 마찬가지로 하나님은 말하는 뱀과 말하는 동물들에게도 이 명령을 하시지 않았습니다. 하나님은 오직 아담에게만 선악과를 먹지 말라고 명하셨습니다. 하나님이 아담에게 명령하실 때는 동물들도 하와도 창조하기 이전입니다. 하나님의 명령을 받은 사람은 아담뿐입니다.

뱀들과 동물들은 동산 중앙에 있는 나무들의 열매를 먹지 말라는 명령을 받았을 것입니다. 이 명령을 내린 것은 하나님이 아니라 아담입니다.

하와는 [동산 중앙에 있는 나무의 열매를 먹지도 말고 만지지도 말라]고 말했습니다. 하와가 말한 내용을 보면, 하나님이 직접 명령하신 것이 아니라는 것을 알 수 있습니다. 하나님이 하와에게 직접 명령하셨다면 아담에게 하신 말씀 그대로 명령하셨을 것입니다. 하와가 알고 있는 명령은 아담이 내용을 바꾸어 전달한 것입니다.

아담은 하와에게 말한 내용 그대로 뱀과 동물들에게도 명령을 내렸을 것입니다. 물론, 성경에서 아담이 뱀과 동물들에게 명령을 내렸다는 기록은 없습니다. 아담은 하와에게 [동산 중앙에 있는 나무의 열매를 만지지 말고 먹지 말라]는 명령을 하나님이 말씀하신 것처럼 전달했습니다. 마찬가지로 아담은 같은 내용으로 뱀과 동물들에게 명령했음을 추측해 볼 수 있습니다.

아담이 뱀과 동물들에게 명령하지 않았다면 뱀과 동물들은 들어온 지 얼마 되지 않아서 선악과를 만지거나 먹었을 것입니다. 그러면 하와도 동산에 들어온 지 얼마 되지 않아서 동물들이 선악과를 만지는 것을 보고 [만지면 죽는다]는 명령이 잘못되었다는 것을 금방 알게 되었을 것입니다. 하와가 80년 동안 명령을 잘못 알았다는 것은 아담이 하와가 들었던 것과 같은 내용으로 동물들에게 명령했다는 의미입니다.

동물들과 뱀은 아담과 하와에게 동산 중앙에 있는 나무의 열매를 만지면 정말 죽는지 물었을 것입니다. 혹시 죽지 않을지도 모른다고 유혹했을지도 모릅니다. 그러나 동물들과 뱀들도 죽는 것을 두려워하여 만지거나 먹지는 않았던 것 같습니다. 뱀과 동물들과 하와는 동산 중앙에 있는 두 나무가 어떤 나무인지 몰랐습니다.

동물들과 뱀과 하와는 대략 80년 동안 하나님의 명령을 다르게 알고 있었습니다. 뱀도 80년 동안 하나님의 명령을 [동산 중앙에 있는 나무의 열매는 만지거나 먹으면 죽는]다는 것으로 알고 있었습니다. 80년 정도 지난 어느 날, 뱀은 하나님의 명령이 아담에게 들었던 것과 달랐다는 것을 알게 되었고, 그 후에 이 내용으로 하와를 유혹했습니다.

뱀과 하와의 대화에서 아담은 동물들과 하와에게 같은 명령을 내렸고 동물들과 하와가 아담의 명령을 하나님의 명령으로 여기고 그 명령을 지키면서 80여 년을 지냈다는 것을 알 수 있습니다.

두 번째, 하나님의 명령을 직접 받지 않은 하와는 선악과를 먹어도 될까요?

성경 말씀: 창세기 2장 25절
"아담과 그의 아내 두 사람이 벌거벗었으나 부끄러워하지 아니하니라"

아담과 하와는 부끄러움이라는 감정을 느끼지 않았습니다. 아담만 느끼지 못한 것이 아니라 하와도 느끼지 못했습니다. 하나님은 아담만이 아니라 나중에 창조한 하와까지 부끄러움을 느낄 수 없도록 하셨습니다. 부끄러움이라는 감정은 아담과 하와에게는 있어서는 안 되는 감정입니다. 그런데 이 감정은 사람에게는 지극히 자연스러운 감정입니다.

아담과 하와는 세상에서 태어나 부모님 밑에서 자랐고 20살쯤에 하나님의 선택을 받아 에덴동산에 들어온 청년들입니다. 아담과 하와는 이미 죽음을 알고 있었고 부끄러움과 두려움과 공포와 수치심과 같은 감정들을 느끼며 살았습니다. 이런 감정들은 사람이 살아갈 때 자연스럽게 느끼게 되는 감정입니다. 영으로만 있는 영원한 존재(Spirit)들은 알 수 없는 감정입니다.

하나님이 아담을 먼저 창조하면서 이런 감정을 봉하셨고 그 후에 하와를 창조하면서 하와의 감정을 봉하셨습니다. 하와의 감정을 봉인했다는 것은 하와도 감정의 지배를 받지 않는 상태를 유지해야 한다는 의미입니다. 하나님은 동산에서 경건한 자손을 얻고자 하셨습니다. 경건한 자손을 낳게 될 아담과 하와는 항상 감정의 지배를 받지 않는 상태를 유지해야 했습니다.

아담과 하와가 선악의 감정에 지배되는 몸을 가지고 있을 때 아담과 하와를 통해서 태어나는 자녀도 선악의 감정에 지배되는 몸을 가지고 태어납니다. 아담과 하와를 통해 태어난 아들들(Spirits)이 공포를 느낄 만한 상황이 발생했을 때 그들의 몸에서 공포의 감정이 극렬하게 올라오고, 손발이 떨리며, 공포에 휩싸여서 벌벌 떨게 된다고 가정해 봅시다. 이런 몸을 가지고 있는 사람은 하나님이 얻고자 하는 경건한 자손이 아닙니다. 이런 사람은 경건한 자손이 될 수 없습니다.

하나님이 얻고자 하는 경건한 자손은 공포를 느낄 만한 상황이 되어도 공포라는 감정을 알지만 공포의 감정에 지배되지 않는 사람이어야 합니다. 경건한 자손은 아담과 하와를 통해서 태어나기 때문에 아담과 하와는 이런 감정들의 지배를 받지 않는 몸을 가지고 있어야 합니다.

만약 하와가 공포와 두려움과 부끄러움과 수치심과 우울감과 자괴감 등의 감정에 지배를 받는 몸이 된다면 더는 경건한 자손을 얻을 수 없게 됩니다. 그래서 하와도 선악과를 먹으면 안 됩니다.

하와가 선악과를 먹으면 경건한 자손을 얻을 수 없게 됩니다. 그런데도 하나님은 어째서 하와에게 직접 선악과를 먹지 말라고 명령하시지 않았을까요? 왜 굳이 아담에게 전해 듣도록 놔두신 것일까요?

세 번째, 하나님은 아담과 하와가 선악과를 먹게 될 것을 대비하셨습니다.

하나님은 동산의 모든 권한을 아담에게 맡기셨습니다. 생명나무와 선악의 지식나무를 지키는 일도 아담에게 맡기셨습니다. 하나님은 아담에게 선악과를 먹지 말라는 명령도 주셨습니다. 이때는 아담만 있었기 때문에 아담에게만 그 명령을 내리신 것입니다.

만약 하나님이 아담과 하와 두 사람 모두에게 책임을 지우고자 하셨다면 하나님은 처음부터 아담과 하와를 같이 창조하고 두 사람에게 똑같이 명령을 내리셨을 것입니다. 동산을 지키고 다스리는 일과 선악과를 먹지 말라는 명령까지 아담과 하와를 함께 불러서 말씀하셨을 것입니다.

동산 안에서 아담과 하와를 통해 경건한 자손을 얻는 일이 끝까지 가지 못할 것을 하나님은 미리 대비하셨던 것 같습니다. 사탄이 방해할 것을 이미 예견하셨기 때문일 것입니다. 아담과 하와의 범죄가 정해져 있는 것은 아닙니다. 다만,

자신이 가진 많은 경험과 지식과 능력을 이용하여 사탄이 아담과 하와가 파악할 수 없는 유혹을 시도할 것이 예견되기 때문입니다.

하나님이 아담과 하와를 동시에 창조하셨다면 아담의 코에도 생기(Soul)를 불어넣고 하와의 코에도 생기(Soul)를 불어넣었을 것입니다. 하나님이 아담과 하와에게 동시에 명령을 내린다면 아담과 하와가 선악과를 먹은 후에 하나님은 아담과 하와에게 동시에 벌을 내려야 합니다. 하나님은 자신이 직접 창조한 혼(Soul)에게 영원한 형벌을 내리셔야 합니다. 하나님을 직접 대면하고도 하나님의 명령을 거역한다면 이 죄는 절대 용서받을 수 없기 때문입니다.

네 번째, 하나님이 직접 창조한 혼(Soul)에게 영원한 형벌을 내릴 수는 없습니다.

사탄은 하나님께 용서받을 수 없습니다. 그 이유는 사탄이 하나님을 직접 대면하여 보기 때문입니다. 하나님을 대면하여 보면서도 창조주 하나님을 대적하는 존재는 결코 용서받지 못합니다. 그래서 영원한 형벌을 받게 됩니다.

이 세상에 사는 모든 사람은 하나님을 직접 마주하여 본 적이 없습니다. 물론, 아담과 하와 같이 하나님을 직접 만난 사람은 제외합니다. 하나님을 직접 보지 못한 사람은 용서받을 기회가 있습니다. 하나님은 하나님을 보지 못하고 살았던 사람을 영원한 형벌로 벌하지 않습니다. 백보좌 심판에서 행위를 따라 벌을 받게 되는 것은 자신의 잘못으로 인한 것만 해당합니다. 그래서 이 형벌은 영원하지 않습니다. 이 내용은 저자의 첫 번째 저서《하나님의 창조는 끝나지 않았다》에서 설명했습니다. 참고하기 바랍니다.

하나님을 직접 대면하여 보았던 아담과 하와가 하나님께 죄를 범한다면 아담과 하와는 영원한 형벌을 받게 되는 상황입니다. 하나님은 이런 일이 발생하는 것을 원하시지 않았습니다.

다섯 번째, 하나님은 아담과 하와가 벌을 받지 않도록 배려하셨습니다.

하나님은 아담과 하와가 선악과를 먹게 되었을 때를 대비해서, 아담과 하와 두 사람 중 한 사람에게만 벌을 내리기로 결정하셨습니다. 그리고 벌을 받는 대상은 하나님이 직접 창조한 혼(Soul)이 아니어야 합니다.

하나님은 아담에게 책임을 지우시고 혼(Soul)은 하와에게 두는 것으로 계획하셨습니다. 남자와 여자라는 성별로 구분하는 오해를 할 수 있어서 아담을 첫 번째 창조된 사람(첫째 사람)이라고 하고, 하와를 두 번째 창조된 사람(둘째 사람)이라고 부르겠습니다.

하나님은 두 사람 중 한 사람에게만 책임을 지우기로 하셨습니다. 책임을 지게 될 사람을 먼저 창조하고 이 첫째 사람에게 명령을 내립니다. 둘째 사람은 하나님의 명령을 받지 않을 것이기 때문에 명령을 어긴 것에 대한 책임이 없고 하나님도 형벌을 내리지 않을 수 있습니다. 하나님은 둘째 사람에게는 책임을 지우지 않기 위해 명령을 직접 내리지 않으려는 것입니다. 그래서 둘째 사람을 첫 사람과 같이 창조하지 않습니다. 또한 하나님이 창조한 혼(Soul)은 직접 명령을 받지 않은 둘째 사람에게 넣기로 합니다. 그러면 둘째 사람이 설령 선악과를 먹어도 하나님이 창조한 혼(Soul)은 형벌받지 않을 수 있습니다.

물론 하나님의 계명은 하와가 먼저 어겼습니다. 하와가 선악과를 먹었고, 아담에게 선악과를 주어 먹도록 했기 때문에 하와에게 더 큰 책임이 있어 보입니다. 그러나 하나님은 하와에게는 먹지 말라는 명령을 직접 하지 않았기 때문에 하와에게는 책임을 묻지 않습니다. 혹자는 [하와가 벌을 받지 않았는가?] 하고 반문하겠지만, 이에 관해서는 [Chapter 58. 하와에게 주어진 형벌을 벌이라고 할 수 있을까?]에서 설명했습니다.

만약 하나님이 아담과 하와를 동시에 창조하고 이 두 사람에게 각각 혼(Soul)을 만들어 넣었고 이 두 사람에게 동시에 선악과를 먹지 말라고 명령하셨다면, 아담과 하와가 선악과를 먹었을 때 하나님에 의해 직접 창조된 두 혼(Soul)이 영원토록 벌을 받는 아픈 상황이 전개됩니다. 그래서 하나님은 아담과 하와를 동시에 창조하지 않았고 혼(Soul)은 하나만 창조하셨던 것입니다.

하나님은 직접 혼을 창조해서 아담에게 넣으셨습니다. 이대로라면 아담과 하와가 선악과를 먹었을 때 하나님은 직접 창조하여 아담에게 넣었던 혼을 영원한 형벌로 처벌해야 합니다. 하나님은 이런 상황을 원하시지 않았습니다.

그래서 하나님은 아담에게 명령을 내린 후에 아담이 선악과를 먹기 전에 미리 아담에게 있었던 혼(Soul)을 하와에게 옮기신 것입니다. 이 내용이 창세기 2장 21절에 나오는 [갈빗대로 하와를 만들었다]는 기록입니다.

이처럼 하나님은 사탄의 계략에 의해 아담과 하와가 선악과를 먹게 될 것을 대비하셨습니다. 아담과 하와가 명령을 어기게 될 것을 대비해서 아담에게만 명령을 내리고 아담 속에 창조했던 혼을 하와에게 옮겨서 혼을 벌하지 않도록 배려하셨습니다. 하와가 하나님의 명령을 직접 받지 않았기 때문에 하와의 혼은 영원한 형벌을 면할 수 있었습니다.

Part 9. 동산을 만드신 목적

아담은 하나님의 형벌을 받아야 합니다. 그런데 아담이 땀을 흘려 일해야 먹고산다는 말씀은 형벌로 보이지 않습니다. 이에 대해서는 [Chapter 59. 아담에게 주어진 형벌을 벌이라고 할 수 있을까?]에서 설명했습니다.

아담은 선악과를 먹은 책임을 면할 수 없습니다. 하나님에게 직접 명령을 받았기 때문입니다. 그런데 하나님은 아담에게도 벌을 내리고자 하시지 않았습니다. 하나님은 아담 속에 넣었던 혼을 하와에게 미리 옮기셨습니다. 그래서 아담은 혼이 없는 사람입니다.

사탄은 영(Spirit)이라서 영원히 존재합니다. 사탄이 하나님에게 벌을 받게 되면 영원히 벌을 받을 것입니다. 반면 아담은 혼(Soul)이 없어서 죽으면 흙으로 돌아갑니다. 책임을 져야 하는 아담은 혼이 없어 죽으면 사라지는 존재라, 영원히 존재하는 영적 존재가 아니기에, 하나님의 무서운 형벌을 받지 않아도 되는 것입니다. 우리 대한민국의 법에서도 벌을 받아야 하는 사람이 죽으면 벌을 내릴 수 없습니다. 피의자가 죽었기 때문입니다. 아담이 이런 경우입니다. 아담이 죽으면서 흙으로 돌아갔기 때문에 하나님의 형벌을 받을 존재가 사라지고 없습니다.

하나님의 명령을 직접 받은 아담이 영(Spirit)이거나 혼(Soul)이라면 아담은 영원토록 벌을 받게 되었을 것입니다. 하나님이 스스로 세우신 계획을 실현하는 과정에서 하나님의 선택을 받은 아담에게 영원한 형벌은 너무 과한 결과가 됩니다. 이런 결과가 있을 것 같다면 차라리 하나님에게 선택되지 않는 것이 더 좋을 것입니다. 하나님은 좋은 의도로 선택한 아담을 위해서 이처럼 배려하셨습니다. 아담에게 책임을 지우되 육체의 수명이 다하는 순간 그 존재 자체가 사라지도록 흙으로 돌려놓으셨던 것입니다.

영원한 형벌을 받아야 하는 대상에게 [흙으로 돌아가라]는 말씀은 오히려 복이 됩니다. 영원토록 고통을 받는 것보다 차라리 사라지는 것이 더 낫기 때문입니다. 그리고 아담은 하나님의 계획에 참여했었기 때문에 당시 시대의 다른 사람들에 비해 10배나 많은 수명을 얻었습니다. 아프지 않고 기력이 떨어지지 않는 몸으로 장수했습니다.

이렇게 하나님이 아담과 하와를 따로 창조하신 것은 사탄의 계략으로 아담과 하와가 하나님의 계명을 어기게 될 때를 대비하신 것입니다. 죄를 짓게 되더라도 아담과 하와는 하나님의 영원한 형벌을 면하게 되었습니다.

하나님은 동산에서 경건한 자손을 얻고자 하셨습니다. 그런데 경건한 자손의 수가 정해진 수 만큼 채워지기까지는 시간이 걸릴 것입니다. 이 과정에서 아담과 하와가 사탄의 계략으로 하나님의 계명을 어길 가능성이 있었습니다. 하나님은 아담과 하와가 하나님의 계명을 어기지 않고, 경건한 자손의 수가 채워질 때까지 잘 견디기를 원하셨습니다. 그렇지만 사탄의 계략으로 아담과 하와가 선악과를 먹게 되는 것까지도 미리 대비하셨던 것입니다.

Chapter 76

하나님은 에덴동산에서
무엇을 하려고 하셨을까?

하나님은 이 땅 위에 하나님의 나라를 세우려고 하십니다. 하나님의 나라는 아직 세워지지 않았습니다. 하나님의 나라가 땅에서 시작되기 위해서는 여러 가지 먼저 해결되어야 할 일들이 있습니다. 하나님은 이런 조건을 성취하고 있고 지금도 이 과정을 진행하시고 있습니다. 이 내용을 설명합니다.

첫 번째, 이 땅 위에는 많은 사람이 살고 있었습니다.

아담 이전부터 땅 위에는 이미 많은 사람이 살고 있었습니다. 그 사람들은 모두 영혼(Soul)이 없습니다. 사람들은 일생을 살다가 때가 되면 죽습니다. 사람들이 죽으면 혼이 없어 바람에 먼지가 날려가듯 그렇게 소멸하여 사라집니다.

사람들은 이성과 지성을 갖추고 문명을 이루며 살고 있었습니다. 사람들은 죽지 않고 싶어 했습니다. 어떤 사람들은 죽음이 가까이 왔을 때 두려움으로 창조주를 찾습니다. 그들이 찾는 창조주는 하나님이 아닙니다. 창조주가 누구인지 모르는 사람들은 그냥 막연히 창조주를 찾으면서 죽지 않게 해 달라고 매달립니다.

많은 사람이 영원히 살고 싶어 합니다. 어떤 사람들은 영원히 사는 것까지 바라지는 않습니다. 다만 죽음을 두려워합니다. 어떤 사람은 죽음을 담담하게 받아들입니다. 그렇지만 죽음의 고통은 피하고 싶어 합니다. 어떤 사람은 너무 행복해서 삶이 끝나지 않기를 바랍니다. 또한 사랑하는 사람이 죽어 갈 때 찢어지는 마음으로 크게 울부짖는 사람도 많았을 것입니다.

사람은 누구나 죽습니다. 그래서 모두가 죽음을 받아들입니다. 죽음을 받아들이는 기간과 과정이 각자 다르겠지만, 죽음을 거부할 수 있는 사람은 없습니다. 모든 사람이 결국에는 죽음을 맞이합니다.

두 번째, 하나님은 땅 위에 하나님의 나라를 세우려고 하셨습니다.

사람들이 소멸하여 사라지는 것을 하나님도 아십니다. 사람들의 바람을 잘 아십니다. 그런데 하나님은 처음부터 죽음이 없는 영원한 세계를 계획하셨습니다.

하나님은 사람에게 영원한 생명을 주고 하나님의 백성이라 부르고자 하셨습니다. 하나님의 백성을 땅 위에 세워진 도시 안에서 영원히 살게 하려고 하셨습니다. 하나님의 나라가 이루어지면, 하나님의 백성은 사랑하는 사람들과 함께 이 땅 위에서 여러 가지 재밌고 좋은 일을 하면서 영원히 살게 될 것입니다.

영원히 살면 언젠가는 더는 할 일이 없어서 무료하고, 심심하고, 허무할 것으로 생각되기도 합니다. 그런데 이 우주는 넓고 경험할 일들은 매우 많습니다. 영원히 살기 때문에 목적하는 것을 이룰 때까지 계속 도전할 수 있습니다.

미래의 언젠가 하나님의 백성은 죽지 않는다는 것을 알게 될 것입니다. 그러면 사람을 두려워하지 않게 되고 재물이 없어서 좌절하는 일도 없고 남의 눈치를 볼 일도 없고 타인에게 자신의 것을 빼앗길 염려도 없습니다. 각자 자신의 이상을 성취하기 위해 무한히 도전할 수 있습니다. 누구든지 성취감을 느끼게 될 것이며 높은 자존감을 가지게 될 것입니다.

영원히 산다는 것은 현재의 삶에서 할 수 없었던 많은 일을 가능하게 합니다. 사랑하는 사람과 두려움 없이 여행을 다니고 많은 것을 함께 경험할 수 있습니다. 영원히 산다는 것은 나에게 해를 가한 사람이 결코 형벌을 피할 수 없다는 것을 의미하기도 합니다. 하나님은 아담과 하와의 후손을 하나님의 백성으로 창조하셨고 그렇게 혼(Soul)으로 창조된 사람들은 영원한 삶을 누리게 될 것입니다.

세 번째, 하나님의 나라를 위한 세 가지 조건 중 하나인 영토가 필요합니다.

하나님은 하나님의 나라를 세우기 위해 이 땅을 선택하셨습니다. 이 지구는 하나님이 준비하신 영토입니다. 하나님의 나라는 영의 세계가 아니라 물질 세계이고 우리가 사는 이 세상입니다. 이 세상은 사람을 위해 준비된 것으로 다채로운 색이 있고 계절이 있고 다양한 동물과 식물이 있습니다. 맛있는 먹을 것들이 있고 재미있는 스포츠와 모험이 있습니다. 하나님은 이미 하나님의 백성들이 영원토록 재미있고 행복하게 지낼 수 있는 무한한 공간을 마련해 놓으신 것입니다. 물론, 이 땅 위에는 아직 하나님의 나라가 없습니다.

네 번째, 하나님의 나라를 위한 세 가지 조건 중 하나인 국민이 필요합니다.

하나님은 백성을 창조하셨습니다. 하나님의 백성은 하나님처럼 영원히 사라지지 않아야 합니다. 그래서 하나님은 혼(Soul)을 만들어 아담의 코안에 불어넣으셨습니다. 아담 속에는 혼이 있었고 아담과 하와의 자손도 혼으로 태어납니다. 이제 사람은 육체만 있는 것이 아니라 육체를 가지고 있는 혼입니다.

혼(Soul)은 죽지 않고 영원히 존재합니다. 혼은 몸이 없으면 삶을 누릴 수 없습니다. 삶이란 몸이 있어야 합니다. 혼이 몸을 가지고 있으면 사람이 됩니다. 몸이 죽게 되면 혼은 자게 됩니다. 죽는 것이 아니라 자는 것입니다. 혼이 다시 몸을 가지게 되는 것을 부활이라고 부릅니다. 혼이 다시 몸을 가지게 되면 그 사람의 삶이 계속 이어집니다.

혼은 하나님의 백성이 되기 위해 창조되었습니다. 모든 혼은 하나님의 백성이 될 것입니다. 지금은 많은 혼이 몸이 없는 상태로 땅 아래에서 대기하고 있습니다. 현재 살아 있는 사람도 언젠가 죽으면 몸을 잃은 혼의 상태로 있게 됩니다.

하나님은 혼들에게 몸을 갖게 해서 다시 살게 하실 것입니다. 그 후로 사람이 된 혼들은 다시는 죽지 않는 영원한 삶을 누리게 될 것입니다. 이것을 하나님이 계획하셨습니다.

현재 혼들은 몸을 가진 온전한 하나님의 백성이 되기 위해 땅 아래에서 대기하고 있습니다. 하나님은 이미 하나님의 백성을 준비하여 대기하도록 하셨지만 아직은 그들에게 몸을 허락하시지 않고 있습니다. 하나님이 혼들에게 몸을 허락하지 않고 계신 이유는 아직 하나님 나라의 주권이 준비되어 있지 않기 때문입니다. 하나님은 영토와 백성을 준비하셨지만, 아직 주권이 준비되지 않았기에 혼들에게 몸을 주시지 않고 있습니다.

다섯 번째, 하나님의 나라를 위한 세 가지 조건 중 하나인 주권이 필요합니다.

이 주권은 세상을 다스리는 권세입니다. 이 권세가 현재는 사탄에게 있습니다. 하나님은 처음에 세상을 다스리는 권세를 사탄에게 맡기셨습니다. 이제는 사탄에게서 그 하나님 나라의 주권을 찾아올 때가 되었습니다. 예수님이 세상을 이기고 부활하여 승리하셨습니다. 예수님은 사탄에게서 세상을 다스리는 권세를 찾아오실 것입니다. 아직은 예수님이 세상을 다스리는 권세를 사탄에게서 가져오지 않은 상태입니다.

예수님이 사탄에게서 세상 권세를 가져오지 않은 것은 아직 이 세상에서 일할 일꾼을 다 모으지 못했기 때문입니다. 일꾼을 다 모으면 예수님은 사탄에게서 세상 권세를 가져올 것이고, 그 후에 모든 혼들이 부활의 몸을 가지게 될 것이고 이 땅 위에 세워지는 하나님의 나라에서 그들이 영원히 살게 될 것입니다.

여섯 번째, 하나님의 나라에는 일꾼이 필요합니다.

마태복음 21장 33절을 보면 [포도원 농부] 비유가 나옵니다. 여기서 포도원은 하나님의 나라이며 농부는 포도원에서 일하는 일꾼입니다. 처음 농부들이 악한 이유는 포도원 주인에게 열매를 드리지 않았고 종들을 죽였고 포도원의 상속자인 아들까지 죽였기 때문입니다. 포도원 주인은 이 악한 농부들을 대신해서 제때에 열매를 바칠 만한 다른 농부들에게 포도원을 세(貰)로 주신다고 합니다.

이 일꾼은 포도원에서 일하는 농부입니다. 포도원은 하나님의 나라이며 여기서 하나님의 백성은 농부가 아니라 포도원에서 자라는 포도나무입니다. 하나님의 백성은 하나님이 창조하신 혼(Soul)입니다. 하나님의 나라에서 혼은 완전한 자유를 누리며 영원히 살게 될 것입니다. 혼은 하나님의 백성으로 완전한 자유의지를 선물로 받았습니다. 그래서 혼은 하나님에게 죄를 지을 수도 있고 하나님에게 등을 돌리는 선택까지도 가능합니다. 우리 주위에서 하나님을 모독하는 사람까지 있는 것을 볼 수 있습니다. 하나님이 우리에게 완전한 자유를 주신 증거를 바로 이 사람들의 행동에서도 찾아볼 수 있습니다.

혼(Soul)은 완전한 자유를 허락받았기 때문에 거룩하지 않게 창조되었습니다. 거룩하지 않은 혼은 하나님을 만날 수 없고 하나님을 직접 볼 수 없습니다. 그래서 하나님은 일꾼을 세우기로 하셨습니다. 일꾼은 하나님과 백성 사이에서 중보자의 역할을 합니다. 첫 번째 일꾼은 사탄과 그의 천사들로, 포도원 농부 비유에 나오는 먼저 있었던 악한 농부들입니다. 이제 하나님은 하나님의 나라를 그 악한 농부들에게서 빼앗아 성실한 다른 농부들에게 주시고자 합니다.

하나님은 사탄에게서 세상 나라의 주권을 가져오기 전에 먼저 포도원에서 일할 농부들을 준비하십니다. 성실한 농부들이 준비되면 하나님은 세상 나라의 주권을 다시 가져오실 것입니다. 그러면 하나님은 혼들에게 몸을 주실 것이고 혼은 모두 몸을 가진 사람이 되어 다시 삶을 이어 가게 되고 이후로는 영원한 삶을 누리게 될 것입니다. 그때 이 땅 위에 하나님의 나라가 세워질 것입니다. 다만, 현재 시점에서 포도원을 세로 받을 새로운 농부들의 수가 아직 채워지지 않았습니다.

일곱 번째, 하나님은 에덴동산에서 농부들을 준비하고자 하셨습니다.

하나님은 포도원을 세로 받을 성실한 농부들을 먼저 준비하십니다. 이 농부들이 다 준비되면 세상 나라의 주권을 사탄에게서 가져오고 혼들의 몸을 부활시킬 것이며 땅 위에는 하나님의 나라가 건설될 것입니다.

하나님은 처음부터 농부들을 준비하려고 아담과 하와를 창조하여 에덴동산 안에 두셨습니다. 아담과 하와는 선악의 감정에 지배되지 않는 몸으로, 동산 안에서 거룩한 자손을 낳았습니다. 이 거룩한 자손이 하나님의 아들들이며, 이 하나님의 아들들이 포도원을 세로 받을 다른 농부들입니다. 하나님이 준비하고자 하신 농부들은 일정한 수가 필요합니다. 하나님의 포도원(하나님의 나라)을 한두 명이 관리할 수는 없기 때문입니다. 아담과 하와가 범죄하지 않고 영원히 살았다면 지금도 에덴동산이 땅 위에 있었을 것이고 언젠가는 하나님이 원하시는 농부들의 수가 채워졌을 것입니다.

하나님의 아들들이 에덴동산에서 사람으로 태어난 것 자체가 농부로 준비되는 것입니다. 사람으로 태어난 농부들은 포도원을 세로 받을 때까지 생명과를 먹고 살아 있는 채로 기다리면 됩니다.

하나님의 아들들은 동산에서 아담과 하와를 통해 새로운 농부로 태어났습니다. 이 농부들은 몇 명 되지 않았는데, 아담과 하와가 정해진 수를 다 채우기 전에 선악과를 먹어서 더는 거룩한 자손을 낳을 수 없게 되었기 때문입니다.

그래도 하나님의 계획은 그대로 진행됩니다. 하나님의 계획에 몇 가지 과정이 더 추가되었습니다. 경건한 자손이 된 하나님의 아들들은 죽음을 경험하게 됐고, 에덴동산은 땅 아래로 옮겨졌으며, 예수님이 오셔서 죄를 씻을 수 있도록 피를 흘리셨습니다.

하나님의 아들들은 아담과 하와를 통해서만 사람이 되었습니다. 그러나 선악과를 먹은 후로 하나님의 아들들은 하와의 후손을 통해서 사람으로 태어납니다. 하나님의 아들들은 경건한 자손이 아니라 평범한 사람으로 태어납니다. 선악의 감정에 지배되는 몸으로 태어나서 죄인으로 살다가 예수님의 피로 죄 씻음을 받고 거룩한 상태가 되어야 합니다. 하나님의 아들들이 이런 과정을 거치면서 이기는 자가 되면, 처음 아담과 하와가 동산에서 낳았던 경건한 자손과 같은 상태가 됩니다. 이렇게 하나님은 동산에서 이루고자 하셨던 일을 계속 진행하십니다. 사탄이 방해했어도 에덴동산에서 이루고자 하셨던 하나님의 계획은 계속해서 그대로 진행됩니다.

이 Chapter의 결론입니다.

하나님은 하나님의 나라를 세우려고 에덴동산에서부터 일을 시작하셨습니다. 하나님은 백성으로 혼(Soul)을 창조하셨고, 영토로는 이 땅 지구를 선택하셨고, 혼에게 완전한 자유를 주었기 때문에 하나님의 백성인 사람들과 하나님 사이에 중보자로서 농부들을 세우기로 하셨고, 에덴동산에서 아담과 하와를 통해 농부들을 준비하셨습니다. 아직 농부들이 다 준비되지는 않았지만 하나님은 에덴동산에서 이루려고 했던, 하나님의 나라를 세우는 하나님의 뜻을 지금도 이루고 계십니다.

하나님의 아들들

Chapter 77

아담과 하와를 통해서
가인보다 먼저 태어난 사람들

가인보다 먼저 태어난 사람이 있습니다. 하와의 말속에서 가인보다 먼저 태어난 자녀가 있었다는 것을 살펴보려고 합니다.

성경 말씀: 창세기 4장 1절

"아담이 그의 아내 하와와 동침하매 하와가 임신하여 가인을 낳고 이르되 내가 여호와로 말미암아 득남하였다 하니라"

이 말씀은 우리 한글 성경에서 보면 매우 정상적인 내용입니다. 특별할 것은 없어 보입니다. 그런데 히브리어로 보면 이 문장이 조금 다릅니다. 번역상의 문제는 없습니다.

וַתֹּאמֶר קָנִיתִי אִישׁ אֶת־יְהוָה

[야토메르 콰니티 이쉬 에트-야훼]

וַתֹּאמֶר[야토메르]는 접속사 וְ[와우]와 אָמַר[아마르]의 콸(Qal)동사 · 연속적 미완료 · 3인칭 · 여성 · 단수의 동사가 결합된 형태입니다. אָמַר[아마르]는 영어로 say로 번역되며, 한글로는 말한다는 뜻입니다. 이 단어의 뜻은 [그녀가 말했다]는 것입니다.

קָנִיתִי[콰니티]는 קָנָה[콰나크]의 콸(Qal)동사·완료형·1인징·중성·단수의 형태입니다. קָנָה[콰나크]는 영어로 acquire로 번역되며, 한글로는 습득하다, 획득하다는 의미입니다. קָנִיתִי[콰니티]는 [내가 얻었다]는 의미입니다.

אִישׁ[이쉬]는 남자는 의미합니다.

אֶת־יְהוָה[에트-야훼]는 [여호와로 말미암아]로 번역된 단어입니다. אֵת[에트]는 with로 번역되었습니다. 영어 성경 NIV와 NASB에서 이 단어는 help of god로, KJV 버전에서는 from the LOAD로 번역되었습니다.

이 문장을 직역하면, [내가 여호와로부터 남자를 얻었다]가 됩니다. 그런데 한글 성경에는 [여호와로부터]라는 단어의 뜻을 부드럽게 바꾸어서 [여호와로 말미암아]로 번역되었습니다.

이 말씀은 여호와 하나님의 도우심으로 또는 여호와 하나님의 은혜로 아들을 얻었다는 표현입니다. 하와의 이 표현은 매우 자연스러운 것이라 문제 될 것이 없습니다. 영어 성경이나 한글 성경의 번역은 문제가 되지 않습니다.

그런데 여기서 섬세하게 살펴봐야 할 부분은 [왜 하와가 이 표현을 했느냐]입니다.

첫 번째, 하와는 100세가 넘은 후에 가인을 낳았습니다.

아담이 셋을 얻었을 때의 나이는 130세였습니다. 셋은 아벨이 죽은 후에 얻은 아들입니다. 아벨은 첫 제사를 드린 후에 다음 제사를 드리지 못하고 죽었습니다. 아벨이 죽었을 당시의 나이를 아무리 많게 잡아도 20세 정도였을 것입니다. 그러면 가인과 아벨이 태어났을 때, 아담의 나이는 100세를 넘긴 후가 됩니다. 이 내용은 [Chapter 21. 아담은 에덴동산에서 몇 년을 살았을까?]에서 설명했습니다.

아담이 가인을 낳았을 때의 나이가 100세가 넘은 후였다면 하와의 나이도 이와 비슷했을 것입니다. 하와가 100년이 넘도록 아들을 얻지 못했다면, 가인을 얻었을 때 매우 기뻐했을 것이고 그래서 여호와의 은혜로 아들을 얻었다고 말할만합니다.

두 번째, 하와는 100세 이전에도 아이를 낳았습니다.

하와가 가인을 낳기 이전에 전혀 자식을 낳은 적이 없었다면 하와의 말이 쉽게 이해됩니다. 그러나 하와는 이전에 아이를 낳은 적이 있습니다.

성경 말씀: 창세기 3장 16절
"또 여자에게 이르시되 내가 네게 임신하는 고통을 크게 더하리니 네가 수고
하고 자식을 낳을 것이며 너는 남편을 원하고 남편은 너를 다스릴 것이니라
하시고"

이 말씀에서 하나님은 하와에게 [크게 더하리니]라고 말씀하셨습니다. 이 말씀의 히브리어 원어는 הָרְבָּה[라바희]입니다. הָרְבָּה[라바희]는 영어로 multiply로 번역되며, 한글로는 많게 하다, 크게 더하다, 증가한다는 뜻입니다.

하와는 에덴동산에서 나가기 전에 아이를 낳은 적이 있습니다. 물론 고통은

크지 않았습니다. 하와가 동산에서 나간 후에 아이를 낳을 때 느끼는 고통이 매우 크다는 뜻입니다.

이 말씀은 모든 여성에게 적용되는 것이 아닙니다. 하와 한 사람에게만 적용된 말씀입니다. 모든 여성이 출산의 고통을 느끼는 것은 하와 때문이 아닙니다. 출산의 강도가 크게 된 것도 하와로 인한 것이 아닙니다. 이것은 [Chapter 58. 하와에게 주어진 형벌을 벌이라고 할 수 있을까?]에서 설명했습니다.

하와는 에덴동산 안에서 이미 아이를 출산했었습니다. 하와는 하나님이 얻고자 하셨던 경건한 자손을 낳았습니다. 하와가 경건한 자손을 낳을 때 하와에게 임신과 출산의 고통이 있었는지 모르지만 있었다고 해도 거의 느끼지 못할 정도였을 것입니다.

하나님은 아담과 하와를 에덴동산으로 데려오면서 그들을 통해 경건한 자손을 얻기 원하셨습니다. 아담과 하와는 경건한 자손을 낳아야 한다는 것을 알고 있었을 것입니다. 성경에는 이에 관한 기록이 없습니다. 그래도 아담과 하와가 경건한 자손을 낳았다는 점에서 경건한 자손에 관한 하나님의 뜻을 모를 수는 없습니다. 하와는 동산에 들어가는 것과 아담이 있다는 것과 아이를 낳는 것과 영원한 삶에 관해서 하나님에게서 듣고 동의했을 것입니다. 하나님은 사람을 속여서 일을 맡기는 분이 아니기 때문입니다.

아담과 하와가 하나님이 원하시는 일을 하는 것이기에 하나님 편에서 아담과 하와에게 최대한 편의를 제공하셨습니다. 그중의 하나가 임신과 출산에 있어서 하와의 고통을 획기적으로 줄여주신 것입니다.

세 번째, 하와는 왜 가인을 낳았을 때 득남했다고 말했을까요?

하와는 가인을 낳기 전에도 경건한 자손을 낳았습니다. 그런데도 하와는 가인을 낳은 후에 득남했다고 말합니다. 하와가 아이를 출산한 경험이 없었던 것도 아닌데, 왜 가인을 얻은 후에야 이런 말을 한 것일까요?

아담과 하와는 에덴동산에 살면서 동산 안에서 경건한 자손을 낳았습니다. 경건한 자손은 남자로만 태어났고 모두 하나님의 아들들입니다. 아담과 하와는 경건한 자손이 자신들의 아들이 아니라는 것을 잘 알고 있었습니다. 이것은 동산에 들어오기 전부터 하나님과 한 계약의 내용이었기 때문입니다.

가인이 태어났을 때 아담과 하와는 비로소 자신들의 아들이 태어났다는 것을 알았습니다. 가인은 아담과 하와의 첫아들입니다.

비록 하와의 몸을 빌려서 태어났어도 경건한 자손은 근본적으로 영(Spirit)입니다. 이 영들은 아담과 하와의 아들로 불리지 않습니다. 창세기 6장 2절에서처럼 이들을 [하나님의 아들들]이라고 부릅니다. 하와는 아이를 낳았을 때 태어난 아이가 하나님의 아들들인지 자신의 자녀인지를 구분할 수 있었습니다. 에덴동산 안에서는 경건한 자손만 태어났습니다. 에덴동산 외부에서는 아담과 하와의 자녀가 태어납니다. (물론, 에녹이나 아브라함처럼 하와가 에덴동산을 나간 후에도, 사명을 받은 하나님의 아들들이 하와의 후손 중에서 사람으로 태어납니다.)

아담과 하와는 에덴동산 내부와 외부로 분명하게 구분된다는 것을 알고 있습니다. 그런데 경건한 자손인 하나님의 아들들과 자신의 자녀를 구분하는 것이 에덴동산이라는 장소만은 아닙니다.

하나님의 아들들은 하와의 몸을 통해서 사람으로 태어났어도 자신이 영 (Spirit)이었을 때의 기억과 능력을 그대로 가지고 있습니다. 이들은 태어난 후에 말을 하거나 걷게 되면서 매우 성숙한 행동을 보입니다. 사람으로 태어났어도 자신이 누구인지를 잘 알고 있습니다. 몸은 한두 살의 어린아이지만 본질은 우주보다 더 긴 시간 동안 존재해 온 영(Spirit)입니다.

성경 말씀: 누가복음 2장 49절
"예수께서 이르시되 어찌하여 나를 찾으셨나이까 내가 내 아버지 집에 있어야
될 줄을 알지 못하셨나이까"

이 말씀을 읽으면서 많은 분이 의아했을 것입니다. 예수님이 말씀하신 것이라 함부로 말할 수는 없습니다. 그런데도 이런 생각이 듭니다. 12살의 아들이 사라졌는데 찾지 않는 부모가 어디 있을까? 그런데 예수님의 말씀은 자신을 찾지 말라는 뜻이 아니라 여기저기 찾아다니지 말고 바로 예루살렘으로 돌아오면 됐었다는 뜻입니다.

예수님의 대답은 12살 아이답지 않은 어른스러운 대답입니다. 부모로서 12살 된 아들에게 질문할 때 예수님과 같은 대답을 듣는다면 조금은 당혹스러울 것입니다. 아주 어린 나이에 너무 성숙해버린 사람들을 보면 드는 생각과 유사합니다.

하나님의 아들들도 예수님과 같았을 것입니다.

하나님의 아들들은 태어날 때도 울지 않았을지 모릅니다. 하나님의 아들들도 태어난 직후에는 팔과 다리를 움직이기 힘들고 몸을 가누지 못했을 것입니다. 이런 상태의 몸이지만 기억은 또렷하고 능력도 그대로입니다. 울지도 않고 몸

을 버둥거리지도 않습니다. 피부에 닿는 바람을 느끼면서 '아. 내가 사람으로 태어났구나!' 하는 생각을 하고 살짝 미소를 지었을지도 모릅니다.

예수님이 이렇게 하셨다는 말은 아닙니다. 경건한 자손이 이렇게 했다는 것도 아닙니다. 이 내용은 어디까지나 추측입니다. 성경에는 이와 관련된 내용이 전혀 기록되어 있지 않습니다. 모든 것을 다 기억하는 상태로 태어난 영(Spirit)이라서 어딘가 달랐을 것이라는 추측을 해 본 것입니다.

만약 경건한 자손인 하나님의 아들들이 태어나면서 이런 행동을 보였다면 아담과 하와로서는 당혹스러웠을 것입니다. 당연히 자기의 아이가 아니라는 것을 바로 느꼈을 것입니다. 그런데 가인은 태어나자 바로 크게 울었습니다. 이 울음소리를 듣는 순간, 아담과 하와는 '드디어, 우리의 아들을 얻었구나!' 하고 생각하게 되었을 것입니다.

Chapter 78

하나님의 아들들은 누구인가?

성경 말씀: 창세기 6장 1절

"사람이 땅 위에 번성하기 시작할 때에 그들에게서 딸들이 나니, 하나님의 아들들이 사람의 딸들의 아름다움을 보고 자기들이 좋아하는 모든 여자를 아내로 삼는지라, 여호와께서 이르시되 나의 영이 영원히 사람과 함께 하지 아니하리니, 이는 그들이 육신이 됨이라. 그러나 그들의 날은 백이십 년이 되리라 하시니라"

이 말씀은 매우 난해한 말씀으로 알려져 있습니다. 하나님의 아들들과 사람의 딸들에 관한 내용으로 인해 여러 가지 가설이 생겼습니다. 이 말씀은 성경을 연구하는 사람들에게 큰 논쟁거리가 되고 있습니다. 이 Chapter에서는 잘못된 가설들을 설명하고 하나님의 아들들이 누구인지 설명합니다.

하나님의 아들들에 대해 생각할 때, 고려해야 할 가장 중요한 문제는 거인(네피림, Nephilim)입니다. 하나님의 아들들과 사람의 딸들 사이에서 거인이 태어났다는 부분입니다. 이 부분은 [Chapter 89. 네피림은 누구인가?]에서 설명합니다.

기독교 내에서 가장 지지를 받는 두 개의 가설이 있습니다. 그 외에 몇 가지 가설이 또 있는 것 같은데 크게 지지받지 못하는 것 같습니다. 그래서 여기서는 두 개의 가설만 설명합니다.

첫 번째 가설을 설명합니다.

이 가설은 하나님의 아들들은 천사이고 사람의 딸들은 말 그대로 사람이라는 것입니다. 사람의 딸이 평범한 사람이라는 것에는 의문을 품을 만한 내용이 없습니다.

이 가설을 주장하는 사람들은 천사들이 자신을 물질화하여 남성의 육체를 가질 수 있고 인간 여성과 관계를 가질 수 있다고 주장합니다. 이 가설을 주장하는 다른 이유는 평범한 남성과 여성 사이에서는 거인이 태어나는 경우가 없기 때문입니다. 그래서 하나님의 아들들은 일반 사람이 아니라 타락한 천사라고 말합니다.

천사에게 특별한 능력이 있어서 천사와 사람 사이에서 거인과 같은 사람이 태어날 수 있었다는 것입니다. 그리고 욥기 1장과 2장과 38장에 하나님의 아들들이 천사들로 나오고 있어서, 하나님의 아들들은 천사라는 주장을 합니다.

이 가설이 다른 이들에게 비판받는 이유는 천사와 인간 사이에서는 사람이 태어날 수 없다고 여겨지기 때문입니다. 지금도 천사와 인간 사이에서 거인이 태어나는 경우는 없습니다.

누가복음 24장 39절에서 예수님은 [영은 살과 뼈가 없다]고 말씀했습니다. 천사는 영(Spirit)이고 영은 몸(Body)이 없어서 당연히 물질로 된 유전정보(DNA)가 없습니다. 몸이 없는 천사는 자녀를 낳을 수 없습니다. 천사와 인간 사이에서는 물리적으로 사람이 태어날 수 없습니다.

두 번째 가설을 설명합니다.

하나님의 아들들은 셋의 후손이고 사람의 딸들은 가인의 후손이라는 가설입니다. 이 가설에서 하나님의 아들들은 당연히 셋의 후손 중 남성을 말합니다. 사람의 딸들은 가인의 후손 중 여성을 의미합니다.

이 가설을 주장하는 이유는 이 가설이 현실적이라서 그렇습니다. 남성과 여성이 결혼해서 자녀를 낳는 것은 자연스럽습니다. 셋의 후손은 하나님을 믿는 경건한 사람들이기 때문에 셋의 후손을 [하나님의 아들들]로 표현했다는 것입니다. 반대로 가인의 후손은 경건하지 않은 사람들입니다. 그래서 가인의 후손을 [사람]이라고 표현했다는 것입니다.

이 가설이 비판받는 이유는 평범한 사람 사이에서 거인이 태어날 수 없다는 점 때문입니다. 지금도 남성과 여성 사이에서 거인이 태어나는 경우는 없습니다. 분명히 유전적인 관점에서 볼 때, 평범한 사람들 사이에서는 평범한 사람이 태어납니다. 부모의 유전자를 물려받기 때문입니다. 거인이 있다고 가정할 때 거인에게서는 거인 자녀가 태어날 것입니다.

이 가설에서 셋의 후손은 경건한 자손이고 가인의 후손은 경건하지 않은 자손이라는 주장은 많은 비판을 받습니다. 셋의 후손 중에서도 경건하지 못한 사람이 나올 수 있고 가인의 후손 중에서도 경건한 사람이 있을 수 있다는 것입니다. 셋의 후손도 아담이 하나님에게 죄를 범한 후 에덴동산에서 쫓겨난 다음에 낳은 아담의 자손입니다. 그래서 셋의 후손도 경건하다고 말할 수 없다는 비판도 있습니다.

지금까지의 내용은 자신의 가설을 믿고 상대의 가설을 비판하는 기독교인들의 입장에 관한 것이었습니다. 셋의 후손인 아들과 가인의 후손인 딸 사이에서 거인이 태어날 수 없다는 비판은 첫 번째 가설을 믿는 사람들이 하는 비판입니다.

두 가설에는 지금 설명한 것 외에도 긍정적인 내용과 부정적인 내용이 모두 있습니다. 이 두 가설을 주장하는 사람들 사이에서 상대 가설을 비판하는 내용이 더 있습니다. 여기서는 이런 내용을 중요하게 다루지 않습니다.

이 두 가지 가설이 가장 대표적인 가설임에도, 이 두 가지 가설 모두 유전적인 측면에서 치명적인 문제가 있습니다. 첫 번째 가설에서, 천사는 사람에게 있는 유전자를 가지고 있지 않아 자녀를 낳을 수 없습니다. 두 번째 가설에서, 자녀는 부모의 유전정보를 받아서 태어납니다. 그래서 평범한 사람에게서 거인이 태어날 수는 없습니다.

현대 의학에서 밝혀낸 과학적 사실들은 성경을 바라보는 인류의 관점에 큰 변화를 주었습니다. 과거에는 그냥 믿었던 내용이 현대 과학에 의해 부정당하는 경우가 많습니다. 과거 인류가 정확하게 알 수 없었던 현상을 당시의 식견으로 해석하려고 했던 것들이 현대의 과학적 사실들을 기반으로 보았을 때는 전혀 맞지 않기 때문입니다.

성경의 내용도 마찬가지입니다. 과거에는 성경에 기록된 내용이 현실에서는 일어날 수 없는 환상적인 것으로만 보였고 그래서 믿음의 영역으로 그냥 무조건

받아들여야 하는 것으로 보았습니다. 사실 성경의 기록이 현실에서는 불가능한 허무맹랑한 내용이 아니라 오히려 인류가 성경의 사실을 이해할 수 있을 정도까지는 아직 성장하지 못했기 때문이었는지도 모릅니다. 같은 이유로 하나님도 인류에게 자세한 설명을 하실 수 없었을 것입니다.

언젠가 인류가 더 성장하여 하나님의 말씀을 제대로 이해할 날이 올 때, 그때를 위해서 하나님은 실제 말씀을 받았던 당시 시대의 사람들이 이해하는 방식으로는 설명하시지 않은 것입니다. 사실만을 기술하고 이 사실을 파악하는 일은 이 말씀을 제대로 이해하게 될 후대의 인류에게 맡겨 두신다는 것입니다.

하나님은 하나님의 아들들에 대해서 자세한 설명을 하시지 않았습니다. 자세한 설명을 하게 되면 그 시대 사람들의 이해수준에서는 도저히 받아들일 수 없었을 내용이 될 테고, 고대 이스라엘 학자들이 성경을 필사하다가 자신들이 이해하는 방식으로 내용을 바꿨을 수도 있습니다. 반대로 당시 사람들이 이해할 수 있는 정도로 설명하게 되면 현대에 와서는 그 말이 거짓말이나 과장으로 해석될 것입니다.

이렇게 생각해 봅시다.

8살 난 아이가 부모에게 질문합니다.

"자동차는 어떻게 굴러가는 거예요?"

부모는 아이에게 엔진을 설명할 수 없습니다. 아이가 이해하지 못하기 때문입니다. 그래서 부모는 이렇게 설명합니다.

"자동차 앞에 보이지 않는 말이 있어서 말이 끌어주는 거야."

부모는 엔진을 말에 비유하여 아이 눈높이에 맞춰 설명했습니다. 아이는 바로 이해할 것입니다. 하지만 아이가 자랐을 때 언젠가는 부모가 자신에게 거짓말을 했다는 사실을 알게 될 것입니다. 물론, 사람은 거짓말을 할 수도 있다고 이해하고 넘어가면 됩니다. 그런데 그분이 하나님이라면 문제가 다릅니다. 하나님은 거짓말을 하실 수 없기 때문입니다.

그래서 다른 부모는 아이에게 솔직하게 대답합니다.

"이 차 안에는 엔진이라는 게 있어, 여기에 휘발유를 넣고 시동을 걸면 엔진이 돌아서 차가 가게 된다."

그리고 부모는 다시 엔진과 휘발유와 시동을 설명해야 합니다.

"휘발유는 석유에서 나오는 것인데 옥탄가가 높은 거야. 휘발성이 강하단다. 여기에 불을 붙이면 휘발유에 불이 붙는데, 이 힘을 이용하는 거야."

그리고 부모는 다시 석유와 휘발유와 옥탄가를 설명해야 합니다.

"석유는 과거에 큰 동물들이 갑자기 땅에 묻혀서 죽었을 때, 죽은 동물들의 몸에서 기름이 나오는데 이것이 석유가 된단다."

이렇게 부모는 이해하지 못하는 아이를 위해서 끊임없이 설명해야 합니다. 부모가 설명해도 아이는 계속해서 이해하지 못합니다. 결국, 부모는 설명을 중단하게 될 것입니다. 아이가 이해할 수 있는 범위를 넘어서기 때문입니다.

하나님도 이와 같습니다.

과거의 사람들에게 그들 눈높이에 맞게 설명하면, 현대에 와서는 그 설명들이 잘못된 것으로 확인됩니다. 그래서 하나님은 고대의 사람들에게 맞춰 설명하시지 않았습니다. 그냥 사실만을 간단하게 기록하게 하셨습니다. 하나님은 하나님의 아들들에 관해서 그냥 사실만을 간단하게 기록하도록 하셨습니다. 하나님이 하나님의 아들들에 관해서 자세히 설명하지 않는 이유는 당시의 인류로서는 받아들일 수 없는 내용이었기 때문입니다. 인류는 16세기까지 천동설과 지구중심설과 우주 평면설을 믿었습니다. 인류가 우주에 대해 새로운 눈을 뜨기 시작한 후로 지금까지 600년도 채 지나지 않았습니다.

하나님에게는 당시의 인류에게 설명하기 곤란한 내용이 있습니다. 하나님이 감추려는 것이 아니라 인류가 제대로 이해할 수 없기 때문입니다. 그럴 때 하나님은 사실만을 간단하게 기록하십니다. 시간이 흐르면 언젠가는 인류가 알게 될 날이 올 것이기 때문입니다.

그 당시에 비하면 이제는 알 수 있을 정도로 인류의 지식이 쌓였습니다. 그래서 저는 인류가 하나님의 아들들에 관하여 알 수 있을 만큼 성장했다고 생각합니다.

계속해서 하나님의 아들들에 관해 설명합니다.

하나님의 아들들은 셋의 후손도 아니고 천사도 아닙니다. 천사들은 사람과 결혼할 수도 없고 자녀를 낳을 수도 없습니다. 셋의 후손도 아닙니다. 셋의 후손 중에는 하나님에게 인정받는 경건한 사람들이 있습니다. 그들은 므두셀라, 에녹, 라멕, 노아와 같은 사람들입니다. 그러나 셋의 후손 중 대부분은 경건하게 살지 않았습니다. 노아 당시에 노아와 그 가족을 제외한, 살아 있는 모든 셋의 후손이 홍수의 심판으로 죽은 것에서도 이를 알 수 있습니다. 셋의 후손은 단순히 사람의 아들들과 사람의 딸들입니다.

하나님의 아들들은 하나님 옆에서 하나님을 모셨던 영(Spirit)입니다. 이들은 세상을 만들기 전부터 하나님 앞에 있었습니다. 하나님의 아들들은 피조물입니다. 창세기 6장 2절에 나오는 하나님의 아들들은 욥기 1장 6절과 욥기 2장 1절과 욥기 38장 7절에 나오는 하나님의 아들들입니다. 하나님은 세상을 만들기 전에 먼저 하나님의 아들들을 영(Spirit)으로 창조하셨습니다. 하나님의 아들들은 천사들과 같은 영적 존재입니다.

첫 번째 가설은 하나님의 아들들이 영적 상태의 천사라는 것입니다. 이 가설은 하나님의 아들들이 천사인 상태로 인간의 여성을 취했다는 것입니다. 천사는 영적 존재이고 몸이 없습니다. 그래서 물질로 몸을 만들고, 물질화된 몸을 가지고 여성을 취했다는 것입니다. 그러나 하나님의 아들들이 영의 상태로는 인간 여성과 결혼할 수 없습니다. 몸이 없는 영들은 사람과 결혼할 수 없습니다. 이 주장은 잘못된 것입니다.

창세기 6장 2절에 나오는 하나님의 아들들은 욥기에 나오는 하나님의 아들들이 맞습니다. 하나님의 아들들을 천사라고 해도 크게 틀리지 않습니다. 그러나 창세기 6장 2절에 나오는 하나님의 아들들은 영(Spirit)이 사람으로 태어난 경우입니다. 하나님은 하나님의 아들들을 사람으로 태어나게 하셨습니다. 하나님의 아들들은 아담과 하와를 통해서 에덴동산에서 사람으로 태어났습니다. 그래서 하나님의 아들들도 몸을 가지게 되었습니다.

하나님의 아들들은 사람으로 태어났어도 생각하고 판단하는 주체는 몸이 아니라 영입니다. 아담은 사람으로 창조되었고 그 속에는 혼이 있었습니다. 하나님이 혼을 만들어 아담에게 넣으셨습니다. 영(Spirit)이나 혼(Soul)은 영적인 존재로 영원히 존재합니다. 몸은 영이나 혼이 물질과 접촉할 수 있도록 하는 도구입니다. 영이나 혼은 몸을 통해서 세상과 소통하고 물질세계 속으로 들어와 살 수 있습니다. 물론 아담 이전의 사람들은 영이나 혼이 없는 사람이었습니다. 영이나 혼은 없지만 이들도 인격을 가진 사람들입니다.

하나님의 아들들은 물질세계 이전에 존재했기 때문에 물질세계의 원소로 되어 있지 않습니다. 그래서 영(Spirit)은 사람과는 다른 강한 능력이 있습니다. 이는 가브리엘 천사가 세례 요한의 아버지 제사장 사가랴에게 행한 일에서도 알 수 있습니다.

모든 하나님의 아들들이 다 아담과 하와를 통해 사람으로 태어난 것은 아닙니다. 아담과 하와가 80년 만에 너무 빨리 선악과를 먹었으니 말입니다. 그래서 하나님의 아들들 대부분은 에덴동산에서 사람으로 태어나지 못했습니다. 그 당시 하나님의 아들들 대부분은 영(Spirit)으로만 존재하고 몸을 가지지 못했습니다.

창세기 6장 2절에 나오는 하나님의 아들들은 몇 명 되지는 않았지만 사람으로 태어난 영들입니다. 아직 많은 수의 하나님의 아들들이 영으로 있었고 그중 극히 일부만 에덴동산에서 사람으로 태어났습니다. 그 수를 따져 본다면 최대한으로 잡아도 80명이 되지 않을 것입니다. 아담과 하와가 에덴동산에 머물렀던 기간이 최대로 잡아도 80년이었으니 말입니다. 아마도 아담과 하와가 매년 자녀를 낳지는 않았을 것으로 추정해 볼 때, 창세기 6장 2절의 하나님의 아들들은 20명에서 40명 정도였을 것입니다.

하나님의 아들들을 일단 30명 정도로 가정해 봅니다. 하나님의 아들들이 아담과 하와를 통해서 사람으로 태어났는데, 남성의 몸을 선택하여 태어났던 것 같습니다. 하나님의 아들들이 사람으로 태어나는 목적은 생육하거나 번성하는 것이 아닙니다. 이 세상에서 삶을 살기 위해서가 아닙니다. 그래서 아담과 하와가 에덴동산에서 낳은 자녀는 모두 남성으로 여성은 없었습니다. 하나님의 아들들 사이에서는 결혼도 없고 육체적 관계도 없습니다. 이에 대해서는 [Chapter 86. 하나님의 영이 영원히 사람과 함께하지 않는다?]에서 설명합니다.

아담과 하와를 통해서 에덴동산에서 사람으로 태어난 하나님의 아들들(Spirits)을 경건한 자손이라고 합니다. 경건한 자손의 수는 정해져 있고 적은 수입니다. 아담과 하와가 에덴동산에서 나온 후로는 경건한 자손이 태어날 수 없었기 때문입니다.

하나님이 원하신 것은 하나님의 아들들이 선악의 감정을 느끼지 않는 몸을 가지는 것입니다. 선악의 감정은 두려움과 공포와 부끄러움과 수치심과 같이 죽음이 있는 삶을 살기 때문에 느끼게 되는 감정을 말합니다. 하나님의 아들들에게는 감정에 휩싸이지 않는 몸이 필요합니다. 그런데 이런 몸이 정상적인 몸은 아닙니다.

이런 몸은 하나님의 아들들이 물질세계에 있는 사람들을 접촉하기 위한 용도로만 사용합니다. 선악과를 먹은 후의 아담과 하와를 통해 사람으로 태어나면 하나님의 아들들이 감정에 지배를 받는 몸을 가지고 태어나게 됩니다. 감정을 느끼는 몸이 정상입니다. 그러나 하나님의 아들들은 중보자가 되어야 하기 때문에, 백성과 같은 정상적인 몸을 가져서는 안 됩니다.

하나님은 계속해서 하나님의 아들들을 아담과 하와의 후손으로 보내어 사람으로 태어나게 하셨습니다. 그러나 이때는 경건한 자손이 아니며, 감정에 지배를 받는 몸이며, 죽음이 있는 몸으로 태어납니다. 이렇게 태어난 영들은 본질상으로 하나님의 아들들입니다만 창세 6장 2절에서 말하는 하나님의 아들들은 아닙니다. 이렇게 태어난 영들(Spirits)은 에녹이나 노아와 같은 사람입니다. 창세기 6장 2절에서 말하는 하나님의 아들들은 오직 에덴동산에서 태어난 하나님의 아들들만을 말합니다.

아담과 하와가 에덴동산에서 나온 후로 아담과 하와는 혼(Soul)을 낳습니다. 하나님이 특별히 하나님의 아들들(Spirits)을 보내시지 않으면 모두 혼입니다. 그래서 가인과 셋은 혼입니다. 물론, 아벨은 죽음이 있는 몸으로 태어난 하나님의 아들들 중 하나일 가능성이 있습니다.

이 Chapter의 결론을 내립니다.

하나님의 아들들은 세상을 만들기 전에 창조된 영입니다. 이들은 하나님을 모시는 존재입니다. 하나님의 아들들을 천사라고 해야 할지 모르겠으나, 본질에서는 천사와 같은 영(Spirit)입니다.

하나님은 하나님의 아들들을 중보자로 정하고 사람으로 태어나게 하셨습니다. 그런데 하나님의 아들들 중에서 극히 일부만이 에덴동산에서 아담과 하와를 통해 사람으로 태어났습니다. 이들은 20명에서 30명 정도입니다. 최대한 잡아도 80명을 넘지 않습니다. 하나님의 아들들 대부분은 사람으로 태어나기 위해 순서를 기다리고 있었습니다. 아담이 선악과를 먹고 동산에서 나가자 하나님의 아들들이 경건한 자손으로 태어나는 일은 중단되었습니다. 그래서 그 당시에 하나님의 아들들 대부분은 사람으로 태어나지 못했습니다.

창세기 6장 2절에서 말하는 [하나님의 아들들]은 에덴동산 안에서 사람으로 태어난 경건한 자손을 말합니다. 사람으로 태어나지 못하고 영으로만 있는 하나님의 아들들 대부분은 창세기 6장 2절에 나오는 하나님의 아들들이 아닙니다.

그 이후로도 하나님의 아들들은 계속 사람으로 태어났습니다. 죽음이 있고, 감정의 지배를 받으며, 단명하는 평범한 사람으로 태어났습니다. 아벨이나 에녹이나 노아와 같은 사람입니다. 이들도 하나님의 아들들 중 하나일 것으로 추측합니다. 그러나 이들 역시 창세기 6장 2절에서 말하는 하나님의 아들들은 아닙니다.

창세기 6장 2절에서 말한 하나님의 아들들은 동산에서 사람으로 태어났기 때문에 사람의 딸과 결혼도 할 수 있었고, 자녀도 낳을 수 있었습니다. 이들이 낳은 자녀는 용맹하며 영웅이 되었지만 거인(네피림)은 아닙니다.

Chapter 79

영(Spirit)과 혼(Soul)과 몸(Body)

아담 당시에는 세 종류의 사람이 있었습니다. 태어날 당시의 상태를 말하는 것입니다. 첫 번째, 태어날 당시 영이나 혼이 없는 평범한 사람입니다. 두 번째, 태어날 때 혼(Soul)이 있는 사람입니다. 세 번째, 태어날 때 영(Spirit)이 있는 사람입니다.

[태어날 때]라고 조건을 붙인 것은 정상적인 경우를 설명하기 위해서입니다. 사람이 태어난 후에 사람 몸에 다른 혼이나 다른 영이 함께 있을 수 있습니다. 이것은 비정상적인 상태입니다. 이 경우는 신접하는 것으로 하나님이 금하신 것이며, 하나님의 명령을 어기는 일입니다. 신접에 관해서는 이 Chapter에서 설명하지 않습니다.

첫 번째, 영(Spirit)이나 혼(Soul)이 없는 사람에 관해 설명합니다.

영이나 혼이 없는 사람이 있는데, 아담 당시에는 모든 사람이 여기에 속해 있었습니다. 아담도 처음에는 혼이 없는 사람이었습니다. 혼이 없다고 해도 사람입니다. 혼이 없어도 이성과 지성과 감성과 그 외의 모든 것을 갖춘 인격체입니다. 혼이 없는 사람은 몸(뇌)이 그 사람의 본질입니다. 혼이 없는 사람이 죽으면, 그 사람은 소멸하여 사라집니다. 이 소멸을 하나님은 창세기 3장 19절에서 [흙으로 돌아간다로 표현하셨습니다.

아담 당시에는 영이나 혼이 없는 사람들이 세상에 퍼져 살고 있었습니다. 이들이 어떻게 창조되었는가? 언제 창조되었는가? 누가 창조했는가? 이들의 시작은 언제부터인가? 하는 모든 질문에 관해서는 이 책에서 설명하지 않습니다. 지금은 이에 관한 내용을 설명하는 것이 아니기 때문에 설명 없이 넘어갑니다. 이 책에서는 영(Spirit)이나 혼(Soul)이 없는 사람이 있었다는 것만 말하고 넘어갑니다.

아담 이전에 사람이 있었다는 것은 [Part 3. 아담 이전의 사람들]에서 여러 가지 예로 설명했습니다. 6,000년 동안 아담과 하와의 후손이 땅에 널리 퍼졌기 때문에 지금은 혼 없이 몸만 있는 사람은 없을 것으로 추측합니다.

두 번째, 태어날 때 혼(Soul)이 있는 사람에 관해 설명합니다.

하나님이 아담의 코에 생기를 불어넣었을 때 혼이 존재하기 시작했습니다. 아담과 하와의 후손은 혼을 가지고 태어납니다. 더 정확한 표현은 혼이 태어나는 것입니다. 혼이 사람의 본질이며 육체는 혼이 세상 안에서 삶을 누리도록 하는 도구입니다.

혼이 육체를 가지고 사람으로 태어납니다. 사람이 잉태할 때마다 하나님이 혼을 창조하여 태아 속에 넣는 것은 아닙니다. 혼을 미리 만들어 놓고 사람이 태어날 때마다 하나씩 보내는 것도 아닙니다. 태아가 생성될 때 혼도 같이 생성됩니다. 이 혼은 사라지지 않고 영원히 있습니다. 혼도 천사들처럼 시작은 있어도 끝이 없습니다. 물론 하나님을 영이라고 불러도 하나님은 창조주이시기에 시작도

끝도 없는 분입니다.

태아가 자라날 때 혼도 같이 자라납니다. 혼은 태아가 시작될 때부터 하나님의 백성이 되기로 결정된 인격적 존재입니다. 혼은 육체를 가지고 세상에서 사람으로 살게 됩니다.

사람이 죽어도 혼은 사라지지 않습니다. 사람이 죽었을 때 몸은 자연으로 돌아가지만 혼은 땅 아래로 내려가 후에 있게 될 부활을 기다립니다. 하나님의 나라가 이 땅 위에 이루어지면, 그때 비로소 혼은 다시 몸을 가지게 되고 하나님의 나라에서 하나님의 백성으로 영원히 살게 될 것입니다. 이런 내용은 저자의 첫 번째 저서 《하나님의 창조는 끝나지 않았다》에 설명되어 있습니다. 참고하면 도움이 많이 될 것입니다.

혼은 죽은 후에도 자신의 모든 것을 기억합니다. 사람으로 살아가는 동안 쌓은 기억과 지식이 혼이 가지고 있는 전부입니다. 그래서 혼은 [자신이 죽어도 존재한다는 사실]을 죽은 후에 알게 됩니다. 처음에는 당황스럽고 혼란을 느끼게 될 테지만 결국에는 땅 아래로 내려가 대기하게 될 것입니다.

일부 혼은 죽기 전의 삶에 집착하거나 억울함 때문에 땅 아래로 내려가지 않고 땅 위를 방황하기도 합니다. 그러면서 사람을 괴롭히게 되는데, 이런 혼을 귀신이라고 부릅니다. 귀신으로 불려도 한때는 사람이었습니다. 그래서 귀신들도 결국에는 둘째 부활 때 부활하여 심판을 받게 될 것입니다. 혼이 귀신이 되어 사람을 괴롭히면 죽은 후에도 계속해서 죄를 짓는 것입니다. 백보좌 심판 때 부활하면 죽은 후에 귀신이 되어 사람을 괴롭힌 죄까지 심판을 받게 되는 것입니다.

모든 혼(Soul)은 창세기 1장 28절의 말씀과 같은 목적으로 창조되었기 때문에 결국에는 생육하고 번성하여 땅에 충만할 것이고 하늘의 새와 바다의 고기와 땅의 모든 생물을 다스리면서 살게 될 것입니다. 이것이 혼을 창조하신 하나님의 목적이기 때문입니다.

혼이 귀신이 되는 데는 나름대로 여러 가지 이유가 있겠지만, 혼들이 사람의 몸에 들어가는 근본적인 이유는 처음부터 사람의 몸속에 살도록 창조되었기 때문입니다.

성경 말씀: 마태복음 12장 43절
"더러운 귀신이 사람에게서 나갔을 때에 물 없는 곳으로 다니며 쉬기를 구하되 쉴 곳을 얻지 못하고 이에 이르되 내가 나온 내 집으로 돌아가리라 하고 와 보니 그 집이 비고 청소되고 수리되었거늘 이에 가서 저보다 더 악한 귀신 일곱을 데리고 들어가서 거하니 그 사람의 나중 형편이 전보다 더욱 심하게 되느니라 이 악한 세대가 또한 이렇게 되리라"

이 말씀에서 예수님은 사람의 몸을 집이라고 표현하셨습니다. 귀신이 쉬려고 사람의 몸을 찾는다고 말씀합니다. 예수님이 이렇게 말씀하신 이유가 귀신은 혼(Soul)이기 때문에 사람의 몸 안에 있으려고 한다는 것입니다.

혼은 사람의 몸 안에 있을 때 편안함을 느끼고 쉬게 된다는 뜻입니다. 혼이 사람의 몸 안에 있어야 하는 것은 하나님이 혼을 그렇게 창조하셨기 때문입니다. 하나님이 혼을 창조할 때, 아담의 코에 생기(Soul)를 불어넣어서 창조하셨습니다. 하나님은 혼을 생기에 비유하여 말씀한 것입니다.

하나님은 혼(Soul)과 영(Spirit)을 다르게 창조하셨습니다. 하나님은 영을 창조할 때 몸을 주시지 않았습니다. 그래서 영은 사람의 몸 안에 있으면 불편을 느끼게 됩니다. 반면 하나님은 혼을 사람의 몸에 있도록 창조하셨습니다. 그래서 혼은 쉬기 위해서 사람의 몸이 필요합니다. 영과 혼은 이렇게 다르게 창조되었습니다.

아담과 하와의 후손은 혼(Soul)입니다. 이 혼들은 하나님의 백성이 되기 위한 목적으로 창조되었습니다. 아직은 하나님의 나라가 이 땅 위에 세워지지 않았지만 하나님의 나라가 세워지면, 모든 혼들이 부활하여 영원한 하나님의 나라에서 하나님의 백성으로 살게 될 것입니다.

세 번째, 태어날 때 영(Spirit)이 있는 사람에 관해서 설명합니다.

영은 세상이 창조되기 전에 먼저 만들어졌습니다. 창세 전에 하나님이 창조하신 피조물입니다. 물론 우리는 하나님을 영이라고 합니다. 예수님은 하나님을 영이라고 표현하셨습니다. 영이라는 말은 히브리어로 루아크(רוּחַ)이며, 헬라어로는 프뉴마(Πνεῦμα)입니다.

하나님과 천사들과 하나님의 아들들은 영입니다. 하나님도 영으로 불리지만, 창조주이기에 피조물인 천사나 하나님의 아들들과는 완전히 다릅니다. 하나님과 천사와 하나님의 아들들은 모두 사람의 눈으로 볼 수 없습니다. 사람은 영(Spirit)을 볼 수 없습니다. 사람의 눈에 보이지 않는 하나님과 천사와 하나님의 아들들은 영의 세계에 있습니다. 그래서 하나님은 자신을 영으로 부르는 것을 허락하신 것 같습니다. 하나님도 물질세계에 있는 사람의 눈으로는 볼 수 없는 불가시적인 세계에 계시기 때문입니다.

사람은 물질세계만을 볼 수 있습니다. 그래서 불가시적인 세계를 통칭하여 보통 영의 세계라고 부릅니다. 마찬가지로 천사들의 눈으로도 불 수 없는 세계가 있을지 모릅니다. 그런 세계가 있다면, 그 세계는 영의 세계가 아닌 더 높은 차원의 세계일 것입니다.

성경 말씀: 요한복음 4장 24절
"하나님은 영이시니 예배하는 자가 영과 진리로 예배할지니라"

이것은 예수님이 사마리아 여인에게 하신 말씀입니다. 예수님은 하나님이기 때문에 하나님 스스로 자신을 영이라고 부르신 것입니다. 아마도 사람에게는 이 정도의 표현이 가장 적절했을 것입니다.

영의 세계가 따로 있는 것은 아닙니다. 사람의 눈으로 볼 수 없는 존재들을 영(Spirit)이라고 한다면, 영의 세계에는 하나님과 천사들과 하나님의 아들들이 있습니다. 그 외의 존재로 혼이나 네 생물이나 24 장로가 나오지만 이 Chapter에서는 이들에 대한 설명을 생략합니다.

세상을 창조한 후로 천사들이나 하나님의 아들들은 그 수가 늘어나거나 줄어들지 않습니다. 하나님의 아들들이 늘어나지 않는 것은 하나님이 추가로 창조하시지 않기 때문입니다. 천사들이나 하나님의 아들들은 소멸하는 경우가 없기에 그 수가 줄지 않습니다. 물론 이 부분은 성경의 일부 말씀을 통해 유추한 것이라 강하게 주장하지는 않습니다.

영(Spirit)은 의지가 있는 사람의 몸 안에는 들어가지 않습니다. 영은 사람의 몸에 들어갈 수 있습니다. 영이 다른 사람의 몸에 들어가면 그 영은 매우 불편할 것입니다. 그렇더라도 사람의 몸에 들어간다면 그것은 불편을 감수하고서라도 해야 할 일이 있기 때문입니다. 사탄도 영이기 때문에 기본적으로는 사람의 몸 속으로 들어가지 않습니다.

예수님과 선지자들과 창세기 6장에 나오는 하나님의 아들들은 영(Spirit)이 사람으로 태어난 경우입니다. 그래서 예수님과 선지자들과 하나님의 아들들은 영이 육체를 가지고 있는 형태입니다. 혼이 있는 육체에 영이 들어간 경우가 아닙니다. 예수님 몸에는 혼이 없습니다. 예수님의 몸에는 창조주 성자 하나님만 있습니다. 그래서 [몸이 성전]이라는 말은 오직 예수님에게만 해당합니다. 예수님은 마리아의 DNA를 이용하여 직접 몸을 창조한 경우입니다. 성경에서는 성령으로 잉태되었다고 표현합니다. 이렇게 표현하는 것은 마리아의 몸 안에서 자연적으로는 일어날 수 없는 일을 하나님이 하셨기 때문입니다.

아담과 하와의 후손은 태어날 때 혼(Soul)이 자동으로 생성됩니다. 아담과 하와의 후손 중에서 사람이 태어날 경우 혼 아니면 영입니다. 사람이 태어날 때 혼과 영이 함께 몸 안에 존재하는 일은 없습니다.

태아가 생성되는 중에 혼이 만들어집니다. 혼이 만들어지기 전에 영(Spirit)이 태아 속으로 들어가면 혼은 생성되지 않습니다. 태아 속으로 들어간 영이 그 몸의 주인이 됩니다. 그리고 영이 사람으로 태어납니다. 이 경우, 영은 사람으로 태어나지만 사람으로 태어나기 이전의 기억과 지식과 능력은 육체에 의해 봉해집니다. 그래서 태어나기 전의 자신을 전혀 기억하지 못합니다. 선지자들과 제자들이 이런 사례에 해당합니다.

태아가 생성될 때 영이 들어오지 않으면 그 사람은 혼(Soul)으로 태어납니다.

혼이 그 몸의 주인이 됩니다. 혼은 생성되는 것이고 태어나기 이전의 과거는 없습니다. 그래서 혼은 이전의 기억이나 지식이나 능력과 같은 것을 갖고 있지 않습니다.

예수님은 기억과 지식과 능력이 육체에 의해 봉해지지 않았습니다. 예수님의 몸은 부모에 의해 만들어진 것이 아니라 하나님이 마리아의 몸 안에서 창조적으로 생성하셨기 때문입니다. 에덴동산에서 사람으로 태어난 하나님의 아들들도 기억과 지식과 능력이 육체에 의해 봉해지지 않았습니다.

어떤 이들은 사람이 [영과 혼과 육]으로 되어 있다고 주장합니다. 이런 주장은 잘못된 것입니다. 영과 혼은 하나의 육체 안에 같이 있지 않습니다. 만약 하나의 육체 안에 영과 혼이 함께 있다면 이것은 잘못된 것입니다. 하나의 육체 안에는 단 하나의 자아(自我)만 있어야 합니다. 에고(Ego), 수퍼에고(SuperEgo), 이드(Id)에 관한 프로이드의 주장은 그럴듯하게 들릴지라도 사람이 만든 정신분석학적 가설입니다.

영(Spirit)은 의지가 있는 하나의 독립된 자아(自我)이며 혼(Soul)도 의지가 있는 하나의 독립된 자아(自我)입니다. 만약 영과 혼이 하나의 육체 안에 있다면, 이것은 두 개의 독립된 자아가 하나의 육체 안에 있는 것입니다.

하나의 육체 안에 두 개의 자아(自我)가 있고 이 둘이 육체를 차지하려고 싸우는 경우도 있습니다. 이것을 신경정신과에서는 다중인격 장애, 해리성 정체감 장애, 정신분열 등으로 부릅니다. 성경에서는 귀신이 들렸다고 표현합니다.

귀신이 들렸다는 말은 들어가면 안 되는 존재가 몸에 들어갔다는 말입니다.

다른 사람의 육체 안에 들어간 존재는 영 또는 혼입니다. 영은 보통의 경우 사람의 몸에 들어가지 않기에 대부분은 혼이 들어간 것입니다. 영이든 혼이든 다른 사람의 몸 안으로 들어가는 것을 하나님이 금하셨습니다. 영이나 혼이 사람의 몸 안에 들어가는 것을 성경에서는 [신접한다]고 표현합니다.

성경 말씀: 레위기 20장 27절
"남자나 여자가 접신하거나 박수무당이 되거든 반드시 죽일지니 곧 돌로 그를 치라 그들의 피가 자기들에게로 돌아가리라"

이 말씀은 하나님이 모세를 통해서 이스라엘 사람에게 명하신 것입니다. 하나님은 접신하는 자를 죽여서 이스라엘 중에서 제거하라고 명하셨습니다. [접신]이라는 말은 [신과 만나다]는 의미이며 [신접한다]는 말과 같은 뜻입니다. 무속의 세계에서는 이를 두고 신이 내린다고 표현합니다. 이런 일을 하는 사람은 하나님께 죄를 범하는 것입니다. 물론 어떤 혼이 사람을 속이고 몸 안에 들어온 경우라면 그 사람은 신접하는 죄를 범한 것이 아니라 피해자가 됩니다. 이런 일을 행한 영이나 혼은 하나님께 죄를 범하는 것입니다.

이렇게 사람은 세 종류입니다. 첫 번째 경우는 영이나 혼이 없는 상태로 육체만 있는 사람입니다. 지금은 육체만 있는 사람은 거의 없다고 생각됩니다. 두 번째 경우는 혼(Soul)이 육체를 가지고 있는 것입니다. 지금은 대부분의 사람이 여기에 속할 것입니다. 세 번째 경우는 영(Spirit)이 육체를 가지고 있는 것입니다. 하나님이 특별히 사람으로 태어나도록 영을 보내신 경우입니다. 이 경우는 선지자처럼 영이 특별한 사명을 가지고 사람으로 태어난 것을 말합니다.

어떤 사람이 영인지, 혼인지 또는 육체만 있는 사람인지는 구분할 수 없습니다. 이런 차이는 겉으로는 구분되지 않습니다. 우리 자신이 영인지 혼인지 구분할 수 있는 객관적 검증 방법은 없습니다.

우리가 영이나 혼이 없는 단순히 몸만 있는 사람이라면 우리는 죽은 후에 영원히 사라집니다. 우리가 혼(Soul)이라면 하나님의 백성으로 창조된 것이고, 하나님의 나라가 이 땅 위에 이루어질 때 영생을 누리게 될 것입니다. 우리가 영(Spirit)이라면 우리의 고향은 원래 하나님이 계신 곳입니다. 영이었던 사람은 다시 하나님에게로 돌아가서 자신의 자리에 서게 될 것입니다.

Chapter 80

영(Spirit)이 어떻게 사람이 될 수 있었을까?

본래 영(Spirit)은 사람이 될 수 없었습니다. 그런데 하나님이 영을 사람으로 태어날 수 있도록 하셨습니다. 바로 아담을 통해서 가능하게 하셨습니다.

하나님은 하나님의 백성을 창조하고자 하셨는데 여기에는 영원히 존재해야 한다는 조건이 달려 있습니다. 만약에 하나님이 어떤 사람을 창조하고 무척 좋아하셨는데 그 사람이 죽은 후에 소멸하여 사라진다면, 하나님이 마음에 담아 두었던 그 사람에 관한 기억은 추억으로만 있게 될 것입니다. 하나님이 사라져 버린 사람을 그리워하는 것은 있을 수 없습니다. 하나님은 죽으면 흙으로 돌아가고 소멸해 버릴 존재를 기억하거나 마음에 담아 두시지 않습니다. 그래서 하나님은 하나님의 백성을 영원히 사라지지 않는 존재로 창조하셨습니다. 이에 관한 내용은 저자의 첫 번째 저서 《하나님의 창조는 끝나지 않았다》를 보면 많은 도움이 될 것입니다.

하나님의 백성을 창조하는 데 필요한 첫 번째 작업은 아담 속에 혼(Soul)을 창조하는 것입니다. 이를 계기로 영(Spirit)이 사람으로 태어날 수 있게 되었습니다.

아담 이전의 사람들은 오직 육체만으로 살았습니다. 이들의 본질은 육체에 있고 모든 기능은 뇌의 활동에 따라 결정됩니다. 영(Spirit)이나 혼(Soul)은 이런 사람 속에 들어가서 사람을 움직일 수 없습니다.

성경 말씀: 마가복음 5장 12절
"이에 간구하여 이르되 우리를 돼지에게로 보내어 들어가게 하소서 하니 허락
하신대 더러운 귀신들이 나와서 돼지에게로 들어가매 거의 이천 마리 되는 떼
가 바다를 향하여 비탈로 내리달아 바다에서 몰사하거늘"

이 내용은 예수님이 거라사인 지방에서 귀신에 들린 사람에게서 귀신을 쫓아
주신 사건을 기록한 것입니다. 귀신들은 자신을 돼지에게로 보내 들어가게 해
달라고 요청합니다. 예수님은 이를 허락합니다. 그런데 귀신이 들어간 후 이천
마리나 되는 돼지들이 바다를 향하여 달려가서 몰사합니다.

귀신들이 돼지에게 들어갔을 때 돼지들이 놀라서 바다를 향해 달렸습니다. 귀
신들은 돼지가 바다를 향해 달려가는 것을 막을 수 없었습니다. 귀신들이 사람
에게 했던 방식으로는 돼지를 조종할 수 없습니다. 돼지의 몸은 돼지의 뇌로 움
직이고 영이나 혼의 조종을 받는 기능이 없기 때문입니다.

이렇게 생각해 보면 이해하기 쉬울 것입니다.

어떤 사람이 로봇을 만들었습니다. 로봇 속에 사람이 들어가서 조종을 합니
다. 그런데 로봇의 조종간을 살펴보니, 웃음이라는 기능이 없습니다. 상대가 마
음에 들면 웃어야 하는데 로봇에게 웃도록 하는 버튼이 보이지 않습니다. 그래
서 이 로봇을 웃게 할 수가 없습니다. 이 로봇을 조종하는 사람은 답답합니다.
자신의 마음을 제대로 표현할 수가 없기 때문입니다.

아담 당시에 혼이 없는 사람들의 몸은 영이나 혼이 그 사람의 몸에 들어가더라도 그 사람의 몸을 조종할 수 없다는 것입니다. 그 당시 사람들의 몸은 영이나 혼의 명령을 수용할 만한 기능이 없었기 때문입니다.

혼이 보고 싶은 것을 보려고 할 때 육체의 눈을 통해서 들어온 신호를 뇌가 해석하고 이 정보를 혼에 전달합니다. 귀를 통해서 들린 소리를 뇌가 해석하고 이 정보를 혼에 전달하는 것입니다. 또 맛을 느낀다거나 고통을 느끼는 것도 뇌가 해석한 후에 혼에 전달합니다.

혼을 수용하는 기능이 없는 사람은 영과 혼이 없는 사람입니다. 이 사람들은 보고 들은 정보를 뇌가 해석하고 뇌가 주체가 되어 판단하고 행동합니다. 이런 사람 속에 혼이 들어갔다고 가정할 때 이 혼은 사람 입장에서는 귀신이 됩니다. 이 혼은 사람이 보고 느끼는 것을 알 수 없는데, 이는 뇌가 정보를 해석하기는 하지만 이를 혼에 전달하는 기능이 없기 때문입니다.

하나님은 아담과 하와를 데려와서 그 속에 혼(Soul)을 넣으실 때 아담과 하와의 몸을 혼의 신호를 받아서 움직일 수 있는 방식으로 변경해 놓으신 것입니다. 또한 육체의 모든 정보를 혼이 받을 수 있도록 변경하셨습니다.

물론 영과 육체의 결합이나 혼과 육체의 결합은 태아가 형성될 때부터 이루어져야 합니다. 장성한 사람의 몸에 영이나 혼이 들어가면 이것은 신접에 해당됩니다. 신접하는 것은 하나님이 금하셨습니다. 제가 말하는 것은 태아가 형성될 때 영이나 혼이 있어서 육체와 연결되어 성장하는 것을 말합니다.

예수님도 하나님으로서 영(Spirit)입니다. 예수님은 이 땅에 동정녀 마리아를 통해서 사람으로 오셨습니다. 예수님이 사람으로 태어날 수 있었던 것은 마리아가 아담과 하와의 후손이기 때문입니다. 만약 아담과 하와의 후손이 아닌 다른 여인이 있었다면, 예수님은 이 여인을 통해서는 사람으로 올 수 없습니다. 아담과 하와의 후손이 아닌 사람의 DNA 정보는 영(Spirit)을 수용할 수 있는 기능이 없었을 것이기 때문입니다.

실제 사람의 DNA를 분석하고 객관적 자료를 가지고 말하는 것은 아닙니다. 이 내용은 성경의 의미를 현대의학에서 밝혀낸 DNA라는 정보를 사용하여 설명한 것입니다. 저는 의학적 근거를 제시할 능력이 없으며, 이 책은 의학책이 아니라서 과학적 근거를 제시하지는 않습니다.

영(Spirit)인 하나님의 아들들이 사람으로 태어날 수 있는 것은 하나님이 아담과 하와를 혼(Soul)이 있는 존재로 바꾸셨기 때문입니다.

Chapter 81

하나님의 아들들은
왜 아내를 얻으면 안 되는 것일까?

이 질문은 어리석게 보입니다. 사람은 누구나 결혼을 합니다. 남자는 여자를, 여자는 남자를 인생의 반려자로 맞이합니다. 하나님은 처음부터 남자와 여자로 창조하셨는데, 그 이유는 남자와 여자가 서로 사랑하고 생육하라는 것입니다. 그래서 창세기 1장 28절에는 [생육하고 번성하여 땅에 충만하라]는 명령을 주셨습니다. 남자와 여자가 만나서 서로 사랑하고 자녀를 낳는 것은 하나님이 목적하신 대로 사는 것입니다.

그런데 창세기 6장 1절에서 8절까지의 말씀을 보면, 하나님의 아들들이 사람의 딸들을 아내로 얻은 사건에서 하나님의 아들들이 크게 죄를 지은 것처럼 보입니다. 하나님의 아들들이 아내를 얻은 것은 죄가 되는 것일까요?

성경 말씀: 창세기 6장 2절
"하나님의 아들들이 사람의 딸들의 아름다움을 보고 자기들이 좋아하는 모든 여자를 아내로 삼는지라 여호와께서 이르시되 나의 영이 영원히 사람과 함께 하지 아니하리니 이는 그들이 육신이 됨이라 그러나 그들의 날은 백이십 년이 되리라 하시니라"

이 말씀을 보면, 하나님의 아들들이 아내를 얻은 것으로 인해 하나님이 사람과 함께하시지 않겠다는 것 같습니다. 그 이유가 그들이 육체가 되었다는 것입니다. 마치 하나님이 크게 노하신 것처럼 보입니다.

이 말씀에는 번역상의 문제가 있습니다.

창세기 6장 2절의 [그러나 그들의 날은 백이십 년이 되리라]는 말씀 중에서 [그러나]라는 부분입니다. 히브리어 원어에서 이 부분은 וַיְהִי[우하유]로서, 이 단어는 와우접속사 וְ[위]와 동사 הָיָה[하야]가 연결된 형태입니다. הָיָה[하야]는 영어로 Become이라는 의미이며, [~되다]는 뜻입니다. 이 문장에서는 [120년이 되다]라는 의미의 [되다]라는 동사입니다.

와우접속사 וְ[위]는 여러 가지 용법이 있습니다. [그리고]라는 의미로 문장과 문장을 나누고 문장의 시작을 알려 줄 때 사용하며, 나열형 접속사로도 사용됩니다. 여기서 이 접속사는 문장을 나누는 의미입니다. 본문에서는 [그러나]로 번역되었습니다. 그런데 이 문장에는 반대의 개념이 없습니다.

이 히브리어 원문을 번역하면 [⋯그들이 육신이 됨이라 그리고 그들의 날은 백이십 년이 되리라]로 되어 있습니다. 개역한글이나 개역개정에는 이 부분이 [그러나]로 번역되었습니다. 아마도 번역하는 분들이 아담 당시에는 모든 사람의 수명이 1,000년이었다는 선입견이 있었던 것 같습니다. 그래서 부정적 의미를 부여하기 위해 [그리고]를 [그러나]로 번역한 것 같습니다.

하지만 현대인의 수명은 아담 이전이나 지금이나 크게 바뀌지 않았습니다.

오히려 현대에 와서 보건과 의학기술의 발달로 수명이 조금 더 늘었습니다.

많은 분은 아담의 범죄로 인해 사람에게 죽음이 있게 되었고 이후에 노아의 홍수로 단명하게 되었다고 생각합니다. 이것은 하나님의 말씀을 오해한 것입니다. 사람이 단명하게 된 것은 노아 때의 홍수로 인한 것이 아닙니다. 이 내용은 [Chapter 88. 사람의 수명이 120년으로 단축된 사건?]에서 설명합니다.

이 말씀에서 얻을 수 있는 명제는 세 가지입니다. 첫 번째, 하나님의 아들들이 아내를 얻으면 그들은 육체가 된다는 것입니다. 두 번째, 하나님의 아들들이 사람이 되었다는 것입니다. 세 번째, 사람이 된 하나님의 아들들의 남은 수명은 120년이라는 것입니다.

이 세 가지 중에서 두 번째는 [Chapter 86. 하나님의 영이 영원히 사람과 함께 하지 않는다?]에서 설명합니다. 세 번째는 [Chapter 88. 사람의 수명이 120년으로 단축된 사건?]에서 설명합니다. 이 Chapter에서는 하나님의 아들들이 육체가 된 이유를 설명합니다.

하나님의 아들들이 아내를 얻으면 육체가 되는 것일까요?

맞습니다. 성경에는 분명히 그렇게 기록되어 있습니다. 하나님의 아들들이 사람의 딸들을 아내로 얻었기 때문에 그들이 육체가 되었다는 것입니다.

창세 6장 1절의 [사람들]은 혼(Soul)이 있는 아담과 하와의 후손입니다. [사람의 딸들]은 아담과 하와의 후손 중 여성을 의미합니다. 창세기 1장 28절에서 하나님은 사람을 창조하시고 [생육하고 번성하여 땅에 충만하라]고 명령했습니다. 사람은 기본적으로 생육하고 번성하도록 창조된 것입니다. 그런데 창세기 6장 2절의 하나님의 아들들은 영(Spirit)입니다. 이들은 비록 동산에서 아담과 하와가 있을 때 그들을 통해 사람으로 태어났어도 그 본질은 영입니다. 이 영들은 생육하고 번성하기 위한 목적으로 땅에 태어난 것이 아닙니다.

하나님의 아들들이 아담과 하와를 통해서 사람으로 태어나는 것은 [Chapter 72. 에덴동산과 경건한 자손과 하나님의 아들들]에서 설명했습니다. 하나님이 하나님의 아들들을 사람으로 보내시는 이유는 경건한 자손을 얻기 위해서입니다. 아담과 하와는 하나님의 백성인 혼(Soul)의 조상이 되기 전에 먼저 경건한 자손을 낳았습니다.

경건한 자손으로 태어난 하나님의 아들들은 아담과 하와를 통해 감정에 지배되지 않는 몸을 가졌습니다. 하나님의 아들들은 생명과를 먹은 후에 하나님이 원하는 수가 찰 때까지 현재의 몸 상태를 유지해야 합니다. 물론 이 일은 어렵지 않습니다. 그냥 살고 있으면 되기 때문입니다. 그래서 특별히 해야 할 일이 있는 것도 아닙니다.

설명을 위해 몸(Body)을 육체, 특화된 몸, 빛난 옷으로 구분합니다. [육체]는 평범한 사람의 몸으로 죽음이 있고 감정의 영향을 받는 몸입니다. [육체]는 하나님의 백성을 위한 정상적인 몸입니다. [특화된 몸]은 선악과를 먹지 않았던 아담과 하와의 몸입니다. [특화된 몸]은 육체에 해당되지만 감정의 영향을 받지 않도록 특별히 조정된 몸입니다. [빛난 옷]이란, 경건한 자손이 생명과를 먹은 후에 하나님 앞에 서게 될 때의 몸입니다. 요한계시록에서 몸을 가지고 있는 제사장의 모습을 [빛난 옷]을 입고 있는 모습으로 표현했기에 그렇게 표현했습니다.

창세기 6장 2절과 3절을 보면 [하나님의 아들들이 아내를 얻었기 때문에 그들이 육체가 되었다]고 했습니다. 아내를 얻기 전의 하나님의 아들들은 육체

(flesh)가 아니었다는 뜻입니다. 아내를 얻기 전의 몸은 [빛난 옷]의 상태였습니다. [특화된 몸]도 육체에 해당하기 때문입니다.

하나님의 아들들은 아담과 하와를 통해 [특화된 몸]을 가지고 태어났습니다. 경건한 자손은 생명과를 먹고 [빛난 옷]을 입은 상태가 되었습니다. 그런데 하나님의 아들들이 아내를 얻어 다시 [육체]가 된 것입니다. 아내를 얻었다는 말은 이 땅 위에서 평범한 사람으로 산다는 것을 의미하기 때문입니다.

어떤 이들은 하나님의 아들들이 남성만이 아니라 여성도 있다고 생각합니다. 다시 말해서 하나님의 아들들이라는 말에서 [아들들]이라는 단어는 [남자]만을 의미하는 것이 아니라 [신의 아이들]이라는 의미로 사용된 것이라는 주장입니다.

이런 주장이 옳다면, 하나님의 아들들은 남성과 여성으로 태어났을 것입니다. 그리고 하나님의 아들들 사이에서 결혼이 있었을 것입니다. 이렇게 말하고 보면, 자연스럽게 창세기 6장 1절에 기록된 사람의 딸들을 생각하게 됩니다. 창세기 6장 1절과 2절을 보면, 사람들에게서 딸들이 태어났습니다. 이 딸들은 아름다웠습니다. 그래서 아내(wives)로 삼았다고 기록되어 있습니다. 여기서 아내라는 히브리어 단어는 이샤(אִשָּׁה)입니다. 여성만을 의미하는 단어입니다. 하나님의 아들들과 결혼 할 상대는 모두 사람의 여성입니다. 이 말은 창세기 6장 1절에 언급된 하나님의 아들들 중에는 여성이 없다는 뜻입니다.

하나님의 아들들이 남성과 여성으로 태어났고 자신들끼리 결혼을 했다면 [하나님의 아들들이 사람의 딸들을 보고 아내로 삼았다]는 기록은 없었을 것입니다. 여성으로 태어난 하나님의 아들들이 사람의 딸들보다 더 아름다웠을 것으로 추측되기 때문입니다.

만약 남성으로 태어난 하나님의 아들들 일부가 사람의 딸과 결혼을 했다고 가정하면, 반대의 경우로 여성으로 태어난 하나님의 아들들 일부가 사람의 아들들과 결혼했을 수도 있었을 것입니다. 그렇다면 성경에 [사람에게서 아들과 딸들이 나니 하나님의 아들들이 사람의 딸의 아름다움과 사람의 아들의 잘생김을 보고 자기들이 좋아하는 모든 남자와 여자를 남편과 아내로 삼는지라]고 기록되지 않았을까요?

하나님이 영(Spirit)들을 아담과 하와를 통하여 사람으로 태어나게 할 때, 모두 남성으로 태어나게 하셨습니다. 처음에 하나님이 하나님의 아들들을 사람으로 태어나게 한 후에 서로 결혼하도록 계획하셨다면, 하나님의 아들들도 남성과 여성으로 태어났을 것입니다.

하나님이 하나님의 아들들을 모두 남성으로 태어나게 하신 것은 그들의 결혼을 전혀 고려하시지 않았다는 뜻입니다. 오히려 몸을 가지게 된 영(Spirit)들은 결혼하면 안 된다는 뜻이 있습니다. 하나님의 아들들이 사람으로 태어나는 목적은 사람들이 볼 수 있는 몸인 [빛난 옷]을 입기 위한 것이지, 인생을 사는 것은 아닙니다. 하나님의 아들들은 결혼하지 않고 육체적 관계도 갖지 않고 성적인 욕구도 느끼지 않으며 생명과를 먹고 만들어진 몸을 [빛난 옷]으로 그대로 가지고 있어야 합니다.

말라기 2장 15절의 [경건한 자손]이란 태어나기 전부터 하나님 옆에 있었기 때문에 붙여진 명칭입니다. 이들은 사람으로 태어나기 전부터 거룩한 영입니다. 하나님 옆에 있었던 영들이 아담과 하와를 통해서 [특화된 몸]을 가지고 태어났고 생명과를 먹으면 [빛난 옷]을 입게 됩니다. 하나님 옆에 있었던 거룩한 영들이 몸을 가지는 것입니다. 이 몸은 영들에게는 빛난 옷입니다. 이 옷을 입는 것은 백성들의 눈에 보이기 위해서입니다. 삶을 살기 위한 목적이 아닙니다.

경건하다는 말이 심신수련이나 생활습관에 관련된 것이라면 하나님이 아담과 하와를 창조하여 부끄러움을 느끼지 못하도록 만들고 에덴동산에 따로 두는 일은 필요하지 않았을 것입니다. 부끄러움을 느끼든 느끼지 않든 상관없이 정신수양과 심신수련을 강하게 명령하셨을 것입니다. 정신수양은 시작이 중요한 것이 아니라 그 끝이 중요합니다. 어떤 상태에서 시작하든, 정신수양을 통해서 경건의 상태에 도달할 것을 요구하셨을 것입니다.

하나님이 아담과 하와를 창조하시고 에덴동산을 만들어 바깥세상과 구분하신 것은 아담과 하와의 몸을 [특화된 몸]으로 유지하려는 목적이 있습니다. 아담과 하와가 부끄러움을 느끼지 않았다는 점에서 하나님께는 아담과 하와의 몸을 감정에 지배되지 않는 몸으로 만드는 일이 중요했음을 알 수 있습니다. 감정적 동요가 없고 감정의 지배를 받지 않는 몸을 하나님의 아들들에게 주려는 것입니다. 아담과 하와는 영(Spirit)인 하나님의 아들들을 사람으로 낳았습니다. 그래서 아담과 하와의 몸은 여전히 육체에 해당되는 몸이지만, 특별히 선악의 감정에 지배를 받지 않는 [특화된 몸]의 상태입니다.

감정의 지배를 받는 몸이 더럽다는 것은 아닙니다. 감정의 지배를 받는 것은 감정을 느끼는 것입니다. 사람이 감정을 느끼는 것은 정상입니다. 이 땅 위에서 삶을 사는 사람에게는 꼭 필요한 것입니다. 다만 아담과 하와는 선악의 감정에 영향을 받지 않는데, 이 상태를 다르게 표현할 수 없어서 [특화된 몸]으로 표현한 것입니다. [빛난 옷]이란 표현은 죽지 않는 몸이며 하나님의 영광(빛)에도 부서지지 않는 몸을 말합니다. 몸에서 빛이 난다는 뜻은 아닙니다.

사람이 이성과 육체적 관계를 맺는다는 것은 곧 이 땅에서 백성으로 산다는 의미입니다. 하나님의 아들들은 백성이 아닙니다. 만약 하나님의 아들들이 이성과 육체적 관계를 맺으면 그들의 몸은 하나님이 창조한 혼(Soul)의 몸과 같은 몸이 됩니다. 땅에서 생육하고 번성하는 몸으로 바뀝니다. 땅에서 생육하고 번성하기에는 적합하더라도 하나님 앞에서 하나님을 모시기에는 적합하지 않은 몸이 됩니다. 이런 몸을 가지는 것은 죄가 아닙니다.

하나님의 아들들은 하나님을 뵙기도 하고 하나님의 음성을 듣기도 합니다. 그러면서 하나님의 백성인 사람을 만나야 합니다. 사람은 육체를 가지고 땅에서 살기 때문에 이들에게는 사람의 눈에 보이는 몸이 필요합니다. 하나님의 아들들은 중보자로서 사람과 만나기 위해서 몸이 필요합니다. 그 외의 용도로는 필요하지 않습니다.

하나님의 아들들이 몸을 가지고 있어서 음식을 먹는다든지, 아름다운 광경을 본다든지, 부드러운 촉감을 느낀다든지, 감미로운 음악을 듣는 일은 당연히 가능하고 허용됩니다. 중보자가 된 하나님의 아들들은 하나님의 백성인 혼(Soul)과 소통을 해야 하기 때문입니다.

하나님의 아들들 역시 몸을 통해서 먹는 즐거움에 빠진다든가, 성적 쾌감에 빠진다든가, 스포츠를 통한 카타르시스(catharsis)를 느낀다든가, 경쟁에서 상대를 이길 때 희열을 느낀다든가 하는 감정적 느낌(feeling)에 빠질 수 있습니다. 그들의 몸도 이런 감정을 느낄 수 있는 기능이 있습니다. 이런 일을 하면 [빛난 옷]이 [육체]로 바뀝니다. 이런 일들은 하나님의 백성(Soul)들에게 다 허용된 것이지만 하나님의 아들(Spirit)들에게는 허락되지 않습니다. 하나님의 아들들은 밤낮으로 하나님을 섬기는 중보자가 되어야 하기 때문입니다.

하나님의 아들들이 감정에 빠지면, 판단이 흐려지거나 해야 할 일을 처리하지 못하는 등의 문제가 발생할 수 있습니다. 하나님을 위해 존재하는 영(Spirit)에는 맞지 않습니다.

앞에서 언급한 감정들은 긍정적인 면을 나열한 것이지만 이런 감정들은 동시에 부정적인 감정도 포함됩니다. 부끄러워한다든가, 치욕을 느낀다든가, 경쟁에서 질 때 분노를 느낀다든가 하는 감정들입니다.

하나님은 하나님의 아들들에게 몸을 가지도록 허락했으나 선악의 감정에 지배되지 않기를 원하셨습니다. 하나님의 백성(Soul)과 만나기 위해서는 몸이 필요하지만 감정에 지배되어서는 안 됩니다. 선악의 감정을 아는 것은 되지만 선악의 감정에 휩싸여서 잘못된 행동을 해서는 안 되기 때문입니다.

이 Chapter의 결론입니다.

하나님의 아들들은 하나님과 백성(Soul) 사이에서 중보자의 역할을 맡았습니다. 중보자가 되기 위해서 하나님의 아들들은 백성을 만날 수 있는 몸이 필요합니다. 그래서 하나님의 아들들은 아담과 하와를 통해서 [특화된 몸]을 가지고 에덴동산 안에서 태어났습니다. 생명과를 먹고 하나님의 아들들의 [특화된 몸]은 [빛난 옷]이 되었습니다. 죽지도 않고, 늙지도 않고, 병들지 않고, 아프지 않은 완전한 몸입니다. 하나님의 영광을 받아낼 수 있는 강한 몸입니다. 또한 감정에 지배되지 않는 몸입니다.

하나님의 아들들은 [빛난 옷]의 상태를 유지해야 합니다. 백성과 같은 삶을 살아서는 안 됩니다. 하나님의 아들들은 아내를 얻어서는 안 됩니다. 아내를 얻는 것은 백성의 삶을 사는 것이기 때문입니다.

Chapter 82

하나님의 아들들은 언제 아내를 얻었을까?

하나님의 아들들은 언제 사람의 딸들을 아내로 얻었을까요?

이런 질문을 왜 할까요? 이 질문이 왜 중요할까요? 이 주제를 하나의 Chapter 로 잡는 이유는 하나님의 아들들에 관한 내용을 이해하는 데 매우 중요한 정보 가 되기 때문입니다.

> 성경 말씀: 창세기 6장 1절
> "사람이 땅 위에 번성하기 시작할 때에, 그들에게서 딸들이 나니, 하나님의 아 들들이 사람의 딸들의 아름다움을 보고, 자기들이 좋아하는 모든 여자를 아내 로 삼는지라"

이 말씀에서 그 해답을 얻을 수 있습니다. 하나님의 아들들은 사람의 딸들이 자라서 결혼적령기가 되었을 때 아내를 얻었을 것입니다. 하나님의 아들들이 아내를 얻은 시기는 사람이 땅 위에 번성하기 시작해서 한 20~30년이 흐른 후였 을 것입니다. 물론 이미 다 자란 여성이 있었을 수도 있습니다. 또는 더 시간이 필요했을 수도 있습니다.

하나님의 아들들이 모두 모여서 한 번에 합동결혼식을 했을 것 같지는 않습니다. 그들 중에서 첫 번째 사람이 결혼했을 때부터 마지막 사람이 결혼했을 때까지 몇 년 정도의 시간적 차이는 있었을 것입니다. 물론 하나님의 아들들은 결혼을 한 번만 했다고 생각합니다.

그렇다면 언제부터 사람이 땅 위에 번성하기 시작했을까요? 성경에는 정확한 연대가 나와 있지 않습니다. 그래도 대략 추측할 수는 있습니다.

성경 말씀: 창세기 4장 26절
"셋도 아들을 낳고, 그의 이름을 에노스라 하였으며, 그 때에 사람들이 비로소 여호와의 이름을 불렀더라"

이 말씀에서 사람들이 여호와의 이름을 불렀다고 기록되어 있습니다. 이 부분에 대해서는 [Chapter 16. 에노스 때에 하나님의 이름을 부른 사람들은 누구인가?]에서 설명했습니다.

이때부터 주위에 있는 많은 사람이 아담과 그의 가족을 지역사회의 일원으로 받아들였을 것입니다. 아담의 가족이 안전구역에서 벗어나도 죽지 않는 상황이 된 것입니다. 이에 대해서는 [Chapter 65. 사람들은 왜 가인을 죽이려 했을까?]에서 설명했습니다.

창세기 6장 1절에는 [사람이 땅 위에 번성하기 시작할 때에]라고 기록되어 있습니다. 여기에 나오는 [사람]은 하나님의 관점에서 바라보는 사람이기 때문에 아담과 그의 가족을 의미합니다. 아담과 그의 가족은 혼(Soul)이 있는 사람들입니다.

창세기 4장 26절에서 비로소 여호와의 이름을 불렀던 사람들은 아담의 후손이 아니라 혼이 없는 다른 사람들입니다. 혼이 없는 주변의 사람들이 에노스가 태어났을 무렵에 아담의 가족을 지역사회의 일원으로 받아들였다는 것입니다. 혼이 없는 사람들이 더는 아담의 가족을 죽이려고 하지 않게 되었다는 것입니다. 아마도 이때부터 아담의 가족이 안전지역을 벗어나서 땅 위에서 번성하기 시작했을 것입니다. 번성하는 것이 최고조에 달해 땅 위에 가득했다는 말이 아니라, 이때부터 시작되었다는 것입니다. 시작되었다는 말은 당시에 아담의 가족은 그리 많지 않았다는 의미입니다.

만약 아담의 가족이 땅 위 여기저기를 두루 다닐 때 가인이 두려워했던 것처럼 만나는 사람마다 아담의 가족을 죽이려고 한다면, 아담의 가족은 땅 위에서 번성할 수 없습니다.

창세기 6장 1절에서 사람이 땅 위에 번성하기 시작할 때는 아무리 빨라도 에노스 때일 것입니다. 이때는 아담이 동산에서 나온 후로 135년이 흐른 뒤였습니다.

이때 아담이 낳은 딸들이 있었을 것입니다. 아담이 셋을 낳은 후로 계속해서 105년 동안 자녀를 낳았다고 가정하고 그중에는 딸도 있었다고 가정하는 것입니다. 다만, 성경에는 기록이 없으므로 추측만 가능합니다. 아마도 셋이 에노스를 낳았을 당시에 몇 명인지는 모르겠지만 아담에게 장성한 딸들이 있었을 것입니다.

하나님의 아들들이 사람의 딸들을 아내로 얻기 시작한 시기가 사람이 땅 위에 번성하기 시작한 때입니다. 하나님의 아들들이 사람의 딸들을 아내로 얻기 시작한 때는 아담이 동산을 나온 지 135년이나 지난 후였다는 것입니다.

이 말씀을 묵상할 때, 아담과 하와가 인류의 시작이고 다른 사람은 없었다고 주장하게 되면 이 말씀은 풀리지 않습니다. 에노스 때에 이르러 하나님의 이름을 부르기 시작한 사람들이 있었다는 것을 인정해야 비로소 창세기의 비밀 중 하나가 풀릴 것입니다. 에노스 때에 하나님의 이름을 불렀던 사람에 관한 내용은 [Chapter 16. 에노스 때에 하나님의 이름을 부른 사람들은 누구인가?]에서 설명했습니다.

만약 하나님의 아들들을 셋의 후손이나 타락한 천사라고 가정해도 이 말씀은 풀리지 않는 비밀이 되고 맙니다. 지금은 하나님의 아들들과 노아의 홍수에 관한 내용을 풀어 가고 있습니다. 성경에서 말하는 역사를 바르게 이해하면, 이 기록이 비밀이 아니라는 것을 알 수 있습니다. 본래는 비밀이 아니었는데 당시 상황을 알지 못하는 현대인에게는 창세기의 내용이 비밀처럼 된 것입니다.

하나님의 아들들이 사람의 딸들을 아내로 얻었던 시기를 아는 것은 당시 상황을 이해하는 데 매우 중요합니다. 하나님의 아들들이 사람의 딸들인 아담의 후손을 아내로 얻기 시작한 해는 에노스가 태어난 이후가 됩니다. 이때는 아담의 나이가 235세였고 셋의 나이가 105세였으며 아담이 동산에서 나온 후로 135년이 흐른 후였습니다. 하나님의 아들들은 동산 밖으로 나온 후로, 135년이 흐르는 동안 아내를 얻지 않은 상태로 살았다는 뜻입니다.

또한 20명에서 30명쯤 되는 하나님의 아들들이 아담의 후손 중에서 여성을 아내로 얻으려면, 에노스 이후로 조금 더 시간이 필요했을 것입니다. 아담의 후손 중에서 딸이 최소한 20~30명 이상이 태어나야 하고 이 여성들이 결혼할 수 있을 만큼 성장해야 합니다. 그뿐 아니라 동시에 30명의 딸이 태어나거나 동시에 결혼식을 올리는 것도 아니었을 테니 30여 명의 하나님의 아들들이 결혼할 때는 각각 몇 달이나 몇 년씩 차이가 있었을 것입니다.

창세기 6장 1절에서 [사람이 땅 위에 번성하기 시작할 때]는 아담이 동산에서 나온 지 135년이 흐른 후입니다. 20명에서 30명의 딸이 20살 정도로 성장하기까지 대략 50년을 잡아 봅니다. 그러면 사람이 땅 위에 번성하기 시작하여 하나님의 아들들이 아내를 얻는 시기는 아담이 동산을 나온 후로 135년에서 185년 사이였을 것입니다.

Chapter 83

사람의 딸들의 아름다움을 보았다?

많은 분이 이 말씀에서 오해를 합니다. 하나님의 아들들이 사람의 딸들을 보았는데 그녀들의 아름다움만 보고 육신의 정욕에 빠졌다는 오해를 합니다. 물론 성경 말씀만 보면 이런 오해를 할 수도 있겠다는 생각이 듭니다. 이것이 오해라는 것을 지금부터 설명합니다.

이 말씀의 히브리어 원문을 살펴보면, 원문의 내용이 한글 성경과 크게 다르지는 않습니다. 히브리어 원문을 그대로 직역한다면 다음과 같습니다.

"하나님의 아들들이 사람의 딸들을 보았다. 그들은 좋았다"

이 말씀의 원어를 보면 다음과 같습니다.

וַיִּרְא֤וּ בְנֵי־הָֽאֱלֹהִים֙ אֶת־בְּנ֣וֹת הָֽאָדָ֔ם כִּ֥י טֹבֹ֖ת הֵ֑נָּה
[와이르우 베네-엘로힘 에트-버노우트 하아담 키 토보트 헨나하]

וַיִּרְא֤וּ בְנֵי־הָֽאֱלֹהִים֙ אֶת־בְּנ֣וֹת הָֽאָדָ֔ם[와이르우 베네-엘로힘 에트-버노우트 하아담]은 하나님의 아들들이 사람의 딸들을 보았다는 뜻입니다. כִּ֥י[키]는 관계대명사로, 뒤에 나오는 문장이 앞에 있는 [사람의 딸들]을 설명합니다. הֵ֑נָּה

טבת[토보트 헨나하는 [그녀들은 좋았다]는 의미입니다. הֵנָּה[헨나하]는 인칭대명사로 3인칭·여성·복수의 형태입니다. 이 문장은 하나의 문장으로 직역하면, [하나님의 아들들이 아름다운 사람의 딸들을 보았다]가 될 것입니다. 문장을 순서대로 배열하면 [하나님의 아들들이 사람의 딸들을 보았다. 그녀들은 아름다웠다]가 됩니다.

개역한글과 개역개정에는 [하나님의 아들들이 사람의 딸들의 아름다움을 보고]라는 말씀으로 번역되어 있습니다. 여기서 [아름다움]이라는 단어는 히브리어 טוב[토브]입니다. 이 טוב[토브]라는 단어는 창세기 1장에서 [하나님이 보시게 좋았더라]고 말씀하신 그 [좋았더라]입니다. 창세기 2장 9절에서 [먹기에 좋은]이라는 문구에서 [좋은]이라는 단어입니다. 또한 창세기 2장 17절에서 [선악을 알게 하는 나무]라는 문구가 나오는데, 여기서 [선악]의 [선]이 טוב[토브]입니다. 킹제임스 버전에서는 טוב[토브]가 영어 fair로 번역되었습니다.

이처럼 טוב[토브]라는 단어는 단순히 아름답다는 의미만 있는 것이 아니라, 긍정적 표현을 포괄적으로 사용했던 단어입니다. 성격이 좋아서 좋다고 표현할 때도 טוב[토브]이고, 재미있는 사람이라서 좋을 때도 טוב[토브]입니다. 물론 본문에서는 딸들을 보았다로 기록되어 있어서, טוב[토브]는 미인형 얼굴을 의미하는 것으로 추측됩니다.

만약 미인형 얼굴을 가지고 태어난 여성과 결혼하는 것이 죄라고 한다면, 미인으로 태어난 여성들은 결혼하지 말아야 할까요? 당연한 말이지만 아름다움을 보고 아내로 삼았다고 해서 죄가 되는 것은 아닙니다.

본문에서 하나님의 아들들이 사람의 딸들의 아름다움을 보았다고 합니다. 이 말씀의 의미는 무엇일까요?

하나님의 아들들을 10명이라고 가정합니다. 사람의 딸들은 100명이라고 가정합니다. 얼굴의 미모를 평가하여 100명의 여성에게 순위를 정합니다. 그리고 10명의 하나님의 아들들이 1번부터 10번까지의 여성을 선택하여 아내로 삼습니다. 이 순위에 들지 못하는 여성은 아내로 삼지 않습니다.

이런 의미였을까요?

물론, 아닙니다. 그런데도 왠지 사람들은 이런 의미로 생각하는 것 같습니다. 누군가가 이렇게 해석한다는 말이 아니라 이 말씀을 읽을 때, 읽는 사람의 머릿속에 이런 생각이 들게 된다는 것입니다. 이런 생각은 오해입니다. 아마도 성경에 더 정확한 설명이 없어서 오해하는 것으로 보입니다.

당시에는 아담과 하와의 후손만 있었던 것이 아니라 이미 많은 사람이 살고 있었습니다. 이들은 혼(Soul)이 없는 사람들입니다. 아담 이전에도 처음부터 땅 위에는 혼이 없는 사람들이 많이 살고 있었고 이들은 평범한 사람들입니다.

하나님이 어느 날 혼이 없는 평범한 남자 청년 한 명을 선택하여 코에 혼(Soul)을 불어넣으셨고 에덴동산에 두셨습니다. 하나님은 다시 혼이 없는 평범한 여성 청년 한 명을 선택하여 에덴동산에 두시고 처음에 아담에게 넣었던 혼(Soul)을 이 여성에게로 옮기셨습니다. 이 남자는 아담이고, 이 여자는 하와입니다.

아담과 하와가 에덴동산 밖으로 쫓겨난 후에 자녀를 낳았습니다. 이렇게 태어난 자녀들은 혼이 있습니다. 혼이 있는 부모에게서 자녀가 태어나면, 자녀에게 혼이 생성됩니다. 이렇게 생성된 혼(Soul)이 삶의 주체이며 독립된 자아입니다.

언뜻 같은 방식으로 영이 있는 사람에게서 영(Spirit)이 있는 사람이 태어난다고 생각할 수 있습니다. 그런데 그렇지 않습니다. 영(Spirit)은 태어날 때 생성되는 것이 아니라 하나님 옆에 있다가 하나님의 명령을 받고 이 땅으로 내려와서 사람으로 태어나는 경우입니다.

당시에 모든 사람에게 혼이 없었고 아담에게도 혼이 없었습니다. 혼(Soul)이 있는 사람은 하와와 그녀의 자손입니다. 하와는 아담에게서 옮겨진 혼이 있습니다. 하와의 자손은 어머니 혼으로부터 새롭게 태어난 혼입니다. 혼에게서 혼이 태어납니다.

아담과 하와는 에덴동산에서 하나님이 직접 만든 좋은 효능의 나무의 열매를 먹고 지냈습니다. 그런 이유로 아담과 하와의 유전자는 완전해졌습니다. 이후 아담과 하와가 에덴동산 밖에서 살게 되었어도 아담과 하와의 유전자는 계속해서 우월한 유전자였습니다. 비록 언젠가는 죽게 될 상황이 오게 되겠지만 병에 걸리지 않았고 노화의 속도도 매우 느렸습니다. 아담은 병에 걸리지 않는 몸으로, 건강하게 930살까지 살게 되었습니다.

아담이 태어났을 당시, 아담의 부모와 아담이 속했던 사회와 마을과 모든 지역의 사람들은 모두 완전하지 않은 유전자를 가지고 있었습니다. 아프고, 병들고, 노화되는 유전자입니다. 그뿐만 아니라 몸의 기능에 이상이 생기기도 하고 기형적인 체형을 가지고 태어나기도 합니다. 지금과 크게 다르지 않습니다.

창세기 6장 2절의 [사람의 딸들]이라는 표현은 아담과 하와의 후손을 의미합니다. 혼이 없는 사람들은 하나님의 관심 밖에 있습니다. 여기서 말하는 사람은 혼(Soul)이 있는 아담과 하와의 후손입니다. 창세기 6장 1절에 [사람이 땅 위에 번성하기 시작했다]는 표현에서, [사람]은 아담과 하와의 후손입니다.

아담과 하와의 후손은 남자나 여자를 불문하고 얼굴과 몸의 균형이 잘 잡혀 있고 유전자 변형 없이 좋은 몸을 가지고 태어났습니다. 그들은 남성과 여성 모두 뛰어난 미모를 가지게 되었습니다. 여성만이 아니라 남성도 뛰어난 미모를 가졌다는 뜻입니다. 그들이 아름답게 태어난 것도 아담과 하와가 에덴동산 안에서 좋은 나무의 열매를 먹고 좋은 효과를 얻었기 때문입니다.

아담과 하와의 후손 중에서 여성의 미모가 뛰어났다는 말은, 혼(Soul)이 없는 다른 사람들과 비교했을 때 그렇다는 말입니다. 당시 세상에 퍼져 살고 있었던 혼이 없는 사람들은 모두 평범한 모습이었을 것입니다. 혼이 없는 여성 대부분은 그렇게 아름답지 않았습니다. 어쩌면 아름다움과는 상관이 없는 얼굴 형태였을 수도 있습니다.

아담과 하와의 후손으로 태어난 남성과 여성은 기본적으로 얼굴의 균형이 잘 잡혀 있었고 피부가 매끄럽고 잡티나 흠이 없었을 것입니다. 남성과 여성 사이에서는 미모가 크게 차이 나지 않았을 것입니다. 굳이 누가 더 아름답다거나 누가 못났다거나 하지는 않았을 것입니다. 거의 모든 남성과 여성이 평균적으로 같은 수준이었을 것입니다. 물론 사람이기 때문에 차이는 있었을 것입니다.

아담과 하와의 후손인 여성과 혼이 없는 일반 여성의 미모를 평균적으로 비교했을 때, 아담과 하와의 후손인 여성의 미모가 뛰어났다는 것입니다. 아담과 하와의 후손 중에서 가장 못났다고 평가되는 여성이 있다고 가정할 때, 혼(Soul)이 없는 일반 여성 중에서 가장 뛰어난 여성보다 더 아름답게 보였을 것이라는 말입니다.

당시 하나님의 아들들이 여성을 미모로 평가했다는 말이 아닙니다. 일반 여성과 아담 계보의 여성은 평균으로 볼 때, 많은 차이가 났고 이런 차이는 한 번만 보고도 느낄 수 있었다는 것입니다. 현대의 일반 여성과 고대 털이 많고 울퉁불퉁한 얼굴의 네안데르탈인 여성을 번갈아 보는 느낌이었을 것입니다.

어떤 남성이 아담과 하와의 후손 중 한 여인과 결혼했다고 가정합니다. 이 남성은 상대 여성의 미모를 보지 않고 성품을 보고 결혼했습니다. 그래서 이 여성은 그 동네에서는 평범한 미모였습니다. 그런데도 이 여성은 다른 지역의 여성에 비해서 뛰어난 미모였다는 의미입니다.

창세기 6장 2절의 [아름답다]는 말은 사람 개개인의 미모를 비교했다는 말이 아닙니다. 이 말은 아담과 하와의 후손인 남성과 여성의 미모가 전체적으로 아름답다는 집합적인 표현입니다. 다만 하나님의 아들들이 남성이기 때문에 아담과 하와의 후손 중 여성만을 대상으로 기록한 것입니다. 아담과 하와의 후손은 미모가 매우 뛰어났고 여태까지 땅 위에 살았던 혼(Soul)이 없는 사람들의 미모로는 따라갈 수 없는 미모라는 것입니다. 이는 혼이 없는 기존의 모든 사람과 아담과 하와의 가족을 집합적으로 비교한 말입니다.

왜 이런 기록이 남게 되었는지를 설명합니다.

하나님의 아들들이 아담과 하와와 함께 에덴동산 밖으로 나왔고 주위에 있는 사람을 만납니다. 하나님의 아들들은 혼(Soul)이 없는 일반 여성만 볼 수 있었습니다. 아담과 하와가 딸을 낳지 않았을 때, 하나님의 아들들은 그들이 처음 보는 일반 여성의 모습을 기본적인 미의 기준으로 삼을 것입니다. 자연스러운 일입니다. 아담과 하와가 딸을 낳더라도 그 딸의 미모를 확인하려면 최소한 15~20년이 더 지나야 했을 것입니다. 물론 어릴 때도 얼굴의 균형이 잘 잡히고 예쁠 수 있습니다.

아담은 자녀를 매우 늦게 낳았습니다. 가인과 아벨을 낳고 아벨이 죽은 후에 셋을 낳았는데, 아벨과 셋의 나이 차이는 거의 20년쯤 됩니다. 아담의 아들인 셋도 에노스를 낳았는데 셋은 105세에 에노스를 낳았습니다.

하나님의 아들들은 에덴동산에서 나온 후로 거의 30년 동안 아담의 직계 자손 중에서 딸을 보지 못했을 것입니다. 아담이 자녀를 빨리 낳지 않았다는 것을 전제로 말하는 것입니다. 그러다 아담과 하와의 자손 중에서 딸들이 태어났고 딸들이 자라면서 20년이 흘렀다고 가정합니다. 하나님의 아들들은 에덴동산 밖으로 나온 후로 50년 만에 일반 여성과는 차원이 다른 미모를 보게 된 것입니다.

창세기 6장 2절에는 하나님의 아들들이 사람의 딸들의 아름다움을 보았다고 기록되어 있습니다. 하나님의 아들들이 여성을 줄 세우고 가장 아름다운 여성을 골랐다는 뜻이 아닙니다. 하나님의 아들들이 아름다운 아내를 얻기 위해 여러 지역을 돌아다닌 것도 아닙니다.

하나님의 아들들은 에덴동산에서 나온 후로, 자연스럽게 아담과 하와의 가족들이 사는 그 지역에 함께 머물러 있었을 것입니다. 그렇게 아담과 하와의 후손이 땅에 번성하기 시작했을 무렵, 하나님의 아들들은 아내를 얻기로 했습니다. 그때 하나님의 아들들은 자신이 머문 지역에서 자연스럽게 아내를 구하게 되었습니다. 그런데 하나님의 아들들이 아담과 하와의 후손 중 어떤 여성을 선택하든지, 그들의 아내는 모두 아름다웠습니다. 하나님의 아들들이 아내를 선택할 때 미모를 기준으로 삼지 않았다는 말을 하는 것입니다.

이제 다시 원문을 보겠습니다.

"하나님의 아들들이 사람의 딸들을 보았다. 그들은 좋았다"

이 말씀은 하나님의 아들들이 처음으로 아담과 하와의 딸들이 태어나고 자라는 것을 보았다는 것이고, 그녀들이 혼이 없는 여성들에 비해서 매우 아름다웠다는 의미입니다.

이렇게 한번 생각해 보세요.

양자물리학에 열정적인 한 남성이 한 여성을 소개받았습니다. 그 여성은 품성이 매우 좋았습니다. 여성은 물리학을 전공했고 특히, 양자역학에 전문적인 지식을 쌓았습니다. 이 남성은 양자물리학을 논할 수 있는 여성이라는 점에서 만나기 전부터 큰 기대를 하게 되었습니다. 그런데 만나 보니, 기대했던 대로 정말 원하는 대화를 나눌 수 있었습니다. 게다가 이 여성은 대단한 미모를 가지고 있었고 부모에게 물려받은 재산도 매우 많았습니다. 이 남성은 이 여성과 결혼을 했습니다.

이 남성은 단지 양자물리학을 마음껏 논할 수 있다는 점에서 이 여성을 선택했습니다. 여성도 남성을 선택했습니다. 남성과 여성이 서로를 선택했습니다.

사람들은 남성의 마음을 몰랐기 때문에 여러 가지 소문을 만들어냅니다. 어떤 이는 여성의 미모가 뛰어났기 때문에 남성이 접근한 것이라고 말합니다. 이 남성은 자신도 모르게 여성을 미모로 판단하는 사람이 되어 있었습니다. 또 어떤 이는 남성이 재산을 노리고 접근한 것이라고 말합니다. 이 남성은 자신도 모르게 돈을 노리는 사람이 되어 있었습니다.

사람들은 하나님의 아들들을 잘 모릅니다. 왜 아내를 얻었어야 했는지, 어떤 기준으로 아내를 선택했는지, 당사자의 말을 듣지 못했습니다. 성경에는 하나님의 아들들이 한 말이 전혀 기록되어 있지 않습니다. 그래서 하나님의 아들들을 나쁘게 판단하는 것은 실수일 가능성이 큽니다.

결론적으로, 창세기 6장 2절에서 [하나님의 아들들이 사람의 딸들의 아름다움을 보고]라는 것은 하나님의 아들들이 여성의 미모에 빠졌다는 뜻이 아닙니다. 단지, 아담과 하와의 후손인 사람의 딸들이 매우 아름다웠다는 사실을 기록한 것입니다.

Chapter 84

좋아하는 모든 여자를 아내로 삼는다?

창세기 6장 2절에는 [자기들이 좋아하는 모든 여자를 아내로 삼았다]고 기록되어 있습니다. 이 기록을 보면, 하나님의 아들들이 여성을 마음대로 선택하고 강제로 아내로 삼았던 것처럼 보입니다. 여성들은 하나님의 아들들에게 저항하지 못하고 끌려간 것처럼 보이기도 합니다.

또한 하나님의 아들들이 각자 한 명의 아내를 얻은 것이 아니라 여러 명의 아내를 두고 아름다운 여성을 볼 때마다 그 여성을 강제로 자신의 아내로 삼은 것처럼 보입니다. 하나님의 아들들이 성적 탐욕을 부린 것으로 보입니다.

그래서 많은 분이 이 말씀을 설명하면서, 하나님의 아들들을 나쁘게 표현합니다. 타락한 천사라고 하거나 경건한 셋의 후손이었는데 성적으로 타락했다고 해석합니다.

이 Chapter에서는 원문의 내용을 분석하고 이 말씀의 의미를 바르게 해석하고자 합니다. 우선 이 말씀의 히브리어 원어를 살펴보겠습니다.

וַיִּקְחוּ לָהֶם נָשִׁים מִכֹּל אֲשֶׁר בָּחָרוּ

[와이크후 라헴 나심 미콜 아세르 바하루]

וַיִּקְחוּ[와이크후]는 접속사 וְ[와우]와 동사 לָקַח[라콰크]의 칼(Qal)동사·미완료·3인칭·남성·복수의 형태가 합쳐진 것입니다. 접속사 וְ[와우]는 [그리고]라는 뜻입니다. לָקַח[라콰크]는 영어로는 take로 번역되며, 한글로는 [취하다]는 뜻입니다. וַיִּקְחוּ[와이크후]는 [그리고 그들이 취했었다]는 뜻입니다.

לָהֶם[라헴]은 인칭대명사로 영어로는 for themselves입니다. 한글로는 [그들 자신을 위해서]라는 뜻입니다.

נָשִׁים[나심]은 여성명사 אִשָּׁה[이샤]의 여성·복수의 형태입니다. אִשָּׁה[이샤]는 여성,아내라는 뜻입니다. נָשִׁים[나심]은 복수의 형태로 [아내들]이라는 뜻입니다.

מִכֹּל[미콜]은 불분리전치사 מ[민]과 명사 כֹּל[콜]이 합쳐진 형태입니다. 불분리전치사 מ[민]은 [~으로부터]라는 뜻이며, 영어로 from에 해당합니다. כֹּל[콜]은 전부라는 뜻의 명사입니다. מִכֹּל[미콜]은 [전부로부터]라는 의미인데, 이해하기 쉽게 [전부를]이라고 번역하면 될 것 같습니다.

אֲשֶׁר[아세르]는 관계대명사입니다. 뒤에 오는 문장으로 앞의 단어를 보완 설명합니다.

בָּחֲרוּ[바하루]는 בָּחַר[바카르]의 칼(Qal)동사·완료형·3인칭·중성·복수의 형태입니다. בָּחַר[바카르]는 영어로는 choose에 해당하며, 한글로는 [선택하다]라는 뜻으로 사용됩니다. בָּחֲרוּ[바하루]는 [그들이 선택했다]는 의미입니다.

히브리어 원문을 단어 순서대로 직역하면 [그리고 그들이 취했었다. 그들 자신을 위해서 아내들로 모두를 그들이 선택했다]가 됩니다.

이 단어들을 문장으로 만들면 [그리고 그들이 자신을 위해서 아내들을 취했다. 그들이 선택했던 모두를]이라는 문장이 됩니다.

다시 이 문장을 매끄럽게 바꾸면 [그리고 그들이 자신들을 위해서 그들이 선택했던 모두를 아내로 취했다]가 됩니다.

창세기 6장 2절의 히브리어 원문에는 [좋아하는]이라는 단어가 없습니다. 한글 성경에는 [자기들이 좋아하는 모든 여자를 아내로 삼았다]로 되어 있는데, 히브리어 원문에는 [자기들이 좋아했다]는 단어가 없습니다. 이것은 [자신들이 선택했다]는 단어 בָּחָרוּ[바하루]를 자신들이 좋아했다는 의미로 바꾸어 번역한 듯합니다.

영어 성경 NIV에는 and they married any of them they chose로, KJV에는 and they took them wives of all which they chose로, NASB에는 and they took wives for themselves, whomever they chose로 번역되었습니다. 영어 성경에는 [좋아한다]는 단어가 들어 있지 않고, [선택했다]는 단어가 들어가 있습니다. 영어 성경은 원문에 가깝게 번역되었습니다.

한글 성경의 내용이 바뀐 것을 보면, 아마도 번역하는 분들에게 선입견이 있었던 것으로 보입니다. [선택했다]는 말을 여성의 얼굴을 보고 미모를 따져서 선택했다고 해석했고, 이는 앞에서 [사람의 딸들이 아름다웠다]는 문장의 영향을 받은 듯합니다. 또한 하나님의 아들들이 죄를 범했다는 것을 가정해서 번역한 것으로 보입니다.

한글 성경에는 본문의 내용을 [좋아하는 모든 여자를 아내로 삼았다]고 번역되어 있습니다만, 이렇게 번역할 것이 아니라 [그들이 택한 여자를 그들의 아내로 삼았다]로 번역했어야 합니다.

[좋아하는 모든 여자를 아내로 삼았다]는 번역도 번역상 잘못되었다고 말할수는 없습니다. 그러나 이 문장은 읽는 사람의 생각을 한 방향으로 유도합니다. 하나님의 아들들이 아내를 선택할 때 미모에 편중되었다는 생각을 읽는 사람에게 강제로 주입하는 문장입니다.

[그들이 택한 여자를 아내들로 삼았다]라고 번역한다면, 이 문장은 읽는 사람에게 단순한 사실만을 전달합니다. 판단을 강요하지 않는 문장이 됩니다. 히브리어 원문에서 [선택했다]는 단어를 사용했다면, 번역도 그렇게 하는 것이 옳다고 생각합니다.

사람들이 이 말씀을 읽으면서 [좋아하는 모든 여자]라는 문구에서 하나님의 아들들 각자가 한 명의 아내를 얻은 것이 아니라, 마음에 드는 여성이 나타날 때마다 아내로 삼았다는 생각을 하게 됩니다. 그래서 한 명이 여러 명의 아내를 소유했고 또 계속해서 여성들을 아내로 삼았다고 생각합니다. 하나님의 아들들 모두가 이렇게 했다는 것입니다.

그런데 이렇게 한번 생각해 보세요.

한 명의 남성이 자신이 머무는 지역에서 한 명의 여성을 만났습니다. 이 남성은 자신이 사는 지역의 여성 중에서 자기의 기준에 따라 아내가 될 여성을 선택했습니다. 이 남자는 그 여성에게 청혼했습니다. 여성도 깊이 고려한 끝에 청혼을 받아들입니다.

보통의 경우, 남성과 여성은 각자 자신이 좋아하는 사람을 배우자로 선택합니다. 좋아하지 않는 사람을 배우자로 선택하지 않습니다. 그래서 좋아하는 여성을 아내로 삼는 것은 죄가 아니라 오히려 당연한 일입니다. 그런데 유독 창세기 6장 2절의 [좋아하는 모든 여자를 아내로 삼는다]는 말씀에서 [좋아하는 여자를 선택하는 것]을 죄악시하는 것 같습니다.

그 지역에 이 남성과 같은 또래의 남성들이 9명이 더 있다고 가정합니다. 이렇게 10명의 남성은 각 개인이 자신의 기준에 따라 좋은 여성을 아내로 선택했고 여성들도 자신의 기준에 따라 이 남성들의 청혼을 받아들였습니다. 청혼을 거절한 여성도 있었다고 가정합니다. 이 10명은 합동결혼식을 올리기로 했습니다. 결혼식 당일에 사회를 맡은 분은 이 내용을 어떻게 표현할까요?

신랑이 10명이므로 [그들]이라는 복수로 표현할 것입니다. 그래서 문장은 [그들이 여자를 아내로 삼았다]가 됩니다.

신부도 10명이므로 [아내들]이라는 복수로 표현할 것입니다. 그래서 문장은 [그들이 여자를 아내들로 삼았다]가 됩니다.

남성은 좋아하는 여성을 선택했습니다. 여성도 좋아하는 남성을 선택했습니다. 특별한 상황이 아니면 좋아하지 않는 사람을 결혼 상대로 선택하지 않았습니다. 그래서 남성의 입장이든 여성의 입장이든 [선택했다]는 표현을 사용할 것입니다. 문장은 [그들이 선택한 여자를 아내들로 삼았다]가 됩니다. 물론 여성으로서는 [그녀들이 선택한 남자를 남편들로 삼았다]가 됩니다.

참석해야 할 여성의 수는 10명입니다. 10명이 참석했다면 [모두] 참석한 것이 됩니다. 그래서 문장은 [그들이 선택한 여자 모두를 아내들로 삼았다]가 됩니다.

남성이든 여성이든 결혼은 자신의 인생을 위한 것입니다. 문장에 [자신을 위해서]라는 문구를 추가합니다. 그래서 문장은 [그들이 자신을 위해서 그들이 선택한 여자 모두를 아내들로 삼았다]가 됩니다. 이 내용을 여성의 관점에서 글로 표현해도 같습니다. [그녀들은 자신을 위해서 그녀들이 선택한 남자 모두를 남편들로 삼았다]가 됩니다.

다시 말해서 [자기들이 좋아하는 모든 여자를 아내로 삼았다]는 말씀은 문법상으로는 번역에 문제가 없습니다. 그러나 내용으로 보면, 오해를 불러일으키는 잘못된 번역이라고 할 수 있습니다.

이 문장은 단순한 사실을 기록한 것입니다. 한 명의 남자가 한 명의 여자를 선택하고 선택받은 그 여성도 이 남성을 선택했다는 의미입니다. 두 사람은 서로를 선택했고 결혼했다는 뜻입니다. 이 남성들은 하나님의 아들들이며 이렇게 결혼한 하나님의 아들들은 한 명이 아니라 여러 명이었다는 의미입니다.

이 말씀은 마치 하나님의 아들들이 합동결혼식을 한 것처럼, 하나님의 아들들을 단체로 묶어서 표현했습니다. 물론 하나님의 아들들은 합동결혼식을 한 것이 아니라 그들 스스로 각자 한 명씩 결혼을 했고 그렇게 하나님의 아들들 모두가 결혼했고 각자 자신의 삶을 살았다는 의미입니다.

말씀을 기록한 시기는 출애굽 이후 시대였고 기록한 사람은 모세입니다. 모세가 하나님의 아들들과 관련된 내용을 기록할 때는 이미 그런 일이 있은 지 아주 오랜 시간이 지난 후입니다. 그래서 하나님의 아들들에 관한 내용을 한 문장으로 기록한 것입니다. 20~30명쯤 되는 하나님의 아들들과 그들의 일생을 하나로 묶어서 기록했습니다. 그들 각자가 살았던 삶을 단 하나의 문장으로 기록한 것입니다. 그렇게 기록된 것이 창세기 6장 1절에서 3절까지의 말씀입니다.

나의 삶 전체를 한 문장으로 기록한다고 가정합니다. 아마 우리 각자 자신을 간략하게 한 문장으로 설명하기는 힘들 것입니다. 우리가 한 문장으로 우리의 삶을 표현했을 때 그 글을 읽고 후대의 사람이 우리를 제대로 바르게 이해할 수 있을까요?

우리가 이처럼 하나님의 아들들을 오해했던 것입니다.

하나님의 아들들은 아름다운 여성들을 있는 대로 골라서 자신의 아내로 삼고 권력을 마음대로 사용하는 타락한 존재가 아닙니다. 하나님의 아들들은 단지 한 명의 아내를 선택했고 자신의 남은 수명이 다할 때까지 아내와 함께 살았습니다.

Chapter 85

하나님의 아들들은 왜 아내를 얻었을까?

하나님의 아들들이 아내를 얻은 목적은 죽기 위해서입니다. 처음에 하나님의 아들들은 죽지 않는 몸을 가지고 있었습니다. 그래서 자신의 몸을 죽을 수 있는 몸으로 바꾸기 위해 아내를 얻은 것입니다. 이것을 설명합니다.

성경 말씀: 창세기 6장 1절

"사람이 땅 위에 번성하기 시작할 때에 그들에게서 딸들이 나니, 하나님의 아들들이 사람의 딸들의 아름다움을 보고 자기들이 좋아하는 모든 여자를 아내로 삼는지라, 여호와께서 이르시되 나의 영이 영원히 사람과 함께 하지 아니하리니 이는 그들이 육신이 됨이라 그러나 그들의 날은 백이십 년이 되리라 하시니라"

많은 분이 이 말씀을 읽으면서 하나님의 아들들이 타락했다고 생각합니다. 이런 생각은 잘못된 것입니다. 이 말씀을 바라보는 시각을 조금만 다르게 하면 감춰진 진실이 보일 것입니다.

[하나님의 아들들]이라는 표현은 그들이 하나님에게서 왔다는 의미입니다. 보통의 경우, 하나님에게서 온 존재는 선합니다. 누가복음 1장 19절에서 가브리엘은 자신을 하나님 앞에 서 있는 가브리엘이라고 소개합니다. 하나님에게 속

한 존재는 선하다고 생각하는 것이 일반적입니다. 그런데 사람들은 너무 쉽게 하나님의 아들들이 하나님을 배신하고 타락했다고 생각합니다.

사람들이 잘못 생각하는 경우를 3가지만 나열해 보겠습니다.

첫 번째, 창세기 1장 2절에서 사탄이 전쟁을 일으켜 하나님이 창조한 세상이 황폐해졌다는 가설입니다.

창세기 1장 2절에서 전쟁으로 황폐해진 세상을 창세기 1장 3절 이후의 말씀에서 하나님이 재창조했다거나 재정비했다는 것입니다. 이런 발상은 하나님이 만드신 세상을 사탄이 파괴하거나 황폐하게 만들 수 있다는 생각을 하기 때문입니다. 또는 지금의 우주가 황폐한 상태라고 생각하기 때문일 것입니다. 하지만 사탄에게는 하나님이 창조하신 세계를 망칠 만한 능력이 없습니다.

두 번째, 아담의 범죄로 인류가 에덴동산을 잃게 되었다는 가설입니다.

하나님이 에덴동산을 만들고 아담과 하와를 창조하셨는데 사탄이 방해해서 아담이 죄를 범합니다. 이로 인해 에덴동산을 잃었다는 것입니다. 이 가설은 하나님이 에덴동산을 창조하신 목적을 성취하지 못한 것으로 결론을 내리게 됩니다. 그래서 에덴동산을 천국이라고 보고, 우리가 다시 에덴동산을 회복해야 한다고 주장하는 것입니다. 이런 생각을 하는 것은 사탄에 의해 하나님의 계획이 중단될 수 있다는 생각을 하기 때문입니다. 그러나 사탄이 어떤 일을 하든지 하나님의 계획은 중단되지 않으며 에덴동산을 창조하신 하나님의 뜻은 반드시 이루어질 것입니다. 하나님은 에덴동산을 인류에게 주신 것이 아닙니다. 에덴동산은 인류의 소유였던 적이 없습니다. 인류가 에덴동산을 잃은 것이 아니라 아담과 하와가 허락을 받고 잠시 에덴동산에 머물렀던 것입니다.

세 번째, 하나님이 아담에게 만물을 다스리는 권세를 주셨는데 사탄이 이 권세를 아담에게서 빼앗았다는 가설입니다.

사탄은 아담이 죄를 범하도록 했고 죄를 지은 아담은 죄의 종이 되어 사탄의 종이 되었다는 것입니다. 그래서 아담의 모든 권세가 사탄에게로 넘어갔다는 가설입니다. 그러나 하나님이 주신 것을 다른 존재가 빼앗을 수는 없습니다. 하나님이 주신 권세는 누가 빼앗거나 누군가에게 빼앗기거나 하는 것이 아닙니다. 아담은 세상 권세를 가져본 적도 없고 하나님이 아담에게 주신 적도 없습니다. 아담은 단지 에덴동산을 다스리고 지키는 임무만을 받았습니다.

이와 똑같은 방식으로, 사람들은 하나님의 아들들이 나쁜 존재라는 잘못된 생각을 하고 있습니다.

하나님의 아들들은 하나님에게서 온 영(Spirit)들이기에 선합니다. 하나님의 아들들은 기본적으로 악을 행하지 않습니다. 이들은 하나님을 오랫동안 옆에서 모셨던 영들입니다. 하나님의 눈에 벗어나는 악한 행동을 하지 않습니다. 물론 모든 영들이 다 선하다는 말은 아닙니다. 사탄도 영(Spirit)이며 하나님 앞에 있었던 존재입니다. 그러나 사탄은 선하지 않습니다.

죽음을 선택한 하나님의 아들들에 관해 계속해서 설명을 이어 갑니다.

하나님의 아들들이 아내를 취한 이유는 이 말씀 속에 잘 드러나 있습니다. 창세기 6장 3절을 보면, 아내를 취할 경우 이들은 육체가 됩니다. 하나님의 아들들이 육체가 되면 이들은 땅에서 사는 일반 사람들과 같은 상태가 됩니다. [육체]라는 말은 히브리어로 בָּשָׂר[바사르]입니다. 영어로는 fresh로 번역되었는데, [고기]라는 의미이기도 합니다.

하나님이 그들이 육체가 되었다고 말씀하신 이유는 하나님의 아들들이 죽을 수 있게 되었다는 의미입니다. 육체가 되면 무조건 죽는다는 말은 아닙니다. 다만 그 시대에 땅에 사는 사람들은 죽음이 있는 몸으로 살고 있었습니다. 죽음을 극복하지 못한 시대입니다. 그래서 하나님의 아들들도 죽을 수밖에 없는 몸으로 바뀐 것입니다.

하나님의 아들들은 겉보기에는 사람들과 같습니다. 그들은 아담과 하와를 통해서 에덴동산 안에서 사람으로 태어났습니다. 그래서 영(Spirit)인 하나님의 아들들이 몸을 가지게 되었습니다. 하나님의 아들들은 평범한 사람과 같은 모습을 하고 있습니다. 당연히 몸을 가지고 있는 하나님의 아들들은 결혼도 할 수 있고 아내를 얻을 수도 있고 자녀를 낳을 수도 있습니다.

창세기 6장 2절에는 하나님의 아들들을 사람의 딸들과 대조하여 설명합니다. 아들들이라는 말에는 [하나님]을 붙이고, 딸들이라는 말에는 [사람]을 붙였습니다. [하나님]이라는 단어와 [사람]이라는 단어를 대조하여 사용했습니다. 이는 하나님의 아들들을 사람으로 보지 않는다는 뜻입니다. 그들은 보통 사람들과 달랐기에 비록 사람의 몸을 가지고 있었어도 사람이 아니라고 표현하신 것입니다.

창세기 6장 1절에 나오는 사람이라면, 아들과 딸이 있을 것입니다. 사람이 딸만 낳을 리는 없습니다. 사람의 딸들이라는 말은 아담과 하와의 후손 중에서 여성을 의미합니다. 여기서 사람이라는 단어는 혼(Soul)이 있는 사람을 의미합니다. 혼이 있는 여성은 사람의 딸들이며 혼이 있는 남성은 사람의 아들들입니다.

반면 하나님의 아들들은 혼(Soul)이 아니라 영(Spirit)입니다. 더 정확하게는 영들이 아담과 하와를 통해 사람으로 태어나 몸을 가지게 된 것입니다. 그래서 하나님의 아들들은 혼이 아니기에 사람의 아들들이 아닙니다.

사람의 아들들과 사람의 딸들 모두 그냥 사람(Soul)입니다. 사람들은 아담과 하와의 후손으로 비록 1,000년에 가까운 삶을 살지만 죽음이 있는 삶을 살았습니다. 굳이 사람의 아들들을 예로 들자면, 아담의 아들인 셋과 그 후손인 에노스, 마할랄렐, 므두셀라, 라멕 등이 있습니다.

아벨과 에녹과 노아에 대해서 잠시 설명합니다.

하나님의 아들들은 크게 세 가지로 분류합니다. 첫 번째는 사람이 되지 못하고 영으로만 있는 경우입니다. 두 번째는 사람으로 태어나서 선악과와 생명과를 먹은 경우입니다. 세 번째는 사람으로 태어났으나 선악과와 생명과를 먹지 못한 경우입니다.

하나님의 아들들 중에서 경건한 자손으로 에덴동산에서 사람으로 태어난 영(Spirit)들은 생명과와 선악과를 먹었습니다. 창세기 6장 2절에서 말하는 하나님의 아들들은 바로 두 번째 경우입니다.

하나님의 아들들 중에서 사람으로 태어났으나 생명과와 선악과를 먹지 못한 영(Spirit)들은 동산 밖에서 아담과 하와의 후손으로 태어난 경우입니다. 아담과 하와의 후손 대부분은 사람(Soul)이지만, 아벨, 에녹, 노아는 하나님의 아들들

(Spirits)일 수 있습니다. 이들은 죽음이 있는 유한한 몸으로 태어났고, 선악의 감정에 지배를 받는 몸으로 태어났습니다. 이들은 자라면서 경험을 통해 자연스럽게 선악의 지식을 습득합니다. 그래서 이들은 선악과를 먹을 필요가 없습니다.

노아 때의 홍수 이후로 아브라함, 이삭, 야곱 등 성경의 주요 인물은 사명을 가지고 사람으로 태어난 하나님의 아들들입니다. 이들이 예수님의 피로 죄사함을 받으면, 동산에서 선악의 감정에 지배받지 않는 몸을 가지고 태어난 하나님의 아들들과 같은 상태가 됩니다. 그런데 이 책은 노아의 홍수까지만 설명합니다. 그래서 동산 밖에서 태어난 하나님의 아들들에 관해서는 아벨, 에녹, 노아 정도만 예로 듭니다. 에녹을 제외하고 그들은 모두 자연사했고, 하나님이 내리신 홍수의 심판을 받지 않았습니다. 노아 때의 홍수 이후에 태어난 하나님의 아들들에 관해서는 이 책에서 설명하지 않습니다.

계속해서 창세기 6장 1절의 내용을 설명합니다.

셋은 사람이었고 912세까지 살았고, 므두셀라도 사람으로 969세까지 살았습니다. 이후로도 아담의 후손으로 태어난 대부분의 남성은 모두 사람(Soul)입니다. 아담의 후손으로 태어난 대부분의 여성(Soul)은 사람의 딸들이고 대부분의 남성은 사람의 아들들입니다. 당시 땅 위에는 아직 혼이 없는 사람들이 대부분을 차지했습니다. 혼이 없는 여성은 창세기 6장 1절에서 말하는 사람의 딸들이 아닙니다. 창세기 6장 1절의 사람의 딸들은 오직 아담의 후손 중에서 여성을 의미합니다.

하나님이 창세기 6장 2절에서 하나님의 아들들을 사람의 딸들과 대조하여 말씀하신 이유는, 하나님의 아들들은 사람의 아들들이 아니라는 것을 설명하려는 것입니다. 아담과 하와의 후손 중 대부분의 남자(Soul)는 사람의 아들들로, 창세기 6장 2절에서 말하는 하나님의 아들들이 아닙니다. 셋의 후손도 당연히 사람의 아들들입니다.

하나님에게 속한 영들이 아담과 하와를 통해서 사람으로 태어났다는 것이 하나님의 관점입니다. 그래서 하나님은 하나님의 아들들(Spirits)을 아담과 하와의 후손(Soul)으로 보시지 않습니다.

아담과 하와의 후손은 장수했지만 1,000년을 넘기지 못하고 모두 죽었습니다. 반면 창세기 6장 2절의 하나님의 아들들은 아담과 하와에게서 태어났으나 아담과 하와의 후손이 아니며, 에덴동산 안에서 생명과를 먹고 영생하고 있었습니다. 하나님의 아들들은 땅에서 영생하면서 사람들과 함께 있었습니다.

더 쉽게 이해할 수 있도록, 육체의 생명을 두고 홍수 이전의 사람을 분류해 보겠습니다. 첫 번째, 혼이 없는 대다수의 사람입니다. 이들은 현생 인류와 마찬가지로 70~80년 정도를 살았습니다. 두 번째, 혼(Soul)이 있는 아담과 하와의 후손입니다. 이들은 우월한 유전자로 인해 1,000년 가까이 살았습니다. 세 번째, 영(Spirit)적인 존재로 에덴동산에서 사람으로 태어났던 하나님의 아들들은 생명과를 먹고 죽지 않는 몸을 가지고 땅 위에서 영생합니다.

창세기 6장 2절의 하나님의 아들들은 아프지 않고, 노화하지 않고, 병들지 않고, 죽지 않으며, 영원히 사는 몸을 가지고 있습니다. 그런데 이렇게 죽지 않는 하나님의 아들들이 자기 몸을 죽을 수 있는 몸으로 바꾸기 위해서 육체가 되기로 한 것입니다. 하나님의 아들들이 아내를 얻어 육체적 관계를 맺게 되면 그들의 몸이 육체(flesh)로 바뀝니다. 생명과의 효과가 사라지는 것 같습니다. 육체라는 히브리어 단어는 בָּשָׂר[바사르]로서 flesh로 번역되며, 고기라는 말로도 번역됩니다.

하나님의 아들들이 아내를 얻기 전까지 그들의 몸은 육체가 아니라는 뜻입니다. 물질세계의 공간에 제한을 받는 육체가 아니었다는 의미입니다. 이들의 몸은 아마도 부활하신 예수님의 몸과 같았을 것으로 추측됩니다. 예수님은 문이 닫혀 있어도 벽을 통과해서 나타나셨습니다. 부활하신 예수님의 몸은 공간을 초월합니다. 예수님의 몸은 부활하기 전에도 능력이 있었습니다. 예수님이 물 위를 걸으신 것도 중력의 법칙을 초월하는 능력입니다.

하나님의 아들들은 스스로 죽음을 택했고 그들이 죽은 후에 그들(Spirits)은 땅 아래로 내려가 대기합니다. 이런 선택을 하게 된 것은 경건한 자손이 더는 태어나지 않았기 때문입니다.

하나님의 아들들은 죽음을 택하였고 죽기 위해 자신들이 거주하는 곳에서 한 명의 아내를 얻기로 합니다. 그들이 사는 지역은 아담과 하와의 후손(Soul)이 땅에서 번성하기 시작한 곳입니다. 이곳에서 아내를 찾을 경우, 아담과 하와의 후손 중에서 아내를 구합니다. 하나님의 아들들은 각자 한 명의 여성(Soul)을 선택합니다. 단지, 아담과 하와의 후손인 여성들이 모두 아름다웠을 뿐입니다.

하나님의 아들들이 아내를 선택한 이유는 스스로 육체적 영생을 포기하고 몸의 죽음을 선택했기 때문입니다.

Chapter 86

하나님의 영이
영원히 사람과 함께하지 않는다?

성경 말씀: 창세기 6장 3절

"여호와께서 이르시되 나의 영이 영원히 사람과 함께 하지 아니하리니 이는
그들이 육신이 됨이라 그러나 그들의 날은 백이십 년이 되리라 하시니라"

이 말씀에서 하나님은 영원히 사람과 함께하지 않겠다고 하십니다. 그래서 어떤 분들은 이 구절을 예로 들면서 하나님이 세상을 버렸고 세상에는 하나님이 없다고 주장하기도 합니다. 비기독교인 중에는 이 말씀을 두고 기독교를 비판하는 데 사용하기도 합니다. 이렇게 비판하는 것은 이 말씀의 의미를 모르기 때문입니다.

만약 하나님이 우리 인류와 함께하지 않겠다는 뜻이었다면 하나님은 모순된 행동을 하신 것이 됩니다. 하나님은 노아의 홍수 이후에도 계속해서 노아의 후손과 함께하셨기 때문입니다. 하나님은 아브라함과 이삭과 야곱과 함께하셨고 계속해서 이스라엘의 자손들과 함께하셨습니다. 하나님은 모세와 함께하셨고 시내산에서 이스라엘 자손들을 향해 그들의 하나님이 되겠다고 말씀하셨습니다. 그러니 영원히 함께하지 않겠다고 하신 말씀은 우리 인류를 버리겠다는 뜻이 아닙니다.

이 말씀의 의미를 바르게 이해하려면 문단 전체를 봐야 합니다.

이 말씀은 창세기 6장 1절부터 계속 이어진 것입니다. 창세기 6장 1절부터 4절까지의 말씀은 하나님의 아들들에 관한 내용입니다. 창세기 6장 1절부터 4절까지의 내용을 요약하면, 하나님의 아들들이 사람의 딸들을 아내로 삼았고 그래서 하나님의 아들들이 육체가 되었다는 것입니다. 그래서 이 말씀은 하나님이 사람을 버린다는 뜻이 아닙니다. 이 말씀은 하나님의 아들들에 관한 것입니다. 하나님의 아들들이 더는 아담과 하와의 후손을 돕지 않는다는 의미입니다. 그 이유는 조금 후에(120년) 하나님의 아들들이 죽을 것이기 때문입니다.

이해를 돕기 위해서 그 당시 사람들을 나누어 설명합니다.

첫 번째, 영(Spirit)이나 혼(Soul)이 없는 평범한 사람들입니다. 당시에는 이들이 대다수를 차지하고 있었습니다. 두 번째, 혼이 육체(flesh)를 가지고 있는 경우입니다. 이들은 아담과 하와의 후손입니다. 당시에 아담과 하와의 후손은 어떤 특정 지역에 모여 살고 있었을 것입니다. 세 번째, 영(Spirit)이 몸을 가지고 있는 경우입니다. 이들은 아담과 하와가 에덴동산에서 낳은 남자들로 그 수가 고정되어 있었고, 대략 20~30명 정도로 추측할 수 있습니다. 이 수는 추측이라 정확하지는 않습니다.

이렇게 세 종류의 사람 중에서 하나님이 사람이라고 부르는 경우는, 혼(Soul)이 있는 아담과 하와의 후손입니다. 하나님은 혼이 없는 사람을 흙으로 보고 관심을 두지 않습니다. 하나님의 아들들은 본질적으로 영(Spirit)이기에 혼의 범주에 들지 않습니다. 이들은 아담과 하와를 통해 사람으로 태어나 몸을 가지고 있었지만 하나님은 이들을 사람이라고 부르지 않고, 하나님의 아들들이라고 부르

Part 10. 하나님의 아들들

셨습니다.

하나님의 아들들에 관해 살펴보겠습니다.

하나님의 아들들은 생명과를 먹었고, 아프지 않고, 노화하지 않고, 병들지 않고, 죽지 않는 몸을 가지고 있습니다. 이들의 몸은 예수님이 부활하셨을 때와 같은 몸입니다. 하나님의 아들들의 몸은 예수님처럼 공간적인 제한을 받지 않았을 것 같습니다.

성경 말씀: 누가복음 4장 28절
"회당에 있는 자들이 이것을 듣고, 다 크게 화가 나서, 일어나 동네 밖으로 쫓아내어 그 동네가 건설된 산 낭떠러지까지 끌고 가서 밀쳐 떨어뜨리고자 하되 예수께서 그들 가운데로 지나서 가시니라"

이 내용은 예수님이 고향에서 말씀을 전하셨을 때의 일입니다. 나사렛은 예수님이 자란 곳으로, 고향 사람들은 예수님의 어릴 적 모습을 알고 있었습니다. 이 사람들은 예수님을 배척했고 회당에서 동네 밖으로 예수님을 끌고 가서 산 낭떠러지에서 떨어뜨려 죽이고자 했습니다. 예수님은 자신을 죽이려는 고향 사람들의 손에 잡혀서 동네 밖 산 낭떠러지까지 끌려갔던 것으로 보입니다. 물론 예수님이 어디까지 끌려갔는지 나와 있지 않습니다. 끝까지 끌려가지 않았을 수도 있습니다. 이때 예수님은 아직 제자를 두지 않았을 때라 혼자였습니다. 예수님은 어떻게 이 위기를 벗어나셨던 것일까요?

예수님은 갑자기 그들 가운데로 지나서 가셨습니다. 어떤 상황이었을까요?

고향 사람들이 분명히 예수님을 붙잡고 산 낭떠러지까지 끌고 갔는데 손에 잡혀 있던 예수님의 몸이 갑자기 손에서 사라졌습니다. 예수님을 붙잡았던 손들은 예수님을 잡을 수 없었고 군중들 속에서도 예수님은 유유히 지나가실 수 있었습니다. 지나가는 예수님을 보면서 그들 중 누구도 예수님을 잡을 수가 없었을 것입니다. 예수님을 잡으려고 손을 내밀어도 예수님의 몸을 통과하였고 그들의 손은 허공을 휘저을 뿐이었습니다. 예수님의 몸은 사람의 손에 잡히지 않는 상태가 되었습니다.

예수님이 하고자 하실 때 예수님의 몸은 예수님의 의지에 순종합니다. 사람들 손에 잡히지 않겠다고 뜻을 정하면 몸은 사람들의 손에 잡히지 않는 몸으로 바뀐다는 것입니다.

부활하신 예수님의 몸이나 부활하기 전의 예수님의 몸은 아마도 같은 상태였을 것입니다. 부활 전과 부활 후의 몸이 특별히 다르지는 않았을 것입니다. 예수님은 요셉과 마리아 사이에서 태어난 것이 아니라 성령으로 잉태되었습니다. 예수님의 몸은 죽음이 있는 몸이 아닙니다. 이런 몸은 예수님의 영(Spirit)을 몸 안에 가두지 않고 반대로 예수님의 뜻에 순종하는 몸입니다. 이 몸은 예수님의 기억과 능력을 제한하지 않습니다.

하나님의 아들들(Spirits)도 예수님의 몸과 같은 상태의 몸을 가졌을 것입니다. 하나님의 아들들도 에덴동산에서 아담과 하와를 통해 감정의 영향을 받지 않는 특별한 몸을 가지고 태어났습니다. 또한 생명과를 먹고 죽지 않는 몸이 되었습니다. 하나님의 아들들은 사람으로 태어났어도 자신의 기억과 능력을 사용할 수 있었을 것입니다.

하나님의 아들들은 뛰어난 지식과 능력으로 아담의 후손들을 보호하고, 문제를 해결하며, 재판을 주관하여 바르게 판결했습니다. 하나님의 아들들은 아담과 하와의 후손들을 지배하지 않으면서 함께했고, 아담과 하와의 후손들이 마주하는 모든 문제를 해결해 주는 상담자였습니다.

그런데 하나님의 아들들이 아내를 얻어 육체가 되는 순간부터 하나님의 아들들은 능력을 사용할 수 없게 되었고 죽음이 있는 몸이 되었습니다. 하나님의 아들들이 죽게 되면 더는 아담과 하와의 후손과 함께하지 못합니다.

이제 정확한 의미를 파악하기 위해서 히브리어 원문을 살펴봐야 합니다. 원문은 다음과 같습니다.

וַיֹּאמֶר יְהוָה לֹא־יָדוֹן רוּחִי בָאָדָם לְעֹלָם בְּשַׁגַּם הוּא בָשָׂר

[와이요메르 야훼 로-야도운 루히 바아담 러오람 버샤감 후 바사르]

וַיֹּאמֶר[와이요메르]는 [그리고 그가 말씀하셨다]는 뜻입니다. יְהוָה[야훼]는 [여호와]라는 뜻입니다. וַיֹּאמֶר יְהוָה[와이요메르 야훼]는 [여호와께서 말씀하셨다]는 의미입니다.

לֹא[로]는 부정을 의미하며 [~아니다]라는 의미입니다. 영어로는 not에 해당합니다. יָדוֹן[야도운]은 דִּין[딘]이라는 동사의 칼(Qal)동사·미완료·3인칭·남성·단수의 형태입니다. דִּין[딘]의 의미는 영어로 judge로 번역되며, 우리 말로는 심판한다, 판단한다는 뜻입니다. 이는 심판이나 판사가 어떤 판결을 내리는 의미입니다. 동사 דִּין[딘]이 사용된 경우를 보면, 여러 가지가 있으나 judge로 사용된 경우가 9번으로 가장 많습니다. 본문에서는 strive로 번역되었는데, 이는

[다투다]는 의미입니다. יָדוֹן־לֹא[로-야도운]을 번역하면 [그가 심판하지 않는 다]는 의미입니다.

לְעֹלָם[러오람]은 본문에서 영어로 forever로 번역되었는데, [영원히]라는 뜻 입니다. לְעֹלָם[러오람]은 불분리 전치사 לְ[레]와 남성명사 עוֹלָם[오람]이 합쳐 진 형태입니다. עוֹלָם[오람]은 영어로 long duration, antiquity, futurity로 번역 됩니다. 이 단어는 forever, everlasting으로 많이 사용되었으나, long이나 long time으로도 번역됩니다. [영원히]라고 번역되었는데, [아주 오랫동안]으로도 번 역할 수 있습니다.

רוּחִי[루히]는 רוּחַ[루아크]라는 명사에 1인칭·중성·단수의 어미가 연결된 것입니다. רוּחַ[루아크]는 spirit으로 제일 많이 사용되었으며, wind로도 98회나 사용되었습니다. רוּחַ[루아크]는 영, 바람 등의 의미입니다. 여기서는 [나의 영] 이라는 뜻입니다.

이 내용을 히브리어에서 직역하면, [나의 영, 그가 사람을 심판하지 않는다]입 니다. 이 말씀을 1인칭으로 번역하지 않고 3인칭으로 번역하였습니다.

성경에서는 [나의 영이 사람과 함께하지 않는다]로 번역되어 있어서 1인칭 시 점으로 보입니다. [나의 영]이라는 문구가 [하나님] 자신을 가리키는 것으로 보 이고 이것을 반영하면, [내가 사람과 함께하지 않는다]로 보이기 때문입니다.

여기서 동사 יָדוֹן[야도운]은 3인칭으로 되어 있습니다. 3인칭이기 때문에 [내] 가 아니라 [그]로 번역해야 합니다. [그가 사람과 함께하지 않는다]로 번역해야 맞습니다. 3인칭인 것은 [사람과 함께하지 않는 이]가 하나님이 아니라는 의미입니다. 하나님을 의미하는 것이었다면 1인칭을 사용했어야 합니다. 다시 말해서, [하나님]과 [하나님의 영]은 다른 존재라는 뜻입니다. 하나님 자신을 의미할 때는 1인칭 시점을 사용해야 합니다. 말하는 분은 하나님이지만, 사람과 함께하지 않는 이는 하나님이 아니기 때문에, 3인칭 시점을 사용한 것입니다.

이렇게 생각해 봅시다.

어떤 농부가 있다고 가정합니다, 이 농부에게 아들이 있는데 판사라고 가정합니다. 농부의 아들이 재판을 진행합니다. 재판을 주관하는 사람은 농부가 아니라 농부의 아들입니다. 이 농부와 농부의 아들은 다른 사람입니다. 농부는 [나의 아들, 그가 사람을 재판한다]로 말할 것입니다.

하나님은 영(Spirit)입니다. 하나님의 아들들도 영(Spirit)입니다. [나의 영]이라는 문구는 하나님 자신을 가리키는 말로 보입니다. 그러나 [나의 영]은 하나님에게 속한 하나님의 아들들을 의미합니다. 이 말씀은 [영이 사람을 재판하지 않는다. 그런데 이 영은 나에게 속한 영이다]라는 뜻입니다.

저는 히브리어 원문에서 [함께하다]라고 번역하지 않고 [심판하다]라고 번역했습니다. 동사 יָדוֹן[야도운]은 [함께하다]라는 의미가 아니기 때문입니다.

[함께하지 않는다]에서 [함께하다]로 번역된 동사 דִּין[딘]은 원래 [판사가 판결한다]는 의미의 judge입니다. 그런데 번역하시는 분들이 보기에 judge로 번역하는 것이 이상했는지, 영어 번역에서는 [다투다]라는 뜻의 strive로 번역한 것 같습니다. NIV에서는 이 단어를 contend로 번역되었습니다. 이 단어도 다투다는 의미입니다. KJV에서는 strive로, NASB에서도 strive로 번역되었습니다.

이 책에서는 이 단어를 본래의 의미인 judge로 번역해 보겠습니다. 이를 판단하다, 심판하다, 판결하다는 의미로 번역하겠습니다.

사람들은 [나의 영이 사람과 함께하지 않는다]는 말씀을 읽으면서, 하나님이 사람과 함께하지 않겠다는 의미로 이해합니다. 하나님의 영을 하나님으로 보는 것입니다. 그래서 하나님이 사람을 떠나시는 것으로 해석합니다.

그러나 본문에서 하나님은 하나님 자신을 말씀하신 것이 아니라 하나님의 영(Spirit)을 말씀하신 것입니다. 이 말씀에서 하나님의 영은 하나님과 다른 존재입니다. 여기서 רוּחִי[루히]는 [나의 영]이라는 뜻이며, 영은 하나님의 아들들을 의미합니다.

이 히브리어 원문을 그대로 번역한다면 다음과 같습니다.

"나의 영, 그가 오랫동안 사람을 판단하지 않을 것이다"

이렇게 번역해 놓으면 이해되지 않는 번역이 됩니다. 그래서 성경을 번역하는 분들이 영어 성경에는 strive로 번역하였고, 한글 성경에는 [함께하지 않는다]로 번역한 것입니다. 이 말씀을 그 당시 상황을 반영하여 번역하면 다음과 같습니다.

"나의 영, 그가 오랫동안 사람을 판단하지 않을 것이다. 그 이유는 그들이 육체가 되었기 때문이다"

여기서 생각해 봐야 할 것이 있습니다. 육체가 되었다는 말씀은 누구를 두고

Part 10. 하나님의 아들들

말하는 것일까요? [나의 영]이 육체가 되었다는 말일까요? 아니면 [사람]이 육체가 되었다는 말일까요?

사람들은 이 말씀을 읽으면서 사람이 육체가 되었기 때문에 하나님이 사람과 함께하지 않는 것으로 생각합니다. [나의 영]은 하나님 자신이기 때문에 하나님은 육체가 될 수 없다는 생각이 반영된 것입니다. 그래서 육체가 된 것은 사람이라는 생각을 한 것입니다.

하나님이 남자와 여자를 창조하셨고 둘이 한 몸이 되어 살도록 하셨습니다. 하나님이 허락하신 대로 남자가 아내를 얻어서 살았는데 이를 두고 육체가 되었다고 말씀하신다면, 처음부터 남자와 여자로 창조하지 말았어야 합니다. 하나님은 아담과 하와의 후손을 사람이라고 말씀하십니다. 사람이 결혼하고 자녀를 낳는 것은 하나님이 주신 명령입니다. 하나님은 [생육하고 번성하여 땅에 충만하라]고 명령하셨습니다.

이런 명령을 주신 하나님이 사람이 아내를 얻어 결혼하고 육체가 되었다. 그래서 함께하지 않겠다고 말씀하신다면, 이것은 하나님 스스로 자신이 내린 명령을 부인하는 결과가 됩니다. 그래서 육체가 된 것은 사람이 아니라 [나의 영]인 것입니다. 아담과 하와의 후손은 아내를 얻거나 남편을 얻고 결혼하고 생육하고 번성하여 땅에 충만해야 합니다. 이것은 창세기 1장 28절에서 말씀하신 하나님의 명령입니다.

[나의 영, 그가 사람을 판단하지 않을 것이다. 이는 그들이 육체가 되었다]는 문장은 히브리어 원문에서 하나의 문장입니다. 하나의 문장으로 표현한다면 [나의 영, 육체가 된 그는 사람을 판단하지 않는다]라는 내용이 됩니다.

[나의 영]은 하나님이 아닙니다. 하나님은 몸이 없으므로 육체가 될 수 없습니다. 여기서 [나의 영]은 하나님을 의미하는 것이 아니라 아담과 하와를 통해 에덴동산에서 사람으로 태어난 하나님의 아들들(Spirits)을 의미하는 것입니다.

당시의 상황을 반영하여, 이해하기 쉽도록 말씀에 설명을 추가해 보겠습니다.

"나의 영, 그(하나님의 아들들)가 더는 사람들의 송사를 주관하고 판결하는 일을 하지 않을 것이다. 왜냐하면 그(하나님의 아들들)는 육체가 되었다. 나의 영, 그(하나님의 아들들)는 영원히 살지 못하고, 사람들처럼 죽는 존재가 되었으니, 그들이 죽으면 더는 사람의 재판을 주관하지 못하게 된다"

당시 상황을 설명합니다.

하나님의 아들들(Spirit)은 아담과 하와를 통해서 사람으로 태어났습니다. 30명 정도의 하나님의 아들들이 에덴동산에서 태어나 자랐습니다. 이후 하나님의 아들들은 아담과 함께 동산에서 나와 아담이 머문 곳에 함께 지내게 되었습니다.

상대적으로 수가 많았던 혼(Soul)이 없는 사람들이 아담의 동물들을 두려워했고 자기방어 차원에서 아담과 하와와 종들(말하는 동물들)을 죽이려고 했습니다. 그래서 하나님의 아들들이 아담과 하와와 그 종들을 보호했습니다. 아담과 하와와 그 종들은 특별한 능력이 없지만 하나님의 아들들은 능력이 있었습니다.

혼이 없는 사람들이 아담과 하와와 종들을 죽이고자 공격을 시도했으나 하나님의 아들들(Spirits)을 이길 수는 없습니다. 하나님의 아들들은 완전한 몸을 가지고 있어서 그들에게 잡히지 않고 상처 입지도 않고 다치지도 않습니다. 하나님의 아들들은 강한 능력으로 그들을 제압합니다.

사람들이 예수님을 낭떠러지에서 떨어뜨려 죽이려고 했어도 예수님이 그들의 손을 무력하게 하신 것과 같습니다. 부활하신 예수님이 문이 닫힌 다락방에 갑자기 나타나서 제자들에게 문안하신 것과 같습니다.

혼이 없는 사람들은 더는 아담과 하와와 종들을 죽이기 위한 공격을 할 수 없었지만 하나님의 아들들이 보이지 않는 지역에서 그들을 만난다면 바로 죽이려고 했을 것입니다. 그래서 하나님의 아들들이 있는 지역은 아담과 하와와 종들에게 안전한 지역이 되었습니다.

2년 또는 3년 정도 지나면서 가인과 아벨이 태어났고 동물들도 자녀를 낳기 시작했습니다. 식구가 조금 늘었습니다. 아벨은 죽었고 가인은 쫓겨났으며 아담이 동산에서 나온 후로 30년 정도 지나자 셋이 태어났습니다. 셋이 태어난 후로도 아담과 하와는 몇 명의 자녀를 더 낳았을 것 같습니다.

아담과 하와와 자녀들은 하나님의 아들들에게 가서 여러 가지를 묻고 조언을 구합니다. 하나님의 아들들은 비록 사람의 몸을 가지고 있었지만 사람이 되기 전의 모든 일을 기억합니다. 세상을 만들 때부터 현재까지의 모든 것을 알고 있습니다. 그들의 지혜는 탁월하였고 그들에게는 능력이 있었습니다. 그래서 아담과 하와의 가족과 종들은 하나님의 아들들에게 많은 것을 묻고 배웠습니다.

처음부터 하나님은 하나님의 아들들(Spirits)에게 백성과 하나님을 위한 중보자의 역할을 맡기려고 사람으로 태어나게 했습니다. 아담과 하와를 통해서 몸을 얻게 된 하나님의 아들들은 하나님 앞에서 하나님을 섬기면서 동시에 사람들과 어울려 대화할 수 있는 유일한 존재입니다. 영의 세계에 있으면서 물질세계에도 있을 수 있는 중보자입니다. 하나님을 뵙기도 하지만 동시에 사람(Soul)과 만나기도 합니다.

하나님의 아들들은 동산에서 나온 후부터 이 역할을 하기 시작했습니다. 아담과 하와의 후손과 말하는 동물들의 수가 늘어났기 때문입니다. 아담과 하와만 있었을 때는 이 역할이 필요하지는 않았을 것입니다.

아담과 하와는 하나님을 직접 보고 들을 수 있었습니다. 이 일이 어떻게 가능했는지는 성경에 기록되어 있지 않습니다. 동산 밖에서 태어난 가인과 아벨도 하나님을 보고 들을 수 있었습니다. 아담과 하와와 가인과 아벨이 하나님을 대면하여 보았는지는 확실하지 않습니다. 다만 창세기의 내용을 보면, 마치 하나님을 대면했던 것처럼 느껴집니다.

가인과 아벨을 제외하고 동산 밖에서 태어난 아담과 하와의 다른 후손도 아담과 하와처럼 하나님을 보고 들을 수 있었는지 알 수 없습니다. 아담과 하와의 후손 중에서 에녹이나 노아는 마치 하나님을 보고 들을 수 있었던 것처럼 보입니다. 에녹과 노아가 어떤 방법으로 하나님과 소통했는지는 기록되어 있지 않습니다. 직접 대면하고 음성을 들었던 것인지, 얼굴을 보지 못하고 하나님의 음성만을 들었던 것인지 분명하지 않습니다.

아담과 하와와 가인과 아벨이 어떻게 하나님을 보고 들었는지는 알 수 없으나 하나님을 보고 듣지 못한다고 해도 하나님의 말씀을 전해 들을 수는 있습니다. 하나님의 말씀을 전할 수 있는 하나님의 아들들이 그들과 함께 있었기 때문입니다. 창세기 3장 22절을 보면 하나님의 아들들은 하나님과 의논을 합니다. 마치 동시 통역자처럼, 하나님이 말씀하면 바로 옆에서 실시간으로 그 내용을 전달할 수 있습니다. 하나님의 아들들은 하나님을 증명하는 직접적인 증인입니다. 하나님의 아들들은 에덴동산에서의 80년과 동산 밖에서 아담이 셋을 낳을 때까지의 30년과 셋이 에노스를 얻을 때까지의 105년과 그 후로 아내를 얻고 120년을 사는 것까지 합쳐서 대략 335년을 아담과 아담의 후손과 함께 땅 위에서 살았습니다. 하나님의 아들들(Spirits)은 실시간으로 현장에서 하나님의 말씀을 전달하는 역할도 가능했습니다. 실제로 이런 일을 했을 것으로 추측됩니다. 하나님의 아들들이 있는 한 하나님이 그곳에 계시다는 것을 느낄 수 있었을 것입니다.

아직 때가 되지는 않았지만 아담이 동산에서 나오게 되면서 하나님의 아들들은 중보자의 역할을 시작하게 되었습니다. 하나님의 아들들은 영원히 죽지 않으며 모든 지혜와 지식이 완전했고 초월적 능력이 있었습니다. 하나님의 아들들은 정확하게 판단했고 매우 지혜로웠을 것입니다. 그래서 하나님의 아들들은 아담과 하와의 후손과 말하는 동물을 가르치고 판단하는 일을 하게 되었습니다. 이런 일들이 하나님이 하나님의 아들들을 중보자로 세우시는 목적입니다.

아담이 동산에서 나온 지 대략 130년이 지나자, 처음 아담과 하와와 그 종들을 보고 두려워했던 주위의 사람들이 다 죽고 없었습니다. 또한 그들의 자녀들과 손자들이 성장했습니다. 이때의 사람들은 어릴 때부터 아담과 하와 그리고 아담의 종들을 보았기 때문에 아담과 하와의 가족에 대한 거부감이 사라졌습니다. 어릴 때부터 아담의 동물들을 보고 자라면서 안전하다는 것을 느꼈기 때문입니다.

혼(Soul)이 없는 주위의 사람들이 아담과 하와의 가족들과 교류를 시작했으며 함께 어울리기 시작했습니다. 셋이 이들과 어울리면서 아내를 얻었고 105세에 에노스를 낳았습니다. 아담과 하와의 후손이 땅에 번성하기 시작한 것입니다.

이때 하나님의 아들들이 스스로 죽음을 선택합니다. 아담과 하와가 동산에서 나온 후로, 아담을 통해 경건한 자손을 얻을 수 없었기 때문에 경건한 자손이 더는 태어나지 않았습니다. 그래서 하나님의 아들들은 동산에서 나오자마자 스스로 죽음을 택하여 자신의 몸을 소멸시키고 땅 아래로 내려가 기다리기로 했습니다. 아담과 하와가 동산에서 나올 때부터 이런 계획을 세웠습니다. 그러나 하나님의 아들들(Spirits)은 아담과 그 가족을 혼이 없는 사람들로부터 보호해야 했습니다. 그래서 아담과 그 자손이 안전해질 때까지 땅 위에 남기로 했습니다.

사람이 땅 위에 번성하기 시작했다는 말은 아담과 하와의 후손이 안전해졌다는 의미입니다. 하나님의 아들들은 이제 떠날 때가 되었다는 것을 알고 있습니다. 하나님의 아들들은 영원히 살 수는 있지만 영원히 땅 위에 살아 있는 것은 의미 없는 일입니다. 하나님의 아들들은 자신의 몸을 소멸시키고 땅 위에 하나님의 나라가 세워질 때까지 땅 아래에서 기다리기로 했습니다. 그들이 죽는 방법은 자신의 몸을 육체로 바꾸는 것입니다. 육체가 되기 위해서 하나님의 아들들은 아내를 얻습니다.

하나님은 육체가 된 하나님의 아들들(Spirits)을 보시고 이제는 하나님의 아들들이 사람이 되었다고 말씀합니다. 그리고 아담과 하와의 가족을 보호하고 도와주던 중보자의 역할이 끝났음을 말씀하셨습니다.

하나님은 [하나님의 아들들이 오랫동안 사람의 재판을 주관하지 않을 것이다]라고 말씀하신 것입니다. 중보자들이 사라진다는 뜻입니다. 이 중보자들이 120년만 더 살고 죽을 것이기 때문입니다. 중보자의 역할은 천년왕국의 시대(요한계시록 20장)가 되었을 때, 다시 시작됩니다. 그때까지 오랫동안 하나님의 아들들(Spirits)이 중보자가 되는 일은 중단된다는 뜻입니다.

Chapter 87

홍수 심판까지 120년이 남았다?

창세기 6장 3절에서 [그들의 날은 백이십 년이 되리라]고 말씀하신 부분을 홍수 심판 때까지 남은 시간이라고 해석하는 분들이 있습니다.

이분들이 이렇게 해석하는 이유는 창세기 6장 1절에서 22절까지의 말씀이 하나의 같은 시간적 배경을 가진 말씀이라고 보고 있기 때문입니다. 창세기 6장의 말씀은 모두 같은 시대에 관한 말씀이라는 것입니다.

창세기 6장의 내용이 같은 시기를 배경으로 한다는 전제로, 하나님이 사람을 홍수로 멸하시는 일을 120년 후에 실행하겠다는 말로 해석합니다. 창세기 6장 1절부터 22절까지의 모든 내용은 노아가 480세일 때 주신 말씀이라는 해석입니다. 이 말씀을 받은 후 120년 뒤에는 노아의 나이가 600세가 되고, 이때 홍수가 발생했기 때문입니다.

그런데 이런 해석은 창세기 6장 1절부터 4절까지의 말씀과 창세기 6장 5절부터 22절의 말씀이 별개의 내용이라는 것을 몰랐기 때문에 나온 잘못된 해석입니다.

창세기 6장 1절부터 4절까지의 말씀은 에노스 때 하신 말씀입니다. 그리고 창세기 6장 5절부터 22절의 말씀은 노아의 나이가 500세를 넘겼을 때 하신 말씀입니다. 이 두 말씀은 완전히 다른 말씀입니다. 창세기 6장 1절부터 4절의 말씀은 하나님의 아들들(Spirits)에 관한 것으로, 사람이 땅 위에 번성하기 시작한 때의 일이며 이때 하나님이 창세기 6장 3절의 말씀을 하셨습니다. 창세기 6장 5절부터 22절의 말씀은 사람들(Souls)에 관한 말씀으로, 노아가 500세 된 후에 하신 말씀입니다.

이 Chapter에서는 6장 3절에서 [그들의 날은 백이십 년이 되리라]고 하신 말씀이 노아 시대에 있었던 일이 아니라는 것을 말씀 속에서 설명합니다.

성경 말씀: 창세기 6장 18절
"그러나 너와는 내가 내 언약을 세우리니 너는 네 아들들과 네 아내와 네 며느리들과 함께 그 방주로 들어가고"

하나님이 노아에게 말씀하십니다. 여기서 [네]는 노아입니다. 이 말씀은 창세기 6장 5절부터 계속됩니다. 창세기 6장 8절에는 [노아가 여호와께 은혜를 입었다]고 기록되어 있습니다.

하나님이 창세기 6장 5절부터 22절까지의 말씀을 주실 때, 노아에게 세 아들이 있었고 세 아들에게는 아내가 있었습니다. 그래서 하나님은 노아에게 [네 아들들과 네 아내와 네 며느리들]이라고 말씀하셨습니다. 만약 노아의 아들들이 결혼하지 않았다면 [네 며느리들]이라는 말씀을 하지 않았을 것입니다.

성경 말씀: 창세기 5장 32절
"노아는 오백 세 된 후에 셈과 함과 야벳을 낳았더라"

노아는 500세가 된 후에 셈과 함과 야벳을 낳았습니다. 셈과 함과 야벳이 1년 터울로 태어났다고 가정하면, 야벳은 노아가 502세일 때 태어났습니다. 세 아들이 며느리를 얻었으니 셋째인 야벳도 아내를 얻은 것입니다. 야벳이 결혼하려면 최소한 20살은 넘었을 것입니다. 그렇게 노아가 세 번째 아들 야벳의 아내인 며느리를 얻으려면 최소한 노아의 나이는 522세가 될 것입니다.

창세기 6장 5절에서 22절의 말씀은 노아의 나이가 522세가 된 이후에 하나님으로부터 받은 말씀입니다. 홍수는 노아가 600세일 때 발생했습니다. 그러면 이 말씀을 받은 후로 대략 80년 만에 홍수가 발생한 것이 됩니다.

어떤 사람은 창세기 6장 3절에서 [그들의 날은 백이십 년이 되리라]고 하신 말씀을 [홍수 심판까지 120년이 남았다]는 뜻을 해석하는데, 이 해석은 잘못된 것입니다. 이렇게 해석할 경우, 노아가 480세일 때 하나님이 말씀하신 것이 됩니다. 이때는 노아에게 아직 세 아들도 없었고 며느리들도 없었을 시기입니다.

Chapter 88

사람의 수명이 120년으로 단축된 사건?

성경 말씀: 창세기 6장 3절

"여호와께서 이르시되 나의 영이 영원히 사람과 함께 하지 아니하리니 이는 그들이 육신이 됨이라 그러나 그들의 날은 백이십 년이 되리라 하시니라"

하나님은 [그들의 날은 120년]이라고 말씀하셨습니다.

많은 기독교인이 사람의 수명이 120년으로 단축된 이유가 노아 당시의 홍수였다고 믿고 있습니다. 하나님이 물로 심판하실 때 하늘에 있었던 물이 땅 위로 쏟아지면서 사람들의 수명이 줄게 된 것이라고 합니다. 하늘에 있었던 물이 사람에게 해로운 우주 방사선들을 막아 주고 있었다는 것입니다. 그 후 우주에서 들어오는 해로운 우주 방사선들이 지상으로 쏟아져 들어왔기 때문에 인류의 수명이 1,000년에서 120년으로 줄게 되었다는 것입니다. 이것은 창조과학협회에서 주장하는 대표적인 내용입니다.

신앙적인 면에서 접근하면, 하나님에게는 불가능한 것이 없다는 결론부터 나옵니다. 하나님이 모든 것을 주관하셨고 하나님이 모든 것을 이루셨으며 전능하신 하나님에게는 이 모든 것이 가능합니다. 신앙적으로 말하면, 이 모든 일에 의심을 하지 말아야 합니다.

그런데 이 같은 주장은 지구의 대기권이나 그 주위에 물 층이 있었다는 전제에서 비롯됩니다. 하늘에 물 층이 있었다는 것은 창세기 1장 7절을 근거로 합니다. 하나님이 물을 나누어 궁창 위의 물과 궁창 아래의 물로 나누셨는데, 궁창 위의 물이 하늘 위에 있었던 물이라는 것입니다. 이런 해석은 궁창을 지구 대기권의 하늘(sky)로 보기 때문입니다.

이런 주장은 잘못된 것입니다. 지구의 대기권이나 그 위로 물 층이 있었는지는 알 수 없습니다. 어쩌면 지구 상공에 물이 있었을 수도 있습니다. 다만, 창세기 1장 6절에서 8절의 말씀은 지구 상공에 물이 있었다는 내용이 아닙니다. 여기에 대해서는 주제에 맞지 않기 때문에 이 책에서는 설명하지 않겠습니다.

많은 분이 노아의 홍수 이후로 사람들의 수명이 1,000살 정도에서 120살로 줄었다고 믿는데, 이렇게 믿는 이유는 창세기 6장 1절에서 4절까지의 말씀과 창세 6장 5절부터 나오는 말씀을 하나로 연결하여 해석했기 때문입니다. 창세기 6장 2절에 나오는 하나님의 아들들은 셋의 후손이고 셋의 후손이 모든 사람이라는 해석입니다. 하나님의 아들들인 사람(셋의 후손)이 땅을 죄악으로 가득하게 했다는 것입니다. 하나님이 홍수로 심판하셨는데, 이전까지는 모든 사람이 1,000년에 가깝게 살았는데, 홍수 이후로 사람의 수명이 120년으로 줄게 되었다는 것입니다.

창세기 6장 1절부터 4절까지는 하나님의 아들들에 관한 내용입니다. 창세기 6장 5절부터 창세기 8장까지는 노아 때의 홍수에 관한 내용입니다. 이 두 가지 내용은 서로 구분되어야 합니다. 하나님의 아들들에 관한 기록과 노아 때의 홍수에 관한 기록은 완전히 다른 사건입니다. 그런데 기독교인들은 이 두 가지를 구분하지 못합니다. 아무도 이 두 가지 사건을 구분하여 설명하지 않았습니다.

이 두 사건을 구분하는 것은 [Chapter 87. 홍수 심판까지 120년이 남았다?]에서 설명했습니다.

창세기 6장 3절에서 [그들이 육신이 되었다]라는 문장과 [그들의 날은 120년이 되리라]는 문장 사이에 [그러나]라는 접속 부사가 있습니다. 하지만 [그러나]는 [그리고]로 번역되어야 합니다. [그리고]라는 말은 계속해서 이어진다는 의미입니다. 바르게 번역한다면, [그들은 육신이 되었다가 그리고 수명은 120년이 되었다]는 의미입니다. 이 내용은 [Chapter 81. 하나님의 아들들은 왜 아내를 얻으면 안 되는 것일까?]에서 히브리어 원문을 분석하면서 설명했습니다.

당시 사람들을 세 종류로 분류할 수 있습니다. 첫 번째는 하나님의 아들들이고, 두 번째는 혼이 없는 사람들이고, 세 번째는 혼(Soul)이 있는 사람들입니다.

첫 번째, 하나님의 아들들(Spirits)입니다.

창세기 6장 3절에서 [그들의 날은 120년이 되리라]고 했는데, 이 말씀은 하나님의 아들들에게 하신 말씀입니다. 혼이 없는 사람이나 혼이 있는 사람에게 하신 말씀이 아닙니다.

동산 안에서 태어난 경건한 자손이 하나님의 아들들입니다. 하나님의 아들들은 육체가 되기 전까지 죽지 않는 몸을 가지고 있었습니다. 그들에게 수명의 한계는 없었습니다. 그랬던 그들이 아내를 얻게 되면서 그들의 몸은 육체가 되었고 그 후로 그들에게 남은 수명이 120년으로 정해졌다는 뜻입니다.

두 번째, 혼(Soul)이 없는 사람들입니다.

혼이 없는 사람들은 이 말씀의 대상이 아닙니다. 그들의 수명에는 변화가 없습니다. 혼이 없는 사람들은 이미 오래전부터 100세를 넘지 못하는 삶을 살았을 것입니다. 저는 70~80세 정도로 추측하고 있습니다. 이 추측은 [우리의 연수가 칠십이요 강건하면 팔십이라]는 시편 90편 10절의 말씀을 인용한 것입니다. 하나님은 혼이 없는 사람에게는 관심을 두시지 않습니다. 그래서 에덴동산부터 홍수까지의 기록에서 이들에 관해서는 언급하지 않은 것입니다. 물론 혼이 없는 사람들도 노아의 홍수 이전까지의 사건들에서 반드시 고려해야 하는 기본요소입니다.

세 번째, 혼(Soul)이 있는 사람들입니다.

혼이 있는 사람들은 아담과 하와의 후손입니다. 창세기 6장 1절에서 [사람]으로 표현된 대상은 혼이 있는 아담과 하와의 후손을 가리킵니다. 아담과 하와의 후손은 성경에 기록된 대로 1,000년 가까이 살았습니다. 노아의 후손을 보면, 홍수 이후로 급격하게 수명이 단축되었습니다. 이것이 아마도 홍수의 영향이라고 한다면 맞을 수도 있을 것입니다. 홍수 이후로 노아의 후손(Soul)은 서서히 혼이 없는 사람들과 같은 수명을 가지게 된 것입니다. 어떤 이들은 수명 단축의 원인이 육식을 시작한 것이라고 말합니다. 물론 그럴 수도 있고 아닐 수도 있습니다. 수명이 단축된 원인은 아직 과학적으로 증명된 적이 없습니다.

아담은 동산에 들어와서 좋은 나무들의 열매를 먹으며 좋은 효과를 많이 얻었습니다. 아담과 하와의 후손은 좋은 유전자를 물려받아 1,000년 가까이 살았습니다. 하지만 에덴동산의 좋은 나무의 열매는 먹지 못했습니다. 그래서 홍수 이후에 아담과 하와가 동산에서 얻었던 좋은 효과가 노아의 후손에게서 서서히 사라졌을 것입니다. 노아의 후손은 아담과 하와가 동산에 들어오기 전의 유전자 상태로 회귀했을 것입니다. 이것은 추측입니다. 사람의 나이를 설명할 정확한 과학적 근거는 없습니다.

만약 아담과 하와의 후손이 120년을 살게 된 원인을 창세기 6장 3절에서 찾는 다면 성경상 모순을 발견하게 됩니다. 다시 말해서 하나님의 말씀대로 이루어 지지 않은 경우가 발생한다는 것입니다. 하나님은 홍수 이전에 사람의 수명이 120년이 될 것이라고 하셨습니다. 그런데 노아는 950년을 살았고 노아의 아들 셈은 600년을 살았습니다. 노아와 세 아들은 홍수가 있기 전에 태어났으니, 예 외라고 가정하겠습니다. 그런데 홍수 이후에 태어난 노아의 3대 자손인 셀라는 433년을 살았고, 노아의 5대 자손인 벨렉은 239세를 살았고, 노아의 9대 자손인 아브라함도 175세를 살았습니다.

하나님이 말씀을 선포하신 이후로 노아의 9대 자손인 아브라함에 이르기까지 노아의 후손은 하나님의 말씀과 달리 120년을 훌쩍 넘을 정도로 오래 살았습니 다. 이렇게 성경에는 하나님의 말씀이 적용되지 않는 예가 버젓이 기록되어 있 습니다. 해석을 잘못하면 하나님이 말씀하셨어도 이루어지지 않고 빗나가게 되 는 모순된 예가 생길 수 있습니다.

이는 창세기 6장 3절의 말씀이 혼(Soul)이 있는 사람의 수명을 정하는 말씀이 아니라는 증거입니다. 창세기 6장 3절의 내용을 모든 사람의 수명을 정하신 말 씀으로 해석했기 때문에, 이 말씀에서 벗어나는 예외의 경우들이 발생하는 것입 니다. 이 말씀은 혼(Soul)이 있는 아담과 하와의 후손에 관한 말씀이 아닙니다. 혼이 없는 사람에 관한 말씀도 아닙니다. [그들의 날은 백이십 년이 되리라]는 말씀은 하나님의 아들들에게 하신 말씀입니다.

이제 하나님의 아들들이 어떻게 살았는지를 설명합니다.

하나님의 아들들(Spirits) 중 일부가 아담과 하와를 통해서 에덴동산에서 경건한 자손으로 태어났습니다. 아담과 하와가 동산에서 나올 때, 경건한 자손은 모두 80세보다 적은 나이였습니다. 가장 먼저 태어난 경건한 자손의 나이는 많아야 80세입니다. 셋이 태어났을 때는 아담과 하와가 동산에서 나온 후로 30년이 더 지난 후였습니다. 이때 첫 번째 경건한 자손의 나이는 아무리 많아도 110세입니다. 셋이 에노스를 낳을 때 셋의 나이는 105세였습니다. 이때 첫 번째 경건한 자손의 나이는 최대로 잡아도 215세입니다. 가장 늦게 태어난 경건한 자손도 최소한 135세입니다. 먼저 태어난 경건한 자손과 마지막에 태어난 경건한 자손의 나이 차이는 아무리 많아도 80년입니다. 아담과 하와가 동산에서 대략 80년 동안 있었기 때문입니다.

에노스가 태어나기 1년에서 2년 전부터 아담 주위에 살고 있었던, 혼이 없는 일반 사람들이 하나님을 믿기 시작했습니다. 이때부터 아담과 하와의 가족들은 안전지역 밖으로 나갈 수 있게 되었습니다. 창세기 6장 1절에서 [사람이 땅 위에 번성하기 시작했다]고 기록되어 있는데, 이때부터 하나님의 아들들이 사람의 딸들을 아내로 얻을 수 있게 되었습니다. 이에 대해서는 [Chapter 82. 하나님의 아들들은 언제 아내를 얻었을까?]에서 설명했습니다.

사람(Soul)이 땅 위에서 번성하기 시작한 후로 몇 년의 시간이 더 흘렀는지는 모릅니다. 하나님의 아들들이 아내를 얻기로 하고 각자 한 명의 아내를 구합니다. 이후로 하나님은 하나님의 아들들에게 남은 시간은 120년이라고 선언하신 것입니다. 가장 나이가 많은 경건한 자손은 215세에서 120년을 더하여 335세가 되면 죽는다는 말입니다.

하나님의 아들들 중에서 마지막 사람이 아내를 얻은 후로 120년이 지나면, 아담과 하와를 통해 에덴동산에서 태어난 모든 하나님의 아들들(Spirits)은 죽고 지상에서 그들이 사라진다는 뜻입니다.

이 Chapter의 결론을 내립니다.

창세기 6장 3절의 말씀은 인류 전체의 수명을 정한 말씀이 아닙니다. 하나님은 인류의 수명을 특별히 따로 정하시지 않았습니다. [인류의 수명이 왜 이렇게 정해져 있는가] 하는 것은 인류학적으로, 유전학적으로, 또 다른 어떤 분야의 도움을 받든지 앞으로 과학자들이 밝혀낼 문제입니다.

창세기 6장 3절의 내용은 당시에 죽지 않고 영생하고 있었던 하나님의 아들들(Spirits)에게 그들이 아내를 얻은 후로 죽기까지 그들에게 남은 수명에 관해 말씀한 것입니다.

Chapter 89

네피림(Nephilim)은 누구인가?

성경 말씀: 창세기 6장 4절
"당시에 땅에는 네피림이 있었고 그 후에도 하나님의 아들들이 사람의 딸들에
게로 들어와 자식을 낳았으니 그들은 용사라 고대에 명성이 있는 사람들이었
더라"

이 말씀으로 인해 많은 사람이 오해를 합니다. 하나님의 아들들(Spirits)이 사
람의 딸들과 결혼해 자녀를 낳았고, 이 자녀들이 네피림(Nephilim)이라는 것입
니다.

이런 해석은 히브리어 원문을 번역하면서 생긴 오역으로 인한 오해로, 이 말
씀의 문맥을 이해하지 못해서 생긴 것입니다. 이 말씀이 오해하기 쉽게 기록되
어 있어서 말씀을 오해하는 것도 충분히 이해됩니다.

하나님의 아들들(Spirits)은 아담과 하와가 에덴동산에 있을 때 태어난 사람들
입니다. 이들의 숫자는 80명이 되지 않았고, 적으면 20명, 많으면 40명쯤 되었을
것으로 추측됩니다.

하나님의 아들들이 자녀를 낳았지만 계속해서 자녀를 낳았던 것은 아닙니다.

물론 하나님의 아들들이 낳은 자녀는 네피림(Nephilim)이 아닙니다. 하나님의 아들들이 낳은 자녀의 키는 아담과 비슷했을 것입니다. 아담의 신장도 당시 주위에 있었던 사람들과 같습니다. 아담이 거인이 아니듯 아담과 하와의 자손들도 거인이 아닙니다. 하나님의 아들들도 거인이 아니었고 하나님의 아들들이 낳은 자녀도 거인이 아닙니다.

하나님의 아들들은 영(Spirit)입니다. 그런데 몸은 아담과 하와의 유전자로 만들어졌습니다. 하나님의 아들들은 아담과 비슷한 키였을 것입니다. 하나님의 아들들이 자녀를 낳았다면 이 자녀들도 아담과 하와의 유전자를 이어받았기 때문에 아담과 비슷한 키였을 것입니다. 아담은 그 당시에 살고 있었던 사람 중에서 선택된 청년입니다. 그래서 하나님의 아들들이 낳은 자녀들 역시 당시 사람들과 비슷한 신장을 가졌을 것입니다. 신장은 유전자에 의해 결정되기 때문입니다.

예수님은 성령으로 잉태되어 마리아에게서 태어나셨습니다. 비록 성자 하나님이지만 몸을 만들 때는 마리아의 유전자를 사용했습니다. 예수님이 태어나신 후로 예수님은 자라면서 당시 유대인들의 평균적인 키와 평균적인 외형을 가지게 되었을 것입니다. 당시 유대인들과 같은 모습이었을 테니 당연히 유럽인들처럼 파란 눈동자나 금발 머리는 아닙니다.

예수님이 자라면서 당시 사람보다 두 배가 넘은 장신이 되었다거나 예수님의 피부가 백옥처럼 희었다거나 예수님의 머리카락 색이 금발이었거나 예수님의 근육이 강해져서 바위처럼 단단하다거나 이런 식의 변화가 있지는 않았을 것입니다. 이사야 53장 2절을 통해 당시 사람들과 비교했을 때 예수님의 모습이 특별하지 않았음을 알 수 있습니다. 예수님이 회당에서 가르치실 때 유대인들은

　　　　　　　　　　　　Part 10. 하나님의 아들들

예수님을 돌로 치려 했고 예수님을 낭떠러지에서 떨어뜨리려 했고 로마인들은 예수님을 채찍질했습니다.

만약 예수님의 겉모습이 골리앗처럼 무서웠다면 예수님을 돌로 치려고 시도하지도 못했을 것입니다. 예수님의 모습이 당시 사람들과 달랐다면 성경에 예수님의 모습에 대한 특이한 점이 기록되었을 것입니다. 성경에는 예수님의 모습에 대해 그리 주목할 만한 기록이 없습니다. 예수님의 모습이 당시 유대인들과 거의 같았기 때문입니다. 예수님은 마리아의 유전자를 사용하여 당시 유대인들과 비슷한 모습으로 태어나셨습니다.

하나님의 아들들도 당시 아담과 하와의 유전자를 사용해서 사람으로 태어났습니다. 그래서 하나님의 아들들과 그들이 낳은 자녀들도 당시 사람들과 같은 모습, 같은 키를 가지고 있었을 것입니다. 하나님의 아들들이 거인이 아니듯, 하나님의 아들들이 낳은 자녀도 거인이 아닙니다.

그러면 본문에 기록된 네피림(Nephilim)은 누구일까요?

הַנְּפִלִ֖ים[네피림]은 히브리어 נְפִיל[네필]의 주격·남성·복수의 형태입니다. נְפִיל[네필]은 영어로 giants로 번역됩니다. 대부분의 영어 성경에는 Nephilim으로, 대부분의 한글 성경에는 [네피림]으로, 한글 공동번역에는 [느빌림]으로, 영어 성경 KJV에는 giants로 번역되어 있습니다. נְפִיל[네필]은 동사 נָפַל[나팔]에서 왔는데, 동사 נָפַל[나팔]은 [떨어진다]는 의미입니다.

어떤 분들은 단어의 의미로 해석을 시도합니다. 네피림(Nephilim)은 떨어진 자들이라는 의미라고 해석하여 하늘에서 떨어진 자들 곧, 타락한 천사들이라고 해석합니다.

성경을 보면 고대인들이 거인들을 보고 [네피림]으로 불렀다는 것을 알 수 있습니다. 거인들을 왜 [네피림]으로 부르게 되었는지 그 유래는 알 수 없습니다. 게다가 성경에는 거인의 존재에 관한 설명이 없습니다. 왜 거인이 존재하게 되었는지, 언제부터 존재했는지 성경에는 관련된 정보가 없습니다. 거인은 하나님의 관심 대상이 아니기 때문입니다.

이 말씀을 바르게 이해하기 위해서 히브리어 원문을 살펴볼 필요가 있습니다. 창세기 6장 4절 말씀의 히브리어 원문은 다음과 같습니다.

הַנְּפִלִים הָיוּ בָאָרֶץ בַּיָּמִים הָהֵם

[하네피림 하유우 바아레츠 바이야밈 하헴]

וְגַם אַחֲרֵי־כֵן אֲשֶׁר יָבֹאוּ בְּנֵי הָאֱלֹהִים אֶל־בְּנוֹת הָאָדָם

[우감 아하레-켄 아세르 야부 버네 하엘로힘 엘-버노우트 하아담]

וַיָּלְדוּ לָהֶם

[워야러두 라헴]

הֵמָּה הַגִּבֹּרִים אֲשֶׁר מֵעוֹלָם אַנְשֵׁי הַשֵּׁם

[헴마 하기보림 아세르 메오우람 안세 하셈]

이 말씀에서 관심 있게 살펴볼 부분은, [당시에 땅에는 네피림이 있었다는 기록입니다. 이 부분은 이 말씀의 앞에 있는 הַנְּפִלִים הָיוּ בָאָרֶץ בַּיָּמִים הָהֵם[하네피림 하유우 바아레츠 바이야밈 하헴]입니다.

הַנְּפִלִים[하네피림]은 정관사 הַ[하]와 남성명사 נְּפִלִים[네피림]이 합쳐진 형태

로 되어 있습니다.

וַיְהִי[하유위]는 동사 הָיָה[하야]의 콸(Qal)동사·완료형·3인칭·양성·복수의 형태입니다. הָיָה[하야]는 영어로 to fall out, come to pass, become, be로 번역됩니다. 완료형이기 때문에 이 말씀에서는 [있었다]로 번역됩니다. 과거형으로 이미 있었다는 뜻입니다.

בָאָרֶץ[바아레츠]는 분불리전치사 בְ[바]와 여성명사 אֶרֶץ[아레츠]가 합쳐진 형태입니다. 명사 אֶרֶץ[아레츠]는 영어로는 earth로 번역되며, 우리 말로 땅이라는 의미입니다. בָאָרֶץ[바아레츠]는 [땅 안에, 땅에]라는 뜻입니다.

בַיָּמִים[바이야밈]은 분불리전치사 בַ[바]와 남성명사 יוֹם[욤]이 합쳐진 형태입니다. יוֹם[욤]은 영어로 day로 번역되며, 한글로는 날, 날들, 시대 등으로 번역됩니다. בַיָּמִים[바이야밈]은 [시대 안에, 시대에]라는 뜻입니다.

הָהֵם[하헴]은 정관사 הַ[하]와 대명사 הֵם[헴]이 합쳐진 형태입니다. הָהֵם[하헴]은 3인칭·남성·복수의 형태입니다. 번역하면 [그들의]가 됩니다.

이 말씀을 직역한다면 다음과 같습니다.

"그들의 시대에 땅에는 네피림이 있었다"

한글 성경에는 [당시에 땅에는 네피림이 있었고]로 번역되어 있습니다. 번역상 큰 문제는 없습니다.

여기서 הַהֵם[하헴]은 [그들]이라는 뜻이며, 여기서 그들은 하나님의 아들들을 의미합니다. בַּיָּמִים[바이야밈]은 [시대에]라는 의미입니다. בַּיָּמִים הָהֵם[바이야밈 하헴]은 [그들의 시대에]라는 뜻입니다. הָהֵם[하헴]의 정관사 הַ[하]는 하나님의 아들들을 가리키기 때문에, [하나님의 아들들의 시대에]라고 번역됩니다. 이것을 한글 성경에는 [당시에]로 번역되었습니다. 이 문구에서 번역상의 문제는 없습니다. בַּיָּמִים הָהֵם[바이야밈 하헴]은 하나님의 아들들이 사람의 딸들을 아내로 얻었을 때를 의미합니다.

하나님의 아들들(Spirits)이 자녀를 낳았다는 말은 [그 후에도]라는 문구 뒤에 나옵니다. 다시 말해서 네피림이 있었던 때는 하나님의 아들들이 사람의 딸들(Souls)을 아내로 얻었을 당시로 아직 자녀를 낳지 않은 시기입니다. 그래서 네피림은 하나님의 아들들의 자녀가 아니라는 것입니다.

창세기 6장 3절은 하나님이 하신 말씀입니다. 하나님의 아들들이 아내를 얻는 것을 보고 하나님이 하신 말씀입니다. 창세기 6장 1절부터 4절까지는 있었던 사실을 기록한 것인데, 이 중에서 유일하게 3절만 하나님이 말로 하신 부분이 기록되어 있습니다. 하나님이 말로 하신 부분을 빼고 사실만을 추려 보겠습니다.

"사람이 땅 위에 번성하기 시작할 때에 그들에게서 딸들이 나니, 하나님의 아들들이 사람의 딸들의 아름다움을 보고 자기들이 좋아하는 모든 여자를 아내로 삼는지라. 당시에 땅에는 네피림이 있었고 그 후에도 하나님의 아들들이 사람의 딸들에게로 들어와 자식을 낳았으니, 그들은 용사라 고대에 명성이 있는 사람들이었더라"

이 말씀 중에서 [딸들이 나니]의 [~나니]와, [아내로 삼는지라]의 [~지라]와 [그 후에도]에서 [~에도]와 [자식을 낳았으니]에서 [~으니]라는 단어는 다음 문장과의 연결을 위한 것으로 히브리어 원문에는 없습니다. 한글 성경으로 번역하는 중에 넣은 것입니다. 아마도 문장을 매끄럽게 하기 위해 넣은 것 같습니다. 그런데 이런 단어는 앞 문장과 뒤 문장의 연관 관계를 나타내기도 합니다. 또한 번역자의 주관적 시각이 반영되기도 합니다. 히브리어 원문을 그대로 가져와서 번역하면 다음과 같습니다.

> "그리고 사람이 지면에 많아지기 시작했을 때 그들에게서 딸들이 태어나기 시작했다. 그리고 하나님의 아들들이 사람의 딸들을 보았다. 그녀들은 아름다웠다. 그리고 그들은 자신들을 위해서 그들이 선택한 모두를 아내들로 삼았다. 그들의 날에 지상에는 네피림이 있었다. 그리고 또한 시간이 흐른 후에 하나님의 아들들이 사람의 딸들에게 들어와 그들에게서 자녀를 낳았다. 그들은 고대에 이름이 있는 강한 사람이다"

이 책에서는 히브리어 원문을 번역할 때 [그리고 또한 시간이 흐른 후에 하나님의 아들들이 사람의 딸들에게 들어와]라고 번역합니다. 한글 성경에서는 이 부분을 [그 후에도 하나님의 아들들이 사람의 딸들에게로 들어와]로 되어 있습니다.

[그 후에도]라는 문구가 오해를 만들어냅니다. 마치 하나님의 아들들이 여러 번 아내를 얻었던 것처럼 느끼게 합니다. 아내를 얻는 일이 반복된 것으로 보이게 합니다. 이 부분의 히브리어 원문을 보겠습니다.

וְגַם אַחֲרֵי־כֵן אֲשֶׁר יָבֹאוּ בְּנֵי הָאֱלֹהִים אֶל־בְּנוֹת הָאָדָם

[우감 아하레-켄 아세르 야부 버네 하엘로힘 엘-버노우트 하아담]

וְגַם[우감]은 접속사 וְ[우]와 גַם[감]이 합쳐진 형태입니다. גַם[감]은 also라는 의미입니다. וְגַם[우감]은 and also라는 의미로서 [그리고 또한]으로 번역됩니다. 한글 성경에서는 [~네피림 있었고 그 후로도~]로 되어 있는데 이 문장이 오해를 일으킵니다. 원문대로 번역하면 [~네피림이 있었다. 그리고 또한~]이 됩니다.

한글 성경에서 [그 후에도]로 번역된 부분은 אַחֲרֵי־כֵן[아하레-켄]입니다.

אַחֲרֵי־כֵן[아하레-켄]은 אַחַר[아차르]와 כֵן[켄]이 연계형 마켑(־)으로 연결되어 있습니다. כֵן[켄]은 영어로 so, thus의 의미인데, NIV에는 The and also afterward로, KJV에는 and also after that으로, NASB에는 and also afterward로 번역되어 있습니다. 영어 성경에는 and also afterward, and also after that으로 번역되어 있습니다. afterward라는 단어는 [그 후에도]가 아니라, [그 후에]라는 뜻입니다.

이 문장은 It came to pass after this의 의미입니다. 한글로 표현한다면, [이 일이 있고 난 뒤에 그것이 일어났다]라는 말입니다. 이 말을 풀어서 설명한다면, [아내로 삼는 일이 일어난 후에 다음에 설명된 일이 일어났다]는 것입니다. 여기서 다음에 설명된 일이란, אַחֲרֵי־כֵן[아하레-켄]에서 כֵן[켄]이라는 단어 뒤에 기록되어 있는 문장을 의미합니다.

이 단어는 역대상 19장 1절에도 있습니다. 역대상 19장 1절의 히브리어 원문을 보면 וַיְהִי אַחֲרֵי־כֵן[와이히 아하레-켄]이 있습니다. 이 말씀은 한글 성경에서 [그 후에 암몬 자손의 왕 나하스가 죽고 그의 아들이 대신하여 왕이 되니]로 번역되어 있습니다. אַחֲרֵי־כֵן[아하레-켄]은 역대상 19장 1절에서 [그 후에]로 번역되었습니다. 이 외에도 사무엘하 2장 1절, 사무엘하 13장 1절 등 구약성경에 사용한 예가 많이 있습니다.

[그 후에도]라는 단어는 하나님의 아들들을 나쁘게 보고 악행을 반복하여 저질렀다는 의미를 표현하기 위해서 번역한 것으로 보입니다. 개역개정과 개역한 글에서 이런 번역상의 오류가 보입니다. 그뿐 아니라 공동번역과 새번역과 현대인의 성경에는 완전히 잘못된 번역으로 되어 있습니다. 이 성경들에서는 거인족을 하나님의 아들들과 사람의 딸들 사이에서 태어난 자들이라고 번역되어 있습니다.

영어 성경은 이렇게까지 오역하지는 않는데 [그 후로도]라고 번역되지 않고 주로 afterward로 번역되어 있습니다.

אַחֲרֵי־כֵן[아하레-켄]이라는 문구는 하나님의 아들들(Spirits)이 사람의 딸들(Souls)을 아내로 얻은 일이 완료된 후에 다음에 기록된 문장의 내용이 일어났다는 것입니다. 다시 말해서 하나님의 아들들이 아내를 얻은 사건이 완료된 후에 그들에게 자녀가 태어나는 일이 일어났다는 말입니다. 하나님의 아들들이 아내를 얻은 것과 그들에게서 자녀가 태어난 것 사이에 하나님의 말씀과 네피림에 관한 언급이 삽입되어 있습니다. 삽입된 문장을 빼고 보면, 아내를 얻는 것(결혼식)이 있었고 그 후에 자녀를 낳았다는 내용입니다.

아내를 얻는 사건이 있고 난 후에 다음에 오는 문장의 내용이 있었다는 것인데, 다음에 오는 문장은 [하나님의 아들들이 아내와 부부관계를 맺고 자녀를 낳았]다는 것입니다. 자녀를 낳는 것은 10개월 후의 일이기 때문에, וְגַם אַחֲרֵי־כֵן [우감 아하레-켄]을 넣어 문장을 만든 것입니다. [하나님의 아들들이 사람들의 딸들에게로 들어와]라는 문장은 부부관계를 의미합니다. 여기에서 부부관계는

10개월 전이라는 [시간]을 나타내는 것이 아니라, 자녀를 낳은 [원인]을 설명하기 위해 삽입된 문구입니다.

이 말씀에서 신랑과 신부의 이야기만을 뽑아 보겠습니다. 네피림에 관한 내용과 하나님이 말씀하신 부분을 빼는 것입니다. 그러면 이 내용은 다음과 같이 됩니다.

> "그리고 시간이 흐른 후에 사람이 땅 위에 번성하기 시작할 때에 그들에게서 딸들이 태어났다. 하나님의 아들들은 사람의 딸들을 보았다. 그녀들은 아름다웠다. 하나님의 아들들은 그들이 선택한 여성을 그들을 위한 아내로 삼았다. 그 후에 [하나님의 아들들이 사람의 딸들에게 들어갔기 때문에] 그녀들이 그들에게 자식을 낳았다. 그들의 자식들은 고대에 유명한 용사였다"

이 말씀의 전개를 보면 다음과 같습니다.

(1) 사람이 땅에 번성한다.
(2) 그들에게서 딸들이 태어났다.
(3) 그녀들이 아름다웠다.
(4) 하나님의 아들들은 아내를 선택했다.
(5) 하나님의 아들들과 아내들이 부부관계를 가졌다.
(6) 그들에서 자녀가 태어났다.

이 내용은 남자가 여자를 보고 청혼하고, 결혼하고, 자녀를 낳았다는 내용입니다. 하나님의 아들들이 살았던 일생을 이런 순서로 기록한 것입니다. 이 내용은 사람이 결혼하고 자녀를 낳았다는 것으로 지극히 정상적인 내용입니다.

많은 사람이 오해하는 것은 창세기 6장 2절의 [아내로 삼는지라]라는 문구입니다. 사람들은 이 문구를 어떻게 이해할까요? 남성이 여성을 선택하고, 그 여성과 결혼하고, 부부관계를 가졌고, 자녀를 낳았고, 자녀들이 성장했다는 것까지 이 모든 과정을 포함하는 말로 보고 있습니다. 하나님의 아들들이 낳은 자녀들이 성장해서 네피림이 되었다고 생각을 하기에 [아내로 삼는지라]라는 문구를 두고, 이 모든 과정을 포함하는 말로 이해하는 것입니다. 그리고 [그 후에도]라는 단어로 인해 이런 일을 계속 반복했다고 생각하는 것입니다.

[아내로 삼았다]는 말은 하나님의 아들들이 어떤 여성을 아내로 삼기 위해서 마음에 결심하고 그 부모에게 가서 허락을 받고 결혼하는 것까지를 의미합니다. 이 말씀에서 [아내로 삼는다]는 말은 단지, 결혼만을 의미합니다. 부부관계를 가진다거나 자녀를 낳는 것까지는 포함되어 있지 않습니다.

결혼한 후에 부부관계를 갖고 자녀를 낳는 것은 자연스러운 일입니다. [아내를 얻었다]는 말로 이 모든 과정을 설명할 수도 있습니다. 그러나 이 말씀에는 부부관계를 갖는다는 내용과 자녀를 낳는 내용이 따로 기록되어 있습니다. 그래서 아내를 얻었다는 말은 단순히 결혼을 의미하는 말로 사용되었고, 이 속에는 부부관계나 자식을 낳는 일이 포함되지 않았다는 것입니다.

[하나님의 아들들이 사람의 딸들에게 들어갔다]는 표현은 정확하게 부부관계를 의미합니다. 자녀를 낳는 것은 부부관계를 가진 후로 10개월이 더 필요합니다.

이제 당시 상황을 이야기 형태로 자세히 설명합니다.

하나님의 아들들을 30명 정도로 추정하고 설명합니다. 하나님의 아들들은 모여서 상의를 하고 아내를 얻기로 합니다. 그들은 각자 한 명의 여성을 선택하고, 청혼했으며, 여성에게서 결혼을 허락받습니다. 하나님의 아들들마다 좋아하는 여성이 달라서, 각자 결혼을 허락받기까지 시간상으로 서로 차이가 납니다. 모든 하나님의 아들들이 한 날에 결혼한 것이 아닙니다. 제일 먼저 결혼하는 사람과 제일 나중에 결혼하는 사람 사이에 한 달 정도의 시차가 발생한다고 가정합니다. 그들 중에서 제일 먼저 결혼하는 사람의 결혼식이 있었던 다음 날, 하나님은 이렇게 말씀하십니다.

"나의 영(하나님의 아들들)이 사람을 재판하고 돕는 일을 더는 하지 않을 것이다. 하나님의 아들들이 육체가 되었기 때문이다. 그들의 몸은 죽지 않는 몸에서 죽는 몸으로 바뀌었다. 이제부터 그들에게 남은 육체의 수명은 120년이 될 것이다"

그리고 2~3일 후, 그들 중에서 두 번째 사람이 결혼합니다. 그리고 며칠 후, 세 번째 사람이 결혼합니다. 이렇게 하나님의 아들들이 몇 달에 걸쳐 모두 결혼합니다. 그리고 10개월 뒤에 그들 중에서 첫 번째로 결혼한 하나님의 아들들의 아내가 가장 먼저 아들을 출산합니다.

이것이 창세기 6장 1절에서 4절의 내용입니다. 여기서 네피림의 존재를 4절 앞부분에 끼워 넣습니다. 그러면 다음과 같이 됩니다.

하나님의 아들들인 경건한 자손 중에서 한 명이 첫 번째로 결혼을 합니다. 다음 날 하나님은 이렇게 말씀하십니다.

"나의 영(하나님의 아들들)이 사람을 재판하고 돕는 일을 더는 하지 않을 것이다. 이는 그들(하나님의 아들들)이 육체가 되었기 때문이다. 이제 그들에게는 남은 수명은 120년이 될 것이다"

그런데 이 시대에는 네피림이 있었습니다. 그리고 그 후로 10개월이 지난 후에 첫 번째로 하나님의 아들들과 결혼한 여자가 자식을 낳았습니다.

창세기 6장 1절에서 4절은 하나님의 아들들(Spirits)에 대한 마지막 흔적이 기록된 것입니다. 여기에 하나님이 말씀하신 부분이 3절로 추가되었고, 네피림에 관한 내용이 4절 상반 절에 추가된 것입니다. 첫 번째로 결혼한 하나님의 아들들 중 하나가 첫 번째 자녀를 낳기 10개월 전에 네피림이 있었다는 말입니다.

하나님의 아들들이 아내를 얻어서 부부관계를 가지는 순간부터 그들의 몸은 육체가 됩니다. 하나님의 아들들이 결혼하고 부부관계를 가진 후로 10개월이나 지나서 하나님이 [그들이 육체가 되었다. 이제 120년을 살고 죽을 것이다라는 말씀을 하실 리는 없습니다. 하나님이 10개월이나 지난 후에 말씀하신 것은 아니라는 말입니다.

하나님의 아들들 중에서 가장 먼저 아내를 얻은 경건한 자손이 결혼한 당일이나 다음 날, 하나님이 이 말씀을 하셨습니다. 하나님의 아들들이 아내와 부부관계를 가지면 그들의 몸은 육체가 됩니다. 경건한 자손은 자녀를 낳기 10개월 전에 이미 육체가 된 것입니다. 하나님은 첫 번째 경건한 자손이 육체가 되자 곧바로 말씀하신 것입니다. 하나님이 이 말씀을 하신 시점은 하나님의 아들들 중 첫 번째로 결혼한 경건한 자손의 자녀가 태어나기 10개월 전이라는 뜻입니다. 이 말은 하나님의 아들들(Spirits)이 사람의 딸들(Souls)을 아내로 삼은 시기가 아직 자녀가 세상에 태어나지 않았을 때였고 이때 세상에는 네피림이 있었다는 말입니다. 네피림은 하나님의 아들들 중 한 명이 첫 자녀를 낳기 10개월 전에도 이미 있었다는 뜻입니다. 다시 말해서 네피림은 하나님의 아들들이 낳은 자녀가 아니라는 것입니다.

창세기 6장 1절에서 4절까지의 말씀은 하나님의 아들들이 살았던 마지막 생애를 기록한 것입니다. 이후로 하나님의 아들들은 지상에서 사라집니다. 하나님의 아들들이 어떻게 지상에서 사라지게 되었는지, 그 마지막 부분을 기록한 것입니다. 이 기록에서 하나님이 말씀하신 창세기 6장 3절은, 그들이 왜 사라졌는지 그 원인을 밝히는 말씀입니다. 그 원인은 그들의 육체가 되었기 때문입니다. 죽음이 있는 몸이 되었기 때문에, 하나님이 그들의 남은 수명을 120살로 정하신 것입니다.

결론적으로, 하나님의 아들들이 결혼하기 시작했을 때 이미 네피림(Nephilim)이 있었습니다. 하나님의 아들들이 첫 번째 자녀를 낳기도 전에 네피림이 있었습니다. 네피림이 어디서 왔는지는 모릅니다. 다만, 이들은 하나님의 아들들(Spirits)이 낳은 자녀가 아닙니다. 아마도 네피림은 키가 큰 장신의 DNA를 가지고 있는 종족이었을 것입니다. 이 종족은 지구상에 있었던 여러 종족 가운데 하나였을 것입니다. 네피림은 하나님의 아들들이 낳은 종족이 아닙니다.

Chapter 90

창세기 5장 아담부터
노아까지의 계보는 정확할까?

일부 사람들은 이 계보에서 여성이 빠졌다고 생각합니다. 예를 들면, 하와가 가인과 아벨을 낳기 전에도 딸들을 낳을 수 있었을 것이라는 추측입니다. 저는 이런 가정이 옳지 않다고 생각합니다. 이 계보는 매우 정확하다고 생각합니다. 이 Chapter에서 아담과 노아에 이르는 창세기 5장의 계보를 설명하고자 합니다.

첫 번째, 학자들은 이 계보가 완전한 구조로 되어 있다고 합니다.

창세기 5장 6절을 보면 [셋은 백오 세에 에노스를 낳았고 에노스를 낳은 후 팔백칠 년을 지내며 자녀들을 낳았으며 그는 구백십이 세를 살고 죽었더라]고 기록되어 있습니다. 이 기록은 3가지 문장으로 되어 있습니다. 첫 문장은 [누가 몇 세에 누구를 낳았다]의 형식이고, 두 번째 문장은 [누구를 낳은 후 몇 년을 지내며 자녀를 낳았다]의 형식이고, 세 번째 문장은 [그는 몇 세를 살고 죽었다]는 형식입니다. 이 형식이 계속 반복됩니다.

첫 번째 문장은 장자를 낳은 나이를 설명합니다. 두 번째 문장은 장자를 낳은 이후에 몇 년을 더 살았는지를 설명합니다. 세 번째 문장은 그 사람의 나이를 설명합니다. 이런 구조는 계보를 설명하는 데 완전한 형식이라고 합니다. 계보를 기술하는 데 틀릴 수 없는 구조로 되어 있다고 합니다. 물론 저자도 이 주장을 따릅니다.

두 번째, 이 계보는 여성을 빠뜨리지 않았습니다.

창세기 5장 4절에는 아담이 셋을 낳은 후에 팔백 년을 지내며 자녀를 낳았다고 기록되어 있습니다. 창세기 5장의 기록에는 여성의 이름이 나오지 않습니다만 그렇다고 여성이 빠진 것으로는 생각하지 않습니다. 창세기 5장 4절의 말씀을 히브리어 원문으로 보면 아래와 같습니다.

וַיִּהְיוּ יְמֵי־אָדָם אַחֲרֵי הוֹלִידוֹ אֶת־שֵׁת שְׁמֹנֶה מֵאֹת שָׁנָה וַיּוֹלֶד בָּנִים וּבָנוֹת
(와이히우 우메-아담 아하레 호우리도우 에트-셋 세모네 메오트 사나하 와이오레드 바님 우바노우트)

이 원문에서 [자녀들을 낳았다]에 해당하는 문장은 וַיּוֹלֶד בָּנִים וּבָנוֹת[와이오레드 바님 우바노우트]입니다. [자녀]라는 단어는 בָּנִים וּבָנוֹת[바님 우바노우트]입니다. בָּנִים[바님]은 בֵּן[벤]이라는 남성명사의 복수 형태입니다. בֵּן[벤]은 아들이라는 뜻으로, 영어로는 son으로 번역됩니다. בָּנִים[바님]은 아들들이라는 뜻입니다. וּבָנוֹת[우바노우트]는 나열형 접속사 וְ[와우]와 여성명사 בַּת[바트]의 복수형이 연결된 형태입니다. בַּת[바트]는 딸이라는 뜻으로, 영어로는 daughter로 번역됩니다. וּבָנוֹת[우바노우트]는 [~과 딸들]이라는 뜻입니다. בָּנִים וּבָנוֹת[바님 우바노우트]는 [아들들과 딸들]이라는 뜻입니다. 한글 성경에서는 단순히 자녀라고만 기록되어 있습니다.

이 계보에서 여성을 뺀 것이 아니라 딸들이라는 단어를 통해서 여성을 포함하고 있습니다. 물론, 거론되는 이름들은 모두 장자의 이름입니다. 그래서 마치 여성의 이름이 빠진 것처럼 보일 수 있습니다. 이 계보에는 장자를 제외한 다른 아들들의 이름 역시 기록되지 않았습니다. 이 계보는 아들이나 딸을 구분하지 않습니다. 단지 계보를 설명하기 위해 장자만을 기록한 것으로, 장자 다음에 낳은 아들과 딸에 대해서는 전혀 구분하지 않고 모두 기록하지 않은 것입니다.

[아들들과 딸들]이라는 표현은 남자와 여자를 구분한 것이 아니라 장자 외에는 관심이 없다는 표현입니다.

세 번째, 아담의 계보에서 가인과 아벨의 이름이 빠졌습니다.

많은 분이 아담과 하와 사이에 가인 이전에도 딸이 있을 수 있고 가인과 아벨 사이에도 딸이 있을 수 있고 아벨과 셋 사이에도 딸이 있을 수 있다고 생각합니다. 이 계보에는 아담이 셋을 낳은 것으로 시작하고 있는데, 실제로는 아담이 셋을 낳기 전에도 가인과 아벨이 있었기 때문입니다. 이런 식으로 빠진 아들이나 딸이 있을 수 있다는 주장입니다. 충분히 생각할 수 있는 주장입니다.

이 계보는 아담부터 해서 노아에 이르는 계보입니다. 이 계보는 장자의 계보입니다. 물론 장자의 계보로 보지 않는 분들도 있습니다. 이것은 뒤에서 설명합니다.

이 계보를 볼 때, 아담의 첫 번째 장자가 누구인가에 초점이 맞춰집니다. 가인은 하나님에게 범죄하여 아담의 가족 중에서 쫓겨났습니다. 그리고 아벨은 결혼하기 전에 자녀 없이 죽었습니다.

아벨이 결혼하기 전에 자녀 없이 죽었다는 내용은 [Chapter 21. 아담은 에덴동산에서 몇 년을 살았을까?)을 참고하면 됩니다. 아벨은 하나님께 첫 제사를 드린 후, 두 번째 제사를 드리기 전에 죽었습니다. 아벨이 이제 막 양을 치기 시작했을 때는 결혼할 나이가 아직 되지 않았습니다.

아담에서 셋으로 이어지는 아담의 계보에는 가인도 아벨도 포함되지 않습니다. 그래서 가인과 아벨의 이름이 이 계보에서 빠졌습니다. 이런 예외상황이 많았을까요? 이런 예외상황은 가인과 아벨뿐인 것으로 보입니다.

셋 이후에 태어난 아담의 아들들에 관해서 관심을 두지 않습니다. 그래서 성경에 기록되지 않은 것입니다. 아담의 다른 아들들은 장자가 아니고, 노아까지 이르는 계보에도 전혀 언급되지 않기 때문입니다. 가인과 아벨의 이름이 빠진 것도, 이들이 노아의 직계 조상이 아니기 때문입니다. 노아는 가인의 후손이 아니라 셋의 후손입니다.

네 번째, 셋이 태어나기 전에는 딸들이 태어나지 않았습니다.

아담은 가인과 아벨과 셋을 차례대로 낳았습니다. 물론 아담의 아내인 하와가 출산한 것입니다만, 성경의 기록방식 그대로 아담이 낳은 것으로 설명하겠습니다.

아담이 셋을 낳기 전까지 따로 딸을 낳은 적은 없다고 생각합니다. 물론, 확실한 근거는 없습니다. 다만 창세기 5장에 나오는 기록을 노아의 경우와 같다고 보기 때문입니다. 그래서 노아의 경우를 설명하려고 합니다.

성경 말씀: 창세기 5장 32절
"노아는 오백 세 된 후에 셈과 함과 야벳을 낳았더라"

노아는 오백세 가 된 후에 셈과 함과 야벳을 낳았다고 기록되어 있습니다. 셈과 함과 야벳이 세쌍둥이는 아닐 테고, 당연히 태어난 해가 서로 다를 것입니다. 셈과 함과 야벳은 노아가 500세 된 후에 몇 년의 차이를 두고 태어났을 것입니다.

성경 말씀: 창세기 6장 18절
"그러나 너와는 내가 내 언약을 세우리니 너는 네 아들들과 네 아내와 네 며느리들과 함께 그 방주로 들어가고"

성경 말씀: 창세기 7장 7절
"노아는 아들들과 아내와 며느리들과 함께 홍수를 피하여 방주에 들어갔고"

이 말씀은 창세기 6장 4절부터 22절까지 이어지는 것입니다. 이 말씀에서 하나님은 노아에게 방주에 들어가서 살아남게 될 사람을 지정해 주셨습니다.

홍수에서 구원받을 사람은 노아와 아내와 아들들과 며느리들입니다. 이 말씀에서 하나님은 여성을 제외하시지 않았습니다. 홍수가 있기 전에 노아의 아들들은 아내를 얻었습니다. 홍수가 발생한 것은 노아가 600세 되는 해였습니다. 노아의 아들들은 노아가 500세 된 후에 태어났습니다. 노아가 500세일 때부터 600세일 때까지 100년 동안, 노아는 셈과 함과 야벳을 낳았고 셈과 함과 야벳은 성장했고 결혼하여 아내를 얻었습니다.

만약 노아가 600세 전에 낳은 딸들이 있었다면 이 딸들은 모두 홍수에 죽었을 것입니다. 하나님은 창세기 6장 18절에서 딸들을 언급하시지 않았기 때문입니다. 노아에게 딸들이 있었다면 하나님은 [네 아내와 네 아들들과 네 딸들과 네 며느리들]이라고 말씀하셨을 것입니다. 창세기 6장 18절에 [네 딸들]이라는 기록이 전혀 없는 것은 실제로 노아는 600세 전까지 딸들을 낳지 않았다는 것을 의미합니다.

창세기 9장 28절에는 [홍수 후에 노아가 삼백오십 년을 살았고 그의 나이가 구백오십 세가 되어 죽었더라]고 기록되어 있습니다. 노아는 오직 셈과 함과 야벳만을 낳았고 홍수 이후에도 딸이나 아들을 낳지 않았습니다.

창세기 5장 32절에서 [노아는 오백 세 된 후에 셈과 함과 야벳을 낳았더라]는 기록은 정확한 것입니다. 노아가 500세 전에 아들이나 딸을 낳지 않았기 때문에 이 기록은 정확합니다. 노아의 경우를 볼 때, 창세기 5장의 계보는 정확하다고 볼 수 있습니다.

아담도 마찬가지였을 것으로 추측합니다. 창세기 5장 3절~5절을 보면, 아담은 130세에 셋을 낳고 셋을 낳은 후 800년을 지내며 자녀를 낳고 930세를 살다 죽었다고 기록되어 있습니다. 이 기록도 정확하다고 봅니다.

가인은 노아의 직계 조상에 들지 않기 때문에 그 이름이 빠진 것이고 아벨은 죽었기 때문에 그 이름이 빠졌습니다. 그 외에는 아담이 130세 때까지 낳은 자녀는 없다는 뜻입니다. 물론 아담과 하와는 에덴동산에서 하나님의 아들들(Spirits)을 낳았습니다. 하나님의 아들들은 혼(soul)을 가진 사람이 아니므로 이 계보에는 기록되지 않았습니다.

아담과 하와가 동산에서 나온 후, 얼마 안 되어 낳은 아들이 가인입니다. 그리고 이어서 아벨을 낳았습니다. 아담은 셋이 태어날 때까지 다른 아들을 낳지 않았습니다. 아벨이 죽고 가인이 떠난 후에야 비로소 셋을 가졌습니다. 이것은 아담과 하와가 아들이 없기 때문에 계획적으로 셋을 낳았다는 것을 의미합니다. 아울러 아벨과 셋 사이에는 거의 20년의 시간차가 납니다. 20년 사이에 아들이 없었다는 말은 아담과 하와가 일부러 아들을 낳지 않았다는 뜻입니다. 가인이 떠나고 아벨이 죽었기 때문에 아담과 하와에게는 아들이 없게 되었습니다. 아담과 하와는 아들이 필요했습니다. 그래서 셋을 낳았습니다. 아담과 하와는 계획적으로 자녀를 가졌으며, 두 명의 아들이면 충분하다고 생각했던 것 같습니다. 아담과 하와는 셋을 낳기 전까지는 자녀를 가지려고 하지 않았다는 것을 알 수 있습니다.

아담과 노아의 경우를 보면, 창세기 5장의 계보에 언급된 장자들은 자녀를 많이 낳지 않았던 것 같습니다. 자녀를 가질 수 있었으나, 일부러 많은 자녀를 갖지는 않았던 것 같습니다.

Chapter 91

하나님의 아들들이 계속해서 자녀를 낳았나?

이런 질문을 하는 것은 많은 분이 오해하고 있기 때문입니다. 많은 분이 하나님의 아들들(Spirit)을 셋의 후손이나 타락한 천사로 해석합니다. 한 명의 여성이 아니라 아름다운 여성을 만날 때마다 강제로 아내로 삼았고 계속해서 네피림(Nephilim)을 낳았다고 보는 것입니다.

그러나 이런 생각은 잘못된 것입니다.

하나님의 아들들은 세상을 만들기도 전에 하나님이 창조하신 영(Spirit)입니다. 이들은 욥기 38장 7절에 나오는 하나님의 아들들입니다.

하나님은 하나님과 백성 사이에 중보자를 세우고자 하셨습니다. 이 중보자가 요한계시록 1장 6절, 요한계시록 5장 9절과 10절에 나오는 [나라와 제사장]입니다. 하나님은 에덴동산부터 요한계시록까지 중보자를 세우는 일을 멈추시지 않았습니다.

중보자는 하나님과 백성 양쪽 모두를 만날 수 있어야 합니다. 하나님은 중보자로 하나님의 아들들(Spirits)을 선택하셨습니다. 하나님의 아들들은 거룩한 영이기에 하나님 앞에 있었고 하나님 앞에 갈 수 있습니다. 하나님은 이 영들에게 몸을 갖게 하셨습니다. 하나님의 아들들이 몸을 가지게 되면 하나님의 백성 (Soul)이 그들을 눈으로 보고 음성을 귀로 들으며 대화할 수 있습니다. 중보자의 자격을 갖추는 것입니다.

사탄은 세상의 권세를 가지고 있어도 몸이 없는 영(Spirit)입니다. 사람들은 사탄이 없다고도 말합니다. 보통의 경우, 눈에 보이지 않으면 사람들은 믿지 않습니다. 그래서 하나님은 하나님과 백성 사이에 중보자를 세우고자 하셨는데, 하나님이 세우려고 하는 중보자는 물질세계에 살고 있는 사람(Soul)의 눈에 보여야 합니다. 중보자는 하나님과 마주할 수 있어야 하고 동시에 사람과도 마주하여 대화할 수 있어야 합니다.

하나님은 하나님의 아들들이 몸을 갖도록 하기 위해 에덴동산을 만들고 아담과 하와를 거기에 두셨습니다. 하나님은 아담과 하와를 통해서 하나님의 아들들이 사람으로 태어나게 하셨습니다. 이 사람들이 경건한 자손입니다.

하나님의 아들들이 사람으로 태어나는 목적은 생육하고 번성하는 것이 아닙니다. 하나님의 아들들은 단지 몸을 가지기 위해서 태어났습니다. 하나님의 아들들 사이에서 자녀가 태어난다고 해도 영(Spirit)이 생성되지는 않습니다. 영은 하나님이 세상을 만드시기 전에 창조되었고 그 후로 더는 창조되지 않습니다.

하나님의 아들들 중에서 일부가 중보자가 되기 위해 사람으로 태어났습니다. 그들은 생육하거나 번성하지 않습니다. 이런 이유로 아담과 하와를 통해서 태어난 하나님의 아들들은 모두 남성입니다. 아담이 에덴동산에서 80년 정도 있었던 것으로 추정되기에 하나님의 아들들은 80명이 되지 않습니다.

하나님은 하와에게 창세기 3장 16절에서 [네게 임신하는 고통을 크게 더하리니 네가 수고하고 자식을 낳을 것이며]라고 말씀하셨습니다. 크게 더한다는 말은 하와가 에덴동산에 있을 때 하나님의 아들들을 낳았다는 의미입니다. 하나님은 하와에게 경건한 자손의 출산을 제안하셨을 것입니다. 하와는 이를 받아들인 것입니다. 이 과정에서 하와가 하나님의 일에 참여하는 것이기에, 하나님은 하와의 고통을 획기적으로 줄이신 것입니다. 이러한 하나님의 배려는 동산 안에 통증을 없애는 효과의 나무를 나게 하는 것입니다.

아담과 하와가 선악과를 먹은 후로 더는 경건한 자손을 낳을 수 없게 되었습니다. 하나님이 원하시는 경건한 자손의 수가 있습니다. 경건한 자손이 계속 태어나서 이 수를 채워야 합니다. 그런데 이 수를 채우기도 전에 아담과 하와가 선악과를 먹고 동산에서 나오게 되었습니다.

하나님의 아들들도 아담과 하와와 함께 동산에서 나왔습니다. 하나님의 아들들은 생명과를 먹고 영생합니다. 그들의 몸은 죽음이 없는 몸입니다. 그런데 경건한 자손이 더는 채워지지 않았기 때문에 하나님의 아들들이 영원히 사는 것은 의미가 없습니다. 하나님의 아들들은 자신의 몸을 죽을 수 있는 몸으로 바꾸고, 육체의 생명을 끝내고, 몸이 없는 영(Spirit)의 상태로 돌아가 기다리기로 합니다.

하나님의 아들들은 바로 죽을 수가 없었습니다. 아담과 하와가 당시 주위에 있는 사람들로부터 위협을 받았기 때문입니다. 하나님의 아들들은 자신의 능력으로 아담과 하와를 안전할 때까지 보호해야 했습니다.

아담이 235세이고 셋이 105살쯤 되었을 때, 주위에 있는 사람들은 더는 아담과 아담의 가족을 위협하지 않았고 오히려 아담이 섬기는 하나님의 이름을 따라 부르며 하나님을 믿기 시작했습니다. 이제 아담의 가족에게 있었던 위협은 사라졌습니다. 아담의 아들인 셋은 주위에 있는 여성을 아내로 얻었고 다음 해에 아들인 에노스가 태어났습니다.

하나님의 아들들은 아담의 가족이 안전하다는 것을 확인했습니다. 하나님의 아들들이 이제 이 땅의 삶을 끝내고 영(Spirit)의 상태로 돌아가서 대기해야 할 때가 된 것입니다. 하나님의 아들들은 자신들의 몸을 죽을 수 있는 평범한 몸으로 바꾸기 위해 각자 한 명의 아내를 얻습니다. 그리고 그들의 남은 수명이 120년으로 정해졌습니다. 하나님의 아들들은 자살하지 않았습니다. 120년의 수명을 다한 후에 자연사한 것입니다.

하나님의 아들들은 여러 명의 아내를 두지 않았습니다. 하나님의 아들들이 아내를 얻는 목적은 그들의 몸을 죽을 수 있는 평범한 육체로 바꾸기 위한 것이기 때문입니다. 하나님의 아들들은 평생 한 명의 아내를 얻었고, 한 명의 자녀만을 두었을 것입니다. 그들의 목적은 몸의 영원한 생명을 끝내는 것이기 때문입니다.

Chapter 92

하나님의 아들들이 홍수의 심판을 받았을까?

하나님의 아들들은 대략 아담의 나이가 355세가 되었을 때부터 순차적으로 죽었습니다. 이들은 첫 번째 경건한 자손이 죽은 후로 최대 80년 안에 모두 죽었습니다. 하나님의 아들들은 모두 자연사했고 편안하게 죽었을 것입니다. 노아 때 홍수는 아담으로부터 1656년에 발생했습니다. 아담은 약 100세에 동산에서 나왔고, 에덴동산을 나온 지 1556년 후에 홍수가 있었습니다. 물론 이때는 아담이 자연사한 후입니다. 하나님의 아들들은 홍수가 있기 1,300년 전후로 모두 죽었기 때문에 하나님의 아들들은 홍수의 심판을 받지 않았습니다.

하나님의 아들들은 여러 명의 아내를 두었던 것이 아니라 각 개인이 한 명의 아내를 두었고 아내를 얻은 후로 최대 120년까지만 살았습니다. 하나님의 아들들이 아내를 얻어 자녀를 낳았어도 자녀의 숫자가 많았을 것으로 생각되지는 않습니다. 아마도 한 명만 낳았을 것으로 추측됩니다. 하나님의 아들들은 멋진 삶을 잘 살려고 한 것이 아니라 영생하는 자신의 몸을 죽음이 있는 몸으로 바꾸려고 했기 때문입니다. 하나님의 아들들은 성적 쾌감에 집착하지 않았고 타락하지도 않았습니다.

하나님의 아들들은 타락하지 않았기에 홍수의 심판을 받을 이유가 없습니다. 하나님의 아들들이 물의 심판을 받지 않았다는 것을 시간적 간격으로 설명합니다.

하나님은 하나님의 아들들(Spirits)을 심판하겠다고 하신 것이 아니라 사람(Soul)을 물로 심판하겠다고 말씀하셨습니다. 하나님이 사람을 물로 심판하는 이유는 창세기 6장 5절에 나와 있습니다.

성경 말씀: 창세기 6장 5절
"여호와께서 사람의 죄악이 세상에 가득함과 그의 마음으로 생각하는 모든 계획이 항상 악할 뿐임을 보시고"

이 말씀을 보면, 사람들이 생각할 때 모든 계획이 항상 악했다고 기록되어 있습니다. 여기서 하나님의 아들들을 셋의 후손인 사람으로 생각하는 경향이 있습니다. 만약 하나님의 아들들이 타락한 천사들이라면, 천사들은 물에 의해 죽는 존재가 아니므로 심판의 방법을 바꿔야 합니다. 물론 하나님의 아들들을 셋의 후손으로 본다면, 물에 빠져 죽을 수 있어서 홍수 심판이 가능합니다.

하나님의 아들들은 악한 존재가 아니며 하나님의 심판을 받는 것은 사람(Soul)입니다. 홍수 심판의 대상은 하나님의 아들들이 아닙니다. 그런데도 하나님의 아들들이 항상 악한 생각을 한다고 생각하게 되는 것은 하나님의 아들들을 사람으로 생각했기 때문입니다. 하나님의 아들들을 사람으로 생각하게 되는 것은 창세기 6장 1절에서 4절의 말씀이 창세기 6장 5절로 바로 이어져 있기 때문입니다.

하지만 창세기 6장 1절에서 4절은 하나님의 아들들에 관한 내용이고, 창세기 6장 5절에서 8절은 노아 당시의 사람(Soul)에 관한 내용입니다. 노아 당시에는 하나님의 아들들이 모두 죽었고 지상에 살아 있는 하나님의 아들들은 한 명도 없었습니다. 이 두 말씀은 분리해서 생각해야 합니다.

창세기 6장 1절에서 4절의 기록은 대략 홍수가 있기 1,400년 전의 일이고 창세기 6장 5절부터 8절까지는 대략 홍수가 있기 100년 전의 일입니다. 이 두 사건 사이에는 최소한 1,300년의 시간적 간격이 있습니다.

성경의 장과 절은 후대의 사람이 내용을 파악하여 구분한 것입니다. 만약 창세기 6장 1절에서 4절의 내용을 하나의 장으로 구분하였다면, 조금은 오해가 풀릴 수 있었을 것입니다. 그러나 성경을 번역하면서 성경학자들은 창세기 6장 1절에서 4절의 내용과 노아의 홍수 내용을 같은 사건으로 보았던 것 같습니다. 그래서 하나의 장으로 묶었던 것 같습니다. 그 후로 성경을 해석하는 사람들이 하나님의 아들들에 관한 기록과 노아의 홍수 사건을 같은 사건으로 보이도록 하나의 문단으로 묶어 해석한 것입니다.

자세한 설명을 위해서 창세기 6장 1절부터 4절의 말씀을 첫 번째 문단이라고 하고, 창세기 6장 5절부터 8절까지의 말씀을 두 번째 문단이라고 정하겠습니다.

첫 번째 문단의 시대적 배경은 에노스 때입니다. 창세기 6장 1절에는 사람이 땅 위에 번성하기 시작할 때라고 기록되어 있기 때문입니다. 두 번째 문단의 시대적 배경은 노아 때입니다. 창세기 6장 8절에는 노아가 하나님으로부터 은혜를 입었다고 기록되어 있기 때문입니다. 에노스는 905세를 살았고 노아의 나이가 84세일 때 죽었습니다. 하나님이 처음 노아에게 말씀하실 때는 노아의 나이가 500세를 넘었을 때입니다. 창세기 6장 10절에는 노아가 셈과 함과 야벳을 낳았다고 기록되어 있습니다.

만약 이 두 문단의 시대적 배경이 같다면 이 두 문단은 하나로 연결된 말씀이 됩니다. 이렇게 이 두 문단을 하나로 보게 되면, 후손의 나이에 문제가 생깁니다.

하나님은 창세기 6장 3절에서 [그들의 날은 백이십 년이 되리라]고 말씀했습니다. 하나님이 이 말씀을 하실 때의 시대적 배경은 창세기 6장 1절에서 사람이 땅 위에 번성하기 시작했을 때입니다. 창세기 4장 26절과 창세기 5장 3절에서 셋이 에노스를 낳았을 때부터입니다. 에노스 때부터 사람이 땅 위에 번성하기 시작했기 때문에 아담과 하와의 후손은 에노스 이후로 모두 120년의 삶을 살아야 했습니다.

하지만 아담과 하와의 후손은 홍수가 있기 전까지 1,000년에 가까운 삶을 살았습니다. 이는 하나님에 의해 수명이 120년으로 정해진 대상이 아담과 하와의 후손이 아니라는 말입니다. 120년의 삶을 살게 된 것은 아담과 하와의 후손이 아니라, 하나님의 아들들입니다.

결론적으로, 하나님의 아들들은 노아 당시의 홍수가 있기 대략 1,300년 전쯤에 이미 모두 죽었습니다. 에노스 때 이후로 120년 안에 모두 죽었기 때문입니다. 하나님의 아들들은 물로 심판을 받은 것이 아니라 120년의 수명을 채우고 자연사했습니다. 하나님의 아들들은 하나님에게 심판을 받을 만한 죄를 범하지 않았습니다. 하나님의 아들들이 스스로 죽기로 한 것에 대해서도, 하나님이 죄로 규정하신 기록은 없습니다.

어떤 이들은 자살하는 것이 하나님에게 죄가 된다고 말합니다. 하나님이 주신 생명을 경시하는 것이라고 말합니다. 맞습니다. 이 주장에도 나름대로 일리가 있습니다. 그런 점에서 보더라도 하나님의 아들들은 자살한 것이 아니라 수명이 다 되어 죽은 것이 맞습니다. 현대인의 눈으로 볼 때, 오히려 하나님의 아들들은 장수했습니다.

하나님의 아들들이 아내를 얻은 것은 죄가 아닙니다. 만약 아내를 얻는 것이 죄였다면 하나님은 사람을 남자와 여자로 창조하시지 않았을 것입니다. 아름다운 여자를 바라보고 좋아하고 결혼하는 것이 죄라면 하나님은 남자를 창조하실 때, 처음부터 죄를 짓도록 창조하셨다는 말이 됩니다.

하나님의 아들들은 하나님에게 죄를 짓지 않았고 그들 스스로 죽음을 선택했고 그 수명은 120년으로 정해졌고, 그 수명대로 살고 자연사했습니다. 이들은 홍수의 심판을 받을 이유가 전혀 없었고 홍수가 있기 약 1,300년 전에 모두 죽었습니다.

Chapter 93

하나님의 아들들이 타락한 것인가?

많은 사람이 하나님의 아들들이 타락했다고 생각합니다. 이렇게 생각하게 된 이유는, 하나님의 아들들에 관한 대표적인 두 가지 가설에서 둘 다 하나님의 아들들을 나쁘게 해석했기 때문입니다.

첫 번째 가설은, 하나님의 아들들은 천사들이고 사람의 딸들은 아담과 하와의 후손이라는 가설입니다. 이 가설에서 하나님의 아들들은 육체가 없는 천사들입니다. 천사와 사람의 결혼은 가능하지 않습니다. 그런데도 천사들이 이런 현실을 무시하고 사람의 딸들을 아내로 삼았다는 것입니다. 천사들이 육체를 만들어서 인간 여성과 관계를 가졌다는 것입니다. 그래서 하나님의 아들들을 타락한 천사라고 결론을 내립니다.

두 번째 가설은, 하나님의 아들들을 셋의 후손으로, 사람의 딸들을 가인의 후손이라는 가설입니다. 이 가설에서 셋의 후손은 경건한 후손이었는데, 셋의 후손 중에서 남성들이 가인의 후손 중에서 여성을 아내로 얻었다는 것입니다. 이것이 죄라는 것입니다. 창세기 6장 5절에는 [사람들의 죄악이 세상에 가득했다]고 기록되어 있습니다. 그래서 셋의 후손이 타락하여 가인의 딸을 아내로 얻는 죄악을 세상에 가득하게 했다고 주장하는 것입니다.

이 가설들은 하나님의 아들들을 오해했기 때문에 나온 것입니다. 사람 대부분은 하나님의 아들들에 관해 바르게 이해하지 못했습니다. 생각의 범위가 한정되어 있었기 때문입니다. 영(Spirit)들이 사람으로 태어난다는 것을 미처 생각하지 못했기 때문입니다. 그래서 이 두 가설이 그나마 생각할 수 있는 가장 합리적인 가설이었습니다.

이 Chapter에서는 하나님의 아들들이 타락하지 않았다는 것을 설명합니다.

창세기 6장 5절에서 사람들이 타락했습니다. 그래서 하나님은 홍수로 심판할 것을 말씀하셨습니다. 대부분의 사람들은 창세기 6장 5절에서 타락한 사람들을 창세기 6장 2절의 하나님의 아들들이라고 생각합니다. 하나님의 아들들이 타락했고 그 결과로 홍수의 심판을 받았다고 생각합니다.

만약 하나님의 아들들이 홍수로 심판받지 않았다면 타락하지 않았다는 것이 증명됩니다. 타락의 결과가 홍수의 심판이기 때문입니다. 하나님의 아들들이 홍수 이전에 이미 자연사했다는 것을 증명할 수 있으면 그들이 홍수의 심판을 받지 않았다는 것을 확인할 수 있습니다.

하나님의 아들들은 홍수가 있기 대략 1,300년 전에 모두 자연사했습니다. 이것은 [Chapter 92. 하나님의 아들들이 홍수의 심판을 받았을까?]에서 설명했습니다.

아담의 나이가 355살이 되었을 때 아담은 살아 있었습니다. 아담은 앞으로도 575년을 더 살게 될 것입니다. 그런데 이때는 아담과 하와가 에덴동산에서 낳았던 경건한 자손들이 죽기 시작한 해입니다. 이후로 80년 안에 하나님의 아들들이 모두 죽습니다. 이는 하나님의 아들들이 노아의 홍수가 일어나기 1,300년 이전에 이미 모두 죽었다는 것을 의미합니다. 하나님의 아들들은 노아의 홍수 때 죽은 것이 아닙니다. 창세기 6장 5절에서 하나님이 쓸어버리려고 하신 사람들(Soul) 속에는 하나님의 아들들(Spirits)이 없습니다.

창세기 6장 5절에서, 세상에 죄악을 가득하게 했던 사람들은 하나님의 아들들이 아니라 혼(Soul)을 가지고 태어난 아담과 하와의 후손입니다. 혼이 없는 사람들은 처음부터 하나님의 관심 대상이 아니었기 때문에 그들의 죄악에 하나님이 한탄하거나 분노하지 않았습니다. 하나님이 한탄하신 것은 하나님이 창조하신 사람(Soul)이며, 이들은 아담과 하와의 후손입니다.

창세기 6장 4절을 보면, 하나님의 아들들이 자식을 낳습니다. 하나님의 아들들이 낳은 자식들은 용사입니다. 이들은 유명한 사람들이라고 기록되어 있습니다. 용사라는 단어는 좋은 뜻입니다.

용사라는 단어는 히브리어 원어로 גִּבּוֹר[기보르]라고 합니다. 이 단어는 구약성경에서 159회나 사용된 단어입니다. 이 단어는 mighty men의 뜻으로 57회 사용되었고, mighty의 뜻으로 27회 사용되었고, mighty man의 뜻으로 15회 사용되었고, warrior의 뜻으로 14회 사용되었습니다. 또한 champion, great, helper(s), hero(es) 등으로도 사용된 단어입니다.

하나님의 아들들이 타락했다면, 그들의 자식들이 용사가 될 수 있었을까요? 자식은 부모를 보고 배우며 성장합니다. 그런데 이 자식들이 용사이면서 고대에 유명한 사람이었다고 합니다. 유명하다는 말과 용사라는 말은 이들이 사람들에게 좋은 사람이며 영웅과도 같은 사람이라는 뜻입니다. 하나님의 아들들

(Spirits)이 선하고 바른 사람이었기 때문에, 그들의 자식들도 아버지에게 배워서 사람들을 돕고 보호하는 영웅들이 되었던 것입니다.

노아의 홍수

Chapter 94

노아의 홍수는
실제로 일어났던 역사적 사실일까?

많은 분이 노아 때 홍수사건을 설화로 생각합니다. 물론 기독교인 대부분은 노아 시대의 홍수 사건은 실제 있었던 일로 믿습니다. 성경에 기록되어 있어서 신앙에 기반을 두어 믿는 것입니다. 이 책의 저자인 저 역시도 그렇게 믿고 있습니다.

그런데 신앙이 없는 사람들은 논리적으로 믿기 어렵다는 이유로, 노아 때 홍수 사건을 허구라고 말하기도 합니다. 그래서 기독교 학자들이 노아 때 홍수를 실제 있었던 사건으로 믿고 역사적으로 접근하여 증명하려고 노력합니다. 노아의 방주가 발견되었다거나 고대 근동 지방에 노아 시대의 홍수와 비슷한 설화가 있다는 것으로 증명하려고 시도합니다. 고고학적 자료가 발견되거나 여러 가지 문헌에서 그 흔적을 찾았다고도 합니다. 물론 그렇게 증명된다면 좋을 것입니다.

이 책에서 노아 당시 홍수 사건의 역사적 사실에 관한 검증 여부는 관심 사항이 아닙니다. 노아 때 홍수에 관한 검증 여부와 상관없이, 이 책에서는 노아 때 홍수에 관한 성경의 기록을 역사적인 사실로 전제하고, 그 전제 위에서 설명을 진행합니다. 저도 신앙인이기 때문에 이 책에서 노아 시대의 홍수가 역사적 사실임을 증명하지는 않습니다. 다만 [노아 시대의 홍수 사건이 논리적이지 않다]는 사람들의 생각을 바로잡아 보고자 합니다.

많은 분이 노아 때 홍수를 설화로 생각하는 이유가 여러 가지 사항들이 논리적으로 가능하지 않다는 생각을 하기 때문입니다. 홍수 사건을 믿지 못하는 이유가 많이 있겠지만, 몇 가지 주요한 주장만 살펴보겠습니다.

첫 번째로, 홍수 때 물이 모든 산을 덮었다는 것을 믿기 어렵다는 것입니다. 지구의 모든 산을 덮을 만큼 많은 물이 비로 내렸는지 의심스럽다는 것입니다. 현재 가장 높은 산인 에베레스트산은 해발 8,848m입니다. 이렇게 높은 산을 덮을 만큼의 물이 지구상에 존재하는가 하는 의심입니다. 현재 지구의 지형을 고려했을 때 합리적인 의심입니다.

두 번째로, 노아의 방주에 모든 짐승과 모든 새가 들어갈 수 있었는지 의심스럽다는 것입니다. 물론 동물마다 암수 한 쌍씩만 방주로 들어갔다고 가정했을 때, 땅에 서식하는 짐승의 종류가 너무나도 많고 하늘의 새들도 종류가 매우 많아서 가능하지 않다는 것입니다. 그래서 믿어지지 않는다는 것입니다.

세 번째로, 노아의 방주에는 사람이 여덟 명만 있는데 어떻게 그 많은 동물을 다 돌볼 수 있었는지 의심스럽다는 것입니다. 확실히, 여덟 명으로 보이는 노아의 가족만으로는 그 많은 동물을 돌볼 수 없었을 것입니다. 어떤 분은 방주 안에는 동물들에게 자동으로 먹이를 주는 기능이 구현되어 있었을 것이라고 합니다. 또 어떤 분은 동물들이 동면했을 것이라고 합니다. 물론 성경에는 이런 내용과 관련된 기록이 없어 이런 주장은 추측에 불과합니다. 성경에 기록이 없다고 해서 아니라고 부정할 수는 없습니다. 성경에 기록이 없다는 것은 곧 부정도 긍정도 할 수 없음을 의미합니다. 그래서 이런 추측이 사실일 수도 있다는 가능성은 열어 두겠습니다.

네 번째로, 노아와 세 아들뿐이면 실제 방주를 만드는 사람은 단지 네 명입니다. 사람 네 명이 어떻게 모든 들짐승과 새들이 들어가는 큰 방주를 지을 수 있는가 하는 의심입니다. 물론 80년 동안 지었다고 하면 가능할지도 모르겠습니다. 그래도 혹시 방주를 만드는 동안 80년이 지나면서 나무가 썩거나 기둥이 틀어지거나 하지는 않았을까요? 노아와 세 아들이 이런 문제가 발생하지 않도록 잘 신경쓰며 만들었다고 생각해야 할 것 같습니다. 성경에 이런 문제에 대한 기록은 없습니다. 그래도 네 명이 그 큰 방주를 지었다고 하기에는 그렇게 쉽게 이해되지는 않습니다.

다섯 번째로, 홍수로 땅의 모든 짐승과 모든 새가 멸절되었다는 것을 믿을 수 없다는 것입니다. 호주 같은 경우, 호주에만 사는 유대류(有袋類) 동물들이 있습니다. 이 경우에 이 동물들은 노아의 방주에서 나와 어떻게 뚝 떨어져 있는 다른 대륙으로 이동했냐는 것입니다. 동물들이 이동하면서 다른 대륙에는 정착하지 않고 호주에만 정착했다는 것을 믿을 수 없다는 것입니다. 이런 문제는 나름대로 일리가 있습니다. 실제로 유대류 동물은 호주 대륙에만 서식하고 있고 다른 대륙에서는 보이지 않습니다. 다른 대륙에서는 화석조차도 발견되지 않는다고 합니다.

이처럼 노아 때 있었던 홍수사건이 실제 있었던 사실인지 믿을 수 없다는 이유가 많이 있습니다. 나름대로 이 주장들은 설득력이 있습니다.

노아 때 홍수 사건에는 과거에 생각할 수 없었던 가장 기본적인 문제가 하나 있습니다. 지금까지 홍수 사건을 생각하면서 사람들이 고려하지 못했던 것입니다. 그것은 혼(Soul)이 없는 사람은 홍수 사건에서 사람으로 언급되지 않았다는 것입니다. 이 내용을 두 가지로 정리할 수 있습니다. 하나는 혼이 있는 사람과 혼이 없는 사람으로 구분되는 것이고, 다른 하나는 이 중에서 혼(Soul)이 있는 사람만 진멸의 대상이라는 점입니다.

이 점을 고려하면, 지금까지 홍수 사건에서 불가능하다고 여겨지는 내용들이 자연스럽게 풀릴 것입니다. 이 내용을 살펴보면서 그동안 홍수 사건을 바라보았던 우리의 관점이 크게 빗나가 있었다는 것을 알게 될 것입니다.

Chapter 95

노아와 가족을 제외한 모든 사람이 죽었을까?

하나님은 모든 사람을 지면에서 쓸어버리겠다고 말씀하셨습니다. 그래서 노아의 가족을 제외하고 땅 위에 살아 있었던 모든 사람이 홍수로 죽었습니다. 기독교인 대부분이 이렇게 믿고 있습니다. 성경에 그렇게 기록되어 있기 때문입니다.

성경 말씀: 창세기 6장 5절

"여호와께서 사람의 죄악이 세상에 가득함과 그의 마음으로 생각하는 모든 계획이 항상 악할 뿐임을 보시고 땅 위에 사람 지으셨음을 한탄하사 마음에 근심하시고 이르시되 내가 창조한 사람을 내가 지면에서 쓸어버리되 사람으로부터 가축과 기는 것과 공중의 새까지 그리하리니 이는 내가 그것들을 지었음을 한탄함이니라 하시니라"

성경 말씀: 창세기 6장 11절

"그 때에 온 땅이 하나님 앞에 부패하여 포악함이 땅에 가득한지라. 하나님이 보신 즉 땅이 부패하였으니 이는 땅에서 모든 혈육 있는 자의 행위가 부패함이었더라. 하나님이 노아에게 이르시되 모든 혈육 있는 자의 포악함이 땅에 가득하므로, 그 끝 날이 내 앞에 이르렀으니 내가 그들을 땅과 함께 멸하리라"

성경 말씀: 창세기 6장 17절

"내가 홍수를 땅에 일으켜 무릇 생명의 기운이 있는 모든 육체를 천하에서 멸절하리니 땅에 있는 것들이 다 죽으리라"

성경 말씀: 창세기 7장 21절

"땅 위에 움직이는 생물이 다 죽었으니 곧 새와 육축과 들짐승과 땅에 기는 모든 것과 모든 사람이라. 육지에 있어 코로 생물의 기식을 호흡하는 것은 다 죽었더라. 지면의 모든 생물을 쓸어 버리시니, 곧 사람과 짐승과 기는 것과 공중의 새까지라. 이들은 땅에서 쓸어 버림을 당하였으되 홀로 노아와 그와 함께 방주에 있던 자만 남았더라"

성경에 이렇게 기록되어 있어서 이 기록을 읽은 기독교인이라면 당연히 당시의 모든 사람이 홍수로 죽은 것으로 믿을 것입니다. 이렇게 믿는 것이 당연합니다. 그런데 이 말씀을 바르게 이해하기 위해서는 첫 번째 말씀과 두 번째 말씀과 세 번째 말씀과 네 번째 말씀을 모두 통합해서 이해해야 합니다.

창세기 7장 23절에서 [지면의 모든 생물을 쓸어 버리시니 곧 사람과…]라고 했기 때문에 사람을 지면에서 쓸어버리고 노아와 그 가족들, 방주에 있는 사람들만 살아남았다고 기록되어 있습니다. 기록대로 하면 사람들은 모두 죽은 것이 됩니다.

창세기 7장 23절의 [사람]은 창세기 6장 17절에 [⋯생명의 기운이 있는 모든 육체를 천하에서 멸절하리니⋯]고 한 [모든 육체]입니다.

또한 창세기 7장 23절의 [사람]은 창세기 6장 13절에서 [⋯땅과 함께 멸하리라고 한 대로, 땅과 함께 멸망되었습니다.

창세기 7장 23절의 [사람]은 창세기 6장 12절의 [⋯부패한 모든 혈육 있는 자⋯]입니다.

창세기 7장 23절의 [사람]은 창세기 6장 7절에서 [⋯내가 창조한 사람을 내가 지면에서 쓸어버리되⋯]라고 말씀하신 대로, 하나님이 창조하신 사람입니다.

창세기 6장 7절에서 [내가 창조한 사람]이라고 했는데, 많은 기독교인이 아담과 하와를 인류 최초의 사람이라고 믿습니다. 사람은 아담과 하와에게서 처음 시작되었고 모든 사람은 아담과 하와의 후손이라고 믿습니다. 그래서 사람이라고 할 때는 노아 당시 지구상에 살아 있는 모든 사람이라고 생각합니다. 사람이라고 하면, 무조건 아담과 하와의 후손이라고 생각합니다. 아담과 하와의 후손이 아닌 사람은 아예 있을 수 없다는 생각입니다. 결론적으로, 노아 때 있었던 홍수를 통해 전 지구상에 퍼진 아담과 하와의 자손들을 모두 죽이는 것으로 이해하고, 노아와 그 가족을 제외한 지구의 모든 사람을 죽이는, 전 지구적인 대홍수로 해석하기에 이른 것입니다.

물론 창세기 7장 23절의 [사람]은 아담과 하와의 후손이 맞습니다. 그렇더라도 당시 지구상에 살고 있는 모든 사람이 아담과 하와의 후손은 아닙니다. 오히려 아담과 하와의 후손은 당시 지구상에 살고 있었던 사람 중 일부에 해당됩니다.

창세기 6장 7절의 사람은 멸망받아 사라져야 할 사람입니다. 이들은 하나님이 멸절하고자 하는 사람들로, 아담과 하와를 통해 태어난 후손입니다. 이들은 혼(Soul)이 있는 사람들입니다.

당시에는 혼이 없는 사람들이 땅 위 모든 지역에 퍼져 살고 있었습니다. 여기서 혼이 없는 사람은 진멸의 대상이 아닙니다.

창세기에서 [하나님이 사람을 창조하셨다]는 기록은 창세기 1장 27절, 창세기 2장 7절, 창세기 2장 22절입니다. 창세기 1장 27절은 남자와 여자를 창조하는 기록이고, 창세기 2장 7절은 아담을 창조한 기록이고, 창세기 2장 22절은 하와를 창조한 기록입니다. 물론 창세기 1장 27절의 남자와 여자는 아담과 하와가 아니라, 미래에 하나님의 나라에서 살게 될 혼(Soul)이 있는 하나님의 백성을 말합니다.

창세기에는 아담과 하와의 후손이 아닌 사람들이 여러 번 기록되어 있습니다. 이들은 가인의 아내라든가, 가인이 만날까 두려워했던 사람들이나, 에노스 때에 하나님의 이름을 불렀던 사람들입니다. 이 사람들은 아담과 하와 이전부터 땅 위에 살고 있었습니다. 이들은 혼(Soul)이 없는 사람들인데, 성경에 하나님이 이들을 창조하셨다는 기록은 없습니다.

[피조물은 다 하나님이 창조한 것]이라는 신앙적인 논리를 주장할 수는 있습니다. 하지만 창세기에는 아담과 하와의 창조에 관한 것만 기록되어 있고 그 외 다른 사람들에 관한 창조 기록은 찾아볼 수 없습니다. 하나님이 창조하지 않았다는 말이 아니라 성경에 이들에 관한 창조 기록이 없다는 것입니다. 성경에 나타난 하나님의 관심은 [아담과 하와]입니다. 그래서 혼이 없는 다른 사람들에 관한 창조 기록은 성경에서 찾을 수 없는 것입니다.

창세기 6장 7절에 나오는 [내가 창조한 사람]은 하나님이 창조하셨다고 성경에 기록해 놓은 사람을 의미합니다. 내가 창조한 사람이라는 문구에서 [창조했다는 말씀은 곧 창세기 2장 7절에 나오는, 직접 코에 생기(Soul)를 불어넣어서 창조했다는 의미입니다.

아담과 하와를 통해 태어나는 후손은 혼(Soul)이 있는 사람이며 하나님은 이 사람들을 홍수로 진멸하겠다고 말씀하신 것입니다. 혼이 있는 사람 중에서 오직 노아와 그의 가족만이 하나님의 은혜를 받았습니다. 혼이 있는 사람 중에서 노아와 그 가족만 살았고 다른 사람은 모두 죽었습니다. 여기서 혼이 없는 사람은 하나님의 관심 밖에 있는 사람들이기 때문에 진멸의 대상에서 벗어나 있습니다.

창세기 7장 21절에서 23절 말씀에는 [모든 사람이 죽었다]고 기록되어 있습니다. 혼이 있는 아담과 하와의 후손이 모두 죽었다는 뜻입니다. 노아와 그 가족을 제외한 모든 아담과 하와의 후손은 죽었습니다. 하나님은 창세기 6장 7절에서 [사람을 지면에서 쓸어버리겠다]고 하신 말씀을 이루셨습니다. 물론, 혼이 없는 많은 사람은 홍수 사건과 무관하게 계속 살아 있었을 것입니다. 이들은 하나님의 관심 밖에 있었기 때문에 설령 이들이 살아 있었다고 하더라도 하나님은 그들을 살아 있는 사람의 수에 넣지 않았습니다.

혼(Soul)이 없는 사람은 심판의 대상이 아닙니다. 하나님은 혼이 없는 사람들을 사람이라고 부르지 않고 단순히 흙으로 보시기 때문입니다. 아담이 처음 창조되었을 때 아담에게 혼(Soul)이 생겼고 아담은 흙이 아니라 하나님 앞에 살아 있는 존재였습니다. 하나님이 하와를 창조하실 때 하나님은 아담 속에 있었던 혼(Soul)을 하와에게로 옮기셨습니다. 아담은 다시 혼이 없는 사람이 되었습니다. 죄를 범한 후, 아담은 에덴동산 밖으로 쫓겨나 죽음이 있는 삶을 다시 시작했습니다. 이때 아담은 혼이 없었기 때문에 죽으면 흙으로 돌아갑니다. 아담은 마치 없었던 것처럼 존재 자체가 사라집니다. 그래서 하나님이 아담에게 [너는 흙이다]라고 말씀하신 것입니다.

성경 말씀: 창세기 3장 19절
"네가 흙으로 돌아갈 때까지 얼굴에 땀을 흘려야 먹을 것을 먹으리니 네가 그
것에서 취함을 입었음이라 너는 흙이니 흙으로 돌아갈 것이니라 하시니라"

아담처럼 유한한 삶을 사는, 혼이 없는 사람이라면 그 사람은 흙입니다. 모든 사람은 죽습니다. 어떤 사람이 흙이 아니라면 그 사람 속에는 영이나 혼이 있기 때문입니다. 몸은 죽어도 영(Spirit)이나 혼(Soul)이 있어서 그 존재가 사라지지 않고 영원히 존재합니다.

혼이 없는 사람들은 자연에서 와서 자연으로 돌아가고 그 존재는 죽음과 함께 완전히 사라집니다. 하나님은 이런 짧은 생을 살다가 사라지는 존재에 관해서는 언급하지 않습니다. 아담 이전까지 모든 사람은 이렇게 죽으면 사라지는 흙이었기 때문에 하나님은 혼(Soul)이 있어 그 존재가 사라지지 않는 하나님의 백성을 창조하고자 하셨습니다.

창세기 6장 7절에서 하나님은 [내가 그것들을 지었음을 한탄한다]고 말씀합니다. 하나님이 한탄하시는 대상은 혼(Soul)이 있는 아담과 하와의 후손입니다. 아담과 하와의 후손이 아닌, 혼이 없는 사람들에 관해서는 [하나님이 지었다]는 표현을 하지 않습니다.

물론, 물로 심판을 받아 죽임을 당한 아담과 하와의 후손은 혼(Soul)이 있어서 나중에 부활할 것이고 그 행위를 따라 심판을 받을 것이고 거기에 따른 상과 벌을 받게 될 것입니다. 이들이 비록 그 당시 물로 심판을 받아 죽었어도 창세기 1

장 28절의 말씀에 따라, 하나님의 나라에서 부활한 후에는 생육하고 번성하여 땅에 충만해지고 하늘의 새와 바다의 고기와 땅의 짐승들을 다스리며 영원히 살게 될 것입니다. 그때는 비록 홍수로 심판을 받아 죽었지만 하나님이 이들을 창조하신 목적은 원래 [생육하고 번성하여 땅에 충만해지고 하늘의 새와 바다의 고기와 땅의 짐승들을 다스리며 사는 것]이기 때문입니다.

홍수가 있기 전이나 후나 혼이 없는 사람은 원래부터 자신의 방식대로 계속 살고 있었습니다. 하나님은 이들의 선이나 악을 평가하시지 않습니다. 이들은 단순히 흙이기 때문에 이들의 삶에 관해서는 하나님이 관여하시지 않습니다. 하나님이 선하게 살기를 기대하신 대상은 아담과 하와의 후손, 혼(Soul)이 있는 사람들이기 때문입니다.

성경 말씀: 창세기 6장 5절
"여호와께서 사람의 죄악이 세상에 가득함과 그의 마음으로 생각하는 모든 계획이 항상 악할 뿐임을 보시고"

이 말씀에서 사람은 아담과 하와의 후손입니다. 마음에 생각하는 모든 계획이 악했던 사람은 혼(Soul)이 있는 아담과 하와의 후손을 말합니다. 혼이 없는 사람은 처음부터 그들의 삶의 방식대로 그대로 살아왔고, 이들의 삶의 방식은 변하지 않습니다.

하나님은 하나님이 직접 창조한 아담과 하와에게 관심을 두셨고, 가인과 아벨에게 관심을 두셨고, 셋과 그의 후손에게 관심을 두셨습니다. 하나님이 직접 코에 생기를 불어넣어 혼(Soul)을 만드셨고, 이 혼들이 땅 위에서 생육하고 번성하여 땅에 충만하기를 바라셨습니다. 또한 이 혼들이 바르게 살기를 원하셨고 의

롭기를 바라셨으며 이들의 생각이 선하기를 기대하셨습니다. 그런데 아담과 하와의 후손이 하나님의 기대와 달리, 하나님 앞에 악한 삶을 살았습니다.

[사람이 타락할 것을 하나님이 모르셨을까?]라는 질문은 바른 질문이 아닙니다. 이것은 예정과 예견의 차이입니다. 예정이라면 하나님에게 모순이 발생하게 되는데, 예정이 아닙니다. 미래는 예정되어 있지 않습니다. 하나님은 상황을 예견하고 원하는 방향으로 인도하시는 분입니다.

만약 세상의 이치를 예정론으로 규정하면 [이미 예정되었던 일에 대해서 어떻게 하나님이 심판할 수 있는가?] 하는 문제가 발생합니다. 또한 죄인들이 모두 하나 같이 [모든 일이 처음부터 다 예정되어 있었던 것이라서 자신에게는 아무 죄가 없다고 주장하게 될 것입니다. 하나님이 만드신 세상에 예정이란 없습니다. 하나님은 모든 것을 알기에 예견하는 분입니다. 이 문제는 예정과 예견에 대한 것으로, 이 책에서 더는 언급하지 않습니다. 창세기 6장 6절을 보더라도, 하나님이 한탄하셨다는 말씀에서 예정이 아님을 알 수 있습니다.

하나님은 아담과 하와의 후손을 모두 진멸하기로 정했고 물로 심판하여 그들 모두를 죽이셨습니다. 그렇더라도 하나님의 백성(Soul)을 창조하기로 한 하나님의 계획은 멈추지 않습니다. 하나님은 노아와 세 아들을 통해서 혼이 있는 사람이 세상에 계속 태어나도록 하셨습니다. 하나님의 나라가 이 땅에 이루어지기 위해서는 혼(Soul)이 있는 사람이 계속해서 태어나야 합니다.

혼이 없는 사람 중에서 많은 사람이 홍수에 죽지 않았습니다. 물론 지금 이 주장에 관한 성경적 증거는 없습니다. 다만 혼이 없는 사람은 하나님이 진멸하려는 대상이 아니었기에 혼이 없는 사람 모두 죽어야 할 이유가 없습니다. 그래서 홍수가 났었어도 혼이 없는 사람들은 많이 살았을 것입니다.

혼이 없는 사람이 아담과 하와의 후손이 살고 있었던 지역에 함께 어울려 살고 있었다면 그들도 죽음을 피할 수 없었을 것입니다. 다만 아담과 하와의 후손이 없는 다른 대륙일 경우, 이 대륙을 굳이 물로 덮을 이유가 없습니다. 물로 덮어야 하는 땅은 혼(Soul)을 가진 아담과 하와의 후손이 사는 땅입니다.

결론적으로, 지구상의 모든 사람이 홍수로 죽은 것은 아닙니다. 노아와 그 가족을 제외한 혼(Soul)이 있는 아담과 하와의 후손은 모두 죽었습니다. 이로써 하나님은 사람을 심판하겠다고 하신 말씀을 이루셨습니다. 하나님은 말씀하신 것을 이루셨고 혼이 없는 사람들은 여전히 땅 위에 많이 살아 있었습니다.

Chapter 96

노아의 홍수 때
모든 짐승과 모든 새가 죽었을까?

지금까지 노아 홍수 사건에서 해결되지 않는 문제 중 하나가 동물입니다. 땅의 모든 짐승과 모든 새가 죽었고 방주에 들어간 동물만 살아남았다는 것입니다.

여기서 몇 가지 의문이 생기는데 다음과 같습니다. 어떻게 그 모든 동물이 다 방주에 들어갈 수 있는가? 이 많은 동물을 1년 동안 어떻게 돌보는가? 이 동물들이 1년 동안 먹을 식물을 어떻게 구하고 다 배에 실을 수 있는가? 육식동물이 먹을 식량은 어떻게 준비하는가? 지금의 모든 동물이 방주에 들어간 동물로부터 생긴 것인가?

물론 대답하기 곤란한 질문이 이것만은 아닐 것입니다. 이런 질문들은 노아의 방주에 대해 회의를 갖게 합니다. 우리 생각에는 방주 하나로 이런 문제를 모두 해결하는 것이 불가능해 보이기 때문입니다. 이런 질문들에는 기본적인 전제가 깔려 있습니다. 물고기를 제외한 전 세계에 있는 모든 동물이 최소 한 쌍씩 방주에 들어가야 한다는 점입니다. 이 전제가 잘못되었기 때문에 노아 방주 사건이 계속 이해되지 않는 것입니다.

이 문제들은 사실 아주 간단하게 한꺼번에 해결됩니다. 동물은 말하는 동물과 말하지 못하는 동물로 구분할 수 있고 여기서 하나님이 진멸하고자 하는 동물은 말하는 동물입니다.

동물을 분류할 때, 창조 시점에 따른 분류와 언어능력에 따른 분류를 할 수 있습니다. 창조 시점으로 분류할 때, 세 번의 창조 시점이 있습니다. 언어능력으로 분류할 때는 말하는 동물과 말 못 하는 동물로 나눕니다.

(1) 가장 먼저 창조되었고, 말을 못 하는 동물에 관해서 설명합니다.

창조시점으로 볼 때, 가장 먼저 창조된 동물입니다. 이 동물은 말 못 하는 동물입니다. 이 동물은 아담 이전부터 존재했던 동물입니다. 아담이 창조되기 이전에도 세상에는 이미 많은 사람이 살고 있었습니다. 이 내용은 [Part 3. 아담 이전의 사람들]에서 설명했습니다. 가인이 만나기를 두려워했던 사람들과 가인이 아내를 얻을 수 있었던 지역의 사람들과 에노스가 태어날 때 이르러 비로소 하나님의 이름을 불렀다고 한 사람들처럼, 아담 이전에 이미 세상에는 사람들이 널리 퍼져 살고 있었습니다.

세상에 살고 있었던 사람들 주위에는 많은 동물이 함께 살고 있었습니다. 사람만 있고 동물이 하나도 없었다는 생각은 이치에 맞지 않습니다. 사람이 살기 위해서는 자연이 있어야 하고 자연 속에는 동물과 식물이 있어야 합니다. 우리 지구의 자연에는 동물만 있을 수도 없고 식물만 있을 수도 없습니다. 동물과 식물이 없는 상태로 인간만 동떨어져 살아 있었던 것이 아닙니다.

아담 이전부터 사람이 살고 있었다는 말속에는 동물도 있었다는 의미가 포함되어 있습니다. 하나님이 창세기 1장에서 말씀을 선포하시기 전에, 하나님이 창세기 2장에서 아담의 코에 생기를 불어넣으시기 전에, 세상에는 이미 자연이 있었고 식물들이 있었고 동물이 있었고 사람이 있었습니다.

아담 이전의 동물에 관해서는 창세기에 기록이 없습니다. 하나님이 아담 이전에 살았던 사람에 대해 특별히 언급하시지 않는 이유와 같습니다. 혼이 없는 사람은 흙입니다. 반면 혼(Soul)이 있는 사람은 죽어도 죽은 것이 아니라 자는 것입니다. 예수님이 나사로가 잔다고 말씀하신 것은, 나사로는 혼(Soul) 아니면 영(Spirit)인 존재로, 나중에 부활할 것이기 때문입니다. 혼이 없는 상태로 죽은 사람이나 동물은 죽음과 동시에 소멸합니다. 이렇게 소멸하는 사람과 동물을 하나님은 흙이라고 말씀합니다. 아담 이전부터 있었던 동물은 흙입니다. 동물에게는 혼의 유무를 따지지 않습니다. 동물에게는 혼이 없기 때문입니다. 이 동물들은 현재 우리가 자연에서 보고, 듣고, 알고 있는 동물입니다. 이 동물은 하늘의 새와 바다의 고기와 땅의 짐승입니다. 이 동물은 매우 많으며 다양한 종이 있습니다.

아담 이전부터 있었던 동물이 언제부터 있었는지는 성경에 기록되어 있지 않습니다. 다만, 창조 시점으로 분류할 때 가장 먼저 창조된 동물이며, 언어능력으로 보면 말을 못 하는 동물입니다.

(2) 창조된 순서로는 두 번째이고, 말을 하는 동물에 관해서 설명합니다.

이 동물은 창세기 2장에서 창조된 동물입니다. 이 동물은 에덴동산에서 창조되었습니다. 이 동물은 창세기 1장에서 창조되는 동물과는 다릅니다. 창세기 2장에서 창조된 동물 중에는 바다의 고기가 없기 때문입니다. 그뿐만 아니라 이 동물은 아담이 창조된 후에 하나님이 동산에서 창조하셨습니다. 아담은 이 동물들에게 이름을 주었습니다. 이 동물들은 말을 합니다. 현재 이 동물들은 지상에 존재하지 않으며, 노아 홍수 이후로 인류는 이 동물을 본 적이 없습니다.

성경 말씀: 창세기 3장 1절
"그런데 뱀은 여호와 하나님이 지으신 들짐승 중에 가장 간교하니라"

이 말씀에서 뱀이 가장 간교했다고 합니다. 가장 간교하다는 말은 다른 들짐승도 간교하다는 뜻입니다. 모든 들짐승이 간교한데 그중에서 뱀이 가장 간교하다는 것입니다. 창세기 2장의 동물은 모두 간교했습니다.

이 동물 중에서 뱀이 말을 합니다. 만약 이 동물 중에서 뱀만 말을 할 줄 알았고 다른 동물은 말을 할 줄 몰랐다고 가정하면, 뱀은 들짐승과는 완전히 다른 존재로 구분되어야 합니다. 언어를 구사하여 사람과 대화를 할 수 있는 것은 결코 작은 특징이 아닙니다.

[들짐승 중에 뱀이 가장 간교했다]는 문장에서 [들짐승 중에]라는 표현은 뱀이 들짐승과 같은 부류에 포함되어 있다는 뜻입니다. 이는 뱀이 들짐승 중에 하나라는 것입니다. 그래서 창세기 2장에서 창조된 동물은 모두 말하는 동물입니다. 에덴동산에서 창조된 새와 들짐승은 모두 말하는 동물입니다.

(3) 창조 순서로 볼 때, 마지막에 창조될 동물들에 관해서 설명합니다.

이 동물은 창세기 1장에 나오는 동물입니다. 창세기 1장에 나오는 동물은 현재 지구상에 없습니다. 이 동물은 미래에 창조될 동물이기 때문입니다. 창세기 1장은 하나님의 창조 계획입니다. 앞으로 이렇게 창조를 완성하겠다는 하나님의 선포(선언문, 창조계획서)입니다. 이 동물은 지금도 우리 주위에 있는 동물

Part 11. 노아의 홍수

이지만 그 특성이 완전히 다릅니다.

성경 말씀: 창세기 1장 30절

"또 땅의 모든 짐승과 하늘의 모든 새와 생명이 있어 땅에 기는 모든 것에게는 내가 모든 푸른 풀을 먹을 거리로 주노라"

이 말씀을 통해 창세기 1장에서 창조되는 동물은 풀만 먹는다는 것을 알 수 있습니다. 이 동물은 고기를 먹지 않고 풀만 먹습니다. 이 말씀은 하나님이 미래에 이루실 계획입니다.

성경 말씀: 이사야 65장 25절

"이리와 어린 양이 함께 먹을 것이며 사자가 소처럼 짚을 먹을 것이며 뱀은 흙을 양식으로 삼을 것이니 나의 성산에서는 해함도 없겠고 상함도 없으리라 여호와께서 말씀하시니라"

하나님은 이사야 선지자를 통해서 하나님의 나라에 관해 설명하셨습니다. 하나님의 성산에서는 해함도 없고 상함도 없습니다. 동물에게도 죽음이 없고 육식이 없다는 뜻입니다.

이사야 65장 25절의 [사자가 소처럼 짚을 먹을 것이]라는 말씀은 창세기 1장 30절 말씀의 성취입니다. 그러나 지금은 사자가 초식동물을 잡아먹습니다. 아직은 창세기 1장 30절의 말씀이 성취되지 않았습니다.

성경 말씀:이사야 65장 17절

"보라 내가 새 하늘과 새 땅을 창조하나니 이전 것은 기억되거나 마음에 생각나지 아니할 것이라"

사자가 짚을 먹는 시대는 아직 오지 않았습니다. 이사야 65장 17절~25절의 말씀은 [새 하늘과 새 땅]이 이루어진 모습입니다. 지금이 아니라 미래에 성취될 모습입니다. 마찬가지로 창세기 1장 30절에서 동물이 풀을 식물로 삼을 것인데, 이 동물이 풀을 먹게 되는 것은 새 하늘과 새 땅이 성취된 후의 일입니다.

이 동물은 하늘의 새와 바다의 고기와 땅의 짐승입니다. 이 동물은 말을 못 하는 동물입니다. 현재 우리가 자연 속에서 만날 수 있는 동물입니다. 물론 다른 점이 있는데, 지금의 동물에게는 죽음이 있지만 하나님의 나라에서 이 동물에게는 죽음이 없습니다. 그때가 되어야 비로소 창세기 1장의 동물이 됩니다. 현재 자연에서 발견되는 모든 동물은 첫 번째 창조된 동물입니다. 이 동물이 하나님의 나라에서 죽음이 없는 동물이 될 때, 창세기 1장의 동물이 됩니다. 이 동물은 말을 못 하는 동물입니다.

지금까지 동물들을 창조 시점에 따라 세 가지로 분류했고, 언어능력에 따라 두 가지로 분류했습니다.

하나님은 홍수로 말을 못 하는 동물이 아니라 말하는 동물을 진멸했습니다. 이 내용을 자세히 살펴보겠습니다.

성경 말씀: 창세기 6장 7절
"이르시되 내가 창조한 사람을 내가 지면에서 쓸어버리되 사람으로부터 가축과 기는 것과 공중의 새까지 그리하리니 이는 내가 그것들을 지었음을 한탄함이니라 하시니라"

하나님은 이 말씀에서 사람과 함께 가축과 기는 것과 공중의 새까지 쓸어버리겠다고 하셨습니다.

성경 말씀: 창세기 6장 17절
"내가 홍수를 땅에 일으켜 무릇 생명의 기운이 있는 모든 육체를 천하에서 멸절하리니 땅에 있는 것들이 다 죽으리라"

하나님은 이 말씀에서 모든 육체를 천하에서 멸절한다고 하셨습니다. 이 말씀에서 땅에 있는 것들이 다 죽을 것이라고 말씀했습니다.

이 말씀과 같이, 하나님이 정말로 모든 육체와 모든 짐승과 모든 새를 멸절했을까요? 그렇다면 어째서 지금도 많은 짐승과 많은 새가 있는 것일까요? 노아의 홍수 때 땅의 짐승과 새가 모두 죽었다면 지금은 모든 짐승과 새가 다 사라지고 전혀 없어야 합니다. 그런데 하나님은 다른 말씀을 하십니다.

성경 말씀: 창세기 6장 18절
"그러나 너와는 내가 내 언약을 세우리니 너는 네 아들들과 네 아내와 네 며느리들과 함께 그 방주로 들어가고 혈육 있는 모든 생물을 너는 각기 암수 한 쌍씩 방주로 이끌어들여 너와 함께 생명을 보존하게 하되 새가 그 종류대로, 가축이 그 종류대로, 땅에 기는 모든 것이 그 종류대로, 각기 둘씩 네게로 나아오리니 그 생명을 보존하게 하라"

이 말씀에서 하나님은 가축과 땅에 기는 것과 새를 종류대로 보존하셨습니다. 하나님은 땅에 있는 모든 짐승과 새를 멸절하겠다 하시고는 다시 각 종류대로 보존하겠다고 말씀하셨습니다. 하나님이 생각을 바꾸신 것일까요?

만약 짐승과 새를 방주에 넣어 살릴 계획이었다면, 창세기 6장 7절에서 [가축과 기는 것과 공중의 새까지 그리하리니]라는 말씀은 하시지 않았어야 합니다. 창세기 6장 7절에서 이렇게 말씀하셨어야 합니다.

> "이르시되 내가 창조한 사람을 내가 지면에서 쓸어버리되 사람만 쓸어버릴 것
> 이니 이는 내가 사람 지었음을 한탄함이니라. 그러나 사람을 쓸어버리는 과정
> 에서 가축과 기는 것과 공중의 새까지 멸종하되 내가 동물을 각 종별로 한 쌍
> 씩 살릴 것이니라 하시니라"

하나님은 창세기 6장 7절에서 [가축과 기는 것과 공중의 새까지] 쓸어버리겠다고 말씀하셨는데, 지금까지도 많은 짐승과 많은 새가 살아 있습니다. 하나님은 노아의 방주를 통해 짐승과 새를 각 종류대로 살리셨습니다. 하나님은 창세기 6장 7절에서 모두 쓸어버리겠다고 하고는 창세기 6장 19절에서 혈육 있는 모든 생물을 보존하겠다고 말씀하십니다. 이 두 말씀이 상반됩니다. 이 두 말씀의 모순은 어떻게 설명해야 할까요?

하나님은 창세기 6장 7절에서 말씀하신 대로, 가축과 기는 것과 공중의 새까지 모두 지면에서 쓸어버리셨습니다. 하나님은 말씀하신 것을 그대로 이루셨습니다. 그리고 동물들을 방주로 들여보내 보존하셨습니다. 이것도 하나님의 뜻대로 이루셨습니다. 이 두 말씀은 상반되지 않고 전혀 모순되지 않습니다. 하나님이 살리려는 동물과 지면에서 쓸어버리려는 동물이 동일하지 않고 전혀 달랐기 때문입니다.

하나님이 지면에서 쓸어버리겠다고 하신 동물은 하나님이 창조하신 동물입니다. 하나님은 에덴동산에서 동물을 직접 창조하셨습니다.

성경 말씀: 창세기 2장 19절

"여호와 하나님이 흙으로 각종 들짐승과 공중의 각종 새를 지으시고 아담이 무엇이라고 부르나 보시려고 그것들을 그에게로 이끌어 가시니 아담이 각 생물을 부르는 것이 곧 그 이름이 되었더라. 아담이 모든 가축과 공중의 새와 들의 모든 짐승에게 이름을 주니라"

이 말씀에는 하나님이 에덴동산에서 동물을 지으셨다는 것이 기록되어 있습니다. 물론, 에덴동산이라는 문구는 없습니다.

창세기 6장 6절과 7절을 보면, 하나님은 사람과 가축과 기는 것과 공중의 새까지 이것들을 지었음을 한탄하셨습니다. 창세기 6장 7절에서 그것들은 사람만이 아니라 육축과 기는 것과 공중의 새까지 포함됩니다. 하나님이 한탄하신 대상은 사람만이 아닙니다. 하나님은 가축과 기는 것과 공중의 새까지 한탄하셨기 때문에 이 동물도 함께 쓸어버리겠다고 하신 것입니다. 육축과 기는 것과 공중의 새는 창세기 2장 19절과 20절에 나오는 동물입니다. 창조 시점으로 분류할 때는 두 번째 창조된 동물로, 언어능력으로 분류할 때는 말하는 동물에 해당됩니다.

하나님이 창세기 6장 7절에서 진멸의 대상이 된 동물은 에덴동산에서 창조된 동물로, 이 동물은 현재 지구상에 하나도 남아 있지 않습니다. 하나님의 말씀대로 말하는 동물이 모두 죽었고, 하나님은 하신 말씀을 모두 이루셨습니다.

하나님은 창세기 6장 5절에서 [마음에 생각하는 것이 항상 악하다]고 말씀하셨습니다. 악한 것은 사람인데, 말을 못 하는 동물에게 벌을 내리는 것은 옳지 않습니다. 하나님도 말 못 하는 죄 없는 동물을 멸하시지 않았습니다.

말하는 동물은 간사해서 아담의 후손이 죄를 범하는 일에 많은 악영향을 주었습니다. 뱀이 하와를 유혹하여 하나님께 죄를 범하도록 유도한 것과 같습니다. 에덴동산에서 창조된 동물과 동물의 후손이 계속해서 아담과 하와의 후손을 유혹했습니다.

에덴동산에서 창조된 동물은 사람이 타락하는 데 함께했습니다. 그래서 하나님은 말하는 동물도 함께 진멸하기로 하셨습니다. 이는 당연한 심판입니다. 말을 못 하는 동물은 죄가 없지만 말하는 동물은 사람과 함께 악을 행했던 것입니다.

뱀과 말하는 동물은 아담과 함께 에덴동산에서 나왔습니다. 그렇게 아담과 함께 살다가 에노스 때 이르러, 아담의 후손과 함께 세상으로 퍼져 나갔습니다. 하와에게 그랬던 것처럼, 말하는 동물은 아담과 하와의 후손과 함께하면서 그들이 악에 빠지도록 계속 유혹했습니다. 아담과 하와의 후손은 말하는 동물들의 유혹을 받아 하나님에게 죄를 범하였고 계속해서 악을 쌓았습니다.

하나님은 아담과 하와의 후손과 함께 세상에 퍼져나간 말하는 동물을 모두 죽이기로 하셨습니다. 하나님은 혼(Soul)이 있는 아담과 하와의 후손과 말하는 동물이 있는 모든 지역을 홍수로 덮었으며, 노아와 그 가족을 제외한 모든 아담과 하와의 후손과 말하는 동물을 죽였습니다. 하나님은 물고기를 제외한, 이 지역에 있었던 모든 생명체를 죽이셨습니다.

아담 이전부터 있었던 일반적인 동물은 죽을 이유가 없었습니다. 만약 아담과 하와의 후손이 머문 지역에 같이 있었다면 혼(Soul)이 없는 사람과 말 못 하는 동물도 함께 수장되었을 것입니다. 이들이 죽는 이유는 아담과 하와의 후손이 거하는 지역에 함께 있었기 때문입니다. 진멸의 대상이라서 죽은 것이 아니라 홍수가 발생할 지역에 같이 있었기 때문에 죽은 것입니다. 그렇게 노아와 그 가족들만 제외하고 모든 (혼이 있는) 아담과 하와의 후손과 말하는 동물들의 후손은 홍수로 죽었습니다.

아담과 하와의 후손이 퍼져서 살았던 지역은 매우 넓은 지역입니다. 노아와 아들들이 방주로 나왔을 때 이 넓은 지역은 황폐했습니다. 전체 지구를 대상으로 보면, 많은 들짐승과 많은 새가 여전히 다른 여러 대륙에 살아 있습니다. 그러나 노아가 방주에서 나왔던 지역에는 들짐승과 새가 없습니다. 이곳에 동물이 없다면 이 넓은 지역의 자연이 회복되는 데 시간이 많이 걸릴 것입니다. 이러면 방주에서 나온 노아의 가족이 당장 살아가기에는 너무 힘들 것입니다. 그래서 하나님은 노아의 가족만이 아니라 말을 못 하는 동물도 노아와 함께 살리기로 하신 것입니다. 노아가 방주에서 나올 때 동물도 함께 나와서 다시 빠르게 번성해야 하기 때문입니다.

하나님은 그 지역에 있는 말을 못 하는 동물을 살리지만 모든 동물을 다 살릴 필요는 없습니다. 다른 모든 생물은 다른 대륙이나 홍수가 미치지 않는 지역에서 생명을 보존할 것이기 때문입니다. 또한, 시간이 흐르면 다른 지역의 동물이 노아가 머문 지역으로 이동해 올 것입니다. 지구상의 모든 종은 그대로 보존되었습니다. 멸종되는 종은 없었습니다. 방주에 들어갈 동물은 새와 짐승과 가축 몇 종에 불과하며, 이렇게 하는 것은 전체 종(species)들의 멸종을 막기 위해서가 아닙니다. 노아가 머문 지역의 생태계를 빠르게 회복하기 위한 목적으로, 말을 못 하는 동물을 살리는 것입니다. 이것은 노아와 그 가족을 위한 것입니다.

노아의 방주에 모든 새와 모든 땅의 짐승을 태워야 할 필요는 없었습니다. 살리는 동물은 그 지역의 일부 새와 일부 들짐승과 가축입니다. 방주에 실린 동물의 먹이도 많은 양은 아닙니다. 홍수가 났던 지역의 새들과 짐승들이 죽었습니다. 그러나 다른 대륙이나 다른 지역에 살고 있는 많은 새와 많은 짐승이 계속해서 살아 있었습니다. 홍수로 멸종된 종은 없었습니다.

Chapter 97

노아의 홍수 때
궁창 위에 있는 물이 쏟아진 것일까?

많은 분이 노아의 홍수 때, 궁창 위에 있는 물이 땅으로 쏟아져 내렸다고 생각합니다. 그 후로 궁창 위에는 물이 없다는 것입니다. 이런 생각은 잘못된 생각입니다. 왜 이런 생각이 잘못되었는지 설명합니다.

> 성경 말씀: 창세기 1장 6절
> "하나님이 이르시되 물 가운데에 궁창이 있어 물과 물로 나뉘라 하시고, 하나님이 궁창을 만드사 궁창 아래의 물과 궁창 위의 물로 나뉘게 하시니 그대로 되니라"

이 말씀은 창세기 1장의 내용으로, 둘째 날의 기록입니다.

사람들은 이 말씀을 홍수와 연결하여 생각합니다. 그래서 지구 위에는 궁창 위의 물이 있고 땅에는 궁창 아래의 물이 있다는 생각을 합니다. 궁창 위의 물은 하늘 위에 있는 물로, 대기권 위에 있었다고 생각합니다. 그리고 이 대기권 위에 있었던 물이 홍수 때 땅 위로 쏟아졌다고 생각합니다.

노아 당시에 대기권이나 대기권 밖에 물 층이 있었는지는 모릅니다. 혹시, 지구가 물 층으로 뒤덮여 있었을 수도 있습니다. 이렇게 되어 있다고 가정하고 생각해 보겠습니다. 달에서 본다면, 지구는 물로 뒤덮여 있습니다. 만약 지구 밖에서 지구로 들어오려면, 먼저 물속으로 들어가야 합니다. 이 물이 궁창 위의 물입니다. 한참 물속을 지나서 깊이 내려가다 보면 어느덧 물 층이 끝나고 물이 없는 공간이 나타납니다. 이 공간이 하늘입니다. 구름도 있고 새도 날아다닙니다. 하늘에서 땅으로 내려오면서 땅과 바다가 보입니다. 이 바다가 궁창 아래의 물입니다. 많은 분이 아마도 이런 식으로 생각했을 것입니다. 궁창을 지구상의 대기층인 하늘이라고 보고 이렇게 설명할 것입니다.

창세기 7장 11절에는 [하늘의 창문들이 열렸다]는 표현이 있습니다. 이 창문들을 통해서 궁창 위의 물이 땅으로 쏟아진 것으로 해석합니다. 이런 해석은 잘못된 것입니다. [하늘에 창문이 열렸다]는 표현은 노아 당시 사람들의 표현방식이었을 것입니다. 매우 많은 비가 올 때, 이런 표현을 사용했을 것입니다. 실제 지구 위에 물 층이 있었다는 증거는 아닙니다.

노아 당시까지 대기권이나 대기권 밖에 물 층이 있었는지는 알 수 없습니다. 이것은 과학의 영역에서 밝혀야 할 내용입니다. 물론 과학계에서 노아 당시에 하늘에 물 층이 있었다는 것을 가정하고 그것을 증명하려고 노력할지는 모르겠습니다.

성경에는 노아 당시에 비가 40일 밤낮으로 내렸다고 기록되어 있는데, 이것은 사실이라고 믿습니다. 대기권이나 대기권 밖에 있었던 물들이 지구로 떨어졌을 수도 있고 아닐 수도 있습니다. 이런 주장에 대해 확실하게 말할 수 있는 어떤 자료도 가지고 있지 않습니다. 40일 밤낮으로 비가 왔고 이 비가 하늘에서 내린 것은 맞지만, 이 비를 이루는 물들이 어디서 공급되었는지는 알 수 없습니다.

확실한 것은 창세기 1장의 [궁창 위의 물]은 우리가 알고 있는 물(water)이 아니라는 것입니다. 노아 당시에 하늘에 물 층이 있었고 이 물 층이 땅으로 쏟아졌을 수도 있지만 창세기 1장에 나오는 궁창 위의 물은 이런 종류의 물이 아닙니다.

성경 말씀: 창세기 1장 14절

"하나님이 이르시되, 하늘의 궁창에 광명체들이 있어 낮과 밤을 나뉘게 하고 그것들로 징조와 계절과 날과 해를 이루게 하라. 또 광명체들이 하늘의 궁창에 있어 땅을 비추라 하시니 그대로 되니라. 하나님이 두 큰 광명체를 만드사 큰 광명체로 낮을 주관하게 하시고 작은 광명체로 밤을 주관하게 하시며 또 별들을 만드시고 하나님이 그것들을 하늘의 궁창에 두어 땅을 비추게 하시며"

이 말씀은 넷째 날의 기록입니다. 창세기 1장 14절, 15절, 17절에 큰 광명과 작은 광명과 별들을 [하늘의 궁창]에 두었다고 기록되어 있습니다. 큰 광명을 태양(Sun)으로 작은 광명을 달(Moon)이라고 가정합니다. 그러면 달과 태양이 하늘의 궁창에 있습니다.

궁창 아래의 물을 바다라고 가정합니다. 땅을 기준으로 바라보면, 바다가 제일 가까운 위치에 있습니다. 사실, 바다는 땅과 거의 같은 높이에 있다고 할 수 있습니다. 두 번째로 가까운 위치에 있는 것은 하늘에 있는 태양과 달과 별들입니다. 하나님이 큰 광명과 작은 광명과 별들을 궁창(하늘)에 두었다고 말씀하셨기 때문입니다. 그리고 제일 먼 거리에 있는 것이 궁창(하늘) 위에 있는 물입니다.

자, 이렇게 땅으로부터 가까운 곳 먼저 확인해 보면, [바다-태양과 달과 별들-하늘 위의 물]의 순서로 떨어져 있습니다. 하늘 위의 물은 태양과 달과 별들을 감싸고 있는 물입니다. 하늘 위의 물은 지구를 감싸고 있는 물 층이 아니라 태양과 달을 포함한 온 우주를 감싸고 있는 물 층이 됩니다.

1993년 천문학자 윌리엄 로버트가 허블망원경의 책임자가 됩니다. 1995년 로버트 윌리엄은 NASA의 허락을 받아 우주에서 비어 있다고 보이는 구역을 촬영합니다. 바늘구멍 크기의 작은 공간에는 어떤 빛도 없어서 별이 없는 것으로 생각했습니다.

로버트 윌리엄이 10일 동안 이 공간에 허블망원경의 초점을 맞추고 여기서 오는 빛을 모아 이미지 촬영을 하였습니다. 그 결과 이 작은 구역에서 3,000개의 은하가 찍혔다고 합니다. 일부 몇 개의 항성에서 나오는 빛을 제외하고는 그 모든 빛이 은하(Galaxy)의 빛이었습니다. 이미지에는 아주 작은 점 하나로 보였지만, 이 점은 하나의 은하에 속한 수많은 항성들에서 나온 모든 빛이 하나로 합쳐진 것입니다.

우리가 육안으로 볼 수 없는 작은 빛들은 항성(Star)의 빛일 수도 있지만 은하 전체의 빛일 수도 있고 여러 은하가 모인 은하단(Galaxy cluster)의 빛일 수도 있다는 말입니다. 하늘에 있는 태양은 항성(Star)입니다. 달은 항성이 아니라 지구의 위성입니다. 다만, 태양의 빛을 반사하여 우리 눈에 환하게 보이는 것입니다. 우리가 보는 별들 하나하나는 하나의 항성일 수도 있지만 거대한 은하일 수도 있습니다.

창세기 1장 14절에서 하나님이 태양과 달과 별들을 만들어 하늘의 궁창에 두셨다고 합니다. 이것을 물질 창조의 기록이라고 가정하면, 별들은 항성이거나 은하가 될 것입니다. 그러면 하늘의 궁창은 단순히 우리가 눈으로 볼 수 있는 대기권의 하늘(Sky)이 아닙니다. 여기서 말하는 궁창은 별들과 은하들을 품고 있어서 우주 전체(Space)가 됩니다. 이런 논리로 본다면, 궁창 위의 물은 온 우주를 감싸고 있는 물이 됩니다.

노아 당시에 하늘에서 쏟아진 물이 궁창 위의 물이라고 전제한다면 궁창 위의 물이 지구로 올 때, 모든 은하를 경유하고 태양을 경유하고 달을 거쳐 지구에 도착할 것입니다. 그러면 우주를 둘러싼 많은 물은 태양을 적시고 태양의 온도를 낮춰서 핵융합반응을 멈추게 할 것이고 태양은 빛을 잃게 되었을 것입니다. 또한 지구는 물에 잠기는 형태가 될 것입니다. 마치 태평양 한가운데 작은 모래알 하나가 빠진 것처럼 지구는 물속에 잠길 것입니다.

지구 위에 물 층이 있었는지는 모르겠지만 노아의 홍수 때 내린 물은 창세기 1장에 나오는 궁창 위의 물이 아님을 확인할 수 있습니다. 궁창 위의 물이 우리가 아는 물(Water)이라면 이 물은 온 우주를 감싸는 물이기 때문에 대단히 많은 양일 것입니다. 이런 물이 모두 다 지구에 쏟아질 수는 없습니다. 지구의 중력이 온 우주에 있는 물을 끌어당길 수는 없습니다.

창세기 1장에 나오는 [궁창 위의 물]은 우리가 아는 물(Water)이 아닙니다. 노아의 홍수 때, 하늘에서 내린 비는 궁창 위의 물이 아닙니다.

Chapter 98

노아의 홍수는 전 지구를 덮었을까?

[Chapter 96. 노아의 홍수 때 모든 짐승과 모든 새가 죽었을까?]에서 홍수를 통해 진멸하려고 했던 대상은 혼이 있는 아담의 후손으로 국한된다고 설명했습니다.

하나님은 창세기 6장 7절에서 [사람과 가축과 기는 것과 공중의 새까지 쓸어 버리겠다]고 말씀합니다. 여기서 사람은 혼(Soul)이 있는 아담의 후손을 말합니다. 가축과 기는 것과 공중의 새는 창세기 2장 19절의 [각종 들짐승과 각종 새]를 의미합니다.

창세기 2장 19절에 나오는 [각종 들짐승과 각종 새]는 에덴동산에서 창조되었고 동산 안에 머물면서 아담의 명령을 받아 동산의 일을 했습니다. 아담은 이 동물에게 이름을 주었습니다. 아담은 동산을 책임지고 있었지만 동산 전체를 혼자 관리한 것이 아니라 말하는 동물에게 일을 나눠 맡겼습니다. 이 동물은 말하는 동물이고 하와를 유혹했던 뱀도 말하는 동물 중 하나입니다. 말하는 동물은 아담의 후손과 함께했습니다.

노아 때 홍수에서 여러 대륙에 나뉘어 살고 있었던 각종 새와 각종 들짐승과 각종 물고기는 진멸의 대상이 아닙니다. 동물은 지금도 사람의 명령에 따르지 않고 자유롭게 자연 속에서 살아갑니다. 하나님은 이런 동물을 죽이려고 하신 것이 아닙니다. 이 동물은 말하지 못하는 동물로, 죄를 물을 수 없는 동물입니다.

아담과 하와의 후손과 말하는 동물은 함께 세상에 퍼져 나갔습니다. 말하는 동물은 스스로 독립하지 못했습니다. 말하는 동물은 현재 지구상에서 볼 수 없는 모습을 하고 있었습니다. 이 동물이 사람들 속에 살 수 있었던 것은, 아담과 하와의 후손에게 속해 있었기 때문입니다. 말하는 동물이 사람의 통제를 받는다는 뜻입니다. 만약 사람의 통제를 받지 않았다면, 인류는 말하는 동물을 사냥했을 것입니다. 통제를 받는다는 것은 위협이 되지 않는다는 것을 느끼게 합니다. 그래서 이 특별한 동물은 인류 속에서 살아남을 수 있었습니다. 말하는 동물도 후손이 있었고 이 동물의 후손도 아담과 하와의 후손에게 종으로 있었습니다. 말하는 동물과 후손은 공생 관계입니다. 아담과 하와의 후손은 이 동물의 보호를 받습니다. 아담과 하와의 후손이 퍼져 나갈 때 이 동물이 함께 따라갑니다. 아담과 하와의 후손이 없는 곳에는 말하는 동물도 없습니다.

아담과 하와의 후손은 아담이 머물렀던 지역에서 조금씩 더 넓은 지역으로 이주했을 것입니다. 아담과 하와의 후손이 늘어남에 따라 말하는 동물도 늘어났고, 아담과 하와의 후손이 독립하여 더 넓은 지역에 정착할 때 말하는 동물도 함께 따라가서 정착했습니다.

노아 때 이르러 아담과 하와의 후손은 넓은 지역에 퍼져 살고 있었습니다. 물론 아담과 하와의 후손이 아무리 넓게 퍼져 살았다고 해도 지구 전체에 퍼져 있지는 않았을 것입니다. 지구는 매우 넓고 당시에도 지금처럼 몇 개의 대륙으로 나뉘어 있었을 것입니다. 아담과 하와의 후손은 하나의 대륙에 국한되어 있었을 것입니다.

하나님이 홍수로 진멸하고자 하신 곳은 아담과 하와의 후손이 머물렀던 대륙입니다. 하나님은 이 대륙에서 아담과 하와의 후손이 살았던 모든 지역을 물로 덮으셨습니다. 아담과 하와의 후손이 없었던 다른 대륙은 홍수의 대상이 아닙니다. 물론, 홍수로 인해 각 대륙에도 비가 내렸을 것이고 바다의 수위가 많이 높아졌을 것입니다. 다만 확실한 것은 아담과 하와의 후손이 머문 대륙의 모든 산이 물에 잠기게 되었다는 것입니다.

하나님은 창세기 6장 7절에서 [사람을 쓸어버리되 가축과 기는 것과 공중의 새까지 그리하리니]라고 말씀하셨습니다. 하나님은 말씀하신 것을 반드시 이루는 분입니다. 그래서 이 말씀 역시 이루셨습니다. 사람과 가축과 기는 것과 공중의 새가 모두 죽었습니다. 아담과 하와의 후손과 에덴동산에서 창조된 동물이 모두 죽었습니다. 하나님이 진멸하고자 하는 대상은 모두 죽었습니다. 오직 노아와 그 가족만 살았습니다. 노아의 방주 안에는 말하는 동물은 전혀 없었습니다.

하나님은 홍수로 말하지 못하는 동물과 혼이 없는 일반 사람까지 진멸하시지는 않았습니다. 그들은 진멸의 대상이 아니기 때문입니다. 다른 대륙에 사는 사람과 동물은 대부분 죽지 않았습니다. 하나님은 홍수를 통해서 뜻을 이루셨지만 이 홍수가 전 지구적인 홍수일 필요는 없습니다. 진멸의 대상이 특정 지역을 중심으로 그 주위에만 있었기 때문입니다.

물론 실제로는 전 지구적인 홍수였는지 국지적인 홍수였는지 알 수 없습니다. 다만 노아가 살았던 지역의 모든 산은 물에 덮였습니다. 노아가 있었던 지역의 모든 산이 물에 잠겨야 모든 아담과 하와의 후손과 말하는 동물이 죽을 것이기 때문입니다. 이 과정에서 노아가 머물렀던 지역에 살고 있었던, 말을 못 하는 모든 새와 모든 짐승과 혼(Soul)이 없는 모든 사람은 함께 죽었습니다.

결론적으로, 노아 당시의 홍수가 전 지구적인 홍수인지 국지적인 홍수인지는 알 수 없습니다. 다만, 하나님의 의도에 비추어 보면 노아 당시의 홍수가 전 지구적인 홍수일 필요는 없다는 것입니다. 아울러 방주에 모든 동물이 들어갈 필요도 없었습니다. 또한 다른 대륙의 동물 대부분은 방주 없이도 잘 살아남았습니다.

Chapter 99

아담의 후손은 정말 빠르게 번성했을까?

어떤 사람들은 노아 당시에 사람의 수가 100억 명에 가까웠을 수 있다는 주장을 합니다. 그 근거가 50년 만에 인구가 2배로 늘어난다는 것을 전제로 계산했다는 것입니다.

이 계산법으로 보면, 아담과 하와가 50년마다 두 명의 자녀를 계속 낳았다는 것이 됩니다. 아담은 930세까지 살았습니다. 하와가 얼마나 오래 살았는지는 알수 없습니다. 하와도 아담과 같은 해에 죽었다고 가정하면 아담과 하와는 930년을 사는 동안 36명의 자녀를 낳은 것이 됩니다.

성경을 살펴보면, 아담과 하와는 가인과 아벨과 셋을 낳았습니다. 셋을 낳았을 때가 130세이고, 아벨은 이보다 20년 정도 빨리 태어났을 것이고, 가인은 아벨보다 3년 정도 빨리 태어났을 것입니다. 아담은 그 후로 800년을 더 살면서 자녀를 낳았다고 기록되어 있습니다. 가인과 아벨과 셋의 나이 차이를 따져 보면, 30년이 안 되는 기간입니다. 가인과 아벨의 나이 차이가 1년에서 3년이라는 것은 [Chapter 21. 아담은 에덴동산에서 몇 년을 살았을까?]에서 설명했습니다.

아담과 하와는 가인과 아벨이 살아 있는 동안 자녀를 가질 생각이 없었습니다. 그래서 아벨 이후로 20년 동안 자녀를 갖지 않았습니다. 아담과 하와는 두 아들로 만족한 것 같습니다. 만약 아벨이 죽지 않고 가인이 떠나지 않았다면 아담과 하와는 셋을 낳지 않았을 것이며, 계속해서 자녀를 갖지는 않았을 것입니다. 아벨이 죽고 가인이 떠나자 아담과 하와에게는 아들이 없었습니다. 창세기 4장 25절에 [가인이 죽인 아벨 대신에 다른 씨를 주셨다]고 기록되어 있습니다. 이는 아벨이 죽었기 때문에 아들을 낳게 된 것입니다. 아담과 하와가 자녀를 낳은 것은 계획에 의한 것이지, 50년마다 반복적으로 낳는 것은 아닙니다.

50년마다 2배로 늘어난다는 설정에 의하면, 아담과 하와는 50년마다 2명의 자녀를 낳은 것이 됩니다. 850세에서 900세 사이에도 아담과 하와가 두 명의 자녀를 낳았다는 계산입니다. 그러나 이 나이 때의 아담과 하와는 자녀를 낳지 않았을 것입니다.

창세기 5장 4절에 [팔백 년을 지내며 자녀들을 낳았다]고 기록되어 있어서, 성경을 연구하는 사람들이 아담이 매우 많은 자녀를 낳았다고 가정합니다. 어떤 분은 2년이나 3년에 한 명씩 자녀를 낳았다고 가정하기도 합니다.

아담이 셋을 낳았을 때의 나이는 130세였습니다. 창세기 5장 5절에는 아담이 930세를 살았다고 기록되어 있습니다. 930세에서 셋을 낳은 나이 130세를 빼면 800년이 됩니다. 이 말은 아담이 800년 동안 자녀를 낳았다는 말이 아닙니다. 아담이 몇 명의 자녀를 더 낳기는 했겠지만, 셋을 낳은 후로 800년을 더 살았다는 표현입니다. 몇 명의 자녀를 더 낳았는지는 알 수 없습니다.

아담이 셋을 낳은 후로 800년을 살았다는 말은 여러 가지 가능성을 다 포함합니다. 예를 들어, 아담과 하와가 가인과 아벨처럼 두 명의 아들을 원했다고 가정합니다. 아담은 셋을 낳은 후, 2년 후에 한 명의 아들을 더 얻으려고 자녀를 낳았습니다. 그런데 딸이 태어났습니다. 다시 2년 후에 한 명의 자녀를 낳았는데, 이번에는 아들입니다. 아담은 130세에 셋을 낳고, 132세에 딸을 낳고, 134세에 아들은 낳은 경우가 됩니다. 이런 경우도 셋을 낳은 후에 800년을 지내며 자녀를 낳았다고 표현할 수 있습니다. 아담과 하와는 셋의 남동생이 태어난 후로 자녀를 갖지 않았을 것으로 추측합니다. 아담과 하와는 36명까지 낳지는 않았을 것입니다.

노아의 경우를 생각해 보겠습니다.

창세기 4장 32절에 노아는 오백 세 된 후에 셈과 함과 야벳을 낳았다고 기록되어 있습니다. 노아가 500세 전에는 자녀를 낳지 않았을까요? 창세기 5장의 족보는 아담의 직계 장자들의 족보입니다. 사람들은 이 족보를 실제 장자가 아니라 믿음의 장자를 기록한 족보라고 말하기도 합니다. 여기 기록된 아들이 첫 번째 아들이 아니라 그 앞에도 여러 자녀가 태어났을 거라고 말합니다.

성경의 기록을 바탕으로 확인해 보면, 노아는 아담으로부터 9대나 내려간 후손입니다. 노아가 태어난 해는 아담의 시작으로부터 1056년이 지난 해였습니다. 이때 라멕의 나이가 182세였고 아담은 라멕이 56세가 되었을 때 죽었습니다. 노아가 태어난 해는 아담이 죽은 지 126년이 지난 후가 됩니다. 노아는 아담을 보지 못한 셋의 첫 번째 직계 후손입니다. 성경에 기록되지 않은 후손이 많겠지만 기록되지 않은 사람은 고려하지 않겠습니다.

노아가 500세에 셈과 함과 야벳을 낳았는데 이들이 장자가 아닐 수 있다는 가정을 합니다. 다시 말해서 노아가 500세 되기 전에도 많은 아들을 낳았는데 믿음의 장자라고 할 수 있는 아들은 셈과 함과 야벳이라고 가정합니다. 그러면 노아는 홍수가 발생했을 때 셈과 함과 야벳을 제외하고 그들의 형, 누나가 되는 자녀들을 모두 방주 안에 들이지 않았다는 말이 됩니다. 노아가 자기 아들들을 홍수에 죽도록 두었다는 말이 됩니다.

노아가 500세가 되기 전까지 낳은 자녀들이 있다는 가정인데, 500년 동안 낳은 자녀가 몇 명일지는 몰라도, 그들 모두가 악해서 죽어야 했다는 것일까요? 아무리 자녀가 못됐다고 가정하더라도 자녀가 홍수에 죽게 되었는데, 노아의 마음이 편안할 수 있었을까요?

창세기 6장 10절에는 [세 아들을 낳았으니 셈과 함과 야벳이라]고 기록되어 있습니다. 또 창세기 5장 32절에는 노아가 500세가 된 후에 셈과 함과 야벳을 낳았다고 기록되어 있습니다. 노아는 500세가 되기 전까지 자녀를 낳지 않았습니다. 노아는 그렇게 빨리 자녀를 낳지 않았습니다.

노아에게 딸이 있었을지도 모릅니다. 만약 홍수 이전에 딸을 낳았다면 이 딸도 방주에 함께 들어갔을 것입니다. 창세기 7장 7절에 [노아는 아들들과 아내와 며느리들과 함께 홍수를 피하여 방주에 들어갔]고라고 기록되어 있습니다. 이 기록에는 여성인 아내와 며느리까지 포함되었습니다. 딸이 있었다면 딸까지 포함하여 기록했을 것입니다. 창세기 7장 7절에 딸이 기록되어 있지 않았다는 것은 실제로 노아에게 딸이 없었다는 것을 의미합니다. 물론, 홍수 이후에 노아가 딸을 낳았을 수도 있습니다.

창세기 5장의 족보 기록에는 [누구를 낳았고, 몇 년을 지내며 자녀를 낳았고, 몇 세를 살고 죽었더]라는 형식으로 기록되어 있습니다. 그래서 사람들은 성경에 언급된 자녀를 낳은 후로도 죽을 때까지 계속해서 자녀를 낳았다고 추측합니다.

창세기 9장 28절~29절에는 [홍수 후에 노아가 삼백오십 년을 살았고 그의 나이가 구백오십 세가 되어 죽었더라]고 기록되어 있습니다. 이 말씀에는 자녀를 낳았다는 기록이 없습니다. 노아가 방주에서 나올 때의 나이는 600세 이후입니다. 그 후로 노아는 자녀를 낳지 않았습니다. 노아의 경우를 보면, 아담의 후손은 어느 정도 나이가 들면 자녀를 낳지 않았다고 볼 수 있습니다.

창세기 5장 6절에는 [셋은 백오 세에 에노스를 낳았고 에노스를 낳은 후 팔백 칠 년을 지내며 자녀들을 낳았으며 그는 구백십이 세를 살고 죽었더라]고 기록되어 있습니다. 셋이 에노스를 얻은 후로 팔백 년 동안 살았다는 말입니다. 800년 동안 계속 자녀를 낳았다는 말은 아닙니다.

또한 창세기 5장에 기록된 이름들은 믿음의 장자가 아니라 실제로 장자를 의미합니다. 셋이 105세일 때 장자인 에노스가 태어났습니다. 아담의 직계 후손 중에서 장자가 태어난 가장 빠른 나이는 65세입니다. 65세에 장자를 낳은 사람은 마할랄렐과 에녹입니다. 야렛은 162세에 처음으로 에녹을 얻었습니다. 므두셀라는 187세에 처음으로 라멕을 얻었습니다. 노아는 500세 이후에 셈과 함과 야벳을 얻었습니다.

이처럼 아담과 하와의 후손은 자녀를 빨리 낳지 않았습니다. 그래서 자녀를 많이 낳지 않았던 것 같습니다. 아담과 하와의 후손이 기하급수적으로 늘어난 것은 아닙니다. 아담에서부터 노아의 홍수 때까지 1656년이 지나는 동안, 후손이 더 넓은 지역으로 퍼져 나갔을 것입니다. 그래도 지구 전체를 차지할 만큼 넓은 지역은 아닙니다. 아담과 하와의 후손은 아담이 처음 정착했던 지역에서 더 넓은 지역과 도시로 번져나갔을 것이지만 바다를 건너서 몇 개의 대륙으로 퍼진 것은 아닙니다.

Chapter 100

사람들은 왜 죄악에 물들었을까?

성경 말씀: 창세기 6장 5절

"여호와께서 사람의 죄악이 세상에 가득함과 그의 마음으로 생각하는 모든 계획이 항상 악할 뿐임을 보시고"

이 말씀에서 하나님은 사람의 죄악이 세상에 가득했다고 말씀하십니다. 그래서 하나님을 믿는 기독교인들은 노아 당시에 지구상의 모든 사람이 악했다고 믿습니다. 성경에 그렇게 기록되어 있으니 그렇게 믿는 것도 당연합니다.

그런데 가만히 생각해 보면, 다음과 같은 것이 궁금해집니다.

정말 노아와 세 아들을 뺀 모든 사람이 다 악했던 것일까요? 노아의 가족 외에는 한 사람도 선한 사람은 없었다는 것일까요? 그렇게 악한 세상에서 노아는 어떻게 의로울 수 있었을까요? 노아의 세 아들은 100세가 되기까지 주위 사람들과 전혀 어울리지 않았을까요? 노아의 세 아들은 어떻게 그 사회에서 악에 물들지 않았을까요? 노아의 세 며느리(자부)는 악에 물들지 않았을까요? 자부들은 다른 악한 가족들 사이에서 자랐을 텐데 어떻게 악에 물들지 않았을까요? 만약 자부들이 악했다면 왜 노아는 이 여인들을 자부로 받아들였을까요? 만약 세 자부가 악했다면 방주를 통해 구원을 받아도 되는 것일까요? 만약 자부들이 악에 물들지 않았다면 노아가 아닌 다른 가정에서 자란 사람(여인)들도 악에 물들지 않을 수 있다는 말인가요?

이런 의문점이 드는 것도 당연하다고 할 수 있습니다. 당시 사회를 모르는 상황에서는 이런 의문점을 가질 수밖에 없습니다. 우리는 당시 상황을 모르기 때문에 이런 의문을 가집니다.

노아 당시의 사람들이 윤리적, 도덕적으로 타락했을까요? 그 시대에는 법이 없었을까요? 폭력과 불법이 가득한 사회였을까요? 당시 사람들이 물들었던 악은 어떤 악이었을까요?

노아 당시에 사람들의 생각이 항상 악했다는 말씀은 노아 당시의 사람들이 하나님을 생각하지 않고 스스로 왕이 되어 세상을 다스릴 생각만 한다는 뜻입니다. 이제 당시 사람들이 왜 죄악으로 가득하게 되었는지, 그 죄악이 무엇인지 설명합니다.

지금의 인류는 과거보다 다양하고 많은 지식을 습득했습니다. 과학기술이 발전했고 인류의 지적 수준이 높아졌습니다. 인권과 자유를 중요시하고 인류의 평화와 평등을 외치고 있습니다. 통신과 교통이 발달하면서 세계의 많은 중요한 정보들이 빠르게 전 세계인에게 공유되고 있습니다. 이런 정보들을 접할 때 전 세계의 사람들은 자신이 인류의 일원이 되었다는 느낌을 받습니다. 아프리카나 유럽이나 아시아나 아메리카나 어떤 대륙이든 대륙을 구분할 것 없이 전 세계의 사람들이 실시간으로 전쟁과 재난과 사고 소식을 듣고 안타까운 마음을 갖기도 합니다. 전 세계의 사람들이 올림픽과 월드컵과 스포츠를 실시간으로 보고 들으며 함께 기뻐하거나 함께 낙담합니다. 그래서 우리 인류를 지구촌이

Part 11. 노아의 홍수

라고 부르며 모든 인류가 동등하다는 생각을 공유합니다.

　전쟁 소식을 들을 때 세계인들은 실시간으로 전쟁을 멈추라고 목소리를 냅니다. 어떤 나라에서 총기사고가 일어났을 때 피해자의 인터뷰를 실시간으로 보면서 같이 눈물을 흘립니다. 한 나라에서 최신 가전제품이 출시되면 얼마 되지 않아 전 세계의 모든 나라에서 이 제품을 구매하고 사용합니다. 새로운 음악과 새로운 영화가 실시간으로 전 세계에 알려지고 공유됩니다. 이런 일들은 인류가 평준화되고 세계화되는 증거라고 할 수 있습니다.

　지금의 현대사회를 살아가는 사람들은 모든 사람이 평등하다는 것을 기본적으로 말합니다. 선과 악의 기준이 모든 사람에게 동등하게 적용되어야 한다고 생각합니다. 물론 아직도 세계의 여러 나라에서는 평등과 자유를 위해 인권의 가치를 이루기 위해 분쟁과 투쟁을 계속 이어 가고 있습니다. 그 나라에서는 인류의 발전을 위한 역경의 시간을 견뎌내고 있다고 볼 수 있습니다.

　이런 가치를 가진 우리로서는 당시 노아 시대를 이해하기 어렵습니다. 그 시대의 상황을 모르기 때문에 더욱 그렇습니다. 이제 우리는 노아 당시의 사회를 이해할 필요가 있습니다.

　미국 남북전쟁이 1861년에서 1865년 사이에 있었습니다. 현재 남북전쟁 이후 아직 200년도 지나지 않았습니다. 200년 전만 하더라도 미국에는 노예제도가 있었습니다. 노아 당시에도 사회적 계층이 있었다는 것을 고려해야 합니다.

　첫 번째, 아담이 동산에서 나왔을 당시의 상황을 설명합니다.

아담이 에덴동산에서 나왔을 당시에도 노예제도가 있었을 것입니다. 아브라함 때와 모세 때도 노예가 있었으니 그 전 시대에도 노예가 있었다는 것을 충분히 추측할 수 있습니다. 아담에게 속한 백성이 있었습니다. 이 백성은 말하는 동물입니다. 아담과 하와는 말하는 동물 그리고 하나님의 아들들과 함께 있었습니다.

아담과 하와가 에덴동산에서 나왔을 당시에 주위에는 많은 사람이 살고 있었습니다. 주위에 살고 있었던 사람들은 새로 정착한 아담과 하와를 경계했습니다. 주위 사람들에게 말하는 동물은 무섭고 두려운 미지의 존재였기 때문입니다. 게다가 아담과 하와가 말하는 동물을 다스리고 있는 것도 보았을 것입니다. 사람들은 이 동물과 아담과 하와와 그 가족을 만나는 대로 죽이고자 했습니다. 자신들을 방어하기 위한 차원에서 공격적인 태도를 보인 것입니다.

두 번째, 시간이 흐른 후 사람들은 아담과 아담의 가족을 받아들였습니다.

135년의 세월이 흐르는 동안 주위의 사람들은 말하는 동물이 자신들을 공격하지 않는다는 것과 자신들과 함께 어울려 살 수 있다는 것을 깨닫게 되었습니다. 그래서 사람들은 아담과 하와를 공격하지 않게 되었습니다.

주위의 사람들은 아담과 하와를 신적인 존재로 생각하기 시작했습니다. 셋은 105세에 에노스를 얻었습니다. 현대인의 관점에서 105세면 나이가 매우 많고 장수한 것입니다. 나이가 많아서 얼굴에 주름도 많고, 기력도 약하고, 한 걸음을 떼기도 힘들어 보이는 할아버지가 아들을 낳았다는 말로 들립니다. 그런데 당시 사람들에게 105세가 된 셋의 모습은 지금의 20살 정도의 젊은이의 모습이었을 것입니다. 셋은 아마 에노스를 낳기 1년 전에 아내를 얻었을 것입니다.

셋과 같은 날 태어난 평범한 사람이 있다고 가정합니다. 이 사람의 수명은 지금의 우리와 같습니다. 오래 살면 80세입니다. 이 사람은 60세만 넘어도 주름이 많고 몸이 쇠약해집니다. 그런데 60세가 된 셋의 모습은 아직도 청년의 모습입니다. 아담과 아담의 가족들은 거의 1,000년에 가깝게 삽니다. 셋은 912세를 살았습니다. 이런 이유로 같은 날 태어난 평범한 사람은 셋이 나이 들지 않는 사람이라고 느껴졌을 것입니다. 자신은 나이가 들어 죽을 때가 되었어도 셋은 아직도 젊은 모습을 하고 있었으니 말입니다.

사람들은 아담과 아담의 가족을 보면서 땅에 내려온 신이라든가 아니면 신에게 선택받은 특별한 존재라는 생각을 하게 되었을 것입니다. 물론, 하나님의 선택을 받은 것이 맞습니다. 하나님이 영원히 죽지 않는 하나님의 백성을 창조하려고 아담을 선택하셨기 때문입니다.

아담과 함께 있었던 하나님의 아들들은 20살 정도의 청년의 모습을 유지한 채 얼굴이 전혀 변하지 않습니다. 하나님의 아들들은 죽지 않는 몸을 가지고 있었기 때문입니다. 아담과 그의 가족은 1,000년의 수명을 가졌고, 하나님의 아들들은 수명에 제한이 없습니다. 셋의 시대에 태어난 평범한 사람은 하나님의 아들들을 보았을 것입니다. 처음 봤을 때부터 자신이 죽을 때까지 그들의 얼굴은 전혀 변하지 않았습니다.

아담과 함께 지내는 하나님의 아들들은 본래 천사와 같은 영(Spirit)입니다. 이 영들이 사람으로 태어났습니다. 비록 사람의 모습으로 살고 있어도 영의 상태일 때 그들이 가졌던 능력은 사람일 때도 사라지지 않았습니다. 하나님의 아들들은 사람들이 보기에 초인적인 능력이 있었습니다.

하나님의 아들들은 사람이 되기 전부터 하나님과 함께했던 모든 일을 기억하고 있었습니다. 하나님의 아들들은 우주의 역사만큼 긴 시간을 살았습니다. 하나님의 아들들은 태어난 후부터 가볍게 행동하지 않았고 경건해 보이는 말과 행동을 했을 것입니다. 하나님의 아들들은 자신의 능력을 가볍게 사용하지 않았을 것입니다.

사람들은 아담과 그의 가족과 하나님의 아들들을 보면서 신의 대리자라고 생각하고 존경하며, 따르기 시작했습니다.

세 번째, 하나님의 아들들이 낳은 자녀들에 관해서 설명합니다.

하나님의 아들들이 낳은 자녀들은 태어날 때가 존재의 시작입니다. 이 자녀들은 영(Spirit)이 아니라 혼(Soul)입니다. 이 자녀들이 혼인 이유는 그들의 어머니가 아담의 후손(Soul)이기 때문입니다. 이 자녀들의 시작은 창세 전이 아니라 태어날 때입니다. 세상에 태어나기 전에는 존재하지 않았습니다. 하나님의 아들들이 낳은 자녀들은 자라면서 배우고 성숙해집니다. 성경에는 이들이 용사로 기록되어 있습니다.

성경 말씀: 창세기 6장 4절
"하나님의 아들들이 사람의 딸들에게로 들어와 자식을 낳았으니 그들은 용사라 고대에 명성이 있는 사람들이었더라"

이 말씀에는 [그들은 용사라 고대에 명성이 있는 사람들]이라고 기록되어 있습니다. 이 용사들은 하나님의 아들들이 낳은 자식으로, 한 세대에 한정됩니다. 하나님의 아들들은 한 명의 자녀만을 낳았을 것입니다.

용사라는 단어는 좋은 의미로 사용됩니다. 그런데 많은 사람은 네피림(Nephilim)을 안 좋은 의미로 기억합니다. 이 용사들을 네피림이라고 부르는 것은 맞지 않습니다. 성경에서는 네피림이 거인 종족을 부르는 말로 사용되었는데, 네피림에는 좋은 의미도 나쁜 의미도 없습니다.

사람들은 하나님의 아들들을 오해하여 타락한 천사나 셋의 후손이라고 생각합니다. 그래서 네피림을 타락한 천사가 낳은 자식이라거나 경건한 셋의 후손이 타락하여 낳은 자식이라고 생각합니다. 이것은 말씀을 오해한 것입니다.

성경에서는 하나님의 아들들이 낳은 자식들을 용사라고 부릅니다. 용사들은 특별한 능력이 있었는데 그들의 아버지가 하나님의 아들들이었기 때문입니다. 하나님의 아들들은 특별한 능력이 있었고 그들의 몸도 완전한 육체였습니다. 그래서 용사들 역시 거의 완전한 육체를 가지고 태어났을 것입니다. 용사들은 태어날 때부터 죽음이 있는 육체를 가지고 태어났습니다. 영인 아버지의 특성을 물려받아서 병들지 않고, 아프지 않고, 매우 강한 육체를 소유했을 것입니다. 평범한 사람이 가질 수 없는 힘과 지구력과 능력을 소유했을 것입니다. 이런 이유로 이들은 용사가 될 수 있었습니다.

용사의 유전자를 따져 보면 아담과 하와의 후손이라고 할 수 있습니다. 그렇다고 용사들을 아담과 하와의 후손이라고 말할 수는 없습니다. 아담과 하와의 후손을 용사라고 말하는 것이 아닙니다. 용사들은 하나님의 아들들이 낳은 자녀에게만 해당됩니다. 하나님의 아들들이 아내를 통해 직접 낳은 자녀만이 용사입니다. 아담과 하와의 다른 후손은 용사가 아닙니다. 용사들이 낳은 자녀들역시 용사가 아닙니다. 용사들이 가졌던 능력은 유전되지 않는 것으로 보입니다. 오직 하나님의 아들들(Spirits)의 직계 자녀만 용사인 것으로 보입니다.

이 용사들은 아담과 하와와 그의 후손과 함께 지냈습니다. 당시에도 아담과 하와가 살아 있었고, 하나님의 아들들도 아담과 하와가 머문 지역에 함께 살았습니다. 하나님의 아들들이 아내를 얻었을 때 그 아내들은 아담과 하와의 후손(Soul)이었습니다. 하나님의 아들들과 그의 아내들은 말하는 동물과 함께 지냈고 하나님의 아들들이 낳은 용사들도 말하는 동물들과 함께 지냈습니다. 이 용사들은 말하는 동물의 보호를 받으며 성장했을 것입니다. 말하는 동물은 에덴동산에서 아담과 하와에게 예속(隷屬)된 존재로 창조되었기 때문입니다.

용사들의 아버지인 하나님의 아들들은 아담과 하와가 사는 지역에 머물렀고 다른 곳에 가지 않았고 아내를 얻은 후로 120년을 더 살다가 죽었습니다. 그들의 아들들은 용사로서 명성이 있는 사람입니다. 명성이 있었다는 말은 널리 알려졌다는 뜻입니다. 이 용사들은 말하는 동물과 함께 세상의 여러 곳을 다니며, 모험하고, 여행하고, 자신의 능력을 사용했을 것입니다. 어쩌면 현대인들이 영화로나 볼 수 있는 판타지 소설 같은 영웅의 삶을 살았을 것입니다.

네 번째, 하나님의 아들들이 낳은 용사들은 좋은 세상을 만들었습니다.

이 Chapter에서 말하고자 하는 것은 사람들이 죄악에 물들었다는 말씀의 의미입니다. 창세기 6장 5절에는 세상을 죄악으로 가득하게 한 것은 사람이라고 기록되어 있습니다. 세상을 죄악으로 물들인 악한 사람은 하나님의 아들들도 아니고 그들의 아들인 용사들도 아닙니다. 창세기 6장 5절에 나오는 악한 사람은 아담과 하와의 후손(Soul)입니다.

사람들이 죄악에 물들기 시작한 때는 하나님의 아들들이 죽고 용사들도 죽고 그 후로 오랜 시간이 흐른 뒤였을 것입니다. 하나님의 아들들이 살아 있을 때나 용사들이 살아 있을 때는 아담과 하와의 후손이 타락하지 않았습니다.

하나님의 아들들은 죽기 위해서 결혼을 했습니다. 그래서 하나님의 아들들은 아담이 머문 지역에서 조용히 120년을 더 살면서 죽음을 기다렸습니다. 하나님의 아들들은 태어나기 전부터 오랫동안 세상을 봐왔기 때문에 그들에게 세상은 그렇게 신기하지 않았습니다.

용사들은 아버지와 달랐습니다. 용사들은 태어나면서 삶이 시작되었습니다. 용사들은 아담과 하와가 머문 지역에서 벗어나 자신의 종인 말하는 동물과 함께 넓은 세상을 다니며 탐험합니다. 자신들의 능력을 사용해서 많은 사람을 돕고 명성을 얻었습니다. 명성을 얻었다는 말은 좋은 일을 많이 했다는 뜻입니다. 사람들을 위해서 큰 바위를 옮긴다든가, 동네에 있는 해로운 육식동물을 퇴치한다든가, 외부에서 침략해 오는 적군을 물리치고 사람들의 생명을 구한다든가 하는 일을 했을 것으로 추측됩니다. 사람들에게 좋은 일을 많이 했기 때문에 명성을 얻게 되었습니다. 주위의 사람들이 보기에 하나님의 아들들(Spirits)은 좋은 사람이었고 그들의 자식들도 좋은 사람이었습니다.

용사들의 소문이 세상으로 퍼져 나갔습니다. 여러 지역의 사람들이 용사들을 받아들였고 칭찬했을 것입니다. 그래서 용사들을 자신의 지역을 다스리는 왕으로 삼고자 하는 시도가 있었을 것입니다. 강한 사람이 자신들의 왕이 된다면 그 강한 사람의 보호를 받을 수 있기 때문입니다. 물론 이것은 추측입니다. 실제로 이런 일들이 있었는지는 모릅니다. 아마도 이런 부탁을 받았다면 용사들은 왕이 되는 것을 거절했을 것입니다.

당시 사회는 법이 지배하는 세상이 아니라 힘이 지배하는 세상입니다. 힘이 없는 민족이나 힘이 없는 부족은 다른 사람들에 의해 공격당하고 진멸되기도 했을 것입니다. 그래서 용사와 같이 힘 있는 사람의 도움을 받는 것은 생존에 있어서 큰 장점이 됩니다.

다섯 번째, 용사들이 죽은 후로 아담의 후손이 용사들을 대신하게 됩니다.

용사들은 하나님의 아들들이 낳은 1대 자식입니다. 용사들이 낳은 자녀들은 더는 특별한 능력이 없었던 것으로 보입니다. 아담과 하와의 후손(Soul)은 용사가 아닙니다. 아담과 하와의 후손은 병들지 않고, 아프지 않으며, 건강한 상태로 1,000년 가까이 살 수 있었지만 용사는 아닙니다.

용사들이 얼마나 살았는지는 기록되어 있지 않습니다. 그들의 어머니는 아담과 하와의 후손이기 때문에 오래 살았을 것이지만 그들의 아버지는 하나님의 아들들로 120년의 수명을 가졌습니다. 확실히는 알 수 없지만 이 용사들은 아버지인 하나님의 아들들의 특성을 물려받아 120년의 수명을 가졌을 것으로 추측합니다. 120년이라는 시간이 지난 후에 하나님의 아들들은 모두 죽었습니다. 이후 용사들도 모두 죽었을 것입니다. 그리고 더는 용사들이 나타나지 않았습니다.

하나님의 아들들은 영(Spirit)이었기 때문에 특별한 능력이 있었고 하나님의 아들들이 낳은 자녀도 이런 능력을 받아서 용사가 될 수 있었습니다. 반면 아담과 하와는 능력이 없었고 그 후손도 이런 능력이 없습니다. 아담과 하와의 후손(Soul)은 아담과 하와가 동산 안에서 얻은 효과만 물려받았습니다. 동산에 있었던 좋은 나무들의 효과는 몸을 건강하게 하고 병에 들지 않게 하고 1,000년을 살게 하는 효과입니다. 아담과 하와의 후손에게 용사가 될 만한 특별한 능력은 없습니다.

아담과 하와의 후손은 용사들이 죽은 빈자리를 채우게 됩니다. 용사들의 어머니는 아담과 하와의 후손(Soul)입니다. 그래서 용사들도 아담과 하와의 후손으로 보였을 것입니다.

여섯 번째, 아담과 하와의 후손은 왕족이 되었습니다.

주위에 있었던 평범한 사람들이 보기에는, 하나님의 아들들(Spirits)이 낳은 자식들과 아담과 하와의 후손(Soul)을 비교할 때 비슷한 면이 있었습니다. 아담과 하와의 후손도 1,000년 가까이 살기 때문에 용사들과 같은 존재로 보였을 것입니다. 더구나 용사들과 함께 다녔던 말하는 동물이 아담과 하와의 후손에게도 순종하는 것을 보았습니다.

세상의 많은 사람이 용사들의 명성을 들었고 아담과 하와의 후손을 받들기 시작했습니다. 하나님의 아들들(Spirits)과 용사들로 인해 아담과 하와의 후손은 신으로까지 받들어지거나 신의 대리자로 받들어졌습니다. 아담과 하와의 후손(Soul)은 오래 살았고 병에 걸리지도 않았습니다. 하나님의 아들들과 용사들이 사라진 후에는 아담과 하와의 후손이 사람들을 다스리는 특권층이 되었습니다.

하나님의 아들들은 영(Spirit)이지만 혼이 없는 사람들을 다스리지는 않았습니다. 그들의 자식들은 용사가 되어 아담과 하와의 후손과 혼이 없는 세상 사람에게 도움을 주었고 좋은 일을 많이 했습니다. 그러나 혼(Soul)이 있는 아담과 하와의 후손은 권력에 물들기 시작했습니다. 하나님의 아들들과 용사들은 모두 한 세대로 끝났지만 아담과 하와의 후손은 계속 태어났습니다. 아담과 하와의 후손이 기하급수적으로 태어난 것은 아닙니다. 아담과 하와의 후손이 뜸하게 태어나더라도 자녀가 태어나는 일은 계속되었다는 말입니다. 그와 함께 말하는 동물도 계속 태어났습니다. 말하는 동물의 숫자가 많기 때문에, 말하는 동물의 후손이 아담과 하와의 후손보다 더 빨리 불어납니다.

아담과 하와의 후손은 땅을 넓혀가면서 지역사회를 다스리는 왕이 되었습니다. 새로 아들이 태어나면 그 아들에게 말하는 동물을 종으로 주었고, 이 아들이 자란 후에 말하는 동물과 함께 지역사회에 나가서 그 사회를 지배하게 되었습니다.

아담과 하와의 후손은 많은 지역의 혼이 없는 평범한 사람들을 다스렸고 그들의 왕이 되었습니다. 아담과 하와의 후손이 평범한 사람들을 죽이고 고문하고 갈취한다는 말은 아닙니다. 오히려 그 지역을 살기 좋게 바꾸었을 것입니다. 아담과 하와의 후손은 자신들이 멀리 나가서 자신들이 머물기로 한 지역의 통치자가 됩니다. 어떤 이는 그 지역의 사람들에게 존경을 받으며 잘 다스렸을 것입니다. 또 어떤 이는 좀 거칠게 평범한 사람들을 다루었을 것입니다. 평범한 사람의 눈에는 말하는 동물을 거느리고 다니는 아담과 하와의 후손이 특별하게 보일 수밖에 없습니다. 그래서 자연스럽게 신의 대리자로서 자신들의 왕으로 받아들였을 것입니다.

셋이 912세를 살았고, 에노스가 905세를 살았고, 게난은 910세를 살았습니다. 다른 아담과 하와의 후손도 이렇게 살았을 것입니다. 이렇게 아담과 하와의 후손은 일정 나이가 되면 말하는 동물과 함께 자신이 지배할 지역을 찾아 떠납니다. 이런 일은 아담과 하와의 후손에게 자연스러운 일이 되었습니다. 아담과 하와의 자손은 지배계층이 되었습니다.

어느 특정한 날, 아담과 하와의 후손은 아담이 머문 지역으로 와서 함께 모입니다. 아담이 머문 지역이 중심도시가 됩니다. 그리고 그들은 각자 자신들이 어느 지역을 다스리고 있고, 그 지역에는 뭐가 있고, 그 지역에 어떤 건물을 건축했고, 그 지역을 몇백 년 동안 다스렸는지, 그 지역이 얼마나 넓은지를 자랑합니다. 어떤 사람은 한 지역을 몇백 년 동안 다스리고 있었을 것입니다. 아담의 후손은 거의 1,000년에 가깝게 살 수 있었기 때문입니다.

아담과 하와의 후손은 왕이 되어 평균수명이 80년밖에 되지 않는 사람들을 몇 세기 동안 다스립니다. 혼이 없는 사람은 자신이 태어나서 죽을 때까지 오직 한 명의 왕만을 보게 되는데, 이 왕은 거의 늙지 않습니다. 그러니 신의 대리자로 보일 수밖에 없었을 것입니다.

이제 아담과 하와의 후손으로 태어난다는 것은 곧 왕이 태어나는 것과 같습니다. 아담과 하와의 후손은 왕족과 같았고 이들은 끊임없이 새로운 지역을 찾아나섭니다. 새로운 곳을 찾으면 그곳 사람들을 다스리게 되었고 한동안 그곳에 머물면서 그 도시를 발전시켰을 것입니다.

이런 행동에 동참하지 않는 아담과 하와의 후손도 있었습니다. 아담의 직계 장자들입니다. 특히 에녹과 노아입니다. 아담과 하와의 후손이 땅 위를 두루 다니면서 자신들이 다스릴 곳을 찾아다닐 때, 에녹과 노아는 이런 일을 하지 않았습니다. 에녹과 노아는 혼(Soul)이 없는 사람을 다스리는 일에 자신의 시간을 사용하지 않았습니다. 자신의 왕국을 세우는 일을 하지 않았습니다. 에녹과 노아는 말하는 동물을 거느리지 않았을 것입니다. 말하는 동물도 자신의 주인이 왕이 되기를 부추겼습니다. 말하는 뱀이 하와를 부추겼던 것과 같이, 말하는 동물은 자신의 주인에게 멀리 나가서 왕이 되라고 부추겼을 것입니다. 창세기 3장 1절과 같이, 말하는 동물은 간교했고 뱀은 가장 간교했기 때문입니다.

아담과 하와의 후손은 자신의 왕국을 비교하며 서로 경쟁을 했을 것입니다. 이제 아담과 하와의 후손은 하나님에게 관심을 두지 않게 되었습니다. 이들은 오직 자신의 왕국에만 몰두하게 된 것입니다.

하나님은 아담과 하와의 후손이 한 지역에 머물면서 하나님과 함께 살아가는 것을 원했습니다. 하나님은 아담과 하와의 후손을 하나님의 백성으로 창조하셨습니다. 아담과 하와의 후손에게 혼(Soul)이 없는 사람을 지배하라고 창조한 것은 아닙니다. 아담과 하와의 후손은 서로 경쟁하듯이 지역사회와 각 도시의 왕이 되었지만, 이것은 하나님이 사람을 창조하신 목적이 아닙니다.

일곱 번째, 노아 때에 이르러서는 아담과 하와의 후손 모두의 생각이 항상 악했습니다.

성경 말씀: 창세기 6장 5절
"여호와께서 사람의 죄악이 세상에 가득함과 그의 마음으로 생각하는 모든 계획이 항상 악할 뿐임을 보시고"

이 말씀에서 [생각하는 모든 계획이 항상 악하다]는 표현은 조금 생소합니다. 계획이라는 것은 실제 행동을 하기 전의 상태를 말합니다. 사람은 어떤 행동을 하기 전에 먼저 계획합니다. 그리고 계획한 대로 행동합니다. 계획이라는 말에서 알 수 있듯이, 하나님은 사람의 행위를 판단하신 것이 아닙니다. 하나님은 당시 사람들의 행위가 아니라 그들의 생각을 본 것입니다. 하나님은 혼(Soul)이 없는 사람을 지배하는 일에만 집중하는 삶의 패턴을 보신 것입니다. 홍수의 심판은 행위의 결과에 따른 심판이 아닙니다. 사람 각자의 행위가 악했다는 의미가 아니라, 어떤 행동을 취하기 전에 이미 그들의 삶이 하나님의 뜻과 맞지 않았다는 것입니다.

창세기 6장 5절에서 [세상에 가득했다]는 말씀은 노아 당시에 살아 있는 모든 아담과 하와의 후손에 관한 것입니다. 당시 그 후손이 몇 명인지는 알 수 없지만 그렇게 많지 않았습니다. 만약 아담과 하와의 후손이 10,000명이라고 가정한다면, 10,000명이 하나님에게는 모든 사람이 됩니다. 또 만약 그 후손이 1,000명이라면, 1,000명이 하나님에게는 모든 사람이 됩니다. 모든 사람이라는 표현은 아담과 하와의 후손이 몇 명인지는 몰라도 아담과 하와의 후손 전체를 의미합니다. 전체 인구가 10만이고 아담과 하와의 후손이 1,000명일 때, 그 1,000명이 모두 악한 생각을 한다면, 하나님은 [죄악이 세상에 가득하다]고 말씀하십니다.

창세기 6장 5절에서 [사람의 죄악]은 행위를 말하는 것이 아닙니다. 창세기 6장 5절의 사람의 죄악은 [마음으로 생각하는 계획]입니다. 마음에 생각하는 것이 악했을 때 이를 사람의 죄악으로 규정한 것입니다. 이 말씀에서 [악]이란 행동이 아니라 생각을 의미합니다. 지금의 법에서는 생각을 처벌하지 못합니다. 생각 자체가 악하다고 해도 처벌할 수는 없습니다. 누구든 어떤 생각을 하든 그것은 각 개인의 자유입니다. 그런데 하나님은 노아 당시 아담과 하와의 후손이 악한 행위를 했다고 지적하시는 것이 아닙니다. 삶의 패턴이 하나님의 창조 목적과 맞지 않는 방향으로 나갔다는 뜻입니다. 아담과 하와의 후손들은 왕으로만 살려고 했습니다.

창세기 6장 5절에서 [사람의 죄악이]라는 문구에서 [죄악]과 [항상 악할 뿐]이라는 문구에서 [악]이라는 단어는 히브리어 원어로 רַע[라아]입니다. [죄악]과 [악하다]라는 두 단어는 같은 단어입니다. 노아 당시의 세상이 마치 무법하고, 불법이 성행하고, 폭력적이고, 무질서하며, 안전하지 않고, 정의와 공정이 사라진 세상인 것처럼 느껴집니다. 그러나 이런 상태를 말하는 것이 아닙니다. 매우 평온하고 평화로운 세상이기도 합니다. 이는 강력한 왕들이 분할 통치하며 안정적으로 세상의 질서를 잡았기 때문입니다.

하나님은 사람(Soul)이 하나님의 백성으로 살기를 바라셨습니다. 하나님의 백성은 서로를 존중하며 함께 어울려 영원히 사는 것입니다. 아담과 하와의 후손이 다른 사람을 지배하는 것은 하나님이 바라시는 것이 아닙니다. 아담과 하와의 후손은 자신을 특별한 존재로 여기며 왕이 될 생각만 했고, 혼(Soul)이 없는 사람들을 지배하는 것에만 관심을 가졌습니다.

모든 사람이 80년을 살지만 어떤 특정 가문이 1,000년을 산다고 가정해 봅시다. 솔직히 말해서, 그 가문의 사람이 스스로 특별하다는 의식을 가지지 않는 것이 더 힘들 것 같습니다. 그래도 아담과 하와의 후손은 아담과 그 직계 장자의 경고와 에녹의 경고를 귀담아들었어야 했습니다.

아담과 하와의 후손에게 하나님의 백성이 될 수 없는 두 가지 악이 있었습니다. 창세기 6장 5절에서 지적한 죄악은, 그 첫 번째가 특권의식이고, 두 번째가 혼(Soul)이 없는 사람들을 무시하는 행동입니다. 특권의식에 빠져 혼이 없는 사람들을 지배하는 생각만 합니다. 하나님은 이런 삶의 태도를 악으로 지적하신 것입니다. 아담과 하와의 후손이 특권을 누리고 있었기 때문에 이 죄악에 빠진 것입니다.

하나님은 사람(Soul)을 이 두 가지 악에서 구해야 했는데, 첫 번째는 특권의식을 버리도록 하는 것이고, 두 번째는 이웃과 함께 어울려 사는 방법을 가르치는 것입니다. 하나님은 첫 번째 문제를 홍수로 해결했습니다. 두 번째 문제를 해결하기 위해서 하나님은 십계명을 주셨습니다.

십계명은 사람(Soul)이 하나님의 백성이 되어 천국에서 이웃과 함께 살 때 지켜야 하는 명령입니다. 이웃의 것을 욕심내지 말아야 하고, 이웃에게 거짓 증거하지 말아야 하고, 이웃을 죽이지 말아야 하며, 이웃의 물건을 도적질하지 말아야 한다는 것입니다. 십계명의 6계명은 이웃과 함께 어울려 살기 위해 지켜야 하는 명령입니다. 하나님은 하나님의 백성이 될 사람에게 이 명령을 지키도록 요구하십니다.

하나님의 백성이 되기 위해서는 먼저 특권의식을 버려야 합니다. 특권의식을 가지고 있으면 상대를 비하하거나 자신보다 낮은 존재로 여기기 때문에 상대를 존중하지 않고 예의와 법도를 지키지 않습니다. 먼저 특권의식을 버려야 상대를 자신과 같은 존재로 여기며 상대를 존중할 수 있습니다.

아담과 하와의 후손이 시간적인 여유를 두고 깊이 생각하고 골몰하여 세웠던 계획들이 하나님께는 합당하지 않았습니다. 아담과 하와의 후손은 지역사회를 어떻게 지배할 것인지를 계속 생각하고 계획했습니다. 이것을 하나님은 악한 것이라고 말씀합니다.

성경 말씀: 사무엘상 8장 6절
"우리에게 왕을 주어 우리를 다스리게 하라 했을 때에 사무엘이 그것을 기뻐하지 아니하여 여호와께 기도하매, 여호와께서 사무엘에게 이르시되 백성이 네게 한 말을 다 들으라 이는 그들이 너를 버림이 아니요 나를 버려 자기들의 왕이 되지 못하게 함이니라. 내가 그들을 애굽에서 인도하여 낸 날부터 오늘까지 그들이 모든 행사로 나를 버리고 다른 신들을 섬김 같이 네게도 그리하는도다"

이 내용은 이스라엘 사람들이 사무엘 선지자에게 왕을 세워 달라는 요청을 했을 때, 하나님이 하신 말씀입니다.

하나님은 이스라엘 사람들을 이집트에서 끌어내셨고 가나안 땅을 주셨습니다. 하나님은 이스라엘 12지파 사람들에게 가나안 땅을 분배하여 주셨지만 왕을 세우시지는 않았습니다. 만약 이스라엘 땅에 어떤 문제가 발생하면 하나님이 사사를 세워서 그 문제를 해결하셨습니다. 문제가 해결되고 나면 사사는 자신의 일상으로 돌아갔고 이스라엘 사람들은 그렇게 왕이 없는 상태로 다시 일상으로 돌아갔습니다. 이 시대를 사사시대라고 부릅니다.

그런데 하나님은 왜 왕을 세우시지 않았을까요? 이스라엘 사람들이 왕을 세워달라고 요청했을 때 하나님은 사무엘에게 이스라엘 사람들이 하나님을 버린 것이라고 말씀했습니다.

하나님의 나라는 육체를 가진 한 명의 사람이 왕이 되어 사람들을 다스리는 나라가 아닙니다. 왕은 하나님입니다. 그래서 하나님의 나라는 하나님이 왕인 나라입니다. 물론 하나님은 보이지 않습니다. 그래서 하나님은 보이는 사람을 왕으로 세우시지 않습니다.

궁극적으로 하나님이 세우고자 하는 하나님의 나라는 사람(Soul)이 왕이 되는 나라가 아닙니다. 사람이 왕이 되어 다른 사람을 지배하는 나라는 하나님이 원하시는 형태의 나라가 아닙니다.

성경 말씀: 창세기 1장 26절
"하나님이 이르시되 우리의 형상을 따라 우리의 모양대로 우리가 사람을 만들

고 그들로 바다의 물고기와 하늘의 새와 가축과 온 땅과 땅에 기는 모든 것을 다스리게 하자 하시고"

이 말씀에서 하나님은 남자와 여자를 창조한 목적을 말씀하십니다. 하나님은 하나님의 백성을 창조하실 때 하늘의 새와 바다의 고기와 땅의 짐승들을 다스리며 살도록 창조했습니다. 이 말씀에 [사람을 다스린다]는 뜻은 없습니다.

성경 말씀: 창세기 1장 28절
"하나님이 그들에게 복을 주시며 하나님이 그들에게 이르시되 생육하고 번성하여 땅에 충만하라, 땅을 정복하라, 바다의 물고기와 하늘의 새와 땅에 움직이는 모든 생물을 다스리라 하시니라"

하나님이 사람에게 복을 주며 하신 말씀입니다. 하나님은 남자와 여자에게 [생육하고 번성하여 땅에 충만하라]는 명령을 주셨습니다. 또 땅을 정복하라는 명령을 주셨습니다. 바다의 물고기와 하늘의 새와 땅에 움직이는 모든 생물을 다스리라는 명령도 주셨습니다. 이 명령에는 사람을 다스리라는 명령은 없습니다.

하나님의 백성은 사람을 다스려서는 안 됩니다. 하나님이 이스라엘 사람들에게 왕을 주시지 않은 것도 하나님의 나라는 사람(Soul)이 다른 사람을 지배하는 나라가 아니기 때문입니다. 하나님의 백성들이 사는 곳에는 왕이 없습니다. 하나님의 백성을 다스리는 왕은 오직 하나님이며 사람(Soul)은 왕이 될 수 없다는 것입니다.

이런 하나님의 뜻을 하나님의 아들들(Spirits)은 잘 알고 있었습니다. 하나님의 아들들은 아담과 하와의 후손(Soul)에게 하나님의 뜻을 가르쳤고 하나님의 뜻대로 살도록 인도했습니다. 하나님의 아들들은 아담과 하와의 후손에게 혼(Soul)이 없는 사람과 함께 사는 법을 가르쳤고, 그들을 무시하지 않도록 가르쳤고, 그들을 도우며 살라고 가르쳤습니다. 하나님의 아들들과 용사들이 살아 있을 때 아담과 하와의 후손은 이를 잘 지켰고 혼이 없는 사람들과 함께 잘 어울렸을 것으로 생각합니다. 아담의 나이가 대략 400세가 되기 전까지입니다.

하나님의 아들들과 용사들은 에녹이 태어나기 거의 200년 전에 죽었습니다. 에녹과 노아는 하나님의 아들들을 보지 못했지만, 하나님의 뜻은 아담을 통해서 계속 전달되었을 것입니다. 하나님의 아들들과 용사들이 죽은 후에, 아담과 하와의 후손은 아담의 말을 듣지 않게 되었고, 지역사회의 사람들을 지배하려고 했습니다. 에녹은 아담의 나이 622세 때 태어났습니다. 아담의 나이가 400세쯤 되었을 때부터 622세 때까지 대략 200년간 아담의 후손은 지역사회로 퍼져 나가 왕이 되었습니다.

에녹은 하나님의 뜻에 순종하여 주위 사람들을 다스리려고 하지 않았고 하나님의 말씀대로 주위 사람들에게 도움을 주며 함께 살았을 것입니다. 에녹은 주위의 평범한 사람들을 무시하지 않았을 것입니다. 100년도 살지 못하고 단명하는 사람들이지만 최선을 다해 사람을 존중하며 도움을 주었을 것입니다. 또한 에녹은 아담과 하와의 후손에게 계속 하나님의 뜻대로 살 것을 경고했습니다. 하나님의 뜻은 왕이 되는 것이 아니라 하나님의 백성으로 사는 것입니다.

아담과 하와의 후손(Soul)은 에녹을 어리석은 사람으로 보았을 것입니다. 아담과 하와의 후손이 생각하기에, 자신들은 오래 살고, 아프지 않고, 병들지 않고, 자신들의 명령에 순종하는 말하는 동물이 있었습니다. 그래서 쉽게 혼이 없는 평범한 사람을 다스릴 수 있었고 그들의 존경을 받을 수 있었으며 그들의 왕이 될 수 있었습니다. 평범한 사람에게 고통을 주는 것이 아니며, 자신들에게 주어진 복을 누리는 것이라고 생각했을 것입니다. 말하는 동물을 거느리고 1,000년을 사는데 80년밖에 살지 못하는 평범한 사람들과 함께 같은 눈높이에서 산다는 것이 더 어리석은 것으로 보였을 것입니다.

만약 우리에게 돈이 많고 정확한 부동산 개발 정보가 있어서 땅을 사기만 하면 몇 개월 후에 몇 배로 수익을 올릴 수 있다고 가정합니다. 이런 기회를 버리고 가지고 있는 재물을 고아와 가난한 사람과 힘없는 사람을 위해 사용한다고 가정합니다. 많은 사람은 이런 기회를 놓치는 사람을 바보 같은 사람으로 볼 것입니다. 에녹과 노아의 삶은 당시 아담과 하와의 후손이 볼 때, 바보 같은 삶을 사는 것으로 비쳤을 것입니다.

자신들에게 있는 힘과 능력과 권력과 부를 이용하여 왕처럼 살 수 있었습니다. 아담과 하와의 후손은 더 많은 지역을 지배하고 더 넓은 세상으로 나가는 것만 생각했던 것 같습니다. 아담과 하와의 후손은 계속해서 세상을 지배하려 했고 말하는 동물도 아담과 하와의 후손이 왕이 되는 것을 좋아했고 잘 따랐을 것입니다. 창세기 3장 1절의 말씀처럼, 말하는 동물은 간사했기 때문입니다. 히브리어에서 간사하다는 단어는 지혜롭다는 단어와 같습니다.

이것은 하나님이 사람(Soul)을 창조하신 목적이 아닙니다. 아담과 하와의 후손은 이제 하나님에게 관심을 갖지 않습니다. 그들을 두렵게 할 존재도 없고, 하나님이 굳이 보호하지 않아도 안전하고, 하나님의 도움도 필요하지 않은 삶을 살고 있었습니다. 오직 어떻게 하면 더 넓은 지역으로 나가서 더 많은 사람을 지배하며 자신이 지배하는 지역을 어떻게 더 좋은 세상으로 만들까 하는 것에만 집중했습니다. 인간적으로 보면, 아담과 하와의 후손이 계획하고 실천하는 일들은 인류를 위하여 좋은 일일 수도 있습니다.

아담과 하와의 후손은 사람(Soul)입니다. 사람의 생각이 항상 악했다는 것은 이들이 자신의 왕국을 지배하는 것만 생각했다는 뜻입니다. 그래서 자신들에 대한 하나님의 창조 목적을 생각하지 않고 있었습니다. 아담과 하와의 후손은 평범한 하나님의 백성으로 살지 않았습니다. 이들은 하나님의 백성이 되라는 하나님의 요구를 거부합니다. 아담과 하와의 후손이 백성이 되기를 거부하기 때문에, 백성을 창조하고자 했던 하나님의 계획이 실현되지 않고 있었습니다.

하나님의 아들들(Spirits)과 용사들이 죽은 후로, 대략 200년 동안 아담과 하와의 후손은 왕이 되어 넓은 지역으로 퍼져 나갔습니다. 대략 이 200년이 지난 후 에녹이 태어났습니다. 에녹은 대략 300년 동안 아담과 하와의 후손에게 하나님의 뜻대로 살 것을 외쳤습니다. 그러나 아담과 하와의 후손은 에녹의 경고를 무시하고 하나님의 뜻을 거부하며, 왕의 지위를 놓지 않았습니다. 에녹은 아담과 하와의 후손이 회개하고 돌이킬 수 있는 기회가 있었던 시기의 인물입니다. 하나님이 에녹을 데려가신 후에 69년이 지나서 노아가 태어났습니다. 노아의 존재는 이제 회개의 시기가 지나고 아담과 하와의 후손(Soul)을 진멸하는 일이 시작되었음을 상징합니다.

아담과 하와의 후손에게 주어진 복이 하나님을 잊게 만든 가장 주요한 원인이 되었습니다. 하나님은 아담과 하와의 후손을 왕으로 세우시지 않았습니다. 그러나 아담과 하와의 후손은 자연스럽게 왕이 되었고 여러 지역으로 퍼져 나가서 스스로 왕이 되었습니다. 혼(Soul)이 없는 지역 사람들은 아담과 하와의 후손이 자신들의 왕이 되는 것을 자연스럽게 받아들였습니다.

1,000년을 사는 아담과 하와의 후손이 왕이 되고, 80년을 사는 평범한 사람이 백성이 되는 세상은 자연스럽게 보입니다. 이들의 왕국에는 평화가 깃들고, 질서가 잡히며, 안정을 찾습니다. 강포도 없으며, 불법도 없으며, 살기 좋은 왕국이 되어 갔습니다. 모든 것이 좋아 보입니다. 혼이 없는 사람들은 아담과 하와의 후손이 자신의 왕이 되는 것을 환영할 것입니다.

하나님은 아담과 하와의 후손이 잘못된 방향으로 변해가는 것을 보고 한탄하셨습니다. 그래서 하나님은 몇만 명도 안 되지만 아담과 하와의 후손 모두를 지면에서 쓸어버리기로 하셨습니다. 이것은 하나님이 창조한 사람(Soul)을 하나님의 백성으로 만들기 위해서 그들에게 주어진 특권을 없애는 일입니다.

이 Chapter의 결론입니다.

하나님이 아담과 하와에게 주신 은혜가 그들의 후손에게는 악으로 물드는 원인이 되었습니다. 생각이 악하다고 하신 말씀은 하나님의 백성으로 창조된 아담과 하와의 후손(Soul)이 하나님의 백성이기를 거부하고 스스로 왕이 되려고 했던 것을 의미합니다.

왜 지금은 말하는 뱀을 발견할 수 없을까?

지금까지 이 책을 쭉 이어서 읽은 분이라면 이 질문의 답을 이미 알고 있을 것입니다. 책을 읽지 않은 상태에서 이 Chapter를 바로 펼쳐본 분들을 위해 설명합니다.

성경 말씀: 창세기 3장 1절

"그런데 뱀은 여호와 하나님이 지으신 들짐승 중에 가장 간교하니라. 뱀이 여자에게 물어 이르되 하나님이 참으로 너희에게 동산 모든 나무의 열매를 먹지말라 하시더냐? 여자가 뱀에게 말하되 동산 나무의 열매를 우리가 먹을 수 있으나, 동산 중앙에 있는 나무의 열매는 하나님의 말씀에 너희는 먹지도 말고만지지도 말라 너희가 죽을까 하노라 하셨느니라. 뱀이 여자에게 이르되 너희가 결코 죽지 아니하리라. 너희가 그것을 먹는 날에는 너희 눈이 밝아져 하나님과 같이 되어 선악을 알 줄 하나님이 아심이니라"

이 말씀을 보면 뱀이 말을 합니다. 하지만 현실에는 말하는 뱀이 없습니다. 그렇다면 이 내용은 비유였을까요? 뱀이 아니라 실제로는 사탄이었을까요? 하나님이 사탄을 뱀으로 묘사하신 것일까요?

바로 이 부분이 에덴동산에 관한 하나님의 말씀을 신화로 여기게 만듭니다.

이 내용은 창세기 2장과 3장에 기록된 것으로 하나님이 모세를 통해 말씀하신 것입니다. 성경의 권위를 생각해 볼 때, 이 말씀은 진실입니다. 그런데 이 말씀이 진실이라면 어째서 지금은 말하는 뱀이 전혀 보이지 않는 것일까요?

말하는 뱀은 노아의 홍수 때 모두 수장(水葬)되었습니다.

하나님이 말하는 뱀과 함께 말하는 동물을 모두 노아 때 홍수로 죽이셨습니다. 말하는 동물은 더는 지상에서 볼 수 없게 되었습니다.

성경 말씀: 창세기 6장 7절
"이르시되 내가 창조한 사람을 내가 지면에서 쓸어버리되 사람으로부터 가축과 기는 것과 공중의 새까지 그리하리니 이는 내가 그것들을 지었음을 한탄함이니라 하시니라"

이 말씀에서 [내가 창조한 사람]은 아담과 하와의 후손(Soul)입니다. 그리고 [가축과 기는 것과 공중의 새]는 창세기 2장 19절에 기록된 동물입니다. 이 동물은 아담에게서 이름을 받은 동물입니다. 이 동물 중에는 말하는 뱀도 있습니다.

동물과 사람을 두 개의 집단으로 나누어 볼 수 있습니다. 첫 번째 집단과 두 번째 집단 모두에 사람과 동물이 있습니다.

첫 번째 집단은 아담이 창조되기 이전부터 살고 있었던 평범한 사람과 동물입니다. 이 집단에 속한 사람은 혼(Soul)이 없는 사람입니다. 하나님은 혼이 없는 이 사람을 단순히 [흙]이라고 말씀하십니다. 하나님은 이들을 사람이라고 보시지 않습니다. 이 집단에 속한 동물은 말할 줄 모르는 동물입니다. 이 동물은 우리가 자연 속에서 찾을 수 있고, 알고 있는 동물입니다. 이 동물은 하늘의 새와 바다의 고기와 땅 위의 모든 짐승을 다 포함합니다. 이 집단에 속한 동물은 아담에게 이름을 받은 적이 없습니다. 현대에 와서는 아담 이전에 사람이 있었다는 것을 많은 사람이 인정하고 있습니다. 사람은 혼자 살아 있을 수 없습니다. 사람이 살았다면 식물과 동물 역시 함께 살아 있었다는 것을 알 수 있습니다. 아담이 창조되기 전에도 동물 대부분은 지금처럼 살아 있었습니다.

두 번째 집단은 아담과 그의 후손과 아담 이후에 창조된 동물입니다. 아담과 하와는 혼(Soul)이 있는 사람으로 창조되었습니다. 아담과 하와의 후손 역시 혼이 있는 사람입니다. 하나님은 두 번째 집단에 속한 사람을 흙이라고 하지 않습니다. 하나님은 두 번째 집단에 속해 있는, 혼(Soul)이 있는 사람을 창세기 1장과 2장에서 [흙]이라고 표현하지 않고 [사람]이라고 표현하십니다. 두 번째 집단에 속한 동물은 아담이 창조된 다음에 하와가 창조되기 이전에 에덴동산 안에서 창조되었습니다. 이 동물은 아담에게서 이름을 받았습니다. 이 동물은 하늘의 새와 땅의 짐승입니다. 두 번째 집단에 속한 동물 중에는 바다의 고기가 없습니다. 두 번째 집단에 속한 동물 중에는 말하는 뱀도 있습니다. 두 번째 집단에 속한 동물 중에서 단지 한 마리의 뱀만 말할 수 있는 것이 아니라 여기에 속한 모든 동물이 말할 줄 아는 동물입니다.

하나님이 홍수로 진멸하고자 하신 대상은 첫 번째 집단이 아니라 두 번째 집단입니다. 하나님은 노아 시대의 홍수를 통하여 두 번째 집단인 사람과 동물을 모두 지면에서 쓸어버리셨습니다. 하나님은 창세기 6장 7절에서 하신 말씀을 이루셨습니다. 두 번째 그룹에 속한 사람과 동물은 모두 죽었습니다. 노아와 그의 가족은 하나님으로부터 은혜를 받아서 죽지 않았습니다. 아담과 하와와 에녹과 창세기 5장에 기록된 아담의 직계 장자들과 하나님의 아들들(Spirits)과 그들의 자식인 용사들까지, 이들은 모두 자연사한 것이고 홍수로 죽은 것이 아닙니다.

이 홍수에도 첫 번째 집단에 속한 사람과 동물은 대부분 죽지 않았습니다. 첫 번째 집단은 진멸의 대상이 아니었기 때문입니다. 노아 때 홍수가 있고 난 뒤로 지금까지도 많은 새와 많은 땅의 짐승이 살아 있습니다. 이 동물이 살아 있는 이유는 첫 번째 집단에 속한 동물이기 때문입니다. 두 번째 집단에 속한 동물은 하나도 살아남지 못했습니다. 지금 살아 있는 모든 동물은 전부 첫 번째 집단에 속한 동물입니다.

만약 하나님이 모든 동물을 지면에서 쓸어버리겠다고 하셨다면 홍수를 이용하지는 않았을 것입니다. 홍수로는 바다의 고기를 죽일 수 없기 때문입니다. 하나님은 지면에서 쓸어버리겠다고 하신 것이지 모든 동물을 죽이겠다고 하신 것이 아닙니다. 왜 동물을 모두 다 죽이지 않은 것일까요?

창세기 6장 5절에서 사람이 세상을 죄악으로 가득하게 했다고 기록되어 있습니다. 그러면 사람만 진멸하면 될 텐데 어째서 가축과 기는 것과 공중의 새까지 진멸하신다는 것일까요? 이유는 가축과 기는 것과 공중의 새도 세상을 죄악으로 가득하게 하는 데 책임이 있기 때문입니다.

만약 동물에게 책임이 없는데도 사람과 함께 진멸하는 것이라면 바다의 고기도 함께 진멸해야 했고 홍수가 아닌 다른 방법으로 진멸했어야 합니다. 그러면 왜 창세기 6장 7절에는 바다의 고기가 제외되어 있을까요? 바다의 고기가 왜 진멸의 대상에서 제외된 것일까요?

그 이유는 하나님이 말하는 동물을 창조하실 때, 바다의 고기를 포함하지 않았기 때문입니다. 첫 번째 집단에는 하늘의 새와 바다의 고기와 땅의 모든 짐승이 포함되어 있습니다. 반면 두 번째 집단에는 하늘의 새와 땅의 짐승만 포함되어 있습니다. 하나님이 창세기 2장에 나오는 에덴동산에서 창조하신 동물 중에는 바다의 고기가 없습니다. 첫 번째 집단의 동물은 자연 상태의 동물로 간교하다고 말할 수도 없고 더욱이 말하는 동물이 아닙니다. 본능으로 살아가는 첫 번째 집단에 속하는 동물은 세상을 죄악으로 가득하게 하는 데 책임이 없습니다.

에덴동산에서 창조된 새들과 땅의 짐승들은 아담에게 이름을 받았으며 말하는 동물입니다. 뱀은 말할 수 있는 것뿐만이 아니라 매우 논리적인 사고로 하와를 유혹하기까지 했습니다. 이 동물은 이성과 지성이 있고 말할 줄 알고 논리적인 사고를 하는데, 하와의 논리적 사고 능력과 대등합니다. 두 번째 그룹에 속한 동물은 본능으로 살아가는 동물이 아닙니다. 아담과 하와의 후손이 세상을 죄악으로 덮는 일을 하고 있을 때 이 동물이 함께했습니다. 뱀이 하와를 유혹한 것처럼, 뱀의 후손은 아담과 하와의 후손과 계속 함께하면서 유혹을 멈추지 않았습니다. 두 번째 집단에 속한 동물이 모두 같은 일을 반복했고 세상을 죄악으로 가득하게 하는 데 큰 영향을 주었습니다. 그래서 하나님은 두 번째 집단에 속한 사람과 동물이 모두 죽었습니다. 이들은 아담과 하와의 후손과 에덴동산에서 창조된 동물의 후손입니다.

현재는 말하는 뱀을 지구상에서 볼 수 없습니다. 만약 말하는 뱀이 지금도 있다면 하나님이 창세기 6장 7절의 말씀을 이루시지 못한 것이 됩니다. 말하는 뱀이 보이지 않는 것은 원래 없었던 것이 아니라 하나님이 지면에서 모두 쓸어버리셨기 때문입니다. 창세기 2장 19절에서 창조된 새들과 땅의 짐승들은 하나도 남지 않고 전부 죽었습니다. 하나님은 말씀하신 것을 확실하게 이루셨습니다.

아주 오래전, 세상에 많은 사람이 살고 있었습니다. 이 사람들은 태어나서 한 번의 삶을 살다가 죽었습니다. 그 시대에는 천국이나 지옥의 개념이 없습니다. 죽는 순간부터 그 사람은 마치 없었던 것처럼 사라집니다.

사람들은 궁금해합니다. 죽으면 어떻게 되는지, 다시 만날 수 없는지, 모두에게 영원히 잊힐지, 아무도 기억하지 않게 될지 궁금해합니다. 그리고 [하나님이 있다면]이라는 말로 시작해서 허공에 대고 창조주에게 묻습니다. 그러나 이 질문은 허공으로 사라지는 메아리에 불과합니다.

아무도 듣지 않고 있었던 것 같아도 창조주 하나님은 듣고 있었습니다. 창조주 하나님이 대답하려고 해도, 질문만 남고 질문자는 이내 사라지고 없습니다. 하나님은 그들에게서 많은 질문을 받았습니다. 그러나 질문자들이 사라집니다. 그들은 창조주의 대답을 듣기도 전에 죽어서 소멸하였습니다. 사람은 죽으면 사라지는 흙이기 때문입니다. 하나님의 음성을 듣지 못하며, 하나님을 볼 수도 없는 사람들은 창조주를 찾다가 너무 빨리 죽고 사라집니다.

하나님은 계획을 세우시고 하나님의 아들들과 천사들에게 말씀합니다. 하나님처럼 소멸되지 않는 존재, 영원히 살아 있는 사람을 만드시겠다고 합니다. 영

(Spirit)을 닮은 존재를 만들고 이 존재를 혼(Soul)이라고 말씀합니다. 이 혼을 사람이라고 하고 하나님의 백성으로 정하자고 합니다. 이렇게 창조될 사람은 하나님의 백성이 되어 영원히 살게 될 예정입니다.

하나님은 혼(Soul)에게 완전한 자유를 주고, 대신에 하나님이 직접 만나지는 않기로 합니다. 완전한 자유란 언제든지 하나님에게 죄를 지을 수 있다는 의미입니다. 언젠가 죄를 지으면 하나님을 만날 수 없습니다. 대신 하나님은 중보자를 세우시기로 합니다. 중보자는 하나님을 만날 수 있고 동시에 사람을 만날 수 있습니다. 중보자는 하나님을 뵙기 때문에 항상 거룩한 상태여야 합니다. 또한 중보자는 사람들을 만나야 하므로 물질적인 몸이 필요합니다. 그런데 사람(Soul)은 중보자가 될 수 없습니다. 사람은 완전한 자유를 누리며 행복하게 살도록 창조될 계획이기 때문입니다. 그래서 중보자의 역할을 하나님의 아들들(Spirits)에게 맡기기로 합니다.

중보자는 공포나 두려움이나 부끄러움을 느끼고 좌절하거나 우울해하면 안 됩니다. 그래서 하나님은 중보자가 물질세계의 몸을 가지되, 이런 감정에 지배되지 않는 몸을 갖도록 계획하셨습니다. 이 계획을 위해 에덴동산 밖에서 아담과 하와를 데려오셨고, 선악의 감정을 느끼지 못하도록 아담과 하와의 몸에서 그 기능을 제한하기로 하셨습니다. 또한 중보자는 사람의 감정을 이해해야 합니다. 그래서 하나님은 선악의 감정을 느끼지 못하는 하나님의 아들들이 선악의 감정을 이해할 수 있도록 선악의 지식나무를 준비하셨습니다. 그리고 몸이 하나님의 영광을 견딜 수 있도록 생명나무를 준비하셨습니다.

이렇게 하나님의 백성(Soul)을 창조하기 위해서 에덴동산과 아담과 하와를 만들었습니다. 하나님은 하나님의 백성을 창조하는 일을 에덴동산에서 시작하셨

에덴동산과 하나님의 아들들

습니다. 하나님의 백성을 창조하는 일은 아담 속에 혼(Soul)을 창조하는 것부터 시작되었습니다. 지금은 모든 사람에게 혼이 있습니다. 혼이 곧 사람입니다. 혼은 둘째 부활을 통해서 완전한 하나님의 백성이 될 것입니다. 물론 사람마다 지은 죄는 그에 맞는 벌을 받게 될 것입니다. 그러나 하늘의 새와 바다의 고기와 땅의 짐승을 다스리며 살도록 사람을 창조하신 하나님이 반드시 창조 목적을 완성하여 이루실 것입니다.

하나님의 나라에 대한 기대를 저버리지 마십시오. 모든 사람(Soul)에게 영원한 삶이 기다리고 있습니다. 하나님은 처음부터 하나님의 나라에서 영원토록 행복하게 살라고 하나님의 백성인 당신을 창조하셨습니다.

하나님의 나라가 속히 이 땅 위에 임하기를 기도합니다.

에덴동산과
하나님의 아들들

ⓒ 고명호, 2023

초판 1쇄 발행 2023년 8월 15일

지은이	고명호
펴낸이	이기봉
편집	좋은땅 편집팀
펴낸곳	도서출판 좋은땅
주소	서울특별시 마포구 양화로12길 26 지월드빌딩 (서교동 395-7)
전화	02)374-8616~7
팩스	02)374-8614
이메일	gworldbook@naver.com
홈페이지	www.g-world.co.kr

ISBN   979-11-388-2187-2 (03230)